PETER KALMBACH

WEHRMACHTJUSTIZ

Peter Kalmbach

Wehrmachtjustiz

Ⓜ | METROPOL

Umschlagfoto:

Die Abteilung III einer Division: Angehörige eines Kriegsgerichts.
Von links nach rechts: Justizinspektor, Kriegsgerichtsrat, zwei Schreibkräfte;
Sowjetunion 1941/42 (Privatbesitz)

ISBN: 978-3-86331-053-0

Ansbacher Str. 70, 10777 Berlin
www.metropol-verlag.de

Druck: Arta-Druck, Berlin

Inhalt

Für Karsten

Vorwort

Mehr als 60 Jahre mussten vergehen, bis nunmehr, im August 2009, auch die letzten Urteile der Wehrmachtjustiz gegen die sogenannten Kriegsverräter aufgehoben worden sind. Die Militärjustiz der Wehrmacht galt als scharfes Schwert der Truppenführung, und deren willfährige Richter urteilten nach einem berüchtigten Ausspruch Hitlers: „An der Front kann man sterben, als Deserteur muss man sterben!" Die Opfer dieser Blutgerichtsbarkeit, Tausende von Getöteten und Tausende von Menschen, die mit schmachvollen Haftstrafen belegt worden waren, wurden auch in den sechs Jahrzehnten, die dem Kriegsende folgten, weiter ins Unrecht gesetzt. Dieses doppelte Unrecht war uns Überlebenden Verpflichtung und Antrieb, nicht nur der Opfer zu gedenken, sondern auch den Kampf um deren Rehabilitierung aufzunehmen. Sollte den zum Teil heute namenlosen Opfern wenigstens der Respekt künftiger Generationen zukommen, so ging es uns wenigen Überlebenden auch um unsere Würde. Während wir, die wir Krieg, Haft und Bewährungseinheiten überlebt haben, unsere traumatischen Erlebnisse über Jahre mit uns herumschleppten und lange Beschimpfungen ausgesetzt waren, sahen sich unsere Richter schnell in die Bundesrepublik integriert. Anstatt sich für den blutigsten Justizterror der deutschen Geschichte zu verantworten oder zu entschuldigen, machten sie nicht selten Karriere bis in die höchsten juristischen Ämter. Nicht zuletzt an ihrem Einfluss scheiterten in der Vergangenheit viele Versuche, uns Gerechtigkeit widerfahren zu lassen. Nicht einer dieser Kriegsrichter wurde für seine Taten zur Rechenschaft gezogen.

Die Arbeit von Peter Kalmbach stellt einen weiteren Baustein zur Aufklärung dieser Justizmorde dar, die mit dem Vernichtungskrieg der Wehrmacht einhergingen, der die Länder Europas und der Sowjetunion mit Leid und Schrecken überzog. Neue Erkenntnisse zeigen uns, wie akribisch Hitlers „furchtbare Juristen" die Militärjustiz auf den Krieg vorbereiteten. Mit Beklemmung liest man, dass ein Kriegsrichter bereits zwei Jahre vor Beginn des Zweiten Weltkrieges den „totalen Krieg" in den Gerichtssälen zum Maßstab der Urteile machen wollte – „Man kann heute nicht mehr sagen: Befindet man sich im Krieg oder im Frieden?" Mit einer derartigen Haltung und ausgestattet mit Kriegsgesetzen begannen die Wehrmachtrichter dann im September 1939 ihre beispiellose Rechtsprechung. Immer wieder den Schulterschluss zu den Justizorganen und dem KZ-System der SS suchend, füllten diese Richter ihren Auftrag sogar noch über das Ende des Regimes hinaus aus.

Die Erinnerung wachzuhalten ist Aufgabe und Verpflichtung aller lebenden und künftigen Generationen. Dieses Buch soll dem Gedenken dienen. Vielleicht regt es aber auch zum Nachdenken an, wenn Staaten in unserer heutigen Zeit mit Atomkriegen drohen und die Bundeswehr in umstrittenen Einsätzen angeblich die deutsche Freiheit verteidigt und dabei Zivilisten, aber auch junge Soldaten in Lebensgefahr bringt.

Bremen, Oktober 2009
Ludwig Baumann
Bundesvorsitzender der Bundesvereinigung Opfer der NS-Militärjustiz e. V.

Einleitung

Das Wirken der Wehrmachtgerichtsbarkeit hat in den vergangenen Jahrzehnten auf verschiedene Weise und mit unterschiedlicher Intention seine Aufarbeitung erfahren. Insbesondere die hohe Anzahl von Todesurteilen – zum Teil wird von bis zu 50 000 verhängten[1] und 33 000 vollstreckten[2] Todesurteilen ausgegangen –, der Strafvollzug, aber auch die Karrieren der Militärjuristen nach dem Zusammenbruch des NS-Regimes fanden, verstärkt seit den 1980er-Jahren, Beachtung und riefen Reaktionen hervor, die von Kenntnisnahme bis zur späten Würdigung der Opfer reichten.

Auf dem Gebiet der Roman-Literatur gab es wiederholt kritische Betrachtungen,[3] allerdings auch Beispiele, in denen die Militärgerichtsbarkeit lediglich als Stoff für unterhaltsame Lektüre herhalten musste.[4] Als eines der ersten Werke ist die autobiografische Erzählung von Alfred Andersch „Die Kirschen der Freiheit" hervorzuheben, die den Verlauf einer Fahnenflucht vom Entschluss bis zur schwierigen Ausführung literarisch nachzeichnet.[5] Angesichts der Tatsache, dass die Desertion bis heute ein politisch umstrittenes Thema geblieben ist, kann dieses frühe Bekenntnis zum Bruch des Fahneneides – das Buch erschien 1952 – durchaus als Wagnis bezeichnet werden. Immerhin galten Deserteure auch nach Ende des Krieges als

1 Fritz Wüllner/Fietje Ausländer, Aussonderung und Ausmerzung im Dienste der „Manneszucht". Militärjustiz unterm Hakenkreuz, in: Fietje Ausländer (Hrsg.), Verräter oder Vorbilder?, Bremen 1990, S. 65, 74; Thomas Walter, „Schnelle Justiz – gute Justiz". Die NS-Militärjustiz als Instrument des Terrors, in: Walter Manoschek (Hrsg.), Opfer der NS-Militärjustiz. Urteilspraxis – Strafvollzug – Entschädigungspolitik in Österreich, Wien 2003, S. 27; Michael Eberlein/Norert Haase, Luxemburger Zwangsrekrutierte im Wehrmachtgefängnis Torgau-Fort Zinna 1943–1945. Lebenszeugnisse – Leidenswege, Dresden 1996, S. 16; Wolfram Wette, Die Drückeberger. Nachwort zu einem kritisierten Verhalten, in: Die Zeit, 31. 5. 1991.

2 Fritz Wüllner/Fietje Ausländer, Aussonderung und Ausmerzung, S. 74.

3 Siegfried Lenz, Ein Kriegsende, München 1984; Karl August Ott, Der Mensch vor dem Standgericht. Erlebnis und Reflexion, Hamburg 1949.

4 Vgl. Hans Günter Krack, Kriegsgericht. Ungeschriebenes Recht gegen geschriebenes Unrecht. Eine Episode aus den letzten Kriegstagen, Hannover 1948; Heinz Konsalik, Strafbataillon 999, München 1959; Wolfgang Altendorf, Der Transport, Braunschweig 1959; Will Berthold, Kriegsgericht, München 1959; Will Berthold, Brigade Dirlewanger, Bad Wörishofen 1961; Edmund von Krieste, Das Jahr 1945. Zwölf Monate – zwölf deutsche Geschichten, München 1979; F. John-Ferrer, Wenn alles in Scherben fällt. Der Weg des Strafbataillons 999, Rosenheim 1961.

5 Alfred Andersch, Die Kirschen der Freiheit, Zürich 1952.

Männer, die ihre Kameraden verraten hatten. Die Verfilmung des Berthold-Romans „Kriegsgericht“ aus dem Jahre 1959 überrascht in dieser Hinsicht als durchaus realistische Darstellung eines militärgerichtlichen Strafverfahrens und hebt deutlich die zügige Durchführung des Verfahrens sowie die schwache Position des Verteidigers hervor. Schließlich wurden verschiedentlich Tatsachenberichte publiziert, die indes schriftstellerisch ausgeschmückt wurden und deren Wahrheitsgehalt nur teilweise nachvollzogen werden kann;[6] die Veröffentlichung von Dietrich Güstrow diente gar der Verschleierung der eigenen NS-Vergangenheit.[7]

Unter Historikern gab es in den ersten Jahren des Bestehens der Bundesrepublik zunächst nur ein geringes Interesse an der Wehrmachtjustiz oder gar ihren Opfern. Zu nennen sind hier die in den 1950er-Jahren entstandenen Arbeiten Rudolf Absolons, des ehemaligen Leiters des Bundesarchivs in Aachen-Kornelimünster, die sich allerdings in einer nüchternen Beschreibung der grundlegenden Strafgesetze und der Auflistung verschiedener Bewährungsformationen erschöpfen.[8] Rund 20 Jahre später erschien „Die Militärjustiz in der Zeit des Nationalsozialismus“ von Otto-Peter Schweling, herausgegeben von Erich Schwinge.[9] Mit diesem Werk, das immerhin in zwei Auflagen erschien und das rege Interesse der Medien fand,[10] meldeten sich zwei Personen zu Wort, die selber in die Materie involviert waren, denn Schweling und Schwinge waren als Kriegsrichter tätig gewesen, Schwinge war darüber hinaus Verfasser des wichtigsten Kommentars zum Strafrecht der Wehrmacht. Die Kommen-

6 Heinrich Mörbitz, Zwischen Front und Galgen. Soldaten vor dem Kriegsgericht, Rastatt 1971; Friedrich Deich, Orangen, Seelen, Kriegsgericht. Lebensbeichte eines Psychiaters, Düsseldorf 1959; Emil Rudolf Greulich, Zum Heldentod begnadigt, Berlin (Ost) 1949; Emil Rudolf Greulich, Amerikanische Odyssee, Berlin (Ost) 1965; Albrecht Goes, Unruhige Nacht, Hamburg 1950; Herward Beschorner, Centralino – 3x klingeln. Ein Deserteur erzählt, Köln 1989; Günter Fraschka, Fertigmachen zum Erschießen. Zwischen Willkür und Gewissen. Acht Kriegsgerichtsfälle, 2. Aufl., Rastatt 1960; Maria Langner, Die letzte Bastion, Berlin 1949; Peter Jokostra, Das große Gelächter, Stuttgart 1974.

7 Dietrich Güstrow, Tödlicher Alltag. Strafverteidiger im Dritten Reich, Berlin 1981. Die Rolle Güstrows, der richtig Dietrich Wilde hieß, kann in zwei Aufsätzen nachgelesen werden: Hubert Rottleuthner, Wer war Dietrich Güstrow?, in: Kritische Justiz 21 (1988) 1, S. 81 ff.; Hubert Rottleuthner/Johannes Tuchel, Wer war Dietrich Wilde alias Dietrich Güstrow? Ein Nachtrag, in: Kritische Justiz 24 (1991) 1, S. 76 ff.

8 Rudolf Absolon, Wehrmachtstrafrecht, Kornelimünster 1958; Rudolf Absolon, Sondereinheiten, Kornelimünster 1952; des Weiteren sei auf die Schriftenreihe des Instituts für Besatzungspolitik in Tübingen verwiesen, so etwa Günther Moritz, Die Gerichtsbarkeit in besetzten Gebieten. Historische Entwicklung und völkerrechtliche Würdigung, Tübingen 1959.

9 Otto Peter Schweling, Die Militärjustiz in der Zeit des Nationalsozialismus, Marburg 1977; vgl. auch Erich Schwinge, Wehrmachtgerichtsbarkeit eine Terrorjustiz? Gedanken zu einem Urteil des Bundessozialgerichts, Bonn 1993.

10 Nachweise bei Karl Dietrich Erdmann, Zeitgeschichte, Militärjustiz und Völkerrecht. Zu einer aktuellen Kontroverse, in: Geschichte in Wissenschaft und Unterricht 30 (1979) 3, S. 129 f.

tierungen Schwinges zum materiellen Wehrstrafrecht dienen auch in der Gegenwart noch als Quellenmaterial zur Erläuterung und Auslegung des Wehrstrafgesetzes.[11]

1978 wurde die Wehrmachtjustiz in den Bewusstseinshorizont der breiten Öffentlichkeit gerückt: In der „Zeit" erschien ein Artikel des Schriftstellers Rolf Hochhuth über den damaligen Ministerpräsidenten Baden-Württembergs Hans Filbinger und seine Rolle als Richter bei der Kriegsmarine. Die Verantwortung für zum Teil nur wenige Wochen vor Kriegsende ausgesprochene Todesurteile sowie die Aussage „Was damals Recht war, kann heute nicht Unrecht sein" führten zum Sturz des Politikers.

Insbesondere in den späten 1980er- und 1990er-Jahren folgte eine ganze Reihe von Publikationen, die entweder den gesamten Themenkomplex behandelten[12] oder regionale und spezielle Betrachtungen vornahmen.[13] Daneben erschienen einige Biografien über Personen, die in den Justizapparat der Wehrmacht

11 Vgl. Joachim Schölz, Wehrstrafgesetz, 4. Aufl., München 2000.

12 Franz W. Seidler, Die Militärgerichtsbarkeit der deutschen Wehrmacht 1939–1945, Schnellbach 1999; Norbert Haase, Deutsche Deserteure, Berlin 1987; Fietje Ausländer (Hrsg.), Verräter oder Vorbilder?; Axel Janda, Die Entwicklung von Militärstrafrecht und Militärstrafgerichtsbarkeit unter besonderer Berücksichtigung der Misshandlung Untergebener in der kaiserlichen Deutschen Marine, Diss., Köln 1981; Thomas Walter, „Schnelle Justiz – gute Justiz". Die NS-Militärjustiz als Instrument des Terrors, in: Walter Manoschek (Hrsg.), Opfer der NS-Militärjustiz. Urteilspraxis – Strafvollzug – Entschädigungspolitik in Österreich, Wien 2003, S. 27–52.

13 Karl Salm, Fahnenflucht als politische Weltanschauung? Zum Fall Richard Freiherr von Weizsäcker, Tübingen 1989; Günther Fahle, Verweigern – Weglaufen – Zersetzen. Deutsche Militärjustiz und ungehorsame Soldaten 1939–1945. Das Beispiel Ems-Jade, Bremen 1990; Michael Eberlein/Norbert Haase/Wolfgang Oleschinski, Torgau im Hinterland des Zweiten Weltkriegs. Militärjustiz, Wehrmachtgefängnisse, Reichskriegsgericht, Leipzig 1999; Manfred Messerschmidt, Wehrmacht und Nationalsozialismus, in: „Ich muß selber etwas tun". Deserteure – Täter und Verfolgte im Zweiten Weltkrieg, hrsg. von der Geschichtswerkstatt Marburg e. V., Marburg 2000, S. 11–33; Franz W. Seidler, Fahnenflucht. Der Soldat zwischen Eid und Gewissen, München 1993; Michael Eberlein, Das Marburger Militärgericht im Dienste des Nationalsozialismus, in: Militärjustiz im Nationalsozialismus. Das Marburger Militärgericht, hrsg. von der Geschichtswerkstatt Marburg e. V., Marburg 1994; Norbert Haase, „Gefahr für die Manneszucht". Verweigerung und Widerstand im Spiegel der Spruchtätigkeit von Marinegerichten in Wilhelmshaven 1939–1945, Diss., Hannover 1996; Norbert Haase, Das Reichskriegsgericht und der Widerstand gegen die nationalsozialistische Herrschaft, Berlin 1993; Jörg Kammler, Ich habe die Metzelei satt und laufe über ... Kasseler Soldaten zwischen Verweigerung und Widerstand (1939–1945), 2. Aufl., Fuldabrück 1985; Stefanie Reichelt, „Für mich ist der Krieg aus!" Deserteure und Kriegsdienstverweigerer des Zweiten Weltkriegs in München, München 1995; Heinrich Scheel, Vor den Schranken des Reichskriegsgerichts. Mein Weg in den Widerstand, Berlin 1993; Jürgen Thomas, Wehrmachtjustiz und Widerstandsbekämpfung. Wirken der deutschen Militärjustiz in den besetzten Westgebieten, Diss., Baden-Baden 1990; Bianca Vieregge, Die Gerichtsbarkeit einer Elite, Baden-Baden 2002; Horst Voigt, „Strafbataillon 999" gab es nicht,

eingebunden waren[14] oder zu seinen Opfern gehörten.[15] Die grundlegendsten Arbeiten stammen von Manfred Messerschmidt, Fritz Wüllner und Hans-Peter

in: Alte Kameraden (1991) 6, 7, 9/10; Thomas Werther, Kriegsgefangene vor dem Marburger Militärgericht, in: Militärjustiz im Nationalsozialismus. Das Marburger Militärgericht, S. 244 ff.; Wilhelm Wicziok, Die Armee der Gerichteten. Zur besonderen Verwendung – Bewährungsbataillon 500, Essen 1992; Albrecht Hartmann/Heidi Hartmann, Kriegsdienstverweigerung im Dritten Reich, Frankfurt a. M. 1986; Ulrich Vultejus, Kampfanzug unter der Robe. Kriegsgerichtsbarkeit des Dritten Weltkriegs, Hamburg 1984, S. 47 ff.; Martin Schnackenberg, „Ich wollte keine Heldentaten mehr vollbringen", Oldenburg 1997; Norbert Haase/Gerhard Paul, Die anderen Soldaten. Wehrkraftzersetzung, Gehorsamsverweigerung und Fahnenflucht im Zweiten Weltkrieg, Frankfurt a. M. 1995; Günter Saathoff/Michael Eberlein/Roland Müller, Dem Tode entronnen. Zeitzeugeninterviews mit Überlebenden der NS-Militärjustiz, Köln 1993; Julius Schätzle, Stationen zur Hölle. Konzentrationslager in Baden und Württemberg 1933–1945, 2. Aufl., Frankfurt a. M. 1980; Hans Constabel, Hol nieder Flagge. Ereignisse um ein Standgericht, Bremerhaven 1989; Hans-Jürgen Kahle, „... dessen Konservierung im Zuchthaus sinnlos wäre!", Cuxhaven 1991; vgl. auch Ingo Müller, Furchtbare Juristen. Die unbewältigte Vergangenheit unserer Justiz, München 1987; Justus Franz Wittkop, Pariser Tagebuch, München 1985; Lothar Walmrath, „Iustitia et disciplina". Strafgerichtsbarkeit in der deutschen Kriegsmarine 1939–1945, Frankfurt a. M. 1998; René Closset, Er ging durch die Hölle. Franz Stock, Paderborn 1979; Stefan Doernberg (Hrsg.), Im Bunde mit dem Feind. Deutsche auf alliierter Seite, Berlin 1995; Andreas Wagner, „In Anklam aber empfängt mich die Hölle ...". Dokumentation zur Geschichte des Wehrmachtgefängnisses Anklam 1940–1945, Schwerin 2000; Michael Eberlein/Norbert Haase, Luxemburger Zwangsrekrutierte; im Ausland erschienen darüber hinaus: Martin van Creveld, Fighting Power. German and U. S. Army Performance, 1939–1945, Connecticut, USA 1982; Lars G. Petersson, Broken Oath. Victims of Hitler's bloodjudges, London 2004.

14 Ursula Schwinge-Stumpf, Erich Schwinge. Ein Juristenleben im 20. Jahrhundert, Frankfurt a. M. 1997; Hermann Bösch, Dr. Karl Sack. Wehrmachtrichter in der Zeit des Nationalsozialismus, Scheinfeld 1993; Ernst Roskothen, Groß-Paris 1941–44. Ein Wehrmachtrichter erinnert sich, Tübingen 1989; Detlef Garbe, „In jedem Einzelfall ... bis zur Todesstrafe". Der Militärstrafrechtler Erich Schwinge, Hamburg 1989; Carlo Schmid, Erinnerungen, München 1979; Hans Filbinger, Die geschmähte Generation, München 1987; Heinz Hürten/Wolfgang Jäger/Hugo Ott, Hans Filbinger. Der „Fall" und die Fakten, Mainz 1980; Stephan Dignath (Hrsg.), Dr. Karl Sack, Ein Widerstandskämpfer aus Bosenheim. Bekenntnis und Widerstand, Bad Kreuznach 1985; Hiska Bergander, Die Ermittlungen gegen Dr. jur. et rer. pol. Manfred Roeder, einen „Generalrichter" Hitlers – Eine Untersuchung zur unbewältigten Rechtsgeschichte der NS-Justiz, Diss., Bremen 2006; Stephan Baier, Das Todesurteil des Kriegsgerichtsrats Dr. Schwinge, in: Kritische Justiz 21 (1988) 3, S. 340–346; Heinrich Grosse, Ankläger von Widerstandskämpfern und Apologet des NS-Regimes nach 1945 – Kriegsgerichtsrat Manfred Roeder, in: Kritische Justiz 38 (2005) 1, S. 36–55; Norbert Haase, Generaloberstabsrichter Dr. Rudolf Lehmann, in: Gerd Ueberschär (Hrsg.), Hitlers militärische Elite. Bd. 1. Von den Anfängen des Regimes bis Kriegsbeginn, Darmstadt 1998, S. 154–161.

15 Harald Kruse, Unschuldig schuldig. Ein KZ-Überlebender zwischen Haß und Hoffnung, 2. Aufl., Bielefeld 1995; Hans Freese, Bremsklötze am Siegeswagen der Nation. Erinnerungen eines Deserteurs an Militärgefängnisse, Zuchthäuser und Moorlager in den

Klausch.[16] Insbesondere durch das Dokumentations- und Informationszentrum Papenburg und die Geschichtswerkstatt Marburg wurden Publikationen zu verschiedenen Einzelaspekten erarbeitet. Auch in jüngster Zeit erschienen umfangreiche Arbeiten,[17] mit zum Teil spezieller Betrachtung einzelner Aspekte des Themenkomplexes.[18] Besonderes Augenmerk verdient auch die Veröffentlichung des Hildesheimer Amtsrichters Ulrich Vultejus, der die Pläne des Bundesjustizministeriums zur Schaffung einer neuen Wehrgerichtsbarkeit aufdeckte, die sich der Grundzüge der früheren Wehrmachtjustiz bedienen sollte.[19]

Jahren 1941–1945, Bremen 1989; Antje Dertinger, Der treue Partisan. Ein deutscher Lebenslauf: Ludwig Gehm, Bonn 1989; Egon Franke, Als „999er" in der Bewährungseinheit, in: Reinhard Appel (Hrsg.), Es wird nicht mehr zurückgeschossen … Erinnerungen an das Kriegsende 1945, Bergisch Gladbach 1995, S. 105–110; Heinrich Walle, Ein deutsches Schicksal. Zweimal zum Tode verurteilt. Die Tragödie des Oberleutnant zur See Oskar Kusch, in: Heribert Ostendorf/Uwe Danker (Hrsg.), Die NS-Strafjustiz und ihre Nachwirkungen, Baden-Baden 2003, S. 57–64. Zu nennen ist hier der Vollständigkeit halber auch die Autobiografie von Werner Lenz, die seine fast achtmonatige Fahnenflucht thematisiert – wenngleich es nicht zu einer Verhaftung bzw. Verurteilung kam: Werner Lenz, Gerade Wege gibt es nicht, Bremerhaven 2006.

16 Hans-Peter Klausch, Die Geschichte der Bewährungsbataillone 999 unter besonderer Berücksichtigung des antifaschistischen Widerstandes, Köln 1987; Hans-Peter Klausch, Die Bewährungstruppe 500. Stellung und Funktion der Bewährungstruppe 500 im System von NS-Wehrrecht, NS-Militärjustiz und Wehrmacht-Strafvollzug, Bremen 1995; Hans-Peter Klausch, Antifaschisten in SS-Uniform. Schicksal und Widerstand der deutschen politischen KZ-Häftlinge, Zuchthaus- und Wehrmachtstrafgefangenen in der SS-Sonderformation Dirlewanger, Bremen 1993; Hans-Peter Klausch, „Wehrunwürdige". Die Bewährungsbataillone 999 und das Problem der Desertion als eine Form des antifaschistischen Widerstandes, in: Fietje Ausländer (Hrsg.), Verräter oder Vorbilder?, S. 157–179; Manfred Messerschmidt, Die Wehrmachtjustiz 1933–1945, Paderborn 2005; Manfred Messerschmidt/Fritz Wüllner, Die Wehrmachtjustiz im Dienste des Nationalsozialismus. Zerstörung einer Legende, Baden-Baden 1987; Manfred Messerschmidt, „Was damals Recht war …". NS-Militär- und Strafjustiz im Vernichtungskrieg, Essen 1996.

17 Ulrich Baumann/Magnus Koch, „Was damals Recht war …". Soldaten und Zivilisten vor Gerichten der Wehrmacht, Berlin 2008; Peter Lutz Kalmbach, Militärjustiz und Bewährungseinheiten im Strafrecht und Strafvollzug des NS-Staates, Diss., Bremen 2009.

18 Christoph Rass, „Menschenmaterial": Deutsche Soldaten an der Ostfront. Innenansicht einer Infanteriedivision 1939–1945, Paderborn 2003; Birgit Beck, Wehrmacht und sexuelle Gewalt. Sexualverbrechen vor deutschen Militärgerichten 1939–1945, Paderborn 2004; Kristina Brümmer-Pauly, Desertion im Recht des Nationalsozialismus, Berlin 2006; Norbert Haase, Justizterror in der Wehrmacht am Ende des Zweiten Weltkrieges, in: Cord Arendes/Edgar Wolfrum/Jörg Zedler (Hrsg.), Terror nach Innen. Verbrechen am Ende des Zweiten Weltkrieges, Göttingen 2006, S. 80–102; Christian Thomas Huber, Die Rechtsprechung der deutschen Feldkriegsgerichte bei Straftaten von Wehrmachtssoldaten gegen Angehörige der Zivilbevölkerung in den besetzten Gebieten, Marburg 2007; Magnus Koch, Fahnenfluchten, Paderborn 2008.

19 Ulrich Vultejus, Kampfanzug.

Die DDR hingegen thematisierte diesen Bereich bereits wesentlich früher. Vor allem die Bewährungseinheiten und die militärischen und halbmilitärischen Ermittlungsorgane waren Gegenstand zahlreicher Veröffentlichungen.[20] In Grundzügen fand auch das Wirken der Militärjustiz – gerade in Bezug auf die Existenz des „Nationalkomitees Freies Deutschland", dessen Mitglieder als ehemalige Soldaten der Wehrmacht ein kriegsgerichtliches Verfahren fürchten mussten – seine Aufarbeitung.[21] Der Grund lag zunächst darin, dass es häufig Menschen mit einer sozialistischen oder kommunistischen Gesinnung waren, die vor Kriegsgerichten gestanden hatten und zur Frontbewährung herangezogen worden waren. Die Überlebenden wählten nach dem Krieg nicht selten die DDR als künftige Heimat. Derartige Publikationen dienten zudem auch politisch-propagandistischen Zwecken – sowohl zur Glorifizierung des antifaschistischen Widerstandes als auch zur Durchführung von Kampagnen gegen den Westen, dem der unkritische Umgang mit NS-Tätern und ehemaligen Kriegsrichtern vorgeworfen wurde.

In der westdeutschen Nachkriegsgesellschaft wurden die von Kriegsgerichten verurteilten ehemaligen Wehrmachtangehörigen noch Jahrzehnte nach dem Ende des Krieges verachtet. Gerade der häufige Vollzug in Zuchthäusern und Straflagern degradierte sie zu ehrlosen „Zuchthäuslern", Fahnenflüchtige galten allgemein als „Feiglinge". Noch in den 1990er-Jahren erhielten Opfer wie Ludwig Baumann, die ihre Situation öffentlich machten, Drohbriefe und mussten aus Kreisen von Soldatenvereinigungen Schmähungen erdulden.

20 Klaus Gessner, Geheime Feldpolizei. Zur Funktion und Organisation des geheimpolizeilichen Exekutivorgans der faschistischen Wehrmacht, Berlin (Ost) 1986; Hans Burkhardt/Günter Erxleben/Kurt Nettball, Die mit dem blauen Schein. Über den antifaschistischen Widerstand in den 999er Formationen der faschistischen deutschen Wehrmacht (1942 bis 1945), Berlin (Ost) 1982; Heinz Schröder, „Olle Icke" erzählt, Berlin 1986; Im Kampf bewährt. Erinnerungen deutscher Genossen an den antifaschistischen Kampf von 1933 bis 1945, Berlin (Ost) 1969; Strafdivision 999. Erlebnisse und Berichte aus dem antifaschistischen Widerstandskampf, Berlin (Ost) 1956; Erwin Bartz, Soldat auf Bewährung, Berlin (Ost) 1956; Max Frenzel/Wilhelm Thiele/Artur Mannbar, Gesprengte Fesseln. Ein Bericht über den antifaschistischen Widerstand und die Geschichte der illegalen Parteiorganisation der KPD im Zuchthaus Brandenburg-Görden von 1933 bis 1945, 2. Aufl., Berlin (Ost) 1976; Horst Schluckner/Hans-Joachim Else/ Siegfried Marohn, Überlebende, Berlin (Ost) 1956.

21 Willy Wolff, Auf der richtigen Seite. Zum Wirken der Frontorganisation des Nationalkomitees „Freies Deutschland", Berlin (Ost) 1985; Wir klagen an. 800 Nazi-Blutrichter – Stützen des Adenauer-Regimes, hrsg. vom Ausschuß für Deutsche Einheit, Berlin (Ost) 1959; Braunbuch. Kriegs- und Naziverbrecher in der Bundesrepublik, hrsg. vom Nationalrat der Nationalen Front des demokratischen Deutschland, Berlin (Ost) 1965; Luitpold Steidle, Entscheidung an der Wolga, Berlin (Ost) 1969; Helmut Welz, In letzter Stunde. Die Entscheidung des Generals Arno von Lenski, 3. Aufl., Berlin (Ost) 1980; Edith Zorn/Ernst Melis, Nationalkomitee „Freies Deutschland" in Frankreich, in: Else von Kügelgen/Bernt von Kügelgen (Hrsg.), Die Front war überall. Erlebnisse und Berichte vom Kampf des

Im Oktober 1990 – 45 Jahre nach Kriegsende – schlossen sich Überlebende der Wehrmachtjustiz zusammen, um für die Opfer endlich Rehabilitierung zu erlangen. Neben der Entkriminalisierung der Zehntausenden Verurteilten war es auch der Wunsch der Überlebenden, ihre „späte Würde" zurückzuerlangen.[22] Nachdem Tausende von Soldaten und Zivilisten vor Exekutionskommandos, in Straflagern und Bewährungsbataillonen den Tod gefunden hatten, waren es noch 37 alte Menschen, die sich zusammenfanden, um die „Bundesvereinigung Opfer der NS-Militärjustiz" zu gründen. Die Bemühungen, die lastende „Schande tilgen"[23] zu können, führten erst im Jahre 2002 zum Erfolg: Mit dem Gesetz zur Änderung des Gesetzes zur Aufhebung nationalsozialistischer Unrechtsurteile in der Strafrechtspflege wurden nahezu alle militärgerichtlich Verurteilten rehabilitiert.[24] Im Spätsommer 2009 erfolgte schließlich auch die Rechtskraftloserklärung der Kriegsverratsurteile.

Die neuere Forschung hat im hohen Maße zur Aufarbeitung des NS-Unrechts in der Militärstrafrechtspflege beigetragen, einige Bereiche stellen sich indes noch immer als lückenhaft dar. Die vorliegende Ausarbeitung orientiert sich an den Ergebnissen der bislang geleisteten Arbeit, setzt aber mit der Erforschung der vielfältigen Kooperationen zwischen Wehrmacht und Justiz neue Schwerpunkte. Besonderes Augenmerk liegt dabei auf den früh einsetzenden Bemühungen der Militärjuristen, die Wehrmachtgerichtsbarkeit für den „totalen Krieg" einsatzbereit zu machen. Dergestalt entwickelte sich die Wehrmachtjustiz in drei Phasen: Im Zeitraum 1933/34 bis 1939 wurde sie wiedererrichtet und für den erwarteten Krieg neu konzipiert. In einer zweiten Phase bis 1944 wurden die in der Friedensperiode des NS-Staates entwickelten Reformen umgesetzt und weiter modifiziert. In der Schlussphase bis Mai 1945 agierten die Militärgerichte schließlich gänzlich im Sinne der NS-Ideologie und führten die Verfahren in rücksichtsloser Manier und mit grausamer Härte durch – das „fliegende Standgericht" wurde nun mehr und mehr Synonym für die Gerichtsbarkeit der Wehrmacht.

Um die unvollständigen Überlieferungen zu komplettieren und zu veranschaulichen, ist der Rückgriff auf Zeitzeugen und Interviews unumgänglich. Die dieser Arbeit zugrunde liegenden Zeugenaussagen entstanden im Laufe mehrerer Jahre und geben, aus zum Teil völlig verschiedenen Perspektiven, Erinnerungen

Nationalkomitees „Freies Deutschland", Berlin (Ost) 1968, S. 351–368; vgl. auch Wanda Kiedrzynska, Krytyna Wituska. Zeit, die mir noch bleibt, Berlin (Ost) 1982.

22 Interview mit Ludwig Baumann vom 16. 12. 2003.

23 „Die Zeit", 10. 2. 1995.

24 Gesetz zur Änderung des Gesetzes zur Aufhebung nationalsozialistischer Unrechtsurteile in der Strafrechtspflege vom 23. 7. 2002, BGBl. 2002 I, S. 2714; sowie Gesetz zur Aufhebung nationalsozialistischer Unrechtsurteile in der Strafrechtspflege vom 25. 9. 1998, BGBl. 1998 I, S. 2501.

und Eindrücke über die Wehrmachtjustiz wieder. Neben Menschen, die als Verurteilte Strafvollzug und Frontbewährung am eigenen Leib zu spüren bekamen, waren es auch Personen, die selbst partiell in den Rechtsapparat der Wehrmacht integriert waren oder als Außenstehende mit der Wehrmachtgerichtsbarkeit in Berührung kamen. Neben der Ergänzung und Deutung von Einzelaspekten dienen diese Interviews auch der Erläuterung und Verdeutlichung einzelner Ausführungen. Einige Zeitzeugen äußerten den Wunsch, nur anonym zitiert zu werden. Diesem zu respektierenden Anliegen wurde durch Verzicht der kompletten Namensnennung im jeweiligen Fall entsprochen. Alle Zeitzeugen haben sich gegenüber dem Verfasser als glaubwürdig dargestellt; ihre Aussagen deckten sich dort, wo Literatur greifbar ist, mit dem Stand der Forschung.

Kapitel 1: Die erste Phase – strafrechtliche Aufrüstung der Wehrmacht

I. Entwicklung der deutschen Militärgerichtsbarkeit

Die Einrichtung einer Strafgerichtsbarkeit zur Aburteilung von Soldaten ist keine Entwicklung der Neuzeit. Bereits im Mittelalter wurden im deutschen Sprachraum einzelnen Heerhaufen Gerichte beigeordnet, die Verfehlungen von Soldaten ahnden sollten.[1] Ab dem 17. Jahrhundert bildete sich in Brandenburg-Preußen eine Militärjustiz heraus, die bis in das 20. Jahrhundert hinein für diesen Justizzweig prägend blieb. Sie kannte Berufungsmöglichkeiten, eine Gerichtsordnung und getrennte Gerichte für Offiziere und Mannschaften.[2] Auch in anderen deutschen Staaten kam es in den folgenden Jahren zur Konstituierung eines umfangreichen Militärjustizwesens.

Im Bereich des materiellen Militärstrafrechts war für das ausgehende 19. Jahrhundert das Militärstrafgesetzbuch (MStGB) vom 20. Juni 1872[3] von Bedeutung, das sich stark am preußischen Militärrecht orientierte. Es enthielt die strafrechtlichen Bestimmungen für den Bereich des Militärwesens. Seine Geltung erstreckte sich auf alle Staaten, die sich zum Deutschen Reich zusammengeschlossen hatten. Das MStGB von 1872 blieb bis zum Ende des NS-Staates in Kraft, wobei es allerdings inhaltliche Veränderungen erfuhr.

Am 1. Dezember 1898 wurde eine Militärstrafgerichtsordnung[4] (MStGO) erlassen, die für das ganze Deutsche Reich galt. Sie regelte den Ablauf des Verfahrens vor den Militärgerichten. Gemäß dieser MStGO setzten sich die Gerichte aus einem militärischen Befehlshaber als sogenanntem Gerichtsherrn und aus Gerichtsoffizieren oder Militärjuristen zusammen. In Verfahren gegen Offiziere nahm stets ein Militärjurist mit der Kennzeichnung „Kriegsgerichtsrat" teil. Außerdem wurde als höchstes Militärgericht das Reichsmilitärgericht mit Sitz in Berlin bestimmt.

Nach dem Ende des Ersten Weltkrieges wurde die deutsche Militärjustiz weitgehend abgeschafft. Art. 106 der Weimarer Reichsverfassung vom 11. August 1919

1 Umfassend Axel Janda, Die Entwicklung, S. 5 ff.; Burkhard von Bonin, Grundzüge der Rechtsverfassung in den deutschen Heeren zu Beginn der Neuzeit, Weimar 1904, S. 1 ff.; auch Heinrich Rosenberger, Gerichtsherr und Spruchgericht, in: ZfW 2 (1937/38), S. 208–211.

2 Vgl. Axel Janda, Die Entwicklung, S. 9 ff.

3 RGBl. 1872, S. 174.

4 RGBl. 1898, S. 1189.

bestimmte, dass die Militärgerichtsbarkeit aufgehoben sei.[5] Ausnahmen bestanden für Kriegsschiffe. Damit war die MStGO nur noch für die Bordgerichte verbindlich. Für den Fall eines bewaffneten Konflikts war allerdings eine Wiedereinrichtung von Militärgerichten vorgesehen. Das MStGB besaß hingegen weiterhin Geltung für die ihm unterworfenen Personen. Gemäß dem Gesetz betreffend die Aufhebung der Militärgerichtsbarkeit vom 17. August 1920[6] gingen sämtliche Zuständigkeiten der bisherigen Kriegsgerichte – abgesehen von der Bordgerichtsbarkeit – auf die zivile Justiz über. Damit unterstanden die Angehörigen der Reichswehr der ordentlichen Strafgerichtsbarkeit der Amts- und Landgerichte.

Mit der Ausschaltung der Militärgerichtsbarkeit begann ein aggressiver Kampf rechtsgerichteter und monarchistischer Kreise gegen diese Maßnahme. Selbst im Vorwort der Ausgabe des MStGB aus dem Jahre 1922 versäumte es der Herausgeber nicht, das Gesetz zur Aufhebung der Militärgerichtsbarkeit als Verfehlung zu bezeichnen.[7]

II. Wiedereinrichtung der deutschen Militärgerichtsbarkeit im NS-Staat

Nach der sogenannten Machtergreifung der Nationalsozialisten zielte bereits eine der ersten Maßnahmen auf dem Gebiet der Gesetzgebung auf die Installierung eines neuen Justizapparates für die Streitkräfte. Die Militärgerichtsbarkeit wurde mit entsprechendem Gesetz vom 12. Mai 1933[8] wieder eingeführt. Die Tätigkeit der Militärgerichte setzte zum 1. Januar 1934 ein.[9] Die Gliederung der Gerichte war bereits per Erlass des Reichswehrministers im November 1933 geregelt worden.[10] Maßgebend für das kriegsgerichtliche Verfahren blieb die MStGO von 1898, die 1933 – unwesentlich – abgeändert wurde.[11] Die Wehrmachtjustiz war zwar losgelöst von der zivilen Justiz, verstand sich jedoch als Teil der gesamten Strafrechtspflege.[12] Dementsprechend hatte sie Kontakt zu den zivilen Organen der Rechtspflege zu halten. Durch Gesetz vom 23. November 1934 wurde die MStGO.

5 RGBl. 1919 I, S. 1383.

6 RGBl. 1920 I, S. 1579.

7 Vgl. Albert Hellwig, Militärstrafgesetzbuch, München 1922.

8 RGBl. 1933 I, S. 264.

9 Einführungsgesetz zur MStGO vom 13. 11. 1933, RGBl. 1933 I, S. 921.

10 Regelung der Gerichtsbarkeit über die Truppenteile und Dienststellen des Reichsheeres; Bekanntmachung des Reichsjustizministers vom 3. 1. 1934, abgedruckt, in: Deutsche Justiz (1934), S. 46.

11 Neue Fassung RGBl. 1933 I, S. 924.

12 Vgl. Schreiben des Chefs OKW an den Befehlshaber des Ersatzheeres vom 26. 9. 1942, abgedruckt bei: Norbert Haase, Das Reichskriegsgericht, S. 55.

nochmals geändert.[13] Von Bedeutung bei dieser Novellierung war die Möglichkeit, gegen Angeklagte Maßregeln der Sicherung und Besserung auszusprechen, die mit einer Entfernung aus der Reichswehr verbunden waren.

Die Wiedereinführung des militärischen Strafverfahrens wurde seitens der ehemaligen Militärrichter und der Wehrmachtführung als entscheidender Schritt zur Militarisierung Deutschlands gelobt. Die Lobby aus Militärs und Juristen hatte bereits anhaltend die Unterordnung der Reichswehr unter die zivile Justiz kritisiert und diesen Zustand als „auf die Dauer ohne Schaden für die Manneszucht [der Wehrmacht] nicht haltbar" angesehen.[14] Die Wiedererrichtung der Militärjustiz entsprach den Forderungen der Reichswehr und diente ihrer Stärkung. Sie hing aber auch zusammen mit Hitlers Erleben des Ersten Weltkrieges, der Revolution 1918 und seiner selektiven Wahrnehmung von „nützlichen Volksgenossen" und „nutzlosen" bzw. „gefährlichen Elementen", die es auszuschalten galt. In seinen „Tischgesprächen" gab er 1942 rückblickend dazu klärende Monologe: „Wenn man Revolutionen vorbeugen wolle, müsse man [...] das ganze asoziale Gezücht totschlagen."[15] Für den Wehrmachtstrafvollzug galt daher als Prämisse: „Durch den Wehrmachtstrafvollzug soll und muss verhindert werden, dass sich Unruhe- und Zersetzungsherde bilden und dadurch die Schlagkraft der Truppe geschädigt wird."[16] Die Aufgaben der Militärjustiz lagen demnach darin, die „Manneszucht der Wehrmacht" zu stärken,[17] die als „Seele der Armee"[18] gedeutet wurde und sich in erster Linie in der unbedingten Gehorsamspflicht gegenüber allen Befehlen ausdrückte.[19] Insbesondere in einer schlechten militärischen Lage sollte die Militär-

13 RGBl. 1934 I, S. 1165.

14 Werner Hülle, Aus der Geschichte des obersten Gerichtshofes der Wehrmacht, in: ZfW 1 (1936/37), S. 272 f.

15 Henry Picker, Hitlers Tischgespräche im Führerhauptquartier, 4. Aufl., Wiesbaden 1983, Aufzeichnung über den 7. 7. 1942, S. 430.

16 Kurze Übersicht über Organisation und Aufgaben des Wehrmachtstrafvollzugs, der Bewährungstruppe sowie der Sondereinheiten des Heeres vom 16. 3. 1943, BArch-MA RH 14/33, Bl. 6 ff.

17 Vgl. Glahn, Das Wehrrecht als Gemeinschaftsrecht, in: ZfW 3 (1938/39), S. 22 ff.; von Raab-Straube, Justizoffiziere, in: ZfW 3 (1938/39), S. 78; Franz, Zum allgemeinen Teil eines neuen Militärstrafgesetzbuches, in: Deutsche Justiz (1936), S. 757; Erich Schwinge, Militärstrafgesetzbuch nebst Kriegssonderstrafrechtsverordnung, Kommentar, 6. Aufl., Berlin 1944, S. 6 f.; Glahn, Der Kampf um die Militärgerichtsbarkeit, in: ZfW 1 (1936/37), S. 441, 447; Otto Peter Schweling, Die deutsche Militärjustiz in der Zeit des Nationalsozialismus, 2. Aufl., Marburg 1978, S. 7.

18 Glahn, Der Kampf um die Militärgerichtsbarkeit, in: ZfW 1 (1936/37), S. 441, 466; Franz, Zum allgemeinen Teil eines neuen Militärstrafgesetzbuches, in: Deutsche Justiz (1936), S. 757; Heinrich Dietz, zit. nach Alwin Kunze, Zur Strafbemessung bei den Wehrmachtgerichten, in: ZfW 2 (1937/38), S. 116, 126.

19 Glahn, Der Kampf um die Militärgerichtsbarkeit, in: ZfW 1 (1936/37), S. 441, 466; ähnlich Franz, Zum allgemeinen Teil eines neuen Militärstrafgesetzbuches, in: Deutsche Justiz

justiz durch zügiges und rücksichtsloses Eingreifen für die „Wiederherstellung der Manneszucht" sorgen.[20] Die „Manneszucht" war damit schlechthin das wesentliche Rechtsgut der Wehrmacht. Darüber hinaus sollte die Rechtsprechung der Militärgerichte dafür Sorge tragen, dass die „Störer" der militärischen Ordnung „unschädlich" gemacht würden.[21] Insbesondere der Ausschluss von Wehrmachtangehörigen aus den Streitkräften und die Vollstreckung von Todesurteilen sollte „der Reinerhaltung der Wehrmacht" dienen.[22] Die vorgebrachten Erläuterungen gleichen indes in ihrer Stoßrichtung dem zivilen Strafrecht, das im nationalsozialistischen Staat den Sinn einer „Selbstreinigungshandlung des Volkes" hatte und Straftäter aus der „Volksgemeinschaft" ausstoßen sollte.[23] In dieser Hinsicht sollte es vor allem sühnend und abschreckend sein, aber auch das „Volk sichern" und die „Gutgesinnten" in ihrem Rechtsbewusstsein stärken.[24]

Die Einführung der Militärgerichtsbarkeit war als einer der ersten Schritte zur Aufrüstung ideologisch nahe liegend, da der dem Regime gegenüber kritisch eingestellte oder zum Widerstand bereite Bevölkerungsteil von der NS-Führung als noch relevant und gefährlich angesehen wurde. Da der Krieg bereits für die nahe Zukunft geplant oder zumindest in Kauf genommen wurde, konnte die Staatsführung nicht damit rechnen, die Bevölkerung bis dahin zur Gänze „gleichzuschalten". Nach Hitlers Ansicht brauchte es 20 Jahre nationalsozialistischer Erziehung, um die Deutschen in einem „soldatischen Geist" zu formen.[25] Alle Kriegspläne mussten daher einbeziehen, dass eine Vielzahl kampfunwilliger bzw. regimefeindlicher Soldaten in die Streitkräfte zu integrieren waren. Der fehlende „soldatische Geist" musste dementsprechend mit Gewalt erzwungen oder dieje-

(1936), S. 757; auch Eberhardt Schmidt, Wehrstrafrecht und allgemeines Strafrecht, in: ZfW 1 (1936/37), S. 340, 343.

20 Erich Schwinge, Über das in sich geschlossene Strafgesetzbuch der Wehrmacht (Fortsetzung), in: ZfW 3 (1938/39), S. 397 f.; Helmuth Mayer, Militärjustiz im neuzeitlichen Krieg, in: ZfW 2 (1937/38), S. 329, 336.

21 Hans Bernhard Braußе, Führer und Richter in soldatischen Verbänden, in: ZfW 3 (1938/39), S. 81, 93.

22 Kurt Kalberlah, Die Ehrenstrafen des Militärstrafgesetzbuches, in: ZfW 5 (1940/41), S. 517 f.; vgl. auch Eberhard Schmidt, Wehrstrafrecht und allgemeines Strafrecht, in: ZfW 1 (1936/37), S. 340, 343.

23 Roland Freisler, Grundzüge des kommenden Strafrechts, in: Zur Neugestaltung des Strafverfahrens und Strafvollzugs 1935, S. 4, 14.

24 Ebenda, S. 4; vgl. auch Roland Freisler, Blitzartig muß die Strafe den Verbrecher treffen! in: Deutsche Justiz (1938), S. 1859; O. von Hinüber, Strafrecht unter Berücksichtigung des kommenden Rechts, Allgemeiner Teil, 7. Aufl., Leipzig 1940, S. 10 ff.; Hans Frank, Der Sinn der Strafe, in: BfGK 66 (1935), S. 191 f.; Eberhardt Schmidt, Sinn und Zweck des Strafvollzugs, in: BfGK 68 (1937/38), S. 42, 52; Hans Frank, Strafrechts- und Strafvollzugsprobleme, in: BfGK 68 (1937/38), S. 259, 268.

25 Henry Picker, Tischgespräche, Aufzeichnung über den 24. 7. 1942, S. 456.

nigen niedergekämpft werden, die sich ihm widersetzten. Der Nationalsozialismus musste, wie es ein Historiker aus der DDR ausdrückte, für den Krieg auf seine „natürlichen Todfeinde" zurückgreifen.[26] Zwar beinhaltete das 1935 erlassene Wehrgesetz Regelungen, nach denen insbesondere wegen politischer Delikte Verurteilte vom Wehrdienst ausgeschlossen waren.[27] Jedoch war die Wehrmachtführung darauf bedacht, mit dieser Regelung nur als ideologisch gefestigt geltende Gegner des Nationalsozialismus zu treffen, um den personellen Ersatz für die Wehrmacht nicht zu gefährden.[28]

Die Wiedereinführung der Militärgerichtsbarkeit ging einher mit einer ganzen Reihe von Gesetzen, die auf eine rasche Aufrüstung zielten und die Einsatzfähigkeit der zukünftigen Wehrmacht bzw. ihrer Justiz beeinflussten. Bereits am 1. März 1933 erging ein Gesetz, das den Verrat oder die Ausspähung militärischer Geheimnisse unter Todesstrafe stellte. Das Gesetz über Verhängung und Vollzug der Todesstrafe vom 29. März 1933[29] durchbrach das Rückwirkungsverbot für Rechtsvorschriften und dehnte die Anwendung der Todesstrafe auch auf solche Tatbestände aus, die vor Inkrafttreten des Gesetzes verwirklicht worden waren. Ab dem 20. August 1934, also kurz nach Hindenburgs Tod, hatten alle Beamten und Soldaten einen Eid auf Hitler abzulegen.[30] Am 16. März 1935 wurde das Gesetz für den Aufbau der Wehrmacht[31] beschlossen, das die Wehrpflicht zum Grundstein der zukünftigen Streitkräfte bestimmte. Das folgende Wehrgesetz vom 21. Mai 1935 verfügte, dass grundsätzlich jeder männliche Deutsche der Wehrpflicht unterlag. Nach § 3 war Hitler als Führer und Reichskanzler zugleich Oberster Befehlshaber der Wehrmacht. Seine Befehlsgewalt übte stellvertretend der Reichskriegsminister aus.

Im Zuge der Fritsch-Blomberg-Krise wurde die Wehrmachtführung stärker unter die Kontrolle Hitlers gebracht, der am 4. Februar 1938 verfügte, dass die Befehlsgewalt durch ihn allein ausgeübt werde. Diese Maßnahme ging einher mit einer strukturellen Veränderung der militärischen Führung. Aus dem „Wehrmachtamt" des Reichskriegsministeriums bildete sich das „Oberkommando der Wehrmacht" (OKW), das Hitler als Oberstem Befehlshaber unterstellt war. Das Reichskriegsministerium löste sich mit diesem Schritt auf.[32] Die Befehlshaber der drei Teilstreitkräfte unterlagen unmittelbar der Direktive Hitlers, nicht je-

26 Klaus Gessner, Geheime Feldpolizei, S. 13.

27 RGBl. 1935 I, S. 609.

28 Vgl. Richtlinien des Reichskriegsministeriums für Entscheidungen gemäß § 13 I e des Wehrgesetzes, abgedruckt in: Deutsche Justiz (1934), S. 1108 f.

29 RGBl. 1933 I, S. 151.

30 Gesetz über die Vereidigung der Beamten und der Soldaten der Wehrmacht, RGBl. 1934 I, S.785.

31 RGBl. 1935 I, S. 375.

32 Vgl. Klaus-Jürgen Müller, Armee und Drittes Reich 1933–1939, Paderborn 1987, S. 92.

doch dem OKW. Der leitende Offizier des OKW, der die Bezeichnung „Chef des Oberkommandos der Wehrmacht" (Chef OKW) führte, war damit planendes und ausführendes Organ, das direkt für den Obersten Befehlshaber arbeitete und nur auf seine Weisung hin auch nach außen Befehlsgewalt besaß. Das dem „Obersten Befehlshaber" beigeordnete Oberkommando hatte somit lediglich administrative und planende Aufgaben. So wie das gesamte administrativ-polizeiliche System gekennzeichnet war von undeutlichen Kompetenzgrenzen und konkurrierenden Befugnissen, waren innerhalb der Wehrmacht ebenfalls teils keine klaren hierarchischen Strukturen vorhanden. Durch die Zentrierung der Befehlsbefugnis bei Hitler versanken höchste Wehrmachtstäbe wie das OKW in die Subalternität und wurden zu bloßen Verwaltungseinheiten degradiert.

III. Organisation der Wehrmachtjustiz

1. Rechtsabteilungen

Die Wehrmachtjustiz war kein in sich geschlossener Komplex, sondern gliederte sich zunächst – wie die Wehrmacht selbst – in drei Stränge, die den Teilstreitkräften Heer, Kriegsmarine und Luftwaffe entsprachen. Jeder dieser Wehrmachtteile verfügte über eine eigene Justizorganisation, die aus Gerichten und jeweils einer Rechtsabteilung bestanden.

Jede Rechtsabteilung wurde als nicht kämpfende Formation von einem Wehrmachtbeamten geführt, war jedoch als weisungsgebundene Gliederung des Militärapparates einem Verwaltungsstab und der Befehlsgewalt des befehlshabenden Offiziers in der Position eines Amtschefs unterstellt.[33] Diese Amtschefs waren dem direkten Befehl des Oberbefehlshabers ihrer Teilstreitkraft untergeordnet. Eingebettet in diese Befehlskette, waren die Rechtsabteilungen Bestandteil der Militärhierarchie und der Kompetenz eines Befehlshabers unterworfen. Die Rechtsabteilung des Heeres war in das Allgemeine Heeresamt integriert, die der Luftwaffe in das Luftwaffenamt.[34] Die Rechtsabteilung der Kriegsmarine unterstand zunächst dem Marinewehr-, später dem Marinehauptamt.[35] Die Angehörigen der Marinerechtsabteilung bildeten zugleich das Personal des Marine-

33 Vgl. Franz W. Seidler, Die Militärgerichtsbarkeit, S. 31; Otto Peter Schweling, Die deutsche Militärjustiz, S. 15 f.; Hermann Bösch, Dr. Karl Sack, S. 76; vgl. auch für das Heer: Gliederungen, Dienstanweisungen und Dienstplan für Befehlshaber des Ersatzheeres, Allgemeines Heeresamt, Inspekteure v. 1. 6. 1938, BArch-MA RHD 18/35.

34 Vgl. Franz W. Seidler, Die Militärgerichtsbarkeit, S. 31.

35 Vgl. Norbert Haase, Manneszucht, S. 71 f.

gerichts Berlin.[36] Eine bereits 1934 von Heinrich Dietz, einem der führenden Wehrmachtjuristen, geforderte vereinheitlichte Wehrmachtjustizorganisation, an deren Spitze ein Wehrjustizchef stehen sollte, der unmittelbar dem Oberbefehlshaber der Wehrmacht unterstehen würde,[37] verwirklichte sich nicht.

Die Rechtsabteilungen erarbeiteten Vorschläge und Verfügungen zur Anpassung und Ausrichtung der Militärjustiz an die jeweiligen militärischen Umstände;[38] dabei waren gegebenenfalls auch andere Abteilungen des jeweiligen Amtes zu beteiligen.[39] Darüber hinaus hatten sie Mitwirkungsrechte auf verschiedenen Gebieten der Gesetzgebung, insbesondere in Bezug auf das Wehrrecht.[40] Die Rechtsabteilungen wählten die Richter für die einzelnen Kriegsgerichte aus[41] und waren für alle personellen Fragen sowie für die Dienstaufsicht zuständig.[42] Zu den weiteren Aufgaben gehörten die Überwachung und Steuerung der militärgerichtlichen Rechtsprechung, das Führen von Kriminalstatistiken und die Rechtsberatung der höheren militärischen Dienststellen.[43]

Für die Wehrmacht als Gesamtheit aller Teilstreitkräfte existierte eine eigene Wehrmachtrechtsabteilung.[44] Sie war zunächst dem Reichskriegsminister und später dem Chef OKW Wilhelm Keitel unterstellt.[45] Solange die Wehrmacht – bis 1938 – im Reichskriegsministerium zusammengefasst war, nahm auch die Wehrmachtrechtsabteilung Aufgaben der Rechtsprechungssteuerung wahr, da das Reichskriegsministerium im Gegensatz zum OKW Einfluss auf die Teilstreitkräfte nehmen konnte. So wandte sie sich im Frühjahr 1936 wegen der Strafverfolgung homosexueller Soldaten mit einem Rundschreiben an die Gerichtsherren und Kriegsgerichtsräte.[46] Sie nahm verschiedene Urteile zum Anlass, die bisher aus-

36 Vgl. Schreiben des Oberstkriegsgerichtsrats für den Ostseebereich an alle unterstellten Gerichte vom 3. 6. 1940, BArch-MA RM 31/3360, Bl. 136 f.

37 Vgl. Heinrich Dietz, Zur Wiedereinführung der Militärgerichtsbarkeit im Neuen Reich, in: ZStW 53 (1934), S. 271, 284.

38 Vgl. Manfred Messerschmidt/Fritz Wüllner, Die Wehrmachtjustiz, S. 38.

39 Vgl. Otto Peter Schweling, Die deutsche Militärjustiz, S. 15.

40 Vgl. Geschäftsverteilungsplan der Marinerechtsabteilung vom 1. 2. 1940, BArch-MA RM 31/3360, Bl. 120 ff.; Gliederungen, Dienstanweisungen und Dienstplan für Befehlshaber des Ersatzheeres, Allgemeines Heeresamt, Inspekteure vom 1. 6. 1938, BArch-MA RHD 18/35.

41 Vgl. Jürgen Thomas, Wehrmachtjustiz und Widerstandsbekämpfung, S. 42, dort zitiert: Just Block, Die Ausschaltung und Beschränkung der dt. ordentlichen Militärgerichtsbarkeit, Diss., Würzburg 1967; vgl. auch Norbert Haase, Manneszucht, S. 72.

42 Vgl. Norbert Haase, Manneszucht, S. 72.

43 Vgl. Gliederungen, Dienstanweisungen und Dienstplan für Befehlshaber des Ersatzheeres, Allgemeines Heeresamt, Inspekteure vom 1. 6. 1938, BArch-MA RHD 18/35.

44 Vgl. Otto Peter Schweling, Die deutsche Militärjustiz, S. 4; Manfred Messerschmidt/Fritz Wüllner, Die Wehrmachtjustiz, S. 38.

45 Vgl. Otto Peter Schweling, Die deutsche Militärjustiz, S. 17; Bösch, Dr. Karl Sack, S. 76.

46 Vgl. Wehrmachtrechtsabteilung vom 18. 3. 1936, BArch-MA RH 14/54, Bl. 63.

gesprochenen Strafen in derartigen Fällen als zu milde zu kritisieren und drängte darauf, prinzipiell Zuchthausstrafen zu verhängen. Anlass der Rüge war ein vorangegangenes Schreiben des Reichswehrministers, in dem jedwede – auch nicht strafbare – homosexuelle Betätigung als „Fehltritt“ bezeichnet wurde, die mit „Stumpf und Stiel auszurotten“ sei.[47] Das Fehlen einer Befehlsgewalt des Chefs OKW gegenüber den drei Teilstreitkräften führte dann ab 1938 dazu, dass die Wehrmachtrechtsabteilung keinerlei Weisungsbefugnis gegenüber den drei Rechtsabteilungen der Teilstreitkräfte besaß, sofern nicht Hitler selbst über das OKW Befehle erteilte.

Die Wehrmachtrechtsabteilung war in erster Linie für die Bearbeitung wehrrechtlicher Grundsatzfragen zuständig.[48] Dazu gehörten insbesondere die Bereiche Wehrstrafrecht, Verfahrensrecht und die Vorschriften über die Strafvollstreckung. Die „Gruppe I/Wehrstrafrecht“ in der Wehrmachtrechtsabteilung hatte Mitwirkungsrechte bei der strafrechtlichen Gesetzgebung im Gesamtgebiet der Reichsverwaltung. Der „Gruppe II“ oblagen völkerrechtliche Fragen und die damit zusammenhängenden Bereiche, während sich die „Gruppe III/Öffentliches und Privates Recht“ an der Gesetzgebung im zivilen Bereich beteiligen durfte und Rechtsgutachten für militärische Dienststellen erstattete.

Die Wehrmachtrechtsabteilung registrierte alle militärgerichtlichen Verfahren gegen Offiziere und erstattete gegenüber dem Reichskriegsminister bzw. Chef OKW Bericht.[49] Weiterhin wurden regelmäßig Berichte über die Tätigkeit sämtlicher Militärgerichte bei der Wehrmachtrechtsabteilung gesammelt und an den Reichskriegsminister bzw. den Chef OKW weitergeleitet.

Ob sich diese Mitwirkungsrechte auf den gesamten Zeitraum des Bestehens der Wehrmachtjustiz bezogen, ist unklar. Spätestens jedoch ab dem 1. September 1939 erfasste der Einfluss der Wehrmacht alle maßgeblichen Bereiche der Staatsverwaltung. Diese Kompetenz beruhte auf dem Wehrgesetz von 1935, das in § 5 den überragenden Einfluss des Militärs im Falle eines Kriegszustandes manifestierte. Dieses Recht eröffnete der Wehrmacht die Möglichkeit, in die Ressorts der Ministerien vorzudringen. Für diese Vermutung sprechen auch Dokumente im Bundesarchiv Berlin, die derartige Beteiligungen des OKW nur für die Zeit ab 1939 umfassen.[50]

47 Der Reichswehrminister vom 19. 12. 1934, ebenda, Bl. 65 f.

48 Zum Folgenden vgl. Angaben gemäß des Findbuches des BArch-MA RW 2.

49 Vgl. dazu Schreiben des Reichswehrministers an die Oberstkriegsgerichtsräte v. 21. 5. 1935 betr. Strafverfahren gegen Offiziere, BArch-MA RH 14/54, S. 38.

50 Es handelt sich dabei um Vorschläge der Wehrmachtrechtsabteilung bzgl. der Änderungen der §§ 139a und 232 StGB sowie § 211 Abs. 2 StGB, vgl. dazu Schreiben des OKW an den Ministerrat für die Reichsverteidigung betr. Erlass einer Verordnung zur Änderung der Strafvorschriften über fahrlässige Tötung, Körperverletzung und Flucht bei Verkehrsunfällen vom 15. 2. 1940, BArch R 3001/20845, Bl. 229 sowie Schreiben der Wehrmachtrechtsabteilung an den Reichsjustizminister betr. Entwurf eines Gesetzes zur Änderung des Reichsstrafgesetzbuches vom 30. 6. 1941, ebenda, Bl. 420.

Die Chefs der Rechtsabteilungen hatten keinen persönlichen Zugang zu Hitler und wurden auch nicht zu Vorträgen geladen.[51] Deren Anliegen wurden entweder über einen Adjutanten Hitlers an diesen herangetragen oder über den Chef OKW.

2. Oberstkriegsgerichtsräte

Die Dienstaufsicht gegenüber dem richterlichen Personal der Wehrmacht oblag den Rechtsabteilungen der Wehrmachtteile sowie der Wehrmachtrechtsabteilung. Um die Übersicht zu wahren und die Aufsicht effektiv zu gestalten, waren den Kriegsgerichten und Rechtsabteilungen Dienstaufsichtsbezirke zwischengeschaltet, die jeweils einem „Oberstkriegsgerichtsrat" unterstellt waren und Verwaltungs- und Dienstaufsichtsangelegenheiten regelten.[52] In dieser Funktion waren sie die unmittelbaren Verwaltungsvorgesetzten der richterlichen Justizbeamten. Beim Heer waren 1935 drei Oberstkriegsgerichtsräte eingesetzt.[53] Bei der Luftwaffe waren die Oberstkriegsgerichtsräte bei jedem Oberkriegsgericht ansässig.[54] Die Marine hingegen verfügte bis Anfang 1939 nur über einen Marineoberstkriegsgerichtsrat, der zugleich Richter bei allen drei Gerichten der zweiten Instanz war.[55] Die Oberstkriegsgerichtsräte waren dafür zuständig, Urteile der Kriegsgerichte regelmäßig auf ihre Übereinstimmung mit materiell- und verfahrensrechtlichen Erfordernissen hin zu überprüfen. Die Ergebnisse dieser Untersuchungen waren über die Wehrmachtrechtsabteilung dem Reichswehrminister vorzulegen.[56] Über die Oberstkriegsgerichtsräte konnten des Weiteren Erfahrungen in Bezug auf gesetzliche Neuerungen gesammelt und weitergegeben werden. So wurden beispielsweise im Februar 1936 die Oberbefehlshaber der Wehrmachtteile und die Oberstkriegsgerichtsräte aufgefordert, Berichte über die Anwendung der Formel des „gesunden Volksempfindens", die von den Nationalsozialisten in

51 Willi R. Koch, Erinnerungen an den Vorgesetzten, in: Stephan Dignath (Hrsg.), Dr. Karl Sack, S. 38, 40.

52 Vgl. Manfred Messerschmidt, Die Wehrmachtjustiz 1933–1945, S. 44 f.; Otto Peter Schweling, Die deutsche Militärjustiz, S. 22; vgl. auch Verfügung des Reichswehrministers vom 27. 5. 1935, BArch-MA RH 14/54, Bl. 39.

53 Vgl. Otto Senftleben, Deutsches Wehrrecht. Ein Grundriß, Berlin 1935, S. 83.

54 Vgl. Dienst- und Geschäftsordnung für die Militärgerichte der Luftwaffe v. 1. 11. 1935, BArch R 3001/22301, Bl. 9 ff.

55 Vgl. Stellungnahme des Marineoberstkriegsgerichtsrats zu OKH, BArch-MA RM 31/3360, Bl. 48.

56 Vgl. Anordnung des Reichswehrministers an die Oberstkriegsgerichtsräte und Kriegsgerichte vom 27. 5. 1935, BArch-MA RH 14/54, Bl. 39.

das StGB integriert worden war, anzufertigen und der Wehrmachtrechtsabteilung vorzulegen.[57]

Die Dienstaufsicht in der Militärstrafrechtspflege war eine Neuerung gegenüber dem Ersten Weltkrieg. Ihr seinerzeitiges Fehlen wurde als grober Fehler der militärischen Führung angesehen, der dafür verantwortlich gemacht wurde, dass „unsoldatisch[e]“ Juristen in die Militärstrafrechtspflege hatten einsickern können.[58] Den militärischen Stellen sei durch diese Säumnis die – aus nationalsozialistischer Sicht – zu große Milde in der Urteilsfindung und in Gerichtsentscheidungen, die den Erfordernissen des Krieges nicht genügend Rechnung getragen hätten, verborgen geblieben.

Die Oberstkriegsgerichtsräte dienten damit als besonderes Aufsichtsorgan zur Lenkung der Rechtsprechung im Sinne der militärischen Führung. Da die Befehlshaber, denen eine eigene Gerichtsbarkeit unterstand, zunächst die Möglichkeit hatten, Rechtsmittel gegen ein Urteil einzulegen und während des Krieges einem Urteil, mit dessen Tenorierung sie nicht einverstanden waren, die erforderliche Genehmigung verweigern konnten, war das von der Wehrmachtführung errichtete Kontrollsystem gegenüber den Gerichten durch zwei verschiedene militärische Organe gewährleistet.

3. Wehrmachtgerichte

a Kriegsgerichte

Die Militärgerichte waren entweder einem einzelnen militärischen Verband ab der Größe einer Division beigegeben oder ihnen war ein militärischer Befehlsbereich zugeordnet, sodass sich die Zuständigkeit auf jede dort stationierte Formation erstreckte.[59] Sie unterstanden jeweils einem militärischen Befehlshaber, der in seiner justiziellen Funktion die Bezeichnung „Gerichtsherr“ trug. Verortung und Zuständigkeit der einzelnen Gerichte folgten, ganz im militärischen Sinn, den Befehlsverhältnissen.[60] Die einzelnen Gerichte trugen die Bezeichnung „Kriegsgericht“[61] unter Zusatz der Bezeichnung des Verbandes oder des Befehls-

57 Erlass des Reichskriegsministers vom 29. 2. 1936 betr. Strafurteile im Sinne des § 2 und § 2 b RStGB, ebenda, Bl. 58; Schreiben des O. d. H./Heeresrechtsabteilung an die Oberstkriegsgerichtsräte vom 12. 3. 1936 betr. Strafurteile im Sinne des § 2 und § 2 b RStGB, ebenda.

58 Stock, Über Militärstrafrechtspflege, in: ZfW 2 (1937/38), S. 356, 360.

59 Vgl. Friedrich Altrichter, Der Reserveoffizier. Ein Handbuch für den Offizier und Offiziersanwärter des Beurlaubtenstandes aller Waffen, 5. Aufl., Berlin 1937, S. 63.

60 Vgl. Werner Hülle, Die Verfassung der Wehrmachtgerichte, in: Zur Neugestaltung des Strafverfahrens der Wehrmacht, S. 27, 32.

61 Otto Peter Schweling, Die deutsche Militärjustiz, S. 23; Friedrich Altrichter, Der Reserveoffizier, S. 64.

habers, dem sie angegliedert waren oder unterstanden.[62] Waren sie für einen räumlichen Bereich zuständig, trugen sie die Bezeichnung ihres Standortes.[63] Während des Krieges wurden Militärgerichte außerdem im Rahmen der entstehenden Militärverwaltungen etabliert und sogenannten Feldkommandanturen unterstellt.[64]

Das Gerichtspersonal war nicht nur als Teil eines Kriegsgerichts eingesetzt, sondern gehörte gleichzeitig zum Stab des Befehlshabers, dem es unterstellt war.[65] Die Kriegsgerichte waren organisatorisch einem Wehrmachtteil zugehörig, also dem Heer, der Marine oder den Luftstreitkräften. Diese militärisch-administrative Zuordnung sollte gemäß der Wehrstrafrecht-Literatur einer ausgewogenen Rechtsprechung dienen, da so jedes Wehrmachtgericht den „Sonderheiten" jedes Truppenteils Rechnung tragen würde.[66]

Während Heer und Marine ab dem 1. Januar 1934 ihre eigene Gerichtsbarkeit erhielten, wurde die Luftwaffen-Justiz erst am 1. November 1935 geschaffen.[67] Bis zu diesem Zeitpunkt waren Strafsachen ihrer Angehörigen durch Gerichte des Heeres oder der Marine wahrgenommen worden.[68] Gleichzeitig waren richterliche Beamte der Luftwaffe zur Einarbeitung bei den Gerichten der anderen Teilstreitkräfte eingesetzt.[69] Die Richter der Luftwaffe durften Angehörige dieses Streitkräfteteils in persönlichen Angelegenheiten beraten, sofern der Dienstablauf eine

62 Vgl. etwa Friedrich Altrichter, Der Reserveoffizier, S. 63; auch Einführungsgesetz zur MStGO, RGBl. 1933 I, S. 921.

63 Otto Peter Schweling, Die deutsche Militärjustiz, S. 19 f.; vgl. auch Norbert Haase, Manneszucht, S. 52.

64 Vgl. Otto Peter Schweling, Die deutsche Militärjustiz, S. 19.

65 Vgl. ebenda, S. 21; auch Friedrich Altrichter, Der Reserveoffizier, S. 70.

66 Alwin Kunze, Zur Strafbemessung, in: ZfW 2 (1937/38), S. 116, 121.

67 Tagesbefehl des Reichsministers der Luftfahrt und Oberbefehlshabers der Luftwaffe v. 1. 11. 1935, BArch R 3001/22301, Bl. 7; Schreiben des Reichsministers der Luftfahrt und Oberbefehlshabers der Luftwaffe an den Reichsminister der Justiz v. 25. 11. 1935, ebenda R 3001/22302, Bl. 6.

68 Schreiben des Reichskriegsministers an die Oberbefehlshaber des Heeres, der Kriegsmarine und der Luftwaffe v. 1. 11. 1935, ebenda R 3001/22301, Bl. 84; Schreiben des Reichsministers der Luftfahrt an den Staatssekretär und Chef der Reichskanzlei betr. Gesetz zur Änderung der Militärstrafgerichtsordnung und des Einführungsgesetzes dazu v. 26. 7. 1935, ebenda R 3001/22296, Bl. 99 f.

69 Schreiben des Reichskriegsministers an die Oberbefehlshaber des Heeres, der Kriegsmarine und der Luftwaffe v. 1. 11. 1935, ebenda R 3001/22301, Bl. 84; Schreiben des Reichsministers der Luftfahrt an den Staatssekretär und Chef der Reichskanzlei betr. Gesetz zur Änderung der Militärstrafgerichtsordnung und des Einführungsgesetzes dazu v. 26. 7. 1935, ebenda R 3001/22296, Bl. 99 f.; Vernehmung Christian von Hammerstein am 22. 7. 1948, Ermittlungsakte gegen Manfred Roeder, HStA Hannover Nds. 721 69/76, Bd. II, Bl. 354. ff.

derartige Tätigkeit zuließ.[70] Eine Rechtsberatung in eigenen Disziplinar- und Beschwerdeangelegenheiten des jeweiligen Soldaten war jedoch ausgeschlossen.

Der Vorschlag des Wehrmachtjuristen Otto Schweling, Kriegsgerichte bereits bei Einheiten ab der Größe eines Regiments einzurichten, setzte sich beim OKW nicht durch.[71] Die vorgebrachten Gegenargumente sahen insbesondere eine wirkungsvolle Dienstaufsicht und die Einheitlichkeit der Rechtsprechung gefährdet.[72] Die Vorstellungen Schwelings beruhten vermutlich auf den Entwicklungen im Ersten Weltkrieg, der eine Abkehr von Massenheeren hin zu kleineren mobilen Einheiten erkennen hatte lassen. Das Kriegs-Verfahrensrecht trug seinem Anliegen später insofern Rechnung, als dass ab November 1939 sogenannte Standgerichte auf der Ebene kleinerer Einheiten zugelassen waren.

Die Referendarausbildung des richterlichen Nachwuchses fand stets an Zivilgerichten statt.[73] Dieser schloss sich dann eine weitere Ausbildung bei einem Militärgericht an, bevor der jeweilige Assessor eine Dienststelle als Militärrichter antrat. Heinrich Dietz hatte bereits 1934 die Einrichtung von Lehrstühlen des Militärrechts an Universitäten und die Gründung einer Akademie des Militärrechts gefordert, um die Ausbildung von angehenden Militärjuristen sicherzustellen.[74] Diese Vorstellungen wurden jedoch nicht verwirklicht.

Die Verwaltung eines Kriegsgerichts oblag dem jeweils dienstältesten Wehrmachtrichter.[75] Neben den Richtern gehörten noch weitere Beamte und Angestellte zum Personal der Gerichte, die den sonstigen Geschäftsverkehr erledigten. Bei Bedarf konnten die beim Gericht angestellten Schreibkräfte durch Soldaten ersetzt oder ergänzt werden.[76]

In Friedenszeiten gab es nach Maßgabe der MStGO die Möglichkeit, Rechtsmittel gegen ein Urteil einzulegen. Mit der Berufung konnte eine erneute Verhandlung vor einem Instanzgericht erreicht werden, dem sogenannten Oberkriegsgericht. Beim Heer waren derartige Gerichte der zweiten Instanz bei den Wehrkreisbefehlshabern angesiedelt.[77] Das Reichskriegsgericht (RKG) fungierte schließlich ab 1936 als Gericht der dritten Instanz – für Revisionen.

70 Vgl. Dienst- und Geschäftsordnung für die Militärgerichte der Luftwaffe v. 1. 11. 1935, BArch R 3001/22301, Bl. 9 ff.

71 Erich Schwinge, Die Militärgerichtsbarkeit im Kriege, in: ZfW 2 (1937/38), S. 247, 254.

72 Stock, Über Militärstrafrechtspflege, in: ZfW 2 (1937/38), S. 356, 365.

73 Vermerk in den Akten des Reichsjustizministeriums vom 27. 10. 1944, BArch R 3001/24440, Bl. 133 ff.

74 Vgl. Heinrich Dietz, Zur Wiedereinführung der Militärgerichtsbarkeit, in: ZStW 53 (1934), S. 271, 286.

75 Vgl. Otto Peter Schweling, Die deutsche Militärjustiz, S. 20 f.

76 Vgl. Dienst- und Geschäftsordnung für die Militärgerichte der Luftwaffe v. 1. 11. 1935, BArch R 3001/22301, Bl. 9 ff.

77 Vgl. Otto Senftleben, Deutsches Wehrrecht, S. 83.

b Das Reichskriegsgericht

Seit Wiedereinführung der Militärgerichtsbarkeit nahm zunächst das Reichsgericht,[78] also ein Gericht der zivilen Gerichtsbarkeit, als Revisionsinstanz die Funktion des höchsten Wehrmachtgerichtes wahr.[79] Mit Einführung der Wehrmachtgerichtsbarkeit wurde die Zuständigkeit des Reichsgerichts an Stelle eines Obersten Militärgerichts sowohl von Seiten des Reichskriegsministeriums als auch des Justizministeriums als Zwischenlösung angesehen.[80] Dem mit Militärstrafsachen betrauten Senat des Reichsgerichts gehörten zwei aus der Laufbahn der Militärjustizbeamten stammende Mitglieder an.[81] Der Grund für den Verzicht der Wehrmachtführung, bereits 1934 ein oberstes Militärgericht zu schaffen, lag in der zunächst nicht möglichen Finanzierung.[82]

Ab Frühjahr 1936 forcierte die Wehrmachtrechtsabteilung die Wiedererrichtung eines obersten Gerichtshofes für die Wehrmacht, der die Bezeichnung Reichskriegsgericht (RKG) tragen sollte. Im März 1936 wandte sie sich mit einem Gesetzesentwurf diesbezüglich an das Justizministerium mit der Bitte um Prüfung und Stellungnahme. Die Wehrmachtrechtsabteilung begründete die Einrichtung des RKG mit der Wiedereinführung der Wehrpflicht und dem damit zusammenhängenden Ausbau der Wehrmachtgerichtsbarkeit.[83] Insbesondere dürfte es dabei auch um den Aspekt der Vereinheitlichung der Rechtsprechung innerhalb der Wehrmachtgerichtsbarkeit gegangen sein, wie in einem kurz darauf erschienenen Aufsatz berichtet wurde.[84] Reichskriegsminister von Blomberg befahl, dass sich die Zuständigkeit des RKG an denen des Volksgerichtshofs zu orientieren habe.[85]

Außer der Möglichkeit, sachliche Hinweise zu erteilen, dürfte dem Reichsjustizministerium kaum ein Mitspracherecht hinsichtlich der Ausweitung der

78 Entsprechend dem heutigen Bundesgerichtshof.

79 Vgl. dazu Norbert Haase, Manneszucht, S. 43; Hermann Bösch, Dr. Karl Sack, S. 75; K. Siegert, Das RKG als Hüter der Rechtseinheit und Gerechtigkeit im Wehrrecht, in: ZfW 1 (1936/37), S. 258; Werner Hülle, Aus der Geschichte des obersten Gerichtshofes der Wehrmacht, in: ebenda, S. 272 f.

80 Vermerk in den Akten des Reichsjustizministeriums, bzgl. eines Treffens mit Vertretern der Rechtsabteilungen der Wehrmacht am 18. 3. 1935 im Reichskriegsministerium, BArch R 3001/22301, Bl. 95.

81 M. Wagner, Oberster Gerichtshof, in: JW (1936), S. 1880.

82 Vgl. Heinrich Dietz, Zur Wiedereinführung der Militärgerichtsbarkeit, in: ZStW 53 (1934), S. 271, 290; Gustav Rotermund, Die neue Militärstrafgerichtsordnung, in: ebenda, S. 748 f.

83 Begründung zum Entwurf des Gesetzes über die Wiedereinführung eines Obersten Gerichtshofes der Wehrmacht, BArch R 3001/22301, Bl. 94.

84 Vgl. Heinrich Gerland, Das RKG und die deutsche Rechtseinheit, in: ZfW 1 (1936/37), S. 264 f.

85 Vgl. Schreiben betr. Militärgerichtsbarkeit in den Akten des Reichsjustizministeriums v. 12. 6. 1936, BArch R 3001/22296, Bl. 118 ff.

militärgerichtlichen Kompetenz zugekommen sein. Letztlich stimmte Justizminister Gürtner den Plänen der Wehrmachtjuristen vollumfänglich zu, erbat sich jedoch die Errichtung eines gemeinsamen Senats aus Mitgliedern des Reichsgerichts, des Volksgerichtshofs und des RKG, um eine einheitliche Rechtsprechung im Deutschen Reich zu gewährleisten.[86] Umgesetzt wurde der Vorschlag jedoch nicht.

Ende März 1936 fand ein Treffen von Vertretern aller Rechtsabteilungen sowie des Reichsjustizministeriums statt, um den Zuständigkeitsentwurf festzulegen.[87] Grundsätzlich orientierte sich der organisatorische Aufbau des RKG an dessen Vorläufer, dem Reichsmilitärgericht. Der Entwurf über das Gesetz zur Errichtung des RKG wurde allen Regierungsmitgliedern zugeleitet. Da von ihnen kein Widerspruch kam, genehmigte Hitler in seiner Funktion als Führer und Reichskanzler das Gesetz.[88]

Durch das Gesetz über die Wiedereinrichtung eines Obersten Gerichtshofs der Wehrmacht[89] wurde das RKG als höchstes Militärgericht installiert und nahm am 1. Oktober 1936 seine Tätigkeit auf.[90] Das Datum der Wiedererrichtung hatte symbolischen Charakter und war nicht zufällig gewählt. Sein Vorgänger, das Reichsmilitärgericht, war am 1. Oktober 1900 errichtet und am 1. Oktober 1920 wieder aufgelöst worden. In Anbetracht der Eile, mit der die Wehrmachtrechtsabteilung ans Werk ging, und der bereits Monate zuvor beschlossenen Grundlagen, kann davon ausgegangen werden, dass der 1. Oktober insbesondere eine Genugtuungsfunktion gegenüber den konservativen Kreisen hatte, welche die Abschaffung der Militärjustiz während der Weimarer Republik vehement kritisiert hatten. In etlichen Publikationen wurde dementsprechend die Einrichtung des RKG mit Befriedigung zur Kenntnis genommen.[91] Der Reichskriegsminister nannte die Installation des

86 Schreiben der Wehrmachtrechtsabteilung an den Reichsminister der Justiz betr. Entwurf eines Gesetzes über die Wiedereinrichtung eines Obersten Gerichtshofes der Wehrmacht v. 19. 3. 1936 sowie Vermerk über Ansicht des Justizministers v. 24. 3. 1936 und Schreiben des Justizministers an den Reichskriegsminister v. 4. 4. 1936, ebenda R 3001/22301, Bl. 96, 98.

87 Vgl. Schreiben der Wehrmachtrechtsabteilung an die Rechtsabteilungen von Heer, Marine und Luftwaffe betr. Wiedererrichtung eines Obersten Gerichtshofes der Wehrmacht v. 17. 3. 1936, ebenda, Bl. 89 ff.

88 Schreiben des Staatssekretärs und Chefs der Reichskanzlei betr. Gesetz über die Wiedereinrichtung eines Obersten Gerichtshofs der Wehrmacht v. 4. 6. 1936 an den Reichskriegsminister, ebenda, Bl. 104.

89 RGBl. 1936 I, S. 517.

90 Norbert Haase, Das Reichskriegsgericht, S. 9, 11.

91 Vgl. etwa Heinrich Dietz, Dem RKG zum 1. Oktober 1936, in: ZfW 1 (1936/37), S. 257; K. Siegert, Das RKG als Hüter der Rechtseinheit und Gerechtigkeit im Wehrrecht, in: ebenda, S. 258; M. Wagner, Oberster Gerichtshof, in: JW (1936), S. 1880.

höchsten Gerichts die „vollzogene vollkommene Wiederherstellung der eigenen Gerichtsbarkeit".[92]

Während die Masse der Wehrmachtgerichte den Rechtsabteilungen der Teilstreitkräfte unterstand, oblag der Wehrmachtrechtsabteilung die Aufsicht, Organisation und personelle Ergänzung des RKG.[93]

Das RKG war als Revisionsgericht Teil des Instanzenzuges der Wehrmachtgerichtsbarkeit.[94] In den Fällen des § 55 MStGO war es darüber hinaus Tatgericht. Seine erst- und letztinstanzliche Zuständigkeit erstreckte sich auf Hoch- und Landesverrat, Kriegsverrat, Wehrmittelbeschädigung und Verstöße gegen die Verordnung zum Schutz von Volk und Staat. Personell war das RKG stets zuständig, wenn es sich um Strafverfahren gegen Admirale oder Generäle handelte. Diese Regelung blieb auch im Krieg bestehen. Neben seiner richterlichen Funktion war es verpflichtet, dem Reichskriegsminister im Bedarfsfalle Rechtsgutachten zu erstellen.[95] Des Weiteren sollte es auf Antrag des Reichskriegsministers über grundsätzliche Fragen des Wehrrechts entscheiden.[96]

Das Reichskriegsgericht entschied in der Besetzung von fünf Richtern: als Revisionsgericht mit drei Reichskriegsgerichtsräten und zwei Generälen, in der ersten Instanz hingegen mit zwei Juristen und drei Offizieren, die mindestens den Rang eines Obersten haben sollten.[97] Der Präsident des RKG fungierte gleichzeitig als Gerichtsherr.

Mit der Verordnung über die Erweiterung der Zuständigkeit des Reichskriegsgerichts vom 16. Februar 1939[98] wurde allen Gerichtsherren der ersten Instanz die Möglichkeit eingeräumt, Vergehen, bei denen als Strafe der Tod oder lebenslanges Zuchthaus vorgesehen war, an das RKG abzugeben. Die Vertreter der Wehrmachtjustiz sahen in dieser Erweiterung eine Möglichkeit zum schärferen Durchgreifen gegen „Straftäter" und, darüber hinaus, eine wertvolle Ergänzung der Militärjustiz, wie sie die zivile Gerichtsbarkeit durch die Sondergerichte erfahren hatte.[99] In

92 Schreiben des Reichskriegsministers an den Reichsminister der Justiz v. 19. 10. 1036, BArch R 3001/22296, Bl. 294.

93 Vgl. Otto Peter Schweling, Die deutsche Militärjustiz, S. 19.

94 Norbert Haase, Das Reichskriegsgericht, S. 11; Friedrich Altrichter, Der Reserveoffizier, S. 61.

95 Vgl. Heinrich Gerland, Das RKG und die deutsche Rechtseinheit, in: ZfW 1 (1936/37), S. 264, 266.

96 Schreiben der Wehrmachtrechtsabteilung an die Rechtsabteilungen von Heer, Marine und Luftwaffe betr. Wiedererrichtung eines Obersten Gerichtshofes der Wehrmacht v. 17. 3. 1936, BArch R 3001/22301, Bl. 89 ff.

97 Vgl. Otto Peter Schweling, Die deutsche Militärjustiz, S. 24.

98 RGBl. 1939 I, S. 369.

99 Werner Hülle, Zur Verordnung über die Erweiterung der Zuständigkeit des Reichskriegsgerichts, in: ZfW 3 (1938/39), S. 472 f.; Grau, „Gangster"-Verordnung nun auch in der militärischen Strafrechtspflege, in: Deutsche Justiz (1939), S. 460 f.

diesem Zusammenhang wurde besonders der Senat für Hoch- und Landesverrat als bewährte, „kampferprobte Waffe“ gelobt.[100] Die Erweiterung umfasste auch solche Fälle, in denen bereits der Versuch einer Tat mit dem Tode oder lebenslangem Zuchthaus bedroht war, dazu gehörte beispielsweise § 5 der Notverordnung vom 28. Februar 1933 zum Schutze von Volk und Staat.

Die Vorbereitungen für die erweiterte Zuständigkeit lagen bei der Wehrmachtrechtsabteilung, die allerdings das Reichsjustizministerium einbezog und um eine Mitprüfung des Entwurfes bat.[101] Dieser orientierte sich an den Zuständigkeiten der Sondergerichte. Es wurde hervorgehoben, dass nur ein dauerhaftes Gericht wie das RKG eine ähnliche Funktion wie die der Sondergerichte erfüllen könne. Allerdings ging man darüber hinaus davon aus, dass das RKG grundsätzlich zur Verhängung härterer Strafen neigen werde als ein Wehrmachtgericht der ersten oder zweiten Instanz.[102] Das Justizministerium trat hierbei für eine größere Kompetenz des RKG ein und verwies auf die Befugnisse der Sondergerichte. Explizit ging es um die Zuständigkeit für Verbrechen, derentwegen „auf Tod oder lebenslanges Zuchthaus“ erkannt werden konnte, während die Sondergerichte nach der Verordnung über die Erweiterung der Sondergerichte vom 20. November 1938 auch für Straftaten zuständig sein konnten, die allein mit zeitlich befristetem Zuchthaus bedroht waren. Dieser Vorschlag des Reichsjustizministeriums wurde zwar erwogen, scheiterte jedoch am Widerstand der Oberbefehlshaber der Teilstreitkräfte, die einen zu starken Eingriff in ihre eigene Kompetenz befürchteten.[103] Da die MStGO – anders als später das Kriegsverfahren der Kriegsstrafverfahrensordnung ab 1939 – keine Änderungszuständigkeiten, die beim Chef OKW lagen, kannte, musste die Verordnung mit Genehmigung der Oberbefehlshaber der Teilstreitkräfte erlassen werden.[104]

Die MStGO kannte für das Verfahren während eines Krieges – das sogenannte mobile Verfahren – keine Rechtsmittel. Da die Funktion des RKG als Instanzgericht im Krieg wegfiel und das Bedürfnis bestand, Verfahren gegen Wehrmachtangehörige möglichst am Ort der Tat durchführen zu lassen, war die Zukunft des RKG im Falle eines militärischen Konfliktes zunächst ungewiss. In einem in der Zeitschrift für Wehrrecht veröffentlichten Aufsatz empfahl ein Militärjurist, die Spezialgerichtsbarkeiten der Strafrechtspflege in Gestalt des Volksgerichtshofes

100 Werner Hülle, Zur Verordnung über die Erweiterung der Zuständigkeit des Reichskriegsgerichts, in: ZfW 3 (1938/39), S. 472 f.

101 Schreiben der Wehrmachtrechtsabteilung an den Reichsminister der Justiz betr. Erweiterung der Zuständigkeit des Reichskriegsgerichts v. 4. 1. 1939, BArch R 3001/22301, Bl. 147.

102 Vgl. Vermerk in den Akten des Reichsjustizministeriums v. 21. 2. 1939, ebenda, Bl. 152.

103 Ebenda.

104 Vgl. bezüglich Zustimmung Schreiben der Wehrmachtrechtsabteilung an den Reichsminister der Justiz betr. Erweiterung der Zuständigkeit des Reichskriegsgerichts v. 4. 1. 1939, ebenda, Bl. 147.

und des Reichskriegsgerichts im Krieg in jedem Fall aufrechtzuerhalten, da aufgrund der dort vorhandenen „Spezialkenntnisse" die Gewähr bestehe, besondere Delikte, die insbesondere in Form von Spionagetätigkeiten und Propaganda zukünftig vermehrt zu erwarten seien, wirksam bekämpfen zu können.[105]

IV. Aufrüstung und Mobilmachungsvorbereitungen der Militärjustiz

1. Das Wehrrecht

Die nationalsozialistische Rechtslehre schuf einen bis heute prägenden Terminus für den Teil der Jurisprudenz, der Bezüge zu den Streitkräften aufweist: den des Wehrrechts. Die sich damit befassende „Wissenschaft" setzte bereits zu Beginn der NS-Herrschaft die Voraussetzungen für eine später nahezu entfesselte Justiz, die für den Tod Zehntausender verantwortlich zeichnet.

Das Wehrrecht umfasste, nach zeitgenössischem Verständnis, sämtliche rechtlichen Grundlagen, die die Beziehungen zwischen Staat, Militär und dem Einzelnen regelten.[106] Der Begriff lehnte sich an das historische „Militärrecht", das eng mit dem Militärwesen verknüpft war und vor allem das Militärstrafrecht umfasste.[107] Die NS-Rechtswissenschaft ging über diese Eingrenzung hinaus und rechnete dem Wehrrecht nunmehr alle Rechtsnormen zu, die unmittelbar oder mittelbar der Schaffung, Stärkung und Erhaltung der Wehrkraft dienten. Diese Neubewertung des Militärrechts war die theoretische Grundlage für den in allen Konsequenzen radikalen Beitrag des NS-Justizsystems – sowohl des zivilen wie auch des militärischen – am Zweiten Weltkrieg. Das Wehrrecht wiederum wurde als Teil einer übergeordneten „Wehrwissenschaft" angesehen, die sämtliche Lehren und Sachgebiete vereinigte, die sich mit dem Begriff „Wehr" bzw. „Wehrmacht" auseinandersetzten.[108]

Vermutlich ausgehend von dem im Ersten Weltkrieg geprägten Begriff der totalen Kriegsanstrengung[109] sollten die Bevölkerung sowie alle Lebens- und Wirtschaftsbereiche den Bedürfnissen der Kriegsführung untergeordnet werden. Das

105 Stock, Über Militärstrafrechtspflege, in: ZfW 2 (1937/38), S. 356, 367 f.

106 Vgl. dazu: Glahn, Das Wehrrecht als Gemeinschaftsrecht, in: ZfW 3 (1938/39), S. 22 ff.; auch Rehdans, Grundzüge des neuen Wehrrechts, in: Deutsche Justiz (1937), S. 713.

107 Vgl. zum Folgenden ausführlich Otto Zschnucke, Das Wehrrecht, in: ZADR (1944), S. 172 ff.; ebenso Otto Senftleben, Deutsches Wehrrecht, S. 9 f.

108 Vgl. Glahn, Das Wehrrecht, in: ZfW 2 (1937/38), S. 185 f.

109 Vgl. Thomas Nipperdey, Deutsche Geschichte 1866–1918, 2. Bd: Machtstaat vor der Demokratie, München 1992, S. 794 f.

Wehrrecht definierte sich als „Inbegriff aller Rechtsnormen und Vorschriften, die der Wehrkraft eines Volkes und (damit) der Landesverteidigung dienen".[110] Das Verständnis vom Krieg im Sinne operierender Heere sollte der Formel des „Volks in Waffen" weichen[111] und entsprechend „das ganze Volk im Dienst der Landesverteidigung stehen".[112] Aus diesen Überlegungen heraus sollte sich das neue Wehrrecht – entgegen seiner herkömmlichen Bestimmung – an den Erfordernissen des „staatlichen Notwehrrechts gegen innere Volksfeinde" anlehnen.[113] Das Resümee der neuen Lehre hieß in einen Satz geformt: „Das Wehrrecht erfasst jeden Volksgenossen an irgendeiner Stelle; auch außerhalb der Dienstzeit."[114] In diesem Sinne forderte Heinrich Dietz, einer der einflussreichsten Theoretiker der deutschen Militärjustiz, 1934, im Falle eines Krieges solle die Staatsführung zur wirksamen Durchsetzung der Interessen der Wehrmacht die gesamte Bevölkerung der Kriegsgerichtsbarkeit unterstellen.[115] Auch wenn es zu diesem weitreichenden Schritt schließlich nicht kam, so wurde die Wehrmachtjustiz zumindest von Herbst 1939 bis Sommer 1944 zum mächtigsten Justizapparat des NS-Staates.

Rechtliche Grundlage des Wehrrechts bildeten zunächst einzelne Bestimmungen der Weimarer Reichsverfassung von 1919, die durch das Gesetz über den Aufbau der Wehrmacht vom 16. März 1935 sowie durch das Wehrgesetz vom 21. Mai 1935 ergänzt wurden.[116] Das Wehrgesetz galt dabei als das Fundament des Wehrrechts schlechthin und wurde als „Grundgesetz der Wehrmacht" bezeichnet.[117] Teilgebiete des Wehrrechts waren das Wehrstrafrecht sowie das Wehrverwaltungsrecht, das vor allem den Finanzhaushalt der Streitkräfte, das Wehrmachtbeamtenrecht und das Bauwesen beinhaltete.[118] Das Wehrstrafrecht umfasste zunächst das Gebiet des Strafrechts der Wehrmacht sowie das Wehrschutzrecht, das alle Strafnormen umfasste, die „zur Abwehr und Unschädlichmachung der Wehrfeinde erforderlich" waren.[119] Das Wehrschutzrecht wurde während des Zweiten Weltkrieges vornehmlich durch zivile Strafgerichte wahrgenommen.

Das Wehrrecht schuf eine eigene Rechtshoheit der Wehrmacht. Hierzu gehörten militärische Verordnungen, Dienstvorschriften und die Befehle eines Vor-

110 Glahn, Das Wehrrecht, in: ZfW 2 (1937/38), S. 185 f.; vgl. auch Otto Senftleben, Deutsches Wehrrecht, S. 9.

111 Glahn, Das Wehrrecht, in: ZfW 2 (1937/38), S. 185 f.

112 Otto Senftleben, Deutsches Wehrrecht, S. 10.

113 Ebenda, S. 16.

114 Glahn, Das Wehrrecht, in: ZfW 2 (1937/38), S. 185, 188.

115 Vgl. Heinrich Dietz, Zur Wiedereinführung der Militärgerichtsbarkeit, in: ZStW 53 (1934), S. 271, 296.

116 Otto Senftleben, Deutsches Wehrrecht, S. 18.

117 Heinrich Dietz, Das Wehrgesetz, 2. Aufl., Leipzig 1943, S. 5.

118 Vgl. dazu Grundzüge des neuen Wehrrechts, in: Deutsche Justiz (1937), S. 713.

119 Glahn, Das Wehrrecht, in: ZfW 2 (1937/38), S. 185, 195.

gesetzten.[120] Insbesondere das Wehrgesetz von 1935 enthielt in § 37 eine Ermächtigungsnorm, die einerseits Hitler als Führer und Reichskanzler, andererseits den Reichswehrminister zum Erlass von militärischen Verordnungen ermächtigte. Für Kriegszeiten schrieb das Wehrgesetz in § 5 den uneingeschränkten Vorrang militärischer Belange – und damit der Wehrmacht – vor allen anderen vor.

2. „Wehrunwürdigkeit"

§ 13 des Wehrgesetzes enthielt einen Katalog über Personengruppen, die generell vom Wehrdienst ausgeschlossen und somit „wehrunwürdig" waren. Dies betraf insbesondere diejenigen, die zu einer Zuchthausstrafe, durch ein militärgerichtliches Urteil zur Wehrunwürdigkeit oder wegen einer Tat verurteilt worden waren, die sich gegen das NS-Regime richtete. Ebenso wurde jeder als wehrunwürdig erklärt, der mit dem Tode bestraft worden war.[121]

Diese Ausgrenzung entsprach zum einen der Verknüpfung von Militärdienst und einer damit verbundenen moralischen Grundhaltung, die man im NS-Staat stets mit dem Begriff der „Ehre" verklärte, Angehöriger der Wehrmacht zu sein. Die Feststellung der Wehrunwürdigkeit galt dementsprechend als „Brandmarkung" der Betreffenden.[122] Die Einteilung in „Ehrenhafte" und „Ehrlose" diente zum anderen auch der Markierung einer Grenze, jenseits derer man „schädliche Elemente" verortete, die eine Gefahr für die Streitkräfte bedeuteten.[123] Das Fernhalten dieser Personen diente dementsprechend der „Reinhaltung der Wehrmacht".[124] War die Wehrunwürdigkeit eingetreten oder durch Urteil ausgesprochen, konnte der Betroffene nur durch einen Gnadenakt wieder rehabilitiert werden.[125] Auch eine spätere Amnestie oder eine gnadenweise Abschwächung der ausgesprochenen Strafe konnten diese Wirkung nicht hervorrufen.[126]

Da die Wehrmachtführung jedoch personelle Nachteile bei Ausschluss aller Personen fürchtete, die wegen staatsfeindlicher Betätigung vorbestraft waren, machte der Reichskriegsminister bereits im September 1935 von seiner Befugnis nach § 13 Abs. 2 Wehrgesetz Gebrauch, die ihm gestatteten Ausnahmeregelungen

120 Glahn, Das Wehrrecht als Gemeinschaftsrecht, in: ZfW 3 (1938/39), S. 22, 30 f.

121 Vgl. Otto Lohner, Wehrwürdigkeit und Wehrpflicht, in: ZfW 3 (1938/39), S. 117, 120.

122 Heinrich Dietz/Meier-Branecke (Hrsg.), Das Wehrgesetz vom 21. Mai 1935 und seine Ausführungen in Frieden und Krieg, 2. Aufl., Leipzig 1943, S. 148.

123 Otto Lohner, Wehrwürdigkeit und Wehrpflicht, in: ZfW 3 (1938/39), S. 117.

124 Vgl. Curt Holstein, Überblick über die Sonderabteilungen der Wehrmacht, in: ZfW 8 (1943/44) 1, S. 124; Otto Lohner, Wehrwürdigkeit und Wehrpflicht, in: ZfW 3 (1938/39), S. 117; ähnlich Erich Schwinge, Militärstrafgesetzbuch 1944, § 30, S. 65.

125 Vgl. Erich Schwinge, Militärstrafgesetzbuch 1944, § 33, S. 73.

126 Vgl. Otto Lohner, Wehrwürdigkeit und Wehrpflicht, in: ZfW 3 (1938/39), S. 117 f.

zu erlassen.[127] Demnach wurden die Befehlshaber der Wehrkreise ermächtigt, bei wegen politischer Betätigung mit Gefängnisstrafen Verurteilten Gnadenanträge zwecks Verleihung der Wehrwürdigkeit zu stellen. In allen genannten Fällen stand es den Wehrunwürdigen darüber hinaus frei, selbst einen Gnadenantrag zu stellen.

Im April 1937 wurde der Ausschluss von der Wehrpflicht wegen einer politischen Betätigung durch die „Verordnung über die Musterung und Aushebung" relativiert.[128] Demnach waren zu einer Gefängnisstrafe Verurteilte nur dann wehrunwürdig, wenn sich die Tat gegen den Bestand und die Sicherheit des NS-Staates gerichtet hatte. Dies war insbesondere dann der Fall, wenn der Tatbestand eines Hoch- oder Landesverratsdelikts erfüllt war oder der Verurteilung ein Verstoß gegen das Heimtücke-Gesetz zugrunde lag. Insgesamt sollte allerdings stets eine Freiheitsstrafe von mehr als 9 Monaten ausgesprochen worden sein.

3. Das Wehrstrafrecht

a Allgemeines

Das Wehrstrafrecht bildet den Kern der Betrachtung der Wehrmachtjustiz, da es sämtliche Voraussetzungen umfasste, die zur zehntausendfachen Verhängung der Todesstrafe durch Militärgerichte und zur Verhängung von mehreren hunderttausend Freiheitsstrafen führten.

Von der militärischen Strafgerichtsbarkeit ist die disziplinarische Strafbefugnis zu unterscheiden. Das Disziplinarrecht umfasste Maßnahmen, die dienstvorgesetzte Offiziere gegen Untergebene bei Übertretungen im Bereich der militärischen Disziplin ergreifen konnten. Der disziplinarischen Strafgewalt waren Handlungen unterworfen, die zwar Verstöße gegen die militärische Ordnung, aber keine Verstöße gegen Strafgesetze darstellten.[129] Diese Regel wurde allerdings mit Kriegsbeginn durch das 1939 neu eingeführte Strafverfahrensrecht aufgeweicht, da nunmehr auch Zuwiderhandlungen gegen Strafgesetze als Disziplinarübertretung geahndet werden konnten, wenn der Verstoß als gering zu bewerten war.[130] Derartige Möglichkeiten sollten einer raschen Bestrafung und einer Entlastung von Gerichten und militärischen Dienststellen dienen. Der Disziplinarordnung

127 Vgl. Erlass des Reichskriegsministers vom 10. 9. 1935 betr. Befugnisse des Reichskriegsministers nach dem Wehrgesetz vom 21. 5. 1935, BArch–MA RH 14/54, Bl. 81.

128 Zum Folgenden vgl. Anlage 2 zur Verordnung über die Musterung und Aushebung v. 17. 4. 1937, RGBl. 1937 I, S. 469.

129 Friedrich Altrichter, Der Reserveoffizier, S. 52; vgl. auch Franz, Zum allgemeinen Teil eines neuen Militärstrafgesetzbuches, in: Deutsche Justiz (1936), S. 757.

130 Vgl. hierzu § 8 Nr. 2 KSSVO, § 47 Abs. 2 iVm Abs. 1 KStVO.

unterstanden auch alle Kriegsgefangenen.[131] Auf Zivilisten konnte sie Anwendung finden, wenn es sich um Angestellte der Wehrmacht handelte (sogenanntes Wehrmachtgefolge).

Disziplinarstrafen waren u. a. Verweise, Ausgangsbeschränkungen, Strafexerzieren und Arrest. Disziplinar- und Strafrechtsgewalt dienten zwar der Aufrechterhaltung der „Manneszucht", und beiden wohnte ein strafender Charakter inne, die Disziplinargewalt fiel aber dennoch nicht unter die Zuständigkeit der Wehrmachtgerichtsbarkeit. Die Ahndung einer Verfehlung mit strafgerichtlichen Mitteln sollte nicht mit disziplinären Strafen zusammenfallen.[132]

Zum Ende des Krieges hin lockerten sich die Zuständigkeiten der Wehrmachtgerichte in Bezug auf die Ahndung von Straftatbeständen. Gemäß einer Weisung der Wehrmachtrechtsabteilung vom 18. Januar 1945, die aufgrund einer Anordnung Hitlers erlassen wurde, brauchten auffällige Handlungen von Wehrmachtangehörigen nicht in jedem Fall durch Wehrmachtgerichte auf ihre Strafbarkeit untersucht zu werden.[133] Diese Kompetenzverschiebung im Bereich des Wehrstrafrechts erging zugunsten der Truppenführung in der Wehrmacht. Demnach hatte jeder Unteroffizier und Offizier die Pflicht, gegen „haltlose Elemente" vorzugehen, wenn ein unmittelbarer Vorgesetzter nicht erreichbar war. Dies schloss das Recht zum Waffengebrauch mit ein.

b Militärstrafgesetzbuch und sonstige Strafgesetze

Für Wehrmachtangehörige hatten alle allgemeinen Strafgesetze Geltung. Dies entsprach der Regelung des Strafgesetzbuches (StGB), die festlegte, dass das deutsche Strafrecht auf alle Deutschen und Ausländer anzuwenden sei, wenn sich die Tat im Inland ereignet hatte. Für deutsche Staatsbürger hatten die Normen des zivilen Strafrechts darüber hinaus auch Geltung, wenn eine Tat im Ausland verübt worden war und sich nach dem geltenden ausländischen Recht als Unrecht oder sie nach „gesundem Empfinden des deutschen Volkes" einen Rechtsbruch darstellte.

Das wichtigste Gesetz für die Angehörigen der Streitkräfte war das MStGB. Es umfasste Normierungen, die typischerweise nur durch Soldaten oder sonstige Angehörige einer Streitmacht verletzt werden konnten und teilweise eine Kriegssituation voraussetzten. Hierzu zählten vornehmlich Fahnenflucht, unerlaubte Entfernung, Selbstverstümmelung, Meuterei, Ungehorsam und Plünderei. Für Zivilisten galten nur wenige Tatbestände des MStGB, wie die Fledderei sowie – unter

131 Vgl. zum Folgenden Fritz Hodes, Kommentar zur Disziplinarstrafordnung für das Heer, Berlin 1941, S. 59.

132 Meier-Branecke, Zum Begriff der Disziplinarübertretung, in: ZfW 3 (1938/39), S. 272 f.

133 Zum Folgenden vgl. Wehrmachtrechtsabteilung v. 18. 1. 1945, HStA Hannover Nds. 721 Hannover Acc. 90 Nr. 119/5.

bestimmten Umständen und insbesondere für Angehörige des Wehrmachtgefolges – Kriegsverrat, Gefährdung der Kriegsmacht im Felde u. a.[134]

Fahnenflucht beging, wer beabsichtigte, sich „der Verpflichtung zum Dienste in der Wehrmacht dauernd zu entziehen oder die Auflösung des Dienstverhältnisses zu erreichen", indem er seine Truppe oder Dienststelle verließ oder ihr fernblieb. Bei dem Verdacht eines Falles von Fahnenflucht oder einer unerlaubten Entfernung war von den Disziplinarvorgesetzten des Flüchtigen sofort Meldung an das zuständige Wehrmachtgericht zu erstatten.[135] Erst als zweiter Schritt war der nächsthöhere Vorgesetzte zu informieren. Zur Verhinderung von Desertionen verhängte die Wehrmacht zum Teil Urlaubs- und Ausgangssperren gegenüber Soldaten, die vor dem Abmarsch in Kampfgebiete standen.[136]

c Das „neue" Wehrmachtstrafrecht und die Kriegssonderstrafrechtsverordnung

Noch vor der Wiedererrichtung der Militärjustiz am 1. Januar 1934 begannen die theoretischen Auseinandersetzungen, Planungen und Debatten bezüglich eines neuen Strafgesetzbuches für die Wehrmacht – das nationalsozialistisch ausgerichtet sein sollte.[137] Ganz offen debattierten Militärjuristen über notwendige Mobilmachungsmaßnahmen, um die Arbeitsfähigkeit der Gerichte den Erfordernissen eines modernen und lang andauernden Krieges anzupassen. Dabei spielte die Verschärfung des Strafrechts eine erhebliche Rolle. Propagiert wurde eine hart durchgreifende Strafrechtspflege, die die Aufrechterhaltung der Kriegsmoral garantieren sollte.[138] Insbesondere musste sie dazu dienen, „kommunistische Wühlarbeit" zu unterbinden.[139] Diese Diskussionen charakterisierten die erwarteten militärischen Auseinandersetzungen bereits als „totalen Krieg", der Bevölkerung und Streitkräfte vollkommen einband und allein strategischen Zielen unterordnete.[140] Vermutlich nahm die Schrift „Der totale Krieg" des Weltkriegsgenerals Erich Ludendorff nachhaltigen Einfluss auf diese rechtlichen Erwägungen.[141] Ludendorff forderte an

134 Irene Resch, Die Stellung der Frau im neuen deutschen Wehrrecht, Diss., Berlin 1940, S. 26 ff.

135 Vgl. Generalkommando II.A.K. betr. Fahndung bei unerlaubter Entfernung und Fahnenflucht – Meldeweg vom 3. 7. 1940, BArch-MA RH 26-12/578.

136 Vgl. Ausführungen Heinz Drossel, Die Zeit der Füchse. Lebenserinnerungen aus dunkler Zeit, 2. Aufl., Waldkirch 2001, S. 156.

137 Eberhard Schmidt, Wehrstrafrecht und allgemeines Strafrecht, in: ZfW 1 (1936/37), S. 340.

138 Vgl. Stock, Über Militärstrafrechtspflege, in: ZfW 2 (1937/38), S. 356, 361; Heinrich Dietz, Zur Wiedereinführung der Militärgerichtsbarkeit, in: ZStW 53 (1934), S. 271, 274.

139 Erich Schwinge, Die Militärgerichtsbarkeit im Kriege, in: ZfW 2 (1937/38), S. 247, 254; ähnlich auch Helmuth Mayer, Militärjustiz im neuzeitlichen Krieg, in: ebenda, S. 329, 354.

140 Vgl. z. B. Glahn, Das Wehrrecht als Gemeinschaftsrecht, in: ZfW 3 (1938/39), S. 22, 34.

141 Erich Ludendorff, Der totale Krieg, München 1935.

mehreren Stellen dieses Buches eindringlich die Schaffung harter Kriegsgesetze, die sich insbesondere gegen ausländische Propaganda und Unzufriedenheit in Bevölkerung und Streitkräften zu richten hätten. Da der Schlagkraft der Wehrmacht im Sinne des „totalen Krieges“ die höchste Priorität eingeräumt wurde,[142] war die Rolle der Wehrmachtjustiz in der Zeit ab 1934 auf Unterstützung der Angriffsbereitschaft manifestiert.[143] Mit der Ausrichtung der Militärgerichtsbarkeit auf die Erwartung eines „totalen Krieges“ bediente sich die Wehrmachtjustiz eines Begriffes, der für Wehrmacht und Propaganda erst wesentlich später – etwa in der „Sportpalastrede“ Goebbels` vom Februar 1943 – eine zentrale Rolle spielte.

Die Reformbestrebungen richteten sich zunächst auf das materielle Wehrstrafrecht, das – im Gegensatz zum formellen Verfahrensrecht – die Straftatbestände und deren Rechtsfolgen umfasste. Bereits im Laufe des Jahres 1934 wurde in der Akademie für Deutsches Recht[144] ein Ausschuss für Wehrstrafrecht unter dem Vorsitz des Ministerialrats Grau geschaffen,[145] der im September 1934 zum ersten Mal tagte.[146] Inhaltlich setzten sich die Mitglieder bei diesem Treffen mit dem MStGB

142 v. Raab-Straube, Justizoffiziere, in: ZfW 3 (1938/39), S. 78, 81.

143 Vgl. dazu Heinrich Dietz, Zur Wiedereinführung der Militärgerichtsbarkeit, in: ZStW 53 (1934), S. 271, 274 f.

144 Die am 26. Juni 1933 auf Betreiben des langjährigen Hitler-Anwalts Hans Frank gegründete Akademie für Deutsches Recht war eine zunächst auf Bayern beschränkte Vereinigung von Rechtswissenschaftlern. Am 11. Juli 1934 wurde sie in den Rang einer Körperschaft des Deutschen Reiches erhoben. Ihre Aufgabe war die Förderung der Neugestaltung des Rechts im nationalsozialistischen Sinne. Insbesondere oblag ihr die Ausarbeitung und Anregung von Gesetzesentwürfen und die Veranstaltung von wissenschaftlichen Tagungen und Seminaren. Die Akademie richtete ihr Augenmerk zunächst auf den Bereich der rechtswissenschaftlichen Forschung und verkündete, offiziell einen Beitrag zur Schaffung eines „volksnahen Rechts“ leisten zu wollen. Die Akademie für Deutsches Recht sollte neben Juristen auch Personen aus den Bereichen Wirtschaft und Politik umfassen, vgl. Kisch, Die Aufgaben der Akademie für Deutsches Recht, in: Deutsche Justiz (1933), S. 476, 477. Mit verschiedenen Ausschüssen versuchte die Akademie, durch Vorschläge, Empfehlungen von Arbeitskräften in relevante Positionen und die Anregung von Gesetzesentwürfen Einfluss auf die Gesetzgebung zu gewinnen. Bei der Aufstellung der ersten Ausschüsse nahmen auch der Bund Nationalsozialistischer Deutscher Juristen und die rechtspolitische Abteilung der NSDAP teil, vgl. Aufnahme der Arbeit der Akademie für Deutsches Recht, in: Deutsche Justiz (1933), S. 583.

145 Vgl. Werner Schubert, Akademie für Deutsches Recht 1933–1945. Protokolle der Ausschüsse, Bd. VII: Ausschüsse für Strafprozeßrecht und Strafrechtsangleichung (1934–1941), Frankfurt a. M. 1998, S. XXVII.

146 Vgl. I. Sitzung des Ausschusses für Wehrrecht vom 20. 9. 1934 abgedruckt bei: Werner Schubert, Akademie für Deutsches Recht 1933–1945. Protokolle der Ausschüsse, Bd. VIII: Ausschüsse für Strafrecht, Strafvollstreckungsrecht, Wehrstrafrecht, Strafgerichtsbarkeit der SS und des Reichsarbeitsdienstes, Polizeirecht sowie für Wohlfahrts- und Fürsorgerecht (Bewährungsrecht), Frankfurt a. M. 1999, S. 441 f.

auseinander und regten eine Überarbeitung im nationalsozialistischen Sinne an. Das „neue“ MStGB sollte den Titel „Wehrmachtstrafgesetzbuch“ tragen.[147]

Das MStGB wurde als zu unübersichtlich und als veraltet angesehen.[148] Die Akademie für Deutsches Recht charakterisierte das MStGB gar als nicht-nationalsozialistisches Gesetz, da ihm „ein klarer Aufbau, eine einfache Gedankenführung und eine jedem Volksgenossen verständliche Sprache“ fehlten.[149] Die Diskussion zog sich über die folgenden Jahre bis in die Kriegszeit hin. Das Vorhaben kam insgesamt nicht über ein Planungsstadium hinaus, verschiedene Vorschläge fanden jedoch trotzdem – sowohl mit als auch nach Kriegsbeginn – Eingang in das Strafrecht. Insbesondere die „Wehrkraftzersetzung“, die als Kriegsgesetz später eine herausragende und drastische Rolle spielen sollte, wurde bereits 1933 als Rechtserneuerung erwogen – seinerzeit noch unter dem Begriff des „Wehrmachtsverrats“.[150]

Zunächst sollte das neue Strafgesetzbuch der Wehrmacht als homogene Kodifizierung konzipiert werden, das nicht mehr auf andere Bereiche des Strafrechts zurückgreifen musste, wie dies durch § 2 MStGB geregelt war, der eine entsprechende Anwendung der allgemeinen Regeln[151] des Strafrechts auf die Bestimmungen des MStGB vorsah.[152] Von der Planung eines derart unabhängigen MStGB wurde jedoch nach einigen Jahren wieder Abstand genommen, da man dies als nicht mehr erforderlich ansah.[153] Dies lag an der mit der Neuausrichtung des Militärstrafrechts einhergehenden Überarbeitung des zivilen Strafrechts und dessen zunehmender Politisierung. Beide Justizbereiche sollten nämlich gemeinsam auf einheitlichen nationalsozialistischen Rechtsvorstellungen fußen.[154] In dieser Hinsicht sah man das kommende Wehrstrafrecht als „art- und blutverwandt [...] mit

147 Vgl. Michael Eberlein, Das Marburger Militärgericht, S. 16, 22.

148 Vgl. Franz, Zum allgemeinen Teil eines neuen Militärstrafgesetzbuches, in: Deutsche Justiz (1936), S. 757 f.; Heinrich Dietz, Zur Wiedereinführung der Militärgerichtsbarkeit, in: ZStW 53 (1934), S. 271 f.; Schomerus, Gedanken zum Wehrstrafrecht, in: Deutsches Strafrecht (1936), S. 270 f.

149 W. Franz, Zum Aufbau eines neuen Militärstrafgesetzbuches, in: DJZ (1936), S. 550 f.; vgl. dazu auch Schomerus, Gedanken zum Wehrstrafrecht, in: Deutsches Strafrecht (1936), S. 270, 273.

150 Grau, Der strafrechtliche Wehrschutz, in: Deutsche Justiz (1933), S. 709.

151 Gemeint sind die Vorschriften z. B. über Täterschaft und Teilnahme.

152 Erich Schwinge, Das in sich geschlossene Strafgesetzbuch, in: ZfW 3 (1938/39), S. 258; Franz, Zum allgemeinen Teil eines neuen Militärstrafgesetzbuches, in: Deutsche Justiz (1936), S. 757.

153 Vgl. dazu Hermann Böhme, Die Notwendigkeit einer Neugestaltung des Wehrmachtstrafverfahrens, in: Zur Neugestaltung des Strafverfahrens der Wehrmacht, S. 1 ff.

154 Vgl. Franz, Zum allgemeinen Teil eines neuen Militärstrafgesetzbuches, in: Deutsche Justiz (1936), S. 757; Alwin Kunze, Zur Strafbemessung, in: ZfW 2 (1937/38), S. 116 f.; Schomerus, Gedanken zum Wehrstrafrecht, in: Deutsches Strafrecht (1936), S. 270, 272.

dem gemeinen Strafrecht" an.[155] Daraus wurde hergeleitet, dass bis zur Errichtung des NS-Systems die Streitkräfte darauf bedacht gewesen seien, ihre Sphäre gegen eine „liberale Weltanschauung" zu verteidigen, während nunmehr „soldatische und nationalsozialistische Weltanschauung weitgehend überein [...] stimmen" würden, ein isoliertes Militärrecht daher überflüssig sei.[156]

Sowohl die militärrechtliche Literatur als auch die Akademie für Deutsches Recht forderten neben einer ideologischen Ausrichtung des neuen Wehrmachtstrafrechts ein unkompliziertes Regelwerk, das eine zügige Aburteilung ermöglichen und dadurch eine abschreckende Wirkung erzielen sollte.[157] Zwecks Vereinfachung des MStGB wurde in dieser Hinsicht die Einführung von Generalklauseln und auslegbaren Begriffen vorgeschlagen, insbesondere die Aufnahme des „gesunden Volksempfindens" in einer den militärischen Verhältnissen angepassten Formulierung.[158] Heinrich Dietz verlangte des Weiteren eine Verschärfung der Strafrahmen,[159] ein weiterer Wehrmachtjurist eine stärkere Betonung der Gehorsamspflicht gegenüber Befehlen.[160]

Das Militärstrafrecht diente seinerseits teilweise als Vorbild für die Neugestaltung des allgemeinen bzw. zivilen Strafrechts. Das Wehrstrafrecht, das mit der Sicherung der „Manneszucht" die Schlagkraft der Armee wahren sollte, war in dieser Hinsicht der Ziviljustiz ein Beispiel, da das gesamte Strafrecht vom Individual- zum Gemeinschaftsschutz übergehen sollte.[161] Dementsprechend galt für das gesamte Strafrecht des NS-Staates, dass jede Straftat eine Verletzung der „völkischen Treuepflicht" darstellte.[162] Nach der Vorlage des § 49 Abs. 2 MStGB, der eine Strafmilderung aufgrund Trunkenheit bei Begehung von Dienstpflichtverletzungen ausschloss, wurde im Jahre 1933 § 330a[163] in das StGB aufgenommen, der

155 Alwin Kunze, Zur Strafbemessung, in: ZfW 2 (1937/38), S. 116 f.

156 Hermann Bohme, Die Notwendigkeit einer Neugestaltung des Wehrmachtstrafverfahrens, in: Zur Neugestaltung des Strafverfahrens der Wehrmacht, S. 1 ff.

157 Vgl. Erich Schwinge, Über das in sich geschlossene Strafgesetzbuch der Wehrmacht (Fortsetzung), in: ZfW 3 (1938/39), S. 397 f.; Franz, Zum allgemeinen Teil eines neuen Militärstrafgesetzbuches, in: Deutsche Justiz (1936), S. 757 f.; auch Schomerus, Gedanken zum Wehrstrafrecht, in: Deutsches Strafrecht (1936), S. 270 ff.

158 Carl Rissom, Das in sich geschlossene Strafgesetzbuch der Wehrmacht, in: ZfW 3 (1938/39), S. 257; dazu auch Schomerus, Gedanken zum Wehrstrafrecht, in: Deutsches Strafrecht (1936), S. 270, 274.

159 Heinrich Dietz, Zur Wiedereinführung der Militärgerichtsbarkeit, in: ZStW 53 (1934), S. 271, 274.

160 Eberhardt Schmidt, Wehrstrafrecht und allgemeines Strafrecht, in: ZfW 1 (1936/37), S. 340, 343.

161 Vgl. Schomerus, Gedanken zum Wehrstrafrecht, in: Deutsches Strafrecht (1936), S. 270 f.

162 O. von Hinüber, Strafrecht, S. 8.

163 Heute § 323a StGB.

Straftäter auch für Rauschtaten verantwortlich machte.[164] Darüber hinaus wurde die Übernahme einer dem § 116 MStGB entsprechenden Regelung als wahrscheinlich angesehen.[165] § 116 MStGB betraf die versuchte Anstiftung zur Begehung einer Straftat durch einen Vorgesetzten und stellte sie unabhängig davon unter Strafe, ob die Haupttat erfolgreich war. Gemäß dieser Regelung sollte die akzessorische Natur der Anstiftung im gesamten Strafrecht entfallen.[166] Zu einer Umsetzung dieses Gedankens kam es nicht mehr. Auch die im Wehrstrafrecht bestehende Verfolgung von militärischen Straftaten unabhängig vom Antrag eines Verletzten sollte in das Zivilstrafrecht übernommen werden, da so der „Gerichtsbarkeit im autoritären Staat angesichts höherer Interessen der Gemeinschaft" besser Rechnung getragen würde.[167]

Ein neues allgemeines (Zivil-)Strafgesetzbuch sollte wiederum auch die Strafnormen des Wehrschutzstrafrechts umfassen, also diejenigen Straftatbestände, die die Belange der Wehrmacht auf zivilem Gebiet wahrnahmen.[168] Darunter sollten fallen: „Untergrabung der Manneszucht, Aufforderung zur Fahnenflucht [...], Schutz der Wehrpflicht [...], Zersetzung des völkischen Wehrwillens", mithin Straftatbestände, die später im Wehrkraftzersetzungsparagrafen zusammengefasst und kurz vor Beginn des Krieges in Kraft gesetzt wurden. Die zweite Sitzung des Ausschusses für Wehrstrafrecht nahm sich der geplanten Änderung des StGB an und erörterte die in Aussicht genommene Strafandrohung für die „Zersetzung des völkischen Wehrwillens",[169] für deren Bekämpfung die Schaffung mehrerer Tatbestände geplant wurde.[170] Im Februar 1935 wurden diese Forderungen dahingehend präzisiert, dass die Zersetzung des Wehrwillens insbesondere die Wehrdienstverweigerung berücksichtigen sollte und allgemein jede weitere „Zersetzung", wenn diese öffentlich geschehe.

Zwecks Einhaltung einer einheitlichen Rechtsprechung wurde die Errichtung eines Großen Senats forciert, der sich aus Angehörigen der drei höchsten Straf-

164 Vgl. Schomerus, Gedanken zum Wehrstrafrecht, in: Deutsches Strafrecht (1936), S. 270 f.

165 Vgl. Wolfgang Seltmann, Wehrmachtgerichtsbarkeit und Allgemeine Strafrechtspflege, in: ZfW 8 (1943/44) 2, S. 1, 3.

166 Ebenda.

167 Schomerus, Gedanken zum Wehrstrafrecht, in: Deutsches Strafrecht (1936), S. 270 f.

168 Glahn, Das Wehrrecht, in: ZfW 2 (1937/38), S. 185, 195; vgl. auch Roland Freisler, Grundzüge des kommenden Strafrechts, in: Zur Neugestaltung des Strafverfahrens und Strafvollzugs (1935), S. 4.

169 Vgl. Werner Hülle, Wehrrechtsausschuß der Akademie für Deutsches Recht, in: ZfW 2 (1937/38), S. 162 sowie Vertrauliche Mitteilung Ausschuß für Wehrrecht vom 5. 6. 1937, BArch R 61/414, Bl. 1 ff.

170 Vgl. II. Sitzungen des Ausschusses für Wehrstrafrecht vom 24. 11. und 15. 12. 1934 und für Wehrstaatsrecht vom 13. 12. 1934 abgedruckt bei: Werner Schubert, Akademie für Deutsches Recht 1933-1945, Bd. VIII, S. 443.

gerichte – Reichsgericht, Volksgerichtshof und RKG – zusammensetzen sollte.[171] Der Wehrausschuss der Akademie für Deutsches Recht befürwortete darüber hinaus die Einbeziehung eines Obersten SA- und eines Obersten RAD-Gerichts in einen gemeinsamen Großen Senat.[172] Das Anliegen konformer Rechtsprechung durch vereinigte Senate war auch ein Anliegen des Reichsjustizministers Franz Gürtner.[173]

Seit Mitte der 1930er-Jahre wird in den Diskussionen zunehmend die nahe Kriegsgefahr betont, die den Eindruck erweckt, die Reformbestrebungen würden nunmehr mit wachsender Eile vorangetrieben. In einem 1937 erschienenen Aufsatz formulierte ein Militärjurist, wie drastisch Wehrmachtjuristen bereits den Noch-Friedenszustand, Mobilmachungsvorbereitungen und Kriegsahnungen vermengten: „Man kann heute nicht mehr sagen: Befindet man sich im Krieg oder im Frieden?"[174]

Der Reichskriegsminister befahl den Rechtsabteilungen der Wehrmacht und der Teilstreitkräfte Anfang 1935, einen Militärstrafrechtsausschuss zu bilden, der sich um eine Reform des MStGB bemühen sollte.[175] Im Dezember 1936 wurde daraufhin dem Kabinett ein Entwurf zugeleitet, der jedoch aufgrund der Verzögerungen bei den Änderungen des bürgerlichen StGB nicht verabschiedet wurde.

Anfang 1938 sah man sowohl im Reichsjustizministerium als auch in der Wehrmachtrechtsabteilung die baldige Einführung eines neuen zivilen und militärischen Strafrechts für so wahrscheinlich an, dass man sich anlässlich der Eingliederung Österreichs in das Deutsche Reich damit begnügte, für das österreichische Bundesheer zunächst nur das MStGB sowie den allgemeinen Teil des StGB einzuführen, während daneben das österreichische bürgerliche Strafrecht weiter gelten sollte.[176] Insbesondere das Justizministerium drängte auf diese abwartende Haltung, da es sich bei der Einführung des StGB in Österreich zugunsten einer baldigen einheitlichen Reform des Strafrechts zurückhielt. Im Oktober 1938 nahm das OKW jedoch Abstand von der im Frühjahr getroffenen Regelung, da es ein weite-

171 Erich Schwinge, Das in sich geschlossene Strafgesetzbuch der Wehrmacht, in: ZfW 3 (1938/39), S. 258 f.

172 VI. Sitzung des Arbeitsausschusses für Wehrstrafrecht vom 29. 10. 1937, BArch R 61/415, Bl. 1 ff.

173 Vermerk in den Akten des Reichsjustizministeriums vom 24. 3. 1936 und Schreiben des Justizministers an den Reichskriegsminister vom 4. 4. 1936, ebenda R 3001/22301, Bl. 96, 98.

174 Glahn, Das Wehrrecht, in: ZfW 2 (1937/38), S. 185, 187.

175 Zum Folgenden vgl. Schreiben der Wehrmachtrechtsabteilung an die Rechtsabteilungen der Teilstreitkräfte betr. Änderungen des MStGB vom 24. 2. 1940, BArch R 3001/22290, Bl. 422 ff.

176 Vermerk in den Akten des Reichsjustizministeriums anlässlich einer Besprechung am 2. 4. 1938 im OKW, ebenda, Bl. 79; Schreiben des Chef OKW/Wehrmachtrechtsabteilung an den Reichsminister der Justiz vom 9. 4. 1938, ebenda, Bl. 81.

res Abwarten bezüglich der Einführung des deutschen allgemeinen Strafrechts für österreichische Wehrmachtangehörige nicht mehr akzeptieren wollte.[177] Durch die Aufstellung von Einheiten, die sowohl aus deutschen als auch österreichischen Soldaten bestanden, erwuchsen der Wehrmacht bereits Schwierigkeiten aufgrund unterschiedlicher Strafrahmen und Tatbestände. Dies wurde als dauerhafte Gefahr für die „Manneszucht" gesehen.

Die wichtigsten geplanten Neugestaltungen des Wehrmachtstrafrechts wurden im Sommer 1938 in der Kriegssonderstrafrechtsverordnung (KSSVO) zusammengefasst und als Vorlage an Hitler geleitet, um ein einsatzbereites Militärstrafrecht für den erwarteten Krieg bereithalten zu können.[178] Trotz der angespannten Lage aufgrund der Einverleibung des Sudetenlandes im Oktober 1938 und der damit verbundenen Möglichkeit eines Kriegsausbruchs rechnete man auch weiterhin mit einer baldigen umfassenden Strafrechtsreform, sodass die KSSVO als „Notlösung" fungierte. Auf Anfrage der Wehrmachtrechtsabteilung im Dezember 1938 entschied Hitler, dass zunächst die Reformen auf dem zivilen Gebiet zu einem Ende gebracht werden müssten, bevor ein neues MStGB erlassen werden sollte. Das StGB sollte schließlich im Laufe des Jahres 1939 in einer neuen Fassung verabschiedet werden, dies wurde jedoch durch den Kriegsausbruch verhindert und sein Erlass auf die Zeit nach Ende der Kampfhandlungen zurückgestellt.[179]

4. Das militärgerichtliche Verfahrensrecht

Das militärische Ermittlungs- und das Gerichtsverfahren wurden durch die MStGO geregelt. Auch sie sollte im Zuge der Umgestaltung des Rechts geändert werden. Im September 1936 begannen die ersten Reformdebatten, als der Ausschuss für Wehrstrafrecht über die Schaffung eines neuen Strafverfahrensrechts der Wehrmacht beriet.[180] Neben Juristen aus dem zivilen und militärischen Bereich nahmen auch Wehrmachtoffiziere daran teil. Die MStGO wurde dabei grundsätzlich als akzeptabel angesehen; so wurde der Einfluss des Gerichtsherrn

177 Zum Folgenden vgl. Schreiben der Wehrmachtrechtsabteilung an den Reichsminister der Justiz u. a. betreffend Einführung des reichsdeutschen Strafrechts für österreichische Wehrmachtangehörige vom 14. 10. 1938, ebenda, Bl. 188 f.

178 Zum Folgenden vgl. Schreiben der Wehrmachtrechtsabteilung an die Rechtsabteilungen der Teilstreitkräfte betr. Änderungen des MStGB vom 24. 2. 1940, ebenda R 3001/22290, Bl. 422 f.

179 Vgl. Der Rechtswahrer, 1. Teil, 54. Sammelband, S. 60.

180 Zum Folgenden vgl. Schubert, Akademie für Deutsches Recht 1933-1945, Bd. VIII, S. XXIX; auch Heinrich Rosenberger, Zur Neugestaltung des Strafverfahrens der Wehr-

auf die Anklagevertretung und die Strafvollstreckung als praktikabel eingestuft. Im Vordergrund der Reformüberlegungen stand eine erhöhte Flexibilität des Verfahrens, das insbesondere eine rasche Aburteilung ermöglichen sollte. Zur Steigerung der Effektivität wurde angeregt, die vom Gerichtsherrn eingesetzten Ermittler – sogenannte Untersuchungsführer – mit größeren Vollmachten auszustatten, sodass eine Ermittlungsanordnung nicht mehr im Einzelfall durch die vorgesetzte Stelle erfolgen müsse. Des Weiteren sollten auch Zwangsmittel nach §§ 113 ff. MStGO, wie z. B. die vorläufige Festnahme, statt nur bei „Gefahr im Verzuge" frei vom Untersuchungsführer angewandt werden dürfen. Die Kompetenzen des Gerichtsherrn sollten dahingehend erweitert werden, dass die beisitzenden Richter nicht mehr einer starren Reihenfolge nach zu berufen seien, sondern für jeden Einzelfall ausgewählt werden dürften.

Der Militärrechtstheoretiker Erich Schwinge setzte sich maßgeblich für eine Modifizierung der MStGO, mit Zielrichtung einer schnellen Aburteilung, ein.[181] Diese Forderung versuchte er mit Hinweisen auf militärische Krisen während des Ersten Weltkrieges zu untermauern. Während er der deutschen Militärjustiz eine Mitschuld für die Niederlage und den Ausbruch der Revolution im November 1918 zuwies, hob er das Wirken französischer und britischer Militärgerichte hervor, die eine wesentlich höhere Anzahl gefällter und vollstreckter Todesurteile zu verzeichnen hatten und die Verfahren zum Teil sofort und im Frontbereich durchgeführt hatten.[182] Die schnellen, harten Urteilen gab er als eine Ursache für den Sieg der Entente-Mächte aus. Als besonders beispielhaft nannte er diesbezüglich die Schlacht an der Marne, der ein wochenlanger verlustreicher Rückzug der französischen Truppen vorangegangen war. Einen weiteren Vergleich zog er zu den Meutereien im französischen Heer während des Frühjahrs 1917. In beiden Fällen brachten massenhaft auftretende Disziplinlosigkeiten und Befehlsverweigerungen die Streitkräfte in Bedrängnis.[183] Das französische Oberkommando ging mit Standgerichten rigoros gegen Meuterer vor.

Die geplante Modifizierung sollte schließlich vornehmlich das Verfahren für den Kriegsfall betreffen, das sogenannte mobile Verfahren, und diesbezüglich die

macht, in: ZfW 3 (1938/39), S. 166; Buchbericht über die Arbeitsgebiete der Akademie für Deutsches Recht 1936, in: Deutsche Justiz (1937), S. 85.

181 Vgl. Erich Schwinge, Die Militärgerichtsbarkeit im Kriege, in: ZfW 2 (1937/38), S. 247 ff.; aber auch Heinrich Dietz, Zur Wiedereinführung der Militärgerichtsbarkeit, in: ZStW 53 (1934), S. 271, 295 f.

182 Zum Folgenden vgl. Erich Schwinge, Die Militärgerichtsbarkeit im Kriege, in: ZfW 2 (1937/38), S. 247–250; Erich Schwinge, Die Entwicklung der Mannszucht in der deutschen, britischen und französischen Wehrmacht seit 1914, 2. Aufl., Berlin 1941, S. 24 ff.; dazu auch von Raab-Straube, Justizoffiziere, in: ZfW 3 (1938/39), S. 78.

183 Vgl. Jean-Pierre Cartier, Der Erste Weltkrieg, München 1984, S. 539; Erich Schwinge, Mannszucht, S. 26 ff.

MStGO durch eine „Kriegsgerichtsordnung“[184] abgelöst werden.[185] Diese Neufassung wurde indes an eine umfassende Umgestaltung des allgemeinen Strafverfahrensrechts geknüpft, die aufgrund des 1939 begonnenen Krieges nicht mehr umgesetzt wurde. Um eine den Kriegsverhältnissen angepasste Prozessordnung nutzen zu können, wurden die Reformerwägungen 1938 in der Kriegsstrafverfahrensordnung (KStVO) zusammengefasst und diese als „Zwischen- und Notlösung“ für die Kriegsgerichte bereitgehalten, um sie im Kriegsfall einsetzen zu können.

5. Technische Aufrüstung und Kriegsbereitschaft

Bereits kurze Zeit nach Wiedererrichtung der Militärgerichtsbarkeit setzten innerhalb der Militärrichterschaft Bemühungen ein, die Wehrmachtgerichtsbarkeit auch technisch kriegsbereit zu machen. Die Diskussionen und Vorschläge drehten sich also neben der Politisierung des materiellen und der Vereinfachung des formellen Wehrstrafrechts um personelle sowie technische Erfordernisse für einen effektiven Einsatz der Kriegsgerichte.

Im Rückblick auf die Erfahrungen des Ersten Weltkrieges bemängelte man, dass 1914 im Zuge der Mobilmachung ein Teil der als Kriegsrichter vorgesehenen Juristen nicht in ihrer vorgesehenen Funktion ausgerückt waren, sondern insbesondere Verwendung bei der kämpfenden Truppe gefunden hatten.[186] Die Militärrichterschaft der kaiserlichen Armee hatte sich daher verstärkt aus älteren Zivilrichtern und Anwälten zusammengesetzt, die teils nur ungenügende Kenntnis des Militärstrafrechts oder keine militärische Ausbildung besessen hatten. Diese „Fehler“ sollten für den kommenden Krieg vermieden werden.

Eine wesentliche Neuerung innerhalb der Wehrmacht gegenüber der Situation von 1914 bis 1918 war der Aufenthalt der Wehrmachtrichter beim Stab ihrer Division und nicht bei rückwärtigen Dienststellen des Trosses. Dieser Standort und die Möglichkeit, auf motorisierte Fahrzeuge zurückzugreifen, sollte ein Höchstmaß an Mobilität ermöglichen. Die Ausstattung der Heeresgerichtsbarkeit mit langsamen Pferdegespannen während des Ersten Weltkriegs wurde als besonders schwerwiegende Schwäche der Militärjustiz angesehen.[187] Neben der zügigeren Durchführung des Gerichtsverfahrens diente die Verortung der Wehrmachtgerichte bei

184 Joachim Schölz, Das militärische Strafverfahren im Kriege, in: ZStW 60 (1941), S. 115.

185 Vgl. dazu Hermann Böhme, Die Notwendigkeit einer Neugestaltung des Wehrmachtstrafverfahrens, in: Zur Neugestaltung des Strafverfahrens der Wehrmacht, S. 1, 10.

186 Zum Folgenden vgl. Helmuth Mayer, Militärjustiz im neuzeitlichen Kriege, in: ZfW 2 (1937/38), S. 329, 336; Heinrich Dietz, Zur Wiedereinführung der Militärgerichtsbarkeit, in: ZStW 53 (1934), S. 271, 285.

187 Vgl. Stock, Über Militärstrafrechtspflege, in: ZfW 2 (1937/38), S. 356, 360 f.

den Fronttruppen auch der Gewährleistung einer strikt an den Verhältnissen des Kampfgeschehens orientierten Rechtsprechung.[188] Der Kriegsgerichtsbarkeit der Kaiserzeit wurde in diesem Sinne vorgeworfen, dass an Gerichten der Etappe und der rückwärtigen Heeresgebiete häufig „eine unverständliche [...] Auffassung über die Strafwürdigkeit militärischer Verfehlungen“ vorhanden gewesen wäre.[189] In diesem Sinne wurden für das Kriegsverfahren vor den Wehrmachtgerichten verfahrensrechtliche Unterschiede zwischen Soldaten, die im Heimatgebiet oder an der Front vor Gericht standen, wie sie im Ersten Weltkrieg existiert hatten, aufgehoben.[190] Es galt ausnahmslos das mobile Verfahrensrecht der Wehrmacht.

Die Militärgerichte waren fester Bestandteil der Mobilmachungspläne, die schon recht früh für einen beweglichen Krieg konzipiert wurden. Bereits 1937 forderte eine Verfügung des OKH die schnellstmögliche Aufstellung und Einsatzbereitschaft mobiler Heeresgerichte für den Kriegsfall.[191] Da die stationierten Truppen im Mobilmachungsfall ihre Standorte verließen und durch die Einberufung von Reservisten weitere Großverbände aufgestellt wurden, mussten sich die bisher existierenden Truppengerichte diesen Erfordernissen anpassen. Zu diesem Zweck sollten sich die bestehenden „Friedensgerichte“ auflösen und in „Kriegsgerichten“ neu organisieren. Ausgesuchte Gerichte hatten diese Schritte vorzubereiten. Es oblag den Oberstkriegsgerichtsräten, die Gerichte dabei zu unterstützen und dem OKH regelmäßig über ihre Erfahrungen zu berichten. Die Einbeziehung der Militärgerichte in die Kriegsvorbereitungen war eine Neuerung gegenüber der Situation von 1914. Ein führender Militärjurist hatte bereits 1934 den Umstand gerügt, dass die kaiserliche Militärjustiz unvorbereitet in den Ersten Weltkrieg gezogen wäre und Maßnahmen gefordert, die auf ausreichende Vorkehrungen für einen künftigen Krieg zielen sollten.[192]

Mit Schreiben vom 1. September 1938 wandte sich die Heeresrechtsabteilung an die Oberstkriegsgerichtsräte und informierte sie über den Stand der Mobilmachungsbereitschaft der Heeresgerichte.[193] Demnach war die Mehrzahl der Gerichte zu diesem Zeitpunkt vollständig kriegsbereit. Nur in Ausnahmefällen waren die Befehle bezüglich der Mobilmachungsvorbereitungen nicht detailliert umgesetzt worden. Zur Ausrüstung der mobilen Gerichte gehörten nunmehr auch die

188 Vgl. Erich Ludendorff, Meine Kriegserinnerungen 1914–1918, Berlin 1919, S. 492; dies aufgreifend Werner Hülle, Grundzüge des Kriegsstrafverfahrens, in: ZfW 4 (1939/40), S. 230 f.

189 Werner Hülle, Grundzüge des Kriegsstrafverfahrens, in: ZfW 4 (1939/40), S. 230 f.

190 Erich Schwinge, Die Militärgerichtsbarkeit im Kriege, in: ZfW 2 (1937/38), S. 247, 254.

191 Zum Folgenden Verfügung OKH v. 15. 6. 1937; BArch-MA RH 36/324, Bl. 1 ff.

192 Vgl. Heinrich Dietz, Zur Wiedereinführung der Militärgerichtsbarkeit, in: ZStW 53 (1934), S. 271, 285.

193 Zum Folgenden vgl. OKH/Heeresrechtsabteilung betr. Mobilmachung der Heeresgerichte v. 1. 9. 1938, BArch-MA RH 53-6/76, Bl. 9 ff.

KSSVO und die KStVO, mit der sich die Richter ab sofort vertraut machen sollten. Für die Kriegsgerichte wurde darüber hinaus ausführlich festgelegt, wie sie sich im Mobilmachungsfall einsatzbereit zu machen hätten. Die Anweisungen waren äußerst detailliert bis hin zur Beschreibung zweckmäßiger Kisten für Akten- und Büchertransport.[194] War ein Kriegsgericht „mobil", hatte der ranghöchste Richter dem zuständigen Oberstkriegsgerichtsrat seines Dienstaufsichtsbezirks den Vollzug zu melden. Am 14. September 1938 legte der Oberbefehlshaber des Heeres (Ob. d. H.) die einzelnen Kommandeure mit eigener Gerichtsbarkeit und der Stellung eines Gerichtsherrn im Fall des Kriegszustandes fest.[195]

Anfang August 1939 informierte die Heeresrechtsabteilung alle untergeordneten Stellen noch einmal genauestens über die Vorgehensweise bei der Auflösung der bisherigen Friedens- und der Aufstellung kriegsbereiter Feld- und Ersatzgerichte.[196] Die Anordnung wies weiter darauf hin, dass mit Beginn des Krieges eine Amnestie für verurteilte Wehrmachtangehörige erlassen werden würde. Um durch die Neuorganisation der Wehrmacht entstandene Schwierigkeiten zu übergehen, wurden alle Heimat-Gerichte angewiesen, selbst dann ihre Tätigkeit aufzunehmen, falls der zuständige militärische Befehlshaber noch nicht die Kommandogewalt angetreten hatte. Das richterliche Personal hatte bei Dienstantritt eines neuen Kommandeurs diesen in seine Befugnisse als Gerichtsherr einzuweisen.

V. Wehrmacht- und Ziviljustiz: Zusammenarbeit und Kompetenzübertragungen

Militärgerichte sind üblicherweise zur Aburteilung von Straftaten berufen, die von Angehörigen der Streitkräfte begangen werden. Während die Wehrmachtjustiz mit Kriegsbeginn ihre Zuständigkeiten auch auf andere Personengruppen ausdehnte, hatte sie sich in der Vorkriegszeit nahezu ausschließlich auf die Wehrmachtangehörigen beschränkt. In der Zeit von 1934 bis 1939 kam es allerdings verschiedentlich dazu, dass auch Gerichte der zivilen Justiz Gerichtshoheiten über Beschuldigte wahrnahmen, die grundsätzlich der Wehrmacht unterstanden.

Bis Juli 1934 waren Wehrmachtangehörige in allen Verfahren wegen Landes- und Hochverrat der Zuständigkeit des Reichsgerichts unterworfen. Die Kompetenz

194 OKH v. 1. 9. 1938 betr. Mobilmachung der Heeresgerichte; ebenda RH 36/324, Bl. 4 ff.

195 Verfügung des Oberbefehlshabers des Heeres betr. Ausführungsbestimmungen zur Kriegsstrafverfahrensordnung v. 14. 9. 1939, ebenda RH 53-6/76, Bl. 22 ff.

196 Zum Folgenden vgl. OKH v. 4. 8. 1939 betr. Verbleib der Akten, Abwicklung der laufenden Verfahren und erste Tätigkeit der Gerichte des Ersatzheeres im Mob.Fall, ebenda RH 36/324, Bl. 35 ff.

für diese Tatbestände wurden schließlich an den mit Gesetz vom 24. April 1934[197] geschaffenen Volksgerichtshof übertragen, der am 14. Juli 1934 seine Tätigkeit begann.[198] Fielen militärische Straftaten mit einem Verratsdelikt zusammen, war der Volksgerichtshof auch für die Beurteilung dieser Delikte befugt.[199] Damit nahm nicht nur ein ziviles Gericht die Gerichtshoheit über Soldaten wahr, sondern auch dasjenige Tribunal, das auf das Engste mit nationalsozialistischer Terrorjustiz im Zusammenhang steht.

Obwohl die Wehrmacht auch die Verratsdelikte an ihre eigene Gerichtsbarkeit übertragen wollte, verteidigte das Justizministerium zunächst seine Zuständigkeit. Die Justizbehörden verwiesen auf die nötige Schaffung umständlicher Regelungen, da derartige Verfahren mit einer Revisionsmöglichkeit an die Zivilgerichtsbarkeit gekoppelt werden müssten, solange die Wehrmacht nur über Kriegs- und Oberkriegsgerichte verfüge, nicht jedoch über einen obersten Gerichtshof.[200] Ein Vermerk in den Akten des Reichsjustizministeriums deutet indes darauf hin, dass es der Justizverwaltung vornehmlich um den Erhalt eigener Kompetenzen ging.[201] Die Wehrmacht riss schließlich mit Errichtung des RKG im Oktober 1936 die Verfahrenskompetenzen wegen der Verratstatbestände an sich.

Nach § 4 MStGO i. d. F. von 1934 unterstanden Wehrmachtangehörige der zivilen Justizhoheit, wenn sie zusammen mit Personen, die nicht der Militärgerichtsbarkeit unterworfen waren, als Täter, Teilnehmer, Begünstigter oder Hehler Straftatbestände verwirklichten. Eine Abgabe kam auch dann in Betracht, wenn es zwischen ihnen zu wechselseitigen Beleidigungen oder Körperverletzungen gekommen war. Die MStGO i. d. F. von 1936 verortete die Vorschrift in § 3. Es wurde nunmehr klar herausgestellt, dass die Zuständigkeit der Zivilgerichte nicht gegeben war, wenn mit den Zuwiderhandlungen auch Verstöße gegen Normen des MStGB einhergingen.

Die MStGO sah weiterhin die Zuständigkeit der allgemeinen Gerichte gegenüber Wehrmachtangehörigen vor, wenn es sich um Verstöße gegen Steuervorschriften und allen damit zusammenhängenden Missachtungen der allgemeinen Straf- und sonstiger Finanzgesetze handelte. Wurden Freiheitsstrafen ausgesprochen, so waren sie allerdings durch das Militär zu vollstrecken. Die Zivilgerichte waren auch bei Zuwiderhandlungen gegen Polizei-, Jagd- und Fischereigesetze zu-

197 Vgl. Gesetz zur Änderung von Vorschriften des Strafrechts und des Strafverfahrens v. 24. 4. 1934, RGBl. 1934 I, S. 341.

198 Günther Wieland, Das war der Volksgerichtshof. Ermittlungen, Fakten, Dokumente, Berlin (Ost) 1989, S. 12.

199 Dörken, Gesetz zur Änderung der Militärstrafgerichtsordnung, in: DJZ (1935), S. 1286.

200 Vermerk in den Akten des Reichsjustizministeriums betr. einer Besprechung mit Vertretern der Rechtsabteilungen der Wehrmachtteile am 18. 3. 1935, BArch R 3001/22301, Bl. 95.

201 Ebenda.

ständig, sofern diese lediglich mit einer Geldbuße geahndet wurden. Nach Novellierung der MStGO im Jahre 1936 wurden die Zuständigkeiten bei den genannten Verstößen der Gerichtshoheit der Militärgerichte übertragen, wenn diese mit der Verletzung von Strafnormen des MStGB zusammenfielen.

VI. Strafvollzug und Strafvollstreckung

1. Wehrmachtgefängnisse

Militärische Freiheitsstrafen umfassten Gefängnisstrafen, Festungshaft und Arrest. Zum Verständnis des Wehrmachtvollzugssystems müssen zunächst zwei Begriffe erläutert werden: Der *Strafvollzug* ist der reine Freiheitsentzug, also die tatsächliche Durchführung. Die *Strafvollstreckung* umfasst nicht nur den Strafvollzug, sondern auch alle weiteren Befugnisse und Maßnahmen in Bezug auf die Strafe, wie etwa Unterbrechung der Strafe oder auch ihre Beendigung. Die Vollstreckung einer Freiheitsstrafe lag in den Händen desjenigen Gerichtsherrn, dessen Gericht die Aburteilung vorgenommen hatte. Da eine Zuchthausstrafe die Entfernung aus der Wehrmacht zur Folge hatte, galt sie – im Sinne des Wehrstrafrechts – nicht als Freiheitsstrafe.[202] Auf den Vollzug derartiger Strafen legte die Wehrmacht – jedenfalls zunächst – keinen Wert und begründete dies damit, dass die Streitkräfte keine „Verwahranstalt für Verbrecher" seien.[203] Wurde gegen einen Wehrmachtangehörigen eine Zuchthausstrafe ausgesprochen – Gleiches galt für die Verurteilung zur Wehrunwürdigkeit neben einer Gefängnisstrafe –, so ging die Vollstreckung der Strafe auf die Staatsanwaltschaft bei dem Landgericht über, zu dessen Bezirk der Standort des Verurteilten gehörte.[204]

Festungshaft galt als ehrenvolle Haft und war nur zulässig, wenn die abgeurteilte Straftat nicht gegen den Staat oder die politische Führung gerichtet gewesen war.[205] Im Gegensatz zu Gefängnisinsassen waren Festungshäftlinge in unverschlossenen Stuben untergebracht und erhielten Vergünstigungen, wie Radio hören und das Empfangen von Besuch.[206]

202 Erich Schwinge, Militärstrafgesetzbuch (1939), § 15, S. 61.

203 Aus dem Gutachten Dr. Carl Rissoms über Änderungen des Militärstrafgesetzbuchs, abgedruckt bei Heinrich Dietz, Auf dem Weg zum Wehrmachtstrafgesetzbuch, in: ZfW 5 (1940/41), S. 401, 416.

204 Vgl. § 13 Einführungsgesetz zum MStGB; sowie § 369 MStGO i. d. F. von 1934 und § 416 MStGO i. d. F. von 1936.

205 Rudolf Absolon, Sondereinheiten, S. 34 ff.

206 Franz W. Seidler, Die Militärgerichtsbarkeit, S. 115.

Strafvollstreckung und -vollzug wurden ab dem 1. Januar 1934 durch die Strafvollstreckungsvorschrift für Reichsheer und Reichsmarine[207] (HMStV) geregelt, die 1937 durch die Wehrmachtstrafvollzugsvorschrift ersetzt wurde.[208] Gemäß der HMStV standen der Wehrmacht als Vollzugseinrichtungen Standortarrestanstalten und Arresträume in Kasernen und auf Schiffen zur Verfügung. Die Arrestanstalten waren für Gefängnis- und Arreststrafen bis zu einer Länge von sechs Wochen vorgesehen. Eine Arreststrafe war im militärischen Bereich wie eine Gefängnisstrafe anzusehen.[209] Für längere Freiheitsstrafen bediente sich die Wehrmacht der Standortarrestanstalt Hannover.

Nach Maßgabe der HMStV trugen die Wehrmachtgefangenen während der Haft ihre Uniformen, jedoch ohne Orden und Ehrenzeichen. Bei Gefängnisstrafen bestand eine neunstündige Arbeitspflicht für die Gefangenen. Dabei sollten Kenntnisse, Lebensalter und Gesundheitszustand Berücksichtigung finden. Jeder Gefangene durfte sich täglich eine Stunde im Freien bewegen. Dieser Freigang erfolgte getrennt nach Rangklasse des Häftlings. Strafgefangene Wehrmachtangehörige blieben während des Strafvollzugs ihrem Streitkräfteteil weiter zugehörig und galten als in den Strafvollzug kommandiert.[210] Verstöße gegen Anstaltsvorschriften oder die militärische Ordnung konnten durch den Anstaltsvorgesetzten mit sogenannten Hausstrafen geahndet werden. Diese Strafen umfassten u. a. Entzug der Zellenbeleuchtung oder der Schlafstätte, Verbot des Freigangs oder Schmälerung der Kost.

Der wehrmachteigene Haftraum für lang andauernde Freiheitsstrafen war 1934 und 1935 derart knapp, dass sich der Justizminister auf Bitten der Wehrmachtführung bereit erklärte, Haftstrafen von mehr als drei Monaten Dauer in zivilen Haftanstalten vollstrecken zu lassen, sofern dort genügend Haftraum zur Verfügung stand.[211] In Ostpreußen standen der Wehrmacht bis Kriegsbeginn ausschließlich Arresträume zur Verfügung, was bis 1939 eine Amtshilfe der Justizbehörden bei jeder längeren Freiheitsstrafe notwendig machte.[212] Die Vollzugsabteilung des Reichsjustizministeriums leistete der Wehrmacht ab 1935 Hilfe bei der Organisation des Strafvollzuges.

207 Strafvollstreckungsvorschrift für Reichsheer und Reichsmarine v. 27. 11. 1933, RGBl. 1933 II, S. 979.

208 Vgl. Franz W. Seidler, Die Militärgerichtsbarkeit, S. 100 f.

209 Vgl. Grau, Das Militärstrafgesetzbuch in neuer Fassung, in: Deutsche Justiz (1940), S. 1209, 1211.

210 Kurze Übersicht über Organisation und Aufgaben des Wehrmachtstrafvollzugs, der Bewährungstruppe sowie der Sondereinheiten des Heeres v. 16. 3. 1943, BArch-MA RH 14/33, Bl. 6 ff.

211 Schreiben des Reichsministers der Justiz an den Reichskriegsminister betr. Vollstreckung von Gefängnisstrafen gegen Wehrmachtangehörige v. 15. 6. 1935, BArch R 3001/22298, Bl. 18.

212 Vgl. Friedensstrafvollstreckungsplan, BArch-MA RH 53-6/76, Bl. 119; vgl. auch Stammtafel des Wehrmachtgefängnisses Glatz, ebenda RH 48/7, Bl. 71.

Insbesondere sollte auf diese Weise erreicht werden, dass die von der Staatsführung erlassenen Richtlinien für den zivilen Vollzug auch innerhalb der Wehrmacht umgesetzt wurden.[213] Die Zusammenarbeit erfolgte seitens des Justizministeriums direkt über den Leiter des Strafvollzugsamtes, Ministerialdirigent Marx.[214]

Die Strafvollstreckung ging auf die zivilen Behörden über, sofern eine Zuchthausstrafe ausgesprochen, neben der Strafe auf Dienstentlassung erkannt oder das Dienstverhältnis aus einem anderen Grund aufgelöst wurde, z. B. weil der Betreffende dienstuntauglich geworden war. Nach dem Wehrgesetz musste auf Dienstentlassung erkannt werden, wenn auf eine Gefängnisstrafe von mehr als einem Jahr wegen einer vorsätzlich begangenen Tat erkannt worden war. Zumindest bis 1935 wurde regelmäßig auf Dienstentlassung erkannt, wenn eine mehr als dreimonatige Freiheitsstrafe ausgesprochen wurde.

Im März und April 1936 vergrößerten sich die Haftkapazitäten der Wehrmacht durch die Einrichtung von Wehrmachtgefängnissen in Ulm und Torgau. Der Haftraum im Militärgefängnis Ulm umfasste allerdings lediglich ein Stockwerk des dortigen Gerichtsgefängnisses.[215] Beide Standorte dienten zunächst für den Vollzug von Freiheitsstrafen von sechs Wochen bis zu einem Jahr.[216] Ab Juli 1936 standen sie auch für längere als einjährige Gefängnisstrafen bereit.[217] Freiheitsstrafen bis zu sechs Wochen Länge wurden auch weiterhin in den Standortarrestanstalten vollstreckt.[218] Trotz der erhöhten Haftkapazitäten wurden in der Regel nur Strafen bis zu einem Jahr durch die Wehrmacht vollzogen.[219] Einheiten, die von den Wehrmachtgefängnissen räumlich weit entfernt lagen, sollten auch weiterhin die zivilen Behörden um Strafvollstreckung ersuchen, wenn Freiheitsstrafen von mehr als drei Monaten Dauer ausgesprochen wurden.[220] Vermutlich wurden auch kürzere als

213 Klut, Der Vollzug von Freiheitsstrafen, in: ZfW 3 (1938/39), S. 126, 128.

214 Vgl. Ermittlungsakten gegen Manfred Roeder, Vernehmung Manfred Roeders am 15. 1. 1947, HStA Hannover Nds. 721 Lüneburg 69/76, Bd. II, Bl. 156 ff.

215 Schreiben des Reichsministers der Justiz an den Reichskriegsminister und Oberbefehlshaber der Wehrmacht betr. Einrichtung einer Abteilung für militärische Gefangene in den Gefangenenanstalten in Ulm v. 1. 4. 1936, BArch R 3001/21278, Bl. 73.

216 Schreiben des Oberkommandos des Heeres/Heeresrechtsabteilung an die Oberstkriegsgerichtsräte betr. Strafvollstreckung im Militärgefängnis Ulm v. 24. 3. 1936, BArch-MA RH 14/54, S. 59; Oberkommando des Heeres/Heeresrechtsabteilung an die Oberstkriegsgerichtsräte betr. Einrichtung eines Militärgefängnisses in Torgau, 18. 4. 1936, ebenda, S. 73.

217 Schreiben der Heeresrechtsabteilung an die Oberstkriegsgerichtsräte v. 6. 7. 1936 betr. Strafvollstreckung, ebenda, Bl. 104.

218 Klut, Der Vollzug von Freiheitsstrafen, in: ZfW 3 (1938/39), S. 126, 132.

219 Ebenda, S. 126, 129.

220 Anweisung des Oberbefehlshabers des Heeres an die Oberstkriegsgerichtsräte betr. Strafvollstreckung v. 6. 7. 1936, BArch-MA RH 14/54, Bl. 104; vgl. dazu auch Schreiben des Reichswehrministers an den Reichsminister der Justiz betr. Vollstreckung von Gefängnisstrafen gegen Wehrmachtangehörige v. 14. 5. 1935, BArch R 3001/22298, Bl. 13.

dreimonatige Freiheitsstrafen umfangreich auf Bitten der militärischen Dienststellen von den Zivilbehörden übernommen. So übergab die Wehrmacht etwa im Bereich der bremischen 22. Infanterie-Division ihre verurteilten Militärangehörigen immer dann dem Zivilvollzug, wenn die zuständige Standortarrestanstalt überfüllt war.[221]

In den Jahren 1938 und 1939 wurde Torgau-Fort Zinna zum größten deutschen Militärgefängnis ausgebaut.[222] Kurz vor Ausbruch des Krieges vergrößerte die Haftanstalt ihre Kapazität durch Nutzung des ebenfalls in Torgau gelegenen Forts Brückenkopf, bis dies im Herbst 1939 ein eigenständiges Wehrmachtgefängnis wurde. Zu den Wehrmachtgefängnissen kamen bis Anfang 1939 drei Festungshaftanstalten hinzu: Boyen bei Lötzen, Ingolstadt und Glatz. Ab dem 1. Januar 1939 wurde jedoch der Vollzug der Festungshaft auf die Festung Ingolstadt beschränkt.[223]

Die Wehrmachtgefängnisse unterstanden direkt dem OKW und waren für Gefangene aller Teilstreitkräfte vorgesehen. Der Vollzug gliederte sich wie ein militärischer Verband, der aus mehreren Kompanien bestand und die Stärke eines Bataillons bzw. einer Abteilung besaß. Sowohl das Aufsichtspersonal als auch die Gefängnisleitung setzten sich aus Soldaten zusammen.[224] Die Notwendigkeit, eigene Gefängnisse zu unterhalten, bestand für die Wehrmacht aufgrund ihres vergrößerten Personalbestandes, der durch die schnelle Aufrüstung und Einführung der Wehrpflicht hervorgerufen worden war.[225]

Seit November 1938 konnten Insassen der Wehrmachtgefängnisse für die Dauer ihrer Dienstpflicht der Polizei zur Inhaftierung in ein Konzentrationslager übergeben werden.[226] Diese Maßnahme traf Häftlinge, die sich nach dem Urteil des Kommandanten der Wehrmachthaftanstalt den „Erziehungsmaßnahmen" vorsätzlich widersetzten und für die auch eine Versetzung in eine Sonderabteilung für sinnlos erachtet wurde. Diese Regelung wurde durch einen OKW-Befehl vom 14. Februar 1942 außer Kraft gesetzt, der für solche Gefangene die Überweisung in ein Straflager der Wehrmacht vorsah. Für die Überstellung von Wehrmachtgefangenen an Konzentrationslager waren die Torgauer Wehrmachtgefängnisse Brückenkopf und Fort Zinna zuständig.[227]

221 Vgl. Schriftverkehr und Notizen des Oberdirektors der Hanseatischen Vollzugsanstalten, Generalstaatsanwalt beim Hanseatischen OLG und Gericht der 22. Division im Zeitraum Frühjahr 1937, StA Bremen 4,80 – III.80.

222 Zum Folgenden vgl. Eberlein/Haase/Oleschinski, Torgau, S. 39 ff.

223 Vgl. Schreiben des Reichsministers der Justiz an die Generalstaatsanwälte betr. Vollzug der Festungshaft v. 21. 4. 1939, BArch R 3001/22298, Bl. 22.

224 Vgl. Klut, Der Vollzug von Freiheitsstrafen, in: ZfW 3 (1938/39), S. 126, 130.

225 Vgl. Schreiben des Reichswehrministers an den Reichsminister der Justiz betr. Vollstreckung von Gefängnisstrafen gegen Wehrmachtangehörige v. 14. 5. 1935, BArch R 3001/22298, Bl. 13.

226 Zum Folgenden vgl. Rudolf Absolon, Sondereinheiten, S. 40 f.

227 Michael Eberlein/Norbert Haase/Wolfgang Oleschinski, Torgau, S. 62.

Im kleinem Umfang führte die Wehrmacht auch den Strafvollzug für das Reichsjustizministerium durch, dies betraf jedoch nur die Festungshaft[228] und – ab 1936 – in seltenen Fällen Gefängnisstrafen. Wurde nach Maßgabe des § 2 MStGO sowie der § 4 MStGO i. d. F. von 1934 oder § 3 MStGO i. d. F. von 1936 ein Wehrmachtangehöriger wegen Verstößen gegen die allgemeinen Strafgesetze, die dieser gemeinsam mit einem oder mehreren Zivilisten begangen hatte, von einem „bürgerlichen" Gericht verurteilt, so oblag die Vollstreckung des Urteils den Justizbehörden.[229] Die Wehrmacht sollte jedoch um Übernahme des Vollzuges ersucht und der Freiheitsentzug regelmäßig in einem Wehrmachtgefängnis durchgeführt werden. Dies kann jedoch nur für die Vorkriegszeit Geltung gehabt haben.

2. Sonderabteilungen

Im Frühjahr 1936 ermächtigte der Reichswehrminister die Wehrmachtteile zur Einrichtung von Formationen, die Soldaten erfassen sollten, die eine „Gefahr für den Geist der Truppe", also eine „Gefahr für die Manneszucht", darstellten.[230] Dies führte im Verlauf des Jahres zur Aufstellung sogenannter Sonderabteilungen, deren Auftrag mit „Erziehung" umrissen wurde.[231] Maßgeblich am Aufbau beteiligt war die Heeresrechtsabteilung.[232] In diese Einheiten wurden Soldaten versetzt, die bereits disziplinarisch bestraft worden waren, sich aber trotzdem nicht gefügig zeigten, weiterhin Wehrmachtangehörige, die eine Haftstrafe im zivilen Vollzug verbüßt und wieder ihren Wehrdienst anzutreten hatten.[233] Außerdem mussten dort Soldaten ihren Dienst ableisten, die zur jüdischen Religion übergetreten waren[234] oder sich selbst verstümmelt hatten.[235] Schwinge charakterisierte die zu den Sonderabteilungen Versetzten als „minderwertige" Soldaten.[236]

228 Vgl. hierzu Wehrmachtvollzugsvorschrift, RGBl. 1935 II, S. 745; vgl. auch Schreiben des Reichsministers der Justiz an die Generalstaatsanwälte v. 21. 4. 1939, BArch R 3001/22298, Bl. 22.

229 Strafvollstreckungsordnung gemäß Verordnung des Reichsministers der Justiz vom 7. 12. 1935, in: Deutsche Justiz (1935), S. 1800.

230 Der Reichskriegsminister, zitiert nach: Manfred Messerschmidt, Die Wehrmachtjustiz 1933–1945, S. 324.

231 Vgl. Klut, Der Vollzug von Freiheitsstrafen, in: ZfW 3 (1938/39), S. 126, 130.

232 Vgl. Gliederungen, Dienstsanweisungen und Dienstplan für Befehlshaber des Ersatzheeres, Allgemeines Heeresamt, Inspekteure v. 1. 6. 1938, BArch–MA RHD 18/35.

233 Klut, Der Vollzug von Freiheitsstrafen, in: ZfW 3 (1938/39), S. 126, 129 f.

234 Rudolf Absolon, Sondereinheiten, S. 10 f.

235 Curt Holstein, Überblick über die Sonderabteilungen der Wehrmacht, in: ZfW 8 (1943/44) 1, S. 124.

236 Erich Schwinge, Mannszucht, S. 65.

Die Errichtung der Sonderabteilungen fiel in einen Zeitabschnitt, der für das gesamte Strafsystem der Wehrmacht einschneidend war, da durch die Nutzung eigener Wehrmachtgefängnisse ab Sommer 1936 der Vollzug von Freiheitsstrafen wesentlich stärker durch die Wehrmacht wahrgenommen werden konnte. Ob die Sonderabteilungen auch für Soldaten zuständig wurden, die aus dem militärischen Strafvollzug entlassen wurden, kann hier nur vermutet werden, da sich darüber keine Dokumente finden ließen. Eine Ungleichbehandlung wäre indes nicht nahe liegend, da der Wehrmachtstrafvollzug ab 1936 vermehrt Soldaten inhaftierte, die vor dem Ausbau der eigenen Haftkapazitäten dem zivilen Strafvollzug übergeben wurden.

Der Umstand, dass Soldaten zu den Sonderabteilungen versetzt wurden, weil sie zum jüdischen Glauben übergetreten waren, kann indes nicht mit einer wie auch immer gearteten „Erziehung“ erklärt werden. Hier muss es sich um einen strafenden Akt handeln, da die körperlich anstrengenden Arbeiten zwar Soldaten zum militärischen Gehorsam zwingen konnten, eine religiöse Einstellung – zumindest nicht die in Rede stehenden jüdischen Glaubensvorstellungen – aber keinerlei Einfluss auf die militärische Disziplin hat. Zu diesen Ausführungen passen die Angaben des ehemaligen Wehrmachtrichters Roeder, der anlässlich eines gegen ihn gerichteten Strafverfahrens nach 1945 die Behandlung von Angehörigen einer Sondereinheit mit denen von Gefangenen verglich.[237]

Der Dienst umfasste militärische Ausbildung, „erzieherischen“ Unterricht und körperliche Arbeiten. Angehörige der Sonderabteilungen mussten drei Monate unter guter Führung ihren Dienst versehen. Sodann konnten sie zur regulären Truppe zurückversetzt werden. Zeigten sie sich hingegen weiterhin dem Dienst gegenüber unwillig, wurden sie aus der Wehrmacht entlassen und dem SS- und Polizeiapparat übergeben.[238] Mit Aufstellung der Sonderabteilungen und der Möglichkeit, von dort Soldaten direkt an die Sicherheitsorgane des NS Staates zu übergeben, begann nach Messerschmidt die Kooperation zwischen dem Wehrmachtstrafsystem und dem Haftvollzug von SS und Polizei.[239]

In einer Urteilsübersicht des Dienstaufsichtsbezirks 1 wurden im Zeitraum 1. Oktober 1938 bis 31. März 1939 81 Urteile wegen Fahnenflucht ausgesprochen, davon entfielen 14 auf Angehörige von Sonderabteilungen.[240] Der Strafrahmen

237 Vgl. Ermittlungsakten gegen Manfred Roeder, Vernehmung Manfred Roeders am 15. 1. 1947, HStA Hannover Nds. 721 Lüneburg 69/76, Bd. II, Bl. 156 ff.

238 Rudolf Absolon, Sondereinheiten, S. 11; Curt Holstein, Überblick über die Sonderabteilungen der Wehrmacht, in: ZfW 8 (1943/44) 1, S. 124.

239 Manfred Messerschmidt, Die Wehrmachtjustiz 1933–1945, S. 326.

240 Nachweisung der im Dienstaufsichtsbezirk 1 in der Zeit v. 1. 10. 1938 bis 31. 3. 1939 erlassenen rechtskräftigen Urteile in Strafsachen wegen Fahnenflucht und unerlaubter Entfernung v. 9. 5. 1939, BArch–MA RH 15/427, Bl. 70 ff.

wies indes keine besonderen Abweichungen von den anderen Verurteilungen auf. Es wurden Strafen von sechs Monaten bis zu zwei Jahren verhängt. Die anderen Verurteilten wiesen ebenfalls Strafen bis zu zwei Jahren Gefängnis auf, das untere Strafmaß ging indes bis zu drei Monaten Freiheitsentzug. Im Dienstaufsichtsbezirk 2 wurden im selben Zeitraum 79 Fälle von Fahnenflucht registriert, von denen 23 von Soldaten der Sonderabteilungen begangen worden waren. Ebenso wie im Dienstaufsichtsbezirk 1 unterschieden sich die Strafen im Höchstmaß nicht sonderlich: Während als geringste Freiheitsstrafe gegen einen Angehörigen der Sonderabteilungen auf vier Monate erkannt wurde, waren es gegenüber anderen Wehrmachtangehörigen zwei Monate.[241] Im Dienstaufsichtsbezirk 3 waren von 100 Urteilen wegen Fahnenfluchtfällen 19 gegen Sonderabteilungssoldaten ausgesprochen worden.[242] Auch hier unterschieden sich die Urteile nur im Mindestmaß. Deutlich wird allerdings die erhöhte Motivation von Sonderabteilungsangehörigen zu desertieren.

241 Übersicht über die von den Gerichten I. und II. Instanz des Dienstaufsichtsbezirks 2 erlassenen Urteile wegen Fahnenflucht in der Zeit v. 1. 10. 1938 bis 31. 3. 1939, ebenda, Bl. 77 ff.

242 Übersicht über die von den Gerichten I. und II. Instanz des Dienstaufsichtsbezirks 3 erlassenen Urteile wegen Fahnenflucht und unerlaubter Entfernung in der Zeit v. 1. 10. 1938 bis 31. 3. 1939, ebenda, Bl. 77 ff.

Kapitel 2: Die zweite Phase – Militärjustiz im Krieg

I. Organisation der Wehrmachtjustiz

1. Rechtsabteilungen und Oberstkriegsgerichtsräte

Die im Sommer 1939 einsetzenden Mobilmachungsvorbereitungen erfassten auch die Kriegsgerichte. Die Oberstkriegsgerichtsräte überwachten diese Kriegsvorbereitungen und erstatteten den Rechtsabteilungen laufend Bericht. In der nun folgenden Zeit kontrollierten die Oberstkriegsgerichtsräte, ob die einzelnen Gerichte arbeitsmäßig ausgelastet waren.[1] Mit Beginn des Krieges wurden beim Feldheer die Gerichte einer Armee sowie die sich im Einflussbereich dieses Großverbandes befindlichen Gerichte zu einem Dienstaufsichtsbezirk zusammengefasst und jeweils einem Oberstkriegsgerichtsrat unterstellt.[2] Für Militäreinheiten, die direkt dem Oberkommando des Heeres (OKH) unterstanden, wurde ebenfalls ein aufsichtführender Richter eingesetzt. Im Bereich des Ersatzheeres fasste man jeweils mehrere Wehrkreise zu einem Dienstaufsichtsbezirk zusammen. Die kriegsbedingte Gleichstellung der Dienstaufsichtsbezirke mit den Großverbänden innerhalb des Feldheeres bewahrte die Oberstkriegsgerichtsrat-Dienststellen indes vor der drohenden Auflösung.[3] Das OKH hatte Anfang 1939 eine Beseitigung der bisherigen Dienstaufsichtsbezirke erwogen, da die Unterstellung der Heeresrichter unter einen Wehrmachtskommandeur und einen militärrichterlichen Verwaltungsvorgesetzten der militärischen Organisation mit seinen eingliedrigen Befehlswegen zuwiderlaufe. Erst die Umstrukturierung des Friedensheeres in ein mobiles Heer ermöglichte die Aufstellung von Armeen und Heeresgruppen, deren Größe eigene Dienstaufsichtsvorgesetzte rechtfertigten, und die durch die Befehlsgewalt des jeweiligen Oberkommandierenden gegenüber den Gerichtsherrn begründet werden konnte.

1 Vgl. Erlass des Oberkommandos des Heeres/Chef Heeresrüstung und Befehlshaber des Ersatzheeres Heeresrechtsabteilung v. 1. 3. 1940 betr. 4. Mob.-Sammelerlass, BArch–MA RH 36/324, Bl. 69 ff.; OKH/Chef der Heeresrüstung und Befehlshaber des Ersatzheeres betr. Prüfung der Heeresgerichte und Beschleunigung der Verfahren v. 4. 11. 1940, ebenda RH 53-6/76, Bl. 252.

2 Zum Folgenden vgl. OKH/Heeresrechtsabteilung betr. Dienstaufsichtsbezirke im Kriege v. 15. 9. 1938, ebenda RH 53-6/72, Bl. 32 f.

3 Zum Folgenden vgl. Schreiben des OKH/Heeresrechtsabteilung an die Wehrmachtrechtsabteilung betr. Regelung der Dienstaufsichtsbezirke über die Heeresgerichte v. 17. 4. 1939, ebenda RM 31/3360, Bl. 41 ff.

Der Ausbruch des Krieges führte auch in den Rechtsabteilungen zu Veränderungen. Außerdem wurden zwei weitere militärische Justizapparate errichtet: Ab September 1939 wurde eine „Wehrmachtuntersuchungsstelle für die Verletzung des Völkerrechts" als Teil der Wehrmachtrechtsabteilung gebildet. Ihre Aufgabe bestand darin, Verstöße seitens der gegnerischen Staaten gegen die Regeln des Völkerrechts festzustellen und zu protokollieren.[4] Gemäß einem Erlass des Reichsjustizministers hatten die Amtsgerichte der Wehrmachtuntersuchungsstelle Amtshilfe zu leisten, wenn sie darum ersucht wurden.[5] Diese Unterstützung umfasste die Vernehmung von Zeugen, wenn sich diese in Deutschland aufhielten.[6] Neben der Gruppe Völkerrecht in der Wehrmachtrechtsabteilung existierte ab September 1939 noch eine Beratungsstelle für Völkerrecht in der Amtsgruppe Ausland/Abwehr beim OKW – dem militärischen Nachrichtendienst der Wehrmacht.[7] Sie wurde auf Verlangen des OKW unter Mitarbeit des Kultusministeriums, der „Kaiser-Wilhelm-Gesellschaft zur Förderung der Wissenschaften" und der „deutschen Gesellschaft für ausländisches Öffentliches Recht und Völkerrecht" gegründet. Die Beratungsstelle sollte zur Klärung von komplizierten völkerrechtlichen Fragen während des Kriegsgeschehens dienen und den militärischen Dienststellen aller Wehrmachtteile zur Verfügung stehen. Einzelheiten der Struktur und Zusammenarbeit wurden im Benehmen mit der Wehrmachtrechtsabteilung entwickelt.

Die von der Wehrmachtrechtsabteilung erstellten Vorschriften und Normierungen waren bereits seit 1934 für die Truppe bzw. die Rechtsabteilungen der Teilstreitkräfte verbindlich, sofern es sich um grundsätzliche Belange handelte. Das seit Kriegsbeginn bestehende neue Verfahrensrecht der Kriegsgerichte, die KStVO,[8] normierte nun ausdrücklich in § 118, dass der Chef OKW die Befugnis habe, Ergänzungen und Änderungen der KStVO vorzunehmen, wenn es die Belange der Kriegsführung erforderten. Damit war dem OKW bzw. der Wehrmachtrechtsabteilung ein wichtiges Instrument zur Lenkung des Militärstrafrechts an die Hand gegeben.

Alle Rechtsabteilungen pflegten weiterhin Kontakt zu den obersten Reichsbehörden.[9] Die größte Gewichtung kam dabei der Wehrmachtrechtsabteilung zu,

4 Vgl. Erlass des Reichsjustizministers betr. Mitwirkung der Gerichte bei Ermittlung von Verstößen feindlicher Militär- und Zivilpersonen gegen das Völkerrecht v. 10. 10. 1939, abgedruckt in: Deutsche Justiz (1939), S. 1611.

5 Vgl. ebenda.

6 Alfred M. de Zayas, Die Wehrmachtuntersuchungsstelle. Deutsche Ermittlungen über alliierte Völkerrechtsverletzungen im Zweiten Weltkrieg, 3. Aufl., München 1980, S. 63.

7 Zum Folgenden vgl. Schreiben des OKW betr. Beratungsstelle für Völkerrecht v. 15. 9. 1939 an Reichsminister für Wissenschaft, Erziehung und Volksbildung usw., BArch R 3001/22279, Bl. 5.

8 RGBl. 1939 I, S. 1457.

9 Vgl. Übersicht OKH/Chef Heeresrüstung und Befehlshaber des Ersatzheeres v. 22. 9. 1941, BArch-MA RH 36/324, Bl. 82 ff.

die als Organ des Chefs OKW mit dem Reichsjustizministerium oder mit anderen wichtigen Einrichtungen weitreichende Verhandlungen führen konnte und die Möglichkeit hatte, tief greifend auf das militärische Strafverfahrensrecht einzuwirken. Zumindest ab Herbst 1943 gab es dauerhaft Verbindungsführer zwischen dem Justizministerium und der Wehrmachtrechtsabteilung.[10] Verbindungsmann des Reichsjustizministeriums wurde im November 1943 Ministerialdirigent Schmidt, sein Vertreter Oberstaatsanwalt Brun, vorher Mitarbeiter der militärischen Spionageabwehr.[11] Vertreter der Wehrmachtrechtsabteilung war Werner Hülle.[12]

Im Bereich des Heeres und der Heeresrechtsabteilung kam es mit Beginn des Zweiten Weltkrieges zu umfassenden Veränderungen. Das bislang einheitliche Friedensheer gliederte sich nunmehr in das kämpfende Feldheer und das Ersatzheer, das für die personelle Ergänzung des Feldheeres und die Ausbildung zuständig war.[13] Die Dienststelle des „Befehlshabers des Ersatzheeres" wurde zunächst dem Ob. d. H.,[14] später dem OKW angegliedert.[15] Die Heeresrechtsabteilung verblieb beim Ersatzheer, während für das Feldheer eine eigene Rechtsabteilung unter der Bezeichnung „Gruppe Rechtswesen im Oberkommando des Heeres" gebildet wurde, die ab 1942 „Feldjustizabteilung" hieß.[16] Organisatorisch blieben die Rechtsabteilungen von Feld- und Ersatzheer trotzdem verbunden und wurden in der Amtsgruppe „Heeresrechtswesen" zusammengefasst,[17] wobei auch die Bezeichnung „Heeresjustizwesen" gebräuchlich war.[18] Bei der Heeresrechtsabteilung – und damit im Bereich des Ersatzheeres – lagen fortan auch die Ausbildung und der personelle Ersatz von Heeresjuristen für das Feldheer.[19] Die Dienststelle des Befehlshabers des Ersatzhee-

10 Vgl. entsprechende Niederschrift in den Akten des Reichsjustizministeriums u. a. über Bestellung von Verbindungsführern, BArch R 3001/21144, Bl. 377 f.

11 Vgl. Schreiben des Reichsjustizministeriums an die Wehrmachtrechtsabteilung betr. Besprechung vom 4. 11. 1943 v. 27. 11. 1943, ebenda, Bl. 397.

12 Vgl. Schreiben der Wehrmachtrechtsabteilung an das Reichsjustizministerium v. 14. 12. 1943, ebenda, Bl. 399.

13 Vgl. Christian Zentner, Der Zweite Weltkrieg. Ein Lexikon, Wien 1998, S. 172.

14 Vgl. Gliederungen, Dienstanweisungen und Dienstplan für Befehlshaber des Ersatzheeres, Allgemeines Heeresamt, Inspekteure v. 1. 6. 1938, BArch-MA RHD 18/35.

15 Vgl. Chef der Heeresrüstung und Befehlshaber des Ersatzheeres im Rahmen des Oberkommandos des Heeres, bearbeitet von General Carl-Erik Koehler, ebenda ZA 1/1932, Bl. 55; Zentner, Der Zweite Weltkrieg, S. 172.

16 Vgl. Franz W. Seidler, Die Militärgerichtsbarkeit, S. 31; Otto Peter Schweling, Die deutsche Militärjustiz, S. 18.

17 Vgl. Otto Peter Schweling, Die deutsche Militärjustiz, S. 18.

18 Vgl. OKH-Anordnung v. 28. 10. 1939 betr. 3. Mob.-Sammelerlass, BArch-MA RH 36/324, Bl. 56 ff.

19 Vgl. Aussagen des Generalstabsrichters Bokelberg v. 27. 5. 1946 betr. Gerichtsverhandlung wegen Nichtsprengung der Brücke in Remagen gegenüber der Historical Division HQ. U. S. Forces European Theater, ebenda ZA 1/749, Bl. 4 ff.

res bzw. das Allgemeine Heeresamt war außerdem zuständig für die Durchführung und alle damit zusammenhängenden Angelegenheiten des Strafvollzugs der Wehrmachtteile, sofern dieser nicht in Standortarrestanstalten durchgeführt wurde.[20]

Die Gruppe Rechtswesen war zunächst eine dem Generalquartiermeister des Heeres unterstellte Abteilung. Zum 1. Oktober 1940 wurde sie der neu geschaffenen Dienststelle „General zur besonderen Verwendung beim Oberbefehlshaber des Heeres" (General z. b. V.) untergeordnet.[21] Gleichzeitig nahm die Gruppe Rechtswesen die Funktion eines Oberstkriegsgerichtsrats für die Gerichte des Hauptquartiers OKH sowie derjenigen Verbände wahr, die dem OKH direkt unterstellt waren und keinem Armeeverband angehörten. In dieser Funktion war sie direkte Dienstaufsichtsbehörde.[22] Der „General z. b. V." fungierte als Gerichtsherr des Gerichts des Heeres-Hauptquartiers.

Die Gruppe Rechtswesen bearbeitete über ihre bisherigen Aufgaben hinaus ab Oktober 1940 auch diejenigen strafrechtlichen Angelegenheiten, die dem Ob. d. H. als Gerichtsherrn zufielen.[23] Da mit Kriegsbeginn der Instanzenzug wegfiel und an seine Stelle das Recht des Gerichtsherrn trat, Urteile zu bestätigen oder aufzuheben, übernahm die Rechtsabteilung in erster Linie diese Aufgabe. Auch die dem Ob. d. H. zustehenden Gnadenverfahren wurden von ihr bearbeitet. Weiter übte die Gruppe Rechtswesen die Aufsicht über die Strafrechtspflege im Feldheer gegenüber den Bewohnern besetzter Gebiete aus. Grundsätzlich bestand in diesem Bereich die Pflicht zur Zusammenarbeit mit der Abteilung Kriegsverwaltung, die Mitspracherechte bei der Strafgesetzgebung in okkupierten Gebieten hatte und auch auf dem Gebiet des Kriegsgefangenenrechts heranzuziehen war. Der „General z. b. V." führte in Personalunion die Abteilung Heerwesen, die für die Disziplin im Feldheer und die Belange der militärischen Spionageabwehr zuständig war.[24] Ihr oblag außerdem die Organisation der Heeresfeldpolizei und übte über deren Angehörige die Dienstaufsicht aus. Die Abteilung Heerwesen pflegte Kontakt zur NSDAP und war bis 1944 die kommunikative Nahtstelle zwischen dem Heer und den Dienststellen der Partei.

Die Rechtsabteilung der Luftwaffe war ab dem 30. Mai 1944 der Dienststelle des Chefs der Personellen Rüstung und Nationalsozialistischen Führung[25] unter-

20 Vgl. Kurze Übersicht über Organisation und Aufgaben des Wehrmachtstrafvollzugs, der Bewährungstruppe sowie der Sondereinheiten des Heeres v. 16. 3. 1943, ebenda RH 14/33, Bl. 6 ff.

21 Vgl. Stellv. Gen. Kdo. VII v. 8. Oktober 1940, ebenda RH 53-7/738, Bl. 143.

22 Vgl. Anlage zu Stellv. Gen. Kdo. VII v. 8. Oktober 1940, ebenda, Bl. 144 ff.

23 Zum Folgenden vgl. ebenda, Bl. 144 f.

24 Zum Folgenden vgl. Angaben gemäß des Findbuchs BArch-MA RH 13.

25 Die Bemühungen von Seiten der Wehrmachtführung um engere Zusammenarbeit mit der NSDAP führten Ende 1943 zur Schaffung sogenannter Nationalsozialistischer Führungsoffiziere (NSFO). Die NSFO hatten insbesondere für die „Aktivierung der politi-

stellt.[26] Damit geriet sie unter den direkten Einfluss des höchsten Nationalsozialistischen Führungsoffiziers (NSFO) der Luftwaffe. Neben der Luftwaffen-Rechtsabteilung hatte der Chef der NS-Führung auch Befehlsgewalt über das Amt für Vollstreckung und Gnadensachen. Der oberste NSFO der Luftwaffe unterstand für seinen Kommandobereich direkt dem Oberbefehlshaber der Luftwaffe Hermann Göring.[27] Mit diesem Schritt war die gesamte Luftwaffenjustiz Teil eines Militärorgans geworden, das allein auf politischer Grundlage handelte und für die völlige Ideologisierung des Kampfes verantwortlich war. Da der Chef der NS-Führung als vorgesetzte Dienststelle Einfluss auf die Besetzung von Richterstellen und Gerichtsoffizieren sowie auf den gesamten Strafvollzug gegen Luftwaffensoldaten und darüber hinaus unmittelbaren Zugang zum obersten Luftwaffenbefehlshaber hatte, muss ab Mai 1944 von einer starken Politisierung der gesamten Luftwaffenjustiz ausgegangen werden.

2. Wehrmachtgerichte

a Kriegsgerichte

Mit Beginn des Krieges wurden die Gerichte gemäß den Mobilmachungsplänen in der bestehenden Form aufgelöst. Sie erhielten nun die Bezeichnung „Feldkriegsgerichte".[28] An den Standorten, an denen bisher Wehrmachtgerichte eingerichtet waren, wurden Gerichte des Ersatzheeres aufgestellt.[29] Die Heeresrichter waren nunmehr auch dafür zuständig, darauf zu achten, dass bei einer Unterstellung von Truppenteilen unter die eigene Division oder von bisher eigenen Truppen unter eine andere Großeinheit die Zuteilung unter eine bestimmte Gerichtsbarkeit gewährleistet war.[30] Bis Kriegsbeginn waren jedem Militärgericht in der Regel drei Militärjuristen zugeordnet gewesen, nun verfügte das Feldheer meist nur noch über einen Justizbeamten pro Kriegsgericht. Wehrmachtgerichte in den besetzten Gebieten und bei den Ausbildungseinheiten in Deutschland behielten

schen Erziehung" der Wehrmachtangehörigen zu sorgen und sie zu „fanatischen Soldaten des Nationalsozialismus" zu erziehen; vgl. Der Chef des NS-Führungsstabes des Heeres vom 28. 3. 1944 betr. Richtlinien für die nationalsozialistische Führung im Heere, ebenda RH 14/12, Bl. 7 ff.

26 Vgl. Erlass des Reichsmarschalls des Großdeutschen Reiches und Oberbefehlshabers der Luftwaffe Nr. 15272/44 v. 30. 5. 1944, BArch R 3001/22282, Bl. 58.

27 Vgl. Dienstanweisung für den Chef der Personellen Rüstung und Nationalsozialistischen Führung der Luftwaffe v. 30. 5. 1944, ebenda, Bl. 59.

28 Vgl. Thomas Walter, „Schnelle Justiz – gute Justiz", S. 27, 43.

29 Vgl. OKH v. 4. 8. 1939, BA RH 36/324, Bl. 35 ff.

30 OKH-Anordnung v. 28. 10. 1039 betr. 3. Mob.-Sammelerlass, ebenda, Bl. 56 ff.

hingegen stets eine größere Anzahl von Richtern.[31] Wie vor dem Krieg fand die Referendarausbildung an Zivilgerichten statt.[32] Im Bereich des Heeres wurde die darauf folgende Ausbildung des richterlichen Nachwuchses ausschließlich durch die Gerichte des Ersatzheeres vorgenommen.[33]

Die Heeresjustiz ging während des Krieges dazu über, verwundete Offiziere, die nicht mehr für einen Fronteinsatz tauglich waren, innerhalb der Wehrmachtgerichtsbarkeit zu verwenden.[34] Offiziere, die sich für ein Studium der Rechtswissenschaften entschieden, hatten die Möglichkeit, ein auf vier Semester verkürztes Studium zu absolvieren.[35] Wünschten sie eine Laufbahn als Wehrmachtjurist, wurden sie zunächst bei einem Gericht des Ersatzheeres überprüft und bei Eignung zwecks Studium oder Ableistung des Referendariats vom Militärdienst freigestellt.[36] An das Justizministerium wurde seitens der Wehrmacht die Bitte gerichtet, die verkürzte praktische Ausbildungszeit von 18 Monaten für die in der Wehrmachtjustiz vorgesehenen Referendare weiter zu reduzieren und insbesondere die eventuell bei Militärgerichten verbrachte Dienstzeit anzurechnen. Das Justizministerium lehnte dieses Vorbringen jedoch mit dem Hinweis ab, dass die kriegsbedingte kurze Ausbildung bereits ein Minimum dessen darstelle, was für ein fundiertes Wissen vonnöten sei.

Während die Wehrmacht die Ausbildung von kriegsversehrten Offizieren bei den Justizbehörden forcierte, um das Korps der Kriegsrichter zu vergrößern, stießen die Bemühungen des Justizministeriums, verwundete Richter, die nicht mehr fronttauglich waren, in den Justizdienst zurückzuholen, auf Ablehnung.[37] Dabei machte das Ministerium darauf aufmerksam, dass die nicht mehr kampffähigen Juristen zum Teil mit Arbeiten beschäftigt würden, die nicht ihrer Ausbildung entsprächen und in einigen Fällen simpelste Verrichtungen ausmachten, wie Karteikarten oder Feldpostbriefe zu sortieren.

31 Vgl. Otto Peter Schweling, Die deutsche Militärjustiz, S. 20 f.; siehe dazu auch Christoph Rass/René Rohrkamp, Dramatis Personae, in: Ulrich Baumann/Magnus Koch (Hrsg.), „Was damals Recht war …“, S. 95, 97 f.

32 Vgl. Vermerk in den Akten des Reichsjustizministeriums v. 27. 10. 1944, BArch R 3001/24440, Bl. 133 ff.

33 Vgl. Otto Peter Schweling, Die deutsche Militärjustiz, S. 20 f.

34 Vgl. OKH betr. Tätigkeitsberichte der zur außermilitärischen Ausbildung (Studium etc.) zugelassenen aktiven versehrten Offiziere v. 5. 7. 1943, BArch-MA RH 15/186, Bl. 194 ff.; Vermerk in den Akten des Reichsjustizministeriums v. 27. 10. 1944, BArch R 3001/24440, Bl. 133 ff.

35 Vgl. OKH betr. Tätigkeitsberichte der zur außermilitärischen Ausbildung (Studium etc.) zugelassenen aktiven versehrten Offiziere v. 5. 7. 1943, BArch-MA RH 15/186, Bl. 194 ff.

36 Zum Folgenden vgl. Vermerk in den Akten des Reichsjustizministeriums v. 27. 10. 1944, BArch R 3001/24440, Bl. 133 ff.

37 Vgl. Vermerk in den Akten des Reichsjustizministeriums v. 27. 10. 1944, ebenda, Bl. 133 ff.

Den Militärrichtern oblag neben ihrer gerichtlichen Tätigkeit die regelmäßige Belehrung der Truppe über Grundzüge der Kriegsstrafverfahrensordnung, die wichtigsten Straftatbestände und das Disziplinarrecht.[38] Darüber hinaus sollten an den Kriegsgerichten Urteile gesammelt werden, die geeignet schienen, die Truppe zu belehren.[39] Dabei war zu beachten, dass die Ausführungen kurz und klar gefasst waren, damit bei Veröffentlichung eine eindringliche Wirkung bei den Soldaten erzielt werden konnte. Da während des Krieges die Zahl erfolgreicher Fluchten aus Wehrmachthafteinrichtungen überhand nahmen, gehörte es ab 1942 zu den Pflichten der Heeresrichter, die Vollzugsräumlichkeiten persönlich zu inspizieren und die zuständigen Dienststellen auf etwaige Mängel hinzuweisen.[40]

Ab 1940 wurden einige Wehrmachtgerichte mit Sonderzuständigkeiten betraut. Das für den Bereich Berlin zuständige Gericht der dortigen Wehrmachtkommandantur erhielt zunächst die alleinige Kompetenz, gemäß § 91 KStVO die Wiederaufnahme von Verfahren aufgrund neuer Tatsachen oder Beweise für die gesamte Wehrmacht durchzuführen.[41] In Einzelfällen wurden vor dem Gericht auf Anordnung des OKH auch Verfahren anhängig gemacht, die aufgrund von aufgehobenen Urteilen im Nachprüfungsverfahren neu verhandelt werden mussten.[42] Ab 1942 kam die Kompetenz für alle Fälle von Wehrkraftzersetzung nach § 5 KSSVO hinzu, die sich im Bereich des Ersatzheeres ereigneten und nicht vor das RKG gehörten,[43] sowie alle Verfahren wegen Handlungen, die der Strafdrohung der §§ 1 und 2 des Heimtückegesetzes unterworfen waren.[44] Ab Frühjahr 1942 wurden alle erfolglosen Fahndungen nach Deserteuren an eine Fahndungsstelle des Gerichts der Wehrmachtkommandantur Berlin abgegeben, wenn der Flüchtige bereits seit mehr als sechs Monaten unauffindbar war.[45]

38 OKH v. 22. 9. 1938, BArch-MA RH 36/324, Bl. 15 ff.

39 Vgl. OKH/Befehlshaber des Ersatzheers betr. Bekanntgabe von Verurteilungen und Übersicht über Verurteilungen v. 22. 11. 1939, ebenda RH 22/14, Bl. 109.

40 Übersicht OKH/Chef Heeresrüstung und Befehlshaber des Ersatzheeres betr. 10. Mob.-Sammelerlass v. 7. 9. 1942 bzgl. Ausbrüche aus Hafträumen, ebenda RH 36/324, Bl. 94 ff.

41 Erlass des Oberkommandos des Heeres/Chef Heeresrüstung und Befehlshaber des Ersatzheeres Heeresrechtsabteilung v. 1. 3. 1940 betr. 4. Mob.-Sammelerlass, ebenda, Bl. 69 ff.

42 Norbert Haase, Deserteure, S. 61.

43 Vgl. Manfred Messerschmidt, Die Wehrmachtjustiz 1933–1945, S. 134.

44 Oberbefehlshaber des Heeres betr. Zuständigkeit der Heeresgerichte in politischen Straftaten v. 20. 8. 1942, abgedruckt, in: Rudolf Absolon, Wehrmachtstrafrecht, S. 223.

45 Übersicht OKH/Chef Heeresrüstung und Befehlshaber des Ersatzheeres betr. 9. Mob.-Sammelerlass v. 5. 5. 1942, BArch-MA RH 36/324, Bl. 91 ff.; Schreiben des Oberstkriegsgerichtsrats des Dienstaufsichtsbezirks 2 an alle unterstellten Gerichte betr. Abgabe der Ermittlungsakten gegen Fahnenflüchtige an das Gericht der Kommandantur Berlin v. 24. 3. 1942, ebenda RH 26-172/9.

Im Juni 1943 wurde am Kommandantur-Gericht eine Abteilung für Korruptionsfälle in der Wehrmacht, denen man besondere Bedeutung beimaß, errichtet.[46] Derartige Fälle lagen etwa bei Bestechung, Betrug und Untreue vor, wenn diese dem Staat oder der Wehrmacht schwere Nachteile zugefügt oder großes Aufsehen erregt hatten. Jedes Wehrmachtgericht hatte sofort fernschriftlich dem Gericht der Wehrmachtkommandantur Berlin die Einleitung solcher Verfahren zu melden. Dieses übernahm geeignet erscheinende Verfahren, konnte sie aber auch jederzeit wieder abgeben. Nachdem das OKW im Frühjahr 1944 von Verdachtsfällen gegen polnische Ärzte und Pharmazeuten erfuhr, denen unterstellt wurde, Medikamente an deutsche Wehrmachtangehörige zu vertreiben, mit denen Erkrankungen hervorgerufen werden konnten, die zur Dienstunfähigkeit führten, wurde ausschließlich das Berliner Wehrmachtgericht mit der Durchführung der Verfahren betraut.[47] Sofern sich der Verdacht gegen Soldaten richtete, war die Entscheidungsbefugnis unabhängig vom Wehrmachtteil gegeben. Zivilisten unterstanden der Rechtsprechung des Militärgerichts jedoch nur, soweit die KStVO eine generelle Zuständigkeit für die Wehrmachtgerichtsbarkeit begründete. Diese Sondergerichtsbarkeit bestand von Februar bis Mai 1944.[48]

Oktober 1941, Verhandlung vor einem Feldkriegsgericht.
Bundesarchiv Koblenz, Bild 146-2007-0126.

46 Zum Folgenden vgl. OKH, Chef des Heeresjustizwesens v. 16. 6. 1943, ebenda RH 13/58, Bl. 1.

47 Verfügung des OKW/Wehrmachtrechtsabteilung betr. Gelbsuchterkrankungen vom 19. 2. 1944, ebenda RM 31/3335, Bl. 13.

48 Vgl. Schreiben des Oberkommandos der Marine an Chefrichter Ost und Chefrichter Süd betr. Gelbsuchterkrankungen v. 13. 6. 1944, ebenda, Bl. 14.

Im April 1944 trat neben das Gericht der Wehrmachtkommandantur Berlin das Zentralgericht des Heeres, das die Zuständigkeit für Fahndungssachen, Korruptionsdelikte von besonderer Bedeutung sowie die Verfolgung politischer Strafsachen übernahm.[49]

b Reichskriegsgericht

Nach der im August 1939 in Kraft getretenen KStVO blieb das RKG Tatsachengericht, führte also wie ein Gericht der ersten Instanz Verfahren durch, die Anklage und Beweisaufnahme umfassten. Als höheres Instanz- und Revisionsgericht fiel es jedoch weg, da die KStVO keine Rechtsmittelmöglichkeiten vorsah. Seiner Funktion nach wurde es ein Sondergericht der Wehrmacht. § 14 KStVO enthielt den Zuständigkeitskatalog des RKG für die Dauer des Krieges. Dabei wurden die bisher in der MStGO geregelten erstinstanzlichen Zuständigkeiten übernommen, wie insbesondere Fälle von Hoch-, Landes- und Kriegsverrat, wegen Verbrechen gemäß § 5 Nr. 1 der Verordnung des Reichspräsidenten zum Schutz von Volk und Staat vom 28. Februar 1933 und wegen Wehrmittelbeschädigung. Ging es um Landes- und Hochverratsdelikte, die von Zivilisten verübt worden waren, dann sollte das RKG die Verfahren nur dann durchführen, wenn Wehrmachtangehörige und Zivilisten gemeinsam gehandelt hatten, der Gegenstand der Tat für die Schlagkraft der Wehrmacht von Bedeutung war oder die Ermittlungen oder die in der Hauptverhandlung zu erörternden militärischen Vorgänge nicht außerhalb der Wehrmacht bekannt gemacht werden durften. Andernfalls waren die zivilen Strafgerichte, insbesondere der Volksgerichtshof, zuständig.

Erweitert wurde die Zuständigkeit noch um die Verfahren wegen Wehrkraftzersetzung nach § 5 KSSVO und wegen Zuwiderhandlungen gegen das Gesetz gegen Wirtschaftssabotage vom 1. Dezember 1936.[50] Weiter wurden alle Straftaten abgeurteilt, die im Zusammenhang mit den dem RKG vorbehaltenen Straftaten verwirklicht wurden. Die Kompetenzen, die die Verordnung über die Erweiterung der Zuständigkeit des RKG vom 16. Februar 1939 enthalten hatte, welche sich an den Zuständigkeiten der Sondergerichte orientierte, wurden dem RKG hingegen genommen.

Anfang 1941 versuchte die Gestapo, in die Befugnisse des RKG einzugreifen. Der am RKG ansässigen Dienststelle des Oberreichskriegsanwalts, die Ermittlungs- und Anklagekompetenzen innehatte, oblag die Überwachung des Schriftverkehrs der ihr unterstehenden Untersuchungsgefangenen. Soweit es sich um Fälle von Hoch- und Landesverrat handelte, strebte die Staatspolizei die Übernahme dieser Verantwortlichkeit an. Dem Präsidenten des RKG, Admiral Max

49 Vgl. Manfred Messerschmidt, Die Wehrmachtjustiz 1933–1945, S. 141.
50 RGBl. 1936 I, S. 2999.

Bastian, gelang es, sich diesem Vorstoß der Polizeiorgane mit Erfolg zu widersetzen.[51]

§ 14 Abs. 4 S. 1 KStVO wiederum schränkte die Zuständigkeit des RKG räumlich sehr stark ein, da seine Zuständigkeit ausgeschlossen war, wenn der Beschuldigte einem Truppenteil angehörte, der im Operationsgebiet der Wehrmacht eingesetzt oder in einem sonstigen Armeeverband organisiert war, einer Gliederung angehörte, die direkt dem Ob. d. H. unterstand, oder zur Besatzung eines Kriegsschiffes gehörte. Unabhängig von dieser Zuordnung waren dem RKG auch alle Verfahren gegen Personen entzogen, die verdächtig waren, eine Straftat im Operationsgebiet der Wehrmacht begangen zu haben. Damit war die Zuständigkeit des RKG für Wehrmachtangehörige in erster Linie auf das Gebiet des Deutschen Reiches beschränkt. Es stand den Gerichtsherrn jedoch frei, mit Genehmigung ihres übergeordneten Befehlshabers ein Verfahren an das RKG abzutreten. Die Luftwaffenrechtsabteilung legte den Gerichtsherrn in den besetzten Gebieten nahe, Verfahren wegen Spionage und Landesverrat an das RKG abzugeben, wenn aus Gründen der Spionageabwehr eingehende Untersuchungen nötig wären oder die Einheitlichkeit der Rechtsprechung dies erforderlich scheinen ließ.[52] Richtete sich ein Tatverdacht gegen einen Zivilisten, dann konnten die Gerichtsherrn Strafsachen auch wahlweise an den Volksgerichtshof abgeben. In diesem Fall waren die Ermittlungs- und Gerichtsakten über den Präsidenten des RKG an den Volksgerichtshof zu übersenden.[53]

Stand ein Wehrmachtangehöriger im Verdacht, in der Gefangenschaft Landesverrat begangen zu haben, war ausschließlich das RKG zuständig.[54] Nach Beginn des Russlandfeldzuges wurde für die Ostfront eine Ausnahme für die alleinige Zuständigkeit des RKG bei Verdacht von Landesverrat in der Kriegsgefangenschaft geschaffen.[55] Demnach war in erster Linie vor den Feldkriegsgerichten Anklage zu erheben. Das RKG sollte überdies für alle Verratsdelikte zuständig sein, die von deutschen Emigranten oder Tschechen im Ausland begangen worden waren.[56] Bei

51 Vgl. Schreiben des Präsidenten des RKG an die Wehrmachtrechtsabteilung betr. Überwachung des Schriftverkehrs der Untersuchungsgefangenen in Hoch- und Landesverratssachen v. 15. 3. 1941, BArch R 3001/5011, Bl. 183.

52 Der Reichsminister der Luftfahrt und Oberbefehlshaber der Luftwaffe betr. Strafverfahren wegen Spionage und Landesverrat v. 12. 6. 1941, BArch-MA RL 6/127.

53 Gemäß Nr. 2 der Ersten Verordnung zur Durchführung der Verordnung über das militärische Strafverfahren im Kriege und bei besonderem Einsatz v. 19. 9. 1938, RGBl. 1939 I, S. 1477.

54 Erlass des OKW über Landesverrat von Wehrmachtangehörigen in der Kriegsgefangenschaft v. 2. 7. 1940, BArch-MA RW 2/17.

55 Übersicht OKH/Chef Heeresrüstung und Befehlshaber des Ersatzheeres v. 10. 8. 1943 bzgl. Landesverrat von Wehrmachtangehörigen in der Kriegsgefangenschaft, ebenda RH 36/324, Bl. 100 ff.

56 Erlass des OKW über Strafverfahren gegen kriegsgefangene Protektoratsangehörige und Emigranten v. 6. 8. 1940, ebenda RW 2/17.

der Besetzung Frankreichs ab Mai 1940 ordnete die Wehrmachtführung zunächst an, alle aufgegriffenen Emigranten deutscher, österreichischer und tschechischer Herkunft nach einem standgerichtlichen Scheinverfahren zu exekutieren. Am 8. August 1940 befahl das OKW, dass gegen weitere verhaftete Emigranten Strafverfahren vor dem RKG wegen Landesverrats eingeleitet werden sollten, sofern es sich um Personen handelte, die in irgendeiner Form auf Seiten der Westalliierten gekämpft hatten.[57] Im Frühjahr und Sommer 1940 waren beim RKG zahlreiche Fälle anhängig, die wegen Landesverrats gegen Angehörige und Bewerber der Tschechischen Legion verfolgt wurden, einer bewaffneten Formation, die den Kampf gegen das nationalsozialistische Deutschland auf Seiten der Alliierten fortsetzen wollte.[58] Da die Wehrmachtgerichtsbarkeit die Flut der Verfahren – im Mai 1940 waren es ca. 500 – nicht mehr bearbeiten konnte, ersuchte der Chef OKW die Justizbehörden um Aburteilung durch den Volksgerichtshof. Zuvor hatte der Oberreichskriegsanwalt beim RKG Rehdans dafür plädiert, die Verfahren einzustellen und sämtliche Beschuldigten der Gestapo zu übergeben, um sie in Konzentrationslager überführen zu lassen. Der OKW-Chef Wilhelm Keitel lehnte dieses Ansinnen jedoch ab und bestand auf gerichtlichen Verurteilungen. Im Mai wurden zunächst alle laufenden Verfahren abgegeben. Im Juni kamen weitere 56 hinzu, die gegen 123 Beschuldigte geführt wurden.

Am 18. Mai 1940 wurde die 7. Durchführungsverordnung über das militärische Strafverfahren erlassen, die die Zuständigkeiten des RKG verkürzte.[59] Die bisherige Zuständigkeit des RKG für alle Fälle der Wehrkraftzersetzung wurde auf den Tatbestand § 5 Abs. 1 Nr. 1 KSSVO, der „öffentlichen Zersetzung", beschränkt. Für die sonstigen Fälle der Wehrkraftzersetzung, wie etwa die Verleitung zur Fahnenflucht oder die Selbstverstümmelung, blieb die Zuständigkeit des RKG nur bestehen, wenn die Tat auf religiöse Überzeugungen zurückzuführen war, sie mit anderen Personen gemeinschaftlich begangen worden war, insbesondere im Verbund mit Zivilisten, oder wenn sie von politischer Bedeutung war.[60] Durch die Auflockerung der Zuständigkeiten bei Wehrkraftzersetzung fielen diejenigen Fälle, in denen allein Zivilisten die Tatbestandsverwirklichung begangen hatten, aus der Kompetenz der Wehrmachtgerichtsbarkeit, sofern nicht das RKG ausnahmsweise zuständig war. Nunmehr konnten Verfahren wegen § 5 KSSVO auch vor Zivilgerichten

57 Ebenda.

58 Zum Folgenden vgl. Auszugsweise Abschrift aus dem Lagebericht des Oberreichsanwalts beim Volksgerichtshof v. 1. 6. 1940 betr. Nichtmarxistischer Hochverrat Nationale tschechisch-separatistische Bewegung Tschechische Legion, BArch R 3001/5011, Bl. 108 f.

59 Siebente Verordnung zur Durchführung und Ergänzung der Verordnung über das militärische Strafverfahren im Kriege und bei besonderem Einsatz v. 18. 5. 1940, RGBl. 1940 I, S. 787.

60 Zum Folgenden vgl. Anordnung des OKW über Strafverfahren wegen Zersetzung der Wehrkraft nach § 5, Abs. 1, Nr. 2 und 3 KSSVO, BArch–MA RW 2/18.

geführt werden. Den Kompetenzverlust des RKG bei den Fällen von Wehrkraftzersetzung begründete die Wehrmachtführung damit, dass die Mehrzahl der bisher abgeurteilten Taten keine besondere „Sachkunde auf dem Gebiet der Abwehr erforderten und daher an das sonst zuständige Wehrmachtgericht wieder zurückgegeben werden konnten".[61] Die Vorprüfung der Fälle durch den Präsidenten des RKG und die spätere Rückgabe des Verfahrens an den Gerichtsherrn hatten wiederholt zu Verzögerungen geführt, die in Anbetracht des Grundsatzes, gerichtliche Verfahren zügig durchzuführen, als Verlust „wertvoller Zeit" angesehen wurden. Ein weiterer Grund für die umfassende Abgabe von Wehrkraftzersetzungsverfahren war der Umstand, dass die bisherige Tätigkeit des RKG in diesen Fällen der Maßstabsetzung und der Beseitigung von Auslegungsschwierigkeiten gedient hatte. Allein in dieser Hinsicht wurde das RKG noch seiner ursprünglichen Funktion als oberster Gerichtshof der Wehrmacht gerecht, während der Zuständigkeitskatalog des § 14 Abs. 1 KStVO lediglich die Rolle eines Sondergerichts manifestierte. Um den eingetretenen Kompetenzverlust zu mildern, versuchte der Präsident des RKG, für das höchste Militärgericht weitergehende Zuständigkeiten bei Delikten zu erhalten, die in den besetzten Gebieten begangen wurden. Dieser Versuch scheiterte jedoch an den Interessen der Oberbefehlshaber der Wehrmachtteile, die ihren Einfluss durch Ausschaltung ihrer eigenen Gerichte gefährdet sahen.[62]

Am 22. Juli 1941 weichte das OKW die Befugnisse des RKG weiter auf.[63] Demnach sollte das Gericht nur noch dann über Fälle von Wehrkraftzersetzung nach § 5 Abs. 1 Nr. 1 KSSVO verhandeln, wenn es sich um schwerwiegende Fälle handelte, bei denen die Todesstrafe zu erwarten war oder denen eine besondere Bedeutung beigemessen wurde. Die Zustimmung des Präsidenten des RKG, dass Untersuchung und Gerichtsverfahren in der Hand des ansonsten zuständigen Gerichtsherrn verblieben, war zu unterstellen, wenn es sich nicht um derartige Fälle handelte. Diese Weisungen fanden im Juli 1942 auch Eingang in die KStVO.[64] Es wurde aber weiter festgelegt, dass Verfahren wegen Wehrkraftzersetzung, die gemäß § 14 Abs. 4 S. 1 KStVO nicht vor dem RKG zu verhandeln waren, weil die Fälle insbesondere im Operationsgebiet der Wehrmacht begangen worden waren, doch dann vor dem RKG abgeurteilt werden sollten, wenn ein Todesurteil zu erwarten war oder die Umstände der Tat die Verurteilung vor diesem Gericht notwendig erscheinen ließen.

61 Zum Folgenden Begründung zur Siebenten Durchführungsverordnung zur Kriegsstrafverfahrensordnung v. 18. 5. 1940, in: Gesetzesdienst für die Wehrmachtgerichte, H. 3, BArch R 3001/22290, Bl. 311 ff.

62 Manfred Messerschmidt, Die Wehrmachtjustiz 1933–1945, S. 116 f.

63 Zum Folgenden vgl. Erlass des Chefs OKW über Strafverfahren wegen Zersetzung der Wehrkraft nach § 5 Abs.1 Nr.1 KSSVO v. 22. 7. 1941, BArch-MA RW 2/19.

64 Achte Verordnung zur Durchführung und Ergänzung der Verordnung über das militärische Strafverfahren im Kriege und bei besonderem Einsatz v. 4. 7. 1942, RGBl. 1942 I, S. 449.

Ab Dezember 1941 wurde das RKG mit Verfahren im Zuge des „Nacht- und Nebel-Erlasses" betraut. Hierbei handelte es sich um Staatsangehörige aus den Niederlanden, Norwegen, Belgien und Frankreich, die beschuldigt waren, gewaltsam gegen Angehörige oder Einrichtungen der Wehrmacht vorgegangen zu sein.

Ab Januar 1942 erhielten die Oberbefehlshaber der drei Wehrmachtteile sowie der Chef OKW durch einen „Führer-Erlass" die Möglichkeit, rechtskräftige Urteile aufzuheben, wenn sie Einwände gegen deren Richtigkeit erhoben.[65] Die notwendigen neuen Verfahren waren dem RKG zu übertragen.

Hitler befahl am 21. Juni 1943 die Bildung eines Sondersenats beim RKG, der die Bezeichnung Sonder-Standgericht der Wehrmacht erhielt.[66] Er sollte für alle Wehrmachtteile in Schnellverfahren politische Straftaten aburteilen, sofern sie sich gegen das Vertrauen in die politische oder militärische Führung richteten und ein Todes- oder Zuchthausurteil erwarten ließen. Regional erstreckte sich die Zuständigkeit allerdings nur auf das Gebiet des Deutschen Reiches. Gerichtsherr war Hitler selbst, die laufenden gerichtsherrlichen Geschäfte waren durch den Präsidenten des RKG abzuwickeln. Luftwaffenbefehlshaber Hermann Göring nahm den „Führer-Erlass" zum Anlass, dem Luftwaffen-Offizierskorps schärfere Maßstäbe bei der Bestrafung wegen Wehrkraftzersetzung anzudrohen.[67] Im Oktober 1943 wurden Luftwaffenangehörige aus der Zuständigkeit dieses Sondersenats herausgenommen. Für sie wurde ein Feldgericht z. b. V. der Luftwaffe eingerichtet, das für sämtliche politischen Straftaten in der Luftwaffe zuständig sein sollte, die sich auf dem Gebiet Deutschlands ereignet hatten.[68] Der Entschluss zur Konstituierung des RKG-Sonder-Standgerichts ging vermutlich nicht von Hitler, sondern von der Wehrmachtrechtsabteilung aus, da bereits am Tag des Erlasses eine entsprechende Durchführungsverordnung zum Aufbau des Sondergerichts durch die Wehrmachtrechtsabteilung vorgelegt und vom Chef OKW unterzeichnet wurde.[69] Demnach sollte der Senat aus einem Militärrichter und zwei Offizieren bestehen. Der Präsident des RKG entschied in jedem Fall, ob Anklage vor dem Sondersenat erhoben

65 Führer-Erlass über die Aufhebung rechtskräftiger Urteile von Wehrmachtgerichten v. 6. 1. 1942, BArch–MA RW 2/19.

66 Zum Folgenden vgl. Führer-Erlass v. 21. 6. 1943 betr. Verfolgung politischer Straftaten in der Wehrmacht, ebenda RL 5/161.

67 Der Reichsmarschall des Großdeutschen Reiches und Oberbefehlshaber der Luftwaffe betr. Verfolgung politischer Straftaten in der Wehrmacht v. 28. 7. 1943, abgedruckt in: Rudolf Absolon, Wehrmachtstrafrecht, S. 107.

68 Der Reichsminister für Luftfahrt und Oberbefehlshaber der Luftwaffe betr. Organisation der Militärgerichtsbarkeit im Kriege v. 16. 10. 1943, BArch–MA RL 6/161; sowie Erlass betr. Organisation der Militärgerichtsbarkeit im Kriege v. 16. 10. 1943, ebenda.

69 Zum Folgenden vgl. Durchführungsverordnung zum Führererlass v. 21. 6. 1943 des Chefs OKW/Wehrmachtrechtsabteilung v. 21. 6. 1943, abgedruckt in: Rudolf Absolon, Wehrmachtstrafrecht, S. 225.

werden sollte oder ob ein Verfahren vor einem anderen Wehrmachtgericht ausreichte. Es ist anzunehmen, dass es sich hierbei um den Versuch handelte, dem Ansinnen Hitlers zuvorzukommen, der Wehrmachtjustiz die Verfolgung politischer Straftaten gänzlich zu entziehen. Kurz nach Errichtung des Sonder-Standgerichts, im August 1943, befahl Hitler schließlich, Verfahren gegen Wehrmachtangehörige vor dem Volksgerichtshof oder einem Sondergericht durchführen zu lassen, sofern es sich um politische Delikte handelte.[70] Den Gerichtsherren sollte nur die Möglichkeit des sofortigen Einschreitens durch ein standgerichtliches Verfahren bleiben. Das Ermittlungsergebnis sollte zusammen mit einer Beurteilung des Verdächtigen an den Justizminister übersandt werden, der wiederum Hitler Bericht zu erstatten hatte. Dieser wollte darüber entscheiden, ob der Betreffende aus der Wehrmacht ausgeschlossen und vor ein ziviles Gericht zur Aburteilung gestellt werden sollte. Jeder nunmehr mit dieser Angelegenheit befasste Angehörige des zivilen Justizressorts sollte das Recht haben, von jeder militärischen Dienststelle Ermittlungen zu verlangen. Scheinbar war keine der vier Rechtsabteilungen der Wehrmacht an dem Erlass vom August 1943 beteiligt.[71] Wie aus einem fernmündlichen Diktat des Generals z. b. V. hervorgeht, versuchte dieser, eine inhaltliche Änderung des Erlasses zu erreichen.[72] Dem Anschein nach erörterte Hitler seine Pläne bezüglich der Verfolgung regimefeindlicher Straftaten jedoch mit den Oberbefehlshabern der Luftwaffe und der Kriegsmarine, Göring und Dönitz.[73] Den Anordnungen Hitlers lag zugrunde, dass die ersten sieben Urteile des Sondersenats nicht auf „Tod" lauteten, was ihn veranlasste, diese Urteile durch Justizminister Thierack prüfen zu lassen.[74] Thierack, der in diesen Fällen die Todesstrafe forderte, erregte damit Hitlers Zorn auf das RKG und seinen Sondersenat.

Zu einer Umsetzung der Hitler-Weisung vom August 1943 kam es jedoch nicht. Nach dem Attentat auf Hitler vom 20. Juli 1944 ordnete der Diktator allerdings an, sämtliche Verfahren gegen Wehrmachtangehörige, die verdächtig waren, dem Verschwörerkreis anzugehören, nicht vor dem RKG zu führen, sondern vor dem Volksgerichtshof.[75] Dazu sollten die Beschuldigten aus der Wehrmacht ausgeschlossen werden, wofür ein sogenannter Ehrenhof eingerichtet wurde, der diesen Akt vorzunehmen hatte. Diese Maßnahme soll auf dem Misstrauen Hitlers basiert haben, der argwöhnte, es säßen möglicherweise Sympathisanten der

70 Erlass des Führers über die Verfolgung politischer Straftaten von Angehörigen der Wehrmacht, Waffen-SS und Polizei vom August 1943, BArch–MA RH 13/1, Bl. 32 ff.

71 So ein fernmündliches Diktat des General z. b. V. v. 29. 8. 1943, ebenda, Bl. 30.

72 Heerwesen-Abteilung beim General z. b. V. vom 30. 8. 1943 bzgl. fernmündlichem Diktat des General z. b. V. v. 29. 8. 1943, ebenda, Bl. 31.

73 Notiz General z. b. V. v. 31. 8. 1943, ebenda, Bl. 35 f.

74 Johann Graf Schwerin von Krosigk, Die großen Schauprozesse. Politische Justiz, München 1981, S. 315.

75 Magnus Koch, Fahnenfluchten, S. 333.

Attentäter in den militärischen Strafsenaten. Nach Aussagen eines Wehrmachtoffiziers tobte Hitler mehrfach: „Ich werde kurzen Prozeß machen. Diese Verbrecher sollen nicht vor ein Kriegsgericht, wo ihre Helfershelfer sitzen und wo man die Prozesse verschleppt. Die werden aus der Wehrmacht ausgestoßen und kommen vor den Volksgerichtshof. Die sollen hängen wie gemeine Verräter."[76] Die nun folgenden Prozesse vor dem Volksgerichtshof sollten nach den Befehlen Hitlers wie ein Standgerichtsverfahren durchgeführt werden: hart und schnell.[77] Die Verfahren gegen die Verschwörer vom 20. Juli begannen am 7. August 1944. Am 20. September 1944 wurde ein erneuter Hitler-Erlass bekannt gegeben, der im Wesentlichen mit dem Befehl vom August 1943 übereinstimmte, sich jedoch explizit auf die Errichtung des Sonder-Standgerichts bezog und dieses auflöste.[78] Nunmehr waren sämtliche Straftaten, die sich „gegen das Vertrauen in die politische oder militärische Führung" richteten, an die zivile Gerichtsbarkeit abzugeben.[79] Den Gerichtsherren blieb das Recht, unverzüglich ein standgerichtliches Verfahren einzuleiten. Unterblieb dieses, hatte der zuständige Gerichtsherr sämtliche Ermittlungen vorzunehmen. Sofern dieser keine Maßnahmen ergreifen konnte, hatten Polizeiorgane die Nachforschungen zu übernehmen. Der Justizminister konnte eine Rückgabe einzelner Verfahren an die Wehrmachtgerichtsbarkeit anordnen.[80] Soweit die Zuständigkeit des RKG für Delikte der Wehrkraftzersetzung, die aufgrund religiöser Überzeugung begangen worden waren, nicht bereits durch den Erlass vom September 1944 durch den Volksgerichtshof und die Sondergerichte übernommen wurde, hob das OKW die ausschließliche Kompetenz für das höchste Wehrmachtgericht im Oktober 1944 auf.[81] Dieser Schritt wurde zwar mit der ausreichenden Ausrichtung der Rechtspflege durch grundlegende Urteile des höchsten Wehrmachtgerichts begründet. Wahrscheinlich ist jedoch, dass das zunehmende Misstrauen Hitlers gegenüber der Wehrmacht zu diesem Schritt führte.

76 Marianne Feuersenger, Im Vorzimmer der Macht. Aufzeichnungen aus dem Wehrmachtführungsstab und Führerhauptquartier 1940–1945, 4. Aufl., München 2001, S. 247.

77 Eberhard Zeller, Geist der Freiheit. Der 20. Juli, 5. Aufl., München 1965, S. 461.

78 Führer-Erlass vom 20. 9. 1844 betr. die Verfolgung politischer Straftaten von Angehörigen der Wehrmacht, Waffen-SS und Polizei, abgedruckt bei: Martin Moll, „Führer-Erlasse" 1939–1945. Edition sämtlicher überlieferter nicht im Reichsgesetzblatt abgedruckter, von Hitler während des Zweiten Weltkrieges schriftlich erteilter Direktiven aus den Bereichen Staat, Partei, Wirtschaft, Besatzungspolitik und Militärverwaltung, Stuttgart 1997, S. 458.

79 Ebenda.

80 Verordnung zur Durchführung und Ergänzung des Erlasses des Führers über die Verfolgung politischer Straftaten von Angehörigen der Wehrmacht, Waffen-SS und Polizei v. 12. 1. 1945, BArch NS 6/354, Bl. 116 ff.

81 Runderlass des Oberkommandos der Luftwaffe/Chef der Luftwaffen-Rechtspflege v. 20. 10. 1944, BArch–MA RL 6/161.

Damit begann ab Sommer 1943 eine stetige Entwicklung hin zu einem starken Bedeutungsverlust des RKG, die zunächst im Herbst 1944 mit der Wegnahme der bedeutsamen politischen Strafverfahren endete. Ende 1943 war dem RKG bereits die alleinige Zuständigkeit zur Aburteilung von Generälen und Admiralen durch die Aufstellung der Feldjägerkommandos genommen worden. Diese vermutlich aufgrund der schlechten militärischen Lage Deutschlands aufgestellten Sonderformationen hatten das Recht, gegenüber Dienstgraden bis zur Stellung eines Armeeführers Gerichtsverfahren vor eigens mitgeführten Feldkriegsgerichten anzustrengen, wenn diese einer Straftat verdächtig waren. Die entsprechende Ermächtigung, Verfahren gegen Generäle einzuleiten, erhielten schließlich auch alle Standgerichtsherren des Heeres ab September 1944.[82] Das räumliche Einflussgebiet des RKG war bereits am 1. Januar 1944 erneut beschnitten worden. Durch eine OKW-Verordnung wurde das gesamte besetzte Gebiet, das nicht zum Deutschen Reich gehörte oder ihm angegliedert war, zum Operationsgebiet im Sinne des § 14 Abs. 4 S. 1 Nr. 2 KStVO erklärt.[83] Demnach lag die Zuständigkeit der Bearbeitung von Straftaten im ganzen ausländischen Gebiet bei den Gerichtsherren und wurde dem RKG entzogen.

Trotz des ständigen Kompetenzverlustes des RKG war der Arbeitsumfang scheinbar bis in das Jahr 1944 enorm hoch. Die 10. Durchführungsverordnung zur KStVO vom Juni 1944[84] schuf die Möglichkeit, jedes beim RKG anhängige Verfahren an jeden anderen Gerichtsherrn abzugeben, wenn der Gerichtspräsident dies für sachdienlich hielt. Es stand dem Präsidenten des RKG jedoch frei, in solchen Fällen den Vertreter der Anklage zu bestimmen und einen Angehörigen des RKG damit zu betrauen.[85] Selbst für Sonderzuständigkeiten wurden einfache Militärgerichte, wie das Zentralgericht des Heeres und das Gericht der Wehrmachtkommandantur Berlin, gegenüber dem RKG ab 1944 bevorzugt.[86] Einzig seine traditionelle Bedeutung für die Wehrmacht und das Richterkorps waren wahrscheinlich ausschlaggebend, das RKG nicht aufzulösen, sondern weiter bestehen zu lassen.

82 Vgl. Manfred Messerschmidt, Die Wehrmachtjustiz 1933–1945, S. 412.

83 OKW betr. Begriff des Operationsgebietes im Sinne des § 14 KStVO v. 4. 2. 1944, BArch-MA RM 31/3335, Bl. 4.

84 Zehnte Verordnung zur Durchführung und Ergänzung der Verordnung über das militärische Strafverfahren im Kriege und bei besonderem Einsatz v. 23. 6. 1944, RGBl. 1944 I, S. 145.

85 Vgl. Werner Hülle, Die Stellung des Wehrmachtrichters im Truppensonderdienst, in: ZfW 8 (1943/44) 2, S. 153 f.

86 Vgl. Oberbefehlshaber des Heeres betr. Zuständigkeit der Heeresgerichte in politischen Strafsachen v. 20. 8. 1942, abgedruckt in: Rudolf Absolon, Wehrmachtstrafrecht, S. 223; Manfred Messerschmidt, Die Wehrmachtjustiz 1933–1945, S. 141; Jürgen Thomas, „Nur das ist für die Truppe Recht, was ihr nützt …“, in: Norbert Haase/Gerhard Paul (Hrsg.), Die anderen Soldaten, S. 45.

Entgegen der stetigen Entwicklung hin zu einem starken Machtverlust des RKG wurde das höchste Wehrmachtgericht Ende 1943 mit prestigereichen Verfahren betraut und damit noch einmal seine Rolle als Sondergericht betont: Es wurde mit Ermittlungen gegen Angehörige des Nationalkomitees Freies Deutschland (NKFD)[87] beauftragt,[88] die zunächst unter äußerster Geheimhaltung durchgeführt wurden.[89] Für das RKG wurde offenbar, dass sich eine ganze Reihe von gefangen genommenen Wehrmachtangehörigen, insbesondere namhafte Offiziere, an den Bestrebungen des NKFD beteiligten. Da man jedoch berücksichtigte, dass es sich eventuell auch um bloße Behauptungen von Seiten der Sowjetunion handeln könnte oder dass die Offiziere unter Zwang agierten, sah man zunächst lediglich für General von Seydlitz das Beweismaterial als ausreichend für ein Verfahren in Abwesenheit an. Hitler selbst gab den Befehl zur Durchführung der Verhandlung.[90]

87 Das NKFD wurde am 12. /13. Juli 1943 in Krasnogorsk bei Moskau von 300 deutschen Kriegsgefangenen gegründet und sah seine Funktion darin, deutsche Soldaten und Zivilisten per Rundfunksendungen, Lautsprecherdurchsagen und Flugblattnachrichten zur Aufgabe des Kampfes zu bewegen. Zu den Formen der Agitation gehörte es auch, dass Angehörige des NKFD die Front überquerten, um Flugblätter in deutschen Unterständen zu hinterlegen. Ebenso wurden Einzelne über die Front geschickt, um sich als aus Gefangenschaft Entflohene auszugeben und so die „Zersetzungsarbeit" innerhalb der deutschen Streitkräfte fortzusetzen. In Folge entwickelten sich auch in anderen europäischen Ländern Organisationen, die sich der Freies-Deutschland-Bewegung anschlossen. Neben das NKFD in der Sowjetunion trat am 11./12. September 1943 der Bund Deutscher Offiziere (BDO), dem deutsche Offiziere und Wehrmachtbeamte beitreten konnten. Dem NKFD bzw. BDO schloss sich auch eine unbekannte Anzahl von Wehrmachtjuristen an, so unterzeichneten drei ehemalige Wehrmachtrichter einen Aufruf an die Wehrmacht, der in einer NKFD-Zeitung vom September 1943 veröffentlicht wurde. Vgl. Aufruf An die deutschen Generale und Offiziere! An Volk und Wehrmacht!, in: Freies Deutschland, Nr. 8/9, 15. 9. 1943, abgedruckt bei: Bodo Scheurig, Freies Deutschland. Das Nationalkomitee und der Bund Deutscher Offiziere in der Sowjetunion 1943–1945, München 1960, S. 234 ff. Einer von ihnen war der ehemalige Kriegsgerichtsrat Kurt Schumann, der 1935 in die Heeresjustiz eingetreten und an der Ostfront als Wehrmachtrichter der 14. Panzerdivision in Gefangenschaft geraten war. Nachdem er verschiedene Aufgaben im BDO wahrgenommen hatte, verblieb er nach Kriegsende in der DDR und war von 1949 bis 1960 Präsident des Obersten Gerichts der DDR, vgl. Karl Wilhelm Fricke, Politik und Justiz in der DDR. Zur Geschichte der politischen Verfolgung 1945–1968, 2. Aufl., Köln 1990, S. 169. 1963 übernahm er eine Professur für Zivilrecht an der Humboldt-Universität Berlin, vgl. Karl-Heinz Frieser, Krieg hinter Stacheldraht. Die deutschen Kriegsgefangenen in der Sowjetunion und das Nationalkomitee Freies Deutschland, Mainz 1981, S. 374. Eine führende Funktion in BDO und NKFD nahm schließlich auch der Kriegsgerichtsrat der 295. Infanterie-Division Isenhardus von Knobelsdorff-Brenkenhoff wahr, vgl. ebenda, S. 82 f.

88 Aussage Dr. Kraell v. 30. 11. 1955, StA Stade Rep. 171a Verden Nr. 963 Bd. I, Bl. 13 ff.

89 Zum Folgenden vgl. Zeugenaussage des ehemaligen Generalrichters Hoffmann v. 1. 12. 1955 in Frankfurt, ebenda, Bl. 21 ff.

90 Aussage Dr. Kraell v. 30. 11. 1955, ebenda, Bl. 13 ff.

Nach Angaben des Untersuchungsführers im Fall Seydlitz, Generalrichter Eduard Hoffmann, lagen der Anklage insbesondere eine Reihe von Briefen zugrunde, die von Seydlitz an verschiedene Wehrmachtbefehlshaber gerichtet und in denen er sie zur Aufgabe der Kampfhandlungen sowie Übergabe ihrer Truppen an die Rote Armee aufgefordert hatte.[91] Nachdem die Anklageschrift erstellt und sie Oberreichskriegsanwalt Dr. Kraell vorgelegt worden war, berieten sich Hoffmann und Kraell mit dem Präsidenten des RKG, Admiral Bastian, über das weitere Prozedere. Anlässlich der Besprechung riet Hoffmann von einer Anklage ab, da er sie „politisch für unklug hielt". Nach seiner Ansicht wäre eine propagandistische Verbreitung der Nachricht, General von Seydlitz sei geisteskrank, praktikabler. Da das Verfahren jedoch beschlossene Sache war, wurde seiner Bitte, ihn von der Anklagevertretung zu entbinden, entsprochen, woraufhin Oberreichskriegsanwalt Kraell selbst die Anklage vertrat.[92]

Das Verfahren wurde im Frühjahr 1944 in Dresden vor dem 3. Senat des RKG unter Vorsitz des Generalstabsrichters Dr. Schmauser eröffnet.[93] Die Beweisaufnahme umfasste Fotos, Zeitungen, Flugblätter und Schallplatten des NKFD sowie persönliche Briefe des Generals an verschiedene Heeresbefehlshaber. Während das Gericht die Druckerzeugnisse als nicht genügend bewertete, da es sich um Fälschungen handeln konnte, wogen die Briefe ungleich schwerer. Zum einen nannte von Seydlitz in ihnen Details, die nur er und der Empfänger wussten, zum anderen hatte man sie durch Schriftsachverständige und Psychiater überprüfen lassen und war zum Schluss gekommen, dass sie ohne äußeren Druck geschrieben worden seien. Der Anklage standen des Weiteren mehrere Rückkehrer aus der Gefangenschaft zur Verfügung, die über die Tätigkeit des NKFD berichteten und auch Angaben über von Seydlitz machten. Nach Kraell genügte das Beweismaterial, um von Seydlitz „unbedenklich" zum Tode zu verurteilen. Das Urteil erging am 26. April 1944 in Abwesenheit von Seydlitz und erkannte wegen Kriegs- und Hochverrats auf Tod, Verlust der Wehrwürdigkeit verbunden mit Verlust der bürgerlichen Ehrenrechte auf Lebenszeit und Einzug des Vermögens.[94]

Auf Anordnung Hitlers sollten auch gegen die anderen populären NKFD-Mitglieder Verfahren eingeleitet werden.[95] Hoffmann wurde, nachdem das Urteil gegen

91 Zum Folgenden vgl. Zeugenaussage des ehemaligen Generalrichters Hoffmann v. 1. 12. 1955 in Frankfurt, ebenda, Bl. 21 ff.

92 Ebenda; sowie Aussage Dr. Kraell v. 30. 11. 1955, ebenda, Bl. 13 ff.

93 Schreiben Dr. Behse an den Oberstaatsanwalt beim LG Verden v. 9. 11. 1955, ebenda, Bl. 10 f.

94 Vgl. Beschluss 2 Ars 307/55 2-34/56 des LG Verden, ebenda, Bl. 29 ff.; sowie nach Angabe Bundesarchiv Abt. Zentralnachweisstelle Kornelimünster an Bundesarchiv Militärarchiv 28. 11. 1955, ebenda.

95 Zum Folgenden vgl. die Zeugenaussage des ehemaligen Generalrichters Hoffmann v. 1. 12. 1955 in Frankfurt, ebenda, Bl. 21 ff.; sowie Aussage Dr. Kraell v. 30. 11. 1955, ebenda, Bl. 13 ff.

von Seydlitz gefällt worden war, als Untersuchungsführer mit den gesamten Ermittlungen gegen die Angehörigen des NKFD beauftragt. Dabei standen ihm in seiner Abteilung mehrere Hilfskräfte zur Verfügung. Nach Aussagen Kraells kam es jedoch nicht mehr zu Anklagen.[96] Ob es ab Herbst 1944 doch noch zu weiteren Ermittlungen beim RKG kam, ist strittig. Während Kraell davon sprach, dass es nach dem 20. Juli 1944 und dem damit einhergehenden Kompetenzverlust des RKG für politische Strafsachen keine Verfahren mehr gab und die NKFD-Angelegenheiten an den Oberreichsanwalt beim Volksgerichtshof abgegeben wurden, berichtete Oberstrichter Dombrowski von der Reichskriegsanwaltschaft eine andere Version.[97] Er gab an, dass er ab Ende 1944 noch mit Vorbereitungen diverser Verfahren gegen NKFD-Angehörige befasst war, die jedoch nicht mehr zur Anklage gebracht wurden. Nach Ansicht Kraells kam es vor dem Volksgerichtshof ebenfalls nicht mehr zu Anklagen. Ein Runderlass des OKH an alle Divisionen des Feld- und Ersatzheeres sowie an gleichrangige Dienststellen vom 2. August 1944 führte lediglich das Urteil gegen von Seydlitz an, während es über andere regimefeindliche Offiziere heißt, dass die Verfahren gegen sie beschleunigt durchgeführt werden würden.[98] Das OKH ordnete zudem an, dass allen Soldaten bekannt gemacht werden sollte, dass sie ihr Leben und das ihrer Familie verwirkten, wenn sie dem Beispiel von Seydlitz folgten.

Ob weitere Angehörige des NKFD, namentlich ehemalige Generäle oder andere hohe Offiziere der Wehrmacht, in Abwesenheit zum Tode verurteilt wurden, lässt sich nur noch schwer rekonstruieren. Während die ehemaligen Ankläger dies – zumindest für die Militärgerichtsbarkeit – ausschlossen, finden sich in den Memoiren des RKG-Präsidenten, Admiral Bastian, überhaupt keine Hinweise über Verfahren gegen NKFD-Mitglieder.[99] In den Veröffentlichungen der hohen NKFD-Funktionäre finden sich häufig keinerlei Hinweise.[100] In der Lebensgeschichte des in Stalingrad gefangen genommenen Generalmajors Arno von Lenski heißt es hingegen: „Ein Sondergericht in Torgau verurteilte Arno von Lenski und andere Mitarbeiter der Bewegung Freies Deutschland in Abwesenheit zum Tode. Wesentlich später erfuhr Lenski von seinem Todesurteil."[101] Ob es sich – sollte dies zutreffen – wirklich um ein sondergerichtliches Verfahren gehandelt hat, scheint sehr zweifelhaft. Selbst wenn es sich – wie die Anklagen in Verbindung mit dem 20. Juli 1944 – um

96 Aussage Dr. Kraell v. 30. 11. 1955, ebenda, Bl. 13 ff.

97 Vermerk der Oberstaatsanwaltschaft Verden v. 22. 10. 1955 bezüglich der Aussage von Boerstrichter Dombrowski, ebenda, Bl. 5.

98 Zum Folgenden vgl. OKH/Heerespersonalamt v. 2. 8. 1944, BArch-MA RH 15/186, Bl. 124.

99 Lebenserinnerungen 1. 9. 1939 – 20. 10. 1939, Aufzeichnungen des Admiral a. D. Max Bastian, ebenda N 192/1.

100 Wilhelm Adam, Der schwere Entschluß, Berlin (Ost) 1965; Walther von Seydlitz, Stalingrad. Konflikt und Konsequenz. Erinnerungen, Oldenburg 1977.

101 Helmut Welz, In letzter Stunde, S. 302.

ein zivilgerichtliches Verfahren gehandelt hätte, wäre eine Anklage vor dem Volksgerichtshof wahrscheinlicher gewesen, da Lenski immerhin General war. Möglich wäre indes auch ein weiteres Verfahren vor dem RKG, zumal Lenski in ähnlicher Weise wie von Seydlitz an Flugblättern mitgewirkt bzw. für diese gezeichnet hatte. Dies scheint umso naheliegender, da Torgau ab 1943 Sitz des RKG war und die behauptete Verhandlung dort stattgefunden haben soll. Luitpold Steidle spricht hingegen generalisierend vom Führungsgremium des NKFD: „Unsere Familien wurden unter Sippenhaft gestellt, wir selbst im Sommer 1944 in Abwesenheit zum Tode verurteilt."[102] Indes finden sich auch bei Steidle keine näheren Hinweise.

c Standgerichte

Die KStVO sah in ihrer ursprünglichen Fassung zunächst einen Notgerichtsstand – normiert in § 13 – vor. Dieser erlaubte es jedem Befehlshaber ab der Funktion eines Regimentskommandeurs, gerichtsherrliche Befugnisse auszuüben, wenn der eigentliche Gerichtsherr nicht erreichbar war. Handelte es sich um einen Offizier, der im Sinne der KStVO als Gerichtsherr anzusehen war, hatte er die gleichen Befugnisse wie der eigentlich zuständige Gerichtsherr. Jeder subalterne Kommandeur ohne eigene Gerichtsbarkeit konnte bei Verstößen gegen die §§ 2 bis 5 KSSVO – Spionage, Freischärlerei und Wehrkraftzersetzung – sowie bei Sabotage eine militärgerichtliche Verhandlung anberaumen. Die 4. Verordnung zur Ergänzung der KStVO vom 2. November 1939[103] änderte § 13 inhaltlich und fügte § 13a hinzu, der die sogenannte Standgerichtsbarkeit regelte. § 13 KStVO ordnete nunmehr lediglich die Befugnisse von Gerichtsherren gegenüber Wehrmachtangehörigen, die formal nicht ihrer Gerichtsbarkeit unterstanden, und erlaubte ein gerichtliches Vorgehen, sofern der eigentlich befugte Gerichtsherr nicht erreichbar war.

Die Standgerichtsbarkeit stand jedem Offizier zu, der zwar kein Gerichtsherr war, aber die Dienststellung eines Regimentskommandeurs innehatte oder ein mit vergleichbaren Kompetenzen ausgestatteter Truppenbefehlshaber war. Voraussetzung für ein standgerichtliches Verfahren war die Nichterreichbarkeit des eigentlich zuständigen Gerichtsherrn oder die Notwendigkeit einer sofortigen Verhandlung aufgrund militärischer Zwänge oder einer sofortigen Beweisaufnahme. Für die Einberufung eines Standgerichtes war nicht – wie beim Notgerichtsstand – erforderlich, dass sich die Tat im Kampfgebiet ereignet hatte. Weiterhin gab es auch keine Beschränkung auf wenige Straftatbestände mehr. Standgerichte hatten den Status von erkennenden Gerichten der militärischen Strafrechtspflege.[104] Ebenso

102 Luitpold Steidle, Entscheidung an der Wolga, S. 352.

103 RGBl. 1939 I, S. 2132.

104 Begründung zur vierten und zur fünften Verordnung zur Durchführung und Ergänzung der Verordnung über das militärische Strafverfahren im Kriege und bei besonderem Einsatz v. 1. und 11. 11. 1939, BArch R 3001/22296, Bl. 385 ff.

wie bei den regulären Wehrmachtgerichten hatte ein Standgericht prinzipiell von einem Militärrichter als Gerichtsvorsitzendem geleitet zu werden, konnte diese Funktion aber auch durch einen Offizier wahrnehmen lassen, sofern nicht auf einen Juristen zurückgegriffen werden konnte.[105]

Standgerichtliche Urteile konnten vom zuständigen Kommandeur bestätigt werden, ohne dass, wie bei Urteilen der regulären Kriegsgerichte, die Erstellung eines Rechtsgutachtens im Rahmen des Nachprüfungsverfahrens erforderlich war. Die Heeresrechtsabteilung wies die Gerichtsherren und Wehrmachtjuristen ausdrücklich darauf hin, dass bei Verurteilungen zum Tode gerade keine Nachprüfung mit einem Rechtsgutachten vonnöten sei und das Urteil sofort vollstreckt werden könne.[106] Die in zwei aufeinander folgenden Rundschreiben verfassten Erläuterungen der Heeresrechtsabteilung lassen vermuten, dass seitens der Heeresführung bei standgerichtlichen Todesurteilen keine weiteren Verzögerungen hinsichtlich der Vollstreckung erwünscht waren. In den Verfügungen wurde gleichzeitig auf die Möglichkeit verwiesen, gemäß § 5 KSSVO jeden Strafrahmen bis zur Todesstrafe zu erweitern, wenn dies der Aufrechterhaltung der „Manneszucht" diente.

Für den Bereich des Feldheeres wurde im Juni 1940 das Bestätigungsrecht bei standgerichtlichen Urteilen auf die regulären Gerichtsherren übertragen.[107] Diese Einschränkung wurde im Juni 1944 aufgehoben und vollumfänglich wieder den Regimentskommandeuren eingeräumt. Für den Bereich der Luftwaffe legte der Oberbefehlshaber Göring im Februar 1943 fest, dass die Standgerichtsbarkeit grundsätzlich gegenüber ausländischen Zivilisten anzuwenden sei, bei Luftwaffen- bzw. Wehrmachtangehörigen hingegen nur, wenn es sich um die Tatbestände „der Feigheit und der Meuterei" handelte.[108]

Nach Schwinge[109] war § 13a KStVO neben dem Strafschärfungsparagrafen § 5a KSSVO als direkte Maßnahme gegen das Auftreten von Auflösungserscheinungen gedacht, wie sie 1918 in steigendem Maße innerhalb der deutschen Streitkräfte um sich gegriffen hatten. Dazu gehörte insbesondere das sofortige Eingreifen bei

105 Ursprünglich war vorgesehen, den Vorsitz von Standgerichten allein Offizieren statt Juristen vorzubehalten, was wohl den Charakter eines Schnellgerichts noch verstärken sollte; vgl. Werner Schubert, Akademie für Deutsches Recht, Bd. VII, S. XV. Beratung am 26./27. 2. 1937.

106 Verfügung der Heeresrechtsabteilung betr. Voraussetzungen, Anwendungsgebiet und Bedeutung des standgerichtlichen Verfahrens, vermutlich vom November 1939, BArch-MA RH 36/324, Bl. 62 f.; darauf Bezug nehmend Erlass OKH v. 16. 11. 1939 betr. Wahrung der Mannszucht, ebenda, Bl. 61 f.

107 Franz W. Seidler, Die Militärgerichtsbarkeit, S. 187.

108 Erlass über Standgerichte v. 19. 2. 1943 wiederholend bekannt gegeben: Der Reichsminister der Luftfahrt, Amtsgruppe Recht Runderlass betr. Standgerichte v. 1. 6. 1944, abgedruckt in: Rudolf Absolon, Wehrmachtstrafrecht, S. 219 f.

109 Erich Schwinge, Mannszucht, S. 64.

chaotischen Zuständen oder fluchtartigem Rückzug: „Das neue Recht ermöglicht [...] ein energisches Vorgehen gegen Fahnenflüchtige und Versprengte. Während des [Ersten] Weltkriegs musste der in der Etappe oder in der Heimat Ergriffene grundsätzlich immer erst seiner Division zugeführt werden, damit er abgeurteilt werden konnte. Das zögerte nicht nur die Verfahrenserledigung hinaus, sondern gab dem Verhafteten auch die Chance, auf dem Transport zu entweichen.“ Die Möglichkeit der Errichtung von Standgerichten wurde als derart wichtiges Instrument zur Ahndung von Verstößen gegen die „Manneszucht“ und die Einsatzbereitschaft der Wehrmachtangehörigen angesehen, dass die Heeresrechtsabteilung die Oberstkriegsgerichtsräte anwies, Wehrmachtrichter abzustellen, um an den Truppenstandorten Vorträge über das standgerichtliche Verfahren zu halten.[110] Der Oberbefehlshaber des Heeres machte es den Truppenführern zur Pflicht, standrechtlich gegen Soldaten vorzugehen, wenn dies aus militärischen Gründen angebracht war. Die für ein derartiges Verfahren notwendigen Beteiligten sollten in jedem Militärverband vorab registriert werden, um sie ohne weitere Verzögerung einsetzen zu können.[111]

Während die Runderlasse der Heeresrechtsabteilung bereits stark darauf hindeuten, dass die Standgerichte insbesondere auch der Abschreckung dienen sollten, wird diese Annahme durch die praktische Anwendung noch gestützt: Die Heeresgruppe Süd gab im Oktober 1941 den Befehl aus, Standgerichte zur sofortigen Aburteilung von Diebstählen und Unterschlagungen einzuberufen, die sich im rückwärtigen Gebiet bei Anlieferungen von Nachschub ereigneten.[112] Zuvor war den Kommandostäben bekannt geworden, dass sich Wehrmachtangehörige und Reichsbahnbeamte in großem Umfang Lebensmittel, Kleidung und Ersatzteile aus Frontlieferungen angeeignet hatten. Bei diesen Fällen, die sich im rückwärtigen Heeresgebiet ereignet hatten, kann der Grund für das Vorgehen nur mit dessen abschreckender Wirkung erklärt werden, da eine weitere militärische Notwendigkeit nicht ersichtlich ist.

Auch im besetzten Westeuropa, in dem sich zwischen Sommer 1940 und Juni 1944 keine Kämpfe abspielten, wurden in großer Zahl Standgerichte eingesetzt. So wies der Militärbefehlshaber für Belgien und Nordfrankreich im Juli 1941 die Kommandeure der Feldkommandanturen an, bei Straftaten von Landesein-

110 Zum Folgenden vgl. Erlass OKH v. 16. 11. 1939 betr. Wahrung der Mannszucht, BArch-MA RH 36/324, Bl. 61 f.

111 Verfügung der Heeresrechtsabteilung betr. Voraussetzungen, Anwendungsgebiet und Bedeutung des standgerichtlichen Verfahrens, vermutlich vom Herbst 1939, ebenda, Bl. 62 f.; darauf Bezug nehmend Erlass OKH v. 16. 11. 1939 betr. Wahrung der Mannszucht, ebenda, Bl. 61 f.

112 Oberkommando der Heeresgruppe Süd betr. Aufrechterhaltung der Manneszucht v. 27. 10. 1941, ebenda RH 26-62/42.

wohnern gegen die Besatzungsmacht Standgerichte einzuberufen, sofern nicht schnellstens ordentliche Kriegsgerichte zusammentreten konnten.[113] Das Vorliegen militärischer Erfordernisse, wie es § 13a KStVO vorsah, spielte scheinbar keine Rolle mehr. Die Anordnung des Militärbefehlshabers ging auch in einer weiteren Voraussetzung des § 13a KStVO darüber hinaus: Statt der notwendigen Nichterreichbarkeit des zuständigen Gerichtsherrn reichte es im Besatzungsgebiet bereits aus, dass kein Gerichtspersonal, insbesondere Wehrmachtjuristen, vor Ort waren, um sofort eine Hauptverhandlung anzuberaumen. Wenn dieses Vorgehen auch nicht den Voraussetzungen des § 13a KStVO entsprach, so jedoch den Vorstellungen der Heeresrechtsabteilung, die in der Möglichkeit des standgerichtlichen Verfahrens die notwendige Grundlage einer „schnellen und wirksamen Justiz" sah.[114]

Nach Abschluss der Besetzung Frankreichs im Sommer 1940 wurde eine Vielzahl von Standgerichten eingesetzt, um verhaftete Emigranten deutscher, österreichischer und tschechischer Herkunft abzuurteilen und zu exekutieren.[115] Diese Verhandlungen waren indes reine Scheinverfahren, die der Legitimation zur Ermordung der Opfer dienten. Die Heeresführung ordnete ausnahmslos die Erschießung an und befahl, dass die Vollstreckung noch in den Gefangenenlagern zu erfolgen habe.

3. Richter als Offiziere im Truppensonderdienst

Mit Wirkung zum 1. Mai 1944 wurden die Wehrmachtrichter, die ihrem bisherigen Status nach Beamte der Wehrmacht waren, in das Offizierskorps überführt.[116] Nur der Chef der Wehrmachtjustiz, Rudolf Lehmann, war bereits zuvor, am 30. Januar 1943, ausnahmsweise in den militärischen Rang eines Generals erhoben worden.[117] Die Umwandlung der Stellung des Wehrmachtrichters vom Wehrmachtbeamten zum Offizier änderte nichts an der Funktion und der Arbeitsweise der Gerichte und der Richter. Gesellschaftlich bedeutete diese Neupositionierung jedoch einen

113 Der Militärbefehlshaber in Belgien und Nordfrankreich, Richtlinien für die Bekämpfung innerer Unruhen v. 29. 7. 1941, ebenda RW 36/9, Bl. 137.

114 Verfügung der Heeresrechtsabteilung betr. Voraussetzungen, Anwendungsgebiet und Bedeutung des standgerichtlichen Verfahrens, vermutlich vom Herbst 1939, ebenda RH 36/324, Bl. 62 f.; darauf Bezug nehmend Erlass OKH v. 16. 11. 1939 betr. Wahrung der Mannszucht, ebenda, Bl. 61 f.

115 Armeeoberkommando 4, Ic/A.O. Tgb. Nr. 976/40 Betr. Behandlung und Erschießung von Gefangenen vom 18. 6. 1940, ebenda RH 26-12/587.

116 Vgl. Verordnung über die Wehrmachtrichter im Truppensonderdienst v. 17. 6. 1944, RGBl. 1944 I, S. 135; Rudolf Müller, Der deutsche Militärrichter, in: NZWehrR (1966), S. 97, 110.

117 Vgl. Mitteilung, in: ZfW 8 (1943/44) 1, S. 148.

erheblichen Prestigezuwachs für die Militärrichter. Wie unterschiedlich Beamte und Offiziere innerhalb der Wehrmacht gewertet wurden, geht anschaulich aus dem Bericht des ehemaligen Wehrmachtrichters Ernst Roskothen hervor, der – zunächst Heeresoffizier – wegen seiner vormaligen Richtertätigkeit die Stellung eines Kriegsgerichtsrates angeboten bekam. In einem Gespräch beurteilte ein Offizier diesen Schritt mit der Äußerung: „Sie ziehen den Offiziersrock aus und sind nur noch Heeresbeamter! Gesellschaftlich sind Sie damit tot."[118] Entsprechend stellte ein Vertreter der Wehrmachtrechtsabteilung klar, dass die Offiziers-Richter endlich die Ehrungen erhalten würden, die ihnen bislang verwehrt worden waren.[119]

Angesichts eines derartig starren Standesdenkens muss diese organisatorische Umgliederung eine enorme moralische Auswirkung auf die Richterschaft gehabt haben. Die Verordnung vom 17. Juni 1944 nutzte diese Motivation zu der Ermahnung, dass die Wehrmachtrichter „soldatische Grundsätze und eine von nationalsozialistischer Weltanschauung getragene Rechtsauslegung" zur Grundlage ihrer Rechtsprechung zu machen hätten. Gemäß der Weltanschauung des totalitären Staates verkörperten die Wehrmachtrichter nunmehr zwei Pfeiler des NS-Regimes, da nach Hitler „der Offizier und der Richter [...] die Träger der Weltanschauung und damit der Macht" waren.[120]

Die Stellung von Richtern als Offiziere der Wehrmacht war vom Wehrrechtsausschuss der Akademie für Deutsches Recht in den 1930er-Jahren noch abgelehnt worden,[121] entsprach aber insgesamt einem jahrelangen Anliegen der Militärjuristen.[122] Insbesondere die Tatsache, dass sich der nationalsozialistische Staat als ein Organismus aus Führung und Gefolgschaft verstand, in dem die Bezeichnung „Führer" einen besonderen Stellenwert besaß, führte dazu, dass sich die Wehrmachtrichter benachteiligt fühlten. Es wurde darauf hingewiesen, dass die Juristen der Formationen der SS und des RAD die Bezeichnung „Führer" trügen und damit einen Rang innehatten, der mit denen eines Offiziers vergleichbar war.[123] Entspre-

118 Ernst Roskothen, Groß-Paris 1941–44, S. 81.

119 Vgl. Werner Hülle, Die Stellung des Wehrmachtrichters im Truppensonderdienst, in: ZfW 8 (1943/44) 2, S. 145, 152.

120 Heinrich Heims, Adolf Hitler, Monologe im Führerhauptquartier 1941–1944, Hamburg 1980, S. 142.

121 Vgl. Rittau, Wehrmachtgerichtsbarkeit und Disziplinargewalt, in: Zur Neugestaltung des Strafverfahrens der Wehrmacht, S. 12, 24.

122 Vgl. von Raab-Straube, Justizoffiziere, in: ZfW 3 (1938/39), S. 78 ff.; Hans Bernhard Braußе, Führer und Richter in soldatischen Verbänden, in: ebenda, S. 81 ff.; Heinrich Dietz, Zur Wiedereinführung der Militärgerichtsbarkeit, in: ZStW 53 (1934), S. 271, 284; zusammenfassend: Werner Hülle, Die Stellung des Wehrmachtrichters im Truppensonderdienst, in: ZfW 8 (1943/44) 2, S. 145 ff.

123 Vgl. Hans Bernhard Brauße, Führer und Richter in soldatischen Verbänden, in: ZfW 3 (1938/39), S. 81, 87 ff.

chend sei die Eingliederung der militärischen Richterschaft in den nationalsozialistischen Staat nur denkbar, wenn ihre Stellung der eines „Führers“ entspreche.[124]

II. Wehrstrafrecht

1. Das Kriegs-Wehrstrafrecht

Nachdem im Sommer 1939 die KSSVO erlassen worden war, trat sie als ergänzendes Gesetz neben das MStGB. Die KSSVO war keine Kodifizierung, die sich wie das MStGB fast ausschließlich auf Soldaten und sonstige Wehrmachtangehörige beschränkte, sondern sie enthielt Tatbestände, die auch von Zivilisten begangen werden konnten, sich teilweise sogar nur auf Nichtkombattanten bezogen. Sie enthielt u. a. die Tatbestände der Spionage, der Freischärlerei und der Wehrkraftzersetzung. Im November 1939 kam noch der sogenannte Strafschärfungsparagraf hinzu – § 5a KSSVO –, der es ermöglichte „zur Aufrechterhaltung der Manneszucht“ bei jedem Tatbestand auf die Todesstrafe zu erkennen. Diese Strafschärfung konnte dazu führen, dass kleine Straftaten bzw. verhältnismäßig geringe Anlässe die Verhängung der Todesstrafe zur Folge hatten. Dergestalt war es möglich, beispielsweise den Diebstahl von Feldpostpäckchen, der eigentlich mit Gefängnis bewehrt war, mit einer Exekution zu ahnden.

Der Ministerrat für die Reichsverteidigung erließ am 10. Oktober 1940 eine Neufassung des MStGB, die am 1. Dezember 1940 in Kraft trat. Die Neuerung beinhaltete vielseitige Änderungen, schuf allerdings kein grundlegend neues Wehrstrafrecht. Als wichtige Neuerung kam hinzu, dass Strafen bis zu sechs Wochen, die einem anderen Strafgesetz als dem MStGB entnommen waren, automatisch in eine sechswöchige Arreststrafe umgewandelt wurden. Weiterhin fassten die §§ 30 ff. n. F. MStGB alle sogenannten Ehrenstrafen zusammen. Für den Kriegsverrat bestimmten § 57 MStGB i. V. m. § 91b StGB nunmehr statt einer Zuchthaus- die Todesstrafe. Die Voraussetzungen für die unerlaubte Entfernung von der Truppe wurden bedeutend herabgesetzt und der Strafrahmen erhöht. Ebenso erhielt der Tatbestand der Fahnenflucht eine übersichtlichere Fassung sowie die Todesstrafe als regelmäßige Sanktion. Auch die Bestimmungen über die Dienstpflichtverletzungen aus „Feigheit“ wurden bis zur Anwendung der Todesstrafe ausgeweitet. Insgesamt sollte die Umgestaltung die Anwendung des Wehrstrafrechts für die Fortdauer des Krieges erleichtern. Weitere, tief greifende Änderungen wurden

124 Vgl. ebenda, S. 81 f.; dies bejahend Vogel, Um das Bestätigungsrecht des Gerichtsherrn, in: ebenda, S. 357, 361 ff.

durch das Kriegsgeschehen verhindert. Allerdings blieben auch Reformen auf dem Gebiet des allgemeinen Strafrechts aus, was die Arbeiten am Wehrmachtstrafgesetzbuch ebenfalls behinderte.[125]

2. Einzelne Tatbestände

a Wehrkraftzersetzung

§ 5 Abs. 1 Nrn. 1 – 3 KSSVO enthielten die Tatbestände der Wehrkraftzersetzung, die umfassend als „Störung oder Beeinträchtigung der totalen völkischen Einsatzbereitschaft zur Erringung des Endsieges" definiert wurden.[126] Die Wehrkraftzersetzung umfasste die öffentliche Aufforderung, den Dienst in der Wehrmacht zu verweigern, den „Willen des deutschen oder [eines] verbündeten Volkes zur wehrhaften Selbstbehauptung zu lähmen oder zu zersetzen", Soldaten und gemusterte Zivilisten zur Fahnenflucht oder zum Ungehorsam zu verleiten oder die „Manneszucht" zu untergraben sowie Handlungen, die darauf zielten, sich dem Dienst in den Streitkräften zu entziehen, insbesondere durch Selbstverstümmelung.[127]

Die Notwendigkeit, kritische Äußerungen unter Strafe zu stellen, resultierte für die Wehrmachtführung aus den Erfahrungen während des Ersten Weltkriegs.[128] Die Aufnahme der Wehrkraftzersetzung in der KSSVO war eine Reaktion auf die geplante, aber ausgebliebene Kodifizierung im StGB oder im Nebenstrafrecht und wurde seitens der Wehrmachtjustiz als Füllung einer bestehenden Gesetzeslücke im Kriegsstrafrecht beurteilt. Der Fall nach § 5 Abs. 1 Nr. 1 KSSVO, der die öffentliche Zersetzung unter Strafe stellte, war beispielsweise als neuer § 148 StGB angedacht.[129] In diesem Sinne war § 5 KSSVO eine „Mobilmachungsmaßnahme".[130] Die zunächst vorgenommene Konzentrierung der Wehrkraftdelikte auf das RKG wurde mit dem Interesse der militärischen und politischen Führung begründet, wehrzer-

125 Vgl. Grau, Das Militärstrafgesetzbuch in neuer Fassung, in: Deutsche Justiz (1940), S. 1209 ff.; Heinrich Dietz, Auf dem Weg zum Wehrmachtstrafgesetzbuch, in: ZfW 5 (1940/41), S. 401.

126 Grundsätze, nach denen die Reichskriegsanwaltschaft bei der Behandlung von Zersetzung der Wehrkraft verfährt, in: Gesetzesdienst für die Wehrmachtgerichte, Sonderheft 1940, BArch R 3001/22290, Bl. 628 ff.

127 Vgl. Verordnung über das Sonderstrafrecht im Kriege und bei besonderem Einsatz v. 17. 8. 1938, RGBl. 1939 I, S. 1455.

128 RKG v. 1. 12. 1939 StPL II 66/39, in: Gesetzesdienst für die Wehrmachtgerichte, Sonderheft 1940, BArch R 3001/22290, Bl. 628 ff.

129 Wehrmachtrechtsabteilung an die Rechtsabteilungen der Teilstreitkräfte betr. Erläuterung zu § 5 Abs. 1 Nr. 1 KSSVO v. 16. 3. 1940, ebenda R 3001/22296, Bl. 397 ff.

130 Zum Folgenden Werner Hülle, Die Änderung der Kriegsstrafverfahrensordnung vom 18. Mai 1940, in: ZfW 5 (1940/41), S. 153 f.

setzenden Tendenzen eine „einheitlich geleitete Abwehr" entgegenzuhalten.[131] Man ging diesbezüglich auch davon aus, dass die Mehrzahl der Fälle von Wehrkraftzersetzung auf eine Lenkung der Alliierten oder eine einheitliche regimefeindliche Ideologie zurückzuführen sei. Basierend auf diesen Erwägungen blieben dem obersten Wehrmachtgericht auch nach den weitgehenden Zuständigkeitsänderungen im Zuge der 7. Durchführungsverordnung zur KStVO vom Mai 1940 alle Fälle „öffentlicher" Zersetzung vorbehalten, während die anderen Tatbestände des § 5 KSSVO den Feldkriegsgerichten und zivilen Strafgerichten übertragen wurden und nur in bedeutsamen Ausnahmefällen an das RKG übertragen werden sollten.

Bei allen Verfahren, die gegen Überzeugungstäter geführt wurden, zu denen insbesondere die „Bibelforscher" (Zeugen Jehovas) zählten, sollte vornehmlich die Todesstrafe ausgesprochen werden.[132] Gemäß einer Anordnung des OKW durften Todesurteile, die gegen Zeugen Jehovas wegen Verweigerung des Wehrdienstes oder des Fahneneides verhängt worden waren, indes nicht öffentlich bekannt gegeben werden.[133] Lediglich wenn der Exekutierte bereits einem Truppenteil angehörte, sollte den anderen Soldaten der Einheit Urteil und Vollstreckung mündlich mitgeteilt werden. Hitler vertrat die Ansicht, dass die Verhängung der Todesstrafe gegen Menschen, die aus religiösen Gründen den Kriegsdienst verweigerten, zur Abkehr von diesen Überzeugungen führte. Im Juni 1942 äußerte er sich: „Tausenden ähnlich Gesinnter sei bei der Nachricht von den Erschießungen der Mut vergangen, sich unter Hinweis auf irgendwelche Bibelstellen ebenfalls um den Kriegsdienst herumdrücken zu wollen."[134]

Dem RKG wurde ab Kriegsbeginn eine derartige Fülle von Verfahren wegen Wehrkraftzersetzung angetragen, dass sich der Präsident des Gerichts, Admiral Max Bastian, im November 1939 an die Wehrmachtrechtsabteilung mit der Aufforderung wandte, sich mit den anderen Rechtsabteilungen in Verbindung zu setzen, um die Situation zu entspannen.[135] Es hatte sich nach Ansicht des RKG herausgestellt, dass eine Vielzahl von Sachverhalten den Tatbestand des § 5 KSSVO nicht erfüllten und teils auf disziplinarischem Wege hätten geahndet werden können. Es wurde darum ersucht, dass sich fortan die Untersuchungsführer mit ihrem

131 Ebenda, S. 153, 155.

132 Grundsätze, nach denen die Reichskriegsanwaltschaft bei der Behandlung von Zersetzung der Wehrkraft verfährt, in: Gesetzesdienst für die Wehrmachtgerichte, Sonderheft 1940, BArch R 3001/22290, Bl. 628 ff.

133 Heeresrechtsabteilung betr. Bekanntmachung von Todesurteilen gegen „Ernste Bibelforscher" wegen Verweigerung des Fahneneides und des Kriegsdienstes v. 17. 10. 1939, BArch-MA RH 53-6/76, Bl. 139.

134 Henry Picker, Tischgespräche, Aufzeichnung über den 7. 6. 1942, S. 360.

135 Zum Folgenden Schreiben des Präsidenten des RKG an die Wehrmachtrechtsabteilung betr. Abgabe von Strafsachen aus § 5 KSSVO an die Feldkriegsgerichte v. 27. 11. 1939, BArch R 3001/22290, Bl. 320.

Tatbericht zunächst an das zuständige Feldgericht wenden sollten, bevor um eine Vorprüfung durch das RKG gebeten wurde. Tatsächlich wurde nunmehr bis in die ersten Monate des Jahres 1940 die Mehrheit der Fälle von Wehrkraftzersetzung nicht vom RKG, sondern von den Feldkriegsgerichten abgeurteilt.[136]

Die Tatbestandsverwirklichung des § 5 Abs. 1 Nr. 1 KSSVO erforderte eine Äußerung, die sich gegen den „Wehrwillen" richtete. Minder schwere Fälle i. S. d. Abs. 2 konnten etwa vorkommen, wenn jemand im Rausch, aus Verärgerung oder unter dem Eindruck besonders belastender Erlebnisse stand. Das Tatbestandsmerkmal „Öffentlichkeit", wie es Abs. 1 Nr. 1 verlangte, war nach der Rechtsprechung des RKG erfüllt, selbst wenn nur eine Person angesprochen wurde und der Äußernde eine Verbreitungsmöglichkeit auch nur in Kauf genommen hatte.[137] Der Justizminister ermahnte die Generalstaatsanwälte, dass insbesondere bei Personen mit gehobener sozialer oder beruflicher Stellung eine strengere Bestrafung angebracht sei, da ihnen ein Vorbildcharakter zukomme und sie eine größere Anzahl anderer Menschen erreichten.[138] Solche Fälle sollten in erster Linie vor dem Volksgerichtshof verhandelt werden, dessen Zuständigkeit für öffentliche Zersetzungsfälle durch Verordnung vom Januar 1943 gegeben war.[139] Unter die Personen mit besonderen Stellungen fielen nicht nur Ärzte, Abteilungsleiter und Priester, sondern auch Friseure und sonstige Handwerker.[140] Als grundsätzlich todeswürdige Äußerungen, die geeignet schienen, den Wehrwillen zu untergraben, wurden u. a. herausgestellt: „Der Krieg sei verloren; Deutschland oder der Führer hätten den Krieg sinnlos [...] vom Zaune gebrochen und müsse [sic] ihn verlieren [...], eine Militärdiktatur müsse errichtet werden und werde Frieden schließen [...], der Führer sei krank, unfähig [...] usw."[141]

§ 5 Abs. 1 Nr. 3 KSSVO stellte die Selbstverstümmelung unter Strafe und ersetzte die bisherige Regelung in § 81 MStGB für die Dauer des Krieges. Nach Ansicht des RKG stellte die Selbstverstümmelung die „verächtlichste Art der Wehrdienstentziehung" dar[142] und war nach Verlautbarung des OKH nichts anderes als

136 Vermerk in den Akten des Reichsjustizministeriums „Abwehr von Zersetzungserscheinungen" vermutlich vom Juni 1944, ebenda R 3001/25007, Bl. 150 ff.

137 Schreiben des Präsidenten des RKG an die Wehrmachtrechtsabteilung betr. Abgabe von Strafsachen aus § 5 KSSVO an die Feldkriegsgerichte v. 27. 11. 1939, ebenda R 3001/22290, Bl. 320.

138 Der Reichsminister der Justiz an die Generalstaatsanwälte betr. Bekämpfung von Zersetzungsversuchen v. 13. 8. 1943, ebenda R 3001/20897, Bl. 61.

139 RGBl. 1943 I, S. 76.

140 Vermerk in den Akten des Reichsjustizministeriums „Abwehr von Zersetzungserscheinungen" vermutlich vom Juni 1944, BArch R 3001/25007, Bl. 150 ff.

141 Ebenda.

142 Grundsätze, nach denen die Reichskriegsanwaltschaft bei der Behandlung von Zersetzung der Wehrkraft verfährt, in: Gesetzesdienst für die Wehrmachtgerichte, Sonderheft 1940, ebenda R 3001/22290, Bl. 628 ff.

eine Fahnenflucht.[143] Grundsätzlich sollte sie umso härter geahndet werden, wenn sie nicht an der Front, sondern im Heimatgebiet begangen worden war. Nach Angaben des OKH kamen Anfang 1944 auf 100 000 Angehörige des Feldheeres zwei Fälle von Selbstverstümmelung, beim Ersatzheer waren es fünf.[144] Verwundete und Kranke, bei denen Verdacht auf Selbstverstümmelung bestand, sollten, wenn sie sich im Frontgebiet befanden, nicht in Lazarette im Heimatbereich verschickt werden, da dies die Aufklärung erschwerte. Sie hatten im Armeebereich zu verbleiben, bis sich der Sachverhalt aufgeklärt hatte.[145] Dem nächstgelegenen Gericht musste schnellstmöglich Meldung gemacht und mit der Durchführung des Ermittlungsverfahrens schleunigst begonnen werden. Sodann konnte eine Abgabe des Verfahrens an ein rückwärtiges Gericht bzw. ein Gericht des Ersatzheeres veranlasst werden. Für erforderliche Gutachten in zweifelhaften Fällen war in erster Linie das Institut für wehrrechtliche Medizin bei der Militärärztlichen Akademie in Berlin zuständig. Die Verlegung eines der Selbstverstümmelung Verdächtigen aus dem Armeegebiet heraus bedurfte stets der Genehmigung des zuständigen Kriegsgerichtsrats.[146] An der Ostfront wurden in den rückwärtigen Gebieten der Heeresgruppen besondere Sanitätseinrichtungen geschaffen, die der Untersuchung von Verwundungen dienten, bei denen Verdacht bestand, sich die Verletzungen selbst beigebracht zu haben.[147]

Ein vorrangig mit der Aufklärung von Selbstverstümmelungsfällen betrauter Kriegsrichter empfahl, zur Überführung eines Verdächtigen mit Geduld und viel zeitlichem Aufwand vorzugehen.[148] Der Verletzungshergang sollte wiederholt erfragt werden, um Widersprüche aufzudecken. Den Untersuchungsführern wurde angeraten, auf das Vorleben des Betreffenden einzugehen, um eventuelle Beweggründe zu erfahren. Dabei sollten die Ermittler Verständnis suggerieren, um den Beschuldigten zum Reden zu bringen. Auch die Verhöhnung sollte in Betracht gezogen werden, etwa in der Art, dass das Gericht den Aussagen keinen Glauben schenken werde und jegliches Leugnen sinnlos sei. Untersuchungsführer sollten es nicht versäumen, selbst bei schweren Verletzungen sofort mit der Vernehmung zu beginnen, auch wenn der Betreffende unter Schmerzen litt.

143 OKH/Heerespersonalamt betr. Selbstverstümmelung v. 20. 5. 1944, BArch-MA 15/186, Bl. 123.
144 Ebenda.
145 Übersicht OKH/Chef Heeresrüstung und Befehlshaber des Ersatzheeres betr. 10. Mob.-Sammelerlass v. 7. 9. 1942 bzgl. Strafverfahren wegen Selbstverstümmelung, ebenda RH 36/324, Bl. 94 ff.
146 Übersicht OKH/Chef Heeresrüstung und Befehlshaber des Ersatzheeres vom 10. 8. 1943 bzgl. Verfahren bei Selbstverstümmelung, ebenda, Bl. 100 ff.
147 Runderlass des Reichsministers der Luftfahrt und Oberbefehlshabers der Luftwaffe v. 7. 4. 1943, ebenda RL 6/161.
148 Zum Folgenden vgl. Buchheim, Psychologie und Technik der Vernehmung bei der Selbstverstümmelung, in: ZfW 8 (1943/44) 1, S. 59 ff.

Der Tatbestand der Selbstverstümmelung war ebenfalls erfüllt, wenn eine Krankheit vorgetäuscht oder herbeigeführt wurde.[149] Ab Herbst 1944 hatte die Wehrmacht Fälle von Selbstverstümmelung und Krankheitsvortäuschung der Sicherheitspolizei zu melden.[150] Im Reichssicherheitshauptamt wurden sämtliche Fälle von Simulation gesammelt und ausgewertet. Im Februar und Mai 1944 hatte es bereits zwei Broschüren herausgegeben, die über die vielfältigen Möglichkeiten der Krankheitsvortäuschung und -herbeiführung unterrichteten und Merkmale aufzeigten, die halfen, derartige Fälle zu erkennen. Unter anderem wurden diese Druckschriften der Wehrmacht und dem Reichsjustizministerium zur Verfügung gestellt.

Als Strategie zur Selbstverstümmelung wurde aufgrund von Erfahrungen aus dem Ersten Weltkrieg die bewusste Infektion mit Geschlechtskrankheiten angesehen. Auf zivilem Sektor wurden jedoch bis 1944 seitens des Justizministeriums diesbezüglich keine um sich greifenden Erscheinungen festgestellt.[151] Im Bereich der Kriegsmarine waren Soldaten, die sich eine Geschlechtskrankheit zugezogen hatten, beim ersten Vorfall dieser Art disziplinarisch zu bestrafen.[152] War der Betreffende jedoch wegen der Erkrankung an einem Fronteinsatz gehindert, insbesondere als Besatzungsmitglied auf einem U-Boot, dann sollte ein gerichtliches Verfahren eingeleitet werden. Eine gerichtliche Bestrafung kam darüber hinaus bei einer wiederholten Ansteckung mit einer Geschlechtskrankheit in Betracht.

Die von § 5 Abs. 1 Nr. 3 KSSVO unter Strafe gestellte Zersetzung der Wehrkraft durch Wehrdienstentziehung umfasste in erster Linie Fälle, in denen Personen dem Einberufungsbefehl nicht Folge leisteten, ohne sich jedoch von ihrem Wohnort zu entfernen. Verblieb der Betreffende nicht an seinem Wohnsitz, lag Fahnenflucht vor.[153] Dem Wehrdienst entzog sich indes auch derjenige, der dauerhaft an einem Ort weilte, ohne sich polizeilich gemeldet zu haben.[154] Die bloße Verweigerung eines Befehls konnte darüber hinaus den Tatbestand des § 5 Abs. 1 Nr. 3 KSSVO

149 Informationsdienst des Reichsministers der Justiz Beitrag 35 Vortäuschung von Erkrankungen, BArch R 3001/25007, Bl. 116.

150 Der Chef der Sicherheitspolizei und des SD betr. Anweisungen zur Vortäuschung von Krankheiten – Selbstverstümmelung, um sich der Wehrpflicht oder dem Arbeitsdienst zu entziehen v. 20. 10. 1944, ebenda, Bl. 127 f.

151 Vermerk in den Akten des Reichsjustizministeriums „Abwehr von Zersetzungserscheinungen" vermutlich vom Juni 1944, ebenda, Bl. 150 ff.

152 Zum Folgenden vgl. Besprechung von Fragen aus dem Bestätigungs- und Gnadenreferat auf der Tagung der Marineoberstkriegsgerichtsräte im Dezember 1942, BArch–MA RM 31/3303, Bl. 166 ff.

153 OKH/Chef Heeresrüstung und Befehlshaber des Ersatzheeres v. 1. 3. 1940, ebenda, Bl. 69. ff.

154 Urteil Sondergericht Magdeburg vom 18. 8. 1941 SG Ls 116/41, abgedruckt in: Deutsche Justiz (1942), S. 105; vgl. auch Urteil des RG v. 21. 5. 1942 3 C 357/42, abgedruckt in: Deutsche Justiz (1942), S. 659.

erfüllen, wenn der Täter in der weitergehenden Absicht handelte, sich dem Wehrdienst zu entziehen, zum Beispiel bei Ablehnung des Fahneneides.[155]

In Absprache mit Reichsführer-SS Heinrich Himmler unterhielt das Reichsjustizministerium seit spätestens Juni 1944 ein Sonderreferat, in dem alle schweren Fälle von Wehrkraftzersetzung zur Registrierung kamen.[156] Dieses Referat trug außerdem dafür Sorge, dass derartige Angelegenheiten umgehend zur Aburteilung gebracht wurden. Von August 1943 bis Juni 1944 wurden dort 1360 Fälle von Wehrkraftzersetzung registriert, von denen 297 mit Todesurteilen beendet worden waren.

§ 5 KSSVO wurde vom Reichsjustizministerium 1944 rückblickend als „eine der Hauptwaffen" im Kampf gegen die „Entwicklungen in der Richtung auf den 9. 11. 1918" eingestuft.[157] Dabei hob es die insbesondere ab 1943 immer prekärer werdende militärische Situation Deutschlands hervor, die den Durchhaltewillen der Bevölkerung merklich beeinträchtigte und einzelne Personen oder Gruppen zu „defaitistischen Regungen" veranlasste. Mit Hilfe des Strafrechts sah sich die Justiz in der Lage, diese Entwicklung nicht nur aufzuhalten, sondern „angriffsweise im Keime" zu vernichten.

b Freischärlerei

Der Tatbestand der Freischärlerei war in § 3 KSSVO kodifiziert und richtete sich gegen Partisanentätigkeiten und bewaffneten Widerstand. Demnach war mit dem Tode zu bestrafen, „wer, ohne als Angehöriger der bewaffneten feindlichen Macht durch die völkerrechtlich vorgeschriebenen äußeren Abzeichen der Zugehörigkeit erkennbar zu sein, Waffen oder andere Kampfmittel führt oder in seinem Besitz hat in der Absicht, sie zum Nachteil der deutschen oder einer verbündeten Wehrmacht zu gebrauchen oder einen ihrer Angehörigen zu töten, oder sonst Handlungen vornimmt, die nach Kriegsgebrauch nur von Angehörigen einer bewaffneten Macht in Uniform vorgenommen werden dürfen." Unter den Freischärler-Begriff fielen auch Zivilisten, die Hilfsdienste für Freischärler ausführten, wie etwa Arbeiten, Transporte, aber ebenso Personen, die Warnungen oder Nachrichten übermittelten oder Freischärler beherbergten.[158]

Schwinge[159] vertrat in seinem MStGB-Kommentar die Ansicht, dass gefangen genommene Freischärler zwar grundsätzlich durch Kriegsgerichte abzuurteilen seien, war aber der Meinung, dass dies nicht gelte, wenn zwar der Betreffende

155 OKH/Chef Heeresrüstung und Befehlshaber des Ersatzheeres v. 1. 3. 1940, BArch-MA RH 36/324, Bl. 69 ff.

156 Zum Folgenden vgl. Vermerk in den Akten des Reichsjustizministeriums „Abwehr von Zersetzungserscheinungen" vermutlich vom Juni 1944, BArch R 3001/25007, Bl. 150 ff.

157 Zum Folgenden ebenda.

158 Vgl. Erich Schwinge, Militärstrafgesetzbuch 1944, § 3 KSSVO, S. 415 f.

159 Ebenda, S. 420.

gefangen genommen sei, die Kampfhandlungen aber noch andauerten: „In diesem Fall kann er getötet werden." Im Schrifttum vertrat der Völkerrechtler Walter Schätzel eine darüber hinaus gehende Position.[160] Er ging davon aus, dass jeder gefasste Freischärler ohne Gerichtsverfahren durch die Truppe getötet werden durfte. Die kämpfende Truppe sollte bei dem Vorgehen gegen Freischärler die Möglichkeit haben, selbst zu entscheiden, ob sie im Einzelfall von einer Exekution Gebrauch machte. Als Beispiel, einen Freischärler zu verschonen, wurde der Fall herausgestellt, dass ein „Volksdeutscher" zu Handlungen „gezwungen" wurde, die unter den Tatbestand des § 3 KSSVO fielen. Demnach sei die „Exekutierung gefangener Freischärler durch die kämpfende Truppe [...] keine Frage der Legalität, sondern der Opportunität."[161] Beiden Auffassungen widersprach lediglich ein einziger Vertreter der Wehrmachtjustiz, der die Tötung ohne Gerichtsurteil nur während eines Kampfes als rechtmäßig ansah.[162]

Bereits im Feldzug gegen Polen wurde deutlich, wie die Wehrmacht bzw. speziell die Landstreitkräfte mit Freischärlern umzugehen gedachten. Mit Befehl vom 4. November 1939 legte der Befehlshaber des Heeres fest, dass Freischärler „im Kampf oder auf der Flucht zu erschießen" seien, ohne dabei die situativen Umstände der „Flucht" näher zu konkretisieren.[163] Für gefangen genommene Freischärler sollte ein Militärgericht zwecks Aburteilung zusammengerufen werden, wobei in erster Linie Standgerichte in Betracht gezogen werden sollten. Dabei hatten die potentiellen Partisanen nicht wie Kriegsgefangene, sondern „wie Verbrecher" behandelt zu werden. Um sofort mit Standgerichten einschreiten zu können, wurde befohlen, dass bei Einsätzen in Gebieten, in denen Freischärler zu vermuten waren, jeder Regimentskommandeur drei Kriegsgerichte bereitzuhalten hatte. Für die Besetzung der Gerichte waren die Kommandeure gehalten, bei Mangel an richterlichem Personal andere Gerichtsherren um Abstellung von Wehrmachtrichtern zu bitten oder sich ansonsten auch mit juristisch ungeschultem Personal in Gestalt von Offizieren zu behelfen. Für die Verurteilung eines Angeklagten reichte die eidliche Aussage eines deutschen Soldaten, er habe den Betreffenden als Täter einer unter § 3 KSSVO fallenden Tätigkeit erkannt.[164] Das Urteil war sofort nach der Bestätigung zu vollstrecken.

Als Freischärler wurden indes auch alle Angehörigen der französischen Streitkräfte aufgefasst, die unter der Führung de Gaulles auf Seiten der Alliierten nach der Kapitulation Frankreichs am 22. Juni 1940 weiter gegen die Wehrmacht kämpf-

160 Vgl. Walter Schätzel, Freischärler, in: ZfW 5 (1940/41), S. 209, 220 ff.

161 Ebenda, S. 209, 226.

162 Vgl. Fritz Hodes, Freischärler, in: ZfW 5 (1940/41), S. 491 f.

163 Zum Folgenden Anordnung des Oberbefehlshabers des Heeres v. 4. 11. 1939 betr. Freischärlerei, BArch-MA RH 36/324, Bl. 59 f.

164 Ebenda.

ten.[165] Deutschland hatte sich die Behandlung gefangener Freifranzosen nach § 3 KSSVO im Waffenstillstandsvertrag vorbehalten. Die kollaborierende Vichy-Regierung wiederum hatte durch Änderung seines Strafgesetzbuches den Dienst französischer Staatsangehöriger in einer gegen das Deutsche Reich kämpfenden Macht mit der Todesstrafe belegt. Sofern Franzosen den britischen Streitkräften beigetreten waren und dementsprechend nicht in der De Gaulle-Armee kämpften, waren sie von der Wehrmacht als Kriegsgefangene und nicht als Freischärler zu behandeln.[166] Die in den Streitkräften der Briten kämpfenden Franzosen sollten der Vichy -Regierung ausgeliefert werden, während die Freifranzosen durch Standgerichte abzuurteilen waren, sofern sie nicht im Kampf oder auf der Flucht getötet worden waren. Nach Angaben des ehemaligen Chefs der Wehrmachtrechtsabteilung wurden gaullistische Soldaten, die auf Seiten der Sowjetunion an der Ostfront kämpften, bei Gefangennahme nicht als Freischärler von Wehrmachtgerichten abgeurteilt oder erschossen, sondern der Vichy-Regierung zur Aburteilung übergeben.[167] Anfang 1944 wurden die Angehörigen der freifranzösischen Truppen in die britischen Streitkräfte integriert. Die Dienststellen der Wehrmacht wurden daher angewiesen, sie bei Gefangennahme entsprechend als Kriegsgefangene zu behandeln.[168]

Für die ausländischen Gebiete mit Ausnahme von Finnland, Rumänien, Ungarn, Kroatien, der Slowakei und Bulgarien wurde am 30. Juli 1944 ein Gerichtsbarkeit-Erlass gegenüber „Terroristen und Saboteuren“ in Kraft gesetzt.[169] Dieser „Führer-Erlass“ bestimmte, dass jeder gewaltsame Widerstand seitens der Zivilbevölkerung gegen Wehrmacht und SS sofort „niederzukämpfen“ sei.[170] Es sollten demnach keine Gefangenen gemacht und etwa der Wehrmachtgerichtsbarkeit zugeführt werden. Der Befehl bezüglich später ergriffener Verdächtiger lautete, dass diese der Sicherheitspolizei oder dem Sicherheitsdienst ausgeliefert werden sollten. Nur, wenn sich eine Kontaktaufnahme mit den Polizeiorganen als

165 Zum Folgenden vgl. Walter Schätzel, Freischärler, in: ZfW 5 (1940/41), S. 209, 230 ff.; Schober, Strafgewalt über Ausländer im besetzten Gebiet, in: ZfW 7 (1942/43), S. 504, 511.

166 Schober, Strafgewalt über Ausländer im besetzten Gebiet, in: ZfW 7 (1942/43), S. 504, 511. f.

167 Vgl. Erklärung des Generaloberstabsrichters Dr. Lehmann zu Dokument UK-20 betr. Behandlung von Anhängern de Gaulles v. 6. 3. 1946, die auf sowjetischer Seite kämpften und in Gefangenschaft gerieten, anlässlich des Strafverfahrens gegen Generalfeldmarschall Wilhelm Keitel vor dem Nürnberger Gerichtshof, BArch–MA N 54/29.

168 Geheimer Runderlass der Luftwaffen-Rechtsabteilung Nr. 5 v. 18. 4. 1944, ebenda RL 6/197.

169 OKW betreffend Bekämpfung von Terroristen und Saboteuren in den besetzten Gebieten, Gerichtsbarkeit gegen nichtdeutsche Zivilpersonen in den besetzten Gebieten v. 22. 8. 1944, ebenda N 54/59.

170 Führer-Erlass v. 30. 7. 1944 betr. Bekämpfung von Terroristen und Saboteuren in den besetzten Gebieten, Gerichtsbarkeit, abgedruckt bei: Martin Moll, „Führer-Erlasse“ 1939-1945, S. 437.

schwierig herausstellte, sollte von einem kriegsgerichtlichen Verfahren Gebrauch gemacht werden.[171] Indes kamen nur Standgerichte für die Durchführung in Frage, wobei das OKW mitteilte, es gehe davon aus, dass in diesen Fällen der Ausspruch eines Todesurteils erfolge, das unverzüglich vollstreckt werde. Es handelte sich entsprechend nur noch um reine Scheinverfahren, deren Urteil bereits vorab feststand.

Winter 1941/42, Sowjetunion,
erhängte mutmaßliche Partisanen.
Bundesarchiv Koblenz, Bild 101I-287-0872-29A.

3. Ziviles Strafrecht

Die KSSVO stellte klar, dass jeder, der den Regelungen des MStGB unterworfen war, die Tatbestände des allgemeinen (Zivil-)Strafrechts, also des StGB, im Ausland verwirklichen konnte. Jeder deutsche Zivilist oder Wehrmachtangehörige, der sich als Kriegsgefangener oder Internierter im Ausland befand, konnte sich nach deutschem Recht strafbar machen. Während § 3 KStVO die Geltung des bürgerlichen deutschen Strafrechts auf das Operationsgebiet der Wehrmacht beschränkte,

171 Chef OKW betr. Bekämpfung von Straftaten nichtdeutscher Zivilpersonen in den besetzten Gebieten, undatiert, aber Bezug nehmend auf Führer-Erlass v. 30. 7. 1944, BArch R 6/399, Bl. 2.

erweiterte § 161 MStGB die grundsätzliche Anwendung des StGB gegenüber Ausländern in allen Gebieten, die von deutschen Truppen besetzt waren.

Eine Einschränkung des deutschen Strafrechts gegenüber Wehrmachtangehörigen galt bei Verstößen gegen die Verordnung über außerordentliche Rundfunkmaßnahmen vom 11. September 1939.[172] Demnach wurde grundsätzlich jeder, der ausländische Rundfunksendungen hörte, in der Regel mit einer Zuchthausstrafe, in schweren Fällen mit der Todesstrafe belegt. Verstöße gegen die Verordnung, die von Wehrmachtangehörigen begangen wurden, hatte ein Gerichtsherr hingegen nur dann zu ahnden, wenn bei dem Täter eine staatsfeindliche Einstellung festzustellen war, die Gefahr einer Wiederholung bestand oder die „Belange der Wehrmacht" eine Bestrafung erforderten.[173]

Eine erweiterte Anwendung durch Wehrmachtgerichte fand hingegen in Bezug auf die Volksschädlingsverordnung vom 5. September 1939 statt. Während sie stets Anwendung für Wehrmachtangehörige fand, auch wenn die betreffenden Straftaten im Ausland begangen worden waren, waren Ausländer zunächst nicht ihren Regelungen unterworfen.[174] Das RKG ging davon aus, dass Kriegsgerichte nur dann die Verordnung gegenüber Ausländern anwenden durften, wenn diese „innerhalb der deutschen Volksgemeinschaft" lebten. Diese Praxis wurde ab Herbst 1942 durch einen von Hitler bestätigten Urteilsspruch des Feldgerichts des Generals der Luftwaffe Paris geändert.[175] Nunmehr konnte die Verordnung auch gegenüber Ausländern angewandt werden, die nicht in Deutschland lebten, auch wenn sich die Straftat im Ausland ereignet hatte.

III. Zuständigkeitsbereiche der Wehrmachtjustiz

1. Wehrmachtangehörige

Insbesondere Soldaten der Wehrmacht aber auch Wehrmachtbeamte waren während des Krieges der Kompetenz der Wehrmachtgerichte unterstellt. Hinzu kamen Hunderttausende von ausländischen Wehrmachtangehörigen. Diese nichtdeutschen Staatsangehörigen, die sich freiwillig oder auf Druck zum Dienst in der Wehrmacht

172 RGBl. 1939 I, S. 1683.

173 Verfügung des Chefs des Oberkommandos der Wehrmacht betr. Abhören fremder Sender v. 12. 9. 1939, BArch–MA RH 53-6/76, Bl. 129.

174 Vgl. Besprechung von Fragen aus dem Bestätigungs- und Gnadenreferat auf der Tagung der Marineoberstkriegsgerichtsräte im Dezember 1942, ebenda RM 31/3303, Bl. 166 ff.

175 Vgl. Blumenhagen, Anwendung der Volksschädlingsverordnung, in: ZfW 8 (1943/44) 1, S. 397.

verpflichtet hatten, zählten als reguläre Soldaten. Die für deutsche Wehrmachtangehörige geltenden Gesetze und Bestimmungen waren grundsätzlich nur sinngemäß auf diese Kollaborateure anzuwenden.[176] Darüber hinaus konnten für sie besondere Regelungen erlassen werden. Im besetzten Teil der Sowjetunion wurden auch alle bewaffneten Hilfskräfte, die nicht direkt der Wehrmacht angehörten, sondern polizeiliche Hilfsaufgaben übernahmen, der Kriegsgerichtsbarkeit unterstellt.[177]

Die Wehrmacht gliederte die Freiwilligen-Verbände in solche mit einer eigenen und solche mit einer deutschen Militärgerichtsbarkeit. Für Einheiten, die über keine eigenen Gerichte verfügten, waren MStGB und KStVO anzuwenden wie auf deutsche Soldaten. Außerdem fand das deutsche Strafrecht Verwendung. Mindestens einer der beiden richterlichen Beisitzer sollte aus demselben Land stammen wie der Angeklagte.[178] Die vermutlich einzige Einheit mit einer eigenen Militärgerichtsbarkeit war die als Blaue Division bezeichnete spanische Wehrmachtsformation, die das Franco-Regime als Unterstützung für das Deutsche Reich aufgestellt hatte.[179]

Wehrunwürdigkeit konnte nur bei Deutschen eintreten, nicht jedoch bei ausländischen Wehrmachtfreiwilligen, da diese nicht in einem Wehrpflicht-, sondern lediglich in einem Wehrdienstverhältnis standen.[180] Sie konnten jedoch aus der Wehrmacht ausgeschlossen werden. Waren die Ausgeschlossenen vor ihrem Eintritt in die Wehrmacht ihrem Status nach Kriegsgefangene gewesen, so wurden sie in diese Einstufung rückversetzt.[181] Von einer Rückführung in ein Kriegsgefangenenlager nach Verbüßung der Strafe wurde ab November 1944 Abstand genommen und fortan die Unterbringung in einem Arbeitslager verfügt.[182] Für

176 Richtlinien für den Einsatz ausländischer Freiwilliger im Kampf gegen die Sowjetunion v. 10. 1. 1942, BArch–MA RW 2/19.

177 Vgl. Schreiben Befehlshaber des rückwärtigen Heeresgebietes Süd betr. Strafrechtspflege v 22. 4. 1942, ebenda RH 22–27, Bl. 182.

178 Strafrechtliche und disziplinarische Bestimmungen für die im Rahmen der deutschen Wehrmacht eingesetzten ausländischen Freiwilligenverbände, ebenda RW 2/19.

179 OKH/Chef der Heeresrüstung und Befehlshaber des Ersatzheeres betr. 11. Mob.-Sammelerlass v. 10. 8. 1943, ebenda RH 36/324, Bl. 100 ff.

180 Vgl. Oberkommando der Kriegsmarine betr. Ausschluß aus der Deutschen Wehrmacht bei Soldaten ausländischer Staatsangehörigkeit v. 15. 9. 1944, ebenda RM 31/3335, Bl. 68; Schwinge ging hingegen davon aus, dass auf Wehrunwürdigkeit auch gegenüber ausländischen Wehrmachtangehörigen erkannt werden könne, vgl. Erich Schwinge, Militärstrafgesetzbuch, 1944, § 31, S. 70.

181 Verfügung des Kommandeurs der Kriegsgefangenen z. b. V. betr. aus der deutschen Wehrmacht ausgeschlossene Angehörige landeseigener Verbände v. 2. 12. 1943, BArch–MA RH 53–23/52, Bl. 164; Schreiben des Wehrkreiskommandos Generalgouvernement an Div. Kdo. der Ostleg. Betr. Weisungen für die Sonderlager Ostrow und Demblin v 27. 7. 1943, ebenda, Bl. 182 ff.

182 Jens Hoffmann, Die Ostlegionen 1941–1943. Turkotartaren, Kaukasier und Wolgafinnen im deutschen Heer, 3. Aufl., Freiburg 1986, S. 156.

Wehrmachtfreiwillige aus der Sowjetunion, die turkmenischer Abstammung waren, gab es alternativ den Ausschluss aus dem „turkvölkischen Waffen- oder Arbeitsdienst".[183] Diese Sanktion, die ausschließlich vom „Kommandeur der Ostlegionen" verhängt werden konnte, bedeutete nicht den Ausschluss aus der Wehrmacht, war aber mit einer Dienstgradherabsetzung in den niedrigsten Stand verbunden.[184] Für derartig Bestrafte bestand ein Straflager, in das die Verurteilten zu überführen waren.

Ausländische Wehrmachtfreiwillige – ausgenommen landeseigene Hilfskräfte aus Teilen der Sowjetunion – sollten Haftstrafen ausschließlich in den in Deutschland gelegenen Wehrmachtgefängnissen verbüßen. Eine Überweisung in eine Feld-Strafgefangenenabteilung oder ein Feldstraflager war grundsätzlich ausgeschlossen.[185] Für einige, aus osteuropäischen Wehrmachtfreiwilligen bestehende Einheiten galten besondere Nebenstrafen, die ansonsten im Wehrmachtstrafrecht unüblich waren. Dazu gehörten Geldstrafen, Ausgehverbote, Schadensersatzpflicht sowie die Bestrafung ganzer Gruppen bei Verfehlung eines einzelnen Angehörigen, etwa durch Tabak- und Alkoholentzug.[186]

Männer in Luxemburg und den Gebieten Elsass-Lothringens waren wehrpflichtig, da diese Gebiete vom Deutschen Reich annektiert worden waren. Dementsprechend galten für sie die Kriegsgesetze ebenso wie für deutsche Soldaten. Auch die Verordnung über die Vollstreckung von Freiheitsstrafen wegen einer während des Krieges begangenen Tat war auf sie – rückwirkend – anwendbar.[187]

Eine besondere Erweiterung fand in Bezug auf die Angehörigen der ab September 1943 gebildeten faschistischen Streitkräfte Italiens statt. Diese Einheiten unterstanden zum Teil der deutschen Wehrmachtgerichtsbarkeit, obwohl sie nicht Bestandteil der Wehrmacht waren. Dies betraf Verbände, die im Rahmen der deutschen Streitkräfte eingesetzt waren, von diesen ausgebildet wurden oder deren Angehörige sich in einem deutschen Lazarett oder einer Strafvollzugseinrichtung

183 Schreiben des Wehrkreiskommandos Generalgouvernement betr. Lager für straffällige und politisch unzuverlässige Turkvolk-Angehörige v. 19. 12. 1942, BArch-MA RH 53-23/52, Bl. 166.

184 Verfügung des Kommandeurs der Ostlegionen betr. Lager für straffällige oder politisch unzuverlässige Turkvolk-Angehörige, Mappe Behandlung der Legionäre Nr. 8 v. 18. 3. 1943, ebenda, Bl. 168 f.

185 Der Chef der Heeresrüstung und Befehlshaber des Ersatzheeres v. 10. 8. 1943 betr. 11. Mob.-Sammelerlass, ebenda RH 36/324, Bl. 106 ff.; vgl. undatiertes Merkblatt „Strafvollzug gegen Soldaten" bezüglich französischer Wehrmachtangehöriger, ebenda RH 26-172/9.

186 Vgl. Jens Hoffmann, Die Ostlegionen, S. 154. Laut Hoffmann handelte es sich insoweit nicht um Kollektivstrafen, sondern um „Maßnahmen der Selbsterziehung".

187 Mitteilung des Reichsjustizministers v. 22. 4. 1943, StA Bremen 4,80 – III.139.

befanden.[188] Bei einer Verhandlung gegen einen italienischen Soldaten sollte ein Angehöriger der italienischen Armee als Beisitzer berufen werden. Im Gegensatz zur Regelung der KStVO, die nur bei mit Todesstrafen bedrohten Delikten einen Verteidiger vorschrieb, sollten bei Verfahren gegen italienische Soldaten immer Verteidiger zugegen sein.[189] Als solche fungierten italienische Offiziere. Als Grund für diese Ausnahmeregelung wurde angeführt, dass das italienische Strafprozessrecht einen Verteidiger zwingend vorschrieb. Für von Wehrmachtgerichten verurteilte italienische Soldaten bestand seit August 1944 die Möglichkeit des Bewährungseinsatzes.[190] Diese Soldaten waren der Dienststelle des „Bevollmächtigten für den Arbeitseinsatz" zu melden und in ein Arbeitslager zu überführen.

2. Wehrmachtgefolge

Das Gefolge der Wehrmacht bestand aus Zivilisten, die in einem Dienst- oder sonstigen Vertragsverhältnis zur Wehrmacht standen.[191] Im Verlauf des Krieges wurden auch Angehörige uniformierter und teils auch bewaffneter Formationen wie etwa der Zollgrenzschutz,[192] die Organisation Todt (OT) und der RAD dem Gefolge zugeordnet, wobei Letzterer eine Sonderstellung einnahm. Auch Ausländer konnten dem Wehrmachtgefolge angehören.

Das MStGB legte in § 155 fest, dass während eines Krieges alle Personen, „welche sich in irgendeinem Dienst- oder Vertragsverhältnis bei dem kriegführenden Heere befinden oder sonst sich bei ihm aufhalten oder ihm folgen", den Strafvorschriften des MStGB unterworfen waren. Nach § 2 Nr. 3 KStVO waren sie verfahrensmäßig auch der Wehrmachtgerichtsbarkeit unterworfen: „Dem Kriegsverfahren sind unterworfen: […] Nr. 3 Personen, die sich bei der Wehrmacht im Operationsgebiet aufhalten (das Gefolge …) […]."

Eine Abgabe von Strafverfahren an die Zivilgerichte, wie dies in § 3 Abs. 2 KStVO allgemein vorgesehen war, konnte nur begrenzt Anwendung auf das Ge-

188 Runderlass des Reichsministers der Luftfahrt und Oberbefehlshabers der Luftwaffe betr. Strafrechtliche und disziplinarstrafrechtliche Stellung der italienischen Soldaten v. 10. 9. 1944, BArch-MA RL 6/161.

189 Vgl. Schreiben des Oberkommandos der Kriegsmarine an den Marinechefrichter Ostsee betr. Italienische Soldaten vor deutschen Feldgerichten v. 23. 3. 1945, ebenda RM 31/3335, Bl. 202.

190 Luftflottenkommando 2, Luftflottenbefehl 24/44 v. 27. 8. 1944, ebenda RL 7/40b, Bl. 105 ff.

191 Römer, Die Unterstellung des Gefolges unter die Militärgesetze, in: ZfW 5 (1940/41), S. 427; vgl. auch Fritz Hodes, Kommentar zur Disziplinarstrafordnung, S. 59.

192 Weber, Der Geltungsbereich des deutschen Strafrechts im Kriege, in: ZfW 5 (1940/41), S. 315, 317; zur grundsätzlichen Ermächtigung: Verordnung über Strafen und Strafverfahren im Zollgrenzschutz v. 17. 8. 1940, RGBl. 1940 I, S. 1158.

folge haben, da diese trotz ihres Status als Zivilisten nach § 155 MStGB auch Normierungen des Militärstrafrechts zu beachten hatten.

In den ersten Kriegswochen stand indes nicht fest, wer im Einzelnen unter den Begriff des Gefolges i. S. d. § 155 MStGB fiel. Die Problematik zeigte sich im Bereich der Westgrenze, wo zivile Arbeitskräfte zwar für die Wehrmacht Bunker- und Befestigungsanlagen errichteten, aber nicht bei den Streitkräften beschäftigt waren, sondern der Organisation Todt unterstanden. Zwar wurde von der Heeresrechtsabteilung für die dort beschäftigten Arbeiter festgelegt, dass sie grundsätzlich zum Gefolge gehörten, da dies der „Art ihrer Arbeit und ihres Einsatzes" entspräche.[193] Dieser Meinung schloss sich auch die Wehrmachtrechtsabteilung an.[194] Probleme ergaben sich indes bei der Zuordnung von Arbeitskräften, die sich nur zeitweise auf den Baustellen aufhielten, wie Kraftfahrer, Ingenieure, Zeichner u. a.[195]

Während die Lösung der Angelegenheit in den folgenden Wochen noch ungeklärt blieb, wurde durch die 4. Durchführungsverordnung zur KStVO vom November 1939 die bisherige Regelung für das Gefolge im § 2 Nr. 3 KStVO gestrichen. Die Zuständigkeit der Wehrmachtgerichte für die Angehörigen des Gefolges wurde nunmehr durch den neu eingefügten § 3a KStVO i. V. m. § 3 Abs. 1 KStVO bestimmt. Demnach richtete sich die Zuständigkeit der Wehrmachtgerichte zunächst nach § 3 Abs. 1 KStVO: „Dem Kriegsverfahren sind ferner unterworfen Ausländer und Deutsche wegen aller von ihnen im Operationsgebiet begangenen Straftaten." § 3a KStVO orientierte sich an der primären Geltung des § 3 KStVO: „Für Straftaten des Gefolges (§ 155 des Militärstrafgesetzbuchs), die nicht schon von § 3 erfaßt werden, sind die Wehrmachtgerichte zuständig, wenn der Gerichtsherr erklärt, daß militärische Belange die Aburteilung durch die Wehrmachtgerichte erfordern. Der Gerichtsherr kann die Erklärung auch dann noch abgeben, wenn der Beschuldigte sich nicht mehr bei der Wehrmacht befindet."

193 Vgl. Schreiben des OKH an Rechtsabteilungen der Teilstreitkräfte und des Ersatzheeres betr. Zuständigkeit der Feldkriegsgerichte für die Westwallarbeiter v. 18. 9. 1939, BArch R 3001/22290, Bl. 373.

194 Vermerk in den Akten des Reichsjustizministeriums über ein Gespräch mit Oberkriegsgerichtsrat Hülle von der Wehrmachtrechtsabteilung betr. Gerichtsbarkeit für die Westwallarbeiter vom Oktober 1939, ebenda, Bl. 375; vgl. insbesondere Bestimmungen des OKW betr. Organisation Todt v. 26. 9. 1939, ebenda, Bl. 403.

195 Vgl. Schreiben des Reichsjustizministers an das OKW betr. Gerichtsbarkeit für Westwallarbeiter v. 24. 10. 1939, ebenda, Bl. 376; Schreiben des Generalstaatsanwalts in Düsseldorf an den Reichsminister der Justiz betr. Zuständige Gerichtsbarkeit für die beim Westwall und bei sonstigen militärischen Anlagen eingesetzten zivilen männlichen Arbeitskräfte v. 22. 11. 1939, ebenda, Bl. 385; Schreiben des Generalstaatsanwalts in Köln betr. Zivilverwaltung im Operationsgebiet v. 29. 9. 1939, ebenda, Bl. 380.

§ 3 KStVO hatte jedoch keine Geltung für das deutsche Inland.[196] Da sich der Krieg erst im Mai 1940 weiter – nach Westeuropa – ausdehnte, galt die Zuständigkeit der Wehrmachtgerichtsbarkeit für Straftaten des Gefolges somit zunächst nach § 3a KStVO nur im Einzelfall durch entsprechende Erklärung des Gerichtsherrn.

Für die Arbeitskräfte der OT, die am sogenannten Westwall eingesetzt waren, wurde schließlich im Dezember festgelegt, dass nur diejenigen zum Gefolge gezählt werden sollten, die sich dauerhaft auf den Baustellen aufhielten. Personen von auswärtigen Arbeitsplätzen waren nur während ihres Aufenthalts in der Nähe der Front kurzweilig der Militärgerichtsbarkeit unterstellt.[197]

Die Geltung der Straftatbestände des MStGB für das Wehrmachtgefolge war jedoch begrenzt. Ausgenommen waren alle Normierungen, die sich allein auf Soldaten bzw. Wehrmachtbeamte beziehen konnten.[198] Keine Anwendung fand der Tatbestand der Fahnenflucht, während hingegen die unerlaubte Entfernung unter Strafe stand. Weiter kamen Straftatbestände in Betracht, die sich auf Verstöße gegen die militärische Unterordnung bezogen, sowie widerrechtliche Handlungen gegen Menschen oder Eigentum, die sich im Operationsgebiet ereigneten, das Beschädigen von Dienstgegenständen, ferner Kriegsverrat, Gefangenenbefreiung und Falschmeldung.[199]

Im März 1940 wurde die Regelung über das Gefolge in § 155 geändert: „Während eines gegen das Deutsche Reich ausgebrochenen Krieges sind alle Personen, die sich in irgendeinem Dienst- oder Vertragsverhältnis bei der Wehrmacht befinden oder sonst sich bei ihr aufhalten oder ihr folgen, den Strafvorschriften dieses Gesetzes, insbesondere den Kriegsgesetzen unterworfen, soweit die Oberbefehlshaber der Wehrmachtteile oder der Chef des Oberkommandos der Wehrmacht es für ihren Befehlsbereich bestimmen.“[200] Im Gegensatz zum § 155 a. F. MStGB wurden nunmehr die Arbeiter und Angestellten der Marine, der Luftwaffe und des Ersatzheeres in das Gefolge mit einbezogen. Einschneidender war allerdings die Erweiterung der Geltung des MStGB auf prinzipiell alle Zivilisten, die für einen Wehrmachtteil arbeiteten, unabhängig davon, ob sie sich im Operations-, im rückwärtigen Heeres- oder Heimatgebiet befanden. Den Befehlshabern der Teilstreitkräfte war vorbehalten, die Reichweite der Geltung des MStGB festzulegen. Indes

196 Vgl. Verordnung über das Inkrafttreten der Verordnung über das Sonderstrafrecht im Kriege und bei besonderem Einsatz und der Verordnung über das militärische Strafverfahren im Kriege und bei besonderem Einsatz v. 26. 8. 1939, RGBl. 1939 I, S. 1482.

197 Vgl. Wehrmachtrechtsabteilung an den Reichsminister der Justiz betr. Strafgerichtsbarkeit über Westwallarbeiter v. 30. 12. 1939, BArch R 3001/22290, Bl. 397.

198 Erich Schwinge, Militärstrafgesetzbuch 1939, § 155, S. 362.

199 Römer, Die Unterstellung des Gefolges unter die Militärgesetze, in: ZfW 5 (1940/41), S. 427, 434 f.

200 Zweite Verordnung zur Ergänzung der Kriegssonderstrafrechtsverordnung v. 27. 2. 1940, RGBl. 1940 I, S. 445.

unterstanden diejenigen Angehörigen des Wehrmachtgefolges, die den Strafdrohungen des MStGB unterworfen waren, auch hinsichtlich jeder anderen zivilgesetzlichen Tatbestandsverwirklichung dem Kriegsverfahren.[201]

Im März 1940 bestimmte der Oberbefehlshaber des Heeres, dass alle Personen, die sich im Bereich des Feldheeres aufhielten und in einem vertraglichen Verhältnis zu ihm standen, den Strafdrohungen des MStGB unterworfen waren.[202] Da sich die Verbände des Feldheeres vornehmlich im Ausland aufhielten, umfasste die Zuständigkeit der Heeresgerichte insbesondere Zivilisten, die außerhalb der Grenzen des Deutschen Reiches beschäftigt waren. Allerdings waren diese Angehörigen des Gefolges auch dann dem MStGB unterworfen, wenn sie sich in Deutschland aufhielten, z. B. anlässlich eines Lehrgangs oder eines Transportes.[203] Für das Ersatzheer wurde die Unterstellung zunächst offen gelassen und erst im August 1940 festgelegt.[204] Demnach erstreckte sich die Geltung des MStGB auf alle Angehörigen des Ersatzheer-Gefolges, die sich im Ausland aufhielten – einschließlich der einverleibten Gebiete Polens und der Tschechoslowakei.

Die Kriegsmarine legte den Geltungsbereich für das Militärstrafrecht auf diejenigen Personen fest, die auf einem marineeigenen Tross-Schiff arbeiteten sowie auf Schiffen, die im Rahmen der Marine eingesetzt wurden, wie etwa Versorger oder Lazarettboote. Weiterhin galt es für alle Zivilisten, die auf Kriegsschiffen stationiert waren und für alle ausländischen Schiffsangehörigen, die sich auf einem Schiff befanden, das sich in der Gewalt der Kriegsmarine befand, wie etwa gekaperte Schiffe, die als Prise übernommen wurden.[205] An Land waren davon Personen betroffen, die sich bei der Marine im Operationsgebiet des Heeres oder in Marine-Festungen aufhielten. Gemäß den Bestimmungen des Oberbefehlshabers der Kriegsmarine zählte das RKG zum Personenkreis des Marine-Gefolges auch aufgrund eines Urteils aus der Wehrmacht ausgeschiedene ehemalige Marineangehörige, die vor der Übergabe an die zivilen Behörden eine Straftat begangen hatten.[206]

201 Schneider, Zur Unterstellung des Gefolges unter das Kriegsverfahren, in: ZfW 6 (1941/42), S. 545 f.

202 Wehrmachtrechtsabteilung an den Reichsminister der Justiz betr. Gefolge v. 8. 4. 1940, BArch R 3001/22290, Bl. 409 ff.; Verfügung des Ob. d. H. betr. Unterstellung des Gefolges unter das Militärstrafgesetzbuch und die Disziplinarstrafordnung v. 12. 3. 1940, BArch–MA RH 53-6/76, Bl. 191.

203 Vgl. Römer, Die Unterstellung des Gefolges unter die Militärgesetze, in: ZfW 5 (1940/41), S. 427, 430.

204 Zum Folgenden vgl. Wehrmachtrechtsabteilung an den Reichsminister der Justiz betr. Gefolge v. 8. 4. 1940, BArch R 3001/22290, Bl. 409 ff.; vgl. auch Römer, Die Unterstellung des Gefolges unter die Militärgesetze, in: ZfW 5 (1940/41), S. 427, 430.

205 Zum Folgenden vgl. Wehrmachtrechtsabteilung an den Reichsminister der Justiz betr. Gefolge v. 8. 4. 1940, BArch R 3001/22290, Bl. 409 ff.

206 Urteil des 4. Senats v. 21. 10. 1942, teilweise wiedergegeben in: ZfW 8 (1943/44) 1, S. 362.

Die Luftwaffe unterwarf diejenigen Mitglieder des Gefolges unter die Geltung des MStGB, die sich im Ausland befanden, im Operationsgebiet aufhielten oder bei Einheiten beschäftigt waren, die sich in einem Kriegseinsatz befanden. Zu ihnen zählten auch Angehörige der OT, die im Ausland an Bauvorhaben der Luftwaffe beteiligt waren.[207] Das Operationsgebiet umfasste auch die Flugplätze in Deutschland, von denen aus Militäreinsätze geflogen wurden. Zum Gefolge gehörten später auch die sogenannten Luftwaffenhelfer, die vornehmlich Schüler höherer Schulen waren.[208] Im Januar 1943 wurde die Regierungstruppe des Protektorats Böhmen und Mähren zum Gefolge der Wehrmacht erklärt, da diese im Rahmen von Sicherungsaufgaben bei der Wehrmacht eingesetzt wurde.[209]

Damit waren zunächst alle Zivilisten, die dem Wehrmachtgefolge zugerechnet wurden, dem MStGB unterworfen, wenn sie sich im Ausland befanden oder auf Schiffen, die der Marine unterstanden. Obgleich der Tatbestand der Fahnenflucht daran gebunden war, dass er ausschließlich von Wehrmachtangehörigen verwirklicht werden konnte, wurde er im Bereich der Kriegsmarine auch auf Angehörige des Wehrmachtgefolges, mithin Zivilisten, ausgedehnt.[210]

Falls sich Straftaten des Wehrmachtgefolges, sofern die obigen Bedingungen erfüllt waren, nicht im Operationsgebiet der Streitkräfte ereigneten, musste der zuständige Gerichtsherr nach § 3a KStVO in jedem Einzelfall erklären, dass militärische Belange eine Aburteilung durch ein Militärgericht erforderlich machten.

Im September 1944 wurden Teile der OT direkt der Wehrmacht unterstellt und deren Angehörige ausdrücklich zu Kombattanten erklärt.[211] Dazu gehörten auch Unter-Gliederungen der OT, wie das Transportkorps Speer und die Transportflotte Speer. Der Wehrmacht nicht zugeteiltes Personal wurde im Fall kriegerischer Handlungen dem Volkssturm und dessen Gerichtsbarkeit unterstellt.[212]

207 Vgl. Römer, Die Unterstellung des Gefolges unter die Militärgesetze, in: ZfW 5 (1940/41), S. 427, 432.

208 Karl Sommer, Das neue Reichsjugendgerichtsgesetz, in: Deutsche Justiz (1944), S. 51, 53.

209 Schreiben des Reichsprotektors in Böhmen und Mähren an den Reichsminister der Justiz betr. Zuständigkeit der Wehrmachtgerichte gegen Angehörige der Regierungstruppe des Protektorats Böhmen und Mähren v. 20. 3. 1943, BArch R 3001/22301, Bl. 185.

210 Vgl. Besprechung von Fragen aus dem Bestätigungs- und Gnadenreferat auf der Tagung der Marineoberstkriegsgerichtsräte im Dezember 1942, BArch–MA RM 31/3303, Bl. 166 ff.

211 Vgl. Schreiben der OT an den Chef OKW betr. Kennzeichnung der Kombattanten v. 15. 10. 1944, BArch R 50 II/80091, Bl. 26; Verteiler des Transportkorps Speer betr. Kw-Trsp.-Regiment 11 v. 2. 12. 1944, ebenda, Bl. 9; Verteiler des Transportkorps Speer/Chef des Stabes betr. Sicherungsabteilungen v. 28. 10. 1944, ebenda, Bl. 31; Verteiler der OT-Einsatzgruppe Alpen betreffend Kombattanteneigenschaft der OT-Angehörigen v. 21. 4. 1945, ebenda R 50 II/80090.

212 Verteiler des Transportkorps Speer/Chef des Stabes betr. Sicherungsabteilungen v. 28. 10. 1944, ebenda R 50 II/80091, Bl. 31.

3. Angehörige des Reichsarbeitsdienstes

Der Reichsarbeitsdienst war eine dem Innenministerium unterstehende Organisation, die nach militärischem Vorbild gegliedert war.[213] Seine Aufgaben waren staatlich gelenkte Arbeitseinsätze, verbunden mit vormilitärischer Ausbildung.[214] Den höheren RAD-Dienstvorgesetzten stand die Möglichkeit zu, Disziplinarstrafen zu verhängen, darunter auch Freiheitsstrafen. Die Ahndung von Verstößen gegen die zivilen Strafgesetze oblag den allgemeinen Gerichten. Da dem RAD keine Vollzugsanstalten zur Verfügung standen, wurden lang andauernde Arreststrafen in Hafträumen des Reichsjustizministeriums vollstreckt.[215] Gemäß einer Übereinkunft zwischen Justizminister Franz Gürtner und dem Führer des Arbeitsdienstes Konstantin Hierl konnte die Zuständigkeit für Strafverfolgung und -vollstreckung bei Verstößen gegen die allgemeinen Strafgesetze auf Institutionen des RAD übertragen werden, wenn sich der zuständige Oberstaatsanwalt mit dem jeweiligen Arbeitsgauführer auf diesen Übergang der Befugnisse verständigen konnte.[216]

Ab März 1939 wurden Einheiten des RAD an der deutsch-polnischen Grenze zusammengezogen, um Befestigungsarbeiten im Auftrag der Wehrmacht durchzuführen. Ende August erfolgte im Zuge der Mobilmachung die Unterstellung von Teilen des Arbeitsdienstes unter das Heer, das sie als Heeres-Bautruppen an der Front einsetzte.[217] Bis zum Ende des Jahres 1939 wurden Angehörige des RAD, die für Zwecke der Wehrmacht Verwendung fanden, je nach Art ihrer Heranziehung wehrstrafrechtlich entweder als Wehrmachtgefolge oder als Soldaten behandelt.[218]

Die Verordnung über die Fortführung des Reichsarbeitsdienstes für die männliche Jugend vom Dezember 1939[219] bestimmte, dass der RAD vordringlich im Interesse der Kriegsführung eingesetzt werden sollte. Dem Chef OKW stand die Befugnis zu, Arbeitstrupps mit männlichen Arbeitsdienstlern jederzeit

213 Vgl. Hans Bernhard Braußе, Wehrrecht und Arbeitsdienstrecht, in: ZfW 2 (1937/38), S. 426 ff.

214 Martin Broszat, Der Staat Hitlers, München 1969, S. 206.

215 Schreiben des Reichsjustizministers an die Generalstaatsanwälte betr. Vollstreckungshilfe für den Reichsarbeitsdienst v. 23. 12. 1935, StA Bremen 4,80 – III.80.

216 Hans Bernhard Brauße, Wehrrecht und Arbeitsdienstrecht, in: ZfW 2 (1937/38), S. 426, 436 f.

217 Vgl. RAD im Rahmen der Heeresbautruppen der deutschen 3. Armee im Feldzug gegen Polen 1939, bearbeitet von Konstantin Hierl für die Historical Division, HQ. US-Army, Europe, BArch-MA ZA 1/1559, Bl. 3 ff.

218 Werner Hülle, Die Unterstellung des RAD unter das Wehrstrafrecht, in: ZfW 5 (1940/41), S. 21.

219 Verordnung über die Fortführung des Reichsarbeitsdienstes für die männliche Jugend während des Krieges v. 20. 12. 1939, RGBl. 1939 I, S. 2465.

für die Belange der Wehrmacht einzusetzen, wobei sie dem Befehl militärischer Dienststellen unterstanden. Gemäß § 3 der Verordnung galt für RAD-Angehörige neben den allgemeinen Strafgesetzen grundsätzlich das Dienststrafrecht des Arbeitsdienstes. Für die Dauer des Einsatzes im Rahmen der Wehrmacht konnte im Einzelfall zwischen dem Chef OKW und dem Reichsarbeitsdienstführer vereinbart werden, dass alle strafrechtlichen Bestimmungen der Wehrmacht Anwendung fanden. Es kamen jedoch nur diejenigen Normen des MStGB zur Anwendung, die nicht lediglich auf Wehrmachtangehörige beschränkt waren.[220] Der Tatbestand der Fahnenflucht konnte beispielsweise nicht von Angehörigen des RAD erfüllt werden.

Um die RAD-Angehörigen nahezu denselben Strafandrohungen zu unterwerfen, wie es bei Wehrmachtangehörigen der Fall war, wurde am 12. März 1940 unter Beteiligung des OKW die Verordnung zum Schutze des Reichsarbeitsdienstes erlassen.[221] Sie enthielt Strafbestimmungen, die den Tatbeständen der Wehrkraftzersetzung und der Fahnenflucht entsprachen und den Verhältnissen des Arbeitsdienstes angepasst waren. Zuwiderhandlungen waren mit Zuchthausstrafen bedroht, in minder schweren Fällen mit Gefängnis. Fahnenflucht in der Absicht, sich der Arbeitsdienstpflicht zu entziehen, konnte indes nur von Männern verwirklicht werden. Weibliche RAD-Angehörige konnten unter den gleichen Voraussetzungen eine Dienstflucht begehen, die mit Gefängnisstrafe zu ahnden war.

Die Durchführungsverordnung zur Verordnung über die Fortführung des RAD für die männliche Jugend vom 10. April 1940[222] erweiterte die Zuständigkeit der Militärgerichte. Demnach unterstanden alle männlichen RAD-Angehörigen der Zuständigkeit eines militärischen Gerichtsherrn, wenn es sich um Verstöße handelte, die sich insbesondere gegen die militärische Unterordnung richteten, wie etwa Beleidigung eines Vorgesetzten, Ungehorsam oder Meuterei. Darüber hinaus galten die Bestimmungen der §§ 2 Nr. 4 und 3 KStVO, also die Zuständigkeit der Militärjustiz bei Wehrkraftzersetzung, Spionage sowie Hoch- und Landesverrat oder bei Begehung der Tat im Operationsgebiet. Wurde der Betreffende eines anderen Delikts beschuldigt, konnte der Gerichtsherr das Verfahren im Einzelfall an sich ziehen, wenn er erklärte, dass militärische Belange ein wehrmachtgerichtliches Verfahren erforderten.

Im August 1944 wurde aufgrund einvernehmlicher Regelung zwischen dem Justizministerium und dem OKW der weibliche Arbeitsdienst der Wehrmachtge-

220 Werner Hülle, Die Unterstellung des RAD unter das Wehrstrafrecht, in: ZfW 5 (1940/41), S. 21 ff.

221 RGBl. 1940 I, S. 485.

222 Verordnung zur Durchführung der Verordnung über die Fortführung des Reichsarbeitsdienstes für die männliche Jugend während des Krieges v. 10. 4. 1940, RGBl. 1940 I, S. 626.

richtsbarkeit unterstellt, wenn der zuständige Gerichtsherr beschied, dass militärische Belange dies erforderten.[223] In derartigen Verfahren musste mindestens einer der Beisitzer ein Offizier des RAD sein.

4. Angehörige der Waffen-SS

Gemäß einer Verfügung des Chefs der Heeresjustizverwaltung vom 26. August 1939 waren Angehörige bewaffneter SS-Verbände, die dem Oberbefehlshaber des Heeres militärisch unterstellt waren, allen Bestimmungen und Gesetzen unterworfen, die für Wehrmachtangehörige galten. Für die Aburteilung von Straftaten, die durch SS-Soldaten begangen worden waren, galt die Zuständigkeit der Heeresgerichtsbarkeit. Die beisitzenden Richter des Gerichts wurden jedoch der SS entnommen.[224]

Mit Verordnung des Ministerrates für die Reichsverteidigung vom 17. Oktober 1939[225] erhielt die SS eine eigene Gerichtsbarkeit für ihre Kampfformationen. Das MStGB und die KStVO fanden auf die der SS-Sondergerichtsbarkeit unterstehenden Angehörigen der SS- und Polizeiverbände sinngemäße Anwendung. Am 28. Mai 1940 erging eine Regelung durch den Chef OKW Wilhelm Keitel und den Reichsführer-SS Heinrich Himmler, die die Abgrenzung zwischen den Zuständigkeiten der Wehrmacht- sowie der SS-Gerichte klarstellte.[226] Demnach war die Wehrmachtgerichtsbarkeit zuständig, wenn SS-Angehörige zum Dienst in der Wehrmacht eingezogen oder zu einer Truppe der Wehrmacht kommandiert worden waren. Auf geschlossene SS-Verbände, die einem Heeresbefehlshaber unterstellt waren, fand hingegen allein die SS-Sondergerichtsbarkeit Anwendung.

Unklarheiten bestanden scheinbar zunächst bei der Befugnis hochrangiger Befehlshaber, die aufgrund § 90 Abs. 1 KStVO ein Urteil aufheben und ein neues Verfahren unter einem neuen Gerichtsherrn anordnen konnten. Die Heeresrechtsabteilung ließ diesbezüglich im Januar 1942 verlauten, dass allein Gerichtsherren der SS oder Polizei mit der Anberaumung einer weiteren Verhandlung betraut werden durften, wenn der Angeklagte der SS-Sondergerichtsbarkeit unterworfen war.[227]

223 Fünfte Verordnung zur Durchführung und Ergänzung des Reichsarbeitsdienstgesetzes v. 22. 8. 1944, RGBl. 1944 I, S. 186.

224 Der Chef des Heeresjustizwesens v. 26. 8. 1939, BArch–MA RH 36/324, Bl. 49 ff.

225 Verordnung über eine Sondergerichtsbarkeit in Strafsachen für Angehörige der SS und für die Angehörigen der Polizeiverbände bei besonderem Einsatz v. 17. 10. 1939, RGBl. 1939 I, S. 2107.

226 Zum Folgenden vgl. Sondergerichtsbarkeit der SS, in: Gesetzesdienst für die Wehrmachtgerichte, H. 3, BArch R 3001/22290, Bl. 311 ff.

227 Heeresrechtsabteilung/Chef der Heeresrüstung und Befehlshaber des Ersatzheeres v. 10. 1. 1942, 8. Mob-Sammelerlass, BArch–MA RH 36/324, Bl. 87 ff.

Ab April 1943 wurden diejenigen SS- oder Polizeiangehörigen, die zur Wehrmacht kommandiert waren, aus der Zuständigkeit der Wehrmachtgerichte herausgelöst und der SS-Gerichtsbarkeit unterstellt.[228]

5. Volkssturm

Der Volkssturm wurde durch Organe der NSDAP ab Herbst 1944 aufgestellt und in Einheiten mit wehrmachtüblicher Gliederung organisiert. Ausbildung und Führung der Volkssturm-Einheiten hatte durch politische Leiter, Angehörige von Partei-Formationen oder Polizei-Offiziere zu erfolgen. Für die Bewaffnung sorgte die Dienststelle des Befehlshabers des Ersatzheeres.[229] Die einzelnen Einheiten hatten die maximale Größe eines Bataillons und umfassten mithin bis zu 1000 Personen. Gemäß der Verordnung über die Stellung der Volkssturmangehörigen war eine eigene Gerichtsbarkeit für den Volkssturm zu bilden.[230] Für den Fall, dass kein Volkssturmrichter erreichbar war, konnte ein Wehrmachtrichter den Vorsitz des Volkssturmgerichts übernehmen.[231]

In seinen Pflichten – und Rechten – war der Volkssturm der Wehrmacht gleichgestellt. Die Verordnung wurde einvernehmlich zwischen dem OKW, der NSDAP und Heinrich Himmler als Reichsführer-SS erstellt.[232] Während des Kampfes und in der Ausbildung galten für Volkssturmangehörige die gleichen Strafgesetze wie für Wehrmachtangehörige, unter Berücksichtigung des Reichsjugendgerichtsgesetzes. KStVO und MStGB fanden in diesem Rahmen sinngemäße Anwendung.[233] Jedoch konnte von der Verhängung von Mindeststrafen mildernd abgewichen werden, sofern nicht Gründe zur „Erhaltung der Manneszucht“ dagegen sprachen. Richtete sich eine Handlung ausschließlich gegen die allgemeinen Strafgesetze, konnte das Verfahren an die zivile Strafgerichtsbarkeit abgegeben werden. Gerichtsherren der Volkssturmgerichte waren die Gauleiter der NSDAP und im

228 Bianca Vieregge, Die Gerichtsbarkeit einer Elite, S. 24.

229 1. Ausführungsbestimmung zum Führer-Befehl über die Bildung des Deutschen Volkssturmes, StA Bremen 3 M 2 h 3 Nr. 470.

230 Verordnung über die Stellung der Angehörigen des Deutschen Volkssturmes v. 1. 12. 1944, RGBl. 1944 I, S. 343.

231 Erste Ausführungsbestimmungen zur Verordnung über eine Sondergerichtsbarkeit in Strafsachen für Angehörige des Deutschen Volkssturms v. 24. 2. 1945, RGBl. 1945 I, S. 35.

232 Verordnung über die Stellung der Angehörigen des Deutschen Volkssturmes v. 1. 12. 1944, RGBl. 1944 I, S. 343.

233 Zum Folgenden vgl. Verordnung über eine Sondergerichtsbarkeit in Strafsachen für Angehörige des Deutschen Volkssturms v. 24. 2. 1945, RGBl. 1945 I, S. 34; Der Reichsführer SS und Befehlshaber des Ersatzheeres betr. Dienststrafordnung des Deutschen Volkssturms v. 27. 1. 1945, BArch–MA RH 15/186, Bl. 221.

Kampfeinsatz die Divisionskommandeure der Wehrmachtverbände, denen die entsprechende Volkssturm-Einheit unterstellt war. Übergeordneter „Gerichtsherr" war Heinrich Himmler. Wurde eine Freiheitsstrafe ausgesprochen, dann ersuchten die „Gerichtsherren" die Justizbehörden um Übernahme der Vollstreckung.

Für den Volkssturm wurden auch sogenannte Mischlinge 2. Grades dienstverpflichtet, die jüdischer Abstammung oder Sinti bzw. Roma waren. Ausgeschlossen waren Personen, die wegen einer Zuchthausstrafe oder wegen staatsfeindlicher Betätigung zu mindestens neun Monaten Gefängnis verurteilt und daher „wehrunwürdig" oder aber durch gerichtliches Urteil für „wehrunwürdig" erklärt worden waren, außerdem alle Personen, die wegen homosexueller Betätigung gerichtlich belangt oder entmannt worden waren. Leistete ein zum Volkssturm Einberufener dem Befehl nicht Folge, so war die Gestapo für die Inhaftierung zuständig.[234] Neben deutschen Zivilisten konnten auch Ausländer in den Volkssturm aufgenommen werden, sofern sie sich freiwillig dazu gemeldet hatten.[235] Zur Erfassung der Volkssturmangehörigen wurden alle in Frage kommenden Personen öffentlich zum Erscheinen bei den NSDAP-Ortsgruppen aufgefordert, um dort erfasst zu werden. Fernbleibenden wurde kriegsgerichtliche Bestrafung angedroht.[236]

Im größeren Umfang kam eine Zuständigkeit der Wehrmachtgerichte gegenüber Volkssturmangehörigen nach § 3 Abs. 1 KStVO in Betracht, der die Zuständigkeit des militärgerichtlichen Verfahrens auf alle Straftaten ausdehnte, die im Operationsgebiet der Wehrmacht begangen worden waren. Zwar wurde der Volkssturm vornehmlich in Gebieten Deutschlands eingesetzt, die nach Maßgabe der KStVO nicht als Operationsgebiet betrachtet wurden. Indes galten auch diejenigen Territorien als Operationsgebiet, in denen Kämpfe stattfanden.[237]

6. Zivilisten deutscher Staatsangehörigkeit

Nach Maßgabe der §§ 2 Nrn. 2 – 4, 3 Abs. 1 KStVO unterstanden deutsche Zivilisten der Militärgerichtsbarkeit. § 2 Nr. 4 enthielt eine ganze Reihe von Straftatbeständen, die eine ausschließliche Zuständigkeit der Wehrmachtgerichte – nach Maßgabe dieses Katalogs die des RKG – begründete und zwar unabhängig davon,

234 Der Reichsführer SS und Befehlshaber des Ersatzheeres betr. Dienststrafordnung des Deutschen Volkssturms v. 27. 1. 1945, ebenda, Bl. 221.

235 Anordnung 443/44 der Leitung der Parteikanzlei betr. Behandlung von Sonderfällen bei der Heranziehung zum Deutschen Volkssturm, StA Bremen 3 M 2 h 3 Nr. 470.

236 Amtliche Bekanntmachung zum Volkssturm, in: Bremer Zeitung v. 21. 11. 1944.

237 Werner Hülle, Die Achte Durchführungsverordnung zur Kriegsstrafverfahrensordnung, in: ZfW 7 (1942/43), S. 193.

wo die Tat begangen wurde. Dies betraf insbesondere alle Fälle von Spionage, Freischärlerei, Wehrkraftzersetzung sowie Hoch- und Landesverrat. Angehörige des Beurlaubtenstandes der Wehrmacht – also Personen, die nach Maßgabe des Wehrgesetzes wehrpflichtig und bereits gemustert, aber nicht zum Wehrdienst eingezogen oder zwischenzeitlich vom Militärdienst beurlaubt worden waren – waren dem wehrmachtgerichtlichen Verfahren unterworfen, wenn sie in einer militärischen Haftanstalt inhaftiert waren.[238] Auf sie waren außerdem dauerhaft die Tatbestände der unerlaubten Entfernung und der Fahnenflucht sowie der Wehrkraftzersetzung anwendbar. Erhielten sie einen Gestellungsbefehl, so waren sie ab diesem Zeitpunkt bezüglich aller Straftaten der Militärgerichtsbarkeit unterstellt.[239]

Die Wehrmachtgerichte waren außerdem für alle Straftaten deutscher Zivilisten zuständig, die diese im Operationsgebiet der Wehrmacht begingen. Der Begriff Operationsgebiet nach § 3 KStVO umfasste Gebiete, die die Wehrmacht zum Operationsgebiet erklärt hatte, sowie solche Regionen, in denen tatsächliche Kampfhandlungen stattfanden.[240] Vornehmlich waren damit ausländische Gebiete umfasst. Für das inländische Operationsgebiet war die zivile Gerichtsbarkeit zuständig und nur, wenn militärische Belange es erforderten, im Einzelfall die Militärgerichtsbarkeit. Für das Inland dürfte sich die Militärgerichtsbarkeit auf deutsche Zivilisten insbesondere ab Ende des Krieges ausgewirkt haben. Sofern keine militärischen Gründe für die Aburteilung durch ein Wehrmachtgericht sprachen, stand es den Gerichtsherren in derartigen Verfahren frei, Zivilisten an die allgemeinen oder Sondergerichte zu überweisen.

Seit dem 16. September 1939[241] konnten die zivilen Behörden und Gerichte Strafverfahren gegen Zivilpersonen an die Wehrmachtgerichtsbarkeit abgeben, wenn an der Straftat sowohl Zivilisten als auch Wehrmachtangehörige beteiligt waren.

Nach einer Änderung der KStVO vom 1. November 1939 war darüber hinaus festgelegt, dass Zivilisten der Militärgerichtsbarkeit wegen aller Straftaten unterworfen wurden, falls sie in Gebäuden, Anlagen oder Schiffen der Wehrmacht begangen worden waren. In diesem Fall hatte der Gerichtsherr zu erklären, dass militärische Belange die Aburteilung durch ein Wehrmachtgericht nötig machten. Nach der amtlichen Begründung bezüglich der Erweiterung der wehrmachtgerichtlichen Zuständigkeit beruhte der Entschluss vor allem auf dem Rückgriff der Wehrmacht auf privatwirtschaftliche Betriebe, um Reparaturen an Fahrzeugen,

238 Vgl. dazu Erich Schwinge, Militärstrafgesetzbuch, 1944, § 4, S. 28.

239 Karl Sommer, Das neue Reichsjugendgerichtsgesetz, in: Deutsche Justiz (1944), S. 51.

240 Werner Hülle, Die Achte Durchführungsverordnung zur Kriegsstrafverfahrensordnung, in: ZfW 7 (1942/43), S. 193.

241 Gesetz zur Änderung des allgemeinen Strafverfahrens, des Wehrmachtstrafverfahrens und des Strafgesetzbuchs v. 16. 9. 1939, RGBl. 1939 I, S. 1841.

Schiffen etc. durchführen zu lassen und den damit verbundenen möglichen Straftaten durch zivile Arbeiter.[242] Ebenfalls ab dem 1. November 1939 blieben den Gerichten der Wehrmacht auch ehemalige Wehrmachtangehörige unterworfen, die während ihrer Zugehörigkeit zur Wehrmacht eine Straftat begangen hatten, mittlerweile aber aus den Streitkräften ausgeschieden waren.[243]

Gemäß der 7. Durchführungsverordnung zur KStVO vom 18. Mai 1940 wurde die alleinige Zuständigkeit der Militärgerichte für Fälle der Wehrkraftzersetzung gestrichen. Nunmehr waren sie nur noch in Fällen berufen, in denen das Delikt von Wehrmachtangehörigen verwirklicht wurde oder es sich um Zivilisten handelte, die als sogenannte Wehrpflichtige des Beurlaubtenstandes angesehen wurden oder dem Wehrmachtgefolge angehörten und die Strafnormen des MStGB auf sie anwendbar waren. Wirkten Zivilisten und Wehrmachtangehörige zusammen, so blieb nach dem Gesetz über die Änderung des Wehrmachtstrafverfahrens vom 16. September 1939 die Militärgerichtsbarkeit auch für die Zivilpersonen zuständig, sofern der Gerichtsherr nicht auf die Übernahme verzichtete.

In jedem Fall unterstanden deutsche Zivilisten gemäß §§ 134, 160 MStGB der Militärgerichtsbarkeit, wenn der Tatbestand der Fledderei gegeben war. Dieser Straftatbestand war nicht unter dem Begriff „Operationsgebiet" zu subsumieren, sondern unter „Kriegsschauplatz", welcher sich als Ort definierte, der durch „kriegerische Verhältnisse in Mitleidenschaft gezogen" worden war, worunter auch Regionen fielen, die von Luftangriffen betroffen waren.[244] Das Delikt war verwirklicht, wenn jemand in der Absicht rechtswidriger Zueignung einen im Kampf Getöteten, einen Kranken oder einen Verwundeten, der auf dem Kampfplatz lag oder sich auf dem Weg in ein Lazarett befand, beraubte.

7. Jugendliche im militärgerichtlichen Verfahren

Das Militärstrafrecht basierte auf dem Grundsatz, dass das Alter eines Täters keine Bedeutung für den Umfang der Bestrafung habe, wenn es sich um ein militärisches Verbrechen oder Vergehen handelte. Das MStGB manifestierte diesen Grundsatz in § 50. Insoweit waren Jugendliche bei Verstößen gegen das MStGB

242 Begründung zur vierten und zur fünften Verordnung zur Durchführung und Ergänzung der Verordnung über das militärische Strafverfahren im Kriege und bei besonderem Einsatz v. 1. und 11. 11. 1939, BArch R 3001/22296, Bl. 385 ff.

243 Vgl. Vierte Verordnung zur Durchführung und Ergänzung der Verordnung über das militärische Strafverfahren im Kriege und bei besonderem Einsatz v. 1. 11. 1939, RGBl. 1939 I, S. 2132.

244 Weber, Der Geltungsbereich des deutschen Strafrechts im Kriege, in: ZfW 5 (1940/41), S. 315, 317.

und die KSSVO Erwachsenen gleichgestellt. Die Strafmündigkeit begann mit dem 14. Lebensjahr.[245] Da im Verlauf des Krieges immer jüngere Menschen in die Wehrmacht oder ihr Gefolge einrückten, erarbeiteten die Rechtsabteilungen der Streitkräfte und das Reichsjustizministerium während des Jahres 1943 eine Verordnung über die Anwendung des Reichsjugendgerichtsgesetzes (JGG) auf Angehörige der Truppe.[246] Nach der Verordnung wurden Bestimmungen des Jugendgesetzes in das wehrmachtgerichtliche Verfahren übernommen. Es blieb allerdings bei dem Ausschluss der Anwendung des JGG, wenn es sich um Verstöße gegen das Wehrmachtstrafrecht handelte, wie Art. I der Verordnung klarstellte.[247] Demnach konnten die für die Wehrmachtgerichte verbindlichen Regelungen des JGG nur Anwendung finden, wenn sich das Delikt ausschließlich gegen die bürgerlichen Strafgesetze richtete.

Eingang fanden auch nicht die Erziehungsmaßregeln und Zuchtmittel nach §§ 7 bis 13 JGG, sondern nur die Verhängung einer Jugendgefängnisstrafe. Gerichte im Operationsgebiet waren jedoch gehalten, keine Jugendgefängnisstrafen von unbestimmter Dauer zu verhängen. Wurde diese Strafe von einem Gericht des Heimatgebietes ausgesprochen, dann war mit dem Urteil gemäß Art. II § 6 der Wehrmacht-Verordnung zum JGG die Dienstentlassung verbunden. Art. III der Verordnung stellte den Vollzug der Jugendgefängnisstrafe der regulären Gefängnisstrafe gleich, sofern die Strafe nicht durch die Justizbehörden übernommen wurde. Dementsprechend konnte der Gerichtsherr die Strafe zur Bewährung aussetzen, teilweise oder ganz vollstrecken lassen oder den Jugendlichen in ein Straflager überweisen. Entsprechend verblieb bei der Verhängung einer Jugendgefängnisstrafe lediglich die Bezeichnung. Die Wehrmacht verwies jedoch auf die mildere gesellschaftliche Bewertung einer Strafe, die aufgrund einer Verfehlung im jugendlichen Alter verhängt worden sei.[248] Fielen mehrere Straftaten zusammen, hatte der Wehrmachtrichter eine Einheitsstrafe nach § 14 Abs. 1 JGG auszusprechen, sofern es sich allein um Verstöße gegen die allgemeinen Gesetze handelte.

Kam die Berücksichtigung des JGG in Betracht, konnte aber nach § 20 JGG trotzdem Erwachsenenstrafrecht Anwendung finden, wenn der Beschuldigte wegen seiner Reife einem 18-Jährigen gleichgestellt werden konnte und wenn „das gesunde Volksempfinden es wegen der besonders verwerflichen Gesinnung des Täters oder der Schwere der Tat fordert". Wenn nicht nach § 20 JGG der Jugendliche

245 Vgl. Dörken, Zu § 50 MStGB, in: ZfW 8 (1943/44) 1, S. 341, 344.

246 Werner Hülle, Das neue Jugendstrafrecht, in: ebenda, S. 437.

247 Verordnung zur Anwendung des Reichsjugendgerichtsgesetzes in der Wehrmachtgerichtsbarkeit und der SS- und Polizeigerichtsbarkeit (Zweite Durchführungsverordnung zum Reichsjugendgerichtsgesetz) v. 29. 12. 1943, RGBl. 1943 I, S. 687.

248 Werner Hülle, Das neue Jugendstrafrecht, in: ZfW 8 (1943/44) 1, S. 437, 440.

wie ein Erwachsener angesehen wurde, blieb die Möglichkeit der Überschreitung des üblichen Strafrahmens nach § 5a KSSVO ausgeschlossen.[249]

Wurde die Strafsache gegen einen Jugendlichen, der der Militärgerichtsbarkeit unterstand, an die zivilen Gerichte abgegeben, so fand das JGG uneingeschränkt Anwendung.[250] Jedoch sollte bei jugendlichen Soldaten von Erziehungsmaßregeln kein Gebrauch gemacht werden, da diese in Anbetracht des militärischen Lebens keinen Platz hätten. Handelte es sich um einen Angehörigen des Gefolges, durften sie hingegen Anwendung finden. Die ab Januar 1943 zu Luftwaffen-Helfern herangezogenen Schüler höherer Schulen galten als Wehrmachtgefolge und unterstanden den Regelungen des JGG.[251]

8. Kriegsgefangene

Nach Art. 45 des Abkommens über die Behandlung der Kriegsgefangenen vom 27. Juli 1929[252] unterstanden Kriegsgefangene „den im Heer des Gewahrsamsstaats geltenden Gesetzen, Vorschriften und Befehlen". Art. 46 legte fest, dass die Kriegsgefangenen nur mit denjenigen Strafen belangt werden durften, die auch Soldaten des Staates zu erwarten hatten, in dessen Gewahrsam sich die Gefangenen befanden. Damit hatte das MStGB prinzipiell Geltung für die Gefangenen. Zur Ahndung von Fluchtversuchen war nur eine disziplinarische Strafe zugelassen. Dementsprechend waren auf Kriegsgefangene die Tatbestände der unerlaubten Entfernung und der Fahnenflucht nicht anwendbar.[253] Grundsätzliche Anwendung fanden die Unterfälle der Wehrkraftzersetzung.[254] Ausgenommen war allerdings die Strafbarkeit der Selbstverstümmelung nach § 5 Abs. 1 Nr. 3 KSSVO.[255]

Für „Zersetzungen" nach § 5 Abs. 1 Nr. 2 KSSVO, die gegenüber Mitgefangenen begangen wurden, galt nach einer Verfügung der Wehrmachtrechtsabteilung eine besondere Fassung des Straftatbestandes: „Wegen einer Zersetzung der Wehrkraft entsprechenden Straftat wird ein Kriegsgefangener bestraft, der es unternimmt, einen anderen Kriegsgefangenen zum Ungehorsam, zur Widersetzung oder zur Tätlichkeit gegen einen Vorgesetzten zu verleiten oder sonst die Mannes-

249 Ebenda, S. 437, 442.

250 Karl Sommer, Das neue Reichsjugendgerichtsgesetz, in: Deutsche Justiz (1944), S. 51, 54.

251 Theo München, Die wehrpolitische Bedeutung der Hitler-Jugend, in: ZfW 8 (1943/44) 1, S. 97, 102.

252 RGBl. 1934 II, S. 227.

253 Erich Schwinge, Militärstrafgesetzbuch 1944, § 158, S. 396.

254 Vgl. 6. Mobilmachungserlass, erläutert: ebenda, S. 395.

255 Ebenda, S. 396.

zucht unter Kriegsgefangenen zu untergraben."[256] Die Strafwürdigkeit wurde damit begründet, dass die Kriegsgefangenen der Wehrmacht unterstünden und ihr Gehorsam damit einen Teil der Gesamtdisziplin der deutschen Streitkräfte darstelle. Jede Disziplinwidrigkeit unter den Kriegsgefangenen wurde als Nachteil der „Manneszucht" der Wehrmacht interpretiert.

Kriegsgefangene konnten Verstöße gegen alle Strafnormen des StGB sowie einiger strafrechtlicher Nebengesetze begehen, sofern sich diese nicht lediglich gegen deutsche Staatsbürger wandten. Zu den sonstigen Strafgesetzen, die von Kriegsgefangenen zu beachten waren, gehörten die Verordnung über außerordentliche Rundfunkmaßnahmen sowie das Heimtückegesetz, obwohl sich das Reichsjustizministerium gegenüber der Wehrmachtrechtsabteilung kritisch über die Anwendung äußerte, da es den Gefangenen an der erforderlichen Treuepflicht gegenüber dem Deutschen Reich mangeln würde.[257]

Die Erfordernisse des Abkommens über die Behandlung der Kriegsgefangenen waren militärstrafrechtlich in § 158 MStGB zusammengefasst. Demnach waren die deutschen Wehrmachtgerichte für die Strafverfahren gegen Kriegsgefangene zuständig. Ihr Status blieb bis zur Entlassung durch den gefangen nehmenden Staat erhalten.[258] Demnach behielten auch die polnischen und jugoslawischen Kriegsgefangenen diese Stellung, obwohl das Dritte Reich diese Staaten als aufgelöst ansah.[259] Die Kriegsgefangenenlager unterstanden der Zuständigkeit des Ersatzheeres und waren den Befehlshabern der Wehrkreise oder dort dem Kommandeur der Kriegsgefangenen im Wehrkreis zugeordnet.[260] Mit der Ernennung des SS-Führers Heinrich Himmler zum Befehlshaber des Ersatzheeres gingen sämtliche Zuständigkeiten bezüglich der Kriegsgefangenen am 1. Oktober 1944 auf diesen über.[261]

Die Kompetenz der Wehrmachtgerichte war indes nur in Bezug auf diejenigen Straftaten unstrittig, die nach der Gefangennahme bis zum Ende der Gefangenschaft begangen wurden. Unklarheit bestand bezüglich derjenigen Straftaten,

256 Schreiben der Wehrmachtrechtsabteilung an den Präsidenten des RKG betr. Untersuchungssache gegen den polnischen Kriegsgefangenen Kwiatkowski, Stalag XX a v. 1. 4. 1940, BArch R 3001/22291, Bl. 5 ff.; ebenso Abschrift des Reichskriegsgerichts Az. StPL (RKA) 1120/40 betr. Akten des Gerichts der Division z. b. V. 410 v. 24. 12. 1940, ebenda, Bl. 8 f.

257 Schreiben der Wehrmachtrechtsabteilung an den Präsidenten des RKG betr. Untersuchungssache gegen den polnischen Kriegsgefangenen Kwiatkowski, Stalag XX a v. 1. 4. 1940, ebenda, Bl. 5 ff.

258 Walter Schätzel, Gerichtsbarkeit über Kriegsgefangene, in: ZfW 5 (1940/41), S. 162 f.

259 Vgl. dazu Übersicht OKH/Chef Heeresrüstung und Befehlshaber des Ersatzheeres betr. 10. Mob.-Sammelerlass v. 7. 9. 1942 bzgl. Kriegsgefangene ehemaliger polnischer oder jugoslawischer Staatsangehörigkeit, BArch–MA RH 36/324, Bl. 94 ff.

260 Der Chef des Heeresjustizwesens v. 26. 8. 1939, ebenda, Bl. 49 ff.

261 Vgl. Führer-Erlass betr. Neuordnung des Kriegsgefangenenwesens v. 25. 9. 1944, abgedruckt bei: Martin Moll, „Führer-Erlasse" 1939-1945, S. 460 f.

die von Kriegsgefangenen vor ihrer Gefangennahme verübt worden waren. Die Wehrmachtrechtsabteilung sprach sich Ende 1939 dafür aus, in solchen Fällen die Zuständigkeit der Kriegsgerichte dann für eröffnet anzusehen, wenn sich die Straftat im Operationsgebiet ereignet hatte und es den Bedürfnissen der Wehrmacht entsprach, das Verfahren durch ihre Gerichte auszuführen.[262]

Nach Schwinge waren die Kriegsgerichte zuständig, sofern die Straftat während der Zugehörigkeit zu einer Armee begangen worden war oder wenn es sich um Delikte handelte, die als Verstoß gegen allgemein anerkannte Rechtsnormen zu werten waren, wie etwa die Beschießung einer Sanitätseinrichtung.[263] Andere Stimmen in der Literatur gingen über die Ansichten Schwinges hinaus und sahen eine wehrmachtgerichtliche Zuständigkeit auch für Tatbestände, die bereits vor der Einberufung eines Beschuldigten verwirklicht worden waren.[264] Schätzel wollte den Gerichtsherren dabei die Möglichkeit einräumen, Verfahren gegen Kriegsgefangene, deren Heimatland von deutschen Truppen besetzt war, an dortige Zivilgerichte abzugeben.[265] Ein Vertreter der Luftwaffengerichtsbarkeit hingegen sah für vor der Gefangennahme begangene Straftaten stets die bürgerliche Justiz als zuständig an, sofern es sich nicht um Fälle von Fledderei oder Freischärlerei handelte.[266]

Im Sommer 1942 regulierte das OKW durch Änderung der KStVO eine Einzelfrage des strittigen Rechtsgebietes. § 2 KStVO wurde dahingehend erweitert, dass alle Personen wegen Straftaten, die sie im Ausland vor der Besetzung gegen einen Angehörigen der Wehrmacht oder ihres Gefolges begangen hatten, dem militärischen Strafverfahren unterworfen waren.[267] Diese Vorschrift zielte auf die Ahndung von Misshandlungen in Kriegsgefangenschaft geratener Wehrmachtsoldaten weit hinter der Kampfzone ab.[268]

Das Verfahrensrecht der Wehrmacht verlangte bei der Einleitung eines Ermittlungsverfahrens gegen einen Kriegsgefangenen stets, dass dessen Schutzmacht zu benachrichtigen sei. Schutzmacht für Kriegsgefangene aus den USA oder Groß-

262 Vgl. Verfügung des Chefs des Amtes Ausland/Abwehr betr. Gerichtliche Verfolgung von Kriegsgefangenen v. 13. 11. 1939, BArch-MA RH 53-6/76, Bl. 155; so auch Joachim Schölz, Das militärische Strafverfahren im Kriege, in: ZStW 60 (1941), S. 115, 120.

263 Erich Schwinge, Militärstrafgesetzbuch 1944, § 158, S. 397.

264 Vgl. Walter Schätzel, Gerichtsbarkeit über Kriegsgefangene, in: ZfW 5 (1940/41), S. 162 ff.; Kurt Kalberlah, Behandlung der von Kriegsgefangenen vor ihrer Gefangennahme begangenen Straftaten, in: ZfW 6 (1941/42), S. 212 ff.

265 Walter Schätzel, Gerichtsbarkeit über Kriegsgefangene, in: ZfW 5 (1940/41), S. 162, 164.

266 Vgl. Waltzog, Kriegsgefangenenrecht, in: ZfW 4 (1939/40), S. 10, 18.

267 Achte Verordnung zur Durchführung und Ergänzung der Verordnung über das militärische Strafverfahren im Kriege und bei besonderem Einsatz v. 4. 7. 1942, RGBl. 1942 I, S. 449.

268 Werner Hülle, Die Achte Durchführungsverordnung zur Kriegsstrafverfahrensordnung, in: ZfW 7 (1942/43), S. 193 f.

britannien war die Schweiz, für niederländische Gefangene Schweden. Bei belgischen und französischen Kriegsgefangenen wurden diese Befugnisse auch nach der Besetzung durch deutsche Truppen weiterhin durch Belgien und Frankreich wahrgenommen.[269] Grundsätzlich sollte Vertretern der Schutzmächte das Recht eingeräumt werden, an Hauptverhandlungen teilzunehmen.[270]

Entgegen diesen, auf eine frühzeitige Beteiligung der Schutzmächte zielenden Bestimmungen wurde für Kriegsgefangenenlager auch die Errichtung von Standgerichten nach § 13a KStVO in Erwägung gezogen. Eine entsprechende Verfügung der Heeresrechtsabteilung vom Herbst 1939 wies die Oberstkriegsgerichtsräte des Ersatzheeres an, Heeresrichter an Militärstandorte zu entsenden, um dort Vorträge über derartige Schnellverfahren zu halten.[271] Um eine sofortige Einsatzbereitschaft zu gewährleisten, sollten stets Dolmetscher bereitgehalten werden. Da Standgerichte den Zweck hatten, Delikte sofort zu ahnden und Strafen zu verhängen, kam eine rechtzeitig erteilte Mitteilung an die Schutzmacht nicht in Betracht, womit die Vorgabe des § 73 KStVO unterlaufen worden wäre. Möglicherweise bezogen sich diese Anweisungen ausschließlich auf polnische Kriegsgefangene, da der polnische Staat in diesem Zeitraum besetzt wurde. Des Weiteren dürften sich die in deutscher Gefangenschaft befindlichen Soldaten zu diesem Zeitpunkt vornehmlich aus polnischen und nur zu einem geringen Teil aus britischen und französischen Soldaten zusammengesetzt haben, was ebenfalls die vorgenannte Schlussfolgerung zulässt.

Die Gerichtsherren waren angewiesen, bei der Überlegung, Anklage gegenüber einem Kriegsgefangenen zu erheben, stets „größte Nachsicht" zu üben. Insbesondere wenn sich die Tat gegen einen Mitgefangenen richtete, sollte von einem Verfahren abgesehen werden. Nach § 74 Abs. 1 KStVO hatte ein angeklagter Kriegsgefangener das Recht auf einen Verteidiger und einen Dolmetscher. Richtete sich das Verfahren gegen einen Offizier, sollten als Dolmetscher nach Möglichkeit Offiziere, Beamte im Offiziersrang oder Sonderführer der Wehrmacht eingesetzt werden.[272]

Kam es zum Ausspruch einer Freiheitsstrafe, dann war diese ebenso wie gegenüber Wehrmachtangehörigen zu vollstrecken. Ausdrücklich verboten war eine Unterbringung in Zellen oder Räumen, die über keine Fenster verfügten. Die

269 Übersicht OKH/Chef Heeresrüstung und Befehlshaber des Ersatzheeres v. 10. 8. 1943 bzgl. Schutzmächte der Feindstaaten, BArch–MA RH 36/324, Bl. 112 ff.

270 OKH/Chef Heeresrüstung und Befehlshaber des Ersatzheers v. 1. 3. 1940, ebenda, Bl. 69 ff.

271 Zum Folgenden vgl. Verfügung der Heeresrechtsabteilung betr. Voraussetzungen, Anwendungsgebiet und Bedeutung des standgerichtlichen Verfahrens, vermutlich vom Herbst 1939, ebenda, Bl. 62 f.; darauf Bezug nehmend Erlass OKH v. 16. 11. 1939 betr. Wahrung der Mannszucht, ebenda, Bl. 61 f.

272 Übersicht OKH/Chef Heeresrüstung und Befehlshaber des Ersatzheeres betr. 8. Mob.-Sammelerlass v. 10. 1. 1942, ebenda, Bl. 87 ff.

Untersuchungshaft war bei Kriegsgefangenen stets auf eine ausgesprochene Freiheitsstrafe anzurechnen.[273] Die Strafvollstreckung hatte darüber hinaus nach dem allgemeinen Strafvollstreckungsplan zu erfolgen.[274] Arreststrafen bis zu sechs Wochen waren in den Kriegsgefangenenlagern zu verbüßen. Verfügte das Lager nicht über eine solche Einrichtung, dann sollte die Strafe in einer Standortarrestanstalt der Wehrmacht vollzogen werden. Zeitlich darüber liegende Strafen waren in einem Wehrmachtgefängnis zu vollstrecken. Bei Zuchthausstrafen waren die Verurteilten den Justizbehörden zu übergeben. Eine Überweisung in ein Emsland-Straflager der Justizverwaltung war indes nicht zulässig. Die für die Zuweisung in diese Lager bestehenden Vorschriften nannten ausdrücklich nur deutsche Wehrmachtangehörige. Der Kommandeur der Emslandlager wies in der Beantwortung eines Ersuchens um Übernahme eines verurteilten französischen Kriegsgefangenen jüdischer Abstammung im Juni 1943 darauf hin, dass eine Zuständigkeit für Kriegsgefangene nicht bestehe, jedoch vermehrt derartige Anfragen an ihn herangetragen worden wären.[275]

Für sowjetische Kriegsgefangene gab das OKW 1941 eine Regelung heraus für den Fall, dass ein Kriegsgefangener einen anderen Kriegsgefangenen tötete oder eine Tat beging, „für die in den deutschen Strafgesetzen eine Strafvorschrift fehlt".[276] Demnach sollte der Betreffende in der Regel der Sicherheitspolizei übergeben werden. Hatte ein Kriegsgefangener „andere" Straftaten begangen, sollte er ebenfalls der Sicherheitspolizei – in diesem Fall der Gestapo – übergeben werden, wenn nicht der Kommandeur eine Bestrafung durch ein Wehrmachtgericht für zweckmäßiger erachtete. Der zuständige Kriegsgerichtsrat hatte für diesen Fall den Kommandeur zu beraten. War angeordnet worden, dass ein sowjetischer Kriegsgefangener nach Fällung eines Todesurteils durch ein Wehrmachtgericht durch den Strang hingerichtet werden sollte, verbot das OKW die Vollziehung durch deutsche Soldaten.[277] Es oblag den Kommandeuren der Kriegsgefangenenlager, hierfür einen sowjetischen Kriegsgefangenen zu finden, der durch Begünstigungen gelockt werden konnte. Sofern sich kein Gefangener bereit erklärte, sollte der Delinquent der Gestapo übergeben werden, von der angenommen wurde, sie werde die Strafe durch einen ausländischen Schutzhäftling vollziehen lassen können.

273 Der Reichsminister der Luftfahrt und Oberbefehlshaber der Luftwaffe betr. Verfahren gegen Kriegsgefangene v. 31. 1. 1941, ebenda RL 6/127.

274 Zum Folgenden vgl. Merkblatt für die Ausübung der Gerichtsbarkeit in Kriegsgefangenen -Angelegenheiten, ebenda RH 26-172/9.

275 Schreiben des Oberstaatsanwalts am Landgericht Krems an den Generalstaatsanwalt in Wien betr. Strafvollzug an dem französischen Kriegsgefangenen Armand Zymelman v. 3. 6. 1943, BArch R 3001/21262, Bl. 57 f.

276 Zum Folgenden Anordnung OKW v. 29. 12. 1941 betr. Vollstreckung von Todesstrafen an sowjetischen Kriegsgefangenen, BArch–MA RW 5/242, Bl. 1 f.

277 Zum Folgenden ebenda.

9. Ausländische Zivilisten und besetzte Gebiete

a Ausländische Zivilisten im wehrmachtgerichtlichen Verfahren nach Maßgabe der KStVO

Alle ausländischen Zivilisten waren dem wehrmachtgerichtlichen Verfahren in allen Fällen von Freischärlerei, Spionage sowie zum Teil bei Verstößen gegen den Wehrkraftzersetzungsparagrafen unterworfen. Zudem waren die Kriegsgerichte für alle Straftaten zuständig, die Ausländer im Operationsgebiet der Wehrmacht begingen oder die in der Verletzung einer Verordnung begründet waren, die ein deutscher Militärbefehlshaber in einem besetzten ausländischen Gebiet erlassen hatte. Ab November 1939 wurde die Kompetenz der Wehrmachtgerichtsbarkeit gegenüber Ausländern auf alle Straftatbestände ausgedehnt, die „in Gebäuden, Räumen, Anlagen oder Schiffen, die den Zwecken der deutschen Wehrmacht dienen", verwirklicht wurden.[278] Möglich war auch die Verbindung eines Verfahrens gegen einen ausländischen Zivilisten mit einem Prozess, der unter die Jurisdiktion der Wehrmachtgerichte fiel. Im Juli 1942 kam noch die Gerichtshoheit für Delikte hinzu, die Personen gegen Angehörige der Wehrmacht oder deren Gefolge vor der Besetzung ihres Landes durch deutsche Truppen begangen hatten.[279] Diese Vorschrift zielte vor allem auf die Ahndung der Misshandlungen abgeschossener Flieger oder ähnlicher Vorfälle.

b Militärgerichte im Rahmen von Militärverwaltungen, der Operations- und rückwärtigen Gebiete

Die Regionen, in denen die Wehrmacht die vollziehende Gewalt und teilweise die Rechtsprechung wahrnahm, lassen sich in drei Gruppen einteilen: Militärverwaltungen, Operationsgebiete und rückwärtige Armeegebiete. Da man alle drei als verschieden strukturierte Militärverwaltungen ansehen kann, muss man die von der Wehrmacht definierte „Militärverwaltung" als eine solche im engeren Sinne betrachten, während die Gesamtheit aller drei möglichen Verwaltungsformen als Militärverwaltungen im weiteren Sinne anzusehen ist.

Die Militärverwaltungen im engeren Sinne sollten die vollständigen administrativen und judikativen Aufgaben in dem regionalen Bereich wahrnehmen, für den sie etabliert waren. Dies galt für eroberte Gebiete, in denen keine operativen Kampfhandlungen stattfanden. Die Verwaltung lag in den Händen eines militäri-

278 Vgl. Vierte Verordnung zur Durchführung und Ergänzung der Verordnung über das militärische Strafverfahren im Kriege und bei besonderem Einsatz v. 1. 11. 1939, RGBl. 1939 I, S. 2132.

279 Vgl. Achte Verordnung zur Durchführung und Ergänzung der Verordnung über das militärische Strafverfahren im Kriege und bei besonderem Einsatz v. 11. 7. 1942, RGBl. 1942 I, S. 449.

schen Befehlshabers, der das Recht zum Erlass von Verordnungen hatte. In seine Kompetenz fiel es, ob er zur Durchführung seiner Aufgaben auf landeseigene Behörden zurückgriff. In erster Linie sollte eine Militärverwaltung das zivile und wirtschaftliche Leben eines besetzten Gebiets für militärische Zwecke nutzbar machen.[280] Derartige Militärverwaltungen waren von ihrer Struktur vergleichbar mit Militärregierungen und existierten in Belgien, in Teilen Frankreichs, in Serbien, Griechenland und - ab Ende 1943 - in Teilen Norditaliens.[281] Die Gerichte der Militärverwaltungen waren ausschließlich solche des Heeres.[282]

Der Operationsbereich der Wehrmacht war jedes Gebiet, das man im weitesten Sinne als „Front“ bezeichnen kann. Darunter fielen das Kampf- und das hintere Armeegebiet, wobei letzteres durch Hitler als Oberstem Wehrmachtbefehlshaber oder das OKH festgelegt wurde.[283] In diesem Territorium wurden Verwaltung und Rechtsprechung von den Befehlshabern der Kampfeinheiten wahrgenommen. Dabei galt die primäre Zuständigkeit der Wehrmachtgerichte für alle Straftaten, die in diesem Gebiet begangen wurden. Soweit es in diesen Bereichen noch eine zivile Verwaltung gab, war diese ebenfalls der Wehrmacht unterstellt, die in der Regel einen Militärchef für sie einsetzte.[284]

Als „rückwärtige Gebiete“ wurden Territorien hinter der kämpfenden Truppe bezeichnet, in denen sich vornehmlich Etappendienste, Lazarette, Feldkommandanturen und Sicherungseinheiten befanden. Die dortige Exekutive lag in den Händen der Kommandanturen. Die Gerichte waren sowohl den Kommandanturen als auch den Sicherungs-Divisionen oder ähnlichen Verbänden, die als Besatzungstruppe oder zum Kampf gegen Partisanen herangezogen wurden, unterstellt. Operationsgebiete konnten jedoch auch weit ausgedehnt werden und ganze Staatsgebilde umfassen, wie beispielsweise Norwegen und die Niederlande. Dabei konnte die nach der KStVO geschaffene originäre Zuständigkeit der Militärgerichte bereits durch grundlegende Verwaltungsmaßnahmen, die auf Befehle Hitlers zurückgingen, durchkreuzt worden sein. Dies war etwa dort der Fall, wo Bevollmächtigte für die Zivilverwaltung eingesetzt worden waren, wie die Reichskommissare, die in Norwegen und den Niederlanden über weitreichende Vollmachten verfügten. Die KStVO subsumierte das rückwärtige Gebiet nicht unter dem Begriff „Operations-

280 W. Totzek, Quartiervergütungen, in: ZfW 8 (1943/44) 1, S. 105, 107; Foreign Military Studies, Historical Division, H. Qu. US-Army, Europe, BArch–MA ZA 1/1783, Bl. 2 ff.

281 Vgl. Foreign Military Studies, Historical Division, H. Qu. US-Army, Europe, BArch–MA ZA 1/1783, Bl. 2 ff.

282 Vgl. Otto Peter Schweling, Die deutsche Militärjustiz, S. 4.

283 Vgl. Weber, Der Geltungsbereich des deutschen Strafrechts im Kriege, in: ZfW 5 (1940/41), S. 315, 321; Anordnungen über militärische Hoheitsrechte, Sicherung und Verwaltung im rückwärtigen Gebiet, Beute, Kriegsgefangene, BArch–MA RH 20-16/1012, Bl. 77 ff.

284 Vgl. Dienstanweisung für die Reichsverteidigungskommissare, BArch R 3001/22722, Bl. 23. ff.

gebiet", sondern behandelte beide als eigenständige Verwaltungsabschnitte. Unter die Jurisdiktion der Wehrmachtgerichte fielen demnach nur diejenigen kriminellen Akte, die direkt im nicht befriedeten Gebiet begangen wurden. Für das rückwärtige Armeegebiet sah sie hingegen eine Zuständigkeit der zivilen Gerichte gegenüber Zivilisten vor.

In allen von der Wehrmacht besetzten ausländischen Gebieten hatten nach § 4 KSSVO die Verordnungen Geltung, die von den Militärbefehlshabern erlassen wurden. Daneben konnten auch Bestimmungen des StGB und des MStGB verbindlich sein.

In einigen besetzten Gebieten wurden des Weiteren Wehrmachtbefehlshaber eingesetzt, die direkt dem Chef OKW unterstanden.[285] Einem Wehrmachtbefehlshaber oblag die Ausübung militärischer Hoheitsrechte aller Wehrmachtteile in seinem zugewiesenen Gebiet, die sich in erster Linie auf die militärische Sicherung, die wirtschaftliche Ausbeutung des Landes und die Bekämpfung von Spionage und Widerstandsbewegungen bezog. Er hatte die kämpfenden Wehrmachtteile in seinem Bereich zu unterstützen. Dabei konnten Teile des Territoriums vorübergehend zum Operationsgebiet erklärt werden. Zwecks Durchführung seiner Aufgaben bediente sich ein Wehrmachtbefehlshaber Ortskommandanturen. Die politische Verwaltung oblag hingegen einem Sonder-Beauftragten, der in der Regel die Bezeichnung „Reichskommissar" führte und von Hitler ernannt wurde. Regelungen im Bereich der Zivilverwaltung hatte der Wehrmachtbefehlshaber gegenüber dem jeweiligen Reichskommissar durchzusetzen.

In den besetzten Gebieten Europas und der Sowjetunion galten zum Teil stark unterschiedliche Bestimmungen für die Zuständigkeiten der Wehrmachtgerichte.

c Besetzte Gebiete in Mittel- und Osteuropa

Tschechoslowakei

Während der Annektierung des Sudetenlandes wurde im Oktober 1938 vorübergehend eine Militärverwaltung etabliert, die die Rechtsprechung zunächst nur durch Wehrmachtgerichte wahrnehmen ließ.[286] Die vollziehende Gewalt wurde neben den Wehrmachttruppen durch die militärischen Polizeiorgane sowie durch Schutz- und Geheimpolizei wahrgenommen.[287] Die zivile Polizei unterstand für die Dauer der Wehrmachtverwaltung der Weisungsbefugnis der militärischen Dienststellen. Die Spruchtätigkeit der Militärgerichte wurde jedoch am 20. Oktober 1938

285 Zum Folgenden vgl. Allgemeine Dienstanweisung für Wehrmachtbefehlshaber vom April 1941, BArch-MA RW 4/721, Bl. 89 ff.

286 Vgl. Vermerk in den Akten des Reichsjustizministeriums, BArch R 3001/21033, Bl. 1 ff.; OKW-Anordnung v. 30. 9. 1938, ebenda, Bl. 8 f.

287 Vermerk in den Akten des Reichsjustizministeriums, ebenda, Bl. 1 ff.; Heeresgruppenkommando 3 v. 7. 10. 1938, ebenda, Bl. 21.

wieder eingestellt und die allgemeine Gerichtshoheit dem Reichsjustizministerium übergeben.[288]

Ab Mai 1939, also nach der Besetzung der Gesamt-Tschechoslowakei durch deutsche Truppen, wurden der Wehrmachtgerichtsbarkeit alle Fälle von Landesverrat übertragen, wenn sie einen Bezug zu militärischen Geheimnissen hatten.[289] Darüber hinaus waren die Militärgerichte insbesondere für alle Verfahren zuständig, die sich auf die Unterstützung von ausländischen Streitkräften bezogen oder wenn es sich um Straftaten handelte, die sich gegen die Wehrmacht richteten.

Polen

Auch Polen wurde vorübergehend – ab dem 25. September 1939 – einer Militärverwaltung unterstellt, an deren Spitze Generaloberst von Rundstedt beordert wurde.[290] Die militärgerichtliche Rechtsprechung wurde dabei vornehmlich durch Standgerichte ausgeübt.[291] Daneben hatte der Befehlshaber des Heeres bereits am 26. August 1939 verfügt, dass in den von der Wehrmacht besetzten Gebieten zur Entlastung der Militärgerichtsbarkeit Sondergerichte der Justiz eingerichtet werden dürften.[292] Am 25. Oktober 1939 wurde die Militärverwaltung aufgehoben und ein Teil des polnischen Staatsgebiets dem Deutschen Reich einverleibt; das restliche Territorium wurde zum Generalgouvernement.[293] Die nur kurze Zeit bestehende Militärverwaltung erreichte nur einen fragmentarischen Charakter und stellte lediglich einen verwaltungsmäßigen Rahmenapparat dar, dem Fachpersonal nur in unzureichender Zahl zur Verfügung stand.[294]

Im Bereich des Generalgouvernements gingen die Zuständigkeiten der Wehrmachtgerichtsbarkeit gegenüber der Bevölkerung jedoch auch weiterhin über die Kompetenzen der §§ 2 f. KStVO hinaus. Ihre Amtsbereiche erstreckten sich auf jede Straftat, die sich gegen die Wehrmacht oder ihr Gefolge richtete.[295] Dem

288 Vgl. Vermerk in den Akten des Reichsjustizministeriums, ebenda, Bl. 1 ff., OKW-Anordnung v. 30. 9. 1938, ebenda, Bl. 8 f.

289 Verordnung über die Ausübung der Militärgerichtsbarkeit im Protektorat Böhmen und Mähren vom 8. 5. 1939, RGBl. 1939 I, S. 903.

290 Albert Weh, Das Recht des Generalgouvernements, in: Deutsches Recht (1940), S. 1393 f.; vgl. auch Herbert Noetzold, Das Generalgouvernement, in: BfGK 71 (1940), S. 214.

291 Eden, Strafjustiz und Gefängniswesen im Generalgouvernement, in: BfGK 71 (1940), S. 217 f.

292 Vgl. Holger Schlüter, „... für die Menschlichkeit im Strafmaß bekannt ..." Das Sondergericht Litzmannstadt und sein Vorsitzender Richter, Recklinghausen 2005, S. 46 f.

293 Herbert Noetzold, Das Generalgouvernement, in: BfGK 71 (1940), S. 214.

294 Foreign Military Studies, Historical Division, H. Qu. US-Army, Europe, BArch-MA ZA 1/1783, Bl. 2 ff.

295 Zum Folgenden vgl. Verordnung über die Wehrmachtgerichtsbarkeit gegen Zivilpersonen im Generalgouvernement v. 26. 1. 1940, VOBl. des Generalgouvernements für die besetzten polnischen Gebiete I, S. 41.

Gerichtsherrn blieb es vorbehalten, Einzelfälle an die zivile Gerichtsbarkeit abzugeben. Die weitreichenden Befugnisse des Militärjustizwesens wurden einvernehmlich zwischen dem OKW und der Verwaltung des Generalgouvernements getroffen.

Obwohl auch das Territorium des Generalgouvernements 1942 zum „Heimatkriegsgebiet" erklärt wurde, blieben die Wehrmachtgerichte in Verfahren gegen Wehrmachtangehörige auch für Straftaten zuständig, die nach § 14 Abs. 1 KStVO in die Kompetenz des RKG fielen.[296] Indes gab es seit spätestens im Frühjahr 1942 einen Kompetenzverlust der Wehrmachtgerichte zugunsten der SS-Standgerichtsbarkeit.[297] Diese bearbeitete auch Delikte, die sich gegen Wehrmachtangehörige oder Militäreinrichtungen richteten.

1943, Polen, öffentlich hingerichtete Verurteilte.
Bundesarchiv Koblenz, Bild 183-S0107-325.

296 Runderlass des Reichsministers für Luftfahrt und Oberbefehlshabers der Luftwaffe v. 23. 7. 1943, BArch-MA RL 6/161.

297 Vgl. Vortragsvermerk des 2. Gen. St. Off. über Besprechung betr. Militärverwaltung Frankreich/Belgien u. a. mit Angehörigen der Abwehr und der Wehrmachtrechtsabteilung v. 4. 2. 1942, ebenda RW 5/690, Bl. 58 ff.

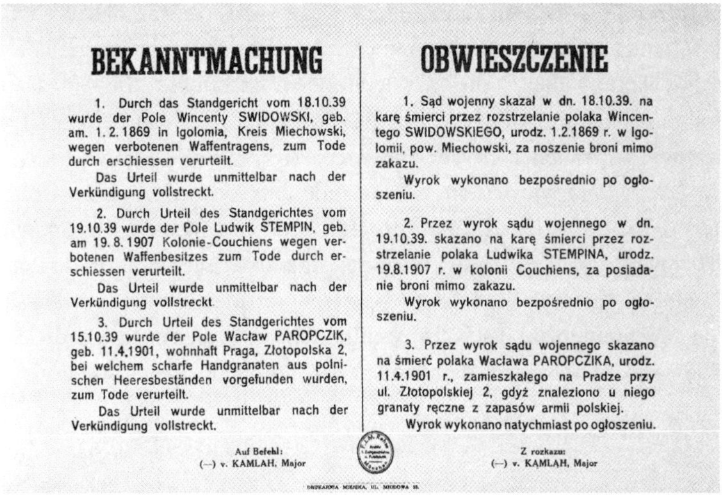
BEKANNTMACHUNG

1. Durch das Standgericht vom 18.10.39 wurde der Pole Wincenty SWIDOWSKI, geb. am. 1. 2. 1869 in Igolomia, Kreis Miechowski, wegen verbotenen Waffentragens, zum Tode durch erschiessen verurteilt.

Das Urteil wurde unmittelbar nach der Verkündigung vollstreckt.

2. Durch Urteil des Standgerichtes vom 19.10.39 wurde der Pole Ludwik STEMPIN, geb. am 19. 8. 1907 Kolonie-Couchiens wegen verbotenen Waffenbesitzes zum Tode durch erschiessen verurteilt.

Das Urteil wurde unmittelbar nach der Verkündigung vollstreckt.

3. Durch Urteil des Standgerichtes vom 15.10.39 wurde der Pole Wacław PAROPCZIK, geb. 11.4.1901, wohnhaft Praga, Złotopolska 2, bei welchem scharfe Handgranaten aus polnischen Heeresbeständen vorgefunden wurden, zum Tode verurteilt.

Das Urteil wurde unmittelbar nach der Verkündigung vollstreckt.

Auf Befehl:
(—) v. KAMLAH, Major

OBWIESZCZENIE

1. Sąd wojenny skazał w dn. 18.10.39. na karę śmierci przez rozstrzelanie polaka Wincentego SWIDOWSKIEGO, urodz. 1.2.1869 r. w Igolomii, pow. Miechowski, za noszenie broni mimo zakazu.

Wyrok wykonano bezpośrednio po ogłoszeniu.

2. Przez wyrok sądu wojennego w dn. 19.10.39. skazano na karę śmierci przez rozstrzelanie polaka Ludwika STEMPINA, urodz. 19.8.1907 r. w kolonii Couchiens, za posiadanie broni mimo zakazu.

Wyrok wykonano bezpośrednio po ogłoszeniu.

3. Przez wyrok sądu wojennego skazano na śmierć polaka Wacława PAROPCZIKA, urodz. 11.4.1901 r., zamieszkałego na Pradze przy ul. Złotopolskiej 2, gdyż znaleziono u niego granaty ręczne z zapasów armii polskiej.

Wyrok wykonano natychmiast po ogłoszeniu.

Z rozkazu:
(—) v. KAMLAH, Major

Oktober 1939, Polen, Veröffentlichung von Todesurteilen zur Abschreckung.
Bundesarchiv Koblenz, Plak 003-034-026.

d Besetzte Gebiete in West- und Nordeuropa

Niederlande

Aufgrund einer Anordnung Hitlers wurde für die Niederlande eine Militärverwaltung errichtet. Die Verwaltungsorgane wurden bereits beim Einmarsch der Wehrmacht am 10. Mai 1940 bei den einzelnen Heeresgruppen mitgeführt und nahmen unter dem Befehl der taktischen Führungsdienststellen ihre Verwaltungstätigkeit auf.[298] Die Militärverwaltung endete jedoch bereits am 29. Mai 1940 und wurde durch eine Zivilverwaltung unter Leitung eines Reichskommissars abgelöst.[299] Die Streitkräfte in den Niederlanden wurden einem Wehrmachtbefehlshaber unterstellt, der direkt dem OKW unterstand. Diese Funktion übte Luftwaffen-General Friedrich Christiansen aus.[300]

Gemäß Verordnung des Reichskommissars für die besetzten niederländischen Gebiete vom 8. Juni 1940 erstreckte sich die Zuständigkeit der Wehrmachtgerichtsbarkeit auf alle Zivilisten, die Straftaten begingen, die sich gegen Wehrmachtangehörige inklusive des Gefolges oder gegen Anlagen der Wehrmacht

298 Vgl. Schreiben des Reichsministers des Inneren an den Regierenden Bürgermeister in Bremen betr. Verwaltung der besetzten Gebiete West v. 10. 5. 1940, StA Bremen 3 M 2 h 3 Nr. 198.

299 Vgl. Schreiben des Reichsministers des Inneren an den Regierenden Bürgermeister in Bremen betr. Verwaltung in den besetzten niederländischen Gebieten v. 5. 6. 1940, ebenda.

300 OKH/Generalstab des Heeres betr. Gliederung der Militärverwaltung in den besetzten Westgebieten (Stand v. 19. 6. 1940), ebenda.

richteten. Der Gerichtsherr konnte jedoch von seiner Zuständigkeit absehen. In diesem Fall gingen die Ermittlungen und gerichtlichen Kompetenzen in die Hände der Zivilverwaltung über,[301] die über deutsche Strafgerichte verfügte.[302] Damit war der Zuständigkeitsrahmen der Militärgerichtsbarkeit, der von den §§ 2 f. KStVO festgelegt wurde, erheblich erweitert worden.

Am 7. Mai 1941 wurden die Niederlande durch das OKW zum Operationsgebiet erklärt. Dies hatte jedoch ausdrücklich nur das Ziel, die Zuständigkeit des RKG nach § 14 Abs. 4 Nr. 2 KStVO auszuschalten.[303] Die militärische Rechtsprechung sollte allein durch die Feldkriegsgerichte wahrgenommen werden. Eine Erweiterung der Befugnisse der Wehrmachtgerichte, wie dies nach § 3 Abs. 1 KStVO die Folge gewesen wäre, war damit nicht verbunden. Es galten weiterhin die Bestimmungen der Verordnung vom 8. Juni 1940.

Norwegen

Norwegen wurde nach seiner Besetzung durch deutsche Truppen einem Reichskommissar unterstellt, der als oberstes Regierungsorgan direkt Hitler unterstand.[304] Er hatte die volle Rechtsetzungsbefugnis und konnte sich landeseigener Behörden zur Unterstützung bedienen.

Der für Norwegen zuständige Wehrmachtbefehlshaber übte im Bereich der Truppen die Befehlsgewalt aus. Die deutschen Polizeiorgane unterstanden zwar lediglich der Zivilverwaltung, waren jedoch dem Militärbefehlshaber zur Unterstützung verpflichtet, wenn es militärische Erfordernisse verlangten. Dementsprechend war es möglich, sie auch zu Ermittlungsdiensten heranzuziehen.

Der Erlass über die Ausübung der Wehrmachtgerichtsbarkeit in Norwegen vom 25. Juli 1940 erklärte das Land zum Operationsgebiet der Wehrmacht.[305] Die Wehrmachtgerichte waren damit prinzipiell zur Aburteilung sämtlicher Straftaten berufen, die sich in Norwegen ereigneten. Dabei dürften die Kriegsgerichte jedoch

301 Verordnung des Reichskommissars für die besetzten niederländischen Gebiete über die Wehrmachtgerichtsbarkeit v. 8. 6. 1940, VOBl. für die besetzten niederländischen Gebiete 1940, S. 26.

302 Vgl. Floris Bakels, Nacht und Nebel. Der Bericht eines holländischen Christen aus deutschen Gefängnissen und Konzentrationslagern, Frankfurt a. M. 1979, S. 37.

303 Verordnung zur Ergänzung der Verordnung des Reichskommissars für die besetzten niederländischen Gebiete über die Wehrmachtgerichtsbarkeit in den Niederlanden v 8. 6. 1940, mit der Änderung v. 7. 5. 1941, BArch–MA RW 2/18.

304 Vgl. Erlass des Führers über Ausübung der Regierungsbefugnisse in Norwegen v. 24. 4. 1940, RGBl. 1940 I, S. 677.

305 Erlass über die Ausübung der Wehrmachtgerichtsbarkeit in Norwegen gegen Personen nichtdeutscher Staatsangehörigkeit v. 25. 7. 1940, mit der Änderung v. 7. 5. 1941, BArch –MA RW 2/18; Der Wehrmachtbefehlshaber in Norwegen betr. Vollziehende Gewalt v. 1. 5. 1941, ebenda RW 39/137, Bl. 1 ff.

nur Straftaten verfolgt haben, die auch einen Bezug zur Wehrmacht aufwiesen. Spätestens ab Anfang 1942 ging in Norwegen die Rechtsprechung durch die Wehrmachtgerichte gegenüber Landeseinwohnern – auch bei Straftaten gegen die Wehrmacht – großteils auf SS-Standgerichte über.[306] Nur die Aburteilung „schwerster Fälle" verblieb in der Kompetenz der Wehrmachtgerichtsbarkeit.

Belgien und Nordfrankreich

Auf direkten Befehl Hitlers wurden mit Beginn der Okkupation Westeuropas auch Belgien und Teile Frankreichs – sowie zeitweilig Luxemburg – unter Militärverwaltung gestellt.[307] Der für Belgien und Gebiete Nordfrankreichs eingesetzte Militärbefehlshaber übte in diesen Gebieten die gesamte Verwaltungs-, Rechtsetzungs- und Rechtsprechungskompetenz aus. Er bediente sich zur Durchführung dieser Aufgaben auch landeseigener Gerichte und Behörden, wobei Letztere im Rahmen der vom deutschen Befehlshaber erlassenen Bestimmungen eigene Rechtsverordnungen erlassen konnten.[308]

Im Jahre 1940 richtete auch das Reichsjustizministerium Dienststellen in den besetzten Gebieten ein und unterhielt dort Beauftragte, um mit der belgischen und französischen Justiz Kontakt zu halten.[309] Sie unterlagen jedoch in ihren Handlungen einer Genehmigungspflicht seitens der Militärbehörden.

Die Wehrmachtgerichte bearbeiteten vermutlich nur diejenigen Straftaten, die von Landeseinwohnern begangen wurden, die sich gegen die Wehrmacht richteten. Die Strafverfolgung und -ahndung sonstiger Delikte oblag scheinbar den belgischen und französischen Gerichten. Ab September 1941 wurde die Zuständigkeit der Feldgerichte dann auf Straftaten ausgedehnt, die sich gegen prodeutsche Kollaborateure – also Landeseinwohner – richteten.[310]

Während einer Besprechung im Frühjahr 1942 zwischen führenden Militärs unter Beteiligung des Nachrichtendienstes und der Wehrmachtrechtsabteilung wurde erwogen, Strafverfahren gegen Landeseinwohner weitgehend einer SS-

306 Vgl. Vortragsvermerk des 2. Gen. St. Off. über Besprechung betr. Militärverwaltung Frankreich/Belgien u. a. mit Angehörigen der Abwehr und der Wehrmachtrechtsabteilung v. 4. 2. 1942, ebenda RW 5/690, Bl. 58 ff.

307 Zum Folgenden vgl. Schreiben des Reichsministers des Inneren an den Regierenden Bürgermeister in Bremen betr. Verwaltung der besetzten Gebiete West v. 10. 5. 1940, StA Bremen 3 M 2 h 3 Nr. 198.

308 Vgl. Wolfram Weber, Die innere Sicherheit im besetzten Belgien und Nordfrankreich 1940–44, Düsseldorf 1978, S. 26.

309 Verfügung des Reichsministers der Justiz betr. Tätigkeit von Beauftragten der Reichsjustizverwaltung in den besetzten Gebieten Frankreichs und in Belgien v. 26. 11. 1940, StA Bremen 3 M 2 h 3 Nr. 198.

310 Vgl. Wolfram Weber, Die innere Sicherheit, S. 67.

Standgerichtsbarkeit zu übertragen.[311] Dieses Ansinnen wurde indes noch während der Zusammenkunft verworfen, da man fürchtete, dass die Wehrmacht dadurch für alle SS-Maßnahmen verantwortlich gemacht würde.

Ende 1943 übertrug der Militärbefehlshaber Nordfrankreich/Belgien der belgischen Justiz zum Teil die Aburteilung von Angehörigen der Widerstandsbewegung im Zusammenhang mit Attentaten gegen die Wehrmacht oder kollaborierende Einrichtungen bzw. Personen.[312] Diese Kompetenz wurde ihr jedoch bereits im April 1944 wieder entzogen.

Frankreich

Während Belgien und Teile Nordfrankreichs zusammen unter eine Militärregierung gestellt wurden, verblieb der weitere von deutschen Truppen besetzte Teil Frankreichs unter der Verwaltung eines eigenen Militärbefehlshabers.

In Frankreich existierte weiterhin die zivile Justiz neben der Wehrmachtgerichtsbarkeit.[313] Die französischen Behörden verfolgten Verstöße gegen die Landesgesetze, bei denen kein deutsches Interesse an der Strafverfolgung bestand. Ein besonderes Augenmerk richteten die Besatzer auf Verfahren gegen Kommunisten und Gaullisten. Die Militärdienststellen waren gehalten, die französischen Behörden und Gerichte stets darauf hinzuweisen, dass eine scharfe Bekämpfung dieser Gruppen den Vorstellungen der Besatzungsmacht entsprach. Die französische Verwaltung musste alle Fälle, die sich gegen die Besatzungsmacht richteten, den Wehrmachtgerichten vorlegen, welche die Akten, wenn sie an einer Strafverfolgung nicht interessiert waren, an die einheimische Justiz zurückgaben. Diese hatten, wenn sie darum ersucht wurden, auch die Vollstreckung von Freiheitsstrafen zu übernehmen, die durch deutsche Gerichte verhängt worden waren. Im November 1940 ordnete der Militärbefehlshaber an, dass alle Strafverfahren, die deutsche Staatsangehörige betrafen, an die Wehrmachtgerichte abgegeben werden mussten.[314]

Die Wehrmachtgerichte hatten neben den nach Maßgabe der KStVO zu behandelnden Delikten Streiks, Kontakte mit Kriegsgefangenen und jede Unterstützung gegnerischer Streitkräfte zu ahnden.[315] Mit Verordnung des Ob. d. H. vom 10.

311 Zum Folgenden vgl. Vortragsvermerk des 2. Gen. St. Off. über Besprechung betr. Militärverwaltung Frankreich/Belgien u. a. mit Angehörigen der Abwehr und der Wehrmachtrechtsabteilung v. 4. 2. 1942, BArch–MA RW 5/690, Bl. 58 ff.

312 Wolfram Weber, Die innere Sicherheit, S. 157.

313 Zum Folgenden Hans Umbreit, Der Militärbefehlshaber in Frankreich 1940–1944, Boppard 1968, S. 230 f.; vgl. auch Lagebericht Dezember 1940 bis Januar 1941 des Kommandostabs des Militärbefehlshabers in Frankreich v. 31. 1. 1941, BArch–MA RW 35/286, Bl. 1 ff.

314 Hans Umbreit, Der Militärbefehlshaber in Frankreich 1940–1944, S. 230 f.

315 Bekanntmachung für das besetzte Gebiet v. 10. Mai 1940 abgedruckt im Verordnungsblatt für die besetzten französischen Gebiete, Nr. 1 v. 4. 7. 1940, BArch–MA RWD 19/1.

Mai 1940 wurde verfügt, dass von Einwohnern Frankreichs begangene Handlungen, die nach deutschem Recht strafbar waren und vor einem deutschen Gericht verhandelt wurden, stets nach deutschem Recht zu beurteilen waren.[316] Ab Januar 1941 waren sie auch für Straftaten zuständig, die von deutschen oder italienischen Staatsangehörigen in Frankreich vor der Besetzung durch deutsche Truppen begangen worden waren.[317]

Ab 1940 gab es im Bereich des Militärbefehlshabers Frankreich Dienststellen des Reichsjustizministeriums, die Fühlung zu den einheimischen Justizbehörden suchten.[318] Zur Jahreswende 1941/42 plante die deutsche Militärverwaltung, eine Anzahl deutscher Zivilgerichte zu etablieren.[319]

Nicht zuständig waren die Gerichte der Militärverwaltung für Straftaten von Wehrmachtangehörigen, die den operativen Wehrmachttruppen in Frankreich angehörten.[320] Diese Kampftruppen, die vornehmlich an der Atlantikküste stationiert waren, unterstanden dem sogenannten Oberbefehlshaber West. Zu Kompetenzschwierigkeiten kam es hinsichtlich der Ahndung von Straftaten durch Landeseinwohner, die sich gegen die beweglichen Einheiten richteten. Der Chef OKW verfügte im Januar 1942, dass die Truppengerichte im Gegensatz zu den Besatzungsgerichten nur subsidiär zuständig waren.

Dem Militärbefehlshaber wurde im März 1942 ein Höherer SS- und Polizeiführer unterstellt, dem sämtliche polizeilichen Aufgaben ab dem 1. Juni 1942 oblagen.[321] Die Justizverwaltung des Wehrmachtbefehlshabers, die bis dahin auch sämtliche Sühnemaßnahmen gegen die Bevölkerung organisiert hatte, gab diese Kompetenz an den SS-Befehlshaber ab.[322]

Das bis November 1942 von der Wehrmacht nicht besetzte Südfrankreich, das einer Kollaborationsregierung – der Vichy-Regierung – unterstand, wurde nach

316 Verordnung über die Einführung deutschen Strafrechts und strafrechtlicher Bestimmungen in dem besetzten französischen Gebiet v. 10. 5. 1940, abgedruckt ebenda.

317 Verordnung über die Zuständigkeit der Wehrmachtgerichte v. 16. 1. 1941 abgedruckt im Verordnungsblatt für die besetzten französischen Gebiete, Nr. 22 v. 10. 2. 1941, ebenda.

318 Verfügung des Reichsministers der Justiz betr. Tätigkeit von Beauftragten der Reichsjustizverwaltung in den besetzten Gebieten Frankreichs und in Belgien v. 26. 11. 1940, StA Bremen 3 M 2 h 3 Nr. 198.

319 Vgl. Lagebericht Dezember 1940 bis Januar 1941 des Kommandostabs des Militärbefehlshabers in Frankreich v. 31. 1. 1941, BArch–MA RW 35/286, Bl. 1 ff.

320 Zum Folgenden vgl. Hans Umbreit, Der Militärbefehlshaber in Frankreich 1940–1944, S. 97.

321 Führer-Erlass v. 9. 3. 1942, BArch R 70/Frkr./13, Bl. 53 ff.; Verfügung des Militärbefehlshabers in Frankreich betr. Zusammenarbeit mit dem Höheren SS- und Polizeiführer, hier: Übergang der polizeilichen Exekutive v. 29. 5. 1942, ebenda, Bl. 67.

322 Verfügung des Militärbefehlshabers in Frankreich betr. Zusammenarbeit mit dem Höheren SS- und Polizeiführer in Frankreich v. 22. 3. 1942, ebenda, Bl. 57 ff.

der vollständigen Okkupation durch deutsche Truppen nicht der Militärregierung, sondern dem Oberbefehlshaber West unterstellt, der die bestehende landeseigene Verwaltung bestehen ließ.[323] Das südfranzösische Gebiet wurde zum Operationsgebiet der deutschen Wehrmacht erklärt.

Dänemark

Dänemark wurde auch nach seiner Besetzung im April 1940 durch das OKW weiterhin als Operationsgebiet definiert.[324] Demnach waren gemäß § 3 Abs. 1 KStVO die Wehrmachtgerichte für die Bearbeitung aller Straftaten zuständig, die in diesem Bereich begangen wurden. Die dänische Regierung empörte sich über diese Maßnahme seitens der Wehrmacht und machte darauf aufmerksam, dass Dänemark offiziell kein okkupiertes Land sei.[325] Allerdings bot man den deutschen Dienststellen an, das dänische Recht um Strafnormen zu erweitern, die den deutschen Kriegsgesetzen angepasst waren. Dieses Vorhaben wurde teilweise umgesetzt. So entstand eine der Volksschädlings-Verordnung entsprechende Strafverschärfung bei Delikten, die während einer Verdunkelung wegen Fliegeralarm verübt wurden, sowie das Verbot jeder kommunistischen Betätigung.[326] Entsprechende Strafnormen für Wehrkraftzersetzung oder Sabotage wurden indes nur geplant, aber nicht als Gesetz verabschiedet.[327] Das OKW entschied schließlich, dass der Befehlshaber der deutschen Truppen in Dänemark darüber zu befinden habe, ob im Einzelfall ein Ermittlungs- oder Gerichtsverfahren an die dänischen Justizbehörden abgegeben werden sollte oder die Wehrmachtgerichte zuständig blieben, wenn Wehrmachtangehörige in die Sache involviert waren oder es sich um eine Tat handelte, die sich gegen die Wehrmacht richtete.[328] Während des Jahres 1940 und der ersten Jahreshälfte 1941 wurden bis auf zwei Fälle alle Straftaten der dänischen Bevölkerung, die gegen die Wehrmacht gerichtet waren, von dänischen Gerichten abgeurteilt.[329] Die Dienststellen des Wehrmachtbefehlshabers konnten jeweils die Berufung vor dänischen Gerichten betreiben.

323 Foreign Military Studies, Historical Division, H. Qu. US-Army, Europe, BArch–MA ZA 1/1783, Bl. 2 ff.

324 Erlass des Chefs OKW bzgl. Ausübung der Wehrmachtgerichtsbarkeit in Dänemark gegen Personen nichtdeutscher Staatsangehörigkeit v. 1. 8. 1940, ebenda RW 2/17.

325 Vgl. Erich Thomsen, Deutsche Besatzungspolitik in Dänemark 1940–1945, Düsseldorf 1971, S. 60.

326 Vgl. Oluf Krabbe, Dänemark 1940–41, in: ZStW 62 (1942), S. 148 f.

327 Vgl. Erich Thomsen, Deutsche Besatzungspolitik in Dänemark 1940–1945, S. 60.

328 Vgl. dazu Erlass des OKW über die Ausübung der Wehrmachtgerichtsbarkeit in Dänemark gegen Personen nichtdeutscher Staatsangehörigkeit v. 1. 8. 1940, BArch–MA RW 2/17.

329 Vgl. Erich Thomsen, Deutsche Besatzungspolitik in Dänemark 1940–1945, S. 61 f.

Ab 1943 wurden Fälle von Sabotage vor deutschen Kriegsgerichten verhandelt, die Verurteilten jedoch zunächst dem dänischen Strafvollzug übergeben.[330] Nach einer Reihe von Streiks im Juli 1943 ging die Wehrmacht dazu über, bei Verurteilung wegen Sabotage den Vollzug in Anstalten des Reichsjustizministeriums im Gebiet des Deutschen Reiches durchführen zu lassen. Ab Sommer 1943 nahm die Tätigkeit der Wehrmachtgerichte verstärkt zu. Im Zuge der Entwaffnung noch verbliebener dänischer Streitkräfte im August 1943 kam es zu einer Reihe standgerichtlicher Verfahren gegen dänische Zivilisten. So wurden am 30. August mehrere Menschen wegen Abreißens von Plakaten mit Bekanntmachungen verurteilt.[331] Am 8. September 1943 wurde seitens der Militärgerichtsbarkeit das erste Todesurteil gegen einen dänischen Zivilisten wegen Sabotage im standgerichtlichen Verfahren ausgesprochen.[332] In der Folgezeit nahmen sich die Wehrmachtgerichte aller Straftaten wegen Sabotage an deutschem Militäreigentum an.[333]

Im April 1944 wurde durch den deutschen Reichsbevollmächtigten für Dänemark, Werner Best, die Zuständigkeit des SS- und Polizeigerichts in Kopenhagen auf dänische Zivilisten ausgedehnt, sofern Angriffe gegen die deutsche Besatzungsmacht den Gegenstand des Verfahrens bildeten.[334] Diese Kompetenzausweitung des SS-Gerichts, das nunmehr die Bezeichnung „Feldgericht der deutschen Polizei" erhielt, wurde durch Genehmigung des Höheren SS- und Polizeiführers für Dänemark Pancke und des Wehrmachtbefehlshabers ermöglicht. Gerichtsherr war der Bevollmächtigte Best. Bereits in den folgenden Wochen sprach das Polizeigericht mehrere Todesurteile aus.[335] Im Juli 1944 wurde das Gericht in „Sondergericht des Reichsbevollmächtigten" umbenannt, behielt indes seine Zuständigkeiten bei.[336] Durch eine Anordnung Hitlers vom 30. Juli 1944, die sämtliche Sabotageakte und tätlichen Angriffe gegen die Wehrmacht der Gerichtsbarkeit entzog, wurde die Tätigkeit des Sondergerichts ausgesetzt. Im März 1945 nahm es seine Tätigkeit wieder auf.[337] Bis Kriegsende wurden noch 62 Todesurteile gegen Dänen ausgesprochen und vollstreckt.

330 Zum Folgenden vgl. ebenda, S. 157.

331 Vgl. Bericht Militärischer Ausnahmezustand unter gleichzeitiger Entwaffnung des dänischen Heeres und der Marine, BArch-MA RW 38/26.

332 Vgl. Erich Thomsen, Deutsche Besatzungspolitik in Dänemark 1940–1945, S. 173.

333 Vgl. ebenda, S. 198.

334 Zum Folgenden vgl. Gustav Meissner, Dänemark unterm Hakenkreuz. Die Nord-Invasion und die Besetzung Dänemarks, Berlin 1990, S. 356.

335 Vgl. Erich Thomsen, Deutsche Besatzungspolitik in Dänemark 1940–1945, S. 202.

336 Ebenda, S. 206.

337 Vgl. ebenda, S. 208.

BEKANNTMACHUNG

1) Roger-Henry NOGARÈDE
aus Paris,
2) Alfred OTTINO
aus Saint-Ouen,
3) André SIGONNEY
aus Drancy,
4) Raymond JUSTICE
aus Drancy,
5) Jean-Louis RAPINAT
aus Pavillons-sous-Bois

sind wegen Feindbegünstigung, begangen durch Teilnahme an kommunistischen Kundgebungen gegen die deutsche Wehrmacht, vom Kriegsgericht zum Tode verurteilt und erschossen worden.

Paris, den 27. August 1941

Der Militärbefehlshaber in Frankreich

AVIS

1) Roger-Henry NOGARÈDE
de Paris,
2) Alfred OTTINO
de Saint-Ouen,
3) André SIGONNEY
de Drancy,
4) Raymond JUSTICE
de Drancy,
5) Jean-Louis RAPINAT
de Pavillons-sous-Bois

ont été condamnés à mort par la cour martiale pour aide à l'ennemi, ayant pris part à une manifestation communiste dirigée contre l'armée allemande. Ils ont été fusillés.

Paris, le 27 Août 1941

Der Militärbefehlshaber in Frankreich

1941, Frankreich, Veröffentlichung von Todesurteilen zur Abschreckung. *Bundesarchiv Koblenz,* Plak 003-051-004.

e Nacht- und Nebel-Justiz

Die Häufung von Anschlägen und Sabotageakten nach Beginn des Krieges mit der Sowjetunion, die sich gegen die deutschen Besatzungstruppen richteten, führten zur Formulierung des sogenannten Nacht- und Nebel-Erlasses durch die Wehrmachtrechtsabteilung unter Beteiligung des Reichsjustizministeriums.[338]

Der Erlass, der die offizielle Bezeichnung „Richtlinien über die Verfolgung von Straftaten gegen die Wehrmacht vom 7. Dezember 1941" führte, bestimmte, dass Rechtsverstöße von nichtdeutschen Zivilisten, die sich gegen die Besatzungstruppen richteten, grundsätzlich mit der Todesstrafe zu ahnden seien.[339] Geltung hatte der Erlass in den okkupierten Gebieten West- und Nordeuropas. Darunter fielen Frankreich, Belgien, die Niederlande und Norwegen.[340] Eine Verurteilung in den besetzten Gebieten durch Wehrmachtgerichte sollte allerdings nur in Frage kommen, wenn ein Todesurteil gegen den jeweiligen Angeklagten zu erwarten war und die Vollstreckung des Urteils unverzüglich durchgeführt werden konnte. Die Bezeichnung „Nacht- und Nebel-Erlass" entsprach dem Wehrmachtsprachgebrauch

338 Vgl. Befragung des Generalfeldmarschalls Keitel durch Dr. Nelte anlässlich des Gerichtsverfahrens vor dem Nürnberger Gerichtshof v. 12. 2. 1946, BArch-MA N 54/58.

339 Richtlinien für die Verfolgung von Straftaten gegen das Reich oder die Besatzungsmacht in den besetzten Gebieten v. 7. 12. 1941, ebenda RW 2/14.

340 Vgl. OKW betr. Verfolgung von Straftaten gegen das Reich oder die Besatzungsmacht in den besetzten Gebieten v. 2. 2. 1942, ebenda RW 4/721, Bl. 3 ff.

und wurde von Militärdienststellen und Kriegsgerichten benutzt,[341] entsprechendes galt für die Behörden und Gerichte des Reichsjustizministeriums.[342] Die Ermittlungsakten erhielten die Kennzeichnung „N-N".[343]

War weder garantiert, dass ein Todesurteil gefällt wurde, noch die sofortige Exekution gesichert, wurde der Beschuldigte nach Deutschland verschleppt.[344] Über das Schicksal von Personen, die nach Deutschland verbracht wurden, sollten die Angehörigen im Ungewissen belassen werden.[345] Insofern sprach das OKW vom „spurlosen Verschwindenlassen" der Betreffenden. Jeder von ihnen war dem Reichssicherheitshauptamt namentlich zur Kenntnis zu bringen. In derartigen Fällen blieb die Wehrmachtjustiz nur dann zuständig, wenn ein militärischer Befehlshaber bzw. dessen Dienststelle ein „dringendes Interesse an der Aburteilung durch ein Wehrmachtgericht" angab. Diese Verfahren wurden vornehmlich vor dem RKG durchgeführt[346] und fanden unter Ausschluss der Öffentlichkeit statt.[347] Die Entscheidung, ob ein Verfahren im Besatzungsgebiet und vor einem Kriegsgericht durchgeführt werden sollte, hatten die Gerichtsherren im Einvernehmen mit den Dienststellen des militärischen Nachrichtendienstes zu fällen.[348] Nach Roskothen konnte dieser Beschluss auch durch die Kriegsgerichte gefasst werden.[349]

Gemäß der 1. Durchführungsverordnung sollte der Nacht- und Nebel-Erlass grundsätzlich Anwendung finden in Fällen von Sabotage, Spionage, Anschlägen sowie bei unterstellter kommunistischer Motivation eines Täters.[350] Weiter wurde bestimmt, dass das Verfahren nur dann in den besetzten Gebieten durchgeführt werden sollte, wenn innerhalb einer Woche ein Urteil zu erwarten war. Der Gerichtsherr oder ein übergeordneter Befehlshaber hatten außerdem zu erklären,

341 Vgl. Ernst Roskothen, Groß-Paris 1940–44, S. 235.

322 Ingo Müller, Furchtbare Juristen, S. 176.

333 Vgl. Ernst Roskothen, Groß-Paris 1940–44, S. 235.

344 Richtlinien für die Verfolgung von Straftaten gegen das Reich oder die Besatzungsmacht in den besetzten Gebieten v. 7. 12. 1941, BArch–MA RW 2/14.

345 Zum Folgenden vgl. OKW betr. Verfolgung von Straftaten gegen das Reich oder die Besatzungsmacht in den besetzten Gebieten v. 2. 2. 1942, ebenda RW 4/721, Bl. 3 ff.

346 Vgl. Lebenserinnerungen 1. 9. 1939 – 20. 10. 1939, Aufzeichnungen des Admirals a. D. Max Bastian, ebenda N 192/1, Bl. 169.

347 Erste Verordnung zur Durchführung der Richtlinien des Führers und Obersten Befehlshabers der Wehrmacht für die Verfolgung von Straftaten gegen das Reich oder die Besatzungsmacht in den besetzten Gebieten, ebenda RW 2/14.

348 Ebenda.

349 Vgl. Ernst Roskothen, Groß-Paris 1940–44, S. 235, 259.

350 Zum Folgenden Erste Verordnung zur Durchführung der Richtlinien des Führers und Obersten Befehlshabers der Wehrmacht für die Verfolgung von Straftaten gegen das Reich oder die Besatzungsmacht in den besetzten Gebieten, BArch–MA RW 2/14.

dass militärische Belange die Verurteilung durch ein Wehrmachtgericht erforderten. Geschah dies nicht, dann galt die Überführung nach Deutschland als Abgabe des Verfahrens an die zivilen Strafgerichte im Sinne des § 3 Abs. 2 S. 2 KStVO. Rund 24 000 Menschen – davon allein 5000 Franzosen – wurden aufgrund des Nacht- und Nebel-Erlasses nach Deutschland verschleppt.[351] Das Reichskriegsgericht verurteilte bis Juli 1944 rund 120 Personen zum Tode, vor den Zivilgerichten waren es insgesamt 370.[352]

f Sowjetunion

Für die Gebiete der Sowjetunion war bereits vor Beginn der Kampfhandlungen festgelegt worden, dass keine Militärverwaltung eingesetzt werden sollte, sondern sich die Wehrmacht nur auf diejenigen Maßnahmen zu beschränken hatte, die den militärischen Operationen sowie der Sicherung der Nachschubverbindungen dienten.[353] Das besetzte Gebiet sollte so schnell wie möglich an eine Zivilverwaltung übergeben werden. Den Zivilkommissaren, die die Verwaltung übernehmen sollten, wurde jeweils ein Wehrmachtbefehlshaber für den militärischen Schutz zur Seite gestellt.[354] Zur Sicherung bediente sich die Wehrmacht Sicherungseinheiten sowie Orts- und Feldkommandanturen.[355]

Das Baltikum und die nördlichen Teile Weißrusslands wurden im Reichskommissariat Ostland, die Ukraine und restlichen Gebiete Weißrusslands im Reichskommissariat Ukraine einer Zivilverwaltung unterstellt. Das restliche von der Wehrmacht kontrollierte Territorium der Sowjetunion verblieb unter militärischer Kontrolle.[356] Die Wehrmacht teilte diesen verbliebenen besetzten Bereich in ein Gefechts- und ein Operationsgebiet. Das Operationsgebiet wurde von rückwärti-

351 Vgl. Habbo Knoch, Die Emslandlager 1933–1945, in: Wolfgang Benz/Barbara Distel (Hrsg.), Der Ort des Terrors. Geschichte der nationalsozialistischen Konzentrationslager, Bd. 2, München 2005, S. 533, 542; Manfred Messerschmidt, in: „Was damals Recht war …", S. 27, 40.

352 Vgl. Manfred Messerschmidt, Die Wehrmachtjustiz 1933–1945, S. 125.

353 Besprechung beim Generalquartiermeister v. 19. 5. 1941, BArch-MA RH 20-16/1012, Bl. 66 ff.; vgl. auch Foreign Military Studies, Historical Division, H. Qu. US-Army, Europe, ebenda ZA 1/1783, Bl. 2 ff.

354 Georg Tessin, Verbände und Truppen der deutschen Wehrmacht und Waffen-SS im Zweiten Weltkrieg 1939–1945. Erster Band: Die Waffengattungen, Gesamtübersicht, Osnabrück 1977, Kap. VI.

355 Besprechung beim Generalquartiermeister v. 19. 5. 1941, BArch-MA RH 20-16/1012, Bl. 66 ff.; vgl. auch Foreign Military Studies, Historical Division, H. Qu. US-Army, Europe, ebenda ZA 1/1783, Bl. 2 ff.

356 Vgl. Klaus Jochen Arnold, Die Wehrmacht und die Besatzungspolitik in den besetzten Gebieten der Sowjetunion. Kriegsführung und Radikalisierung im „Unternehmen Barbarossa", Berlin 2005, S. 120.

gen Dienststellen der Wehrmacht überwacht, die sich zu diesem Zweck der Kommandanturen bedienten.[357] Das rückwärtige Armeegebiet unterstand eigenen Befehlshabern und sollte bis etwa 150 Kilometer hinter der Front reichen.[358]

Am 13. Mai 1941, also noch vor Beginn des Russlandfeldzuges, erging ein „Führer-Erlass", der sich an alle Kommandeure richtete, die über eine eigene Gerichtsbarkeit verfügten.[359] Er legte fest, dass die Wehrmachtgerichtsbarkeit in erster Linie der „Erhaltung der Manneszucht" diente. Die „weite Ausdehnung der Operationsräume" sowie „die Form der dadurch gebotenen Kampfführung und die Besonderheit des Gegners" würden eine Beschränkung der Tätigkeit der Wehrmachtgerichte auf diese Hauptaufgabe gebieten. Die Truppe selbst solle sich „gegen jede Bedrohung durch die feindliche Zivilbevölkerung schonungslos zur Wehr" setzen. Explizit wurde den Kriegs- und Standgerichten die Zuständigkeit wegen Straftaten seitens der Zivilbevölkerung im sowjetischen Gebiet entzogen. „Freischärler" seien durch die Wehrmacht „im Kampf oder auf der Flucht schonungslos zu erledigen". Gleiches galt für jede andere feindliche Betätigung von Zivilisten gegen die Truppe oder deren Gefolge. Für den Fall, dass doch Gefangene gemacht würden, hieß es weiter: „Wo Maßnahmen dieser Art versäumt wurden oder zunächst nicht möglich waren, werden tatverdächtige Elemente sogleich einem Offizier vorgeführt. Dieser entscheidet, ob sie zu erschießen sind. [...] Es wird ausdrücklich verboten, verdächtige Täter zu verwahren, um sie bei Wiedereinführung der Gerichtsbarkeit über Landeseinwohner an die Gerichte abzugeben."

Sobald das eroberte Gebiet gesichert war, stand es den Befehlshabern der Heeresgruppen frei, im Einvernehmen mit den zuständigen Befehlshabern von Luftwaffe und Kriegsmarine die Wehrmachtgerichtsbarkeit über Landeseinwohner wieder einzuführen. Im Zuge einer Besprechung unter höheren Offizieren und dem Generalquartiermeister des Heeres wurde diesbezüglich Folgendes festgelegt: „Im allgemeinen wird die Kriegsgerichtsbarkeit gegenüber Landeseinwohnern aufgehoben. An deren Stelle treten nur Kampfmaßnahmen mit der Waffe."[360] Damit war klargestellt, dass die Einrichtung von Gerichten für Straftaten von Zivilisten in der Sowjetunion auch im weiteren Verlauf des Krieges eine Ausnahme darstellen sollte.

Der Ausschaltung der Gerichtsbarkeit bei Verdachtsfällen gegen Angehörige der sowjetischen Bevölkerung stand ein weitgehendes Absehen der Strafverfol-

357 Vgl. ebenda.

358 Vgl. Anordnungen über militärische Hoheitsrechte, Sicherung und Verwaltung im rückwärtigen Gebiet, Beute, Kriegsgefangene, BArch-MA RH 20-16/1012, Bl. 77 ff.; Foreign Military Studies, Historical Division, H. Qu. US-Army, Europe, ebenda ZA 1/1783, Bl. 2 ff.

359 Erlass über die Ausübung der Kriegsgerichtsbarkeit im Gebiet „Barbarossa" und über besondere Maßnahmen der Truppe v. 13. 5. 1941, ebenda RH 13/60, Bl. 1 f.

360 Besprechung beim Generalquartiermeister v. 19. 5. 1941, ebenda RH 20-16/1012, Bl. 66 ff.

gung bei Straftaten von Wehrmachtangehörigen gegen Zivilisten zur Seite.[361] Die betreffenden Richtlinien bestimmten, dass kein Verfolgungszwang bei Straftaten von Soldaten und dem Gefolge der Wehrmacht bestand, wenn sich die Tat gegen „feindliche Zivilpersonen" richtete und zwar auch dann nicht, „wenn die Tat zugleich ein militärisches Verbrechen oder Vergehen" darstellte. Die Gerichtsherren waren angewiesen, strafbare Handlungen nur dann zu verfolgen, wenn es die Erhaltung der „Manneszucht" erforderte. Dies sollte gelten bei schweren Straftaten, „die auf geschlechtlicher Hemmungslosigkeit" oder auf einer „verbrecherischen Veranlagung" beruhten. Schließlich wurde dem Erlass noch eine Klausel angehängt, die es den Truppführern zur Aufgabe machte, dafür Sorge zu tragen, dass nur solche Urteile gegen Wehrmachtangehörige bestätigt würden, „die den politischen Absichten der Führung" entsprachen. Für den Fall einer Verurteilung von Wehrmachtangehörigen, die sich aus militärischen Gründen nicht vermeiden ließ, sollte in jedem Fall die Strafe zur Bewährung ausgesetzt werden.[362]

Da sich die Bestimmungen in erster Linie auf Straftaten richteten, die den allgemeinen Gesetzen zugeordnet waren, ist es naheliegend, dass es der Wehrmachtführung um Straftaten gegen Leben und die körperliche Unversehrtheit ging. Insbesondere die formelhafte Umschreibung, die Tat müsse lediglich den politischen Absichten entsprechen, verdeutlicht die weltanschauliche Dimension des Krieges und steht im Kontext mit dem Vernichtungskrieg im Osten.

Der Ob. d. H. stellte dem Erlass eine Erläuterung für die Heeresbefehlshaber voran, die scheinbar den Versuch darstellte, dem Befehl einen Teil seiner Schärfe zu nehmen. „Der einzelne Soldat darf nicht dahin kommen, dass er gegenüber den Landeseinwohnern tut und lässt, was ihm gut dünkt, sondern er ist in jedem Fall gebunden an die Befehle seiner Offiziere. Ich lege Wert darauf, dass hierüber bis in die letzte Einheit Klarheit besteht."[363] Den Gehalt des Barbarossa-Erlasses entschärfte diese Klarstellung indes nicht, da er lediglich eine in der Wehrmacht geltende Selbstverständlichkeit wiedergab, den unbedingten Gehorsam von Soldaten gegenüber den Befehlen ihrer Vorgesetzten. Dies stellte die Hitler-Anordnung letztlich auch ausdrücklich heraus, indem sie alle Straftaten zur Verfolgung freihielt, die die „Manneszucht" untergruben.

Auch wenn im rückwärtigen Armee- sowie im Operationsgebiet nach und nach zivile und militärische Gerichte ihre Arbeit auch bei Straftaten der Zivilbevölkerung wieder aufnahmen, blieb der Freibrief für Wehrmachtangehörige,

361 Erlass über die Ausübung der Kriegsgerichtsbarkeit im Gebiet „Barbarossa" und über besondere Maßnahmen der Truppe v. 13. 5. 1941, ebenda RH 13/60, Bl. 1 f.

362 Besprechung beim Generalquartiermeister v. 19. 5. 1941, ebenda RH 20-16/1012, Bl. 66 ff.

363 Der Oberbefehlshaber des Heeres, Gen. z. b. V. betr.: Behandlung feindlicher Zivilpersonen und Straftaten Wehrmachtangehöriger gegen feindliche Zivilpersonen im Gebiet „Barbarossa", ebenda RH 13/60, Bl. 1.

gewalttätig gegen Zivilisten vorzugehen, bestehen. Eine Anweisung des OKW vom Dezember 1942 ordnete das weitere Festhalten an den bisherigen Richtlinien an. Es wurde verfügt, den „Kampf gegen die Banden im Osten [...] mit den allerbrutalsten Mitteln" zu führen. Es sollte „kein in der Bandenbekämpfung eingesetzter Deutscher" wegen „seines Verhaltens im Kampf gegen die Banden und ihre Mitläufer [...] kriegsgerichtlich zur Rechenschaft gezogen werden".[364]

Im Bereich der Heeresgruppe Nord blieben den Kriegsgerichten die Ahndungen von Straftaten der Zivilbevölkerung in jedem Fall auch im weiteren Kriegsverlauf verwehrt. Die Verfolgung allgemeiner Straftaten der Bevölkerung oblag dem SD, der mit der Militärverwaltung eng zusammenarbeitete. Für Straftaten der Bevölkerung, die sich gegen die Wehrmacht, ihr Gefolge oder andere Zivilisten richteten, waren nicht Gerichte, sondern Offiziere von der Dienststellung eines Bataillonskommandeurs aufwärts zuständig.[365] Diese hatten Rechtsverstöße nach freiem Ermessen zu sühnen. Bei Gefahr im Verzuge konnten diese Befugnisse auch von jedem anderen Offizier ausgeübt werden. Nötigenfalls konnten Offiziere auch bei Straftaten einschreiten, die von Landeseinwohnern untereinander begangen wurden. Eine Strafe sollte sich in diesen Fällen jedoch allein nach militärischen Gesichtspunkten richten.

g Südosteuropa

Serbien

Die serbischen Justizbehörden blieben nach der Besetzung weiter bestehen.[366] Den Wehrmachtgerichten oblag die Ahndung von Verstößen gegen Anordnungen, die der Ob. d. H. erlassen hatte. Damit erstreckte sich ihre Zuständigkeit insbesondere auf Verstöße gegen die Pflicht zur Ablieferung von Waffen und Funkgeräten, verbotene Kontakte mit Kriegsgefangenen sowie Teilnahme an nicht genehmigten Versammlungen. Die Gerichtsherren erhielten die Befugnis, in Einzelfällen Verfahren, die in die Zuständigkeit der serbischen Gerichte fielen, an sich zu ziehen und den Wehrmachtgerichten zu übergeben.[367] In diesen Fällen konnte auch deutsches Zivilstrafrecht Anwendung finden. Die Befugnis erstreckte sich auch

364 Chef OKW v. 16. 12. 1942 zit. nach: Klaus Gessner, Geheime Feldpolizei, S. 91.

365 Zum Folgenden vgl. Richtlinien für die Tätigkeit der Feld- und Ortskommandanturen v. 1. 10. 1942, Kommandierender General der Sicherungstruppen und Befehlshaber im Heeresgebiet Nord, BArch-MA RH 22/265, Bl. 47 ff.

366 Zum Folgenden vgl. Aufruf an die Bevölkerung Jugoslawiens des Oberbefehlshabers des Heeres vom April 1941, abgedruckt im Verordnungsblatt für das besetzte jugoslawische Gebiet Nr. 1, ebenda RWD 23/3.

367 Siehe Verordnung über die Einführung deutschen Strafrechts und strafrechtlicher Bestimmungen im besetzten jugoslawischen Gebiet vermutlich vom April 1941, abgedruckt ebenda.

auf Straftaten, die bereits vor der Okkupation durch deutsche Truppen begangen worden waren. Das Gnadenrecht für den gesamten Bereich des Strafrechts oblag dem Militärbefehlshaber für Serbien.[368] Für Strafen, die durch serbische Strafgerichte verhängt worden waren, wurde das Gnadenrecht auf das serbische Innenministerium übertragen, sofern es sich um Geld- oder geringe Freiheitsstrafen handelte und soweit nicht deutsche Staats- oder Volkszugehörige betroffen waren.[369]

Im Juli 1941 trat eine Strafschärfung in Kraft, die sich vornehmlich gegen den zunehmenden Widerstand der Bevölkerung richtete.[370] Demnach waren Todes- oder Zuchthausstrafen angedroht, wenn wirtschaftliche oder logistische Anlagen beschädigt oder Partisanen unterstützt wurden oder wenn sich Personen an einem Streik beteiligten, der deutsche Interessen schädigte.

Griechenland

Durch Anordnung des OKH vom April 1941 wurde Griechenland unter eine Militärverwaltung gestellt.[371] Die griechischen Justizbehörden durften bei loyaler Arbeit in ihrem Tätigkeitsfeld weiter agieren. Den Wehrmachtgerichten wurde neben ihre ausdrückliche Zuständigkeit nach Maßgabe der KStVO die Ahndung besonderer Tatbestände zugewiesen, die als Sonderverordnungen des Wehrmachtbefehlshabers in Griechenland erlassen wurden. Dazu gehörten Verstöße gegen die Pflichten, Funkgeräte und Waffen abzugeben sowie Verkehr mit Kriegsgefangenen zu unterlassen, ferner das Verbot, Versammlungen abzuhalten, die nicht von Dienststellen der Wehrmacht genehmigt worden waren. Im April 1942 kam ein generelles Streikverbot hinzu, das für Zuwiderhandlungen Strafen von zwei bis zwölf Jahren Gefängnis oder Zuchthaus androhte. Für Anstifter und Organisatoren eines Streiks wurde die Todesstrafe zwingend festgelegt. Im Sommer 1943 wurde die Strafe für Streiks in „schweren Fällen" für alle Beteiligten auf die Todesstrafe ausgedehnt.[372]

368 Verordnung betr. die Ausübung des Gnadenrechts und des Rechts der Amnestie v. 29. 5. 1941, abgedruckt im Verordnungsblatt des Militärbefehlshabers in Serbien, Nr. 9 v. 4. 6. 1941, ebenda.

369 Durchführungsverordnung zur Verordnung betr. die Ausübung des Gnadenrechts und des Rechts der Amnestie v. 29. 5. 1941, abgedruckt im Verordnungsblatt des Militärbefehlshabers in Serbien, Nr. 12 v. 30. 6. 1941, ebenda.

370 Verordnung über Verschärfung von Strafen v. 11. 7. 1941, abgedruckt im Verordnungsblatt des Militärbefehlshabers in Serbien, Nr. 14 v. 16. 7. 1941, ebenda.

371 Verordnungsblatt für das besetzte griechische Gebiet v. 5. 4. 1941, Aufruf an die Bevölkerung Griechenlands, ebenda RWD 23/1.

372 Verordnung über das Streikverbot v. 10. 9. 1943, abgedruckt im Verordnungsblatt für Griechenland, Nr. 1 v. 11. 9. 1943, ebenda.

Am 27. Dezember 1942 wurden die Wehrmachtgerichte ermächtigt, jede nach deutschem Recht strafbare Handlung zu ahnden.[373] Die Strafverfolgungsbefugnis erstreckte sich auch auf Taten, die bereits vor der Besetzung Griechenlands begangen worden waren. Den Gerichtsherren war die Einleitung eines Ermittlungs- oder Strafverfahrens freigestellt. Bei Jugendlichen unter 18 Jahren konnte die Strafe unabhängig vom Alter des Verurteilten festgesetzt werden, wenn ihn das Gericht nach seiner Entwicklung mit einer 18-jährigen Person als gleichgesetzt ansah. Darüber hinaus wurde jede Gewalttat gegenüber Wehrmachtangehörigen mit der Todesstrafe bedroht. Durch die sogenannte Schutzverordnung vom Juni 1943 wurden die griechischen Strafverfolgungsbehörden verpflichtet, jede Handlung, die sich gegen die Wehrmacht, ihr Gefolge oder jede sonstige deutsche Einrichtung richtete, unverzüglich dem nächst erreichbarem Wehrmachtgericht zu melden.[374] Jede Zuwiderhandlung von Mitarbeitern der griechischen Behörden wurde mit einer Gefängnis- oder Geldstrafe bedroht.

IV. Wehrmacht- und Ziviljustiz: Zusammenarbeit und Kompetenzübertragungen

1. Abgabe von Zuständigkeiten an die Ziviljustiz

a Originäre Zuständigkeit der zivilen Gerichte

Durch Einführung des Kriegsverfahrens wurden mit Kriegsbeginn zunächst alle Regelungen aufgehoben, die eine alleinige Zuständigkeit der zivilen Strafgerichte gegenüber Wehrmachtangehörigen vorsahen. Dies betraf zu diesem Zeitpunkt aber nur noch Verstöße gegen Polizei-, Jagd- und Fischereigesetze sowie Finanzvorschriften. Die weitreichende Änderung der KStVO vom 18. Mai 1940 stellte die alte Rechtslage jedoch wieder her und erweiterte die Zuständigkeit der Zivilgerichte noch um Verstöße gegen Wirtschaftsvorschriften. Hintergrund war der Umstand, dass die Kriegsgerichte diese Verfahren mangels Sachkenntnis stets bis zur Beendigung des Kriegszustandes aussetzten.[375] Da sich im Frühjahr 1940 je-

373 Verordnung über die Einführung deutschen Strafrechts und strafrechtlicher Bestimmungen im besetzten griechischen Gebiet v. 27. 12. 1942, abgedruckt im Verordnungsblatt für das besetzte griechische Gebiet, Nr. 10 v. 20. 1. 1943, ebenda.

374 Verordnung über die Anwendung deutschen Strafrechts und zum Schutze des inneren Friedens und der Besatzungsmacht (Schutzverordnung) v. 17. 6. 1943, abgedruckt im Verordnungsblatt für das besetzte griechische Gebiet, Nr. 18 v. 5. 7. 1943, ebenda.

375 Zum Folgenden vgl. Werner Hülle, Die Änderung der Kriegsstrafverfahrensordnung v. 18. Mai 1940, in: ZfW 5 (1940/41), S. 153, 156.

doch abzeichnete, dass der Krieg noch lange Zeit andauern würde, sah man dies mit den Belangen der Staatsführung als nicht mehr vereinbar an. Die Wehrmacht hatte diesbezüglich keine Bedenken, diese Sachgebiete abzutreten, da sie lediglich einen geringen Zusammenhang mit der „Manneszucht" aufwiesen.

Trotz Kriegsausbruch wurde die Regelung belassen, wonach zivile Strafgerichte auch Verfahren gegen Soldaten durchführen konnten, wenn diese zusammen mit Personen, die nicht der Militärgerichtsbarkeit unterworfen waren, gemeinsam Straftatbestände verwirklichten. Es blieb indes auch bei der Einschränkung, dass in diesen Fällen keine militärrechtlichen Tatbestände verwirklicht worden waren.

Die Vollstreckung von Strafen der zivilen Gerichte oblag nach Maßgabe der KStVO[376] weiterhin dem Gerichtsherrn, dem der Verurteilte unterstellt war. Er konnte sie jedoch an einen leitenden Oberstaatsanwalt abgeben.

Wurde eine Person, gegen die ein ziviles Strafverfahren lief, vor dessen Beendigung in die Wehrmacht eingezogen, so musste das Verfahren ausgesetzt werden.[377] Der zuständige Staatsanwalt musste sich über das Wehrbezirkskommando an den nunmehr zuständigen Gerichtsherrn wenden und diesen um Auskunft ersuchen, ob dieser das Verfahren übernehmen wollte, er einer Weiterführung des Verfahrens zustimmte oder für eine Aussetzung des Verfahrens bis Kriegsende plädierte.[378] Dies betraf nicht nur schwebende Strafverfahren, sondern auch Ermittlungsverfahren, die erst nach dem 1. September 1939 in einer Anklage mündeten.[379] Verfahren, die wieder abgegeben wurden, konnten durch Verfügung der Justizbehörden bis Kriegsende ausgesetzt werden. Von dieser Möglichkeit sollte allerdings nur in Ausnahmefällen Gebrauch gemacht werden.[380]

Im Oktober 1942 wandte sich das Reichsjustizministerium an die Wehrmachtrechtsabteilung und verwies darauf, dass es das Anliegen der zivilen Behörden sei, selbständig Verfahren einstellen zu dürfen, wenn das Strafverfahren mittlerweile an die Militärgerichte abgegeben worden war und es sich um eher geringfügige Taten handelte.[381] Das OKW erklärte sich schließlich bereit, dem Ansinnen des

376 § 120 Abs. 3 S. 1 KStVO.

377 Vgl. dazu Verordnung über das Inkrafttreten der Verordnung über das Sonderstrafrecht im Kriege und bei besonderem Einsatz und der Verordnung über das militärische Strafverfahren im Kriege und bei besonderem Einsatz v. 26. August 1939, RGBl. 1939 I, S. 1482.

378 Verordnung des Reichsministers der Justiz v. 22. 6. 1940 abgedruckt in: Deutsches Recht (1940), S. 1182 f.

379 Vgl. Peter Lutz Kalmbach, Militärjustiz, S. 219.

380 Dienstbesprechung der Generalstaatsanwälte mit den Oberstaatsanwälten v. 9. 12. 1941, BArch R 3001/21144; siehe auch Vermerk in den Akten des Reichsjustizministeriums, undatiert, ebenda R 3001/21032, Bl. 461.

381 Schreiben des Reichsjustizministeriums an das OKW betr. Einstellung des Verfahrens wegen Geringfügigkeit nach Eintritt des Beschuldigten in die Wehrmacht v. 17. 10. 1942, ebenda R 3001/21144, Bl. 277.

Justizministeriums zu folgen und erließ eine entsprechende Verordnung.[382] Ausgeschlossen war dies aber insbesondere, wenn ein politischer Hintergrund vorlag.[383]

Waren die allgemeinen bzw. die Sondergerichte um Übernahme ersucht worden, sollten diese bei der Truppe des Beschuldigten um Sonderurlaub bitten, damit in dieser Zeit das Verfahren durchgeführt werden konnte.[384] Genehmigte der Gerichtsherr keinen Sonderurlaub und handelte es sich um eine wichtige Angelegenheit, so sollte das Justizministerium die Sache der Wehrmachtrechtsabteilung vorlegen, die sich um eine Lösung zu bemühen hatte.[385] Vorangegangen waren Fälle, in denen Strafverfahren gegen Wehrmachtangehörige durchgeführt worden waren, die gerade ihren Heimaturlaub angetreten hatten. Organe der NSDAP und die Wehrmacht hatten sich daher mit Beschwerden an das Reichsjustizministerium gewandt, diesen Umstand abzustellen und Erholungsurlaub nicht mehr für Gerichtsverfahren gegen Soldaten zu nutzen, da der Zweck der Freistellung so nicht mehr gewährleistet sei.[386]

Das Justizministerium hatte 1942 zunächst versucht, das Problem dadurch zu lösen, dass in Fällen, in denen dem Beschuldigten kein Sonderurlaub genehmigt werden konnte, Prozesse stets durch Wehrmachtgerichte durchzuführen wären.[387] Die Wehrmachtrechtsabteilung verwarf jedoch diesen Vorschlag, da sie davon ausging, dass die Gerichtsherren dazu neigten, überhaupt weniger Verfahren

382 Schreiben des Reichsministers der Justiz betr. Maßnahmen zur Vereinfachung der Strafrechtspflege v. 18. 12. 1942, ebenda, Bl. 291; Anordnung des Reichsjustizministers betr. Einstellung des Strafverfahrens gegen Wehrmachtangehörige wegen Geringfügigkeit v. 5. 12. 1942, abgedruckt in: Deutsche Justiz (1942), S. 800; Übersicht OKH/Chef Heeresrüstung und Befehlshaber des Ersatzheeres v. 10. 8. 1943 bzgl. Einstellung des Verfahrens gegen Wehrmachtangehörige durch Behörden der allgemeinen Gerichtsbarkeit, BArch-MA RH 36/324, Bl. 100 ff.

383 Dienstbesprechung der Generalstaatsanwälte mit den Oberstaatsanwälten v. 9. 12. 1941, BArch R 3001/21144.

384 Der Reichsminister der Justiz an die Oberlandesgerichtspräsidenten und Generalstaatsanwälte betr. Durchführung von Strafverfahren gegen Wehrmachtangehörige v. 2. 10. 1942, ebenda R 3001/21032, Bl. 301.

385 Übersicht OKH/Chef Heeresrüstung und Befehlshaber des Ersatzheeres v. 10. 8. 1943, BArch-MA RH 36/324, Bl. 100 ff.; Vermerk in den Akten des Reichsjustizministeriums v. 29. 7. 1942, BArch R 3001/21032, Bl. 298; Verfügung des Reichsjustizministers betr. Durchführung von Strafverfahren gegen Wehrmachtangehörige, ebenda, Bl. 301.

386 Schreiben der NSDAP/Gauleitung Mark Brandenburg v. 18. 6. 1942, BArch R 3001/21032, Bl. 296 f.; Vermerk in den Akten des Reichsjustizministeriums v. 29. 7. 1942, ebenda, Bl. 298.

387 Zum Folgenden vgl. Vermerk in den Akten des Reichsjustizministeriums v. 29. 7. 1942, ebenda, Bl. 298; sowie Verfügung des Reichsjustizministers betr. Durchführung von Strafverfahren gegen Wehrmachtangehörige, ebenda, Bl. 301.

an die Zivilgerichtsbarkeit abzugeben, wenn sie zur Annahme gedrängt würden. Dies galt umso mehr, da man beobachtet hatte, dass die Gerichtsherren grundsätzlich dazu tendierten, ihre Untergebenen vor der Ziviljustiz zu schützen. Daraufhin wurde eine einvernehmliche Lösung durch die Wehrmachtrechtsabteilung und das Reichsjustizministerium erarbeitet. Die Widrigkeit, geeignete Termine für Verhandlungen gegen Wehrmachtangehörige zu finden, blieb indes bestehen. Noch im Oktober 1943 wurde die Problematik ausgiebig im Reichsjustizministerium erörtert, da in einer Vielzahl von Fällen den Angeklagten kein Sonderurlaub eingeräumt worden war.[388]

Während des Jahres 1943 erkannte das Reichsjustizministerium ein weiteres Problem, das die Abgabe von Verfahren an die allgemeine Gerichtsbarkeit in sich barg, die dort bereits eingeleitet worden waren.[389] Dadurch, dass die Beschuldigten so lange bei der Truppe eingesetzt wurden, bis man sie entbehren konnte, wuchs die Belastung des Einzelnen, der jederzeit mit der Freistellung für den Prozess zu rechnen hatte. Insbesondere bei schwerwiegenden Fällen, wie Hoch- und Landesverratsdelikten, befürchtete man eine erhöhte Motivation, Fahnenflucht zu begehen, um einer strengen Bestrafung zu entgehen. Innerhalb des Justizministeriums wurde daher erwogen, die Einheit des Beschuldigten zunächst um eine Versetzung zum Ersatztruppenteil zu ersuchen und ihm erst dort die Vorladung bekannt zu geben. Außerdem wurde darauf gedrängt, insbesondere leichtere Fälle von Hochverrat durch die Wehrmachtgerichte aburteilen zu lassen und gegebenenfalls eine Verfahrenseinstellung zu veranlassen, wenn sich der Betreffende an der Front hervorgetan hatte. Dies sollte insbesondere dann in Erwägung gezogen werden, wenn der Soldat an der Ostfront eingesetzt war, wo er gegen den „Bolschewismus“ kämpfte. Auch bei Verfahren, die vor den Zivilgerichten eröffnet wurden, sollte eine Einstellung bei leichten Verfehlungen in Erwägung gezogen werden, wenn sich der Beschuldigte als Soldat bewährt hatte.

Neben der Abgabe von Verfahren gegen Soldaten durch die Wehrmachtjustiz sah die weitreichende Änderung der KStVO vom Mai 1940 auch eine umfassende Kompetenzabgabe bezüglich der Verfahren wegen Wehrkraftzersetzung vor. Damit war die bislang bestehende alleinige Zuständigkeit der Wehrmachtgerichte für alle Fälle der Wehrkraftzersetzung nach § 5 KSSVO beendet. Die Zivilgerichte waren nunmehr für die Aburteilung von Zivilisten zuständig, sofern die Wehrmachtgerichtsbarkeit die Verfahren nicht im Einzelfall an sich zogen, weil die Tat im Operationsgebiet der Streitkräfte begangen worden war oder es sich bei den Verdächtigen um Angehörige des Wehrmachtgefolges handelte. Die Gerichtsho-

388 Vgl. Aktenvermerk unter Az. IV gl 8322/43, ebenda R 3001/21227, Bl. 64; Aktenvermerk unter Az. 4251 IVa 4 1826/43, ebenda, Bl. 66.

389 Vgl. ebenda.

heit der Justizverwaltung schloss auch Zivilisten ein, die dem Beurlaubtenstand der Wehrmacht angehörten, sofern sich die Tat nicht während einer Wehrübung oder in einer militärischen Haftanstalt ereignet hatte oder es sich um Fälle von Selbstverstümmelung handelte. Ebenso erstreckte sich die Zuständigkeit auf das Wehrmachtgefolge, solange deren Angehörige nicht nach § 155 MStGB i. V. m. den Bestimmungen der Oberbefehlshaber der Teilstreitkräfte den Militärgesetzen unterstanden und der Gerichtsherr im Einzelfall bestimmt hatte, das kriegsgerichtliche Verfahren anzuwenden.

Die Abgabe der wehrmachtgerichtlichen Kompetenzen begründete die Wehrmacht mit der Einführung des § 5 KSSVO aufgrund einer Regelungslücke in den Wehrstrafgesetzen, die zu den allgemeinen Strafgesetzen zählten.[390] Aufgrund der zahlreichen Untertatbestände und der Auslegungsschwierigkeiten des § 5 KSSVO war ein Verbleiben bei der Militärgerichtsbarkeit indes solange erwünscht, bis die Rechtsprechung im Sinne der Wehrmachtführung gefestigt war. Da nach den bisher richtungweisenden Urteilen des RKG die Auslegungen im wehrpolitischen Sinne vorgegeben waren, sah die Wehrmachtführung keine Veranlassung mehr, Zivilisten allein durch Wehrmachtgerichte abzuurteilen. Dabei wurde auch beachtet, dass die KSSVO bis zu ihrer Bekanntmachung im August 1939 nur den Wehrmachtjuristen zur Verfügung gestanden hatte und allein ihnen die Möglichkeit gegeben war, sich mit dieser Vorschrift detailliert vertraut zu machen. Weiterhin wurde die Bedeutung des § 5 KSSVO durch den Erlass anderer Vorschriften geschmälert, die auch im zivilen Bereich Anwendung fanden, wie die Verordnung über außerordentliche Rundfunkmaßnahmen vom 1. September 1939[391] und die Verordnung zum Schutze der Wehrkraft des deutschen Volkes vom 25. November 1939.[392] Aber auch die Überlastung der Kriegsgerichte und die Ausweitung des Krieges spielten bei der Abgabe von Zuständigkeiten eine Rolle.[393] Das OKW vertraute in Bezug auf die zivilen Gerichte insbesondere der Rechtsprechung der Sondergerichte, die „geeignete Organe" seien und denen man bei Aburteilung von Strafsachen nach § 5 KSSVO „ohne jedes Bedenken vertrauen" könne.[394]

Der Justizminister hatte den vorangegangenen Erwägungen des OKW, die Wehrkraftzersetzung auch den zivilen Gerichten zur Aburteilung zu übergeben,

390 Zum Folgenden vgl. Begründung zur Siebenten Durchführungsverordnung zur Kriegsstrafverfahrensordnung v. 18. 5. 1940, in: Gesetzesdienst für die Wehrmachtgerichte, H. 3, BArch R 3001/22290, Bl. 311 ff.

391 RGBl. 1939 I, S. 1683.

392 Ebenda, S. 2319.

393 Vermerk der Wehrmachtrechtsabteilung v. 17. 5. 1940, BArch R 3001/22296, Bl. 465.

394 Begründung zur Siebenten Durchführungsverordnung zur Kriegsstrafverfahrensordnung v. 18. 5. 1940, in: Gesetzesdienst für die Wehrmachtgerichte, H. 3, ebenda R 3001/22290, Bl. 311 ff.

zugestimmt, jedoch Einwände gegen eine alleinige Kompetenz der Sondergerichte erhoben. Er begründete dies mit der Gefahr einer Überlastung dieses Gerichtszweigs und schlug die Möglichkeit einer Einteilung nach schweren und weniger schweren Fällen vor, wobei die Sondergerichte nur für die schweren Zersetzungsfälle zuständig sein sollten.[395] Man einigte sich schließlich darauf, alle schweren Fälle sowie insbesondere die „öffentliche Zersetzung" vor den Sondergerichten zu verhandeln.[396] Die Wehrmachtrechtsabteilung hatte sich auf die Zuweisung der „öffentlichen Zersetzungsdelikte" festgelegt, da sie davon ausging, dass ansonsten die abschreckende Wirkung der Urteile gemindert werden würde.[397] Der Justizminister verfügte daraufhin, dass nach Aufgabe der ausschließlichen Zuständigkeit der Wehrmachtjustiz für Wehrkraftzersetzung alle bedeutsamen Fälle vor den Sondergerichten verhandelt werden sollten.[398] In allen Fällen des § 5 Nr. 1 KSSVO – „öffentliche Zersetzung" – sollte, parallel zur Zuständigkeit des RKG für diese Fälle, stets Anklage vor einem Sondergericht erhoben werden.

Mit Wirkung zum 29. Januar 1943 legten OKW und Justizministerium einvernehmlich fest, dass die Gerichtskompetenz für Fälle öffentlicher Wehrkraftzersetzung und vorsätzlicher Wehrdienstentziehung auf den Volksgerichtshof übertragen wurde.[399] In Fällen der öffentlichen Wehrkraftzersetzung konnte die Strafsache auch an ein Oberlandesgericht abgegeben werden. Die Verfolgung derartiger Delikte wurde dort von politischen Strafsenaten wahrgenommen, die sich jedoch nicht an jedem Gericht befanden, sondern nur an bestimmten, die dann für die Bezirke mehrerer Oberlandesgerichte zuständig waren.[400]

Ab Februar 1944 hatten die Justizbehörden die Kompetenz, die Einberufung von Personen zur Wehrmacht durch ein Gesuch an den zuständigen Wehrkreisbefehlshaber zu verhindern, wenn gegen den Betreffenden ein Strafverfahren durchgeführt wurde oder werden sollte.[401] Die Befugnis erstreckte sich jedoch aus-

395 Schreiben des Reichsministers der Justiz an den Chef OKW betr. Ausdehnung der Zuständigkeit der Sondergerichte auf § 5 KSSVO v. 9. 5. 1940, ebenda R 3001/22296, Bl. 463.

396 Vermerk in den Akten des Reichsjustizministeriums über Rücksprache mit Oberkriegsgerichtsrat Hülle v. 18. 5. 1940, ebenda, Bl. 464; Erlass des Reichsjustizministers v. 27. 5. 1940 betr. Behandlung von Strafverfahren auf Grund des § 5 der Kriegssonderstrafrechtsverordnung v. 17. 8. 1938, abgedruckt in: Deutsche Justiz (1940), S. 621.

397 Vermerk der Wehrmachtrechtsabteilung v. 17. 5. 1940, BArch R 3001/22296, Bl. 465.

398 Zum Folgenden vgl. Verordnung des Reichsministers der Justiz betr. Behandlung von Strafverfahren auf Grund des § 5 Kriegssonderstrafrechtsverordnung v. 27. 5. 1940, Deutsche Justiz (1940), S. 621.

399 Verordnung zur Ergänzung und Änderung der Zuständigkeitsverordnung v. 29. 1. 1943, RGBl. 1943 I, S. 76.

400 Vgl. Holger Schlüter, „… für die Menschlichkeit im Strafmaß bekannt …", S. 151.

401 Zum Folgenden vgl. Abschrift einer Verfügung des OKW v. 9. 2. 1944, in: Schreiben des Reichsministers der Justiz an die Oberreichsanwälte und Generalstaatsanwälte betr.

schließlich auf „schwere Fälle". Hatten die Strafverfolgungsbehörden ein derartiges Verfahren in ihrer Zuständigkeit belassen, so war es beschleunigt durchzuführen, damit der Beschuldigte gegebenenfalls zügig seiner Wehrpflicht nachkommen konnte.

Ab dem 20. September 1944 erhielten die Sondergerichte und der Volksgerichtshof schließlich die Verfahrenszuständigkeit gegenüber Wehrmachtangehörigen bezüglich derjenigen Straftaten, die sich „gegen das Vertrauen in die politische oder militärische Führung" richteten. Die Beschuldigten waren allerdings vor dem Prozess aus der Wehrmacht zu entlassen. Das Justizministerium konnte dabei in Einzelfällen bestimmen, dass doch Militärgerichte mit dem jeweiligen Verfahren betraut werden sollten.

Dieser Hitler-Erlass umfasste in erster Linie Hochverrat nach §§ 80 bis 84, Landesverrat im Falle des § 90f StGB (sogenannte Greuelhetze), Beschimpfung der NSDAP nach § 134a StGB, Verbrechen gemäß § 5 der Verordnung zum Schutz von Volk und Staat, Wehrkraftzersetzung nach § 5 Abs. 1 Nr. 1 KSSVO sowie Verbrechen gegen § 2 der Verordnung über außerordentliche Rundfunkmaßnahmen.[402] Darüber hinaus fiel darunter jede Straftat, „wenn der Täter aus staats- oder volksfeindlicher Gesinnung gehandelt hat und seine Straftat wegen ihres Ausmaßes oder ihrer Auswirkung die Belange von Volk und Staat gefährdet oder sonst geeignet ist, das Vertrauen in die politische oder militärische Führung zu untergraben". Fielen andere Straftaten mit den politisch motivierten Delikten zusammen, so hatte das sonst zuständige Kriegsgericht die Aburteilung bezüglich dieser Tatbestände vorzunehmen. Den Gerichten wurde allerdings anheimgestellt, eine Abgabe an das zivile Gericht insgesamt vorzunehmen oder von einem Verfahren abzusehen, wenn die zu erwartende Strafe neben der vom allgemeinen Gericht verhängten nicht weiter ins Gewicht fiel. Ausgeschlossen von der Übernahme der Zuständigkeit der Zivilgerichte waren ausdrücklich alle sonstigen Fälle von Landesverrat, Kriegsverrat sowie Spionage.

b Abgabe von Verfahren an die Zivilgerichte

Mit Inkrafttreten der KStVO wurden zwar alle Fälle von Hoch- und Landesverrat sowie der schweren Wehrmittelbeschädigung der Wehrmachtgerichtsbarkeit unterstellt – also auch die gegen Zivilisten –, allerdings hatten der Präsident des RKG oder der zuständige Gerichtsherr zu erklären, dass die Aburteilung durch ein Wehrmachtgericht aus militärischen Gründen notwendig sei, wenn es sich

Vereitelung der Strafvollstreckung und Strafverfolgung durch Eintritt in die Wehrmacht v. 23. 2. 1944, BArch R 3001/21239, Bl. 164.

402 Zum Folgenden Verordnung zur Durchführung und Ergänzung des Erlasses des Führers über die Verfolgung politischer Straftaten von Angehörigen der Wehrmacht, Waffen-SS und Polizei v. 12. 1. 1945, ebenda NS 6/354, Bl. 116 ff.

bei dem Beschuldigten um einen Zivilisten handelte. Geschah dies nicht, war das Verfahren an den Volksgerichtshof abzugeben. Der Volksgerichtshof konnte nach der Verordnung über die Zuständigkeit der Strafgerichte vom 21. Februar 1940[403] leichtere Fälle von Hoch- und Landesverrat an die Oberlandesgerichte abgeben. Auch das RKG konnte, wenn es den Volksgerichtshof nicht für zuständig erachtete, Verfahren direkt an die Oberlandesgerichte abtreten.[404] Die Gerichtsherren der einfachen Kriegsgerichte konnten mit Zustimmung ihrer übergeordneten Befehlshaber darüber hinaus nach § 14 Abs. 4 S. 2 KStVO Verstöße gegen § 5 Nr. 1 der Verordnung zum Schutz von Volk und Staat vom 28. Februar 1933 an den Volksgerichtshof abgeben, wenn sich die zu verfolgende Tat im Operationsgebiet der Wehrmacht ereignet hatte und durch einen Zivilisten begangen worden war.

Nach einvernehmlicher Verständigung zwischen dem OKW und dem Justizministerium wurde am 10. Dezember 1941 die Verordnung über die erweiterte Zuständigkeit des Volksgerichtshofs erlassen.[405] Demnach konnten Spionage-Delikte gemäß § 2 KSSVO an den Volksgerichtshof abgegeben werden, sofern der Gerichtsherr oder das OKW erklärten, dass ein militärgerichtliches Verfahren nicht notwendig sei. Das Verfahren konnte an die Wehrmacht zurückgegeben werden, wenn die Übergabeerklärung zurückgenommen wurde und der Volksgerichtshof seine Zustimmung erklärte. Bereits am 18. Dezember 1941 wandte sich der Präsident des Volksgerichtshofs an den Justizminister und erklärte, dass durch die Besetzung weiterer Gebiete durch die Wehrmacht eine steigende Anzahl von Verrats- und Spionageverfahren zu verzeichnen sei, die an den Volksgerichtshof abgegeben worden waren.[406] Hintergrund war die Auswertung erbeuteter Unterlagen ausländischer Nachrichtendienste. Da den Verfahren auch Fälle zugrunde lagen, die bereits vor 1933 verwirklicht worden waren, wurde in dem Schreiben vor einer Überlastung des Gerichtshofes gewarnt und um Entlastung durch vergrößerte Abgabemöglichkeiten an die Oberlandesgerichte gebeten. Gegen diesen Vorschlag wandte sich die Wehrmachtrechtsabteilung, die die Vereinheitlichung der Rechtsprechung in Verratsdelikten in Gefahr sah.[407] Sie hatte zwar generell keine Bedenken gegen die Übertragung von Verfahren an die Oberlandesgerichte, wenn es sich um eher „geringfügige“ Vorfälle handelte. In Bezug auf Landesverrat, der vor 1933

403 Verordnung über die Zuständigkeit der Strafgerichte, die Sondergerichte und sonstige strafverfahrensrechtliche Vorschriften v. 21. 2. 1940, RGBl. 1940 I, S. 405.

404 Vgl. Strafsache gegen den Kanonier Erich von Studzinski, BArch R 3001/5011, Bl. 280 ff.

405 RGBl. 1941 I, S. 776.

406 Zum Folgenden vgl. Schreiben des Präsidenten des Volksgerichtshofs an den Reichsminister der Justiz betr. Entlastung des Volksgerichtshofs v. 18. 12. 1941, BArch R 3001/20302, Bl. 277.

407 Zum Folgenden Schreiben der Wehrmachtrechtsabteilung an den Reichsminister der Justiz betr. Entlastung des Volksgerichtshofs v. 24. 2. 1942, ebenda, Bl. 280.

begangen worden war, ging sie indes davon aus, dass sich in jedem Einzelfall unbedingt der Volksgerichtshof damit befassen müsse. Sie begründete dies damit, dass es sich um besonders schwerwiegende Vergehen handelte, da sie in einer Zeit verübt worden waren, „in der heimlich von dem 100 000 Mann Heer der Aufbau einer größeren Wehrmacht vorbereitet und betrieben wurde entgegen den Bestimmungen des Versailler Friedensvertrages". Nur dem Volksgerichtshof wurde in dieser Hinsicht die Fähigkeit zugesprochen, diese Verfahren zu übernehmen, da „dieser auf Grund seiner langen Praxis vornehmlich in der Lage ist, eine der Bedeutung dieser Fälle gerecht werdende Verurteilung vorzunehmen".

Eine weitere Abgabemöglichkeit sah die KStVO für Verfahren gegen Angehörige des Gefolges vor, wenn diese der Gerichtshoheit der Wehrmachtgerichte unterstanden. Dies war vornehmlich der Fall, wenn die Tat im Operationsgebiet der Wehrmacht oder im Ausland begangen worden war. Im letzten Fall mussten die Gerichtsherren jedoch ausdrücklich erklären, dass militärische Belange das Interesse für ein wehrmachtgerichtliches Verfahren rechtfertigten. Bekundete der Gerichtsherr kein Interesse an einer Verurteilung, war der Betreffende der zivilen Gerichtsbarkeit unterworfen. Handelte es sich um Straftaten, die im Operationsgebiet begangen worden waren, so konnte die Strafverfolgung durch die Wehrmacht nach § 3 Abs. 2 KStVO auf die Justizbehörden übertragen werden.

Die Wehrmachtgerichte konnten nach § 3 Abs. 2 KStVO auch alle weiteren Verfahren an die Ziviljustiz abtreten, wenn die Beschuldigten Zivilisten waren, die aufgrund einer im Operationsgebiet der Wehrmacht begangenen Straftat der Jurisdiktion der Militärgerichtsbarkeit unterworfen waren. Diesbezüglich sollten die Gerichtsherren nur für eine eigene Strafverfolgung sorgen, wenn dies durch Bedürfnisse der Kriegsführung geboten schien.

Verfahren, die aufgrund des Nacht- und Nebel-Erlasses vom Dezember 1941 von der Wehrmacht an die Zivilgerichte im Deutschen Reich abgegeben wurden, wurden vor den Sondergerichten durchgeführt.[408] Ab Oktober 1942 war auch der Volksgerichtshof mit derartigen Prozessen betraut.[409]

2. Durch Zivilgerichte anzuwendendes Recht

Die Zivilgerichte durften grundsätzlich keine Straftatbestände des MStGB anwenden. Eine Ausnahme galt nur bis Oktober 1936 für Verfahren vor dem Volksgerichtshof, wenn neben Verratsdelikten auch militärische Straftaten mit angeklagt waren. So wurden später vorgenommene Überweisungen an die allgemeinen oder

408 Manfred Messerschmidt, Die Wehrmachtjustiz 1933–1945, S. 242.
409 Günther Wieland, Das war der Volksgerichtshof, S. 84 f.

Sondergerichte wieder annulliert, wenn sich in Folge herausstellte, dass auch bzw. doch ein Verstoß gegen das MStGB vorlag. Diese deutliche Trennung des militärischen Strafrechts wird auch bei der ausnahmsweisen Zuständigkeit der Wehrmachtgerichte bei Straftaten von Angehörigen des Beurlaubtenstandes deutlich, bei denen es sich um Zivilisten handelte, die bereits gemustert, aber vom Wehrdienst freigestellt waren. Nach den §§ 6 ff. MStGB konnten sie einige militärische Delikte begehen, für die jeweils die Militärgerichtsbarkeit zuständig war. Weiterhin legte § 155 MStGB fest, dass nur diejenigen Angehörigen des Wehrmachtgefolges dem wehrmachtgerichtlichen Verfahren unterworfen waren, die auch den Strafdrohungen des MStGB unterstanden.

Vor den zivilen Gerichten fanden jedoch die allgemeinen Bestimmungen des MStGB Anwendung. Dabei handelte es sich um Regelungen, die grundsätzlicher Natur und keine Straftatbestände waren. Demgemäß hatten die ordentlichen Gerichte die §§ 30 ff. MStGB zu beachten, die die sogenannten Ehrenstrafen umfassten.[410] Die Ehrenstrafen waren Strafdrohungen, die sich nur an Soldaten richteten. Sie umfassten die „Wehrunwürdigkeit" und den Rangverlust, also die Degradierung. Die Ermächtigung der zivilen Strafgerichte zur Rangdeklassierung führte zu Missmut seitens der Bevölkerung.[411] So wurden Beschwerden von Richtern der Sondergerichte an den Justizminister herangetragen, dass Verfahren gegen Wehrmachtangehörige mitunter erst längere Zeit nach Begehung der Tat durchgeführt wurden und sich die Soldaten zwischenzeitlich zum Teil an der Front besonders hervorgetan hatten und mit hohen Auszeichnungen vor Gericht erschienen. Man hatte diesbezüglich beobachtet, dass Zuschauer und Bevölkerungsteile mit Unwillen auf Urteile reagierten, die mit Rangverlust einhergingen. In Einzelfällen waren Verurteilte aufgrund ihrer kämpferischen Leistungen nämlich erst kurz zuvor befördert worden. Weiter war es zu Fällen gekommen, in denen Richter entgegen den zwingenden gesetzlichen Erfordernissen nicht auf Degradierung erkannt hatten.[412] Das Reichsjustizministerium bemühte sich schließlich darum, bei der Wehrmachtrechtsabteilung eine Verfügung zu erwirken, dass Soldaten vor den ordentlichen und den Sondergerichten nur noch in Zivil erscheinen durften. Dieses Ansinnen wurde jedoch abgelehnt.[413]

410 Vgl. dazu Niederschrift eines Treffens zwischen dem Präsidenten des Hanseatischen OLG, Staatsanwälten, Vorsitzenden von Sondergerichten sowie Kriegsrichtern von Heeres-, Luftwaffen-, Marine- und SS-Gerichten am 15. 3. 1944, BArch R 3001/21144, Bl. 431 ff.

411 Zum Folgenden vgl. Schreiben des Landgerichtsdirektors Lösche beim Sondergericht 1 Leipzig an das Reichsjustizministerium betr. Verurteilung von Wehrmachtsangehörigen und Ausspruch des Rangverlustes durch zivile Strafgerichte v. 9. 10. 1943, ebenda R 3001/21032, Bl. 453.

412 Vgl. ebenda.

413 Zum Folgenden vgl. Akten des Reichsjustizministeriums, undatiert, wahrscheinlich 1943, ebenda, Bl. 461.

Die Zivilgerichte hatten des Weiteren bei der Verhängung von Festungshaft die Bestimmungen Hitlers zu dieser Haftart zu beachten, die er im April 1940 in Bezug auf militärische Aspekte erlassen hatte. Während das StGB für Festungshaft lediglich ehrenhafte Beweggründe der Tat verlangte, waren die Richtlinien Hitlers differenzierter: Demnach musste der Täter auch seiner Person nach der Haft „würdig“ sein, und die Tat durfte sich nicht gegen den „nationalsozialistischen Staat [oder] seine Führung“ gerichtet oder ein Verstoß gegen die „Manneszucht“ bedeutet haben.[414]

Von zivilen Strafgerichten war stets die Bestimmung des § 29 MStGB anzuwenden. Demnach war bei Erfüllung eines Straftatbestandes, der in einem Gesetz außerhalb des MStGB verortet war, bei einer Verurteilung zu einer Freiheitsstrafe diese in Arrest umzuwandeln, wenn sie bis zu einer Länge von sechs Wochen ging. Dies hatte zur Folge, dass die §§ 19, 20 MStGB angewendet werden mussten, die die Arreststrafen normierten, sowie § 54 MStGB, der festlegte, dass beim Zusammentreffen mehrerer Arreststrafen, die eine Dauer von 43 Tagen erreichten, automatisch auf eine Gefängnisstrafe zu erkennen war. § 29 Abs. 2 MStGB bestimmte außerdem, dass die Verhängung einer Geldstrafe ausgeschlossen war, wenn durch eine Tat zugleich eine „militärische Dienstpflicht“ verletzt worden war.

Schließlich hatten die zivilen Gerichte § 47 MStGB zu beachten. Demnach war bei der Verletzung eines Strafgesetzes, die in Ausführung eines Befehls erfolgte, allein der befehlende Vorgesetzte verantwortlich. Der Untergebene konnte als Teilnehmer zur Verantwortung gezogen werden, wenn er den Befehl überschritten hatte oder ihm die drohende Verwirklichung eines Straftatbestandes bekannt war.

3. Angleichung der Rechtsprechung von zivilen und militärischen Gerichten

a Allgemein

Durch die Installierung verschiedener Justizapparate stand die NS-Führung vor dem Problem, dass die Gerichtszweige zu unterschiedlichen Urteilen bei ähnlichen Sachverhalten gelangten. Im Zuge der Reformüberlegungen bezüglich des gesamten Strafrechts wurde eine Vereinheitlichung der Rechtsprechung durch Bildung von gemeinsamen Senaten des RKG, des Reichsgerichts und des Volksgerichtshofes durchdacht. Diese Überlegungen erhielten Aufschwung, als Hitler im Frühjahr 1939 über zwei Urteile mit unterschiedlicher Tenorierung unterrichtet wurde, denen ein gleicher Sachverhalt zugrunde lag. Das gegen den Wehrmachtangehörigen Paul Kompalla vor dem RKG wegen Landesverrat ergangene Urteil

414 Vgl. RGBl. 1940 I, S. 1349.

lautete auf Tod, während Kompallas Bruder Ludwig vom Volksgerichtshof zu einer Zuchthausstrafe verurteilt worden war.[415] Nachdem Hitler die Aufhebung des rechtskräftigen Urteils gegen Ludwig Kompalla und eine erneute Verhandlung vor dem RKG verlangt hatte, sahen sich Reichsjustizministerium und Wehrmachtrechtsabteilung dem Problem ausgesetzt, dass bisher eine Abgabe von Verfahren durch die zivile Justiz an die Militärgerichtsbarkeit nicht möglich war. Um das gewünschte Verfahren dennoch „gesetzmäßig“ in Gang zu bringen, begannen die Arbeiten zum Gesetz zur Änderung von Vorschriften des allgemeinen Strafverfahrens, des Wehrmachtstrafverfahrens und des Strafgesetzbuches, das schließlich am 16. September 1939 erlassen wurde.[416] Sowohl der Entwurf als auch die Umsetzung sahen eine Abgabemöglichkeit von Verfahren gegen Zivilisten an Militärgerichte vor, sofern sie an einer Tat beteiligt waren, von denen zumindest ein Beteiligter der Wehrmachtgerichtsbarkeit unterworfen war. Gleichzeitig wurden die Oberreichsanwälte beim Reichsgericht und beim Volksgerichtshof ermächtigt, gegen rechtskräftige Urteile einen außerordentlichen Einspruch zu erheben, worauf das Urteil aufzuheben und eine neue Verhandlung anzuberaumen war. Der außerordentliche Einspruch wurde auch für die Wehrmachtgerichtsbarkeit eingeführt und stand dort Hitler als Führer und Oberstem Befehlshaber der Wehrmacht zu. Durch die neu geschaffenen Möglichkeiten sollte die Abgrenzung zwischen der zivilen und der militärischen Gerichtsbarkeit aufgelockert werden und neue Bezugspunkte der Zusammenarbeit entstehen.[417] Die Überlegungen gingen zunächst von einem gemeinsamen Senat aus den drei obersten Gerichten aus, der bei jedem außerordentlichen Einspruch zuständig sein sollte.[418] Da jedoch mit Schwierigkeiten aufgrund der jeweils ungenügenden Kenntnisse eines Teils der Richter für die entweder zivil- oder militärstrafrechtliche Angelegenheit gerechnet wurde, nahmen die beteiligten Institutionen Abstand von einer derartigen Lösung. Stattdessen sollten die neuen Verhandlungen vor Sondersenaten stattfinden, die allein aus Zivil- oder Militärrichtern zusammengesetzt waren.

In dem Verfahren gegen Ludwig Kompalla verhängte der Sondersenat des RKG am 6. April 1940 nach sechstägiger Verhandlung ein Todesurteil.[419] Ob es sich hierbei um einen Einzelfall handelte oder es zu weiteren Verfahren kam, die

415 Vgl. Schreiben des Reichsjustizministeriums an den Reichsminister und Chef der Reichskanzlei Lammers v. 14. 7. 1939, BArch R 43/II/1513, Bl. 113 f.

416 RGBl. 1939 I, S. 1841.

417 Vgl. Begründung zum Gesetz zur Änderung von Vorschriften des allgemeinen Strafverfahrens, des Wehrmachtstrafverfahrens und des Strafgesetzbuches v. 16. 9. 1939, BArch R 43/II/1513, Bl. 136 ff.

418 Vgl. Vermerk in den Akten des Reichsjustizministeriums v. 8. 8. 1939, ebenda, Bl. 110.

419 Bericht des Präsidenten des RKG an Chef OKW v. 30. 5. 1940, abgedruckt bei: Norbert Haase, Das Reichskriegsgericht, S. 48.

die Vereinheitlichung der Rechtsprechung gewährleisten sollten, ergab sich aus den dieser Arbeit zugrunde gelegten Akten nicht. Zu einer grundsätzlich gleichen Ausrichtung der Rechtsprechung kam es indes nicht. Im Herbst 1942 wandte sich die Wehrmachtrechtsabteilung an das Reichsjustizministerium und regte eine Besprechung an, die eine Verbesserung der gerichtlichen Zusammenarbeit gewährleisten sollte.[420] Vorangegangen war die Feststellung, dass nach wie vor zwischen den Urteilen der zivilen und der militärischen Gerichtsbarkeit starke Abweichungen in der Tenorierung vorlagen, obwohl den Verfahren jeweils gleiche oder ähnliche Sachverhalte zugrunde lagen. Die widersprüchlichen Ergebnisse ergaben sich sowohl aus unterschiedlichen Würdigungen des Sachverhalts als auch abweichender Rechtsanwendung.

Die weitere Korrespondenz zwischen Reichsjustizministerium und Wehrmachtrechtsabteilung zog sich bis in den Herbst 1943. Bevor es zu einer Besprechung zwischen Vertretern beider Einrichtungen kam, beschwerte sich der Präsident des Hanseatischen OLG Hamburg über die verschiedene rechtliche Behandlung von Straftaten, die vornehmlich vor Sondergerichten abgeurteilt worden waren.[421] Dabei ging es unter anderem um einen Oberzahlmeister des Heeres, der in großem Umfang Lebensmittel gestohlen hatte. Er wurde zunächst zu neun Monaten Gefängnis verurteilt, die allerdings vom Oberbefehlshaber des Heeres auf drei Monate verringert und zur Bewährung ausgesetzt wurden. Der Präsident wies darauf hin, dass der gleiche Fall vor einem zivilen Gericht unter Anwendung der Volksschädlingsverordnung abgeurteilt worden wäre. Gemäß § 4 der Verordnung wäre der Betreffende unter Überschreitung des regelmäßigen Strafrahmens mit Zuchthaus oder dem Tode bestraft worden.

Zu direkten Unterschieden kam es bei einem Fall von Diebstahl von Wehrmachteigentum. Die daran beteiligten Zivilisten wurden mit Zuchthausstrafen von 18 Monaten bis zu drei Jahren belegt, während ein beteiligter Unteroffizier zwei Jahre und sechs Monate Gefängnis erhielt. Weiter wurde ein Fall des Abhörens ausländischer Sender beklagt, in dem der durch ein Zivilgericht abgeurteilte Täter drei Jahre Zuchthaus erhielt, während das Verfahren gegen den anderen Beteiligten – einen Wehrmachtangehörigen – durch ein Wehrmachtgericht eingestellt wurde. Hier wurde auch missbilligt, dass die Sache nicht als Ganzes an das zivile Gericht abgegeben worden war.

Auch der Generalstaatsanwalt in Braunschweig wandte sich im Herbst 1943 an den Justizminister, da ihm Fälle bekannt geworden waren, in denen die Wehr-

420 Zum Folgenden vgl. Aktenvermerk des Reichsjustizministeriums v. 21. 10. 1942, BArch R 3001/21144, Bl. 341.

421 Zum Folgenden vgl. Schreiben des Präsidenten des Hanseatischen OLG an den Reichsminister der Justiz betr. Unterschiedliche Behandlung gleichliegender Fälle durch Strafgerichte, ordentliche Gerichte und Kriegsgerichte v. 3. 7. 1943, ebenda, Bl. 356 ff.

machtgerichte mildere Urteile erlassen hatten als die zivilen Gerichte.[422] Er wies darauf hin, dass die unterschiedliche Urteilspraxis bereits Teilen der Bevölkerung bekannt war und in weiten Kreisen Erörterung fand. Er führte insbesondere einen Fall an, in dem Anklage gegen mehrere Zivilisten vor einem Sondergericht erhoben werden sollte. Das Luftwaffengericht Münster bat darum, das Verfahren übernehmen zu dürfen, da ein Zusammenhang mit Ermittlungen gegen Luftwaffenangehörige vorlag. Der Oberstaatsanwalt gab seine Zustimmung, da das Luftwaffengericht eine Todes- oder mindestens eine hohe Zuchthausstrafe gegen die hauptbeschuldigte Küchenhelferin in Aussicht stellte. Das Urteil gegen sie lautete schließlich auf fünf Jahre Zuchthaus. Gegen andere Zivilisten wurden durch dasselbe Gericht Gefängnisstrafen bis zu zwei Jahren verhängt. Der mit den Ermittlungen beauftragte Staatsanwalt wohnte der Militärgerichtsverhandlung bei und kommentierte das in seinen Augen milde Urteil: „Ich war so erschüttert, dass ich mir weiteres nicht mehr anhören mochte."

Aber auch über die geübte Kritik hinaus, die noch einen Zusammenhang mit der zivilen Gerichtsbarkeit erkennen ließ, kamen aus den Reihen der allgemeinen bzw. Sondergerichtsbarkeit Tadel.[423] Zugrunde lag folgender Sachverhalt: Im Raum Braunschweig erhob das Gericht der Division Nr. 411 Anklage gegen einen Werkschutz-Wachmann der Hermann-Göring-Werke in Watenstedt. Dieser hatte einen sowjetischen Kriegsgefangenen, der im Werk zur Zwangsarbeit eingesetzt war, niedergeschossen, nachdem dieser sich angeblich widerspenstig verhalten hatte, als der Wachmann ihn wegen eines „Diebstahls" festnehmen wollte. Der Mann hatte „anstatt zu arbeiten, Küchenabfälle stehlen" wollen. Der Kriegsgefangene, der durch den Schuss schwer verletzt worden war, sowie andere Zeugen russischer Herkunft hatten gegenüber dem Kommandeur des Kriegsgefangenenlagers angegeben, der Wachmann habe ihn an Ort und Stelle erschießen wollen, weswegen sich der Gefangene aus Angst widerstrebend verhielt. Nachdem die Gestapo Kenntnis von den Umständen erhalten hatte, schaltete sie die Staatsanwaltschaft ein, die das Verfahren sofort an sich zog, da kein Fall des § 2 KStVO einschlägig war und somit auch keine Zuständigkeit der Kriegsgerichtsbarkeit. Die Ermittlungen gegen den Wachmann wurden sodann von der Staatsanwaltschaft eingestellt. Der Generalstaatsanwalt in Braunschweig führte dazu weiter aus: „Bei der Behandlung dieser Sache durch die militärischen Dienststellen fällt die mehr als übertriebene Objektivität gegenüber russischen Kriegsgefangenen auf." Die Wehrmacht verteidigte sich mit dem Argument, russische Kriegsgefangene müssten einigermaßen fair behandelt werden, da man sonst keinen Werbeeffekt für die kollaborierende Wlassow-Armee erzielen könne, die im Rahmen der Wehrmacht kämpfte.

422 Zum Folgenden Schreiben des Generalstaatsanwalts in Braunschweig an den Reichsminister der Justiz betr. Tagung am 6./7. Oktober 1943 v. 10. 9. 1943, ebenda, Bl. 362 ff.

423 Zum Folgenden ebenda.

Auch in Bezug auf Fälle von Wehrdienstentziehung gemäß § 5 Abs. 3 KSSVO kam es zu Missverhältnissen bei der Strafzumessungspraxis.[424] So meldete der Oberstaatsanwalt in Mannheim vier Fälle, in denen Frauen Telegramme mit erfundenem Inhalt an die Dienststellen ihrer Angehörigen oder Freunde geschickt hatten, damit diese Sonderurlaub bewilligt bekamen. In diesen Angelegenheiten war das Ungleichgewicht anders gelagert, da die Soldaten stets schwerere Strafen erhalten hatten als die Frauen.

Am 4. November 1943 fand schließlich ein Treffen zwischen Vertretern des Reichsjustizministeriums und der Wehrmachtrechtsabteilung in den Räumlichkeiten des Justizministeriums statt.[425] Neben der Klärung der Frage, wie die Gerichte beim Umgang zwischen Kriegsgefangenen und deutschen Zivilisten vorgehen wollten, erbat die Wehrmachtrechtsabteilung zukünftig die sogenannten Richterbriefe des Reichsjustizministeriums, die der Orientierung der Rechtsprechung dienen sollten, auch den Oberstkriegsgerichtsräten zukommen zu lassen. Durch Mitteilung des Inhalts an die untergeordneten Kriegsgerichte sollte die Urteilspraxis von ziviler und militärischer Justiz bei gleichen Sachverhalten angeglichen werden. Außerdem sollten Rundverfügungen des Reichsjustizministeriums, soweit es dies für erforderlich hielt, Zugang in die Militärgerichtsbarkeit zwecks Kenntnisnahme erhalten. Für den Bereich Deutschlands sollte gelten, dass dort ansässige Militärgerichte bei Verfahren, denen Verstöße gegen die allgemeinen Gesetze zugrunde lagen, Fühlungnahme mit den Justizbehörden, insbesondere den Sondergerichten und Staatsanwaltschaften, aufnehmen sollten, um sich über die gängige Spruchpraxis zu informieren. Die Wehrmachtrechtsabteilung erklärte sich außerdem einverstanden, möglichst viele Fälle, in denen Zivilisten als Mittäter beteiligt waren, an die Zivilgerichte abzugeben.

Im Dezember 1943 bemängelte die Wehrmachtrechtsabteilung gegenüber den Rechtsabteilungen der Teilstreitkräfte, dass die angestrebte Geschlossenheit der gesamten Strafrechtspflege lediglich in den höheren Dienststellen Berücksichtigung fände, während sie bei den subalternen Gerichten und Stäben nicht genügend angewandt würde.[426] Insbesondere die Dienststellen im Reichsgebiet sollten zu einer

424 Zum Folgenden vgl. Niederschrift in den Akten des Reichsjustizministeriums betr. Unterschiedliche Behandlung von Strafsachen gleichen oder ähnlichen Sachverhalts durch die allgemeinen Gerichte und die Kriegsgerichte, ebenda, Bl. 380 ff.

425 Zum folgenden vgl. Niederschrift in den Akten des Reichsjustizministeriums, ebenda, Bl. 377 f.; in Bezug auf die weiteren Ausführungen auch: Schreiben der Wehrmachtrechtsabteilung an die Rechtsabteilungen des Feld- und Ersatzheeres, der Kriegsmarine und der Luftwaffe betr. Strafverfahren gegen Kriegsgefangene wegen verbotenen Umgangs mit deutschen Frauen v. 26. 1. 1944, ebenda, Bl. 404.

426 Zum Folgenden vgl. Schreiben der Wehrmachtrechtsabteilung an die Rechtsabteilungen von Heer, Ersatzheer, Marine und Luftwaffe betr. Zusammenarbeit mit den Behörden der allgemeinen Justiz v. 14. 12. 1943, ebenda, Bl. 402.

engen Zusammenarbeit mit den Justizbehörden angehalten werden. Das Justizministerium wandte sich in der gleichen Angelegenheit an die Präsidenten der Oberlandesgerichte und die Generalstaatsanwälte und plädierte dafür, gemeinsame Angelegenheiten in enger Zusammenarbeit mit den Kriegsgerichten zu erledigen.[427]

Der Präsident des Hanseatischen OLG wandte sich im März 1944 an den Justizminister und teilte ihm mit, dass unter seinem Vorsitz eine Besprechung stattgefunden habe, an der die Vorsitzenden der Sondergerichte, Vertreter der Staatsanwaltschaft und Angehörige von Gerichten der Teilstreitkräfte sowie der Waffen-SS und Polizei teilgenommen hatten.[428] Im Gespräch standen diejenigen Straftatbestände im Vordergrund, die von gegenseitigem Interesse waren, wie Plünderung, Rundfunkverbrechen, Wehrkraftzersetzung und verbotener Umgang mit Kriegsgefangenen. Man sprach sich übereinstimmend dafür aus, in Fällen des § 1 der Volksschädlingsverordnung grundsätzlich die Todesstrafe anzuwenden. Man einigte sich ebenfalls darauf, in Fällen, in denen eine Abgabe an einen anderen Gerichtszweig möglich war, davon Gebrauch zu machen. Die anwesenden Wehrmachtrichter lobten die Anwendung der Richterbriefe. Abschließend einigte man sich darauf, derartige Zusammenkünfte halbjährlich zu wiederholen.

Nachdem Hitler in einem Erlass die grundsätzliche Abgabe von politischen Straftaten an die Sondergerichte bzw. den Volksgerichtshof verfügt hatte, wurde in der Durchführungsverordnung festgelegt, dass zur Wahrung der Einheitlichkeit der Rechtsprechung ergangene Urteile dem OKW zugesandt werden sollten. Blieb das Verfahren in der Hand der Wehrmachtgerichtsbarkeit, weil das Justizministerium eine Übernahme ablehnte, so war das Urteil umgekehrt dem Justizministerium zur Verfügung zu stellen.[429]

b „Verbotener Umgang“

Der politischen und militärischen Führung war daran gelegen, Kontakte zwischen Kriegsgefangenen und deutschen Soldaten sowie Zivilisten zu unterbinden und sie nur so weit zuzulassen, wie es dienstliche Gründe gestatteten. Die Verordnung über den Umgang mit Kriegsgefangenen vom 11. Mai 1940[430] stellte diese Grundsätze ausdrücklich heraus. Die Wehrschutzverordnung vom November 1939 drohte bei Verstößen gegen Vorschriften, die den Umgang mit Kriegs-

427 Schreiben des Reichsministers der Justiz vom Februar 1944, ebenda, Bl. 412.

428 Zum Folgenden vgl. Schreiben des Präsidenten des Hanseatischen OLG an den Reichsminister der Justiz betreffend Fühlungnahme der Zivilgerichte mit den Kriegsgerichten v. 18. 3. 1944, ebenda, Bl. 431 ff.

429 Verordnung zur Durchführung und Ergänzung des Erlasses des Führers über die Verfolgung politischer Straftaten von Angehörigen der Wehrmacht, Waffen-SS und Polizei v. 12. 1. 1945, ebenda NS 6/354, Bl. 116 ff.

430 RGBl. 1940 I, S. 769.

gefangenen regelten, Gefängnis- und Zuchthausstrafen an.[431] Der „verbotene Umgang“ stellte sich für die Kriegsgefangenen als „militärischer Ungehorsam“ dar, der in § 92 MStGB normiert war. Die Strafdrohung der Verordnung über den Umgang mit Kriegsgefangenen war hingegen auf Kriegsgefangene nicht anzuwenden.[432]

Ein besonderes Augenmerk galt dabei Beziehungen, die sich zwischen Kriegsgefangenen und deutschen Frauen entwickelten. Vor den Zivilgerichten wurden im Januar 1943 allein 6500 Frauen wegen verbotenen Umgangs mit Kriegsgefangenen verurteilt.[433] In Einzelfällen kam es aus Teilen der Bevölkerung heraus zu Selbstjustiz gegenüber angeklagten Frauen: Ihnen wurden die Köpfe kahlgeschoren.[434] Diese Vorfälle wurden vermutlich von Gliederungen der NSDAP organisiert oder fanden zumindest deren Billigung. Insoweit sprach ein politischer Leiter gegenüber Vertretern der Justiz von „Volksjustiz“. Die Justizorgane zeigten sich verunsichert, wie sie sich in solchen Fällen zu verhalten hatten und ob gegen die Täter Ermittlungen aufgenommen werden sollten.

Bei Frauen, die als „Halbjüdinnen“ eingestuft wurden, entschied das OKW, sie als „Deutsche“ zu betrachten, sah gleichwohl in einem solchen Fall nicht die „Würde des deutschen Volkes“ verletzt.[435] Eine Bestrafung sollte dann mit der militärischen Sicherheit begründet werden.

Das OKW ordnete an, dass sämtlichen Kriegsgefangenen eröffnet werden sollte, dass jede Annäherung an deutsche Frauen und Mädchen verboten sei und geahndet werden würde.[436] Als regelmäßige Strafe wurden zehn Jahre Gefängnis, in schweren Fällen auch eine Zuchthaus- oder die Todesstrafe angedroht.[437] Das Verbot wurde nicht nur bei Aufnahme in einem Kriegsgefangenenlager mitgeteilt, sondern einmal monatlich wiederholt.

Da die betroffenen Zivilisten der ordentlichen Gerichtsbarkeit unterstanden, die Kriegsgefangenen gemäß § 158 MStGB hingegen der Wehrmachtgerichtsbar-

431 Verordnung zur Ergänzung der Strafvorschriften zum Schutz der Wehrkraft des Deutschen Volkes v. 25. 11. 1939, RGBl. 1939 I, S. 2319.

432 OKH/Chef Heeresrüstung und Befehlshaber des Ersatzheeres betr. 5. Mob.-Sammelerlass v. 22. 7. 1940, BArch–MA RH 36/324, Bl. 74 ff.

433 Die Strafrechtspflege im fünften Kriegsjahr, BArch R 3001/25016, Bl. 49 ff.

434 Zum Folgenden Schreiben des Präsidenten des OLG Breslau an den Reichsminister der Justiz v. 8. 12. 1942, ebenda R 3001/23092, Bl. 26.

435 Zum Folgenden vgl. Übersicht OKH/Chef Heeresrüstung und Befehlshaber des Ersatzheeres bzgl. Ungehorsam Kriegsgefangener durch Umgang mit deutschen Frauen, BArch–MA RH 36/324, Bl. 100 ff.

436 Vgl. ebenda sowie OKH/Chef Heeresrüstung und Befehlshaber des Ersatzheeres betr. 5. Mob.-Sammelerlass v. 22. 7. 1940, ebenda, Bl. 74 ff.

437 Schreiben des Kommandeurs der Kriegsgefangenen im Wehrkreis V an den Generalstaatsanwalt Stuttgart v. 7. 3. 1944, BArch R 3001/21144, Bl. 422.

keit, kam es zu einer Reihe unterschiedlicher Urteile.[438] Durch Gespräche zwischen Justizministerium und Wehrmachtrechtsabteilung sollte ein derartiges Auseinandergehen verhindert werden. In einem Fall war ein deutscher Zivilist wegen verbotenen Umgangs mit einem Kriegsgefangenen zu einem Jahr und drei Monaten Gefängnis durch ein Amtsgericht verurteilt worden, während der betreffende Kriegsgefangene durch Urteil eines Feldgerichts freigesprochen worden war, was darauf zurückzuführen war, dass eine Zeugenaussage von den Gerichten völlig unterschiedlich bewertet worden war.[439]

Die Wehrmachtrechtsabteilung regte Überlegungen an, bei derartigen Problemen die Strafverfahren zu verbinden und verwies auf § 18 Abs. 1 KStVO.[440] Bei einem Kriegsgefangenen war diese Verbindung jedoch nicht durchführbar, da er bei Fällen „verbotenen Umgangs" nicht als Teilnehmer angesehen werden konnte, da er im rechtlichen Sinne das Tatobjekt war, mit dem ein Deutscher den „Umgang" beging. Da eine Abgabe an die zivile Gerichtsbarkeit nicht möglich war – es lag kein Verstoß gegen allgemeine Gesetze vor –, wurde angedacht, dem Urteil des zuerst erkennenden Gerichts bindende Wirkung zukommen zu lassen, was man aber bei der Unterschiedlichkeit der Gerichtszweige als unwahrscheinlich verwarf. Eine entscheidende Ursache sah man darin, dass es Zivilgerichten durch einen Befehl Hitlers verboten war, Kriegsgefangene zu vernehmen. Man sah eine Möglichkeit der Umgehung darin, dass die Anordnung augenscheinlich nur auf belastende Zeugenaussagen von Kriegsgefangenen gerichtet war, nicht jedoch auf Fälle, in denen sie als Entlastungszeugen aussagten. Letztlich regte man an, aufgrund neuer Tatsachen oder Beweismittel, die im zuletzt abgeschlossenen Verfahren zutage traten, eine Wiederaufnahme des Verfahrens anzustrengen, was auch bei Urteilen der Sondergerichte in Betracht kommen sollte.

Nach einer Besprechung am 4. Dezember 1942 überlegte man neue Strategien, um abweichende Urteile in Bezug auf den Umgang mit Kriegsgefangenen anzugleichen.[441] Man sah die Möglichkeit, einen deutschen Beteiligten an die Wehrmachtgerichtsbarkeit abzugeben, da es nur auf die Einheitlichkeit des tatsächlichen Vorgangs ankam und nicht darauf, ob dieser bei den verschiedenen Beteiligten unter demselben rechtlichen Gesichtspunkt zu würdigen wäre. Sollte es sich jedoch um eine Frau handeln, wäre eine gemeinsame Hauptverhandlung nicht möglich, da eine deutsche

438 Zum Folgenden vgl. Aktenvermerk des Reichsjustizministeriums v. 21. 10. 1942, ebenda, Bl. 341.

439 Vgl. Schreiben der Wehrmachtrechtsabteilung an das Reichsjustizministerium betr. Strafsache gegen den französischen Kriegsgefangenen Hendriet v. 17. 10. 1942, ebenda, Bl. 342.

440 Zum Folgenden vgl. Vermerk in den Akten des Reichsjustizministeriums, ebenda, Bl. 344 f.

441 Zum Folgenden vgl. Aktenvermerk des Reichsjustizministeriums v. 4. 12. 1942, ebenda, Bl. 346 f.

Frau nicht zusammen mit einem Kriegsgefangenen auf der Anklagebank sitzen durfte. Die Anberaumung von zwei Hauptverfahren war indes auch nicht möglich, da es sich insoweit nicht mehr um eine Verbindung von Verfahren im Sinne des § 18 Abs. 1 KStVO handelte. Schließlich ging man auch davon aus, dass jedwede Zeugenvernehmung eines Kriegsgefangenen vor einem allgemeinen Gericht dem „Führerbefehl" widerspräche, da es nicht angehen könne, dass ein deutsches Gericht einer deutschen Frau nicht genug Glauben schenke und daher einen Kriegsgefangenen befrage, um zu einer Überzeugung zu gelangen. Man schlug nunmehr vor, das wehrmachtgerichtliche Verfahren stets vor dem zivilgerichtlichen durchzuführen. Sollte das Verfahren zum Freispruch des Kriegsgefangenen führen, so würde die Oberstaatsanwaltschaft in der Regel das Verfahren gegen die Frau einstellen.

Im November 1943 wurden die Gespräche über den Umgang mit Fällen von Fraternisierung fortgesetzt.[442] Eine Verbindung der Verfahren wurde verworfen, ebenso die Möglichkeit, zunächst das militärgerichtliche Verfahren durchzuführen, da Strafverfahren gegen Kriegsgefangene erfahrungsgemäß lange dauerten, während der sprunghafte Anstieg des „verbotenen Umgangs" eine rasche Bestrafung des deutschen Zivilisten gebot. Man einigte sich darauf, dass ein Wehrmachtgericht, das von den Feststellungen eines Zivilgerichts abweichen wollte, die Sache der Wehrmachtrechtsabteilung vorlegen sollte, die wiederum eine Wiederaufnahme des Verfahrens vor dem zivilen Gericht anregen würde. Entsprechend sollten die ordentlichen und Sondergerichte vorgehen.

V. Strafvollstreckung und Strafvollzug

1. Freiheitsstrafen allgemein

Die ab dem 26. August 1939 gültige KStVO regelte auch im Wesentlichen die Strafvollstreckung. Die Gerichtsherren vollstreckten weiterhin Strafen gegen Wehrmachtangehörige, die von Militärgerichten oder von allgemeinen Gerichten ausgesprochen wurden. Es blieb dabei, dass zu Zuchthaus oder zur Wehrunwürdigkeit Verurteilte den zivilen Behörden übergeben wurden.

Mit Beginn des Krieges wurden die Wehrmachtgefängnisse sowie die Festungshaftanstalt Ingolstadt dem Allgemeinen Heeresamt des OKH unter-

442 Zum Folgenden vgl. Niederschrift in den Akten des Reichsjustizministeriums, ebenda, Bl. 377 f.; in Bezug auf die weiteren Ausführungen auch: Schreiben der Wehrmachtrechtsabteilung an die Rechtsabteilungen des Feld- und Ersatzheeres, der Kriegsmarine und der Luftwaffe betr. Strafverfahren gegen Kriegsgefangene wegen verbotenen Umgangs mit deutschen Frauen v. 26. 1. 1944, ebenda, Bl. 404.

stellt.[443] Dem Befehlshaber des Ersatzheeres wurden alle Angelegenheiten des Strafvollzuges im Gebiet des Deutschen Reiches übertragen. Die Zuständigkeit des Ersatzheeres erstreckte sich dabei auf die Angehörigen aller Wehrmachtteile.

Da während des Krieges auch Frauen und Mädchen in Anstalten der Wehrmacht inhaftiert wurden, gab das Justizministerium Vollzugsbeamtinnen an die Wehrmacht ab, die ihren Dienst in Wehrmachtgefängnissen versahen.[444] Während die Wehrmacht die Nutzung des Gefängnisses in Ulm im September 1939 aufgab, wurden die vormaligen Festungshaftanstalten Glatz und Germersheim als Wehrmachtgefängnisse eingerichtet.[445] Für die Bereiche Ostpreußens und des einverleibten Österreichs standen auch nach Kriegsausbruch keine Gefängniseinrichtungen zur Verfügung. Freiheitsstrafen von mehr als sechs Wochen mussten dort grundsätzlich in Hafträumlichkeiten der Justizverwaltung vollstreckt werden.[446] Im Laufe des Krieges wurden in Bruchsal, Graudenz, Anklam und Freiburg weitere Wehrmachtgefängnisse errichtet.[447] Aufgrund einer Übereinkunft zwischen dem OKW und dem Reichsjustizministerium aus dem Frühjahr 1940 konnten die Gerichtsherren jederzeit auf vorhandene Hafträume der Justizbehörden zurückgreifen, wenn die eigenen Kapazitäten nicht ausreichten und es sich um Untersuchungshaft oder um Arrest und Freiheitsstrafen bis zu sechs Wochen Dauer handelte.[448]

Für Wehrmachthäftlinge wurde im Dezember 1939 durch einen „Führer-Erlass" eine in der Disziplinarordnung der Wehrmacht bisher nicht vorgesehene Arrestart eingeführt, der strenge Arrest.[449] Derartig bestrafte Häftlinge mussten die Arrestzeit in einer verdunkelten Zelle verbringen, die nur eine harte Schlafstätte enthielt. Als Nahrung bekamen sie lediglich Wasser und Brot. Eine tägliche

443 Vgl. Kurze Übersicht über Organisation und Aufgaben des Wehrmachtstrafvollzugs, der Bewährungstruppe sowie der Sondereinheiten des Heeres v. 16. 3. 1943, BArch-MA RH 15/186, Bl. 172 ff.

444 Vgl. Schreiben des Reichsministers der Justiz an das OKW/Gruppe Strafvollzug betr. Transport der von den deutschen Wehrmachtgerichten verurteilten weiblichen norwegischen Staatsangehörigen in die zuständige Anstalt und Rücktransport nach Verbüßung der Strafe v. 18. 3. 1941, BArch R 3001/21278, Bl. 320 f.

445 Friedensstrafvollstreckungsplan, BArch-MA RH 53-6/76, Bl. 119; vgl. auch Stammtafel des Wehrmachtgefängnisses Glatz, ebenda RH 48/7, Bl. 71.

446 Vgl. Friedensstrafvollstreckungsplan, ebenda RH 14/22, Bl. 53.

447 Chef der Heeresrüstung und Befehlshaber des Ersatzheeres betr. Anschriften der Wehrmachtgefängnisse und Wehrmachtgefangenenabteilungen v. 31. 1. 1942, ebenda RH 14/33, Bl. 1 f.

448 Abschrift aus dem Marineverordnungsblatt H. 10 v. 15. 3. 1940, ebenda RM 31/3351.

449 Zum Folgenden vgl. Verordnung über die disziplinare Verhängung von strengem Arrest in der Wehrmacht v. 30. 12. 1939 abgedruckt bei: Hodes, Disziplinarstrafordnung, S. 129 f.

Bewegungsmöglichkeit im Freien war ihnen verwehrt. Diese Strafe konnte bereits als erste Disziplinarstrafe verhängt werden.

Während grundsätzlich die Gerichtsherren für alle Vollstreckungsentscheidungen zuständig waren, wurden diese Befugnisse in der Luftwaffe weitgehend auf die Zentrale Vollstreckungsabteilung für die beweglichen Feldgerichte übertragen, die eine Unterabteilung der Luftwaffen-Rechtsabteilung war. Sie bestand in dieser Form bis zum 15. April 1943 und wurde durch das Amt für Vollstreckungs- und Gnadensachen der Luftwaffe ersetzt, das zwar organisatorisch Teil der Luftwaffenrechtsabteilung blieb, aber direkt Hermann Göring als Befehlshaber der Luftwaffe unterstellt war.[450] Es war zuständig für alle Angelegenheiten der Strafvollstreckung, sofern der Freiheitsentzug länger als drei Monate dauerte oder es sich um Straflagerverwahrung handelte. Weiterhin bearbeitete es Gnadengesuche und Bewährungseinsätze.[451] Für das Amt wurde ein eigener Gerichtsherr bestimmt, der den Rang eines kommandierenden Generals und Befehlshabers innehatte.[452]

Die Zwecke des militärischen Strafvollzuges blieben während der Friedensperiode und nach Kriegsbeginn im Wesentlichen gleich. Er sollte zunächst Vergeltung für den Rechtsbruch sein und abschreckend wirken.[453] Harte Arbeit wurde als adäquates Mittel angesehen, um die Häftlinge zum Gehorsam zu „erziehen" und sie zu „brauchbaren" Soldaten zu machen, die der kämpfenden Truppe zugeführt werden sollten. Der militärische Strafvollzug stellte darüber hinaus einen Ausleseprozess dar. Soweit sich Gefangene wegen ihres Verhaltens als nicht mehr tragbar für die Wehrmacht zeigten, sollte der Strafvollzug Sorge tragen, dass diese aus der Wehrmacht ausschieden.[454] Dies hatte eine Inhaftierung entweder im Kompetenzbereich des Justizministeriums oder im Schutzhaftsystem der SS zur Folge. In dieser Hinsicht war es Aufgabe des Vollzuges, zwischen besserungsfähigen Soldaten einerseits und „asozialen, charakterlich und konstitutionell Minderwertigen" andererseits zu sortieren. Dieses System folgte damit dem grundlegenden Prinzip des

450 Zum Folgenden Der Reichsminister der Luftfahrt und Oberbefehlshaber der Luftwaffe betr. Vereinfachung der Strafvollstreckung v. 22. 3. 1943, BArch R 3001/22298, Bl. 71.

451 Vgl. Erlass des Reichsministers der Luftfahrt und Oberbefehlshabers der Luftwaffe betr. Vereinfachung der Strafvollstreckung v. 24. 3. 1943, ebenda, Bl. 72.

452 Der Reichsminister der Luftfahrt und Oberbefehlshaber der Luftwaffe betr. Vereinfachung der Strafvollstreckung v. 22. 3. 1943, ebenda, Bl. 71.

453 Klut, Der Vollzug von Freiheitsstrafen, in: ZfW 3 (1938/39), S. 126, 129 ff.; Kurze Übersicht über Organisation und Aufgaben des Wehrmachtstrafvollzugs, der Bewährungstruppe sowie der Sondereinheiten des Heeres v. 16. 3. 1943, BArch-MA RH 15/186, Bl. 172 ff.; Richtlinien für die Strafvollstreckung im Kriege und bei besonderem Einsatz OKW/Wehrmachtrechtsabteilung v. 30. 9. 1939, ebenda RW 19/2130, Bl. 165 f.

454 Zum Folgenden Kurze Übersicht über Organisation und Aufgaben des Wehrmachtstrafvollzugs, der Bewährungstruppe sowie der Sondereinheiten des Heeres v. 16. 3. 1943, ebenda RH 15/186, Bl. 172 ff.

zivilen Strafvollzuges, Verurteilte in „unverbesserliche Gewohnheitsverbrecher und einmal Gestrauchelte“ einzuteilen.[455]

Die KStVO sah bei der Verhängung von Freiheitsstrafen gegenüber Wehrmachtangehörigen oder wehrpflichtigen deutschen Zivilisten in erster Linie eine Aussetzung der Strafe vor, die entweder nach Beendigung des Krieges zu verbüßen oder durch Bewährung im Kampf zu reduzieren war bzw. ganz entfallen konnte. Die dem Gerichtsherrn eingeräumte Möglichkeit, gemäß § 104 Abs. 2 KStVO sowie nach § 104 Abs. 1 Nr. 3 KStVO i. d. F. vom 18. Mai 1940 die sofortige Vollstreckung der ganzen Strafe anzuordnen, sollte nur aus einem wichtigen Grund in Betracht kommen, insbesondere bei Verurteilten, die als „asozial“, „wehrfeindlich“ oder homosexuell eingestuft wurden, sowie bei Vorbestraften oder Personen, denen eine Fahnenflucht unterstellt wurde, sofern sie eine passende Gelegenheit erhielten.[456] Eine sofortige Strafvollstreckung konnte darüber hinaus vornehmlich dann angeordnet werden, wenn es sich um eine geringfügige Freiheitsstrafe handelte.[457] Dabei war zu berücksichtigen, dass einerseits die Strafe ausreichen sollte, um den Betreffenden „zu einem brauchbaren Soldaten“ zu erziehen, andererseits durfte die Strafvollstreckung nicht „Feigen einen Anreiz geben, sich vor Gefahren zu drücken“. Die 7. Durchführungsverordnung zur KStVO vom 18. Mai 1940 beließ die Regelung, dass Freiheitsstrafen vornehmlich auszusetzen seien. Den Gerichtsherren wurde nunmehr die Gelegenheit eingeräumt, zunächst einen Teil der Strafe verbüßen zu lassen und den Rest auszusetzen, während die Anordnung, die gesamte Strafe zu verbüßen, als Letztes in Betracht kam. Bei seiner Entscheidung, ob und über welchen Zeitraum eine Freiheitsstrafe vollstreckt werden sollte, hatte der Gerichtsherr stets zu berücksichtigen, wie sich die Tat auf die „Manneszucht“ auswirkte und welche Erfordernisse die Kriegslage stellte.[458] Im Bereich der Kriegsmarine wurden am Anfang des Krieges grundsätzlich alle ausgesprochenen Freiheitsstrafen vollstreckt.[459] Möglicherweise änderte sich diese Praxis mit der Aufstellung der „Bewährungsbataillone 500“ durch das Heer im Frühjahr 1941. Festungshaftstrafen sollten ab Juni 1942 nur noch zur Gänze vollstreckt oder vollständig ausgesetzt werden.[460] Eine Teilvollstreckung war generell ausgeschlossen.

455 Vgl. dazu Klut, Der Vollzug von Freiheitsstrafen, in: ZfW 3 (1938/39), S. 126, 129.

456 Fritz Hodes, Die Strafvollstreckung im Kriege, in: ZfW 4 (1939/1940), S. 402, 406 f.

457 Richtlinien für die Strafvollstreckung im Kriege und bei besonderem Einsatz OKW/Wehrmachtrechtsabteilung v. 30. 9. 1939, BArch-MA RW 19/2130, Bl. 165 f.

458 Begründung zur Siebenten Durchführungsverordnung zur Kriegsstrafverfahrensordnung v. 18. 5. 1940, in: Gesetzesdienst für die Wehrmachtgerichte, H. 3, BArch R 3001/22290, Bl. 311 ff.

459 Vgl. Bericht über die Strafvollstreckung und Aktenverwahrung bei der Marinejustiz im Kriege v. 14. 10. 1946, Deutsche Minenräumdienstleitung, BArch-MA ZA 5/5, Bl. 56 f.

460 Chef OKW/Wehrmachtrechtsabteilung Richtlinien für die Strafvollstreckung v. 10. 6. 1942, BArch R 3001/22291, Bl. 47 ff.

Die Arrestanstalten und -räume der Wehrmacht blieben auch während des Krieges für den Vollzug kurzer Freiheitsstrafen zuständig. Die kämpfenden Einheiten waren gehalten, derartige Einrichtungen behelfsmäßig zu errichten, um den Vollzug möglichst vor Ort durchzuführen.[461] In den besetzten Gebieten bestanden darüber hinaus Arrestanstalten mit der Bezeichnung „Kriegswehrmachthaftanstalten", die dem Vollzug von bis zu sechswöchigen Strafen dienten.[462] Außerdem wurden außerhalb des Deutschen Reiches Vollzugsanstalten mit der Bezeichnung „Kriegswehrmachtgefängnisse" errichtet, in denen Freiheitsstrafen bis zu einer Länge von drei Monaten vollstreckt werden konnten. Heeresangehörige, die der kämpfenden Truppe angehörten und eine mehr als sechswöchige Freiheitsstrafe im Gebiet des Deutschen Reiches verbüßten, wurden zum Ersatzheer versetzt.[463] Offiziere des Heeres wurden indes nicht zum Ersatzheer überstellt, sondern galten als von ihrer Einheit kommandiert.[464] Die Luftwaffe vollstreckte Freiheitsstrafen bis zu einer Länge von drei Monaten in eigenen Vollzugseinrichtungen,[465] die Kriegsmarine bis zu sechs Monaten in den Standortarrestanstalten.[466] Diese Praxis änderte sich bei der Marine erst während des Jahres 1942 mit der Einrichtung von Vollzugseinrichtungen an der Front, die dem Heer unterstanden. Dort verbüßten Marineangehörige Gefängnisstrafen ab einer Länge von drei Monaten.

Ab April 1940 erhielten Strafgefangene nur noch 80 % der für Soldaten festgelegten Menge an Nahrungsmitteln.[467] Ab 1943 wurde die Verpflegungsmenge neu festgelegt und auf täglich 600 g Brot, 30 g Fett und wöchentlich 800 g Fleisch beschränkt.[468] Gefangenen, die nicht arbeiteten, wurden zudem 30 % der Fleisch- und 20 % der Fettrationen gestrichen. Festungsgefangene hingegen erhielten die reguläre Wehrmachtverpflegung.[469] Die tägliche Arbeitszeit für Insassen der

461 Merkblatt über Vollzugseinrichtungen und Bewährungstruppen v. 4. 9. 1944, BArch-MA RH 13/62, S. 1 ff.; Merkblatt 2 OKH, General z. b. V. v. 24. 1. 1943, ebenda RH 13/61, S. 2 ff.

462 Merkblatt 2 OKH, General z. b. V. v. 24. 1. 1943, ebenda RH 13/61, S. 2 ff.

463 OKH/Chef Heeresrüstung und Befehlshaber des Ersatzheeres betr. Versetzung von Soldaten des Heeres bei Beginn, Beendigung bzw. Aussetzung des Strafvollzugs, sowie bei Beginn und Beendigung der Straflagerverwahrung v. 29. 1. 1943, ebenda RH 14/33, Bl. 4 f.

464 OKH/Heerespersonalamt betr. Gerichtlich bestrafte Offiziere v. 20. 3. 1944, ebenda RH 15/186, Bl. 179.

465 Vgl. Erlass des Reichsministers der Luftfahrt und Oberbefehlshabers der Luftwaffe betr. Vereinfachung der Strafvollstreckung v. 24. März 1943, BArch R 3001/22298, Bl. 72.

466 Vgl. Bericht über die Strafvollstreckung und Aktenverwahrung bei der Marinejustiz im Kriege v. 14. 10. 1946, Deutsche Minenräumdienstleitung, BArch-MA ZA 5/5, Bl. 56 f.

467 Vgl. Franz W. Seidler, Die Militärgerichtsbarkeit, S. 101.

468 Vgl. Kurze Übersicht über Organisation und Aufgaben des Wehrmachtstrafvollzugs, der Bewährungstruppe sowie der Sondereinheiten des Heeres v. 16. 3. 1943, BArch-MA RH 14/33, Bl. 6 ff.

469 Franz W. Seidler, Die Militärgerichtsbarkeit, S. 116.

Wehrmachtgefängnisse betrug zehn bis 14 Stunden.[470] Vorrangig wurden Tätigkeiten im Rahmen von Rüstungsprogrammen durchgeführt.[471] Gefangene wurden aber auch zur Beseitigung von Bombenschäden herangezogen.[472]

Die Bedingungen, denen die Häftlinge in Wehrmachtgefängnissen unterworfen waren, verglich der unter anderem als Ankläger und Verteidiger vor Kriegsgerichten tätige Heinz Drossel mit denen eines Konzentrationslagers.[473] Kenner der dortigen Zustände bedienten sich daher auch der Bezeichnung „Soldaten-KZ". In seinen Memoiren führt Drossel dazu aus: „Das Gefängnis ist ein düsterer Bau – aber geradezu freundlich gegenüber dem, was sich hinter diesen Mauern abspielt. [...] Draußen sehe ich, was hier Alltag ist. Wie sagte der Kriegsgerichtsvorsitzende bei meiner ersten Verteidigung? Ein Soldaten-KZ. Es ging nur im ‚marsch, marsch' – ausgemergelte Gestalten – und viel Schläge."[474]

Nach Beendigung der Strafverbüßung sollten die Entlassenen in erster Linie zu ihrem Stammtruppenteil kommandiert werden. Ob der Betreffende zu einer anderen Einheit versetzt wurde, konnte nur auf der Kommandoebene einer Armee oder einer Heeresgruppe entschieden werden.[475] Dem Vorgesetzten eines aus dem Strafvollzug entlassenen Wehrmachtangehörigen war ein Merkblatt zu übersenden, dass ihn darauf hinwies, dass ein vormaliger Häftling nicht als „Bestrafter" behandelt werden durfte. Die Vorbestrafung des Soldaten sollte überdies vor der Truppe geheim gehalten werden.[476]

Eine einschneidende Veränderung innerhalb des Strafvollzuges ging ab April 1942 mit der Errichtung von Feldstrafgefangenen-Abteilungen und Feldstraflagern einher. Der Vollzug von Gefängnisstrafen verlagerte sich damit schwerpunktmäßig aus den Haftanstalten an die Front.[477] Die Wehrmachtgefängnisse waren ab Juni 1942 vornehmlich für Offiziere, Unteroffiziere und Wehrmachtbeamte, ge-

470 Vgl. Kurze Übersicht über Organisation und Aufgaben des Wehrmachtstrafvollzugs, der Bewährungstruppe sowie der Sondereinheiten des Heeres v. 16. 3. 1943, BArch–MA RH 14/33, Bl. 6 ff.

471 Vgl. Michael Eberlein/Norbert Haase/Wolfgang Oleschinski, Torgau, S. 45 ff.

472 Franz W. Seidler, Die Militärgerichtsbarkeit, S. 120.

473 Vgl. Heinz Drossel, Die Zeit der Füchse, S. 129; sowie Interview Heinz Drossel mit dem Verfasser vom 2. 9. 2006.

474 Drossel, Die Zeit der Füchse, S. 190.

475 OKH/Chef Heeresrüstung und Befehlshaber des Ersatzheeres betr. Versetzung von Soldaten des Heeres bei Beginn, Beendigung bzw. Aussetzung des Strafvollzugs, sowie bei Beginn und Beendigung der Straflagerverwahrung v. 29. 1. 1943, BArch–MA RH 14/33, Bl. 4 f.

476 OKW-Merkblatt über die Behandlung der Soldaten nach Entlassung aus dem Wehrmachtstrafvollzug v. 30. 4. 1942, ebenda RH 15/186, Bl. 170.

477 Vgl. OKH/Chef Heeresrüstung und Befehlshaber des Ersatzheeres betr. Versetzung von Soldaten des Heeres bei Beginn, Beendigung bzw. Aussetzung des Strafvollzugs, sowie bei Beginn und Beendigung der Straflagerverwahrung v. 29. 1. 1943, ebenda RH 14/33, Bl. 4 f.

gen die nicht auf Rangverlust erkannt worden war, vorgesehen.[478] Offiziere mit Gefängnisstrafen von über drei Monaten waren ausschließlich dem Wehrmachtgefängnis Glatz zu überweisen.[479] Die Wehrmachtgefängnisse sollten darüber hinaus nur noch ausnahmsweise dem Vollzug von Freiheitsstrafen dienen, wie etwa bei fahrlässig begangenen Straftaten sowie bei Strafen oder Strafresten unter drei Monaten, sofern diese nicht in Arrestanstalten vollzogen wurden.[480] Ausländische Wehrmachtangehörige hatten, sofern es sich nicht um Staatsangehörige der Sowjetunion handelte, Freiheitsstrafen generell nur im Gebiet des Deutschen Reiches zu verbüßen.[481] Lagen die Voraussetzungen für eine Überweisung in ein Feldstraflager oder eine Feld-Strafgefangenenabteilung vor, so war der Vollzug im Wehrmachtgefängnis Torgau-Fort Zinna durchzuführen.

Über das Leben und die Behandlung der Gefangenen in einem Wehrmachtgefängnis soll ein Zeitzeuge zu Wort kommen, der als junger Gefreiter zu mehreren Jahren Gefängnishaft verurteilt wurde. Seine Ausführungen zum Strafvollzug leitete er mit den Worten ein, dass er in der Wehrmachthaftanstalt erst gelernt habe, was alles möglich sei, „bei der Wehrmacht“: „Mit insgesamt 50 Häftlingen waren wir in einer großen Zelle untergebracht. Wir schliefen in Betten, von denen jeweils vier übereinander angeordnet waren. Morgens um 5.00 Uhr erscholl ein Pfiff, daraufhin hatten alle auf dem Flur anzutreten. Ein weiterer Pfiff: Ausrichten. Wieder ein Pfiff – abzählen. Der nächste Pfiff „Links um!“, der nächste: Im Dauerlauf zum Waschraum. Der Waschraum war so groß, dass er uns 50 Mann fassen konnte. Auf einen Pfiff hatte der Oberkörper freigemacht zu werden. Nun hieß es waschen. Wieder ein Pfiff, nun wieder ankleiden. Auf den nächsten Pfiff hatten wir den Waschraum zu verlassen und auf dem Flur anzutreten. Wieder ein Pfiff: wieder abzählen. Hernach auf Pfiff wieder zurück in die Zelle. Nach einer Weile öffnete sich die Tür. Es erklang ein Pfiff, woraufhin alle mit ihren Kochgeschirren anzutreten hatten. Zurück in der Zelle wurde die Tür wieder verschlossen. Nach einer halben Stunde wieder ein Pfiff: Raus, antreten, abzählen, alles runter auf den Hof. Nun ging es los: Hüpfen, während man in den ausgestreckten Händen eine Art Besenstiel hielt. Zwischendurch immer wieder Pfiffe, dann hieß es mal hinlegen, mal links rum, mal rechts rum – stundenlang wurden wir hin- und herge-

478 Chef OKW/Wehrmachtrechtsabteilung Richtlinien für die Strafvollstreckung v. 10. 6. 1942, BArch R 3001/22291, Bl. 47 ff.

479 OKH/Heerespersonalamt betr. Gerichtlich bestrafte Offiziere v. 20. 3. 1944, BArch-MA RH 15/186, Bl. 179.

480 Chef OKW/Wehrmachtrechtsabteilung Richtlinien für die Strafvollstreckung v. 10. 6. 1942, BArch R 3001/22291, Bl. 47 ff.

481 Zum Folgenden vgl. Übersicht OKH/Chef Heeresrüstung und Befehlshaber des Ersatzheeres v. 10. 8. 1943 bzgl. Strafvollzug gegen ausländische Freiwillige, BArch-MA RH 36/324, Bl. 100 ff.

jagt. Schließlich - natürlich wieder auf einen Pfiff - gab es Mittagessen. Danach wieder raus und den Nachmittag über Arbeiten verrichten, z. B. irgendwo Kohlen schaufeln.“[482]

2. Vollzug an der Front

a Allgemeines

Vor Kriegsbeginn wurde die Strafvollstreckung der Wehrmacht im Falle eines Krieges als besonders problematisch erachtet, da der Vollzug für den Verurteilten keine Lebensgefahr darstellte, der die Soldaten ausgesetzt waren. Während des Ersten Weltkrieges waren Freiheitsstrafen an Soldaten in Haftanstalten in Deutschland vollstreckt worden.[483] Gegen Ende des Krieges hatte sich dann die Vorstellung entwickelt, den Strafvollzug in Strafgefangenen-Kompanien direkt an der Front durchzuführen.[484] Über ihren Einsatz lagen der NS-Wehrrechtswissenschaft jedoch keine Erfahrungsberichte vor, sodass es in der Vorkriegszeit zunächst bei theoretischen Überlegungen blieb. Man befürchtete jedoch ein Ausbleiben der abschreckenden Wirkung, wenn der Kriegsstrafvollzug nicht unter gefahrvollen Umständen, wie sie an der Front herrschten, durchgeführt würde.[485] In einem in der Zeitschrift für Wehrrecht veröffentlichten Aufsatz wurde die Schaffung von Feldstrafabteilungen angeregt, die zu harten Arbeiten im Kampfgebiet herangezogen werden sollten.[486] Derartige Einheiten sollten jeweils für „sonst gutbewährte“ und „ehrlose“ Rechtsbrecher aufgestellt werden, wobei für Letztgenannte noch strengere Bedingungen gelten sollten. Zur Aufrechterhaltung der Disziplin in den Strafkompanien sollten abschreckende Maßnahmen, insbesondere die exzessive Anwendung der Todesstrafe, beitragen.

Strafvollzugseinrichtungen im Frontgebiet wurden indes erst im weiteren Verlauf des Zweiten Weltkrieges von der Wehrmacht errichtet. Ab 1942 führten einige größere militärische Verbände sogenannte Strafvollstreckungszüge, in denen die Gerichtsherren nach ihrem Ermessen Strafen, die gegenüber Mannschaftsdienstgraden und Unteroffizieren verhängt worden waren, von einer Länge bis zu drei Monaten vollziehen konnten.[487] Für diese Einheiten bestanden keine Dienstvor-

482 Interview U. G. mit dem Verfasser vom 4. 12. 2008.

483 Vgl. Ernst Reinecke, Erfahrungen, in: ZfW 2 (1937/38), S. 368, 370.

484 Vgl. Helmuth Mayer, Militärjustiz im neuzeitlichen Krieg, in: ebenda, S. 329, 342.

485 Vgl. ebenda; sowie Ernst Reinecke, Erfahrungen, in: ebenda, S. 368, 370.

486 Zum Folgenden vgl. Ernst Reinecke, Erfahrungen, in: ebenda, S. 368, 370.

487 Zum Folgenden vgl. Burkhardt, Wandlungen der Wehrmacht-Strafvollstreckung, in: ZfW 8 (1943/44) 2, S. 108, 110 f.; auch Übersicht Abgrenzung der Militärgerichtsbarkeit gegenüber der Zivilgerichtsbarkeit, BArch-MA RL 17/52.

schriften, indes sollten nur Erstbestrafte oder geringfügig Vorbestrafte in diese Züge eingewiesen werden. Daneben wurden Feldstraflager und Feldstrafgefangenenabteilungen errichtet. Bei den größeren Truppenverbänden und im rückwärtigen Heeresgebiet entstanden außerdem bewegliche Heeresgefängnisse, die der Weiterleitung von Verurteilten in Vollzugsanstalten, Feld-Strafgefangenenabteilungen oder Straflager, als Untersuchungsgefängnisse oder dem Vollzug von Arreststrafen dienten.[488]

b Straflager

Die KStVO sah in ihrer Fassung vom August 1939 vor, dass der militärische Strafvollzug an Wehrmachtangehörigen und wehrpflichtigen Deutschen bis zum Kriegsende auszusetzen war. Die Gerichtsherren sollten nur aus wichtigen Gründen von diesem Grundsatz abweichen und sofortigen Vollzug anordnen. Nach § 105 KStVO konnten Verurteilte, „bei denen es aus Gründen der Sicherheit oder Erziehung erforderlich ist, für die Dauer der Aussetzung" in ein Straflager überwiesen werden. Allerdings gab die Heeresrechtsabteilung bereits am 31. August 1939 bekannt, dass von der Einrichtung dieser besonderen Vollzugsform zunächst Abstand genommen würde.[489]

Die am 30. September 1939 von der Wehrmachtrechtsabteilung herausgegebenen Richtlinien für die Strafvollstreckung im Kriege[490] griffen die Straflager-Thematik wieder auf und legten fest, dass der Straflagervollzug insbesondere dann Anwendung finden sollte, wenn der Verurteilte eine „Gefahr für die Manneszucht" darstellte und diese auch nach einem Regelvollzug in einem Wehrmachtgefängnis weiterhin bestand. Der Chef der Wehrmachtrechtsabteilung Lehmann bezeichnete Straflagerinsassen als unbelehrbare Träger eines „wehrfeindlichen Geistes".[491] Für eine Straflagerverwahrung kamen ausdrücklich auch diejenigen Soldaten in Betracht, die gemäß dem Gnadenerlass für die Wehrmacht vom 1. September 1939[492] für eine Gnadenmaßnahme nicht in Betracht zu ziehen waren, weil ein „wichtiger

488 Merkblatt 2 OKH, General z. b. V. v. 24. 1. 1943, BArch-MA RH 13/61, S. 2 ff.; Merkblatt über Vollzugseinrichtungen und Bewährungstruppen v. 4. 9. 1944, ebenda RH 13/62, S. 1 ff.

489 OKH/Heeresrechtsabteilung betr. Strafvollstreckung für die Geltungsdauer der KStVO v. 31. 8. 1939, ebenda RH 53-6/76, Bl. 118.

490 Wehrmachtrechtsabteilung/OKW betr. Strafvollstreckung im Kriege v. 30. 9. 1939, ebenda RW 19/2130, Bl. 165 f.

491 Vgl. Vermerk der Wehrmachtrechtsabteilung betr. Aussetzung der Strafvollstreckung zum Zwecke der Bewährung v. 18. 9. 1940, BArch R 3001/25015, Bl. 5 ff.; ebenso äußert sich Werner Hülle, Die Änderung der Kriegsstrafverfahrensordnung vom 18. Mai 1940, in: ZfW 5 (1940/41), S. 153, 159.

492 Gnadenerlass des Führers und Reichskanzlers für die Wehrmacht v. 1. 9. 1939, RGBl. 1939 I, S. 1549.

Grund" für die Verwehrung vorlag. Die Kommandanten der Wehrmachtgefängnisse wurden angewiesen, die Häftlinge, die nicht vom Gnadenerlass für leichte Strafen vom 1. September 1939 erfasst wurden, danach zu sortieren, wer im Gefängnisvollzug verbleiben und wer in den Straflagervollzug überwiesen werden sollte.[493] Die Namen der Betreffenden hatten dem zuständigen Gerichtsherrn zwecks Entscheidung über eine Straflagerüberweisung vorgelegt zu werden. Die Errichtung der Straflager wurde durch das OKW nunmehr in Aussicht gestellt und der Straflagervollzug zunächst den Wehrmachtgefängnissen übertragen.[494] In den Wehrmachtgefängnissen wurden nun für den Vollzug Straflager-Kompanien aufgestellt.[495]

Das OKH sah vor, dass der weitestgehende Teil derjenigen Verurteilten, denen keine Bewährungsmöglichkeiten eingeräumt wurden, in den Straflagervollzug zu übergeben seien.[496] Der reguläre Gefängnisvollzug sollte hingegen die Ausnahme darstellen. Im Mai 1940 wurde indes darauf verwiesen, dass ein genereller Vollzug in den Straflagern nicht beabsichtigt sei und die Entscheidung sich nur an den aufgestellten Richtlinien zu orientieren habe.[497] Der Straflagervollzug bis 1942 entsprach annähernd den Bedingungen, denen zu Zuchthausstrafen verurteilte Wehrmachtangehörige im Bereich der Justizverwaltung unterworfen waren.[498] Die Kriegsmarine beschrieb die Straflager – vor ihrer Entstehung – als Einrichtungen, in denen Bedingungen galten, die denen eines Konzentrationslagers angenähert seien.[499] Dies entsprach annähernd der Deutung des OKW, das die Straflager je nach Länge der Haftzeit als „Schnellbesserungsanstalt" oder als „Konzentrationslager für die Wehrmacht" umschrieb.[500]

Die Straflager-Gefangenen sollten schwere Arbeit leisten, die nach Möglichkeit militärischen Zwecken diente.[501] Die tägliche Arbeitszeit wurde mit zehn bis

493 OKH betr. Strafvollstreckung im Kriege und bei besonderem Einsatz v. 3. 11. 1939, BArch–MA RH 22/14, Bl. 114 ff.

494 Wehrmachtrechtsabteilung/OKW betr. Strafvollstreckung im Kriege v. 30. 9. 1939, ebenda RW 19/2130, Bl. 165 f.

495 Michael Eberlein/Norbert Haase/Wolfgang Oleschinski, Torgau, S. 52.

496 OKH betr. Strafvollstreckung im Kriege und bei besonderem Einsatz v. 3. 11. 1939, BArch –MA RH 22/14, Bl. 114 ff.

497 Vgl. Schreibens des Chefs der Heeresrüstung und Befehlshabers des Ersatzheeres an die Oberstkriegsgerichtsräte v. 6. 5. 1940, ebenda, Bl. 196.

498 So Erlass OKH v. 13. 11. 1939 abgedruckt in: Rudolf Absolon, Sondereinheiten, S. 36 f.

499 Vgl. Schreiben der Marinerechtsabteilung an das Gericht des 2. Admirals der Ostseestation betr. Strafverfahren gegen Mannschaften der Kriegssonderabteilung und verwarnte Soldaten v. 16. 11. 1939, BArch–MA RM 31/3351.

500 Vgl. Hodes, Die Strafvollstreckung im Kriege, in: ZfW 4 (1939/40), S. 402, 407.

501 Zum Folgenden OKH betreffend Strafvollstreckung im Kriege und bei besonderem Einsatz v. 3. 11. 1939, BArch–MA RH 22/14, Bl. 114 ff.

14 Stunden bemessen, Pausen waren nur zur Essenseinnahme gestattet und sollten so kurz wie möglich sein. An Sonn- und Feiertagen hatten die Gefangenen mindestens vier Stunden zu arbeiten. Lesen und Spiele waren verboten. Jeder Verstoß gegen die Lagerdisziplin und die Gehorsamspflicht sollte mit äußerster Strenge geahndet werden, dabei sollte vor „Waffengebrauch [...] nicht gescheut werden". Die verbüßte Zeit in einem Straflager war grundsätzlich nicht auf die ausgesprochene Freiheitsstrafe anzurechnen. Allerdings wurde die Straflagerverwahrung, obwohl sie nicht das Urteil vollzog, als eine Form der Strafvollstreckung angesehen.[502] Eine Ausnahme der Nichtanrechnung der Strafzeit sah die KStVO für den Fall vor, dass ein Verurteilter „hervorragende Beweise von Mut abgelegt oder sich in anderer Weise hervorragend bewährt oder sich ausgezeichnet geführt" hatte.

Das OKH wies die Einheitskommandeure an, die Truppe über die Strafvollstreckung während des Krieges und die Einrichtung von Straflagern mit folgender Formulierung zu unterrichten: „Jeder Soldat, der zu Gefängnis verurteilt wird und keine Gelegenheit zur Bewährung in der Front erhält, wird einem Straflager der Wehrmacht überwiesen. In diesem Straflager wird der Verurteilte bei schwerer und gefährlicher Arbeit und bei schmaler Kost strengster Behandlung unterworfen."[503] Diese Belehrung war den Heeresangehörigen regelmäßig wiederholend bekannt zu geben.[504] In der Kriegsmarine sollten Soldaten stets in ein Straflager überwiesen werden, wenn gegen sie eine Freiheitsstrafe ausgesprochen wurde und sie bereits vorher eine Verwarnung erhalten hatten, dass sie wegen Disziplinverstößen mit einer Überweisung in eine Sonderabteilung zu rechnen hätten.[505]

Die 7. Durchführungsverordnung zur KStVO vom Mai 1940 änderte lediglich die Formulierung der Straflagernormierung und die Verortung der Vorschrift, die nunmehr in § 104 Abs. 1 Nr. 4 KStVO kodifiziert war.

Ein „Führer-Befehl" vom 13. April 1942 zur Neuordnung der Strafvollstreckung befahl die Auflösung der bisherigen Straflager-Kompanien und ihre Neuaufstellung in Form von Feld-Straflagern in Norwegen.[506] Am 24. April 1942 wurden

502 Zum Folgenden Werner Hülle, Die Änderung der Kriegsstrafverfahrensordnung vom 18. Mai 1940, in: ZfW 5 (1940/41), S. 153, 159.

503 Auszugsweise Abschrift aus den Allgemeinen Heeresmitteilungen v. 21. 11. 1939 in den Akten des Reichsjustizministeriums, BArch R 3001/21418, Bl. 21.

504 Wehrkreiskommando XXI v. 20. 3. 1940 betr. Befehl OKH über Belehrung der Truppe über Strafen und Strafvollstreckung im Kriege und bei besonderem Einsatz, BArch-MA RH 53-21/22.

505 Schreiben der Marinerechtsabteilung an das Gericht des 2. Admirals der Ostseestation betr. Strafverfahren gegen Mannschaften der Kriegssonderabteilung und verwarnte Soldaten v. 16. 11. 1939, ebenda RM 31/3351.

506 Übersicht OKH/Chef Heeresrüstung und Befehlshaber des Ersatzheeres betr. 9. Mob.-Sammelerlass v. 5. 5. 1942 bzgl. Neuordnung der Strafvollstreckung, ebenda RH 36/324, Bl. 91 ff.; OKW betr. Aufstellung von Feldstraflagern v. 13. 4. 1942, BArch R 3001/22291, Bl. 40.

die ersten zwei Straflager errichtet.[507] Alle Verurteilten, bei denen Straflagerverwahrung angeordnet wurde, hatten künftig dem Wehrmachtgefängnis Torgau-Fort Zinna zugeleitet zu werden, von wo der Weitertransport erfolgen sollte. Lediglich die Verurteilten im skandinavischen Raum und in Lappland sollten direkt den Lagern zugeführt werden.[508] Der Straflagervollzug fand ab 1. Januar 1943 nur noch in den Feld-Straflagern und nicht mehr in Straflagerkompanien der Gefängnisse statt.[509] Die Überwachung des Strafvollzuges in den Feld-Straflagern oblag dem General z. b. V. beim OKH.[510]

Zwar wurde im „Führer-Erlass" vom April 1942 festgelegt, dass der Einsatz der Feld-Straflager nur in Norwegen durchgeführt werden sollte. Ende des Jahres erfolgte jedoch ein Abzug der Lager an die Ostfront.[511] In einem Merkblatt des OKH vom Januar 1943 wird schließlich nur noch von einem Einsatz im Osten gesprochen.[512]

Für den Straflagervollzug kamen bis Sommer 1942 nur Soldaten in Betracht.[513] Die 8. Durchführungsverordnung zur KStVO vom 11. Juli 1942 sah durch Änderung der KStVO die Ausweitung auf Angehörige des Wehrmachtgefolges vor. Ausländische Angehörige des Gefolges und der Wehrmacht durften hingegen nicht in ein Feld-Straflager kommandiert werden.[514]

Der Straflagervollzug galt als die härteste Form des Strafvollzuges innerhalb der Wehrmacht. Ihr Einsatz an der Front hatte unter „besonders gefahrvollen Umständen" stattzufinden.[515] Taktisch war das Straflager dabei nach Möglichkeit einem Pionierbataillon unterstellt. Die Insassen hatten nunmehr täglich zwölf bis 14 Stunden zu arbeiten.[516] Trotz härtester Bedingungen erhielten die Straflagergefangenen etwa 20 % weniger Verpflegung als in den Wehrmachtge-

507 Stammtafeln der Straflager, BArch–MA RH 48/4, Bl. 79 ff.

508 Übersicht OKH/Chef Heeresrüstung und Befehlshaber des Ersatzheeres betr. 9. Mob.-Sammelerlass v.5. 5. 1942 bzgl. Neuordnung der Strafvollstreckung, ebenda RH 36/324, Bl. 91 ff.

509 Rudolf Absolon, Sondereinheiten, S. 37.

510 OKW betr. Aufstellung von Feldstraflagern v. 13. 4. 1942, BArch R 3001/22291, Bl. 40.

511 Michael Eberlein/Norbert Haase/Wolfgang Oleschinski, Torgau, S. 69 ff.

512 Vgl. Kurze Übersicht über Organisation und Aufgaben des Wehrmachtstrafvollzugs, der Bewährungstruppe sowie der Sondereinheiten des Heeres v. 16. 3. 1943, BArch–MA RH 14/33, Bl. 6 ff.

513 Vgl. Werner Hülle, Die Achte Durchführungsverordnung zur Kriegsstrafverfahrensordnung, in: ZfW 7 (1942/43), S. 193, 200.

514 Merkblatt über Vollzugseinrichtungen und Bewährungstruppen des OKH/General z. b. V. v. 4. 9. 1944, BArch–MA RW 13/62, Bl. 1 ff.

515 Ebenda.

516 Übersicht OKH/Chef Heeresrüstung und Befehlshaber des Ersatzheeres betr. 10. Mob.-Sammelerlass v. 7. 9. 1942 bzgl. Strafvollzug in den Feldstrafgefangenenabteilungen und Verwahrung in den Feldstraflagern, ebenda RH 36/324, Bl. 94 ff.

fängnissen.[517] Das Wachpersonal war angewiesen, ohne Warnruf zu schießen, falls jemand einen Fluchtversuch unternahm. Weiterhin wurden Zonen eingerichtet, bei deren Betreten sofort scharf geschossen werden sollte.[518] Unter dem Gesichtspunkt, dass der Vollzug „im Einsatzgebiet der kämpfenden Truppe" stattzufinden hatte, waren damit auch die Möglichkeiten, Deckung bei Beschuss zu suchen, erheblich eingeschränkt.

Der Straflagervollzug diente in erster Linie der Abschreckung und der Ausbeutung der verbliebenen Arbeitskraft im Dienste der Kriegsführung. Darüber hinaus fand innerhalb des Straflagervollzugs die letzte Sortierung der Verurteilten statt. Diese Funktion wird vor allem darin deutlich, dass die Straflager zunächst eine unbegrenzte Verweildauer vorsahen. Ab 1942 war der regelmäßige Vollzug auf sechs bis neun Monate festgelegt.[519] Innerhalb dieser Zeitspanne hatte festgelegt zu werden, ob der Betreffende bei guter Führung in den abgestuften Vollzug einer Feld-Strafgefangenenabteilung versetzt werden sollte. Hatten die Vorgesetzten einen besonders guten Eindruck, war in Ausnahmefällen der sofortige Bewährungseinsatz möglich.[520] Wer sich „unerziehbar" zeigte, war aus der Wehrmacht zu entfernen und der Polizei zu übergeben, was eine KZ-Einweisung nach sich zog.[521] Die Abgabe an die Polizeiorgane wurde über das Wehrmachtgefängnis Torgau-Fort Zinna abgewickelt, das sich mit den zuständigen Dienststellen in Verbindung setzte.[522] Diese seit 1942 bestehende Möglichkeit stellte eine Verschärfung gegen-

517 Vernehmungsniederschrift Richard Werdin v. 14. 4. 1970 wegen rechtswidriger Exekutionen am 9. 6. 1945 in Scheveningen, HStA Hannover Nds. 721 Acc. 90/99 Nr. 119/6.

518 Übersicht OKH/Chef Heeresrüstung und Befehlshaber des Ersatzheeres betr. 10. Mob.-Sammelerlass v. 7. 9. 1942 bzgl. Strafvollzug in den Feldstrafgefangenenabteilungen und Verwahrung in den Feldstraflagern, BArch-MA RH 36/324, Bl. 94 ff.

519 Merkblatt über Vollzugseinrichtungen und Bewährungstruppen des OKH/General z. b. V. v. 4. 9. 1944, ebenda RW 13/62, Bl. 1 ff.; Hans-Peter Klausch, Die Bewährungstruppe 500, S. 45.

520 Vgl. dazu Kurze Übersicht über Organisation und Aufgaben des Wehrmachtstrafvollzugs, der Bewährungstruppe sowie der Sondereinheiten des Heeres v. 16. 3. 1943, BArch-MA RH 14/33, Bl. 6 ff.; Merkblatt über Vollzugseinrichtungen und Bewährungstruppen des OKH/General z. b. V. v. 4. 9. 1944, ebenda RW 13/62, Bl. 1 ff.

521 Vgl. dazu Übersicht OKH/Chef Heeresrüstung und Befehlshaber des Ersatzheeres betr. 10. Mob.-Sammelerlass v. 7. 9. 1942 bzgl. Strafvollzug in den Feldstrafgefangenenabteilungen und Verwahrung in den Feldstraflagern, ebenda RH 36/324, Bl. 94 ff.; Kurze Übersicht über Organisation und Aufgaben des Wehrmachtstrafvollzugs, der Bewährungstruppe sowie der Sondereinheiten des Heeres v. 16. 3. 1943, ebenda RH 14/33, Bl. 6 ff.; Merkblatt über Vollzugseinrichtungen und Bewährungstruppen des OKH/General z. b. V. v 4. 9. 1944, ebenda RW 13/62, Bl. 1 ff.

522 OKH/Chef Heeresrüstung und Befehlshaber des Ersatzheeres betr. Versetzung von Soldaten des Heeres bei Beginn, Beendigung bzw. Aussetzung des Strafvollzugs, sowie bei Beginn und Beendigung der Straflagerverwahrung v. 29. 1. 1943, ebenda RH 14/33, Bl. 4 f.

über den ursprünglichen Straflager-Kompanien dar, die einen unbegrenzten Vollzug durchführten, der nur durch die Überweisung in den Regelstrafvollzug oder an die Front zwecks Bewährung unterbrochen werden konnte.[523] Über die Entlassung aus der Wehrmacht und Übergabe an die Polizei entschied auf Vorschlag des Straflager-Kommandanten derjenige Befehlshaber, dem das Straflager taktisch unterstellt war. Die Entscheidungsbefugnis hatten Befehlshaber ab der Dienststellung eines Divisionskommandeurs. Dem Gerichtsherrn, dem die Strafvollstreckung oblag, war Gelegenheit zur Stellungsnahme zu geben.[524]

Die Gerichtsbarkeit über die Insassen der Straflager lag bei den Heeresgerichten, zu deren Verband das Straflager kommandiert war.[525] Darüber hinaus war als Disziplinarstrafe gegenüber den Insassen ausschließlich der strenge Arrest vorgesehen, die schärfste Arreststrafe, die aufgrund eines „Führer-Erlasses" für Wehrmachthäftlinge und Angehörige der Sonderabteilungen eingeführt worden war.[526] Demnach war der Arrestant in einer verdunkelten Zelle zu verwahren, ohne die Erlaubnis, sich in Zeitabständen im Freien zu bewegen. Der Kommandant eines Straflagers war ermächtigt, jederzeit ein Standgericht einzuberufen.[527]

Über die Zustände in Feldstraflagern berichtete der als Schreiber tätige ehemalige Wehrmachtsträfling Werner Krause: „Noch schlimmer [als in den Feld-Strafgefangenenabteilungen] war die Behandlung von Angehörigen von Strafgefangenenlagern. Diese wurden durch Unterernährung und Misshandlung systematisch ausgemerzt. Beim Rücktransport […] aus Finnland ‚verlor' ein solches Lager über 75 % seines Bestandes; wer beim Rücktransport nicht mitkam, wurde mit Kolbenschlägen erledigt. Wir hatten im Krankenrevier einen Mann aus einem solchen Lager mit einem von blutunterlaufenen Striemen durchschnittenen Gesicht."[528]

Spezielle Straflager bestanden darüber hinaus für freiwillige Wehrmachtangehörige, die einem Turkvolk zugerechnet wurden. Demnach existierten zumindest

523 Richtlinien für die Strafvollstreckung im Kriege und bei besonderem Einsatz OKW/Wehrmachtrechtsabteilung v. 30. 9. 1939, ebenda RW 19/2130, Bl. 165 f.

524 Übersicht OKH/Chef Heeresrüstung und Befehlshaber des Ersatzheeres betr. 10. Mob.-Sammelerlass v. 7. 9. 1942 bzgl. Strafvollzug in den Feldstrafgefangenenabteilungen und Verwahrung in den Feldstraflagern, ebenda RH 36/324, Bl. 94 ff.

525 Erlass des R. d. L. und Ob. d. L. v. 24. 1. 1943 aufgeführt in: Übersicht OKH/Chef Heeresrüstung und Befehlshaber des Ersatzheeres v. 10. 8. 1943 bzgl. Gerichtliche Zuständigkeit für Luftwaffenangehörige der Feldstraflager, ebenda, Bl. 100 ff.

526 Verordnung über die disziplinare Verhängung von strengem Arrest in der Wehrmacht abgedruckt bei: Fritz Hodes, Kommentar zur Disziplinarstrafordnung, S. 129 f.

527 OKW betr. Aufstellung von Feldstraflagern v. 13. 4. 1942, BArch R 3001/22291, Bl. 40.

528 Eigenhändiger Bericht von Professor Werner Krause, Ermittlungsakte gegen Manfred Roeder, HStA Hannover Nds. 721 69/76 Bd. X, Bl. 158 ff.

ab 1942 erste derartige Einrichtungen im besetzten polnischen Gebiet.[529] Es handelte sich zunächst um die Lager Ostrow und Demblin; später kam das Lager Malkinia hinzu.[530] Die dort Inhaftierten hatten bereits eine militärgerichtliche Strafe verbüßt und waren durch das Urteil darüber hinaus mit dem Ausschluss aus dem „turkvölkischen Waffen- und Arbeitsdienst" belangt worden.[531] Des Weiteren wurden in diesen Lagern auch turkmenische Freiwillige inhaftiert, die aus der Wehrmacht ausgeschlossen worden waren.[532] Alle Straflagerinsassen waren wie sowjetische Kriegsgefangene zu behandeln.[533] Ihre Uniformen mussten sie ablegen und stattdessen Kriegsgefangenenkleidung tragen.[534] Eine zeitliche Beschränkung für die Inhaftierung war nicht vorgesehen. Es stand den Kommandeuren der Freiwilligen-Einheiten jedoch offen, eine Entlassung nach „angemessenem Zeitablauf" zu beantragen. Ab Mai 1943 wurde das Straflager außerdem für ukrainische Angehörige von Hilfstruppen der Wehrmacht zur Verfügung gestellt, die nach den gleichen Bestimmungen wie für turkmenische Häftlinge dort einzuliefern waren.[535] Vermutlich ebenfalls im Jahre 1943 wurden auch Nordkaukasier und Tartaren den Lagern zugewiesen.[536] Die Lager Ostrow und Malkinia wurden mitsamt den bestehenden Nebenlagern im September 1943 aufgelöst.[537] Der Vollzug fand fortan in einer Sonderabteilung der Kriegswehrmachthaftanstalt Warschau statt, die bereits ab dem 1. Juli 1943 verurteilte Freiwillige aus der Sowjetunion aufnahm.[538] Ab Dezember 1943 wurden diejenigen Turkmenen, die aus der Wehrmacht ausgeschlossen worden waren, einem Sonderlager der SS übergeben, das dem Konzentrationslager Mauthausen zugeordnet war.

529 Schreiben des Wehrkreiskommandos Generalgouvernement betr. Lager für straffällige und politisch unzuverlässige Turkvolk-Angehörige v. 19. 12. 1942, BArch–MA RH 53-23/52, Bl. 166.
530 Vgl. Schreiben des Wehrkreiskommandos Generalgouvernement betr. Räumung der Kgf.-Lager Ostrow und Malkinia v. 1. 9. 1943, ebenda, Bl. 187.
531 Schreiben des Wehrkreiskommandos Generalgouvernement betr. Lager für straffällige und politisch unzuverlassige Turkvolk-Angehörige vom 19. 12. 1942, ebenda, Bl. 166.
532 Schreiben des Wehrkreiskommandos Generalgouvernement an Div. Kdo. der Ostlegionen betr. Weisungen für die Sonderlager Ostrow und Demblin v. 27. 7. 1943, ebenda, Bl. 182 ff.
533 Schreiben des Wehrkreiskommandos Generalgouvernement betr. Lager für straffällige und politisch unzuverlässige Turkvolk-Angehörige v. 19. 12. 1942, ebenda, Bl. 166.
534 Verfügung des Kommandeurs der Ostlegionen betr. Lager für straffällige oder politisch unzuverlässige Turkvolk-Angehörige, Mappe Behandlung der Legionäre Nr. 8 v. 18. 3. 1943, ebenda, Bl. 168 f.
535 Verfügung des Wehrkreiskommandos Generalgouvernement betr. Straffällige der Ost-Wachzüge (Ukrainer) des Kdr. d. Kgf. V. 3. 5. 1943, ebenda, Bl. 170.
536 Vgl. Schreiben des Wehrkreiskommandos Generalgouvernement betr. Räumung der Kgf.-Lager Ostrow und Malkinia v. 1. 9. 1943, ebenda, Bl. 187.
537 Ebenda.
538 Vgl. Jens Hoffmann, Die Ostlegionen, S. 156.

c Feld-Strafgefangenenabteilungen

Aufgrund eines „Führer-Erlasses" vom April 1942 wurde die Aufstellung von drei Feld-Strafgefangenenabteilungen für den Vollzug von mehr als dreimonatigen Gefängnisstrafen an Wehrmachtangehörigen zum 1. Mai 1942 befohlen.[539] Bis Ende des Jahres stieg die Zahl auf insgesamt elf,[540] bis Kriegsende auf 22.[541] Jede Gefangenenabteilung bestand aus mehreren Kompanien.[542] Zum größten Teil kamen die Gefangenen über die Wehrmachtgefängnisse Torgau-Fort Zinna und Torgau-Brückenkopf in die neu aufgestellten Gefangeneneinheiten. Bei den Soldaten, die in den betreffenden Einheiten zusammengefasst waren, sollte es sich um „Drückeberger (Fahnenflucht, schwere Fälle unerlaubter Entfernung, Zersetzung) oder um wiederholt und einschlägig wegen anderer ehrenrühriger Vergehen Vorbestrafte" handeln.[543] Die Feld-Strafgefangenenabteilungen waren – wie die Feld-Straflager – auch spezielle Einrichtungen für Verurteilte, die als homosexuell eingestuft waren, über deren Hang jedoch Zweifel bestanden und die daher nicht aus der Wehrmacht entlassen worden waren.[544] Dort sollten sie unter schärfster Beobachtung stehen. Offenbarte sich eine homosexuelle Neigung, war der Soldat aus dem Wehrdienst zu entlassen und der Reichsjustizverwaltung zu übergeben.

Der Feldvollzug hing unmittelbar mit der verstärkten Anwendung der Frontbewährung zusammen. Das OKW ordnete im Juni 1942 an, dass stets dann, wenn eine Bewährungsmöglichkeit nicht gegeben sei, ein verschärfter Vollzug an ihre Stelle treten solle.[545] Das Schwergewicht des Strafvollzuges sollte aus den Vollzugsanstalten in den Feldvollzug übergehen. Damit war die zunächst bestehende Beschränkung des Feldvollzuges auf „Drückeberger" und Vorbestrafte bereits stark ausgeweitet worden. Im Januar 1943 galt schließlich für den Bereich des Heeres, dass gerichtliche Freiheitsstrafen grundsätzlich an der Front verbüßt werden soll-

539 Übersicht OKH/Chef Heeresrüstung und Befehlshaber des Ersatzheeres betr. 9. Mob.-Sammelerlass v. 5. 5. 1942 bzgl. Neuordnung der Strafvollstreckung, BArch–MA RH 36/324, Bl. 91 ff.; vgl. auch Bericht über die Strafvollstreckung und Aktenverwahrung bei der Marinejustiz im Kriege v. 14. 10. 1946, Deutsche Minenräumdienstleitung, ebenda ZA 5/5, Bl. 56 f.

540 Stammtafel der Feldstrafgefangenen-Abteilungen, ebenda RH 48/4, Bl. 2 ff.

541 Michael Eberlein/Norbert Haase/Wolfgang Oleschinski, Torgau, S. 65 f.

542 Ebenda.

543 Übersicht OKH/Chef Heeresrüstung und Befehlshaber des Ersatzheeres betr. 9. Mob.-Sammelerlass v. 5. 5. 1942 bezüglich Neuordnung der Strafvollstreckung, BArch–MA RH 36/324, Bl. 91 ff.

544 Zum Folgenden Richtlinien für die Behandlung von Strafsachen wegen widernatürlicher Unzucht v. 19. 5. 1943 vom Chef OKW/Wehrmachtrechtsabteilung, ebenda RW 2/6, Bl. 203.

545 Zum Folgenden Chef OKW/Wehrmachtrechtsabteilung Richtlinien für die Strafvollstreckung v. 10. 6. 1942, BArch R 3001/22291, Bl. 47 ff.

ten.[546] Die Häftlinge sollten im Operationsgebiet der Ostfront möglichst im Bereich kämpfender Einheiten zu härtesten Arbeiten herangezogen werden.[547] Außerdem sollten hier die Strafgefangenen auf ihre Eignung für einen Bewährungseinsatz geprüft werden. In militärisch gefährlichen Situationen durften ausgewählte Gefangene der Feld-Strafgefangenenabteilungen bewaffnet und an der Front eingesetzt werden.[548]

Angehörige des Wehrmachtgefolges, ausländische Wehrmachtangehörige, die nicht aus den Gebieten Osteuropas und der Sowjetunion stammten, sowie Offiziere, die nicht ihren Rang verloren hatten, waren vom Vollzug in den Feld-Strafgefangenenabteilungen ausgenommen.[549] Ausländische Wehrmachtfreiwillige, bei denen die Voraussetzungen für den Strafvollzug an der Front vorlagen, hatten dem Wehrmachtgefängnis Torgau-Fort Zinna übergeben zu werden.[550]

Die Insassen der Feld-Strafgefangenenabteilungen unterstanden grundsätzlich der Heeresgerichtsbarkeit. Sofern es sich um Luftwaffenangehörige handelte, waren indes die Luftwaffen-Gerichte und der Oberbefehlshaber Hermann Göring als Gerichtsherr zuständig.[551] Die Kommandanten der Feld-Strafgefangenenabteilungen waren befugt, bei Straftaten von Insassen ein Standgericht zu berufen.[552] Bei Verfahren gegen Luftwaffenangehörige sollte nach Möglichkeit ein erreichbarer Luftwaffen-Kommandeur die Aburteilung übernehmen.

Werner Krause, Wehrmachtstrafgefangener in Torgau-Fort Zinna, war gegen Ende 1944 als Schreiber in einer Gefangenen-Kompanie tätig, wodurch er Einblicke in die Zustände erhielt, die in den Feld-Strafgefangenenabteilungen herrschten: „Die Behandlung dort war sehr unterschiedlich; in einigen Fällen wurden die Leute methodisch ausgehungert, und wenn einer bei der Arbeit zusammenbrach, durch ein kurzes Verfahren wegen Dienstverweigerung zum Tode verurteilt und

546 OKH/Chef Heeresrüstung und Befehlshaber des Ersatzheeres betr. Versetzung von Soldaten des Heeres bei Beginn, Beendigung bzw. Aussetzung des Strafvollzugs, sowie bei Beginn und Beendigung der Straflagerverwaltung v. 29. 1. 1943, BArch-MA RH 14/33, Bl. 4 f.

547 Merkblatt 2 OKH, General z. b. V. v. 24. 1. 1943, ebenda RH 13/61, S. 2 ff.

548 Merkblatt über Vollzugseinrichtungen und Bewährungstruppen des OKH/General z. b. V. v. 4. 9. 1944, ebenda RW 13/62, Bl. 1 ff.

549 Ebenda; Übersicht OKH/Chef Heeresrüstung und Befehlshaber des Ersatzheeres v. 10. 8. 1943 bzgl. Strafvollzug gegen ausländische Freiwillige, ebenda RH 36/324, Bl. 100 ff.

550 Merkblatt über Vollzugseinrichtungen und Bewährungstruppen des OKH/General z. b. V. v. 4. 9. 1944, ebenda RW 13/62, Bl. 1 ff.

551 Vgl. Erlass des Reichsministers der Luftfahrt und Oberbefehlshabers der Luftwaffe v. 24. 1. 1943 aufgeführt in: Übersicht OKH/Chef Heeresrüstung und Befehlshaber des Ersatzheeres v. 10. 8. 1943 bzgl. Gerichtliche Zuständigkeit für Luftwaffenangehörige der Feldstraflager, ebenda RH 36/324, Bl. 100 ff.

552 Zum Folgenden vgl. Runderlass des Reichsministers der Luftfahrt und Oberbefehlshabers der Luftwaffe/Amtsgruppe Recht v. 23. 7. 1943, ebenda RL 6/161.

auf der Stelle erschossen oder erhängt, oft aber eigenhändig von einem Offizier ins Gesicht geschossen. In den Geheimberichten über die Haltung der F. G. A. [Feld-Strafgefangenenabteilungen] wird allgemein geklagt, dass die Gefangenen für nichts anderes Sinn und Verständnis hätten als für das Essen, dass ihre militärische Haltung gänzlich unzulänglich sei."[553]

Ab September 1943 gehörte zu jeder Feld-Strafgefangenenabteilung eine Straflager-Kompanie, ab September 1944 auch eine Zuchthaus-Kompanie.[554] Den Zuchthaus-Kompanien waren mit Zuchthausstrafen belegte Verurteilte zuzuführen, die nach Verbüßung eines Teils der Strafe voraussichtlich für einen Bewährungseinsatz in Frage kamen.[555] Die in einer Zuchthaus-Kompanie verbüßte Haft wurde der Strafzeit nicht angerechnet. Dies sollte indes bei denjenigen, die für einen Einsatz in einem Bewährungsbataillon freigestellt wurden, nachträglich geschehen. Angehörige der Zuchthauskompanien galten während der Dauer ihrer dortigen Inhaftierung als wehrwürdig. Die Verweildauer in den Feld-Straflagern wurde auf drei bis neun Monate festgelegt.[556] Wer sich als „unerziehbar" zeigte, hatte anschließend einem Straflager überwiesen zu werden.

3. Vollzug von Zuchthausstrafen und an Wehrunwürdigen

Mit Kriegsbeginn wirkte die Wehrmacht auf das Reichsjustizministerium ein, die Vollstreckung von Zuchthausstrafen an wehrpflichtigen Verurteilten auszusetzen und stattdessen Überführung in ein Straflager der Justizverwaltung anzuordnen.[557] Diese Maßnahme sollte als Schärfung des Vollzuges zusätzliche Sühne und Abschreckung sein, da sich die Verurteilten durch den Strafantritt dem Wehrdienst entzogen. Dies wurde durch die Verordnung über die Vollstreckung von Freiheitsstrafen wegen einer während des Krieges begangenen Tat vom 11. Juni 1940[558] gesetzlich fixiert und auf die Rechtsprechung der Zivilgerichte ausgedehnt. Grundsätzlich wurde nun die Vollstreckung einer Zuchthausstrafe während des Krieges nicht mehr in die Strafzeit eingerechnet, wenn die Tat nach Kriegsbeginn

553 Eigenhändiger Bericht von Professor Werner Krause, Ermittlungsakte gegen Manfred Roeder, HStA Hannover Nds. 721 69/76 Bd. X, Bl. 158 ff.

554 Michael Eberlein/Norbert Haase/Wolfgang Oleschinski, Torgau, S. 66.

555 Der Chef der Heeresrüstung und Befehlshaber des Ersatzheeres betr. Vollzug der Zuchthausstrafen v. 5. 9. 1944, BArch R 3001/21262, Bl. 150.

556 Merkblatt über Vollzugseinrichtungen und Bewährungstruppen des OKH/General z. b. V. v. 4. 9. 1944, BArch-MA RW 13/62, Bl. 1 ff.

557 Zum Folgenden vgl. Hodes, Die Strafvollstreckung im Kriege, in: ZfW 4 (1939/40), S. 402, 405.

558 RGBl. 1940 I, S. 877.

begangen worden war. Der eigentliche Strafvollzug sollte erst nach Beendigung des Krieges erfolgen. Gleiches galt, wenn neben einer Gefängnisstrafe durch ein Wehrmacht- oder SS-Gericht der Verlust der Wehrwürdigkeit ausgesprochen worden war. In Ausnahmefällen konnten die Gerichtsherren von der Verordnung abweichen. Dies war in der Regel dann der Fall, wenn der Verurteilte als ein einmalig „Gestrauchelter" angesehen wurde.[559] Die Verordnung hatte rückwirkende Kraft und erstreckte sich auf alle Taten, die ab dem 1. September 1939 5.45 Uhr begangen wurden.[560]

4. Vollzug an Zivilisten

Nach der MStGO i. d. F. von 1936 wurden auch Freiheitsstrafen an Wehrpflichtigen des Beurlaubtenstandes durch die Wehrmacht vollstreckt, wenn diese von einem Militärgericht verurteilt worden waren. Da es sich bei den Angehörigen des Beurlaubtenstandes nicht um aktive Wehrmachtangehörige handelte, waren sie Zivilisten. Darüber hinaus waren in der Friedenszeit keine weiteren Personengruppen vom Strafvollzug erfasst, die nicht der Wehrmacht angehörten. Mit Beginn des Krieges änderte sich dieser Umstand, zumal die KStVO in großem Umfang Zivilisten der Zuständigkeit der Militärgerichte unterwarf. Trotzdem galt grundsätzlich, dass Zivilisten ihre Haftzeit nicht in Wehrmachtgefängnissen verbringen sollten. Die Gerichtsherren waren angehalten, regelmäßig die zivilen Justizbehörden um Übernahme des Strafvollzuges zu ersuchen.[561] Lediglich bei der Vollstreckung kurzer Freiheitsstrafen sollte auch eine Unterbringung in einer militärischen Haftanstalt in Erwägung gezogen werden.[562] Scheinbar wurden auch längere Freiheitsstrafen in Wehrmachtgefängnissen vollstreckt, da die Heeresrechtsabteilung im Januar 1942 mahnend darauf hinwies, dass Zivilisten grundsätzlich nicht in den militärischen Strafvollzug übergeben werden sollten, da dies zu erheblichen Schwierigkeiten führe.[563] Diesbezüglich wurde angeraten, auch noch nachträglich die Zivilbehörden um Übernahme des Vollzuges zu ersuchen.

559 Richtlinien v. 27. 1. 1943 für die Anwendung des § 1 Abs. 2 der Verordnung über die Vollstreckung von Freiheitsstrafen wegen einer während des Krieges begangenen Tat vom 11. Juni 1940, BArch R 3001/21261, Bl. 357 f.

560 Der Reichsminister der Justiz an die Generalstaatsanwälte u. a. betr. VO über die Vollstreckung von Freiheitsstrafen wegen einer während des Krieges begangenen Tat vom 11. 6. 1940 v. 20. 9. 1940, ebenda NS 7/353, Bl. 4 f.

561 Übersicht OKH/Chef Heeresrüstung und Befehlshaber des Ersatzheeres betr. 8. Mob.-Sammelerlass v. 10. 1. 1942, BArch-MA RH 36/324, Bl. 87 ff.

562 Werner Hülle, Grundzüge des Kriegsstrafverfahrens, in: ZfW 4 (1939/40), S. 230, 238.

563 Chef der Heeresrüstung und Befehlshaber des Ersatzheeres/Heeresrechtsabteilung v. 10. 1. 1942, 8. Mob.-Sammelerlass, BArch-MA RH 36/324, Bl. 87 ff.

Um zumindest die Unterbringung von Angehörigen des Wehrmachtgefolges in den Militärgefängnissen reibungslos zu organisieren, wurden die Strafvollzugsvorschriften dahingehend erweitert, dass Zivilisten, die sich in Untersuchungshaft befanden, mit militärischen Hausstrafen belangt werden konnten.[564]

Für verurteilte norwegische Staatsangehörige sollte generell eine Überführung in den Vollzug des Justizministeriums in Frage kommen, da wehrmachteigener Haftraum in ungenügender Kapazität zur Verfügung stand und eine Übergabe an norwegische Gefängnisse seitens des für Norwegen zuständigen Oberstkriegsgerichtsrates verworfen wurde.[565] Die Wehrmachtrechtsabteilung übernahm diese Argumentation und regelte die Unterbringung norwegischer Zivilisten einvernehmlich mit dem Justizministerium. Danach vollzog die Wehrmacht Freiheitsstrafen an Norwegern selbst, wenn diese von kurzer Dauer waren. Verurteilte mit längeren als dreimonatigen Strafen wurden nach Deutschland überführt und den Justizbehörden übergeben.[566] Die in Norwegen verbliebenen Häftlinge verbrachte man in Hafträumlichkeiten, die dem Sicherheitsdienst der SS (SD) unterstanden. In diesen Fällen hatte jeweils eine Vereinbarung zwischen den Gerichtsherren und den Dienststellen der Sicherheitspolizei zu erfolgen.[567] Im Februar 1941 endete allerdings diese Zusammenarbeit zwischen Wehrmacht und SD, da der Reichskommissar für die besetzten norwegischen Gebiete in einem Osloer Gefängnis eine deutsche Vollzugsabteilung einrichten ließ, an die wehrmachtgerichtlich Verurteilte mit Freiheitsstrafen bis zu drei Monaten abgegeben werden konnten.[568]

564 Römer, Die Unterstellung des Gefolges unter die Militärgesetze, in: ZfW 5 (1940/41), S. 427, 436.

565 Schreiben des Oberstkriegsgerichtsrates der Gruppe XXI an die Wehrmachtrechtsabteilung betr. Strafvollstreckung v. 29. 8. 1940, BArch R 3001/21278, Bl. 272; außerdem OKW/Wehrmachtrechtsabteilung an den Reichminister der Justiz betr. Strafvollstreckung gegen norwegische Zivilpersonen v. 9. 10. 1940, ebenda, Bl. 270.

566 Schreiben der Wehrmachtrechtsabteilung an den Reichsminister der Justiz betr. Strafvollstreckung gegen norwegische Zivilpersonen v. 9. 10. 1940, ebenda, Bl. 270; Schreiben des Reichsministers der Justiz an die Wehrmachtrechtsabteilung betr. Vollstreckung von Freiheitsstrafen über 3 Monaten, die von den Wehrmachtgerichten in den besetzten norwegischen Gebieten gegen norwegische Zivilpersonen erkannt werden vom Oktober 1940, ebenda, Bl. 273 f.

567 Schreiben des Oberstkriegsgerichtsrates der Gruppe XXI an die Wehrmachtrechtsabteilung betreffend Strafvollstreckung v. 29. 8. 1940, ebenda, Bl. 272; vgl. auch Anordnung des Befehlshabers in Norwegen betr. Strafvollstreckung gegen Personen nichtdeutscher Staatsangehörigkeit, die von Wehrmachtgerichten in Norwegen abgeurteilt werden v. 20. 11. 1940, ebenda, Bl. 280.

568 Schreiben des Oberstkriegsgerichtsrates beim Wehrmachtbefehlshaber in Norwegen an die Wehrmachtrechtsabteilung betr. Strafvollstreckung gegen Personen nichtdeutscher Staatsangehörigkeit, die von deutschen Wehrmachtgerichten in Norwegen abgeurteilt werden v. 14. 2. 1941, ebenda, Bl. 301.

5. Vollzug von Todesstrafen

Bereits in der Friedensperiode der NS-Herrschaft sah die Militärjustiz die Todesstrafe als wichtigstes Strafinstrument – insbesondere im Kriegsfall – an. Sie wurde als „das Rückgrat des Strafsystems im Felde" bewertet.[569] In diesem Sinne war sie nicht lediglich Strafe und abschreckendes Beispiel für andere, sondern „sicherte" der Militärstrafrechtsorganisation auch den Ruf der „Strenge und Eindruckskraft".

Die in der Vorkriegszeit geltende MStGO bestimmte, dass durch Militärgerichte verhängte Todesurteile durch Erschießen oder Enthaupten zu vollstrecken seien. Generell wurden die Exekutionen durch Enthaupten durchgeführt. Nur wenn die Tat ein „militärisches Verbrechen" war, sollte die Hinrichtung durch Erschießen erfolgen. Den Tod durch Enthaupten ließ das Reichsjustizministerium durch seine Scharfrichter ausführen. Der Enthauptung sollten nach Möglichkeit zwei Mitglieder des Kriegsgerichts beiwohnen. Der zuständige Staatsanwalt hatte dem Gerichtsherrn Bericht über den Vollzug zu erstatten. Möglicherweise wurden diese Exekutionen nicht nur durch das Fallbeil, sondern auch manuell mit Hilfe eines Beils durchgeführt. Darauf lässt zumindest eine Eintragung in den veröffentlichten Tagebüchern Ernst Jüngers schließen: „Mittags Gespräch mit dem Präsidenten über Hinrichtungen, deren er in seiner Eigenschaft als Oberstaatsanwalt eine große Zahl gesehen hat. [...] Diejenigen, die noch mit dem Beil köpfen, haben den Guillotinisten gegenüber einen gewissen Künstlerstolz, das Bewusstsein der Hand- und Maßarbeit. Bei der ersten Hinrichtung unter Kniébolo [gemeint ist Hitler]: der Henker, der zum Köpfen den Frack ausgezogen hatte, meldete sich in Hemdsärmeln, den Zylinder schief auf dem Kopfe, in der linken Hand das bluttriefende Beil, die Rechte zum ‚Deutschen Gruß' erhoben: ‚Hinrichtung ausgeführt.'"[570]

Ab August 1939 wurde der Vollzug der Todesstrafe in der KStVO geregelt, die Erschießen als grundsätzlich anzuwendende Todesart benannte, während Enthaupten bei Frauen Anwendung finden sollte. Obwohl die KStVO Erschießen als einzige Form der Vollstreckung an Männern gebot, wurden Soldaten auch weiterhin durch das Fallbeil gerichtet. Die Wehrmachtrechtsabteilung legte jedoch fest, dass Enthauptungen nur auf dem Gebiet des Deutschen Reiches durchgeführt werden durften.[571] Dies hatte weiterhin durch die zivilen Behörden zu geschehen. Erschießungen wurden allein durch Wehrmachtangehörige vorgenommen. Nach

569 Helmuth Mayer, Militärjustiz im neuzeitlichen Krieg, in: ZfW 2 (1937/38), S. 329, 343.

570 Ernst Jünger, Tagebücher III. Strahlungen, 2. Aufl., Stuttgart 1998, S. 24, Eintragung v. 20. 3. 1943.

571 Verfügung OKW/Wehrmachtrechtsabteilung betr. Verfügung über den Leichnam bei Todesurteilen v. 7. 8. 1940, BArch-MA RH 53-6/76, Bl. 246.

einer Weisung des OKW sollten die Angehörigen des Exekutionskommandos grundsätzlich Soldaten sein, die mindestens im zweiten Dienstjahr standen.[572] Ein zum Tode Verurteilter sollte bis zur Vollstreckung des Urteils strengstens überwacht werden, um jeden Flucht- oder Selbstmordversuch zu unterbinden.[573] Die verantwortlichen Offiziere hatten außerdem die Befugnis, solche Gefangene zu fesseln. Soweit eine Exekution durch das Militär erfolgte, hatte der Gerichtsherr Ort und Zeitpunkt der Hinrichtung und den Offizier, der die Exekution leiten sollte, zu bestimmen. Handelte es sich bei dem Delinquenten um einen Inhaftierten, dann sollte die Urteilsvollstreckung in der Vollzugsanstalt durchgeführt werden. Ungefähr zwei Stunden vor der Hinrichtung hatte dem Delinquenten die Vollstreckung mitgeteilt zu werden.[574] Dies sollte durch einen Pfarrer oder einen Wehrmachtrichter erfolgen. Fand die Hinrichtung außerhalb einer Haftanstalt statt, hatte der aufsichtführende Offizier den Transport des Gefangenen mit einem LKW durchführen zu lassen, damit für den Rücktransport der Leiche im Sarg eine Ladefläche zur Verfügung stand. Auf dem Richtplatz waren der Inhalt des Urteils und die etwaige Ablehnung eines Gnadengesuchs durch einen Kriegsrichter bekannt zu geben. Der die Exekution leitende Offizier bestimmte, ob der Verurteilte zu fesseln und ihm die Augen zu verbinden seien. Nach der Tötung des Verurteilten hatten die jeweilige Rechtsabteilung und der zuständige Oberstkriegsgerichtsrat Mitteilung über die Exekution zu erhalten. Die Vollstreckung eines Todesurteils war den Angehörigen durch den für die Exekution verantwortlichen Gerichtsherrn mitzuteilen.[575] Anders als im Ersten Weltkrieg sollten ausgesprochene und vollstreckte Todesurteile der Truppe mitgeteilt werden.[576]

Der Leichnam des Hingerichteten sollte ohne militärische Ehren und ohne Teilnahme von Soldaten bestattet werden.[577] Die Gräber erhielten auch nicht das

572 Vermerk in den Akten des Reichsjustizministeriums betr. Vollstreckung von Todesurteilen der allgemeinen Justiz durch Kommandos der Polizei bezw. Wehrmacht v. 5. 1. 1943, BArch NS 7/346, Bl. 1 ff.

573 Vgl. Merkblatt für die Unterbringung zum Tode Verurteilter und für den Vollzug von Todesstrafen v. 7. 10. 1942, BArch–MA RHD 7/25/1; ebenso Vernehmung Hans Wagner am 15. 10. 1949, Ermittlungsakte Manfred Roeder, HStA Hannover Nds. 721 69/76 Bd. IX, Bl. 104 f.

574 Zum Folgenden vgl. Merkblatt für die Unterbringung zum Tode Verurteilter und die Vollstreckung von Todesstrafen, BArch R 3001/22291, Bl. 25 ff.

575 Übersicht OKH/Chef Heeresrüstung und Befehlshaber des Ersatzheeres betr. 10. Mob.-Sammelerlass v. 7. 9. 1942 bzgl. Benachrichtigung der Angehörigen hingerichteter Wehrmachtangehöriger, BArch–MA RH 36/324, Bl. 94 ff.

576 Helmuth Mayer, Militärjustiz im neuzeitlichen Krieg, in: ZfW 2 (1937/38), S. 329, 333.

577 Zum Folgenden vgl. Merkblatt betr. Gräberfürsorge der Wehrmacht vom 1. 7. 1941, BArch–MA RH 36/590, S. 2; ebenso OKH/Chef Heeresrüstung und Befehlshaber des Ersatzheeres, Bestimmungen für die Bestattung von Wehrmachtstrafgefangenen vom 26. 1. 1943, ebenda, S. 17 ff.

für gefallene Soldaten vorgesehene Grabkreuz und mussten sich abseits von Gräbern anderer beigesetzter Wehrmachtangehöriger befinden. Auf Schiffen war der Tote im Meer zu versenken. Im Gebiet des Deutschen Reiches konnte der Gerichtsherr anordnen, dass der Leichnam den Angehörigen übergeben wurde. Das Begräbnis musste allerdings in der Gemeinde stattfinden, in der die Hinrichtung vollzogen worden war. Die Angehörigen mussten sich verpflichten, die Trauerfeier in aller Stille zu vollziehen. Verboten waren Predigten, Aufbahrungen und Glockengeläut, ebenso eine Traueranzeige oder ein sonstiger Nachruf. Es stand den Gerichtsherren darüber hinaus frei, den Leichnam eines Hingerichteten einem anatomischen Institut, einer medizinischen Fakultät oder der Militärärztlichen Akademie für Lehr- und Forschungszwecke zur Verfügung zu stellen.[578]

Ein im Rahmen dieser Arbeit interviewter Zeitzeuge erinnerte sich an die vermutlich erste Massenexekution von Deserteuren zu Beginn des Zweiten Weltkrieges.[579] Der 1922 in Schlesien geborene R. D. war in den 1930er-Jahren der Hitlerjugend beigetreten und bekleidete dort eine führende Position. Am 3. September 1939 erblickte er auf dem Weg zu seinem Lehrbetrieb drei Lastwagen der Wehrmacht, von denen zwei mit Uniformierten besetzt waren. An den Ausstiegsklappen saßen jeweils zwei bewaffnete Soldaten. Das letzte Fahrzeug enthielt gestapelte Särge. Nach geraumer Zeit wurde er wieder von den LKWs überholt. Die Transportflächen wirkten jedoch leer. Wie er später aus Kreisen anderer HJ-Angehöriger erfuhr, waren die Soldaten in einer Ziegelei-Sandgrube exekutiert worden.

Über die Vollstreckung von Todesurteilen im Wehrmachtgefängnis Torgau-Fort Zinna berichtet der dort inhaftierte Matrosen-Gefreite Ludwig Baumann: „Wenn sie [...] erschossen wurden, im Wallgraben, mussten ich und andere manchmal dabei sein, zur Abschreckung. Wenn wir unser Drillichzeug wechselten, bekamen wir manchmal Jacken, die hatten vorne so einen kleinen Flicken und hinten einen großen Flicken; da wussten wir immer, da drin war jemand erschossen worden."[580] Baumann erlebte diese Szenen während seinen Inhaftierungen in Torgau im Herbst 1943 und Frühjahr 1944.

In den ersten Jahren des Krieges wohnten den Exekutionen nur wenige Soldaten bei, vor allem die direkt an der Hinrichtung beteiligten. So berichtete der Zeitzeuge Leonhard Schumacher, er habe im Jahre 1942 als Marineangehöriger einer Exekution als „Zeuge" zusammen mit wenigen anderen Marinesoldaten beiwohnen müs-

578 Verfügung OKW/Wehrmachtrechtsabteilung betr. Verfügung über den Leichnam bei Todesurteilen v. 7. 8. 1940, ebenda RH 53-6/76, Bl. 246; Übersicht OKH/Chef Heeresrüstung und Befehlshaber des Ersatzheeres v. 10. 8. 1943 bzgl. Verfügung über den Leichnam bei Todesurteilen, ebenda RH 36/324, Bl. 100 ff.

579 Interview R. D. mit dem Verfasser vom 6. 6. 2004.

580 Interview Ludwig Baumann mit dem Verfasser vom 16. 12. 2003.

sen.[581] In den Haftanstalten und Bewährungstruppen ging man schließlich während des Krieges dazu über, verurteilte, vorbestrafte oder disziplinarisch auffällige Wehrmachtangehörige aus Gründen der Abschreckung zum Zuschauen abzukommandieren. Das Beiwohnen ganzer – regulärer – Einheiten an einer Hinrichtung, als übliches Procedere, ist erst in der Schlussphase des Krieges ab 1944 dokumentiert.

Über den Eindruck, den eine Exekution hinterließ, der Soldaten zum Zwecke der Abschreckung beiwohnen mussten, berichtete der ehemalige Obergefreite Johann Bock, der im April 1945 Zeuge einer Hinrichtung wurde. Der Delinquent war ein junger Angehöriger der Zeugen Jehovas, der, weil er im Kampfgeschehen in die Luft geschossen hatte, um niemanden zu töten oder zu verletzen, wegen Feigheit vor dem Feind hingerichtet wurde: „Wir mussten die Exekution mit ansehen, das war ein Befehl. 13 Mann wurden zum Erschießungstrupp abkommandiert, von uns Schützen musste Gott sei Dank keiner dabei sein. Ich glaube, für mich wäre es eine ganz schlimme Sache gewesen, wenn ich auch zu diesem Kommando dazu gehört hätte, denn wir hatten mit ein paar Kameraden abgesprochen uns zu weigern. Das wäre für mich das dritte Mal gewesen, dass ich wegen groben Verstoßes und Ungehorsam aufgefallen wäre. Mir wäre dann wohl ein Strafbataillon nicht erspart geblieben. […] Der Kamerad wurde von zwei Kameraden zum Pfahl gebracht. Er lachte noch, als man ihn festband; als man ihm jedoch einen Sack über den Kopf zog, schrie er: ‚Nein, nein!' Der Militärgeistliche sprach ein paar Worte aus der Bibel. Als er zurücktrat, konnte ich das Gesicht des Offiziers sehen, das immer bleicher wurde in Anbetracht dessen, was gleich von ihm erwartet wurde. Dann kam das Kommando mit überlauter Stimme: ‚Feuer!' Wir umstanden den Platz von drei Seiten. Als die Salve gefallen war, hörte man von einigen Stellen her lautes Stöhnen. Dann kam das, was ich als das Schlimmste angesehen habe bei dieser Prozedur. Der NS-Offizier trat an den Erschossenen heran und gab ihm den sogenannten Fangschuss. Ich wusste, dass es einer machen musste, aber ich habe diesen Mann dafür gehasst, und ich tue es heute noch, da ich erfahren habe, dass er sich freiwillig dazu gemeldet hatte. 13 Mann hatten geschossen, zwölf hatten eine scharfe Kugel im Gewehr, nur sechs hatten getroffen und davon zwei tödlich in den Kopf. Ich habe nie etwas Widerlicheres vorher oder nachher gesehen."[582]

Für die Wehrmacht legte Hitler am 4. März 1943 fest, dass militärgerichtliche Todesurteile neben Erschießen und Enthaupten auch durch Erhängen durchgeführt werden konnten. Die Wahl des Exekutionsmittels überließ er demjenigen Befehlshaber, der für die Bestätigung eines Urteils zuständig war.[583] Die Hinrichtung am Galgen hatte durch die zivilen Behörden vollzogen zu werden. Die Hinrichtung

581 Interview Leonhard Schumacher mit dem Verfasser vom 15. 4. 2006.

582 Interview Johann Bock mit dem Verfasser vom 18. 12. 2004.

583 Führer-Erlass v. 4. 3. 1943 betr. Vollzug kriegsgerichtlicher Todesurteile durch Erhängen, BArch NS 7/343, Bl. 1.

durch den Strang war allerdings bereits in Einzelfällen auch vor der offiziellen Einführung dieser Vollzugsart möglich, wenn der Chef OKW dies jeweils angeordnet hatte.[584] Auch in der Vorkriegszeit hatte diese Todesart schon ausnahmsweise verhängt werden dürfen.[585]

Sofern militärgerichtliche Todesurteile durch Angehörige der zivilen Justizbehörden durchgeführt wurden, galt eine Anordnung Hitlers vom Januar 1943, wonach die Vollstreckungen von Todesurteilen beschleunigt vorzunehmen waren. Dem lag die Befürchtung zugrunde, dass sich durch die verstärkten Bombardierungen deutscher Städte die Fluchtmöglichkeiten erhöhten. Der Justizminister wurde ermächtigt, auch ohne Einholung von Stellungnahmen sonstiger Behörden oder Organisationen in „zweifelsfreien Fällen" die Todesstrafe unverzüglich anzuordnen.[586] Diese Anordnung hatte zum Teil regelrechte Hinrichtungsexzesse zur Folge. Der unter anderem in der Hinrichtungsstätte Plötzensee tätig gewesene Pfarrer Harald Poelchau gab die eidesstattliche Erklärung ab, dass im Herbst 1943 nach einem Bombenangriff der Befehl erteilt worden war, die Mehrzahl der Todeskandidaten unverzüglich zu exekutieren: „Es wurden immer 8 Mann vorgeführt. [...] Es sind nach meiner Erinnerung ca. 158 Menschen aufgehängt worden. Die Vollstreckung wurde inzwischen durch Fliegerangriff auf einige Stunden unterbrochen. In der nächsten Nacht ging es dann weiter und am nächsten Tag. Es waren ungefähr 350."[587]

Im Spätsommer 1943 verfügte der Reichsjustizminister, dass bei Luftangriffen fluchtverdächtige Gefangene, insbesondere politisch motivierte, besonders streng zu bewachen und zum Tode Verurteilte zu fesseln seien.[588] Für durch allgemeine Gerichte zum Tode Verurteilte bestimmte er einige Zeit später, dass diese ständig zu binden seien, gleichgültig, ob das Urteil bereits rechtskräftig war sowie unabhängig vom Geschlecht des Delinquenten.[589] Durfte der Betreffende noch Besuch empfangen, so waren die Fesseln abzunehmen. Außerdem war vor jedem Besucher die Fesselung zu verbergen.[590] Im Einvernehmen mit dem OKW wurde die Verfü-

584 Vgl. Besprechung von Fragen aus dem Bestätigungs- und Gnadenreferat auf der Tagung der Marineoberstkriegsgerichtsräte im Dezember 1942, BArch-MA RM 31/3303, Bl. 166 ff.

585 Vgl. Hans-Peter Klausch, Erschießen–Enthaupten–Erhängen, in: Ulrich Baumann/Magnus Koch (Hrsg.), „Was damals Recht war ...", S. 79 f.

586 Schreiben des Justizministers an Gauleiter Jury betr. Stellungnahme zur Gnadenfrage bei Todesurteilen v. 31. 10. 1943, BArch R 3001/21227, Bl. 48.

587 Abschrift der Eidesstattlichen Erklärung des Pfarrers Dr. Harald Poelchau, Ermittlungsakte gegen Manfred Roeder, HStA Hannover Nds. 721 Lüneburg Acc. 69/76 Bd. I, Bl. 98 ff.

588 Verfügung des Reichsjustizministers v. 24. 9. 1943 betr. Aufrechterhaltung der Sicherheit bei Luftangriffen, StA Bremen 4,80 – III.139.

589 Verfügung des Reichsjustizministers v. 29. 10. 1943 betr. Fesselung zum Tode Verurteilter, ebenda.

590 Verfügung des Reichsjustizministers v. 2. 5. 1944 betr. Fesselung zum Tode Verurteilter, ebenda.

gung des Justizministers betreffend die ständige Fesselung von zum Tode Verurteilten im Frühjahr 1944 auf alle Personen angewendet, die durch Wehrmachtgerichte abgeurteilt und den Justizbehörden übergeben worden waren. Ausgenommen sollten nur diejenigen Fälle sein, in denen der Gerichtsherr ausdrücklich von dieser Maßnahme absah.[591]

Im März 1943 wurde zwischen dem Justizministerium und der Wehrmacht vereinbart, dass in mehreren Wehrkreisen die bisher durch die Justizverwaltung zu vollziehenden Todesurteile durch die Wehrmacht selbst vorgenommen werden konnten. Die Justizbehörden stellten auf Antrag der Wehrmacht für die Exekutionen Richträume, Galgen oder Fallbeil sowie Scharfrichter zur Verfügung.[592] Das Wehrmachtgericht, das das Urteil ausgesprochen hatte, sollte sich jeweils mit dem zuständigen Oberstaatsanwalt in Verbindung setzen und die Hinrichtung am nächstgelegenen Richtort durchführen.

Die Abgabe von Todeskandidaten an die Justizbehörden durch die Wehrmacht war Schwankungen unterworfen. Für den Bereich des Wehrkreises Berlin war indes die Abgabe zum Tode Verurteilter an die allgemeinen Behörden die Regel.[593] Es dürfte sich hierbei um eine erhebliche Anzahl gehandelt haben, da das RKG bis in den Sommer 1943 in Berlin ansässig war und das Gericht der Wehrmachtkommandantur Berlin allein zuständig war für Fahnenfluchtdelikte, wenn der Beschuldigte länger als sechs Monate flüchtig war.

Spätestens ab 1944 wurden Todesurteile im Bereich des Heeres, die in Deutschland vollstreckt wurden, stets durch Enthaupten vollzogen. Die Marine richtete weiterhin durch Erschießen.[594] Die Kriegsmarine vertrat den Standpunkt, dass Exekutionen durch Erschießen wesentlich rascher durchgeführt werden konnten, was im Hinblick auf die „Manneszucht“ wünschenswert sei. Der Vollzug durch Enthaupten durfte in diesem Wehrmachtteil nur durchgeführt werden, wenn dies vom Oberbefehlshaber im Einzelfall angeordnet wurde.[595] Dort, wo die Marine über keine Möglichkeiten verfügte, eine Erschießung vorzunehmen, musste sie sich mit der Bitte um Vollstreckung an ein Wehrmachtgefängnis wen-

591 Verfügung des Reichsministers der Justiz betr. Fesselung zum Tode Verurteilter v. 10. 3. 1944, BArch R 3001/24372, Bl. 207.

592 Schreiben des Reichsministers der Justiz an die Generalstaatsanwälte u. a. betr. Maßnahmen aus Anlaß von Todesurteilen v. 4. 3. 1943, ebenda R 3001/21261, Bl. 360.

593 Vermerk in den Akten des Reichsjustizministeriums betr. Vollstreckung von Todesurteilen der allgemeinen Justiz durch Kommandos der Polizei bezw. Wehrmacht v. 5. 1. 1943, ebenda NS 7/346, Bl. 1 ff.

594 Vgl. Schreiben des Marinechefrichters Ostsee an die Marinerechtsabteilung betr. Vollstreckung kriegsgerichtlich verhängter Todesurteile v. 21. 11. 1944, BArch-MA RM 31/3338, Bl. 35.

595 Vgl. Besprechung von Fragen aus dem Bestätigungs- und Gnadenreferat auf der Tagung der Marineoberstkriegsgerichtsräte im Dezember 1942, ebenda RM 31/3303, Bl. 166 ff.

den.[596] Die Abkehr des Heeres, im Gebiet des Deutschen Reiches Erschießungen durchzuführen, bedeutete für überstellte Marineangehörige ebenfalls den Tod durch ein Fallbeil.

Im Bereich des Ersatzheeres änderte sich ab September 1944 die Hinrichtungspraxis. Himmler befahl in seiner Eigenschaft als Befehlshaber des Ersatzheeres, dass Todesstrafen nunmehr grundsätzlich durch Erschießen zu vollziehen seien. Sollte ein Verurteilter erhängt oder enthauptet werden, so musste seine persönliche Genehmigung eingeholt werden.[597] Todesurteile sollten schnellstmöglich vollstreckt werden. Der Gerichtsherr hatte unmittelbar nach Ausspruch des Urteils alle erforderlichen Maßnahmen zur Durchführung zu treffen, inklusive Bestimmung des Exekutionskommandos. Die Einheit des Verurteilten hatte mindestens in Stärke einer Kompanie der Hinrichtung beizuwohnen. Die Todesstrafe sollte nunmehr in erster Linie durch Soldaten vollzogen werden, die bereits eine gerichtliche oder disziplinäre Strafe erhalten oder Anlass zu Ermahnungen gegeben hatten. Mindestens bis Ende Oktober 1944 wurde jedoch entgegen den Anweisungen Himmlers in den Gebieten Deutschlands noch umfangreich durch Enthaupten exekutiert.[598]

Als Sühnemaßnahme gegen Aktivitäten der Widerstandsbewegung in Luxemburg ordnete Himmler als Befehlshaber des Ersatzheeres im August 1944 an, dass eine Anzahl von zum Tode verurteilten luxemburgischen Wehrmachtangehörigen, die zu Zuchthausstrafen begnadigt worden waren, zu exekutieren sei.[599] Daraufhin wurden im Zuchthaus Siegburg drei Luxemburger, die nach einem Gnadenentscheid des Befehlshabers des Ersatzheeres von April und Juni 1944 eine 15-jährige Zuchthausstrafe zu verbüßen hatten, durch ein Kommando des Wachpersonals am 23. August 1944 erschossen. Zuvor hatte Himmler den Gnadenbescheid aufgehoben. Der Justizminister wandte sich am 13. Oktober 1944 mit einer Rüge an den Generalstaatsanwalt und das OKW.[600] Kritisiert wurde indes nicht die Durchführung einer offensichtlichen Sühnemaßnahme oder die Exekution an sich, son-

596 Vgl. Schreiben des Gerichts des Küstenbefehlshabers westliche Ostsee, Zweigstelle Swinemünde an das Oberkommando der Kriegsmarine/Marinerechtsabteilung betr. Vollstrekkung kriegsgerichtlicher Todesurteile v. 31. 10. 1944, ebenda RM 31/3338, Bl. 34.

597 Der Reichsführer SS als Chef der Heeresrüstung und Befehlshaber des Ersatzheeres betr. Vollzug der Todesstrafe v. 21. 9. 1944, BArch NS 7/343, Bl. 8.

598 Vgl. Schreiben des Gerichts des Küstenbefehlshabers westliche Ostsee, Zweigstelle Swinemünde an das Oberkommando der Kriegsmarine/Marinerechtsabteilung betr. Vollstrekkung kriegsgerichtlicher Todesurteile v. 31. 10. 1944, BArch–MA RM 31/3338, Bl. 34.

599 Schreiben des Generalstaatsanwalts Köln an den Reichsminister der Justiz betr. Erschießung von 3 luxemburgischen Fahnenflüchtigen durch ein Sonderkommando des Zuchthauses und Strafgefängnisses Siegburg v. 29. 8. 1944, BArch R 3001/22298, Bl. 93.

600 Zum Folgenden vgl. Schreiben des Reichsministers der Justiz an das OKW v. 13. 10. 1944 sowie an den Generalstaatsanwalt in Köln, ebenda, Bl. 100.

dern die Realisierung der Hinrichtung durch Erschießen, da diese Hinrichtungsart nicht durch die Justizbehörden zu vollstrecken war. Er sah eine solche Anweisung des Gerichtsherrn als unzulässig an und hielt für solche Fälle die Wehrmacht für zuständig. Indes erklärte sich der Justizminister bereit, in Zukunft derartige Anliegen durchführen zu lassen, sofern sein persönliches Einverständnis eingeholt worden war. Ungewöhnlich an dem Fall ist der Umstand, dass im Zuge von Sühnemaßnahmen ehemalige Angehörige der Wehrmacht getötet wurden. In allen bisher bekannten Fällen waren die Opfer stets ausländische Zivilisten oder Kriegsgefangene.

Ein noch während des Krieges ausgearbeiteter Entwurf einer Vollzugsordnung für die zivile Justiz sah unter anderem vor, dass auch die Wehrmacht verpflichtet sein sollte, auf Ersuchen der zivilen Vollstreckungsbehörde Todesurteile der allgemeinen Gerichte zu vollziehen.[601] Die Anordnung, eine Vollzugsordnung neu zu entwerfen, kam von Hitler selbst. Anlässlich einer Besprechung der Angelegenheit zwischen Vertretern des Reichsjustizministeriums, des OKW und des Reichssicherheitshauptamtes drängten die Beauftragten der Wehrmacht indes vehement darauf, die Streitkräfte nicht mit einzubeziehen. Zu einer Umsetzung der geplanten Vollzugsordnung kam es jedoch nicht mehr.

VI. Ziviler Strafvollzug im Dienste von Wehrmacht und Rüstung

1. Grundlagen der Strafvollstreckung für die Wehrmacht

Obwohl die KStVO zunächst nicht klar regelte, dass auch die zivilen Behörden Strafvollstreckungen für die Wehrmacht vornehmen konnten, wurden zur Wehrunwürdigkeit oder zu einer Zuchthausstrafe Verurteilte auch weiterhin durch die Wehrmacht an das Reichsjustizministerium übergeben sowie dann, wenn Maßregeln der Sicherung und Besserung ausgesprochen wurden.[602] Die Wehrmacht verfügte auch weiterhin nicht über Zuchthäuser. Erst im Mai 1940 kam es zu einer entsprechenden eindeutigen Regelung in der KStVO. Es stand den Gerichtsherren aber frei, auch in sonstigen Fällen als den vorgenannten, in denen sie es für angebracht hielten, die zivilen Behörden um Übernahme der Strafvollstreckung oder des Vollzuges zu er-

601 Vermerk in den Akten des Reichsjustizministeriums betr. Vollstreckung von Todesurteilen der allgemeinen Justiz durch Kommandos der Polizei bezw. Wehrmacht v. 5. 1. 1943, ebenda NS 7/346, Bl. 1 ff.

602 Vgl. Peter Lutz Kalmbach, Militärjustiz, S. 296 f.

suchen. Dies sollte jedoch nur aus einem „wichtigen Grunde“ in Betracht kommen. Als solcher wurde etwa der Mangel an Haftraum angesehen.[603] Indes blieb der Gerichtsherr in solchen Konstellationen in der Regel auch Vollstreckungsbehörde,[604] während in allen Fällen von Wehrunwürdigkeit die Vollstreckungskompetenzen auf die Oberstaatsanwälte übergingen, also Organe der zivilen Justiz. Bei Übernahme der Strafvollstreckung hatte der Gerichtsherr keinen Einfluss mehr auf Vollstreckungsentscheidungen.[605] Weitreichendere Abgabemöglichkeiten hatten die Gerichtsherren allerdings bei verurteilten Zivilisten. Bei ihnen konnte der Gerichtsherr in jedem Fall alle Zuständigkeiten an die Staatsanwaltschaft übertragen.[606]

Oblag die Vollstreckung von Gefängnisstrafen gegenüber Wehrmachtangehörigen in Einzelfällen doch der Staatsanwaltschaft, so war die Vollzugszeit aufgrund einer Vereinbarung mit dem OKW gewöhnlich nicht in die Strafzeit einzubeziehen.[607] Im Übrigen hatte der Vollzug unter schärfsten Bedingungen durchgeführt zu werden.[608] Die Übergabe der Vollstreckung von Gefängnisstrafen gegenüber Wehrmachtangehörigen konnte insbesondere erfolgen, wenn nach Ausspruch des Urteils eine weitere Verurteilung erfolgte, die zur Wehrunwürdigkeit und damit zum Ausschluss aus der Wehrmacht führte.[609] In derartigen Fällen sollten die Staatsanwaltschaften regelmäßig um Übernahme der Vollstreckung der früheren Strafe ersucht werden.

2. Wehrmachtangehörige im zivilen Vollzug

In der auf den Kriegsbeginn im September 1939 folgenden Zeit nahm die Anzahl der Freiheitsentziehungen bei Wehrmachtangehörigen derart stark zu, dass der Haftraum der Wehrmacht bei Weitem nicht mehr ausreichte, um alle Personen

603 Begründung zur Siebenten Durchführungsverordnung zur Kriegsstrafverfahrensordnung v. 18. 5. 1940, in: Gesetzesdienst für die Wehrmachtgerichte, H. 3, BArch R 3001/22290, Bl. 311 ff.

604 Schreiben des Reichsministers der Justiz an die Generalstaatsanwälte betr. Kosten der Vollstreckung eines wehrmachtgerichtlichen Urteils v. 7. 3. 1942, ebenda R 3001/22298, Bl. 7; vgl. auch Kisser, Fragen der Strafvollstreckung im Kriege, in: ZfW 6 (1941/42), S. 337 f.

605 Aus den Akten des Reichsjustizministeriums, Ausarbeitung für Ministerialrat Grau v. 12. 4. 1941, BArch R 3001/22298, Bl. 33 f.

606 Schreiben der Wehrmachtrechtsabteilung an den Reichsminister der Justiz betr. Kosten der Strafvollstreckung v. 26. 11. 1941, ebenda, Bl. 45.

607 Richtlinien für die Strafvollstreckung im Kriege und bei besonderem Einsatz OKW/ Wehrmachtrechtsabteilung v. 30. 9. 1939, BArch-MA RW 19/2130, Bl. 165 f.

608 Ebenda.

609 Chef der Heeresrüstung und Befehlshaber des Ersatzheeres, 8. Mob.-Sammelerlass v. 10. 1. 1942, ebenda RH 36/324, Bl. 87 ff.

aufzunehmen.[610] Der Bitte, Straf- und Untersuchungsgefangene – die nicht wehrunwürdig waren – in umfangreichem Maße zu übernehmen, kam das Reichsjustizministerium nach. Im Januar 1940 wandte sich der Justizminister an die Generalstaatsanwälte und wies sie an, Gefangene und Arrestanten der Wehrmacht soweit irgend möglich im Vollzug unterzubringen.[611] Durch Wehrmachtgerichte verurteilte Wehrmachtangehörige sollten bei ihrer Überführung in eine Anstalt der Justizbehörden zivile Kleidung tragen.[612] War dies nicht möglich, dann durfte die Überführung nicht einzeln erfolgen, sondern musste in einem Sammeltransport vorgenommen werden. Die Bewachung hatten in einem solchen Fall zwingend Kombattanten zu übernehmen. Soldaten, die in zivilen Anstalten in Untersuchungshaft einsaßen, waren ab September 1941 verpflichtet, dort Arbeiten zu verrichten, sofern der Untersuchungsführer oder der Vertreter der Anklage seine Zustimmung erteilte.[613]

Noch bis Ende des Jahres 1941 vollzog die Reichsjustizverwaltung in umfangreichem Maße Freiheitsstrafen an Wehrmachtangehörigen. Die Generalstaatsanwälte sollten weiterhin grundsätzlich den Belangen der Wehrmacht entgegenkommen und Übernahmeersuchen entsprechen.[614] Im Dezember 1941 bekräftigte das OKW gegenüber dem Justizministerium, dass sowohl Arreststrafen als auch Untersuchungshaft gegenüber Wehrmachtangehörigen vordringlich in Wehrmachthaftanstalten durchzuführen seien.[615] Mit dem Verweis auf bestehenden Mangel an genügend Räumlichkeiten wurde die Möglichkeit des Rückgriffs auf die Kapazitäten der Justizverwaltung indes weiter aufrechterhalten. Der

610 Vgl. Friedensstrafvollstreckungsplan bezgl. Gefängnisstrafen über 6 Wochen, ebenda RH 22/14, Bl. 53; sowie darauf bezogen: Schreiben der Heeresrechtsabteilung an die Rechtsabteilungen von Marine und Luftwaffe betr. Strafvollstreckung für die Geltungsdauer der KStVO v. 31. 8. 1939, ebenda, Bl. 51 f.

611 Schreiben des Reichsministers der Justiz an die Generalstaatsanwälte betr. Aufnahme von Wehrmachtgefangenen in Vollzugsanstalten der Reichsjustizverwaltung v. 17. 1. 1940, BArch R 3001/21278, Bl. 183.

612 Zum Folgenden vgl. Schreiben des Reichsministers der Justiz an die Generalstaatsanwälte betr. Vermeidung der Beförderung von verurteilten ehemaligen Wehrmachtangehörigen in Uniform im Gefangenensammelwagen v. 25. 4. 1942, ebenda R 3001/24372, Bl. 140.

613 OKW an den Reichsminister der Justiz betr. Arbeitspflicht von Soldaten als Untersuchungsgefangene in Anstalten der Reichsjustizverwaltung v. 2. 9. 1941, ebenda R 3001/21429, Bl. 163.

614 Schreiben des Reichsministers der Justiz an den Generalstaatsanwalt in Graz betr. Vereinfachung der Verwaltungsarbeiten v. 22. 7. 1941, ebenda R 3001/22298, Bl. 41; vgl. auch Schreiben des Generalstaatsanwalts beim OLG Graz an den Reichsminister der Justiz betr. Vereinfachung der Verwaltungsarbeiten v. 21. 3. 1941, ebenda, Bl. 29 ff.

615 Erlass des OKW v. 1. 12. 1941, abgedruckt in: Deutsche Justiz (1942), S. 425; Anordnung des Reichsjustizministers betr. Vollstreckung von Arreststrafen […] in Vollzugsanstalten der Reichsjustizverwaltung v. 20. 6. 1942 abgedruckt in: ebenda, S. 424 f.

jeweilige Standortkommandant hatte in diesen Fällen dafür Sorge zu tragen, fehlendes Aufsichtspersonal durch Soldaten zu ergänzen. In Bezug auf Arreststrafen wurde die Vereinbarung im März 1943 bekräftigt, jedoch dahingehend modifiziert, dass in jedem Fall die Bewachung durch Wehrmachtangehörige zu erfolgen habe.[616]

Die Justizbehörden übten allerdings fast ausschließlich den reinen Vollzug aus. Seltener kam es vor, dass sie auch die Vollstreckung übernahmen, das heißt, neben der tatsächlichen Freiheitsentziehung auch die Befugnis erhielten, Entscheidungsgewalt über die Strafe des Gefangenen auszuüben.[617]

Wegen homosexueller Betätigung verurteilte Soldaten waren ab 1943 in jedem Fall aus dem Wehrdienst zu entlassen, sofern sie nicht bereits durch das Urteil wehrunwürdig geworden waren. Der Strafvollzug sollte nur noch durch die zivilen Behörden erfolgen.[618] Diese Richtlinie fand auch auf Soldaten Anwendung, die bereits vor dem Erlass verurteilt worden waren. Die von der Wehrmachtrechtsabteilung ausgearbeiteten Bestimmungen waren Hitler persönlich vorgelegt und von diesem genehmigt worden.[619]

Mit dem weiteren Ausbau der wehrmachteigenen Vollzugs- und Bewährungsorganisation verringerte sich die Zahl der Fälle, in denen das Justizministerium die Freiheitsentziehungen an Wehrmachtangehörigen durchführte. Insbesondere seit Anfang 1942 verlagerte sich auch das Interesse der Wehrmacht hin zu Vollzugsmöglichkeiten an der Front. In einem Schreiben des Reichsjustizministers an die Wehrmachtrechtsabteilung vom Dezember 1944 bezüglich umfangreicher Abgabe von inhaftierten Wehrmachtangehörigen in den militärischen Strafvollzug werden – wehrwürdige – Soldaten der Wehrmacht schließlich nicht mehr aufgefuhrt, sondern nur noch die aus der Wehrmacht entlassenen Häftlinge genannt.

616 Verfügung des OKW v. 15. 3. 1943 abgedruckt in: Deutsche Justiz (1943), S. 270; sowie Anordnung des Reichsjustizministers betr. Vollstreckung von wehrmachtgerichtlich oder disziplinar gegen Wehrmachtangehörige verhängten Arreststrafen in Justizvollzugsanstalten v. 29. 4. 1943 abgedruckt in: ebenda, S. 269 f.

617 Schreiben der Wehrmachtrechtsabteilung an Ministerialdirektor Stadgmann betr. Strafaussetzung zum Zwecke der Bewährung v. 3. 4. 1941, BArch R 3001/25015, Bl. 23.

618 Richtlinien für die Behandlung von Strafsachen wegen widernatürlicher Unzucht v. 19. 5. 1943 vom Chef OKW/ Wehrmachtrechtsabteilung, BArch–MA RW 2/6, Bl. 203; Merkblatt über Vollzugseinrichtungen und Bewährungstruppen des OKH/General z. b. V. v. 4. 9. 1944, ebenda RW 13/62, Bl. 1 ff.

619 Schreiben des Chefs der Wehrmachtrechtsabteilung an den Chef der Heeresrüstung und Befehlshaber des Ersatzheeres v. 22. 5. 1943 betr. Richtlinien für die Behandlung von Strafsachen wegen widernatürlicher Unzucht, ebenda RW 2/6, Bl. 204.

3. Vollzug von Zuchthausstrafen und an Wehrunwürdigen

Während die Justizverwaltung Gefängnis- und Zuchthausstrafen an Wehrmachtangehörigen zunächst in den dafür vorgesehenen Vollzugsanstalten durchführte, änderte sich dies mit Ausbruch des Krieges. Am 1. November 1939 erließ der Reichsjustizminister eine Anordnung, wonach jeder Strafgefangene im Bereich der zivilen Justiz, der wehrmachtgerichtlich verurteilt und wehrunwürdig geworden war, in eines der Straflager im Emsland zu überführen sei, insbesondere in das Lager Esterwegen.[620] Die Strafen sollten dort in Zuchthauskompanien verbüßt werden. Diese Behandlung war auf eine Absprache zwischen dem OKW und dem Justizministerium zurückzuführen.[621] Die betreffende Vereinbarung entsprach dem Anliegen der Wehrmachtführung, dass der Zuchthausvollzug unter Bedingungen stattfinden sollte, wie er für die geplanten Wehrmachtstraflager festgelegt worden war. Seitens der Wehrmacht wurde der Vollzug in den Emslandlagern daher als dem Straflagervollzug der Wehrmacht entsprechend angesehen.[622] Beschränkt war der Vollzug in den Emslandlagern allerdings auf verurteilte deutsche Wehrmachtangehörige.[623]

Die Angehörigen der Wehrmacht wurden regelmäßig von ihren Dienstvorgesetzten über die Vollstreckung von Zuchthausstrafen mit folgendem Inhalt belehrt: „Jeder Soldat, der zu Zuchthaus verurteilt wird, ist wehrunwürdig und wird einem Straflager der Reichsjustizverwaltung überwiesen, in diesem Straflager hat er bei schmaler Kost schwere und gefährliche Arbeit zu leisten und unterliegt einer besonders strengen Behandlung mit harten Strafen.“[624]

Vom Vollzug in den Emslandlagern waren Verurteilte ausgenommen, die eine lebenslange Freiheitsstrafe zu verbüßen hatten, wegen Hoch- oder Landesverrats oder wegen Verrats militärischer Geheimnisse verurteilt worden waren, darüber hinaus Gefangene, die als besonders fluchtgefährlich galten, körperbehindert waren oder an schweren Krankheiten litten.[625] Sie sollten in den sonstigen Anstalten

620 Erlass des Reichsjustizministers betreffend Strafvollstreckung bei Wehrunwürdigkeit v. 1. 11. 1939, StA Bremen 4,80 – III.80.

621 Vgl. Richtlinien für die Strafvollstreckung im Kriege und bei besonderem Einsatz OKW/Wehrmachtrechtsabteilung v. 30. 9. 1939, BArch-MA RW 19/2130, Bl. 165 f.

622 Heeresrechtsabteilung/Chef der Heeresrüstung und Befehlshaber des Ersatzheeres v 10. 1. 1942, 8. Mob.-Sammelerlass, ebenda RH 36/324, Bl. 87 ff.

623 Mitteilung des Reichsjustizministeriums an das OKW betr. Zuständigkeit für wehrmachtgerichtlich verurteilte Kriegsgefangene v. 2. 3. 1944, BArch R 3001/21262, Bl. 143.

624 Auszugsweise Abschrift aus den Allgemeinen Heeresmitteilungen v. 21. 11. 1939 in den Akten des Reichsjustizministeriums, ebenda R 3001/21418, Bl. 21.

625 Zum Folgenden vgl. der Reichsminister der Justiz betr. Vollstreckung der unter die Verordnung über die Vollstreckung von Freiheitsstrafen wegen einer während des Krieges begangenen Tat vom 11. 6. 1940 fallenden Strafen v. 4. 12. 1940, ebenda R 3001/24372,

der Justizverwaltung untergebracht werden. Dort mussten sie – soweit es ihr Gesundheitszustand zuließ – mit besonders schweren und anstrengenden Arbeiten beschäftigt werden. Für eine Einlieferung in das Lager Esterwegen kam es jedoch nicht darauf an, ob der Verurteilte als „moorfähig" eingestuft wurde, also für die Arbeiten im Moor körperlich tauglich war.[626] Nur in den genannten Ausnahmefällen, die besonders schwere körperliche Gebrechen umfassten, spielte eine Rücksichtnahme auf gesundheitliche Belange eine Rolle. Inwieweit die Bestimmungen über die körperlichen Mindestanforderungen Beachtung fanden, geht aus einem Schreiben des Beauftragten des Justizministeriums für die Emslandlager an den Reichsjustizminister vom November 1940 hervor. Er monierte, dass ein erheblicher Teil der nach Esterwegen verbrachten Wehrmachtangehörigen ohne Rücksicht auf ihren körperlichen Zustand überführt worden seien.[627] Der Kommandeur der Emslandlager präzisierte dies in seinem Bericht an den Beauftragten für die Lager dahingehend, dass neben Schwerkranken sogar Amputierte eingeliefert worden waren.[628]

Das Ersuchen um Übernahme der Strafvollstreckung an wehrunwürdig gewordenen – und damit ehemaligen – Soldaten hatten die Gerichtsherren an den Oberstaatsanwalt desjenigen Landgerichts zu richten, das am leichtesten für sie erreichbar war.[629] Dieser wurde sonach Vollstreckungsbehörde.[630] Im Ausland verurteilte Wehrmachtangehörige wurden spätestens ab 1942 in der Regel festgelegten Haftanstalten zugeführt, von denen aus die zuständige Oberstaatsanwaltschaft den Weitertransport nach Esterwegen oder in eine andere Vollzugsanstalt verfügte.[631]

Wie effektiv die Wehrmacht den Lagervollzug in Esterwegen einschätzte, geht aus einem Vorhalt der Rechtsabteilung der Kriegsmarine gegenüber dem Justiz-

Bl. 44 f.; Schreiben des Reichsjustizministers an die Generalstaatsanwälte und die Reichsstatthalter Danzig und Posen v. 8. 1. 1940, StA Bremen 4,80 – III.80.

626 Schreiben des Reichsjustizministers an die Generalstaatsanwälte und die Reichsstatthalter Danzig und Posen v. 8. 1. 1940, StA Bremen 4,80 – III.80.

627 Schreiben des Beauftragten des Reichsministers der Justiz für die Strafgefangenenlager im Emsland an den Reichsminister der Justiz betr. Vollstreckung von Freiheitsstrafen wegen einer während des Krieges begangenen Tat v. 9. 11. 1940, BArch R 3001/21261, Bl. 226 f.

628 Schreiben des Kommandeurs der Strafgefangenenlager an den Beauftragten des Reichsministers der Justiz für die Strafgefangenenlager im Emsland v. 7. 8. 1940, ebenda, Bl. 228.

629 Richtlinien für die Strafvollstreckung im Kriege und bei besonderem Einsatz OKW/Wehrmachtrechtsabteilung v. 30. 9. 1939, BArch-MA RW 19/2130, Bl. 165 f.; Verfügung des Reichsministers der Justiz betr. Übernahme der Strafvollstreckung bezw. des Strafvollzuges an durch Wehrmachtgerichte im Bereich des Ersatzheeres verurteilten Personen v. 20. 6. 1942, BArch R 3001/21262, Bl. 12.

630 Ausarbeitung für Ministerialrat Grau in den Akten des Reichsjustizministeriums, BArch R 3001/22298, Bl. 33 f.

631 OKW betr. Übernahme der Strafvollstreckung bezw. des Strafvollzuges an durch Wehrmachtgerichte in den besetzten Gebieten verurteilten Soldaten bezw. Landeseinwohnern v. 13. 5. 1942, HStA Hannover Nds. 711 Acc. 6/95 Nr. 129, Bl. 44 f.

ministerium hervor.[632] Sie beschwerte sich im Mai 1943 darüber, dass zu Zuchthausstrafen verurteilte Marineangehörige statt in das Emslandlager Esterwegen in verschiedene Zuchthäuser überführt worden waren. Es wurde darauf gedrängt, den Vollzug allein im Emsland durchzuführen, da der „Zuchthausvollzug in den Moorlagern des Emslandes ungleich wirkungsvoller" erschien. Die Lebensbedingungen in den Lagern entsprachen zu dieser Zeit bereits der Realität der Konzentrationslager.[633]

Über die Behandlungen, die die verurteilten Soldaten im Moorstraflager erdulden mussten, berichtete der vormalige Luftwaffen-Obergefreite K. W. in einem Interview: „Um 6.00 Uhr wurden wir jeden Morgen durch lautes Gebrüll geweckt. Mit einem griffbereiten Gummiknüppel liefen die Wachmannschaften durch die Gänge. Wer nicht schnell genug aus dem Bett kam, erhielt einen Schlag mit dem Knüppel oder mit dem Kolben eines Karabiners. Anziehen brauchten wir uns nicht, denn wir gingen mit der Kleidung am Leib schlafen. Schnell ging es in den Waschraum. Darin befanden sich ein Wasserrohr mit mehreren Hähnen und ein langes Waschbecken. Dann richteten wir unser Bettzeug. Die Bettwäsche war entweder rot- oder blau-weiß kariert. Jedes Karo war 1 mal 1 Zentimeter groß. Es war genau vorgeschrieben, wie das Bett gemacht sein musste. Das Kopfkissen musste genau 34 Zentimeter tief und 7 Zentimeter hoch sein. Die Wachen spannten zur Überprüfung über acht Betten eine Leine, die an einem dafür vorgesehenen Stock befestigt wurde. Damit ließ sich präzise feststellen, ob die Höhenmaße von uns eingehalten worden waren. War auch nur ein Bett nicht nach Vorschrift gemacht, dann wurde das Bettzeug von allen acht herausgerissen, und sie mussten noch mal gemacht werden. Unsere Matratzen und die Kissen waren mit Stroh gefüllt. Im Laufe der Zeit wurde es durch das Liegen immer poröser. Das führte dazu, dass man irgendwann eine richtige Kuhle hatte, die man irgendwie beseitigen musste, damit das Bett vollkommen glatt war. Das hinzukriegen, war eine wahre Kunst.

Nach dem Herrichten der Betten gab es ein Frühstück, für dessen Einnahme man an und für sich keine Zeit brauchte. Es bestand aus einem halben Liter Kaffee. Genauer gesagt war es Muckefuck, eine Brühe, nach deren Geschmack man besser nicht fragt. Dazu gab es etwas Brot. Waschen, Betten bauen, Frühstücken, dafür hatten wir eine halbe Stunde Zeit, dann war Antreten im Hinterlager, um die Gefangenen abzuzählen. Im Anschluss traten wir gruppenweise zur Arbeit an. Alle Bewegungen, die wir im Vorderlager ausführten, hatten wir im Paradeschritt zu tun. Das heißt, die Beine mussten hochgerissen werden bis in Bauchnabelhöhe, und

632 Zum Folgenden Schreiben der Marine-Rechtsabteilung an den Reichsminister der Justiz betr. Unterbringung von wehrmachtgerichtlich verurteilten Zuchthausgefangenen v. 25. 5. 1943, BArch R 3001/21262, Bl. 54.

633 Vgl. Habbo Knoch, Die Emslandlager 1933–1945, in: Wolfgang Benz/Barbara Distel (Hrsg.), Der Ort des Terrors, Bd. 2, S. 533, 542.

wer das Bein nicht hoch genug kriegte, der erhielt schon mal einen Kolbenschlag ins Kreuz. Zur Arbeit gelangten wir auf LKWs oder auf einer Moorbahn, die sich in einem großen Unterstellraum befand.

Die Arbeit war nicht nur hart und zermürbend, man konnte auch schnell sein Leben verlieren. Beim Bau eines Schiffskanals neben der heutigen B 401 beispielsweise wurde uns verboten, eine Grenze zu übertreten, die jeweils drei Meter rechts und links des Kanals lag. Wir nannten diese Grenze die Demarkationslinie. Wer diese drei Meter überschritt, galt als Flüchtiger und wurde erschossen. Alle 20 Meter stand ein Posten mit einem entsicherten Gewehr. Nun konnte es sein, dass jemand bei der Arbeit den Wachen auffiel, zum Beispiel weil er Durchfall hatte und sich häufig zum Austreten abmelden musste. Da konnte es sein, dass von der Wache ein Spruch kam: ‚Ooch, dass kommt wohl daher, weil Du nen schlechten Spaten zum Arbeiten hast.‘ Dann riss die Wache ihm die Mütze vom Kopf und warf sie von sich. So eine runde Mütze fliegt gut, und so konnte sie ohne Weiteres hinter der Linie zu Boden fallen. ‚Hol erst Deine Mütze. Dann kannst Du gehen.‘ Die anderen Posten hatten schon längst mitbekommen, was vor sich ging. Dem Gefangenen blieb keine Wahl, er musste die Mütze holen, denn sonst war das eine Befehlsverweigerung. Ging er nun über die Grenze, zielte der nächste Posten, drückte ab, und das war's. ‚Auf der Flucht erschossen‘ hieß es dann. So einfach war das.

Die Arbeitszeit betrug zehn Stunden am Tag. Mittags gab es eine Pause von 20 Minuten. Das Mittagessen bestand aus einem dreiviertel Liter Muckefuck. Nach der Arbeit hieß es dann wieder aufsitzen auf LKWs oder der Moorbahn und Rückfahrt ins Lager. Sobald das Vorderlager betreten wurde, musste es wieder im Paradeschritt vorangehen. So marschierten wir in das Hinterlager, wo sich unsere Baracken befanden. Auch nach dem harten Arbeitstag musste jeder Gefangene die Beine hoch genug reißen, sonst gab es Prügel von der Wachmannschaft.

Zwischen dem Vorder- und dem Hinterlager stand eine große Eiche, deren oberes Ende gekappt worden war. Auf das obere Ende hatte man ein großes Wagenrad genagelt. Bei uns Gefangenen hieß dieser Baum daher das ‚Storchennest‘. Es kam öfters vor, dass bei unserer Rückkehr der Lagerchef auf uns wartete, der vom Justizministerium eingesetzt war. Wir nannten ihn den ‚Grünen‘ oder auch den ‚Dicken‘. Meistens hatte er Alkohol getrunken, wenn er an der Eiche stand. Es war stets die gleiche Prozedur. Er schrie etwa: ‚Der Dritte von links in der sechsten Rotte raustreten!‘ Dieser Mann musste nun auf Befehl den Baum an den eingefügten Steigeisen hinaufklettern und sich auf das Wagenrad begeben, während alle anderen ins Hinterlager abrückten. Aus der SA-Wachmannschaft wurden Leute ausgesucht, die nun auf den Gefangenen in der Eiche Schießübungen zu machen hatten. Ob der Mann dieses grausame Spiel überlebte oder nicht, lag allein im Ermessen der Schützen. Der eine mochte zeigen, was er mit dem Gewehr konnte, ein anderer hatte vielleicht Mitleid und schoss daneben. Wurde er getroffen und war nicht sofort tot, fiel aber herunter, dann überlebte er den Sturz meist nicht. Wer verwundet wurde und oben liegen blieb, kam ins Lazarett. Es war Schikane der schlimmsten Art. Der Gefangene hatte gearbeitet, hatte seine Pflicht im Lager erfüllt und wurde abends dennoch erschossen.

Wir, die lebend eingerückt waren, erhielten unser Abendbrot: Einen drei viertel oder einen ganzen Liter Suppe. Es guckten mehr Augen in sie hinein als heraus. Es war kein Fett drin. Dazu gab es etwas Brot. Dieses Brot war gleichzeitig unser Frühstück. Wie sollte man es aber bis zum nächsten Tag aufbewahren? Die einzige Möglichkeit, das Brot zu verstecken, war unter dem Kopfkissen. Es konnte aber durchaus passieren, dass ein anderer Häftling dies sah und das Brot nachts an sich nahm, um es zu essen. Wurde jemand beim Klauen erwischt, dann erhielt er eine strenge Verwarnung. Wurde er auch ein zweites Mal ertappt, dann erhielt er Prügel. Wer ein drittes Mal stahl, der musste um sein Leben bangen. So einem konnte es passieren, dass er nachts, wenn er austreten musste, plötzlich in die Latrine fiel. Die in einer Baracke eingerichtete Latrine hatte ein vier Meter tiefes Loch. Wer dort hineinfiel, der kam nicht mehr heraus. Erst wenn die Grube entleert wurde, kam der Leichnam wieder zum Vorschein. Das war die harte Strafe für Diebstahl.

Auf der anderen Seite hielten alle Gefangenen zusammen, wenn es darum ging, dass ein Häftling durch seine Kameraden auf Befehl der SS bestraft werden sollte. War etwa jemandem die Flucht aus dem Lager geglückt und wurde wieder eingefangen, dann suchten die Wachen Freiwillige, um den Eingefangenen zu bestrafen. Aber niemand meldete sich. Man lockte mit Zusatzverpflegung, aber trotzdem ließ sich keiner zu dieser Arbeit herab. Niemand wollte sich an einem Kameraden vergreifen, der versucht hatte wegzukommen. Schließlich wurde einigen schlichtweg befohlen, die Bestrafung durchzuführen. Der Delinquent musste sich nackt ausziehen und über einen Schemel legen. Neben ihm stand ein Eimer mit Wasser. Die anderen Gefangenen bekamen Handtücher, die sie in das Wasser tauchen und dann auswringen sollten. Dann mussten sich zwei rechts und links von ihm aufstellen und abwechselnd auf den Körper einschlagen. Zehn Mal jeder, dann waren die nächsten dran. Das ging so lange, bis der Lagerarzt einschritt. Wenn es so weit war, dann spritzte dem Geschlagenen aber bereits das Blut aus den Wunden.

Um 22.00 Uhr war Zapfenstreich, jeder hatte in der Koje zu liegen. Aber ob die Nacht auch ruhig blieb, lag im Ermessen der Lagerleitung. Es konnte sein, dass zu irgendeiner Stunde SA oder SS in die Baracke stürmte und alleshinaus befahl. Wer nicht schnell genug auf den Beinen war, wurde mit Schlägen munter gemacht. Es war völlig gleichgültig, ob es draußen vielleicht in Strömen regnete, schneite oder eisige Kälte herrschte. Wir hatten anzutreten. Es konnte sein, dass es schon den ganzen Tag über geregnet hatte, dann war die Kleidung nass, und wir haben uns mit nasser Kleidung ins Bett gelegt. Nun stand man zitternd in der Kälte und wurde wieder nass. Nach vielleicht zwei Stunden durften wir uns wieder in die Baracke begeben. Dann, nach kurzem Schlaf, hieß es wieder Aufstehen, Waschen, Bettenmachen. Der Körper war müde und ausgelaugt. Er hatte kaum etwas zu essen bekommen. Da konnte es schnell passieren, dass manch einer einfach umkippte. Dann befahl eine Wache, zwei Eimer voll kaltem Wasser zu holen. Dieses eiskalte Wasser wurde dem Ohnmächtigen über den Kopf gegossen – und wenn es draußen unter 20° C kalt war. In den Augen der SA reichte das völlig aus, um jemanden wieder auf die Beine zu bringen oder gesunden zu lassen.

Fühlte man sich krank und hatte Fieber, dann konnte man sich beim Barackenältesten melden und Fieber messen lassen. Bis 38° C galt man als gesund. Hatte man 38° C oder mehr, dann hieß es: ‚Komm mal morgen wieder.' Wenn man drei Tage lang über 38° C hatte, dann durfte man sich beim Barackenältesten abmelden, sich zum Krankenrevier begeben und sich dort eine fiebersenkende Tablette geben lassen. Wurde dort festgestellt, dass man tatsächlich arbeitsunfähig war, dann wurde man von der Außenarbeit befreit, musste aber Arbeiten innerhalb des Lagers verrichten. Dazu gehörten etwa Hilfsarbeiten in der Küche, wie Kartoffeln schälen oder den Hof fegen.

Nachdem man mir im Moor ein paar Mal mit einem Gewehrkolben ins Kreuz geschlagen hatte, war mein Rückgrat angebrochen. Dies wurde erst lange Jahre nach dem Krieg diagnostiziert, aber ich hatte damals starke Schmerzen und kam daher ins Lazarett, das sich im Vorderlager befand. Ich wurde für einige Zeit der Küche dort zugeteilt, weil einer vom Küchenpersonal krank geworden war. Für das Lager wurde bei den Bauern in der Umgebung eingekauft. Eines Tages wurden vier geschlachtete Schweine angeliefert, die als Monatslieferung für das Lager vorgesehen waren. Drei Schweine sollten für die Gefangenen sein, eines für die Wachmannschaft. Als es in der Küche an die Aufteilung ging, sah die Sache freilich anders aus. Zunächst wurde ein halbes Schwein für den Standartenführer, seinen Stellvertreter und ihre Familien abgezweigt. Dann brauchten die anderen Führer der SS und die der SA auch noch Extra Rationen. Der ‚Dicke' sollte auch noch ein Viertel erhalten. Ein Schwein war sowieso für die Bewachung vorgesehen. Schließlich blieben für die Gefangenen anstatt drei nur noch ein ganzes und ein halbes Schwein übrig. Da war es kein Wunder, dass aus der Suppe keine Augen mehr herausschauten."[634]

Nachdem sich der Chef der luxemburgischen Zivilverwaltung beim OKW über zu milde Urteile bei fahnenflüchtig gewordenen Luxemburgern beschwert hatte, griff die Wehrmachtrechtsabteilung den Vorschlag des Verwaltungschefs auf, zu Zuchthaus verurteilte luxemburgische Wehrmachtangehörige in ein Konzentrationslager zu überweisen, und bat um eine Stellungnahme des Justizminis-

634 Interview K. W. mit dem Verfasser vom 20. 4. 2007.

teriums gegenüber dem OKW.[635] Das Reichsjustizministerium lehnte das Ansinnen zwar ab, bot jedoch an, den Vollzug gegenüber diesen Verurteilten derart zu verschärfen, dass er den Bedingungen eines Konzentrationslagers nahekomme.[636]

Mit den Vorstößen der Wehrmachtrechtsabteilung und Heinrich Himmlers, ab August 1944 den gesamten Strafvollzug an Wehrmachtangehörigen in die Hände der Wehrmacht zu legen oder in Konzentrationslagern durchzuführen, entzog man dem Reichsjustizministerium mehr und mehr die Verantwortung für die Inhaftierung der Wehrunwürdigen. Ab September 1944 ließ auch die Luftwaffe nur noch ausnahmsweise Zuchthausstrafen im Bereich der Justizverwaltung vollstrecken.[637] Stattdessen griff auch sie auf die Kapazitäten der Zuchthauskompanien und Konzentrationslager zurück.

Während des Sommers 1944 waren rund 10 000 ehemalige Wehrmachtangehörige in den Anstalten des Justizministeriums inhaftiert.[638] Etwa 20 % von ihnen waren vormals Angehörige der Luftwaffe und der Kriegsmarine, der Rest je hälftig Verurteilte des Feld- und des Ersatzheeres. Im Dezember 1944 befanden sich noch etwa 7500 wehrunwürdige ehemalige Heeresangehörige im Strafvollzug der Reichsjustizverwaltung, davon 4000 in den Emslandlagern und etwa 1500 in 50 Zuchthäusern. Im Lager West bei Iserlohn waren es weitere 1350 und im Lager Nord in Norwegen 650.[639] Aus den Emslandlagern wurden in diesem Zeitraum 1850 Häftlinge zur Bewährungstruppe versetzt, aus dem Lager West 480. Die Herausgabe der verbliebenen Verurteilten – auch aus den Zuchthäusern – lehnten das Justiz- sowie das Rüstungsministerium ab. Für 1850 Insassen der Emslandlager war eine Versetzung in Zuchthauskompanien der Feld-Strafgefangenenabteilungen vorgesehen. Diese Maßnahme wurde jedoch auf Befehl von Himmler zunächst ausgesetzt, um die Rüstungsarbeiten nicht zu unterbrechen.[640]

635 Schreiben der Wehrmachtrechtsabteilung an den Reichsminister der Justiz betr. Vollzug der Zuchthausstrafe bei fahnenflüchtigen Luxemburgern v. 19. 5. 1944, BArch R 3001/22298, Bl. 90.

636 Vgl. Schreiben der Wehrmachtrechtsabteilung an den Chef der Zivilverwaltung in Luxemburg betr. Gerichtliche Zuständigkeit und Vollzug der Zuchthausstrafe bei fahnenflüchtigen Luxemburgern v. 26. 7. 1944, ebenda, Bl. 92.

637 Runderlass des Oberkommandos der Luftwaffe/Chef der Luftwaffen-Rechtspflege v. 8. 12. 1944, BArch-MA RL 6/161.

638 Schreiben des Reichsministers der Justiz an die Wehrmachtrechtsabteilung betr. 11. Durchführungsverordnung zur KStVO v. 12. 9. 1944, BArch R 3001/21262, Bl. 153.

639 Inhalt des Vortragsvermerks der Amtsgruppe Heeresrechtswesen v. 19. 12. 1944, ebenda NS 7/317, Bl. 2.

640 Tgb. Nr. IIIa 53/44 Be/Wi. Feldkommandostelle v. 14. 1. 1945 betr. Überführung der in Vollzugsanstalten der Ziviljustiz befindlichen früheren Heeresangehörigen in den militärischen Strafvollzug, ebenda, Bl. 4.

4. Durch Wehrmachtgerichte verurteilte Zivilisten im Vollzug

Während mit Beginn des Krieges eine Ausweitung der Spruchtätigkeit von Militärgerichten gegenüber Zivilisten einherging, sollten zu Freiheitsstrafen verurteilte Zivilisten vornehmlich nicht in den Militärstrafvollzug überführt werden.[641] Die Gerichtsherren waren gehalten, regelmäßig die Justizbehörden um Übernahme der Strafvollstreckung zu ersuchen. Ausländische Gefangene wurden dabei, wie dies auch bei Deutschen der Fall war, in „Gestrauchelte" und „Unverbesserliche" eingeteilt.[642]

Zunächst wurde von dieser Regelung scheinbar nicht in größerem Umfang Gebrauch gemacht, da die Wehrmacht bzw. deren Teilverbände in Folge zahlreiche uneinheitliche Einzelregelungen mit dem Justizministerium trafen. So wandte sich beispielsweise die Wehrmachtrechtsabteilung an das Justizministerium und bat um Übernahme von verurteilten Norwegern, die höhere als dreimonatige Freiheitsstrafen erhalten hatten, da der wehrmachteigene Haftraum in Norwegen knapp wurde.[643] Die Landeseinwohner sollten in Anstalten untergebracht werden, die sich auf dem Gebiet des Deutschen Reiches befanden. Im Oktober 1940 erklärte sich der Justizminister bereit, dem Anliegen der Wehrmacht nachzukommen.[644] Für die Unterbringung der norwegischen Gefangenen wurde die Vollzugsanstalt Hamburg-Fuhlsbüttel zur Verfügung gestellt. Zuständig für die Übernahme der Strafvollstreckung war der Generalstaatsanwalt in Hamburg. Die Rückführung der aus der Haftanstalt Fuhlsbüttel entlassenen Norweger wurde von der Wehrmacht durchgeführt.[645]

Für den Bereich der Militärverwaltung Frankreich wurde eine Übergabe der Vollstreckung nur vorgenommen, sofern im Einzelfall ein Vollzug in einer deutschen Haftanstalt geboten schien.[646] Als Dreh- und Angelpunkt für den Transport

641 Vgl. Chef der Heeresrüstung und Befehlshaber des Ersatzheeres, 8. Mob.-Sammelerlass v. 10. 1. 1942, BArch-MA RH 36/324, Bl. 87 ff.

642 Vgl. Einweisungsbestimmungen für ausländische Zuchthausgefangene des Generalstaatsanwalts bei dem Hanseatischen OLG v. 23. 5. 1944, StA Bremen 4,80 – III.142.

643 Wehrmachtrechtsabteilung an den Reichsminister der Justiz betr. Strafvollstreckung gegen norwegische Zivilpersonen v. 9. 10. 1940, BArch R 3001/21278, Bl. 270.

644 Schreiben des Reichsministers der Justiz an die Wehrmachtrechtsabteilung betr. Vollstreckung von Freiheitsstrafen über 3 Monaten, die von den Wehrmachtgerichten in den besetzten norwegischen Gebieten gegen norwegische Zivilpersonen erkannt werden, vom Oktober 1940, ebenda, Bl. 273 f.

645 Abschrift für den Reichsminister der Justiz, Wehrmachtrechtsabteilung an Stellv. Generalkommando X.A.K. betr. Rücktransport der von deutschen Wehrmachtgerichten verurteilten norwegischen Staatsangehörigen nach Strafverbüßung im Strafgefängnis Hamburg-Fuhlsbüttel v. 28. 2. 1941, ebenda, Bl. 304.

646 Schreiben des Reichsministers der Justiz an das OKH und den Chef der Heeresrüstung und Befehlshaber des Ersatzheeres betr. Übernahme des Strafvollzuges an durch Wehrmachtgerichte in den besetzten Westgebieten verurteilten Zivilpersonen v. 21. 5. 1941, ebenda, Bl. 325.

von verurteilten Franzosen diente das Wehrmachtgefängnis Paris-Fresnes.[647] Für den Bereich des Militärbefehlshabers Nordfrankreich und Belgien sowie der Niederlande erklärte sich der Justizminister im Mai 1941 bereit, den Strafvollzug zu übernehmen, soweit es sich um verurteilte Zivilisten handelte, die eine mehr als dreijährige Freiheitsstrafe zu verbüßen hatten.[648]

Für den Bereich der Niederlande galt, dass für zu Zuchthaus verurteilte Zivilisten oder diejenigen, deren Strafvollstreckung aus anderen Gründen auf die zivilen Behörden überging, nicht das Justizministerium, sondern die Dienststellen des Reichskommissars für die besetzten Niederlande zuständig waren. Eine Abgabe des Strafvollzuges an Niederländern durch die Wehrmacht in das Gebiet des Deutschen Reiches war daher nur bei denjenigen Verurteilten möglich, bei denen die Wehrmacht auch die Vollstreckung durchführte. Zwischen dem Kommissar für die Niederlande und dem Reichsjustizministerium bestand jedoch eine Vereinbarung dahingehend, dass auch aus dem dortigen Bereich Zivilisten zwecks Strafvollzugs an das Justizministerium abgegeben werden konnten.[649]

Im Januar 1942 wandte sich die Heeresrechtsabteilung an die Gerichtsherren und verwies auf die Regelungen der KStVO, nach denen inhaftierte Zivilisten grundsätzlich an die Justizverwaltung abzugeben seien. Es wurde darauf aufmerksam gemacht, dass auch noch nachträglich Gefangene, die sich bereits in Wehrmachtgefängnissen befanden, überwiesen werden konnten.[650] Nun folgte eine konzentrierte Zusammenarbeit zwischen Wehrmacht und Justizministerium bei der Übernahme von verurteilten Zivilisten. Ab Mai 1942 wurden in West- und Nordeuropa durch Militärgerichte verurteilte Zivilisten – ausländische und deutsche – auf bestimmte Anstaltsstandorte konzentriert, sofern der Vollzug in Deutschland erfolgte.[651] Für Verurteilte aus dem Verwaltungsgebiet des Militärbefehlshabers Frankreich waren dies das Zuchthaus Rheinbach, das Strafgefängnis Saarbrücken sowie das Frauenzuchthaus Anrath und das Frauengefängnis Köln.

647 Der Militärbefehlshaber in Frankreich betr. Bestimmung von Verbüßungsanstalten der Reichsjustizverwaltung für verurteilte Landeseinwohner v. 7. 6. 1941, ebenda, Bl. 341 f.

648 Schreiben des Reichsministers der Justiz an das OKH und den Chef der Heeresrüstung und Befehlshaber des Ersatzheeres betr. Übernahme des Strafvollzuges an durch Wehrmachtgerichte in den besetzten Westgebieten verurteilten Zivilpersonen v. 21. 5. 1941, ebenda, Bl. 325.

649 Schreiben des Reichsministers der Justiz an den Reichskommissar für die besetzten niederländischen Gebiete/Generalkommissar für Verwaltung und Justiz betr. Vollstreckung von Strafurteilen in den besetzten niederländischen Gebieten v. 30. 7. 1941, ebenda, Bl. 348.

650 Vgl. Chef der Heeresrüstung und Befehlshaber des Ersatzheeres, 8. Mob.-Sammelerlass v. 10. 1. 1942, BArch-MA RH 36/324, Bl. 87 ff.

651 OKW betr. Übernahme der Strafvollstreckung bezw. des Strafvollzuges an durch Wehrmachtgerichte in den besetzten Gebieten verurteilten Soldaten bezw. Landeseinwohnern v. 13. 5. 1942, HStA Hannover Nds. 711 Acc. 6/95 Nr. 129, Bl. 44 f.

Aus dem Militärgebiet Belgien-Nordfrankreich kamen dieselben Anstalten wie für das französische Territorium in Frage, Männer mit Gefängnisstrafen kamen jedoch in das Strafgefängnis Bochum. Niederländer wurden in Kleve, Dänen und norwegische Männer in Hamburg-Fuhlsbüttel inhaftiert. Frauen aus Norwegen waren im Frauenzuchthaus Lübeck-Lauerhof und im Gefängnis Hamburg-Altona unterzubringen. Die Übergabeersuchen sollten vornehmlich bei Freiheitsstrafen ab drei Monaten ausgesprochen werden.

Gemäß einem Erlass vom Mai 1944 wurden die Bestimmungen bezüglich der Übernahmeersuchen an die Justizbehörden zugunsten des Wehrmachtvollzuges geändert.[652] Dementsprechend sollten nur noch Freiheitsstrafen von neun Monaten und mehr, die durch Wehrmachtgerichte gegenüber Landeseinwohnern aus Frankreich und Belgien sowie Freiheitsstrafen von sechs Monaten und mehr, die gegenüber Landeseinwohnern aus Jugoslawien, Italien, Norwegen und Dänemark ausgesprochen wurden, im Bereich des Reichsjustizministeriums vollstreckt werden. Die Gerichtsherren waren gehalten, nur in Einzelfällen von den Bestimmungen abzuweichen. Bei verurteilten Landeseinwohnern der Niederlande sollte sich der Gerichtsherr an den zuständigen Generalstaatsanwalt in den Niederlanden wenden.

5. Verschärfter Vollzug

Anfang 1944 wurde vom Reichsjustizministerium die Errichtung von „Sonderabteilungen" vorgesehen, die der Erfassung von geflohenen und wieder eingefangenen Strafgefangenen dienen sollten.[653] Dafür wurde zunächst die Strafanstalt Suben in Österreich ins Auge gefasst. Weiterhin kamen die Strafanstalt Ensisheim im Elsass, die Emslandlager und das Lager Nord in Norwegen in Betracht. Ensisheim erachtete man wegen der vorhandenen Kalibergwerke als geeignet. Die Arbeit dort wurde als zusätzliche Strafe angesehen, da sie unter Tage stattfand, große Hitze herrschte und die Arbeiten in gebückter oder liegender Haltung vorgenommen werden mussten. Papenburg im Emsland hatte bereits Strafkompanien errichtet, die dem Charakter der geplanten Sonderabteilungen entsprachen. Für das Lager

652 Heeresmitteilungsblätter 1944, 10. Ausgabe v. 18. 5. 1944 betr. die Übernahme der Strafvollstreckung bzw. des Strafvollzuges an durch Wehrmachtgerichte in den besetzten Gebieten verurteilten Soldaten und Landeseinwohnern durch die Reichsjustizverwaltung, BArch R 3001/21262, Bl. 108; erläuternd dazu Mitteilung des Reichsministers der Justiz an die Generalstaatsanwälte betr. Übernahme der Strafvollstreckung bezw. des Strafvollzuges an durch Wehrmachtgerichte in den besetzten Gebieten verurteilten Soldaten bezw. Landeseinwohnern v. 24. 6. 1944, ebenda, Bl. 106.

653 Zum Folgenden vgl. Vermerk in der Akte des Reichsjustizministeriums v. 23. 2. 1944, ebenda, Bl. 84.

Nord sprachen die schweren Arbeitsbedingungen und die Einstufung dieser Einrichtung als besonders kriegswichtig. Der verschärfte Vollzug sollte die schwerste Form der Hausstrafen in den Vollzugsanstalten darstellen. Für ihn sollten nur männliche Erwachsene in Frage kommen und sowohl deutsche als auch ausländische Gefangene herangezogen werden können.

Die Wahl des Justizministeriums fiel schließlich im Juni 1944 auf die Strafanstalt Ensisheim, wo die Strafgefangenen in dem dortigen Kalibergwerk zum Einsatz kommen sollten.[654] Den Insassen wurden unabhängig von ihrem Arbeitseinsatz keine Schwerarbeiter- oder Lagerarbeiter-Lebensmittelrationen zugebilligt.[655] Ausdrücklich sollte eine Ankündigung des Schusswaffengebrauchs unterbleiben und sofort scharf geschossen werden, wenn Zuwiderhandlungen oder Fluchtfälle vorlagen.

Der Generalstaatsanwalt in Karlsruhe erhob gegen die Durchführung des verschärften Vollzugs im elsässischen Ensisheim schärfste Bedenken.[656] Er wies darauf hin, dass sich unter den Gefangenen eine erhebliche Anzahl von Ausländern befand, die seiner Ansicht nach auf dem Gebiet des Altreichs untergebracht werden müssten, da das Elsass politisch unsicheres Gebiet sei. Des Weiteren setzten sich die Wachmannschaften aus Elsässern zusammen, denen die „nötige Härte und Entschiedenheit" gegenüber den Gefangenen fehle. Weiterhin wies er darauf hin, dass der Chef der Zivilverwaltung grundsätzlich die Unterbringung von belgischen und französischen Gefangenen verboten hatte.

6. Justizgefangene im Dienste von Rüstung und Kriegsführung

Ab Mitte der 1930er Jahre wurde der Strafvollzug vermehrt für wehrwirtschaftliche Belange des NS-Staates eingesetzt. Im Mai 1935 wurde er verstärkt auf die Wiederaufarbeitung und Wiederverwertung von in Behörden – insbesondere der Reichspost – angefallenen Altmaterialien ausgerichtet.[657] Bereits ab 1937 setzte die Justizverwaltung Strafgefangene zu Arbeiten im Rahmen des 1936 verkündeten Vierjahresplanes ein.[658] Dieser sah eine Lenkung der Wirtschaft mit dem Ziel vor, Deutsch-

654 Verfügung des Reichsministers der Justiz betr. Strafanstalt für verschärften Vollzug v. 12. 6. 1944, ebenda, Bl. 102; Schreiben des Generalstaatsanwalts Karlsruhe an den Reichsminister der Justiz betr. Strafanstalt für verschärften Vollzug v. 22. 8. 1944, ebenda, Bl. 134.

655 Verfügung des Reichsministers der Justiz betr. Strafanstalt für verschärften Vollzug v. 12. 6. 1944, ebenda, Bl. 102.

656 Zum Folgenden vgl. Schreiben des Generalstaatsanwalts Karlsruhe an den Reichsminister der Justiz betr. Strafanstalt für verschärften Vollzug v. 22. 8. 1944, ebenda, Bl. 134.

657 Vgl. Langenhagen, Der Vierjahresplan, in: BfGK 68 (1937/38), S. 294 f.

658 Verfügung des Reichsjustizministers betr. Beschäftigung von Gefangenen mit Außenarbeiten v. 23. 7. 1937, StA Bremen 4,80 – III.240; vgl. auch Marx, Der Strafvollzug, in: Deutsche Justiz (1943), S. 80 f.

land innerhalb von vier Jahren wirtschaftlich wie militärisch kriegsfähig zu machen. Die Leitung des Vierjahresplanes oblag Luftfahrtminister Hermann Göring, der bei grundlegenden Entscheidungen einen sogenannten kleinen Ministerrat zu Rate zog, dem dauerhaft ein Vertreter des Reichskriegsministeriums angehörte.[659]

Die Gefangenenarbeit beschränkte sich zunächst nur auf Bereiche, die nicht direkt der Aufrüstung dienten und vornehmlich Außenarbeiten umfassten. Im Bereich des Oberlandesgerichts Hamburg sollten die Gefangenen beispielsweise vordringlich in Steinbrüchen, Ziegeleien, mit Moor- und Kultivierungsarbeiten sowie größeren Bauvorhaben beschäftigt werden.[660] Im Zeitraum 1938–1939 waren rund 10 000 Gefangene im Emsland mit der Trockenlegung von Mooren befasst.[661] Der Vorteil für den Strafvollzug lag hierbei auch darin, dass die Gefangenen in großen Gruppen eingesetzt werden konnten. Politische Häftlinge waren von der Außenarbeit ausgeschlossen.[662] Sie sollten vornehmlich mit Arbeiten in ihrer Zelle befasst werden.[663] Das Verbot der Außenarbeit erstreckte sich später auch auf Häftlinge mit lebenslangen Freiheitsstrafen.[664]

Während staatlicherseits das Interesse an der kriegswirtschaftlichen Nutzung des Vollzuges zunahm, wandten sich nunmehr auch Gewerbebetriebe an die Haftanstalten und verhandelten über die Zurverfügungstellung von Strafgefangenen in auswärts gelegenen Betrieben oder boten die Verlegung von Betriebsstätten in die Vollzugsanstalten an. Die Strafgefangenen sollten dabei jedoch so wenig Kontakt wie möglich zu den anderen Arbeitskräften haben. Bei der Errichtung von Produktionsstätten in Vollzugsanstalten erklärte sich das Reichsjustizministerium bereit, die Belegung der jeweiligen Anstalt den Anforderungen der Fabrikation anzupassen.[665] Eine gute Arbeitsleistung sollte bei einer vorzeitigen Entlassung berücksichtigt werden.

Im Rahmen der verstärkten wirtschaftlichen Ausrichtung des Vollzuges unter Berücksichtigung der Erfordernisse des Vierjahresplanes arbeitete das Justizmi-

659 Erlass über die Durchführung des Vierjahresplans von Ministerpräsident Göring v. 22. 10. 1936, BArch R 26 I/1, Bl. 1 ff.

660 Vgl. Schriftverkehr zwischen der Direktion der Gefangenenanstalt Bremen und einem Torfwerk v. 30. 7. 1936, StA Bremen 4,80 – III.240.

661 Schreiben des Reichsjustizministers betr. Einsatz von Gefangenen bei Kultivierungs- und Straßenbauarbeiten v. 14. 7. 1938, ebenda.

662 Verfügung des Reichsjustizministers betr. Beschäftigung von Gefangenen mit Außenarbeiten v. 23. 7. 1937, ebenda.

663 Verfügung des Reichsjustizministers betr. Beschäftigung von Untersuchungsgefangenen außerhalb der Zelle v. 2. 1. 1936, ebenda.

664 Schreiben des Reichsjustizministers betr. Einsatz von Gefangenen bei Kultivierungs- und Straßenbauarbeiten v. 14. 7. 1938, ebenda.

665 Vgl. beispielhaft Schreiben des Generalstaatsanwalts bei dem Hanseatischen OLG v. 23. 4. 1937, ebenda 4,80 – III.142 und zahlreiche andere in dieser Akte.

nisterium eng mit der Reichsanstalt für Arbeit zusammen. Gemäß einer Vereinbarung zwischen den beiden Behörden sollten Gefangene vornehmlich für solche Arbeiten bereitgestellt werden, die die Reichsanstalt als dringlich ansah.[666] Die bisher in den Vollzugsanstalten vorgenommenen Hausarbeiten, die vor allem einfache Aufgaben umfassten, hatten im Gegensatz dazu reduziert zu werden. Dabei gab das Reichsjustizministerium als Grundsatz heraus, dass „alle nur einigermaßen arbeitsfähigen Justizgefangenen [...] zu ernsthafter Arbeit heranzuziehen" seien. Stellte das Reichsjustizministerium fest, dass die Insassen einzelner Strafanstalten nicht ausgelastet oder mit wenig nutzbringenden Arbeiten beschäftigt waren, wandte es sich an die Reichsanstalt für Arbeit zwecks Ausrichtung auf produktivere Arbeit.[667]

1936 fasste die Rüstungsinspektion der Wehrmacht allerdings auch bereits einen direkten Einsatz von Strafgefangenen für die Kriegsproduktion ins Auge. In einem Dossier stellte sie heraus, dass im Kriegsfalle ein wahrscheinlicher Mangel an Facharbeitern in den Rüstungsbetrieben auftreten werde.[668] Im Frühjahr 1937 trafen sich in den Räumlichkeiten des Reichskriegsministeriums Vertreter der Wehrmacht, des Wirtschafts- und des Justizministeriums. Gegenstand der Besprechung war der mögliche Einsatz von Justizhäftlingen in der Rüstungsproduktion. Dabei wurde erwogen, diese Möglichkeit nicht erst im Falle eines militärischen Konflikts, sondern bereits in Friedenszeiten umzusetzen.[669]

Die Wehrwirtschaftsinspektionen überprüften die Strafanstalten und regten gegenüber der Wehrmachtführung Möglichkeiten an, inwieweit diese mit Rüstungsarbeiten betraut werden konnten. Maßgeblich sollte dabei sein, dass es sich um Arbeiten handelte, die mit einem geringen maschinellen Aufwand betrieben werden konnten. Weiterhin wurde die Belegung der Haftanstalten im Hinblick auf die durchschnittliche Länge der Haftzeiten überprüft. An dieser Richtlinie sollte sich der Schwierigkeitsgrad der jeweiligen Arbeit orientieren, da eventuell nur eine kurze Zeitspanne zum Anlernen bestand.[670] Als besonders wichtig erachtete die Wehrmacht Anstalten für Sicherungsverwahrte, weil die Verweildauer nicht zeitgebunden war und entsprechend lang sein konnte. In diesem Sinne war auch

666 Erlass des Reichsjustizministers betr. Verstärkter Arbeitseinsatz der Gefangenen v. 7. 6. 1938, abgedruckt in: Deutsche Justiz (1938), S. 887.

667 Vgl. Ausführungen der Wehrwirtschaftsinspektion an das Oberkommando der Wehrmacht/Wehrwirtschaftsstab v. 8. 7. 1938, BArch–MA RW 19/2127, Bl. 5.

668 Wehrmacht-Rüstung I betr. Nutzbarmachung von Strafgefangenen für die Wehrmacht v. 11. 11. 1936, ebenda, Bl. 3.

669 Reichskriegsministerium/Rüstungswirtschaftliche Abtlg. Betr. Nutzbarmachung von Strafgefangenen für die Wehrmacht v. 24. 2. 1937, ebenda, Bl. 4.

670 Wehrwirtschafts-Inspektion VI an das Oberkommando der Wehrmacht/Wehrwirtschaftsstab v. 8. 7. 1938, ebenda, Bl. 5.

die Beschäftigung von Zuchthausgefangenen vorrangiger, da Zuchthausstrafen bis zu einer lebenslangen Haft verhängt werden konnten, während Gefängnisstrafen nach § 16 Abs. 1 StGB auf fünf Jahre begrenzt waren.

Erstmalig wurde im Herbst 1938 der Einsatz von Justizgefangenen für die Wehrmachtproduktion getestet.[671] Ausgesucht wurde hierfür die Sicherungsanstalt Werl, in der sich rund 700 inhaftierte Männer befanden, die vornehmlich mit dem Flechten von Matten, Kleben von Tüten und der Aufarbeitung alter Uniformen beschäftigt waren. Die Rüstungstätigkeit bestand zunächst in der Herstellung von Teilen für Wurfgranaten.[672] Am Ende des Jahres war man von der Produktivität derart überzeugt, dass die subalternen Wehrmachtrüstungsstellen darauf drängten, mehr Gefangene einzusetzen.[673]

Der Rüstungsstab des OKW wies daraufhin die einzelnen Wehrwirtschaftsstellen an, in den einzelnen Inspektionen der Frage des Arbeitseinsatzes von Justizgefangenen beschleunigt nachzugehen.[674] Bereits im März 1939 wurden etliche weitere Strafanstalten als besonders geeignet für eine wehrwirtschaftliche Ausrichtung angesehen.[675] Zwecks Ausschöpfung der maximalen Produktivität erklärten sich die Justizbehörden bereit, inhaftierte Facharbeiter aus verschiedenen Anstalten zusammenzuziehen. Im Zuge der Besichtigungen von Anstalten stellte sich heraus, dass bereits bei den bisher dort durchgeführten Arbeiten zum Teil berufliche Qualifikationen von Häftlingen keine Berücksichtigung gefunden hatten, sodass die Kapazitäten nicht voll ausgenutzt wurden.

Für das weitere Vorgehen waren die Wehrwirtschaftsstellen angewiesen, stets die militärische Abwehrabteilung einzubinden, um Sicherheitsrisiken im Bereich Spionage und Sabotage auszuschalten. Parallel zu diesen Maßnahmen forderte der Vorsitzende des Reichsverteidigungsrates die Wehrmachtführung im Frühsommer 1939 auf, Justizgefangene – und ebenso Konzentrationslagerinsassen – für Arbeiten heranzuziehen.[676] Bis Anfang 1940 stellte die Anstalt in Werl die Rüs-

671 Ebenda; Oberkommando der Wehrmacht betr. Arbeitseinsatz von Justizgefangenen v. 13. 12. 1938, ebenda, Bl. 12 ff.

672 Schreiben der Wehrwirtschaftsinspektion an das OKW/Wehrwirtschaftsstab betr. Arbeitseinsatz von Justizgefangenen v. 2. 12. 1938, ebenda, Bl. 10 f.

673 Wehrwirtschaftsinspektion VI an das Oberkommando der Wehrmacht/Wehrwirtschaftsstab betr. Arbeitseinsatz von Justizgefangenen v. 3. 1. 1939, ebenda, Bl. 16 f.

674 Oberkommando der Wehrmacht an die Wehrwirtschaftsinspektionen I–V, VII–XIII, XVII–XVIII betr. Arbeitseinsatz von Justizgefangenen v. 24. 1. 1939, ebenda, Bl. 19.

675 Zum Folgenden vgl. Wehrwirtschaftsinspektion XI an das Oberkommando des Heeres betr. Arbeitseinsatz von Justizgefangenen v. 1. 3. 1939, ebenda, Bl. 20 ff.; Wehrwirtschaftsinspektion V an Oberkommando der Wehrmacht/Wehrwirtschaftsstab betr. Arbeitseinsatz von Justizgefangenen v. 17. 3. 1939, ebenda, Bl. 24.

676 Abschrift des Oberkommandos der Wehrmacht betr. Verwendung von Zivilpersonen in der Wehrmacht […] v. 22. 7. 1939, ebenda RW 19/2130, Bl. 186.

tungsproduktion auf Großfertigung um.[677] In diesem Zusammenhang wurde dem Justizminister mitgeteilt, dass bei vollständiger Inbetriebnahme mit einer großen Gewinnspanne zu rechnen sei, da bereits im Rechnungsjahr 1939 ein Reingewinn von 60 000 RM erzielt worden war.

Im Frühjahr 1939 ergriff das Justizministerium weitere Maßnahmen, die auf die Belange der Wehrmacht ausgerichtet waren. Gemäß einer Verfügung vom 29. April 1939 wurden Strafgefangene mit kurzen Freiheits- bzw. Reststrafen von der Haft beurlaubt, sofern es sich um Wehrpflichtige handelte, die nunmehr der Wehrmacht zur Verfügung standen.[678] Der Reichsarbeitsminister wandte sich daraufhin an das Justizministerium, um eine Freilassung von Facharbeitern in Mangelberufen zum Zwecke der Kriegsproduktion zu erreichen.

Die Nachfrage der Rüstungsbetriebe für die Beschäftigung von Strafgefangenen hielt sich vor Ausbruch des Krieges indes in Grenzen. Dabei spielten mehrere Faktoren eine Rolle. In erster Linie war es der stetige Wechsel der Belegschaft, der zu zeitraubenden Anlernprozessen führte. Da die Produktion in den Strafanstalten durchgeführt werden sollte, mussten die Arbeitgeber außerdem vermehrt kontrollieren. Schließlich fürchtete man Sabotage an Geräten und Produkten.[679] Die Inspektionen der Wehrmacht stellten jedoch in Aussicht, bei fehlendem Interesse von privaten Firmen wehrmachteigene Produktionsstätten in den Anstalten zu errichten.

Im Sommer 1939 wurde der Enthusiasmus der wehrwirtschaftlichen Stellen durch auftretende Schwierigkeiten getrübt. Zum Teil realisierten sich die von Rüstungsbetrieben geäußerten Bedenken.[680] So erforderte das Anlernen von Gefangenen außerordentlich viel Zeit. Weiter verursachten Verlegungen und plötzliche anderweitige Beschäftigungen von eingesetzten Gefangenen Probleme. Auch die zuständigen Generalstaatsanwälte hemmten die Pläne der Wehrmacht. Die Verhandlungen verzögerten sich zum Beispiel durch Bedenken, die Gefangenen könnten sich in der Produktion gefährliche oder zum Ausbruch geeignete Werkzeuge aneignen oder herstellen. Auch sahen sich die Vollzugsanstalten zur selben Zeit mit Personaleinsparungen innerhalb der Justizverwaltung konfrontiert, die eine Überwachung der Gefangenen erschweren mussten.

677 Vermerk in den Akten des Reichsjustizministeriums betr. Arbeitseinsatz der Gefangenen, BArch R 3001/21429, Bl. 311 f.

678 Zum Folgenden vgl. Schreiben des Reichsarbeitsministers an den Justizminister betr. Beurlaubung von Strafgefangenen in Spannungszeiten […] v. 5. 7. 1939, BArch-MA RW 19/2130, Bl. 171.

679 Zum Folgenden vgl. Wehrwirtschaftsinspektion III v. 24. 1. 1939 an das Oberkommando des Heeres (Waffenamt) betr. Arbeitseinsatz von Justizgefangenen, ebenda RW 19/2127, Bl. 23; auch Wehrwirtschaftsinspektion V an Oberkommando des Heeres betr. Arbeitseinsatz von Justizgefangenen v. 31. 7. 1939, ebenda, Bl. 30 f.

680 Zum Folgenden vgl. Wehrwirtschaftsinspektion V an Oberkommando des Heeres betr. Arbeitseinsatz von Justizgefangenen v. 31. 7. 1939, ebenda, Bl. 30 f.

Im Einvernehmen mit den beteiligten Firmen waren Haftanstalten bereit, die Kontrollen von Mitarbeitern der Rüstungsbetriebe sowie den Einsatz von Personal zwecks Anlernung dadurch zu begrenzen, dass man Häftlingen mit besonderen beruflichen Qualifikationen diese Arbeiten anvertraute, wie z. B. Ingenieuren oder Technikern.[681]

Im Oktober 1939 verfügte der Reichsjustizminister, dass für die Dauer des Krieges sämtliche Häftlinge im Erwachsenenvollzug mit „volkswichtigen" Arbeiten zu beschäftigen seien.[682] Die Arbeitszeit für Gefängnisinsassen sollte regelmäßig elf Stunden betragen, für Zuchthausgefangene und Sicherungsverwahrte zwölf Stunden. Jede schuldhaft schlechte Arbeitsleistung sollte eine harte Bestrafung nach sich ziehen. Der geplanten Vergrößerung der Produktivität stand jedoch der mittlerweile aufgetretene Mangel an Aufsichtspersonal entgegen, da ein erheblicher Teil der Vollzugsbeamten zur Wehrmacht eingezogen worden war. Fehlendes Wachpersonal wurde nur ungenügend ersetzt, wobei das Justizministerium auf bereits pensionierte oder körperlich eingeschränkte Kräfte zurückgriff.[683] In einigen Vollzugsanstalten bedeutete die Anhebung der Arbeitszeit darüber hinaus eine extreme Mehrauslastung. In der Männeranstalt Stein etwa war die reine Arbeitszeit bis dahin auf sechseinhalb Stunden festgelegt. Die nunmehr anfallenden Überstunden des Aufsichtspersonals wurden als soziale Belastung und gesundheitliche Gefährdung eingestuft, die sich negativ auf die Arbeitsleistungen auswirken würden. Ebenfalls wurde darauf verwiesen, dass nicht genügend Arbeitsaufträge vorlagen, um die geforderte Arbeitszeit ausnutzen zu können.

Im Mai 1940 wandte sich der Generalstaatsanwalt in Königsberg mit den gleichen Anliegen an den Justizminister. Dort verwies man neben den bereits vorgebrachten Argumenten darauf, dass trotz der Erhöhung der Arbeitszeit keine größeren Lebensmittelrationen bewilligt worden seien. Man habe bereits eine Minderung der Arbeitsleistung seitens der Gefangenen registriert. In einer Strafanstalt waren bei rund 50 % der Häftlinge Gewichtsabnahmen bis zu zehn Kilo festgestellt worden. Der Anstaltsarzt rechnete mit einer weiteren Verschärfung dieser Situation und sah bereits Anzeichen von Unterernährung. Man bat um eine generelle Herabsetzung der Arbeitszeit um zwei Stunden.[684]

681 Kommando des Rüstungsbereichs Frankfurt/Oder betr. Facharbeiter in Sicherungsverwahranstalten v. 1. 12. 1939, ebenda, Bl. 35.

682 Zum Folgenden vgl. Verfügung des Reichsjustizministers betr. Strafvollzug an Erwachsenen während des Kriegszustandes v. 28. 10. 1939, StA Bremen 4,80 – III.237.

683 Schreiben des Generalstaatsanwalts Berlin an den Reichsminister der Justiz betr. Strafvollzug an Erwachsenen während des Krieges v. 23. 12. 1939, BArch R 3001/21261, Bl. 172 f.

684 Schreiben des Generalstaatsanwalts in Königsberg an den Reichsminister der Justiz betr. Auswirkung der 12stündigen Arbeitszeit auf die Ernährung der Zuchthausgefangenen v. 9. 5. 1940, ebenda, Bl. 184 ff.

Teilweise wurden die vorgegebenen Arbeitszeiten derart ausgedehnt, dass auch die eigentlich arbeitsfreien Sonntage regelmäßig mit Arbeiten belegt wurden.[685] So wandte sich der Anstaltsarzt des Zuchthauses Oslebshausen an den Vorstand der Bremer Strafanstalten und wies darauf hin, dass die Überschreitungen der Arbeitszeit sowohl die Gesundheit der Häftlinge als auch des Wachpersonals gefährde, da die Ruhezeiten keine ausreichende Entlastungsfunktion mehr böten. Dies wirke sich umso schädlicher aus, als die Verpflegung mangelhaft war.

Andererseits führte der Mangel an Aufsichtspersonal, der sich im Laufe des Krieges noch verstärkte, dazu, dass vereinbarte Arbeitszeiten nicht eingehalten wurden und Justizgefangene in einigen Fällen eine geringere Arbeitszeit hatten als die Angehörigen der Belegschaft.[686] Aufgrund von Beschwerden der davon betroffenen Betriebe sah sich das Justizministerium im April 1944 genötigt, die Vollstreckungsbehörden darauf hinzuweisen, dass die im Rüstungsbereich eingesetzten Strafgefangenen in jedem Falle genauso lange zu arbeiten hätten wie die regulären Mitarbeiter. Dies gelte auch für Sonntagsarbeit. Die durch den Mangel an Wachpersonal aufgetretenen Probleme sollte jede Vollzugsanstalt durch geeignete Maßnahmen selbständig lösen.

Neben die eigentlichen Rüstungsaufgaben kam Anfang des Krieges noch die wirtschaftliche Ausnutzung der Gefangenen im Dienste des Wehrmachtsanitätswesens hinzu.[687] Im Oktober 1939 wies der Justizminister den Generalstaatsanwalt in Darmstadt an, Gefangene zwecks Entnahme von Blut der I.G.-Farbenindustrie zur Verfügung zu stellen, um Serum für die Wehrmacht zu gewinnen. Über den Generalstaatsanwalt wurde dem Unternehmen mitgeteilt, dass die Justizbehörden auch weiterhin derartigen Gesuchen entsprechen würden. Im März 1940 wandte sich die I.G.-Farben direkt an den Justizminister und teilte mit, dass eine erhebliche Anzahl von Strafgefangenen Klage führe, dass bei der anfallenden Arbeit im Vollzug und der schlechten Ernährungslage mit gesundheitlichen Einbußen zu rechnen sei.[688] Man regte daher an, dass bei einer freiwilligen Entnahme einer größeren Menge Blut als bisher gefordert eine Entlohnung durch Erhöhung der Essensrationen erfolgen könnte. Auf Nachfrage des Justizministeriums erklärte sich das Ministerium für Ernährung und Landwirtschaft bereit, Strafgefangenen

685 Zum Folgenden vgl. Schreiben an den Vorstand der Bremer Strafanstalten v. 13. 11. 1943, StA Bremen 4,80 – III.237.

686 Zum Folgenden vgl. Rundverfügung des Reichsjustizministeriums v. 5. 4. 1944 betr. Arbeitszeit der Strafgefangenen im Kriege, ebenda.

687 Zum Folgenden vgl. Schreiben des Reichsministers der Justiz an den Generalstaatsanwalt in Darmstadt betr. Eingabe der I.G. Farbenindustrie AG v. 19. 10. 1939, BArch R 3001/21261, Bl. 144.

688 Zum Folgenden vgl. Schreiben der I.G. Farbenindustrie AG an den Reichsminister der Justiz v. 29. 3. 1940, ebenda, Bl. 180.

die gleiche Sonderration zukommen zu lassen, wie sie anderen Blutspendern zustand.[689]

Im November 1939 war der Arbeitseinsatz der Justizgefangenen im Rüstungsbereich soweit gediehen, dass das Rüstungsamt der Wehrmacht die subalternen Dienststellen anwies, den Einsatz von KZ-Häftlingen nach dem Vorbild der Justizgefangenenarbeit zu forcieren. Die Kriegsproduktion sollte allerdings innerhalb der Konzentrationslager stattfinden.[690] Hintergrund war eine Anweisung Hitlers an das OKW, KZ-Häftlinge für die Wehrmachtrüstung einzusetzen.[691] Innerhalb der militärischen Führung bestand scheinbar Unklarheit darüber, inwieweit die Konzentrationslager vom Reichsjustizministerium kontrolliert oder genutzt wurden. Die Wehrmachtrechtsabteilung musste das Ersuchen des Chefs der Heeresrüstung um Vermittlungstätigkeit zwecks Einrichtung von Rüstungseinheiten in Konzentrationslagern dahingehend korrigieren, dass dem Reichsjustizministerium keine Konzentrationslager unterstanden, sondern diese Teil des SS-Apparates waren.[692]

Bei der Ausrichtung der Gefangenenarbeit für die Rüstungsindustrie arbeiteten die Wehrmacht, das Justizministerium und die Reichsanstalt für Arbeit zusammen. Zum Teil waren bei den Gesprächen mit Rüstungsfirmen Angehörige der drei Institutionen beteiligt.[693] Darüber hinaus waren auch Stellen der militärischen Spionageabwehr eingeschaltet.[694] Ihren Interessen sollte bei einem Einsatz von Gefangenen erhebliche Berücksichtigung beigemessen werden.[695]

Das Reichsjustizministerium wachte über die arbeitsmäßige Auslastung der Gefangenen. Innerhalb des Justizministeriums wurde die Stelle eines Generalreferenten für das Arbeitswesen der Vollzugsanstalten geschaffen, die direkt Minister Thierack unterstellt war.[696] Der Arbeitseinsatz richtete sich nicht nur nach mo-

689 Schreiben des Reichsministers für Ernährung und Landwirtschaft an den Reichsminister der Justiz betr. Zuteilung von zusätzlichen Lebensmitteln an Blutspender v. 30. 4. 1940, ebenda, Bl. 182.

690 Oberkommando der Wehrmacht/Rüstungsamt an OKH, OKM, R. d. L und Ob. d. L. betr. Verwendung von Insassen von Konzentrationslagern für die Wehrmachtfertigung v 24. 12. 1939, BArch-MA RW 19/2127, Bl. 37.

691 Chef OKW an den Chef Wi Rü A v. 29. 11. 1939, ebenda, Bl. 32 f.

692 Wehrmachtrechtsabteilung an Rüstungsamt betr. Einsatz von Strafgefangenen v. 13. 2. 1940, ebenda RW 19/2130, Bl. 135.

693 Vgl. etwa Wehrwirtschaftsinspektion VI an das Oberkommando der Wehrmacht/Wehrwirtschaftsstab betr. Arbeitseinsatz von Justizgefangenen v. 8. 10. 1938, ebenda RW 19/2127, Bl. 9.

694 Vgl. Wehrwirtschaftsinspektion VI an das Oberkommando der Wehrmacht/Wehrwirtschaftsstab betr. Arbeiteinsatz von Justizgefangenen v. 2. 12. 1938, ebenda, Bl. 10.

695 Schreiben der Abwehrabteilung III an alle Abwehrstellen betr. Arbeitseinsatz von Justizgefangenen v. 3. 8. 1939, ebenda RW 19/2130, Bl. 182.

696 Vgl. gemeinsames Schreiben des Reichsministers für Rüstung und Kriegsproduktion und des Reichsministers der Justiz betr. Einsatz von Justizstrafgefangenen in vordringlicher Rüstungsfertigung v. 12. 5. 1944, ebenda RW 21/1216, Bl. 8.

netären Gesichtspunkten, sondern auch nach den Erfordernissen des Vierjahresplans.[697] Zur vollständigen Ausnutzung des Produktionspotenzials der Häftlinge verfügte der Justizminister, jeden Gefangenen, auch wenn er nur eine kurze Haftstrafe zu verbüßen hatte, in den Arbeitsprozess einzubeziehen.[698] Während des Krieges sollten Untersuchungsgefangene auch für Außenarbeiten zur Verfügung stehen, wenn der zuständige Richter sein Einverständnis erteilte.[699]

Nach einer Erhebung im Frühjahr 1940 waren von den rund 116 000 Insassen der Vollzugsanstalten des Justizministeriums rund 15 000 Gefangene direkt für die Wehrmacht bzw. für deren Rüstungsbetriebe tätig.[700] Während auch die restlichen Beschäftigten mit rüstungswirtschaftlichen Arbeiten beschäftigt waren, lag der Anteil von Häftlingen, die ohne Beschäftigung waren, bei 17,2 %. Rund die Hälfte von ihnen – 10 495 – waren Untersuchungsgefangene. Da als Grund in erster Linie Arbeitsmangel angegeben wurde, ist anzunehmen, dass die einfachen Aufgaben in den anstaltseigenen Betrieben bereits zu einem großen Teil komplizierteren Verrichtungen gewichen waren und somit für die Untersuchungshäftlinge nicht genügend Zeit zum Anlernen bestand, da diese nur auf unbestimmt kurze Zeit in den Anstalten einsaßen. Daneben dürfte die vollständige Umstellung des Vollzuges in den Dienst der Rüstungsindustrie zu diesem Zeitpunkt noch derart schlecht organisiert gewesen sein, dass für eine Heranziehung von Untersuchungsgefangenen zu unkomplizierten Arbeitsvorgängen noch nicht vorgesorgt war. Vier Jahre später war die Zahl der nicht beschäftigten Häftlinge bereits radikal reduziert. Als Grund für den 1940 bestehenden hohen Anteil von Unterbeschäftigung wurde u. a. auch angeführt, dass Strafvollzugsanstalten, die sich in Gebieten befanden, die dem Deutschen Reich einverleibt worden waren, noch nicht vollständig auf den Arbeitseinsatz für kriegswichtige Projekte ausgerichtet waren.

Anfang 1940 wandte sich das OKW an die Wehrmachtrechtsabteilung mit der Aufforderung, wegen der Klagen des Chefs der Heeresrüstung, dass die Strafvollstreckungsbehörden den Belangen der Rüstungswirtschaft nicht genug Rechnung tragen würden, Kontakt mit dem Reichsjustizministerium aufzunehmen.[701] So waren besonders qualifizierte Facharbeiter zum Vollzug beordert worden, obwohl in

697 Schreiben des Reichsjustizministers an die Generalstaatsanwälte betr. die Beschäftigung der Gefangenen in den kleineren Vollzugsanstalten v. 24. 6. 1937, StA Bremen 4,80 – III.240.

698 Verfügung des Reichsjustizministers betr. Verstärkter Arbeitseinsatz der Gefangenen v. 7. 6. 1938, Deutsche Justiz (1938), S. 887.

699 Verfügung des Reichsjustizministers betr. Heranziehung von Untersuchungsgefangenen zur Außenarbeit v. 18. 11. 1940, StA Bremen 4,80 – III.240.

700 Zum Folgenden vgl. Vermerk in den Akten des Reichsjustizministeriums betr. Arbeitseinsatz der Gefangenen, BArch R 3001/21429, Bl. 311 f.

701 Zum Folgenden vgl. Oberkommando der Wehrmacht an Wehrmachtrechtsabteilung betr. Einsatz von Strafgefangenen vom 3. 2. 1940, BArch-MA RW 19/2130, Bl. 134.

den Betrieben, in denen sie arbeiteten, keine Ersatzleute mit entsprechenden Qualifikationen vorhanden und somit Einbußen für die Kriegsproduktion entstanden waren. Dem Justizministerium sollte ein gleiches Verfahren wie bei der Strafvollstreckung in der Wehrmacht vorgeschlagen werden, also in der Regel Strafvollstreckung nach Kriegsende und die Möglichkeit eines Straferlasses bei einwandfreier Führung.

Hitler verfügte am 12. Oktober 1940, dass die Insassen der Konzentrationslager und Strafgefangene zusätzlich zu den Rüstungs- und Außenarbeiten die Beseitigung von Bomben bzw. Blindgängern vorzunehmen hatten, wenn diese Arbeiten mit Gefahren verbunden waren. Wehrmachtstrafgefangene waren dabei nicht heranzuziehen.[702] Hinzu kam die Beseitigung von Fliegerschäden sowie Reparatur- und Instandsetzungsarbeiten von Wehrmachtfahrzeugen.

Mit Beginn des Krieges blieben die Rüstungsfirmen in Bezug auf Gefangenenarbeit in ihren Betrieben zurückhaltend, obwohl das Justizministerium den Einsatz von Gefangenen im großen Umfang anbot.[703] Durch den Abzug von Facharbeitern und Ausgelernten zur Wehrmacht entstanden jedoch bald Engpässe, was den Bedarf an Häftlingen steigen ließ. Mitte 1941 war der Bedarf größer als die zur Verfügung stehenden Gefangenen. Wie das Justizministerium dem Propagandaministerium im Spätsommer 1941 mitteilte, standen etwa 90 % der nun rund 200 000 Justizgefangenen im Dienste der Kriegswirtschaft.[704] In jeder größeren Vollzugsanstalt waren Rüstungsbetriebe ansässig, die auf 30 bis 500 Gefangene zurückgreifen konnten, die in Tag- und Nachtschichten arbeiteten. Allein in Munitionsbetrieben waren zu diesem Zeitpunkt 19 000 Gefangene beschäftigt. Nach Ansicht des Reichsjustizministeriums waren die Arbeitsleistungen der Gefangenen zufriedenstellend und konnten sich an denen der regulären Beschäftigten messen. Im Verlauf des Krieges waren die kleineren Betriebe in den Anstalten mehr und mehr größeren Industrieunternehmungen gewichen.[705] Das Justizministerium bemühte sich in Absprache mit dem Rüstungsministerium darum, die Gefangenen in erster Linie mit vordringlichen Rüstungsaufgaben zu beschäftigen.[706] Die Zugangsmöglichkeiten des Justizministers zu Hitler reduzierten sich während des Krieges derart, dass kaum Kenntnisse über die Rüstungsmaßnahmen innerhalb des Strafvollzugs in den obersten Führungszirkel gelangten. Im November 1941

702 Führer-Erlass v. 12. 10. 1940, abgedruckt bei: Martin Moll, „Führer-Erlasse" 1939-1945, S. 146.

703 Schreiben des Reichsjustizministeriums an das Reichsministerium für Volksaufklärung und Propaganda v. 3. 10. 1941, BArch R 3001/25016, Bl. 1 ff.

704 Zum Folgenden vgl. ebenda.

705 Vgl. Marx, Der Strafvollzug, in: Deutsche Justiz (1943), S. 80 f.

706 Schreiben des Reichsjustizministeriums an das Reichsministerium für Volksaufklärung und Propaganda v. 3. 10. 1941, BArch R 3001/25016, Bl. 1 ff.

lamentierte Hitler gegenüber Gästen, er verfüge über „150 000 Zuchthäusler, die Tüten kleben".[707]

Bei den politischen Gefangenen hatte das Wachpersonal besonders darauf zu achten, dass die Möglichkeit von Sabotage ausgeschlossen werden konnte.[708] Die Zunahme der effektiven Indienststellung für die Kriegswirtschaft bezog allerdings auch diese Gefangenen stärker in den Prozess der Kriegsproduktion ein. 1941 wurde daher das Verbot der Außenarbeit für diese Personengruppe gelockert. In nur aus politischen Häftlingen bestehenden Kolonnen forcierte man dabei Arbeiten an überschaubaren Plätzen, wie etwa Tongruben. Jegliche Kontaktaufnahme zu anderen Personen sollte dabei ausgeschlossen werden. Weiterhin hatte jeder zur Außenarbeit Herangezogene der Gestapo gemeldet zu werden.

Bereits 1942 war der Bedarf an qualifizierten Gefangenen für die Rüstung derart groß, dass die sich in Haft befindenden Facharbeiter nicht ausreichten. Um den Mangel zu beheben, forderte die Wehrwirtschaft vom Justizministerium, dass jedes Zuchthaus dafür Sorge tragen sollte, 5 % der Gefangenen zu Metallarbeitern umzuschulen.[709] Dass dies nicht immer durchführbar war, belegt ein Schreiben des Vorstands der Bremer Vollzugsanstalten an den zuständigen Generalstaatsanwalt. Darin berichtet er, dass die für die Ausbildung in Frage kommende Schlosserei nur für eine geringe Anzahl von Gefangenen Kapazitäten habe.[710]

Jeder Einsatz von Gefangenen für öffentliche oder private Auftraggeber hatte nunmehr mit den Dienststellen des Bevollmächtigten für den Arbeitseinsatz abgesprochen zu werden.[711] War der Einsatz von mehr als 100 Gefangenen geplant, hatte der Vorgang dem Reichsjustizminister vorgelegt zu werden, der eine Regelung im Einverständnis mit dem Generalbevollmächtigten für den Arbeitseinsatz traf.

Da durch Verlegung und Entlassung von Strafgefangenen Störungen in den Produktionsprozessen verursacht wurden, wandte sich das Rüstungsministerium an das Justizministerium, um durch Absprachen weiteren Beeinträchtigungen vorzubeugen. Man einigte sich darauf, dass ein Gefangener erst abgezogen werden durfte, sobald ein anderer Häftling als Ersatz eingearbeitet worden war.[712] Die

707 Heinrich Heims, Adolf Hitler, Monologe im Führerhauptquartier 1941-1944, S. 139.

708 Zum Folgenden vgl. Schreiben des Reichsjustizministers an die Generalstaatsanwälte betr. Beschäftigung von politischen Strafgefangenen mit kriegs- und wehrwirtschaftlich wichtigen Arbeiten v. 29. 1. 1941, StA Bremen 4,80 – III.240.

709 Reichsjustizministerium betr. Umschulung von Gefangenen v. 18. 3. 1942 an die Generalstaatsanwälte, ebenda 4,80 – III.237.

710 Schreiben des Vorstands der Strafanstalten Bremen v. 31. 3. 1942, ebenda.

711 Zum Folgenden vgl. Anordnung des Reichsjustizministers betr. Einsatz der Justizgefangenen v. 17. 7. 1942, abgedruckt in: Deutsche Justiz (1942), S. 490.

712 Schreiben des Reichsministers für Bewaffnung und Munition an den Generalbevollmächtigten für den Arbeitseinsatz betr. Arbeitseinsatz von zivilen Strafgefangenen in der Rüstungsindustrie v. 13. 7. 1943, BArch R 3001/21429, Bl. 233.

Dienststelle des Beauftragten für den Vierjahresplan trat daraufhin an das Justizministerium heran mit dem Vorschlag, dafür Sorge zu tragen, entlassene Strafgefangene an dem jeweiligen Arbeitsplatz weiterzubeschäftigen.[713] Besondere Schwierigkeiten bereitete die verstärkte Einberufung von Gefangenen zur Wehrmacht.[714] In Einzelfällen war es dazu gekommen, dass Strafgefangene mit sofortiger Wirkung zwecks Bewährung aus der Haft zu entlassen waren und noch am gleichen Tag freigelassen werden mussten.[715] Da auch in vielen anderen Fällen die Zeitspannen gering waren, wies der Justizminister die Generalstaatsanwälte an, zum frühest möglichen Zeitpunkt die betroffenen Betriebe von der Abberufung in Kenntnis zu setzen.[716] Jeder Dienststelle im Vollzug wurde es zur Pflicht gemacht, sich für die Verhinderung von Kapazitätseinbußen einzusetzen. In Fällen, in denen sich das Problem nicht innerhalb des zuständigen Bezirks des Generalstaatsanwalts lösen ließ, sollte die Vollzugsabteilung des Justizministeriums eingeschaltet werden.[717] Solange kein Gefangener als Vertretung gefunden werden konnte, waren die Generalstaatsanwälte angewiesen, die Verlegung oder Herausgabe des nicht zu ersetzenden Häftlings hinauszuzögern.

Wie immens die Anzahl der zur Wehrmacht einberufenen Strafgefangenen gewesen ist, lässt sich aus der folgenden Anweisung ermessen. Im Juni 1942 gab der Justizminister die Weisung an die Generalstaatsanwälte heraus, dass der Bewährungseinsatz von Häftlingen im Rahmen der Wehrmacht der Gefangenenarbeit stets vorgehe.[718] Im Oktober 1943 handelte er mit der Heeresrechtsabteilung aus, dass ehemalige Wehrmachtangehörige dann nicht zur Bewährungstruppe eingezogen werden sollten, wenn sie in bestimmten zivilen Vollzugsanstalten wie Brieg, Celle, Hameln, Bernau u. a. mit Rüstungsarbeiten betraut waren.[719]

713 Schreiben des Beauftragten für den Vierjahresplan/Generalbevollmächtigte für den Arbeitseinsatz an den Reichsminister der Justiz betr. Arbeitseinsatz von zivilen Strafgefangenen in der Rüstungswirtschaft v. 13. 8. 1943, ebenda, Bl. 246.

714 Verfügung des Reichsministers der Justiz betr. Einberufung von Strafgefangenen zur Wehrmacht v. 31. 8. 1943, ebenda R 3001/24372, Bl. 196.

715 Schreiben des Vorstands des Strafgefängnisses und der Untersuchungsanstalt Bautzen an den Generalstaatsanwalt in Dresden betr. Anordnung bzw. kurzfristiger Entlassung von Strafgefangenen v. 29. 6. 1943, ebenda R 3001/21227, Bl. 31; Schreiben des Generalstaatsanwalts Dresden v. 24. 7. 1943 betr. Strafaussetzung während der Vollstreckung, ebenda, Bl. 29.

716 Verfügung des Reichsministers der Justiz betr. Einberufung von Strafgefangenen zur Wehrmacht v. 31. 8. 1943, ebenda R 3001/24372, Bl. 196.

717 Der Reichsminister der Justiz an die Generalstaatsanwälte betr. Arbeitseinsatz der Justizgefangenen v. 15. 12. 1943, BArch–MA RW 21-12/16, Bl. 167.

718 Verfügung des Reichsministers der Justiz betr. Strafaussetzung auf Antrag der Wehrersatzstellen v. 11. 6. 1942, BArch R 3001/24372, Bl. 153.

719 Schreiben an das OKH/Heeresrechtsabteilung betr. Vollzug der Zuchthausstrafen vom Oktober 1943, ebenda R 3001/21238, Bl. 308 f.

Dass zu Rüstungsarbeitern umgeschulte Häftlinge durch Verlegungen oder sonstige Gründe ihrem Arbeitsplatz entzogen wurden, ohne dass Ersatz vorhanden war, findet sich auch in unzähligen Einzelfällen wieder, in denen Anstaltsleiter, Staatsanwälte oder Unternehmer sich über diese Umstände beschweren.[720] Da ab 1943 vermehrt Häftlinge zu den Bewährungstruppen abgezogen wurden, verschärfte sich die Situation noch weiter, sodass es im Herbst 1943 zu Gesprächen zwischen dem Justizministerium und der Heeresrechtsabteilung kam, um diesen Problemen entgegenzuwirken.[721]

Im Zuge des sogenannten Wiking-Einsatzes wurden mit Zuchthausstrafen belegte Verurteilte ab 1942 nach Norwegen in das Lager Nord verlegt, wo sie unter Kontrolle der OT zu Straßen-, Tunnel- und Bunkerbauarbeiten herangezogen wurden.[722] Später leisteten sie auch direkte Arbeiten für die Wehrmacht, entluden z. B. Schiffe oder errichteten militärische Anlagen. Für den Arbeitseinsatz von Strafgefangenen in Norwegen bestimmte das Reichsjustizministerium im April 1944, dass vorwiegend wehrmachtgerichtlich Verurteilte sowie Vorbestrafte in die dortigen Lager zu überführen seien.[723] Sie sollten körperlich geeignet sein und nicht sonstweilig im Rüstungseinsatz stehen.

Die Emslandlager waren die Stammlager für den Weitertransport nach Norwegen. Für den „Norwegen-Einsatz" von Strafgefangenen konnte auch auf ausländische Gefangene zurückgegriffen werden. Sie sollten jedoch nur herangezogen werden, wenn nicht genügend deutsche Sträflinge zur Verfügung standen. Der Wiking-Einsatz fand unter schwersten Bedingungen statt, schon auf dem Transport, aber vor allem in den Lagern starben viele der Gefangenen. Nachdem zunächst 2000 Häftlinge transportiert und diese 1943 nochmals ergänzt worden waren, schrumpfte ihre Anzahl auf 1200 Gefangene im Frühjahr 1944 und auf 1000 im Dezember.[724]

In Frankreich entstand das Lager West, dessen Insassen ebenfalls der OT zur Verfügung gestellt wurden.[725] Sie wurden für den Bau von Befestigungsanlagen

720 Vgl. etwa beispielhaft Schreiben des Generalstaatsanwalts Hamm an das Reichsjustizministerium v. 11. 1.1944, StA Bremen 4,80 – III.237.

721 Schreiben des Reichsjustizministeriums an das OKH/Chef Heeresrüstung und Befehlshaber des Ersatzheeres/Heeresrechtsabteilung betr. Vollzug der Zuchthausstrafen vom Oktober 1943, BArch R 3001/21238, Bl. 308 f.

722 Vgl. Aussagen der ehemaligen Vollzugsbediensteten Bothe, Witthöft und Schwering vom Dezember 1965, StA Osnabrück StA Osn. Rep. 947 Lingen I.

723 Verfügung des Reichsjustizministers betr. weitere Ersatzgefangene für Norwegen v. 18. 4. 1944, StA Bremen 4,80 – III.142.

724 Vgl. Nikolaus Wachsmann, Justizterror und Strafvollzug im NS-Staat, München 2006, S. 270 ff.; Entwurf des Berichts des Reichsjustizministers betr. die Lage des Strafvollzugs im Jahre 1944, BArch R 3001/25016, Bl. 12 ff.

725 Rainer Möhler, Strafvollzug im „Dritten Reich". Nationale Politik und regionale Ausprägung am Beispiel des Saarlandes, in: Heike Jung/Heinz Müller-Dietz (Hrsg.), Strafvollzug

eingesetzt. Im Frühjahr 1944 waren dort rund 2000 Gefangene zusammengefasst.[726]

Der Beauftragte des Vierjahresplans wandte sich im Frühjahr 1944 an den Reichsjustizminister und bat darum, in der Rüstungsindustrie beschäftigte Strafgefangene, die entlassen werden sollten, dem jeweils zuständigen Arbeitsamt zu melden, damit dieses eine Dienstverpflichtung im Rüstungsbetrieb überprüfen konnte.[727] Ehemalige Strafgefangene sollten möglichst nicht mit in Rüstungsbetrieben arbeitenden Strafgefangenen zusammen eingesetzt werden.

Im April 1944 wandten sich der Rüstungs- und der Justizminister in einem gemeinsamen Schreiben an die Rüstungsinspekteure und die Generalstaatsanwälte der OLG-Bezirke.[728] Die in der Fertigung eingesetzten Strafgefangenen sollten durch entsprechende Stilllegungen zusammengefasst in den wichtigsten Rüstungsprogrammen eingesetzt werden, wie etwa der Jagdfliegerproduktion. Einzustellen waren alle Arbeiten im Bereich der Papier-, Textil- und Lederverarbeitung. Für den optimalen Arbeitseinsatz der Häftlinge wurde engste Zusammenarbeit zwischen den Ministerien vereinbart und die Ausrichtung des Gefangeneneinsatzes unter die persönliche Aufsicht des Justizministers gestellt. Rüstungsinspekteure und Generalstaatsanwälte wurden angewiesen, sich gegenseitig jede mögliche Unterstützung zukommen zu lassen.

Der Einsatz der Justizgefangenen wurde zwar als besonderer Beitrag der Justizbehörden für den unbedingten Kriegseinsatz hervorgehoben und in Fachzeitschriften publizistisch ausgenutzt.[729] Berichte in der Presse über Rüstungsarbeiten in Vollzugsanstalten wurden seitens des Justizministeriums jedoch abgelehnt. Die untergeordneten Justizbehörden wurden angewiesen, jede Mitteilung zu unterlassen und Veröffentlichungen gegebenenfalls zu verhindern.

In den ersten Kriegsjahren wurden die Rüstungsfirmen an der Auswahl der Häftlinge nicht beteiligt. Durch Ablehnung und Rücküberweisung von unge-

im „Dritten Reich". Am Beispiel des Saarlandes, Baden-Baden 1996, S. 87 f.; vgl. auch Erich Kosthorst/Bernd Walter, Konzentrations- und Strafgefangenenlager im Dritten Reich. Beispiel Emsland, Bd. 1, Düsseldorf 1983, S. 549.

726 Entwurf des Berichts des Reichsjustizministers betr. die Lage des Strafvollzugs im Jahre 1944, BArch R 3001/25016, Bl. 12 ff.

727 Zum Folgenden vgl. Schreiben des Beauftragten für den Vierjahresplan v. 11. 2. 1944 und Verfügung des Reichsjustizministers betr. Arbeitseinsatz von zivilen Strafgefangenen in der Rüstungsindustrie, hier: Verbleib entlassener Häftlinge bei ihrem Beschäftigungsbetrieb v. 9. 3. 1944, StA Bremen 4,80 – III.240.

728 Der Reichsminister für Rüstung und Kriegsproduktion und der Reichsminister der Justiz v. 12. 5. 1944 betr. Einsatz von Justizgefangenen in vordringlicher Rüstungsfertigung, BArch-MA RW 21-12/16, Bl. 8 f.

729 Zum Folgenden vgl. Verfügung des Reichsjustizministeriums v. 24. 5. 1944, StA Bremen 4,80 – III.237.

eigneten Häftlingen entstanden auf Seiten der Betriebe Leerläufe und bei den Vollstreckungsbehörden ein zusätzlicher Arbeitsaufwand. Der Reichsjustizminister verfügte daraufhin am 4. Mai 1944, dass künftig Mitarbeiter der Rüstungsbetriebe an der Auswahl der Gefangenen zu beteiligen seien, wenn seitens der Unternehmen ausdrücklich der Wunsch geäußert wurde.[730] Da die Problematik trotzdem nicht behoben werden konnte, erfolgte nur wenige Monate später die Ermahnung, jeden für die Arbeit in der Rüstungsindustrie vorgesehenen Gefangenen einer genauesten Eignungsprüfung zu unterziehen.[731] Der Minister machte es jeder Anstalt zur Pflicht, bei Verlegungen von mehr als 30 Häftlingen an einen anderen Vollzugsort zwecks Rüstungseinsatz einen höherrangigen Beamten durch die oberen Vollzugsbehörden zu entsenden, der sich selbst von den Befähigungen der Häftlinge überzeugen sollte.

Das Reichsjustizministerium setzte zur Disziplinierung der Häftlinge in den Rüstungsbetrieben auch auf die abschreckende Wirkung von Todesurteilen. So wies Minister Thierack im August 1944 die Generalstaatsanwälte an, ein vom RKG ausgesprochenes Todesurteil gegen einen Zuchthausinsassen allen Gefangenen bekannt zu geben, die mit Rüstungsarbeiten beschäftigt waren.[732] Der Verurteilte hatte wiederholt Arbeiten qualitativ schlecht ausgeführt und war wegen Wehrmittelbeschädigung zum Tode verurteilt worden.

1944 sah der Justizminister rückblickend den Strafvollzug seit Kriegsbeginn entscheidenden Veränderungen unterworfen.[733] Anstatt Sühne, Erziehung und Besserung waren mittlerweile kriegswirtschaftliche Aufgaben in den Vordergrund getreten. Mit Stand vom 31. Juli 1944 waren etwa 200 000 Gefangene inhaftiert, davon etwa ein Viertel Frauen. Im Vergleich zum Vorkriegsstand entsprach dies einer Verdoppelung bei den männlichen und einer Verfünffachung bei den weiblichen Gefangenen. 90 % der Gefangenen waren in Rüstungsbetrieben oder anderweitig mit Rüstungsaufgaben beschäftigt. Die Zahl der sogenannten Kriegstäter war mit 20 000 beziffert, von denen 10 000 durch Wehrmachtgerichte abgeurteilt worden waren. Rund 67 000 Gefangene waren Ausländer. Das Personal der Vollzugsanstalten betrug 18 000 Personen, wobei man einen Sollbestand von 30 000 diagnostizierte. Die Einnahmen für den Fiskus durch den Einsatz von Justizgefangenen im Rahmen von Rüstungs- und sonstigen Arbeitsaufgaben betrugen 1944 153 Millionen Reichsmark gegenüber 43 Millionen Reichsmark im Jahre 1939.[734]

730 Verfügung des Reichsjustizministeriums an die Generalstaatsanwälte v. 4. 5. 1944, ebenda.

731 Zum Folgenden vgl. Verfügung des Reichsjustizministers v. 2. 8. 1944, ebenda.

732 Zum Folgenden vgl. Schreiben des Reichsjustizministeriums v. 2. 8. 1944 und des Generalstaatsanwalts beim Hanseatischen OLG v. 2. 9. 1944, ebenda.

733 Zum Folgenden vgl. Bericht des Reichsjustizministers betr. die Lage des Strafvollzugs im Jahre 1944, BArch R 3001/25016, Bl. 7 ff.

734 Entwurf des Berichts des Reichsjustizministers betr. die Lage des Strafvollzugs im Jahre 1944, ebenda, Bl. 12 ff.

Mit dem Näherrücken der Fronten an die Reichsgrenze und dem Beginn der Bodenkämpfe auf deutschem Gebiet mussten einige Anstalten des Reichsjustizministeriums geräumt werden. Soweit sich der weitere Arbeitseinsatz noch lenken ließ, wurden die Gefangenen an anderen Orten eingesetzt.[735] Zumindest gelangten neue Einsatzmöglichkeiten mit den dazugehörigen neuen Unterkünften, Arbeitsplätzen etc. noch in das Planungsstadium. So wies der Justizminister den Generalstaatsanwalt in Naumburg an, den Einsatz von 1000 evakuierten Strafgefangenen in einem Rüstungsbetrieb inklusive eines neuen Gefangenenlagers zu prüfen.[736]

Ende 1944 drängte Himmler in seiner Eigenschaft als Befehlshaber des Ersatzheeres darauf, alle Wehrmachtangehörigen, die in Vollzugsanstalten des Justizministeriums einsaßen und der Befehlsgewalt des Ersatzheeres unterstanden, aus dem zivilen Vollzug abzugeben. Sowohl das Justizministerium als auch das Ministerium für Rüstung und Kriegsproduktion sahen diese Entwicklung kritisch und die Rüstungsaufgaben der Vollzugsanstalten in Gefahr. Das Rüstungsministerium sprach sich gegenüber der Justizverwaltung dafür aus, die Kompetenz über die Wehrmachtgefangenen zu halten.[737] Im Dezember 1944 wies er die Heeresrechtsabteilung erneut darauf hin, dass nur diejenigen Heeresangehörigen aus dem Strafvollzug überstellt werden könnten, die in Bezug auf Rüstungstätigkeiten entbehrlich waren.[738]

Dem Anliegen Himmlers folgte kurz darauf auch das OKW, dass eine Rückführung von strafgefangenen ehemaligen Wehrmachtangehörigen in die Streitkräfte befürwortete, eine derartige Regelung jedoch ins Ermessen jedes einzelnen Wehrmachtteils legte.[739] Im Januar 1945 schließlich endete der Strafvollzug der Justizbehörden für die Wehrmacht weitestgehend. Das Reichsjustizministerium beugte sich dem Druck Himmlers und überstellte sämtliche Gefangenen, die vormals dem Feld- und Ersatzheer angehört hatten, der Bewährungstruppe, den neu aufgestellten Zuchthauskompanien der Feld-Strafgefangenenabteilungen oder an Konzentrationslager.[740]

735 Der Reichsminister der Justiz an den Generalstaatsanwalt in Naumburg betr. Einsatz von Gefangenen aus geräumten Gebieten v. 23. 1. 1945, ebenda R 3001/21429, Bl. 328.

736 Ebenda.

737 Schreiben des Reichsministers für Rüstung und Kriegsproduktion an das Reichsjustizministerium betr. Strafgefangeneneinsatz in den Emslandlagern v. 17. 11. 1944, ebenda R 3001/21262, Bl. 162.

738 Schreiben des Reichsjustizministeriums an das Oberkommando des Heeres/Heeresrechtsabteilung v. 12. 12. 1944, ebenda, Bl. 164.

739 Vgl. Schreiben des Reichsjustizministeriums an den Beauftragten des Reichsministers der Justiz für die Strafgefangenenlager im Emsland betr. wehrmachtgerichtlich verurteilte Soldaten und Beamte der Wehrmacht v. 16. 10. 1944, ebenda, Bl. 156.

740 Vermerk in den Akten des Reichsjustizministeriums v. 9. 1. 1945, ebenda, Bl. 174.

Mit Abgabe sämtlicher verurteilter Heeres- und Ersatzheer-Angehöriger kam auch das Ende für das Lager Nord in Norwegen. Nach Vereinbarungen mit der Rechtsabteilung des Ersatzheeres sollten sämtliche Gefangenen nach Papenburg überführt und – soweit sie Heeressoldaten waren – der Wehrmacht zur Verfügung gestellt werden.[741] Soweit das Aufsichtspersonal des Lagers Nord von der Wehrmacht gestellt worden war, war es für die Wehrmacht wieder bereitzuhalten. Die Rückführung der Gefangenen, die bis Kriegsende nicht abgeschlossen wurde, begann im März 1945.[742] Rund 1000 Häftlinge hatten bis dahin ihr Leben verloren.[743]

Am 10. Februar 1945 verfügte der Justizminister, dass alle zivilgerichtlich verurteilten Strafgefangenen, die wehrwürdig waren, der Wehrmacht zwecks Einberufung zur Verfügung gestellt werden sollten.[744] Hierbei sollten nur noch die charakterliche Eignung und die Schwere der Straftat berücksichtigt werden. Damit waren letztlich auch die Bemühungen des Justizministeriums, den Strafvollzug vollständig in den Dienst der Rüstungswirtschaft treten zu lassen, stark beeinträchtigt und weitgehend am Ende.

7. Justizgefangene als Gegenstand medizinischer Versuche

Am 13. März 1944 wandte sich der Direktor des Zoologischen Instituts der Universität Halle/Saale, Professor von Studnitz, an den dortigen Oberstaatsanwalt.[745] Von Studnitz forschte seit mehreren Jahren über die Grundlagen des Farben- und Helligkeitssehens sowie über Methoden zur Aufhebung der Nachtblindheit. Für die Kriegsmarine war von Studnitz im Bereich der Nutzung von Tarnanstrichen für Kriegsschiffe und davon bedingten Täuschungen der Wahrnehmung tätig.[746] Er beschäftigte sich insbesondere mit Vorgängen der Netzhaut bei der Wahrnehmung von Farben.[747] Seit zwei Jahren führte er diesbezüglich einen Forschungsauftrag

741 Ebenda.

742 Willy Perk, Hölle im Moor. Zur Geschichte der Emslandlager 1933–1945, 2. Aufl., Frankfurt a. M. 1979, S. 104.

743 Vgl. Habbo Knoch, Die Emslandlager 1933-1945, in: Wolfgang Benz/Barbara Distel (Hrsg.), Der Ort des Terrors, Bd. 2, S. 533, 555.

744 Zum Folgenden vgl. Verfügung des Reichsministers der Justiz betr. Aussetzung der Strafvollstreckung bei zivilgerichtlich verurteilten wehrwürdigen Strafgefangenen im Falle der Einziehung zur Wehrmacht v. 10. 2. 1945, BArch R 3001/21262, Bl. 186.

745 Schreiben Professor von Studnitz an den Oberstaatsanwalt Halle/Saale v. 13. 4. 1944, ebenda, Bl. 76.

746 Vgl. Dieter Jung/Arno Abendroth/Norbert Kelling, Anstriche und Tarnanstriche der Kriegsmarine, München 1977, S. 53.

747 Zum Folgenden Schreiben Professor von Studnitz an den Oberstaatsanwalt Halle/Saale v. 13. 4. 1944, BArch R 3001/21262, Bl. 76.

der Kriegsmarine aus. Unter Bezugnahme auf das große Interesse an seinen Arbeiten seitens führender Wehrmachtstäbe teilte er mit: „Die gesamten Untersuchungen mussten aus nahe liegenden Gründen bisher immer an Tieraugen durchgeführt werden, ohne dass wir eine unmittelbare Bestätigung der Übertragbarkeit unserer Befunde auch auf das menschliche Auge erlangen konnten."

Im Rahmen der bisherigen Arbeiten führte von Studnitz auch Versuche an Augen von Hingerichteten durch. Er bemängelte jedoch, dass vor Eintritt des Todes und auch in der Zeit nach der Exekution Tageslicht an die Augen gekommen sei, was seinen Versuchen abträglich sei. Daher bat er darum, bei weiteren Hinrichtungen den Delinquenten Augenbinden anzulegen und sie auch nach der Hinrichtung angelegt zu lassen, bis man dem Leichnam in einer geeigneten Rotlichtkammer die Augen entfernt hatte. Sein Interesse galt dabei einer Vielzahl von Toten: „In der vorigen Woche bekamen wir 10 Augen, welche Menge kaum ausreicht. Die obengenannte Prozedur der Binde würde also nur dann Sinn haben, wenn gleichzeitig einmal eine größere Zahl von Hinrichtungen stattfindet und das gleiche an allen Delinquenten vorgenommen werden könnte."

Weiter bat er um Mithilfe bei der Erprobung von Mitteln, die der körperlichen Leistungssteigerung dienen sollten. Für die Durchführung von Tests sollten die entsprechenden Präparate einige Stunden vor der Hinrichtung zum Tode Verurteilten eingeflößt werden. Nach der Exekution sollten Leber und Augen entnommen werden, um die Auswirkungen zu untersuchen.

Der Oberstaatsanwalt am Landgericht Halle wandte sich nunmehr an den Justizminister und bat unter Hinweis auf die Bedeutung der Experimente darum, die erbetene Unterstützung gewähren zu dürfen.[748] Diesem Anliegen trat der vorgesetzte Generalstaatsanwalt bei.[749]

Am 19. Juni 1944 wurden bei der Hinrichtung von 25 Menschen in Halle 21 für die Untersuchungen von Studnitz zur Verfügung gestellt.[750] Zweien wurden dickflüssige und unangenehm schmeckende Emulsionen verabreicht, während den verbliebenen 19 Delinquenten die Augen verbunden wurden. Den Betroffenen wurde nicht mitgeteilt, dass es sich um ein medizinisches Experiment handelte, sondern der Eindruck erweckt, die Exekution müsse mit verbundenen Augen durchgeführt werden. Einige von ihnen baten darum, die Binde nicht tragen

748 Schreiben des Oberstaatsanwalts Halle/Saale an den Reichsminister der Justiz betr. Anregung des Herrn Prof. Dr. von Studnitz über wissenschaftliche Untersuchungen an zum Tode Verurteilten v. 17. 3. 1944, ebenda, Bl. 75.

749 Schreiben des Generalstaatsanwalts an den Reichsminister der Justiz v. 24. 3. 1944, ebenda, Bl. 75.

750 Zum Folgenden Schreiben des Oberstaatsanwalts beim Landgericht Halle/Saale an den Reichsminister der Justiz betr. Anregung des Professors Dr. von Studnitz über wissenschaftliche Untersuchungen an zum Tode Verurteilten v. 26. 6. 1944, ebenda, Bl. 116 f.

zu müssen, was ihnen verwehrt wurde. Die Verurteilten waren zumeist verurteilte Wehrmachtangehörige. Die Erlaubnis zu ihrer Verwendung erteilte der Chef der Wehrmachtrechtsabteilung. Woher die Verurteilten kamen und aufgrund welcher Delikte sie verurteilt worden waren, ließ sich nicht ermitteln. Unter anderem muss es sich jedoch um Soldaten gehandelt haben, die dem Generalkommando des XI. Armee-Korps unterstanden, da dessen Gerichtsherr eine weitere Zurverfügungstellung von Verurteilten ablehnte. In einem Bericht des Oberstaatsanwalts beim Landgericht Halle an den Justizminister wird auszugsweise das Schreiben wiedergegeben: „Zu derartigen Versuchen mögen Berufsverbrecher und Volksschädlinge verwandt werden. Bei den zum Tode verurteilten Soldaten handelt es sich meist nicht um derartige Delinquenten. Wenn führende Wehrmachtstellen an diesen Dingen interessiert sind, mag höheren Ortes eine derartige Untersuchung befohlen werden."

Der Versuch wurde als voller Erfolg gewertet und darauf hingewiesen, dass ein derart umfangreicher Massenversuch nicht mehr vonnöten sei. Von Studnitz bat allerdings darum, in absehbarer Zeit noch einzelne Verurteilte für Experimente zur Verfügung gestellt zu bekommen und ersuchte darüber hinaus noch um Augenpaare von Exekutierten.[751]

Anfang August 1944 wandte sich das Reichsjustizministerium an die Wehrmachtrechtsabteilung und bat darum, auch zukünftig wehrmachtgerichtlich zum Tode Verurteilte für Menschenversuche verwenden zu dürfen.[752] Die Wehrmachtrechtsabteilung gestattete dem Reichsjustizministerium, auch weiterhin wehrmachtgerichtlich Verurteilte für wissenschaftliche Experimente zu verwenden.[753]

VII. Gnadenrecht und Bewährung

1. Bewährung

Die ursprüngliche Fassung der im August 1939 in Kraft getretenen KStVO stellte den Grundsatz auf, dass Freiheitsstrafen an wehrpflichtigen Deutschen nicht vollzogen, sondern bis Kriegsende ausgesetzt werden sollten. Dies entsprach der Si-

751 Ebenda, Bl. 116 f.

752 Schreiben des Reichsministers der Justiz an die Wehrmachtrechtsabteilung betr. Hinrichtung wehrmachtgerichtlich zum Tode Verurteilter, hier: wissenschaftliche Untersuchungen an solchen v. 1. 8. 1944, ebenda, Bl. 119.

753 Schreiben der Wehrmachtrechtsabteilung an den Reichsminister der Justiz betr. Wissenschaftliche Untersuchungen an zum Tode Verurteilten und Hingerichteten v. 11. 8. 1944, ebenda, Bl. 123.

tuation im Ersten Weltkrieg, in dem ein Freiheitsentzug grundsätzlich bis zur Demobilmachung aufgeschoben worden war.[754] Neben dieser Vollstreckungsentscheidung des Gerichtsherrn, der auch den sofortigen Vollzug anordnen konnte, enthielt die KStVO ebenfalls die Möglichkeit, eine Strafe im Gnadenwege auszusetzen.

Eine Regelung, sich durch besonderes Wohlverhalten dem Ausspruch und Vollzug einer Strafe zu entziehen, enthielt die KStVO nur sehr eingeschränkt für eher unbedeutende Rechtsübertretungen. So konnte der Gerichtsherr nach § 47 einem Angeschuldigten eine sechswöchige Gelegenheit zur Bewährung einräumen, wenn die Schuld des Täters als gering und die Folgen der Tat als unbedeutend anzusehen waren. Konnte der Betreffende in dieser Zeit „Mutbeweise" erbringen, durfte der Gerichtsherr das Verfahren einstellen. In Anbetracht der kurzen Zeitspanne ließ sich eine Bewährung nur innerhalb der eigenen Truppe realisieren. Im Juli 1942 wurde der Zeitrahmen für die Bewährung von sechs Wochen auf drei Monate erhöht.[755] Diese Regelung entsprach der insbesondere seit April 1942 um sich greifenden Tendenz, immer stärker auf Bewährungsmöglichkeiten zu setzen, statt die Strafvollstreckung anzuordnen.[756] Die Ausweitung der Möglichkeit, nach § 47 KStVO Verfahren einzustellen, berücksichtigte den Umstand, dass einzelne Einheiten nur in unkalkulierbaren Abständen in Kampfhandlungen verwickelt wurden.

Über die Regelung des § 47 KStVO hinaus war die Bewährung für Wehrmachtangehörige zunächst nicht geregelt. Auch eine Mitteilung der Heeresrechtsabteilung vom 31. August 1939 über die Strafvollstreckung während des Krieges erwähnte die Möglichkeit der Bewährung während der Strafaussetzung nicht.[757] Mit dem Gnadenerlass für die Wehrmacht vom 1. September 1939 wurde jedoch neben den Normierungen der KStVO eine Bewährungsregelung für Freiheitsstrafen erlassen, sofern diese noch nicht oder nur zum Teil vollstreckt worden waren.[758] Dabei kamen Freiheitsstrafen bis zu einer festgesetzten Höhe von einem Jahr und sechs Monaten in Betracht, ferner alle Gefängnisstrafen, die wegen einer fahrlässig begangenen Handlung verhängt worden waren. Die unter diese Regelung fallenden Personen konnten einen Straferlass erlangen, wenn sie nach dem

754 Vgl. Helmuth Mayer, Militärjustiz im neuzeitlichen Krieg, in: ZfW 2 (1937/38), S. 329, 333.

755 Achte Verordnung zur Durchführung und Ergänzung der Verordnung über das militärische Strafverfahren im Kriege und bei besonderem Einsatz v. 4. 7. 1942, RGBl. 1942 I, S. 449.

756 Vgl. Werner Hülle, Die Achte Durchführungsverordnung zur Kriegsstrafverfahrensordnung, in: ZfW 7 (1942/43), S. 193, 195.

757 OKH/Heeresrechtsabteilung betr. Strafvollstreckung für die Geltungsdauer der KStVO v. 31. 8. 1939, BArch-MA RH 53-6/76, Bl. 118 f.

758 Gnadenerlass des Führers und Reichskanzlers für die Wehrmacht v. 1. 9. 1939, RGBl. 1939 I, S. 1549.

Urteil ihrer Vorgesetzten hervorragende Leistungen als Soldaten gezeigt hatten. Geltung hatte diese Regelung aber nur für Taten, die vor Kriegsausbruch begangen worden waren.

Die Möglichkeit einer Bewährung war indes auch in der Wehrmachtgnadenordnung geregelt. Die dort verankerte Bewährungsmöglichkeit war jedoch bereits der Gegenstand eines Gnadenakts und keine Vollstreckungsentscheidung. In derartigen Gnadenentscheidungen, die in Verbindung mit den §§ 112 ff. KStVO ergingen, wurde die Strafe gnadenhalber ausgesetzt und mit der Auflage verbunden, sich während eines bestimmten Zeitraumes gesetzestreu zu verhalten. Ein darüber hinaus geartetes Handeln in Form besonderer Leistungen war nicht erforderlich.

Während der Kämpfe im Herbst 1939 wurden trotz der nur sporadisch geregelten Bewährungsmöglichkeiten nach der KStVO im umfangreichen Maße Strafen zur Bewährung ausgesetzt. Dies geht aus einem Erfahrungsbericht der Wehrmachtrechtsabteilung hervor, der explizit die Verbindung von Strafaussetzung und Bewährung an der Front während des Feldzuges gegen Polen erwähnt.[759]

Die Möglichkeit, sich während der Strafaussetzung zu bewähren, wurde erst am 30. September 1939 durch Richtlinien des OKW bzw. der Wehrmachtrechtsabteilung über die Strafvollstreckung im Krieg geregelt.[760] Danach wurde die Strafaussetzung zwecks Bewährungseinsatzes zum Grundsatz bei der Verhängung von Freiheitsstrafen deklariert. Soldaten, die sich nicht bewährt hatten, wurden in den Strafvollzug überwiesen, wobei die Gerichtsherren verschärfte Haftbedingungen durch Überweisung in ein Straflager anordnen konnten. Welche Anforderungen an die Bewährung gestellt wurden, blieb hingegen offen.

Die OKW-Regelungen vom September 1939 wurden durch die 7. Durchführungsverordnung zur KStVO vom 18. Mai 1940 in das Kriegsstrafverfahrensrecht übernommen. Die Neufassung des § 104 KStVO verlangte, Freiheitsstrafen insgesamt oder nach Verbüßung eines Teils der Strafe primär zur Bewährung auszusetzen. Die Verdrängung des Vollzuges zugunsten von Kampfeinsätzen sollte „Feige und Ehrlose“ davon abhalten, sich durch das Begehen von Straftaten den Gefahren des Krieges zu entziehen.[761] An der Neugestaltung der Bewährungsregelung beteiligte die Wehrmachtrechtsabteilung auch das Justizministerium.[762]

759 Vermerk der Wehrmachtrechtsabteilung betr. Aussetzung der Strafvollstreckung zum Zwecke der Bewährung v. 18. 9. 1940, BArch R 3001/25015, Bl. 5 ff.; OKH betr. Belehrung der Truppe über Strafen und Strafvollstreckung im Kriege und bei besonderem Einsatz v. 13. 11. 1939, BArch–MA RH 53-21/22.

760 Richtlinien für die Strafvollstreckung im Kriege und bei besonderem Einsatz v. 30. 9. 1939, OKW/Wehrmachtrechtsabteilung, BArch–MA RH 53-6/76, Bl. 136 f.

761 Werner Hülle, Die Änderung der Kriegsstrafverfahrensordnung vom 18. Mai 1940, in: ZfW 5 (1940/41), S. 153, 157.

762 Wehrmachtrechtsabteilung an den Reichsminister der Justiz betr. §§ 104, 105, 106 KStVO v. 18. 12. 1939, BArch R 3001/22296, Bl. 415.

Möglicherweise war eine Reihe von Gerichten durch die Gerichtsherren ermächtigt, bereits bei Ausspruch der Strafe eine Bewährung anzuordnen. Zwei im Zuge dieser Arbeit geführte Interviews mit Zeitzeugen lassen auf diese Verfahrensweise schließen. Der nach seinem ersten juristischen Staatsexamen zur Wehrmacht einberufene Heinz Drossel wurde im Sommer 1941 als Ankläger in einem kriegsgerichtlichen Verfahren eingesetzt. Er gab an, dass die vom Gericht gefällte Zuchthausstrafe sofort zur Bewährung ausgesetzt wurde.[763] Derartige Beobachtungen machte auch der mehrmals als Mannschaftsbeisitzer fungierende Luftwaffen-Gefreite H. P.[764]

Die Voraussetzungen für einen Straferlass durch Bewährung wurden auch nicht im Zuge der 7. Durchführungsverordnung festgelegt. Gemäß einer Verfügung des OKH vom Juni 1940 sollte über Gnadenerlasse aufgrund erfolgter Frontbewährung erst nach Kriegsende entschieden werden.[765] Nur in Ausnahmefällen, d. h. bei überragenden Tapferkeitstaten oder bei lebensgefährlichen Schwerstverwundungen, konnte ein vorzeitiger Gnadenerweis in Erwägung gezogen werden. Eine Bewährung nach § 104 KStVO sollte ausschließlich im Sinne einer Bewährung durch Fronteinsatz verstanden werden.[766] Diese Art der Strafaussetzung stand unter dem Leitsatz, dass „durch Blut [...] selbst große Schuld gesühnt werden“ könne.[767]

Es ist anzunehmen, dass über die Möglichkeiten des Gnadenerlasses für Wehrmachtangehörige vom 1. September 1939 hinaus durch die Gerichtsherren im größeren Umfang Gnadenanträge aufgrund einer Frontbewährung eingereicht und bewilligt worden sind, obwohl keine Maßstäbe für einen Straferlass festgelegt wurden und das OKH die Gnadenentscheidungen auf einen Zeitpunkt nach Kriegsende verlegt hatte. Nach einer Niederschrift der Wehrmachtrechtsabteilung vom September 1940 hatte sich das Prinzip der Strafaussetzung während des Feldzuges gegen Polen als brauchbar erwiesen und zur Sühnung „zum Teil schwerer Straftaten“ geführt.[768] Auch während der Eroberung Frankreichs griff die Wehrmachtführung auf die Frontbewährung zurück, wobei in mehreren Fällen eine Begnadigung ausgesprochen wurde.[769] In der Regel kam es während dieser Kampfeinsätze

763 Interview mit Heinz Drossel mit dem Verfasser vom 2. 9. 2006; vgl. auch Heinz Drossel, Die Zeit der Füchse, S. 129.

764 Interview mit H. P. mit dem Verfasser vom 20. 1. 2006.

765 OKH betr. Gnadenerweise bei ausgesetzter Strafvollstreckung v. 11. 6. 1940, BArch-MA RH 54/171.

766 Wulle, Zweifelsfragen des Kriegsverfahrens (KStVO), in: ZfW 6 (1941/42), S. 461.

767 Ebenda.

768 Vgl. Vermerk der Wehrmachtrechtsabteilung betr. Aussetzung der Strafvollstreckung zum Zwecke der Bewährung v. 18. 9. 1940, BArch R 3001/25015, Bl. 5 ff.

769 Ebenda; vgl. ebenso Der Chef der Heeresrüstung und Befehlshaber des Ersatzheeres betr. Strafvollstreckung bei Entlassung v. 11. 7. 1940, BArch-MA RH 53-6/76, Bl. 222 f.

jedoch nicht zu Gnadenentscheiden.[770] Stattdessen war bei guter Führung während der Bewährungszeit diese zunächst fortzusetzen und nur in Ausnahmefällen, wenn „hervorragende Leistungen“ vorlagen, ein Gnadenentscheid zu erlassen.

Spätestens im September 1940 drängte Hitler auf einen Ausbau der Bewährungsgelegenheiten, was zu entsprechenden Planungen der Wehrmachtrechtsabteilungen führte.[771] Ab Ende des Jahres 1940 setzte dann eine Ausweitung der Bewährungs- und Gnadenmöglichkeiten ein. Am 21. Dezember 1940 wurde der „Führer-Erlass über die Strafaussetzung zum Zwecke der Bewährung“ proklamiert.[772] Sie richtete sich an diejenigen Verurteilten, denen eine Bewährung nach §§ 47 Abs.1 und 104 Abs. 1, 2 KStVO bisher nicht eingeräumt werden konnte bzw. wurde und die sich daher im Strafvollzug befanden. Insbesondere kam nunmehr auch eine Bewährungsmöglichkeit für wehrunwürdige Häftlinge in Betracht, die ihre Haft in Anstalten und Lagern der Reichsjustizverwaltung verbüßten. Bei ihnen war bisher eine Strafaussetzung zur Bewährung nicht möglich, da die Strafvollstreckung bei Zuchthausstrafen nicht dem Gerichtsherrn oblag, sondern Organen der Justizverwaltung.

Für eine Bewährung sollten die „an sich anständigen Wehrmachtangehörigen, die einmal gestrauchelt sind“, vorgeschlagen werden.[773] Da eine Bewährung bei der eigenen Truppe in der Regel ausgeschlossen war bzw. diese Unmöglichkeit den Grund für den Strafvollzug darstellte, wurde die Aufstellung eines Sonderverbandes befohlen. Da es um Verurteilte ging, die nicht die Möglichkeit der Frontbewährung nach §§ 47, 104 KStVO erhielten, kamen diese Bewährungssoldaten stets aus dem Strafvollzug. Voraussetzung für den Frontdienst sollte der Teilvollzug der Strafe sein. Weiterhin durfte die Straftat, deretwegen sie in Haft waren, nicht auf „charakterlichen Mängeln“ beruhen. Es durften keine oder nur geringe Vorstrafen bestehen, und die Verurteilten mussten sich im Vollzug gut geführt haben. Der Kommandant des Wehrmachtgefängnisses, in dem sich der Betreffende in Haft befand, sollte das Vorschlagsrecht für die Frontbewährung haben. Die Entscheidung über die Versetzung zur Bewährungsformation fällten der Gerichtsherr oder ein sonst zuständiger übergeordneter Befehlshaber, wenn dieser das Recht innehatte, gemäß § 104 Abs. 2 KStVO eine Vollstreckungsentscheidung zu ändern.

Handelte es sich um einen Verurteilten, der wegen Wehrunwürdigkeit aus dem Wehrdienst entlassen und in den zivilen Strafvollzug überwiesen worden war,

770 Vgl. Schreiben des Chefs der Heeresrüstung und Befehlshabers des Ersatzheeres betr. Strafvollstreckung bei Entlassung v. 11. 7. 1940, BArch-MA RH 53-6/76, Bl. 222 f.

771 Vgl. Schreiben des Chefs der Wehrmachtrechtsabteilung an Staatssekretär Freisler v. 19. 9. 1940, BArch 3001/25015, Bl. 3 f. und Chef Wehrmachtrechtsabteilung betr. Aussetzung der Strafvollstreckung zum Zwecke der Bewährung, ebenda, Bl. 5 ff.

772 Zum Folgenden vgl. Führer-Erlass über die Aussetzung der Strafvollstreckung zum Zwecke der Bewährung v. 21. 12. 1940, BArch-MA RW 2/19.

773 Ebenda.

so hatte er auf Ersuchen des Gerichtsherrn in ein Wehrmachtgefängnis überführt zu werden. Dort wurde der Betreffende einer Tauglichkeitsprüfung unterzogen. Während sich der Verurteilte im Wehrmachtgefängnis aufhielt, galt er gemäß dem Führer-Erlass als wehrwürdig. Die zur Überprüfung in das Wehrmachtgefängnis Torgau-Fort Zinna Verbrachten wurden in verriegelten Zellen untergebracht, die als „Stuben" bezeichnet wurden und die nur zur Ausbildung oder zum Unterricht verlassen werden durften.[774]

Die Bewährungseinheiten wurden vom Heer aufgestellt, ihnen konnten aber auch Angehörige der anderen beiden Wehrmachtteile zugeteilt werden.[775] Jeder, der sich bei der Truppe aufhielt, galt als wehrwürdig.[776] Im Erlass wurde deutlich hervorgehoben, dass der Dienst in der Bewährungstruppe Ehrendienst sei und keinen strafenden Charakter besitze.[777] Der Einsatz der Bewährungstruppe sollte an der Front unter schwierigen Bedingungen erfolgen. Solange eine Kampfhandlung nicht in Betracht kam, sollte die Einheit Verwendung bei gefahrvollen Arbeiten finden.

Gemäß dem Aufstellungsbefehl vom 12. März 1941 wurde die Truppe zum 1. April des Jahres in Stärke eines Bataillons aufgestellt.[778] Über die Zustände, die bei den Tauglichkeitsüberprüfungen herrschten, berichtete der zunächst zum Tode verurteilte und später zu einer Zuchthausstrafe begnadigte Deserteur Ludwig Baumann in einem Gespräch mit dem Verfasser: „Ich kam dann über mehrere KZs, unter anderen Esterwegen, wo ich aber nicht lange war, nach Torgau. Torgau war eine riesige Festung. [...] Ich wurde dort mit Diphtherie eingeliefert. Neuzugänge kamen runter in Kassematten; es war dort sehr matschig. Dort sollten wir eine Nacht bleiben und am nächsten Tag entlaust werden. Wir waren vielleicht 160, aber der Schlafplatz war nur für vielleicht 40 Personen. Am nächsten Tag wurde ich untersucht. Der Arzt – ein Degradierter – stellte bei mir Diphtherie fest. Ich kam ins Lazarett in eine kleine Quarantänestation. Die anderen blieben unten in der Kassematte in Quarantäne. Sie blieben vier Wochen in diesem viel zu kleinen Raum. Für sie war es eine Katastrophe; viele von ihnen sind dort gestorben."[779]

774 Vgl. Heinrich Scheel, Vor den Schranken, S. 370.

775 Kurze Übersicht über Organisation und Aufgaben des Wehrmachtstrafvollzugs, der Bewährungstruppe sowie der Sondereinheiten des Heeres v. 16. 3. 1943, BArch-MA RH 14/33, Bl. 6 ff.

776 Zum Folgenden vgl. Führer-Erlass über die Aussetzung der Strafvollstreckung zum Zwecke der Bewährung v. 21. 12. 1940, ebenda RW 2/19.

777 Dies wurde auch später immer wieder betont, so etwa: Kurze Übersicht über Organisation und Aufgaben des Wehrmachtstrafvollzugs, der Bewährungstruppe sowie der Sondereinheiten des Heeres v. 16. 3. 1943, ebenda RH 14/33, Bl. 6 ff.

778 Vgl. Manfred Messerschmidt, Die Wehrmachtjustiz 1933–1945, S. 371; vgl. auch Schreiben der Wehrmachtrechtsabteilung an den Reichsminister der Justiz betr. Strafaussetzung zum Zwecke der Bewährung v. 3. 4. 1941, BArch R 3001/25015, Bl. 23.

779 Interview Ludwig Baumann mit dem Verfasser vom 16. 12. 2003.

Der wegen Fahnenflucht zu fünf Jahren Zuchthaus verurteilte ehemalige Luftwaffen-Angehörige K. W. erlebte die Verlegung nach Torgau und die anschließende Tauglichkeitsprüfung folgendermaßen: „Ich war etwa ein und ein dreiviertel Jahr im Lager VII, dann kam ich ins Lager Börgermoor. Man nannte mir keinen Grund für die Verlegung, aber von dem neuen Lager aus wurde ich mit einem Transport in ein Wehrmachtgefängnis nach Torgau an der Elbe gebracht. In Torgau wurde uns die KZ-Kleidung abgenommen, und es wurden Wehrmachtuniformen ausgehändigt. Es waren Uniformröcke des Heeres. In Torgau wurden alle, die für die Bewährungstruppe vorgesehen waren, einer Grundausbildung unterzogen. Es wurde viel Wert auf sportliche Übungen gelegt. Man sagte uns, dass diejenigen, die diese Übungen nicht bestehen würden, zurück ins Lager mussten. Die Hauptübung war ein Hechtsprung über mindestes fünf Personen. Ich nahm Anlauf, sprang und schaffte es über sieben Männer hinweg. Ich brauchte nicht zurück ins Lager."[780]

Die Einzelheiten über die neue Form der Frontbewährung wurden im April 1941 in einer „1. Durchführungsverordnung" festgesetzt.[781] Demnach blieb es bei dem Grundsatz, dass nur Verurteilte herangezogen werden sollten, bei denen eine Strafaussetzung bislang nicht in Betracht kam und daher der Strafvollzug in Gänze angeordnet worden war. War einerseits Voraussetzung, dass bereits ein Teil der Strafe verbüßt sein musste, sollte der verbliebene Strafrest mindestens noch 6 Monate betragen. Außerdem kamen diejenigen hinzu, die aufgrund ihrer Dienstentlassung nicht mehr der Vollstreckung durch den Gerichtsherrn unterlagen. Weitere Voraussetzung für den Dienst im Bewährungsbataillon war die freiwillige und schriftliche Meldung des Betreffenden. Der Entwurf zur 1. Durchführungsverordnung wurde durch die Wehrmachtrechtsabteilung dem Reichsjustizministerium übersandt und um Überprüfung und Ergänzungsvorschläge gebeten.[782] Das Reichsjustizministerium hatte gegen die Entwürfe der Wehrmachtrechtsabteilung keine Einwände und stimmte vollumfänglich zu.[783]

Nach der 1. Durchführungsverordnung war es auch möglich, wehrfähige Zivilisten zwecks Frontbewährung einzuziehen: „Der Verurteilte muß Soldat sein oder als solcher eingesetzt werden können." Während bereits der Aufstellungs-Erlass

780 Interview K. W. mit dem Verfasser vom 20. 4. 2007.

781 Zum Folgenden vgl. Erste Verordnung zur Durchführung des Erlasses des Führers und Obersten Befehlshabers der Wehrmacht über die Aufstellung einer Bewährungstruppe v. 5. 4. 1941, BArch-MA RW 2/19.

782 Schreiben OKW/Wehrmachtrechtsabteilung an das Reichsjustizministerium betr. Strafaussetzung zum Zwecke der Bewährung v. 11. 3. 1941, BArch R 3001/25015, Bl. 16 ff.

783 Vgl. etwa Schreiben des Reichsjustizministers an die Generalstaatsanwälte, den Beauftragten für die Strafgefangenenlager in Papenburg und die Wehrmachtrechtsabteilung betr. Aussetzung der Strafvollstreckung bei wehrmachtgerichtlich Verurteilten zum Zwecke der Bewährung vor dem Feinde v. 8. 4. 1941, ebenda, Bl. 30.

verlangte, dass Wehrunwürdige, die aus dem zivilen Vollzug überwiesen wurden, zwecks Tauglichkeitsüberprüfung einem Wehrmachtgefängnis zu überstellen waren, dehnte die 1. Durchführungsverordnung diese Vorgehensweise auch auf Verurteilte aus, die sich in Straflagerkompanien befanden. Dies bedeutete bereits eine Abweichung von der ursprünglichen Planung. Noch wenige Monate zuvor hatte sich der Chef der Wehrmachtrechtsabteilung gegenüber dem Justizministerium in dieser Hinsicht ablehnend geäußert und eine Überführung von Straflagerinsassen, also den als besonders schwer erziehbar eingestuften Häftlingen, nur in Ausnahmefällen erlaubt: „Eine Versetzung zu dem neuen Truppenteil kommt in erster Linie für Gefangene in Frage, die eine Gefängnisstrafe verbüßen. Für Straflagerinsassen kommt sie in der Regel nicht in Betracht.“[784]

Die Justizbehörden hatten alle wehrmachtgerichtlich verurteilten Wehrpflichtigen, die sich in ihrem Vollzug befanden, regelmäßig dahingehend zu überprüfen, ob sie sich „einwandfrei geführt“ hatten.[785] Sie hatten die betreffenden Personen dem Oberkommando desjenigen Wehrmachtteils zu melden, dem der Verurteilte früher angehört hatte. Die Gerichtsherren hatten ebenfalls die Möglichkeit, verurteilte Wehrunwürdige für die Bewährungstruppe vorzuschlagen. In diesem Fall hatten sie den Namen des Betreffenden und die Anschrift der Vollzugsanstalt ihrem Oberkommando zu melden. Die Prüfung wurde entweder durch das Oberkommando selbst oder im Wehrmachtgefängnis Torgau vorgenommen. Bei Eignung des Betreffenden hatte wiederum der Gerichtsherr über die Versetzung zu entscheiden. Gefangene, die sich bei der Überprüfung als nicht tauglich erwiesen, waren wieder in den Strafvollzug zurückzuüberweisen.[786] Mit dem Tag der Rücküberführung wurden die Verurteilten aus dem aktiven Wehrdienst entlassen.[787]

Für die Dauer der Zugehörigkeit zur Bewährungstruppe galten Zuchthausstrafen als in Gefängnisstrafen gleicher Dauer umgewandelt.[788] Weiterhin galt für alle Bewährungssoldaten, dass ihre Strafe nach § 104 Abs. 1 Nr. 2 KStVO ausgesetzt war.

Bewährungsschützen, die sich nicht einwandfrei führten, konnten vom für die Bewährungstruppe zuständigen Gerichtsherrn in den Strafvollzug zurückgeschickt werden. In der Regel hatte vorher eine schriftliche Ermahnung zu erfolgen.

784 Vgl. Vermerk der Wehrmachtrechtsabteilung betr. Aussetzung der Strafvollstreckung zum Zwecke der Bewährung v. 18. 9. 1940, ebenda, Bl. 5 ff. sowie darauf bezogenes Schreiben der Wehrmachtrechtsabteilung an den Reichsminister der Justiz v. 19. 9. 1940, ebenda, Bl. 3.

785 Zum Folgenden vgl. Erste Verordnung zur Durchführung des Erlasses des Führers und Obersten Befehlshabers der Wehrmacht über die Aufstellung einer Bewährungstruppe v. 5. 4. 1941, BArch-MA RW 2/19.

786 Reichsjustizministerium v. 31. 3. 1942, StA Bremen 4,80 – III.124.

787 Erlass OKW, ebenda.

788 Zum Folgenden vgl. Erste Verordnung zur Durchführung des Erlasses des Führers und Obersten Befehlshabers der Wehrmacht über die Aufstellung einer Bewährungstruppe v. 5. 4. 1941, BArch-MA RW 2/19.

Wurde der Betreffende als „unerziehbar“ oder „Träger eines wehrfeindlichen Geistes“ eingestuft, konnte er in ein Straflager der Wehrmacht bzw. in eine Straflagerkompanie überwiesen werden.

Die Durchführungsverordnung legte allerdings nicht fest, welche Voraussetzungen für einen Gnadenerweis vorliegen mussten und welches Ausmaß der Gnadenerweis haben konnte. Die Ausarbeitung einer entsprechenden Regelung wurde lediglich in Aussicht gestellt. Es gab nur eine Bestimmung, wonach „bewährte“ Soldaten wieder zu ihrem Stammtruppenteil oder einer anderen regulären Einheit versetzt werden konnten. Für zu ihrer Truppe entlassene Bewährungssoldaten galt, dass sie dort beobachtet werden sollten, um gegebenenfalls weitere Gnadenerweise erhalten zu können.[789]

Im September 1941 legte der Befehlshaber des Ersatzheeres ausdrücklich fest, dass nur diejenigen Soldaten in der Bewährungstruppe dienen durften, die ihren Rang verloren hatten, also nur „Schützen“ waren.[790] Demnach unterstanden alle Bewährungssoldaten in den Bewährungsbataillonen einem Unterordnungsverhältnis und konnten in keinem Falle selber Vorgesetzte sein. Allerdings muss es zumindest in Einzelfällen oder in einzelnen Bewährungseinheiten möglich gewesen sein, Mannschaftsdienstgrade als Bewährungssoldaten zu erhalten. So berichtete der in einem 500er-Bataillon eingesetzte K. W.: „Als ‚Strippenzieher‘ [Fernmeldesoldat] war ich beim Bataillonsstab eingesetzt. Wenn das Verbindungskabel mit einer Kompanie durch Beschuss zerstört worden war, dann mussten wir raus, die Bruchstelle finden und sie flicken. Wir lagen zwar nicht wie die anderen vorne im Graben, aber dafür mussten wir uns im Freien bewegen und waren somit häufig ohne Deckung. So erwischte mich auch eines Tages eine MG-Garbe am rechten Unterbein. Ich habe es nicht sofort bemerkt und kehrte zunächst zum Bataillon zurück und ging sogar zum Essensempfang. Nun bemerkte ich, dass es in meinem Stiefel ganz warm war. Als ich ihn auszog konnte ich das Blut und die Verletzungen sehen. Der Küchenwagen brachte mich daraufhin ins hintere Gebiet in ein Lazarett. Es war ein „Heimatschuss“. Für mich war es prima. Ich kam in ein Lazarett im Rheinland und blieb dort etwa fünf, sechs Wochen. Schließlich wurde das Lazarett nach Frontfähigen durchkämmt, und so kam auch ich wieder an die Ostfront. Als ich meine Entlassungspapiere aus dem Lazarett erhielt, wurde mir das Schwarze Verwundetenabzeichen verliehen. Zurück beim Ersatzbataillon in Polen erhielt ich meine Beförderung zum Gefreiten. Das reichte allerdings nicht zum Erlass meiner Strafe. Ich äußerte den Wunsch, nach Möglichkeit wieder zu meiner alten Einheit bei der Bewährungstruppe zu gelangen. Dies wurde mir gewährt. Kaum zurück an

789 Kurze Übersicht über Organisation und Aufgaben des Wehrmachtstrafvollzugs, der Bewährungstruppe sowie der Sondereinheiten des Heeres v. 16. 3. 1943, ebenda RH 14/33, Bl. 6 ff.

790 Vgl. Übersicht OKH/Chef Heeresrüstung und Befehlshaber des Ersatzheeres v. 22. 9. 1941, ebenda RH 36/324, Bl. 82 ff.

der Front erhielt ich beim nächsten Angriff einen Granatsplitter ins Gesicht. Ich kam ins Feldlazarett. Nunmehr erhielt ich das Silberne Verwundetenabzeichen und wurde wieder zum Obergefreiten befördert."[791] Auch nach der erneuten Beförderung, die K. W. immerhin seinen früheren Rang bei der Luftwaffe zurückgab, blieb er als Bewährungssoldat beim Bataillon, bis er im Oktober 1944 in sowjetische Gefangenschaft geriet.

Neben der Beförderung von Bewährungsschützen trotz nicht erfolgter Begnadigung gab es auch Fälle von Gnadenerweisen, die gleichzeitig mit einer Rangerhöhung über den vormaligen Dienstgrad hinaus einhergingen. Eine derartige Erfahrung machte K. W., als er nach seiner Entlassung aus der Kriegsgefangenschaft im Jahre 1948 erfuhr, dass er zwischenzeitlich nicht nur begnadigt, sondern auch befördert worden war: „Zu Hause hatte man eine Meldung aus Kriegszeiten für mich aufgehoben: Nach meiner Gefangennahme hatte das Bataillon an meine Eltern geschrieben, dass ich unauffindbar sei und man davon ausgehen müsse, dass ich in russische Kriegsgefangenschaft geraten sei. Außerdem lag ein Beförderungsschreiben zum Unteroffizier anbei und eine Auszeichnung, das Sturmabzeichen. Ich hatte mich ‚bewährt'. Doch eine Rehabilitierung von Seiten der Regierung für alle im Krieg verurteilten Soldaten erfolgte erst viele Jahre später."[792]

Die Wiederverleihung der Wehrwürdigkeit war an die Zugehörigkeit zur Bewährungstruppe gebunden. Gemäß der 2. Durchführungsverordnung zum Erlass über die Bewährungstruppe vom Oktober 1941 erlosch sie, wenn der Betreffende wieder dem Strafvollzug überstellt wurde.[793] Da die Strafen von vormaligen Zuchthausgefangenen in Gefängnisstrafen gleicher Dauer umgewandelt wurden, galt ihre weitere Überweisung zur Bewährungstruppe ebenfalls als Vollstreckungsmaßnahme nach § 104 Abs. 1 Nr. 2 KStVO.

Damit stellten sich die Bewährungsmöglichkeiten im Jahre 1941 wie folgt dar: Dem Gerichtsherrn stand das Recht zu, eine Strafe zur Bewährung bei der regulären Truppe auszusetzen. War dies nicht möglich oder wurde vom Gerichtsherrn bestimmt, dass aus anderen Gründen der sofortige Vollzug stattfinden sollte, dann kam nach Verbüßung eines Teils der Strafe die Bewährung innerhalb eines Bewährungsbataillons in Betracht. Eine Bewährung bei der eigenen Truppe kam bereits dann nicht in Betracht, wenn sie nicht im Kampf stand.[794] Richtlinien, welche Maßstäbe an eine Bewährung bzw. die mit ihr verbundenen Gnadenmaßnahmen

791 Interview K. W. mit dem Verfasser vom 20. 4. 2007.

792 Ebenda.

793 Zweite Verordnung zur Durchführung des Erlasses des Führers und Obersten Befehlshabers der Wehrmacht über die Aufstellung einer Bewährungstruppe v. 15. 10. 1941, BArch –MA RW 2/19.

794 Erste Verordnung zur Durchführung des Erlasses des Führers und Obersten Befehlshabers der Wehrmacht über die Aufstellung einer Bewährungstruppe v. 5. 4. 1941, ebenda.

zu stellen waren, wurden indes auch im Rahmen der 2. Durchführungsverordnung vom Herbst 1941 nicht festgelegt.

Wie dringlich die Bewährungstruppe als Ersatz für das angeschlagene Ostheer angesehen wurde, zeigt ein bereits im Januar 1942 ergangener Befehl des OKH, der die beschleunigte Bearbeitung von Strafaussetzungsanträgen zwecks Frontbewährung verlangte.[795]

Am 26. Januar 1942 erging ein Erlass über den Umfang und die Voraussetzungen eines Gnadenerlasses bei erfolgter Bewährung.[796] Als grundlegende Voraussetzung nannte der Erlass „Tapferkeit" des Bewährungsschützen. Der militärische Vorgesetzte hatte den „hervorragenden Mut und beispiellosen Einsatz" des Soldaten festzustellen. Er hatte dem Bewährungsschützen weiter eine gute Führung zu attestieren. Hatte sich der Schütze nicht gut betragen, durfte dies nur dann außer Acht gelassen werden, wenn der Betreffende eine überragende Leistung vollbracht hatte oder schwer verwundet oder getötet worden war. Begnadigte Soldaten sollten durch den Gnadenakt von „jedem Makel" befreit und wieder als Mitglied der „Volksgemeinschaft" angesehen werden. Es konnte auch eine Tilgung im Strafregister angeordnet werden. Meldeten nichtmilitärische Behörden Bedenken gegen die Begnadigung an, so sollte der Einzelfall Hitler als Oberstem Befehlshaber der Wehrmacht zur Entscheidung vorgelegt werden.

Gemäß den an den Erlass anknüpfenden Ausführungsbestimmungen war das Wehrmacht-Gnadenverfahren für die Behandlung der Gnadenanträge für Bewährungsschützen anzuwenden.[797] Zuständig für den Gnadenvorschlag waren die jeweiligen Disziplinarvorgesetzten des Bewährungssoldaten, die auch den Antrag an den Gerichtsherrn zu richten hatten. Hatte ein Bewährungssoldat keine Möglichkeit, sich in Kämpfen hervorzutun, so war er bei „guter Führung" oder sonstigen „hervorragenden Leistungen" nach zwei Jahren zu begnadigen. Waren für die Gnadenentscheidung Behörden außerhalb der Wehrmacht zuständig, dann hatte der Gerichtsherr zu dem Gnadenantrag Stellung zu nehmen.

Bereits im April 1942 wurden die Kriterien vom Dezember 1940 durch die in Form eines „Führer-Erlasses" bekannt gegebene 3. Durchführungsverordnung zur Aufstellung einer Bewährungstruppe aufgeweicht. Ging es zunächst noch darum, denjenigen Personen eine Bewährungsmöglichkeit zu verschaffen, die keine Gelegenheit zur Frontbewährung nach § 104 Abs. 1 Nr. 1 und 2 KStVO erhielten, so wur-

795 Übersicht OKH/Chef Heeresrüstung und Befehlshaber des Ersatzheeres betr. 8. Mob.-Sammelerlass v. 10. 1. 1942, ebenda RH 36/324, Bl. 87 ff.

796 Erlass über Gnadenmaßnahmen bei hervorragender Bewährung während des Krieges v. 26. 1. 1942, ebenda RW 2/19.

797 Zum Folgenden Ausführungsbestimmungen für die Strafrechtspflege zu dem Erlass des Führers betr. Gnadenmaßnahmen bei hervorragender Bewährung während des Krieges v. 26. 1. 1942, ebenda.

den die Gerichtsherren nunmehr aufgefordert, wehrmachtgerichtlich Verurteilte „soweit irgend möglich" zur Frontbewährung einzusetzen.[798] Nach den im Juni 1942 erlassenen Richtlinien für die Strafvollstreckung sollte zunächst entweder nach Verbüßung eines Teils der Strafe Frontbewährung angeordnet oder, wenn ein Vollzug von geringen Strafen nicht möglich war, sofort Bewährung erwogen werden.[799]

Hitler verlangte, dass bei jedem Verurteilten geprüft werden sollte, ob auf die Vollstreckung einer längeren Strafe oder auch einer Teilstrafe zugunsten der Bewährung verzichtet werden könnte. Der Justizminister wies daraufhin die subalternen Dienststellen an, mit schnellstmöglich tätig zu werden.[800] Jeder Generalstaatsanwalt hatte dafür Sorge zu tragen, dass die ehemaligen Wehrmachtangehörigen regelmäßig auf die Möglichkeit der Strafaussetzung hin überprüft wurden. Auf Nachfragen der Gerichtsherrn über die Bewährungsaussichten einzelner Verurteilter hatten die Generalstaatsanwälte regelmäßig mit Stellungnahmen zu antworten. Der Justizminister wies die Vollstreckungsbehörden an, nach dem Grundsatz zu verfahren, dass der Bewährungseinsatz in der Wehrmacht einem Arbeitseinsatz der Gefangenen vorgehe.

In der 3. Durchführungsverordnung wurde insbesondere die Möglichkeit hervorgehoben, auch wehrmachtgerichtlich verurteilte Zivilisten deutscher Staatsangehörigkeit zur Bewährungstruppe zu versetzen. Dies war zwar schon, wie bereits dargelegt, nach der 1. Durchführungsverordnung machbar, wurde aber vermutlich nicht besonders stark oder gar nicht genutzt, da diese Gruppe nunmehr wesentlich betont wurde. Das Augenmerk sollte sich dabei vor allem auf bisher wegen besonderer Aufgaben vom Wehrdienst Freigestellte und die Angehörigen des Wehrmachtgefolges richten.[801] Für diese galt, dass sie dem Oberkommando desjenigen Wehrmachtteils seitens der Justizbehörden namhaft gemacht wurden, deren Gericht den Betreffenden verurteilt hatte. Diese Zivilisten sollten über einen Zeitraum von einem Monat im Wehrmachtgefängnis Torgau-Fort Zinna auf ihre Tauglichkeit hin überprüft werden.[802] Wenn diese zur Bewährung zugelassenen

798 Vgl. Schreiben des Reichsministers der Justiz an die Generalstaatsanwälte betr. Aussetzung der Strafvollstreckung bei wehrmachtgerichtlich Verurteilten zum Zwecke der Bewährung vor dem Feinde v. 10. 7. 1942, BArch R 3001/24372, Bl. 151 f.

799 Chef OKW/Wehrmachtrechtsabteilung Richtlinien für die Strafvollstreckung v. 10. 6. 1942, ebenda R 3001/22291, Bl. 47 ff.

800 Zum Folgenden vgl. Verfügung des Reichsministers der Justiz betr. Strafaussetzung auf Antrag der Wehrersatzstellen v. 11. 6. 1942, ebenda R 3001/24372, Bl. 153.

801 Vgl. Schreiben des Reichsministers der Justiz an die Generalstaatsanwälte betr. Aussetzung der Strafvollstreckung bei wehrmachtgerichtlich Verurteilten d. B., denen Bewährungsmöglichkeit bei der Bewährungstruppe gegeben werden soll, v. 24. 10. 1942, ebenda, Bl. 165.

802 OKW v. 30. 9. 1942 betr.: Einberufung und Ausbildung von wehrmachtgerichtlich verurteilten Wehrpflichtigen d. B., denen Bewährungsmöglichkeit bei der Bewährungstruppe gegeben wird, BArch-MA RH 15/229, Bl. 85 ff.

Zivilisten noch keine militärische Ausbildung hatten, so sollten sie eine maximal acht Wochen dauernde Grundausbildung beim Ersatzbataillon 500 erhalten.

Mit einer Änderung der KStVO im Juli 1942 weitete die Wehrmacht die Bewährungsmöglichkeiten auch auf ausländische Kriegsgefangene aus. Für diese kamen Bewährungsmöglichkeiten in erster Linie als Facharbeiter in kriegswichtigen Betrieben in Betracht.[803]

Für Soldaten, die wegen homosexueller Betätigung verurteilt worden waren, sollten in Bezug auf Gnadenerlasse stets strengere Maßstäbe angesetzt werden als allgemein üblich.[804] Eine Bewährungsmöglichkeit erhielt ein homosexueller Soldat nur, wenn es sich um einen einmalig „abgeirrten" Fall handelte, insbesondere, wenn er „verführt" worden war.[805]

Zwecks genauer Überprüfung von wehrmachtgerichtlich Verurteilten und Auskämmung der Gefangenenlager wurden im Herbst 1943 in einer einmaligen Aktion mehrere Kriegsrichter vom Oberbefehlshaber des Ersatzheeres in die Emslandlager geschickt.[806]

Die Kriegsmarine, die bei Beginn des Krieges fast ausnahmslos Freiheitsstrafen vollziehen ließ, machte nach Errichtung der Bewährungseinheiten von der Möglichkeit der Strafaussetzung zwecks Frontbewährung verstärkt Gebrauch.[807] In der Regel wurden von einer ausgesprochenen Freiheitsstrafe nur sechs Wochen als geschärfter Arrest vollzogen und der Verurteilte sodann zum Ersatzbataillon 500 versetzt. Darüber hinaus errichtete die Marine noch eine eigene Bewährungsformation, welche die Bezeichnung „Marine-Einsatz-Abteilung Ostland" führte. Diese Formation wurde am 2. Dezember 1944 aufgelöst.[808]

Angehörige der Luftwaffe konnten ab einer Gefängnisstrafe von zwei Jahren zum Bewährungsbataillon versetzt werden.[809] Bewährungseinsätze, die zur Tilgung geringerer Strafen ausgesetzt wurden, sollten entweder im Befehlsbereich des Gerichtsherrn stattfinden oder in einem Jägerbataillon der Luftwaffe.

803 Vgl. Werner Hülle, Die Achte Durchführungsverordnung zur Kriegsstrafverfahrensordnung, in: ZfW 7 (1942/43), S. 193, 200.

804 Schreiben des Chefs des Heeresjustizwesens v. 8. 6. 1943, BArch-MA RW 2/6, Bl. 204.

805 Richtlinien für die Behandlung von Strafsachen wegen widernatürlicher Unzucht vom Chef OKW/ Wehrmachtrechtsabteilung v. 19. 5. 1943, ebenda, Bl. 203.

806 Schreiben des Reichsjustizministeriums an das OKH/Chef Heeresrüstung und Befehlshaber des Ersatzheers/Heeresrechtsabteilung betr. Vollzug der Zuchthausstrafen vom Oktober 1943, BArch R 3001/21238, Bl. 308 f.

807 Vgl. Bericht über die Strafvollstreckung und Aktenverwahrung bei der Marinejustiz im Kriege v. 14. 10. 1946, Deutsche Minenräumdienstleitung, BArch-MA ZA 5/5, Bl. 56 f.

808 Gericht des Inspekteurs des Marinebildungswesens an den Chefrichter Ostsee betreffend Strafvollstreckungsmaßnahmen v. 29. 12. 1944, ebenda RM 31/3338, Bl. 46.

809 Zum Folgenden vgl. Luftflottenkommando 2, Luftflottenbefehl Nr. 6/44 v. 24. 3. 1944, Sonderdruck für Bewährung gerichtlich bestrafter Soldaten, ebenda RL 7/40b, Bl. 36 ff.

2. Zivilgerichtlich Verurteilte als „Bewährungsschützen“

Musterungen erfolgten durch Militärinspektionen. Bei dieser Gelegenheit wurde gegebenenfalls die „Wehrunwürdigkeit“ festgestellt, und der Betreffende erhielt einen blauen Ausschließungsschein. Da die Wehrunwürdigkeit erst mit dem Wehrgesetz von 1935 eingeführt worden war, wussten gerade ältere Gemusterte bis zu diesem Zeitpunkt noch nicht, dass sie vom Wehrdienst ausgeschlossen waren.[810] Es stand jedem Wehrunwürdigen, der sich nicht mehr in Haft befand, frei, einen Antrag auf eine gnadenweise Wiederverleihung der Wehrwürdigkeit zu stellen. Nach Kriegsbeginn wurden in einigen Fällen Wehrunwürdige bei der Musterung bedrängt, ein Gnadengesuch zwecks Wiederverleihung der Wehrwürdigkeit zu stellen.[811] Das OKW versicherte dem Reichsjustizministerium auf Nachfrage allerdings, dass es keine Anweisungen an die Wehrersatzdienststellen gebe, auf derartige Gesuche hinzuwirken.[812] Dass dies tatsächlich nicht in jedem Fall passierte, bezeugen mehrere Aussagen von Wehrunwürdigen, die sich an diese erste Musterung erinnerten.[813] Allerdings gab es auch seitens politischer und polizeilicher Organe wiederholt Versuche, auf einzelne Wehrunwürdige Einfluss zu nehmen, damit diese eine Gnadenmaßnahme erbaten.[814]

Die Kriterien für eine Wiederverleihung der Wehrwürdigkeit lagen zunächst insbesondere in einer offenkundigen Bejahung des politischen Systems. Das Justizministerium bemerkte dazu, dass Misstrauen in erster Linie bei überzeugten Marxisten bzw. Kommunisten sowie bei Funktionären linksgerichteter Parteien angebracht sei.[815] Allgemein sollte die „unbedingte staatsbejahende Gesinnung“ (Mitgliedschaft in nationalsozialistischen Verbänden, Spendenfreudigkeit, Abonnierung nationalsozialistischer Presse), der tatsächliche Wehrwille, das Alter des Gesuchstellers, die Führung in der Strafanstalt sowie das Urteil der Parteistelle berücksichtigt werden.

Neben einer Stellungnahme der NSDAP hatten auch die Sicherheitsorgane der SS sowie das OKW eine befürwortende oder ablehnende Einschätzung abzugeben.

810 Vgl. Schreiben der Wehrmachtrechtsabteilung/OKW an den Reichsminister der Justiz betr. Gnadengesuche über die Wiederverleihung der Wehrwürdigkeit v. 18. 6. 1941, BArch R 3001/22279, Bl. 295.

811 So etwa Schreiben des Generalstaatsanwalts Hamm an den Reichsminister der Justiz betr. Gnadengesuche v. 5. 3. 1941, ebenda, Bl. 288.

812 Schreiben der Wehrmachtrechtsabteilung/OKW an den Reichsminister der Justiz betr. Gnadengesuche über die Wiederverleihung der Wehrwürdigkeit v. 18. 6. 1941, ebenda, Bl. 295.

813 Vgl. das Beispiel Erwin Bartz, in: Hans Burkhardt/Günter Erxleben/Kurt Nettball, Die mit dem blauen Schein, S. 13 ff.; Heinz Schröder, „Olle Icke“ erzählt, S. 87.

814 Hans Burkhardt/Günter Erxleben/Kurt Nettball, Die mit dem blauen Schein, S. 16.

815 Betrifft: Wehrwürdigkeit, Katalog in den Akten des Reichsjustizministeriums, BArch R 3001/22279, Bl. 297.

Die sicherheitspolizeilichen Beurteilungen wurden bis Sommer 1942 zentral durch das RSHA erstellt, seither dezentral durch die örtlichen Leitstellen der Gestapo oder der Kriminalpolizei.[816] Ab Frühjahr 1943 einigten sich das RSHA und die Parteikanzlei der NSDAP darauf, Stellungnahmen zu Gesuchen zwecks Wiedererlangung der Wehrwürdigkeit künftig unter den zuständigen Dienststellen der Polizei und einem Hoheitsträger der Partei aufeinander abzustimmen.[817] Grund waren voneinander abweichende Empfehlungen, die fortan vermieden werden sollten. Die Dienststellen der Wehrmacht überprüften jeden Antragsteller eines Gnadengesuchs unter wehrdienstlichen und politischen Gesichtspunkten.[818] Dabei maßen sie der Stellungnahme der Gestapo in Bezug auf die politische Zuverlässigkeit entscheidende Bedeutung bei. Äußerte das OKW Bedenken gegen eine Wiederverleihung der Wehrwürdigkeit, dann lehnte die Gnadenbehörde den Antrag in jedem Fall ab.[819] Die Wehrmachtführung verzichtete indes auf die Einholung von Stellungnahmen in Fällen von Landesverrat, homosexueller Betätigung und bei Anordnung der Sicherheitsverwahrung. Bei diesen Gruppen sollte das Justizministerium generell von einer Ablehnung ausgehen und nur in begründeten Einzelfällen an das OKW herantreten.[820]

Sicherheitspolizeiliche Einschätzungen, die dem Justizministerium zugeleitet wurden, nahmen eine kritische Stellung zu der Wiederverleihung der Wehrwürdigkeit an verurteilte Regimegegnern ein.[821] Nach dortigen Beobachtungen wurde die Frage der Wehrwürdigkeit intensiv in kommunistisch orientierten Kreisen diskutiert. Während sich einige Regimegegner mit ihrer Wehrunwürdigkeit zufrieden gaben, nahm der weitaus größere Teil den Standpunkt ein, man müsse den Status der Wehrwürdigkeit anstreben. Die Niederlage Deutschlands stand für sie fest und mit ihr einhergehend die Rache der Noch-Machthaber an ihren Gegnern. Den Ausweg aus dieser Gefahr erblickten sie in einem Eintritt in die Wehrmacht. Des Weiteren sah man für einen möglichen Aufstand gegen das Regime die Not-

816 Vermerk in den Akten des Reichsjustizministeriums bzgl. eines Schreibens des RSHA v. 20. 6. 1942, ebenda, Bl. 366.

817 Rundschreiben Nr. 91/43 der NSDAP Partei-Kanzlei betr. Behandlung von Gesuchen zur Wiedererlangung der Wehrwürdigkeit v. 9. 6. 1943, ebenda R 3001/21227, Bl. 40; Runderlass des Reichssicherheitshauptamtes v. 30. 4. 1943, ebenda, Bl. 41.

818 Vgl. Schreiben der Wehrmachtrechtsabteilung an das Reichsjustizministerium v. 3. 5. 1941, ebenda R 3001/22279, Bl. 287.

819 Vgl. Schreiben Ministerialdirektor Crohne an Wehrmachtrechtsabteilung v. 7. 3. 1941, ebenda, Bl. 284 f.

820 Hausverfügung für Abteilung IV betr. Zusammenarbeit mit dem OKW bei der Wiederverleihung der Wehrwürdigkeit an Wehrpflichtige des Beurlaubtenstandes, die zu Zuchthaus verurteilt sind, v. 21. 11. 1942, ebenda R 3001/25015, Bl. 85.

821 Zum Folgenden vgl. „Aus V-Meldung“, Bericht in den Akten des Reichsjustizministeriums undatiert, aber vor dem 22. 6. 1941, ebenda R 3001/22279, Bl. 298.

wendigkeit einer militärischen Ausbildung sowie möglicher Zersetzungsarbeit innerhalb der Streitkräfte.

Spätestens seit 1942 gab es die Möglichkeit, zivilgerichtlich verurteilten Gefangenen des Jugendstrafvollzuges Strafaussetzung zur Frontbewährung einzuräumen.[822] Demnach galt: „Die Leiter der Jugendgefängnisse wählen junge Gefangene nach bestimmten Gesichtspunkten aus und schlagen sie der Wehrmacht zur Einstellung vor. Die in Frage kommenden Gefangenen müssen im wehrpflichtigen Alter stehen und wehrwürdig oder doch ausnahmsweise für wehrwürdig erklärt worden sein. [...] Die Gefangenen müssen ferner einen Teil der Strafe verbüßt haben. [...] Mit der Übergabe des Gefangenen an die Wehrmacht gilt die Vollstreckung der Strafe als unterbrochen. Wenn er sich nicht bewährt, kehrt der junge Gefangene in den Strafvollzug zurück."

Diese jungen Bewährungssoldaten wurden vermutlich nicht zum Bewährungsbataillon 500 versetzt, da aus den Unterlagen des Justizministeriums hervorgeht, dass die sonst übliche Versetzung in das Wehrmachtgefängnis Torgau oder auch direkt zum Ersatzbataillon 500 nicht zu erfolgen hatte, wie dies etwa bei verurteilten Zivilisten geschah, die zum Beurlaubtenstand gezählt wurden. Dies wird auch durch ein Zeitzeugengespräch gestützt, dass der Verfasser mit einem ehemals verurteilten Jugendlichen führte, der aus dem Vollzug heraus direkt in eine reguläre Wehrmachteinheit entlassen wurde.[823] Während des Jahrs 1942 wurden 816 Gefangene aus dem Jugendvollzug zur Wehrmacht einberufen.[824]

Nachdem der Justizminister im Juli 1942 die Generalstaatsanwälte angewiesen hatte, im Sinne des „Führer-Erlasses" die Zahl der Bewährungswilligen zu erhöhen, prüfte das Justizministerium im Anschluss die Möglichkeit, auch zivilgerichtlich zu Gefängnisstrafen Verurteilte für eine Frontbewährung in Erwägung zu ziehen.[825] Dabei sollten prinzipiell die gleichen Bedingungen gelten, wie für die wehrmachtgerichtlich Verurteilten. Maßstab sollte eine Verurteilung zu einer Gefängnisstrafe sein, nicht die Unterscheidung, ob der Betreffende wehrwürdig oder -unwürdig war. Insbesondere sollten mindestens sechs Wochen der Freiheitsstrafe vollzogen und ein Strafrest von mindestens sechs Monaten vorhanden sein.

822 Zum Folgenden vgl. Erläuterung in den Akten des Reichsjustizministeriums „Aussetzung der Strafvollstreckung zum Zwecke der Bewährung vor dem Feinde" vermutlich aus dem Zeitraum Oktober 1943, ebenda R 3001/21238, Bl. 306 ff.

823 Interview U. G. mit dem Verfasser vom 13. 6. 2009.

824 Erläuterung in den Akten des Reichsjustizministeriums „Aussetzung der Strafvollstreckung zum Zwecke der Bewährung vor dem Feinde" vermutlich aus dem Zeitraum Oktober 1943, BArch R 3001/21238, Bl. 306 ff.

825 Zum Folgenden vgl. Schreiben des Reichsministers der Justiz an die Generalstaatsanwälte betr. Aussetzung der Strafvollstreckung bei zivilgerichtlich zu Gefängnis Verurteilten zum Zwecke der Bewährung vor dem Feinde v. 16. 11. 1942, ebenda R 3001/24372, Bl. 168.

Der Betreffende sollte keine erheblichen Vorstrafen haben und keine „Gefahr für die Manneszucht“ darstellen. Ausgeschlossen waren Gefangene, die jüdischer Herkunft waren oder als sogenannte Mischlinge galten, darüber hinaus auch jene, die mit einer Jüdin verheiratet waren bzw. mit einer Frau, die als „Mischling“ kategorisiert wurde.

Bis zu diesem Zeitpunkt galt vermutlich eine Regelung, wonach Gefängnisinsassen in Einzelfällen zur Wehrmacht eingezogen wurden, nachdem von den Justizbehörden eine Strafunterbrechung verfügt worden war, ohne dass es zwischen diesen Institutionen Vereinbarungen über eine Bewährung oder Begnadigungsmöglichkeiten gegeben hätte. Demnach oblag es den Generalstaatsanwälten seit Dezember 1939, Gesuche von Gefangenen, die um Einstellung in die Streitkräfte ersuchten, an die Wehrersatzämter weiterzuleiten und ein Begleitschreiben beizufügen, das sachdienliche Hinweise über Person und Straftat sowie etwaige Bedenken gegen eine Unterbrechung der Haft enthalten sollte.[826] Seit Kriegsbeginn durfte die Wehrmacht außerdem Häftlinge mit geringen Freiheits- oder Reststrafen anfordern, die dann von den Vollzugsbehörden aus der Haft beurlaubt werden konnten.[827] Auch diese Regelung schien nicht mit einer Bewährungsmöglichkeit verknüpft gewesen zu sein. Aus einem Schreiben des Generalbevollmächtigten für die Reichsverwaltung geht hervor, dass in derartigen Fällen in der Regel eine Fühlungnahme zwischen der Strafvollstreckungsbehörde und dem zuständigen Wehrersatzamt stattfand.[828] Bei geringfügigen Strafen einigte man sich dann vornehmlich darauf, den Betreffenden für den Wehrdienst freizugeben; bei höheren Freiheitsstrafen hingegen nahm die Wehrmacht den Gestellungsbefehl zurück und gab die Person für den Strafvollzug frei.[829]

Die Möglichkeit der Frontbewährung für zivilgerichtlich verurteilte Wehrwürdige wurde im Januar 1943 geschaffen.[830] Ausgeschlossen waren wegen Landesverrats oder Homosexualität Verurteilte und verurteilte Personen, die dem Jahrgang 1900 oder älter angehörten. Im Übrigen galten diejenigen Voraussetzungen, die bereits vom Reichsjustizministerium in Erwägung gezogen worden waren.

826 Verfügung des Reichsjustizministers v. 21. 6. 1940, StA Bremen 4,80 – III.138.

827 Schreiben des Reichsarbeitsministers an den Reichsminister der Justiz betr. Beurlaubung von Strafgefangenen in Spannungszeiten sowie im X-Fall oder im Mob.-Fall v. 5. 7. 1939, BArch R 3001/21261, Bl. 187.

828 Schreiben des Generalbevollmächtigten für die Reichsverwaltung an den Reichsminister der Justiz betr. Behandlung von Bagatellstrafsachen v. 21. 1. 1941, ebenda R 3001/21144, Bl. 153 ff.

829 Ebenda.

830 Zum Folgenden vgl. Erläuterung in den Akten des Reichsjustizministeriums „Aussetzung der Strafvollstreckung zum Zwecke der Bewährung vor dem Feinde“ vermutlich aus dem Zeitraum Oktober 1943, ebenda R 3001/21238, Bl. 306 ff.

Die Zahl der von Januar bis Herbst 1943 einberufenen Wehrwürdigen betrug rund 800 Personen.[831] Im Sommer 1943 wurden die Kriterien einvernehmlich zwischen OKW und Justizministerium neu festgelegt.[832] Demnach konnten wehrwürdige Strafgefangene Strafaussetzung zwecks Frontbewährung erhalten, wenn sie dem Jahrgang 1894 und jünger angehörten. Der Kreis der Ausgeschlossenen wurde auf „Zigeuner" sowie „Zigeunermischlinge" und diejenigen, die mit einer Angehörigen dieser beiden Kategorien verheiratet waren, ausgeweitet. Festgelegt wurde auch, dass der Bewährungseinsatz ausschließlich in einer Bewährungstruppe zu erfolgen hatte. Jeden Monat hatten die Vollzugsanstalten dem Justizministerium die Namen potentieller „Bewährungsschützen" zu übermitteln.

Häftlinge, die für den Wehrdienst ausgesucht wurden, waren in das Wehrmachtgefängnis Torgau-Fort Zinna zwecks Eignungsprüfung zu überstellen.[833] War der Betreffende nicht wehrdiensttauglich, so wurde er dem Landgerichtsgefängnis in Torgau übergeben, das die weitere Überweisung zurück in den Strafvollzug veranlasste.

Die Bewährungstruppe 500 war damit eine militärische Formation für alle wehrmachtgerichtlich Verurteilten sowie für zivilgerichtlich Verurteilte, die als wehrwürdig anzusehen waren. Ausgeschlossen ist damit, dass es generell separate Bewährungsformationen einerseits für zivilgerichtlich, andererseits für militärgerichtlich Verurteilte gab.

Während sich das Reichsjustizministerium im Laufe des Jahres 1942 Gedanken über den möglichen Wehrdienst von wehrwürdigen Gefängnishäftlingen machte, hatte sich das Bestreben des OKW bereits Anfang des Jahres auf die Einbeziehung von Wehrunwürdigen gerichtet, die von der allgemeinen Gerichtsbarkeit verurteilt worden waren.[834] Gemäß einer Verordnung vom 11. April 1942 sollten die Wehrbezirkskommandos von sich aus Wehrunwürdige zur gnadenweisen Wiederverleihung der Wehrwürdigkeit vorschlagen, um sie im Fall der Rehabilitierung zum Wehrdienst zu ziehen.[835] Erfasst waren Personen, die entweder ihre Strafe verbüßt hatten oder sich in Freiheit befanden, weil ihnen Bewährungsfrist bewilligt worden war. Sie mussten dem Jahrgang 1900 oder jünger angehören und durften lediglich zu einer Zuchthausstrafe von bis zu drei Jahren verurteilt worden

831 Ebenda.

832 Zum Folgenden vgl. Schreiben des Reichsministers der Justiz an die Generalstaatsanwälte u. a. betr. Aussetzung der Strafvollstreckung bei zivilgerichtlich verurteilten wehrwürdigen Strafgefangenen zum Zwecke der Bewährung vor dem Feinde v. 28. 7. 1943, StA Bremen 4,80 – III.124.

833 Zum folgenden vgl. ebenda.

834 Vgl. dazu Erläuterung in den Akten des Reichsjustizministeriums „Aussetzung der Strafvollstreckung zum Zwecke der Bewährung vor dem Feinde" vermutlich aus dem Zeitraum Oktober 1943, BArch R 3001/21238, Bl. 306 ff.

835 Vgl. Runderlass des OKW v. 11. 4. 1942, ebenda R 3001/21227, Bl. 2.

sein. Handelte es sich um erheblich Vorbestrafte, dann kam eine Überstellung zur Wehrmacht trotzdem in Betracht, wenn sich der Betreffende längere Zeit straffrei geführt hatte. Ausgeschlossen waren wegen Landesverrats oder homosexueller Betätigung Verurteilte und Entmannte.

Während die seit April 1942 einberufenen ehemaligen Wehrunwürdigen zur regulären Truppe eingezogen wurden, plante das OKW im Sommer 1942, eine neue Bewährungstruppe zu schaffen, die zivilgerichtlich verurteilte Wehrunwürdige erfassen sollte. Am 14. September 1942 trafen sich Vertreter des Reichsjustizministeriums und der Wehrmachtrechtsabteilung, um über die Einzelheiten der Wehrunwürdigen-Formation zu beraten.[836] Für Angehörige der Jahrgänge 1908 und jünger sollte die Einberufung durch die Wehrmacht direkt erfolgen, ohne dass eine gnadenweise Wiederverleihung der Wehrwürdigkeit erfolgte. Grundsätzlich sollten zwar Stellungnahmen anderer Behörden über die Zuverlässigkeit der einzelnen Wehrunwürdigen abgegeben werden, man debattierte aber darüber, ob die Wehrkreiskommandos bei Zuchthausstrafen bis zu einer bestimmten Höhe grundsätzlich auf Stellungnahmen anderer Behörden verzichten sollten, wenn weder Vorstrafen noch Verurteilungen wegen politischer Delikte vorlagen.

Die Gespräche wurden am 26. September 1942 mit größerer personeller Beteiligung fortgesetzt.[837] Die Vertreter der Wehrmachtrechtsabteilung legten konkrete Pläne über die neue Bewährungstruppe vor, die zunächst die Bezeichnung „Brigade Z" erhalten sollte. Ehemalige Zuchthausgefangene, die ihre Strafe verbüßt hatten, sollten sofort zur Bewährungstruppe eingezogen werden, ohne dass ein Gnadenverfahren stattfand; sie galten mit der Einberufung als wehrwürdig. Von der Truppe ausgenommen sollten einmalig Verurteilte sein, die eine Zuchthausstrafe bis zu einem Jahr und sechs Monaten erhalten hatten. Bei ihnen sollten die zivilen Behörden ohne Beteiligung des OKW Gnadenentscheidungen prüfen. Bei einem positiven Bescheid sollten sie zur allgemeinen Truppe eingezogen werden. Homosexuelle, Berufsverbrecher und Entmannte sollten nicht eingezogen werden. Der angefertigte Vermerk wurde dem Reichsjustizminister zur Kenntnisnahme vorgelegt. Eine entsprechende Anordnung wurde am 28. September durch den Reichsjustizminister allen Generalstaatsanwälten sowie dem Oberreichsanwalt beim Volksgerichtshof zugestellt.[838]

Bereits am 28. September 1942 wies der Justizminister die Generalstaatsanwälte an, alle Gnadenverfahren bei Verurteilten der Jahrgänge 1908 und jünger

836 Zum Folgenden vgl. Vermerk des Kammergerichtsrat Westphal v. 15. 9. 1942, ebenda R 3001/25015, Bl. 59.

837 Vermerk des Kammergerichtsrat Westphal v. 28. 9. 1942, ebenda, Bl. 61.

838 Verfügung des Reichsministers der Justiz v. 28. 9. 1942, ebenda, Bl. 63.

ruhen zu lassen, da direkt eine Einberufung zur Wehrmacht erfolgen sollte.[839] Nur bei den Zuchthausgefangenen, die höchstens mit einer Strafe von einem Jahr und sechs Monaten belangt worden und nicht weiter vorbestraft waren oder als Erstbestrafte galten, sollten die Gnadenverfahren weiterlaufen.

Am 2. Oktober 1942 gab das OKW Richtlinien für die neue Bewährungstruppe heraus, die nunmehr nicht den Namen „Brigade Z“ tragen sollte, sondern „Afrika Brigade 999“. Zunächst wurde der für die Bewährungstruppe in Betracht zu ziehende Personenkreis auf die Jahrgänge 1908 und jünger festgelegt.[840] Die Betreffenden wurden direkt von der Wehrmacht eingezogen. Ein Gesuch auf die gnadenweise Wiederverleihung der Wehrwürdigkeit oder eine freiwillige Meldung zur Wehrunwürdigen-Bewährungseinheit war nicht erforderlich. Dem Einberufungsbefehl war der Zusatz angefügt: „Sie sind auf Grund eines besonderen Führerbefehls während der Dauer ihres Dienstes in der Wehrmacht wehrwürdig.“

Die zur Bewährungstruppe 999 einzuziehenden Personen umfassten auch die mit bis zu drei Jahren Zuchthaus Bestraften, die seit April 1942 zur Wehrmacht gezogen wurden. Ab Oktober 1942 hatten sie nur noch in der Bewährungsformation ihren Wehrdienst zu absolvieren. Hinzu kamen auch Personen mit dem gleichen Strafumfang, die sich noch in Haft befanden. Sie mussten sich allerdings in der Haft gut geführt haben. Weiterhin wurden Personen mit drei- bis fünfjährigen Zuchthausstrafen eingezogen, wenn lediglich eine einmalige Straftat vorlag. Diejenigen Wehrunwürdigen, die sich in Freiheit befanden und einen Arbeitsplatz hatten, der ihnen eine sogenannte „uk“-Stellung sicherte und sie vor dem Wehrdienst bewahrte, waren trotzdem in jedem Fall einzuziehen. Bereits ab dem 31. Oktober 1942 konnten auch Wehrunwürdige der Jahrgänge 1900 bis 1907 in beschränkter Zahl eingezogen werden.[841] Sie sollten aus der Gruppe ausgewählt werden, die einen Gnadenantrag auf Wiederverleihung der Wehrwürdigkeit gestellt hatte.

Während durch Zivilgerichte in Deutschland Verurteilte für den Dienst in der Bewährungstruppe ausnahmslos in Betracht kamen, traf dies vermutlich nicht auf Verurteilte in besetzten Gebieten zu, da deren Gerichte nicht der Direktive des Justizministeriums unterstanden. Aus der Korrespondenz zwischen dem Reichsministerium für die besetzten Ostgebiete und dem Reichsjustizministerium geht hervor, dass sich das Ostministerium die Entscheidung, einzelne

839 Zum Folgenden vgl. Der Reichsminister der Justiz an die Generalstaatsanwälte betr. Wiederherstellung der Wehrwürdigkeit mit Zuchthaus Bestrafter ohne eigenen Antrag v. 28. 9. 1942, ebenda, Bl. 63.

840 Zum Folgenden OKW-Verordnung betr. Aufstellung der verst. Afrika Brigade 999 aus ehem. Wehrunwürdigen v. 2. 10. 1942, ebenda, Bl. 64 f.

841 OKW betr. Aufstellung der verst. Afrika-Brigade 999 aus ehemaligen Wehrunwürdigen v. 31. 10. 1942, ebenda, Bl. 78.

Zuchthausgefangene deutscher Nationalität zur Bewährungstruppe abzustellen, vorbehielt.[842]

Wehrunwürdige mit fliegerischen Kenntnissen sollten einem Afrika-Bataillon der Luftwaffe zugeteilt werden.[843] Das OKW behielt sich zunächst die weiteren Bedingungen für eine Wiedererlangung der Wehrwürdigkeit vor. Weiter sprach es die Absicht aus, Wehrunwürdige, die in der Wehrmacht keine Verwendung fanden, der Organisation Todt zuzuweisen. Zu weiteren Bewährungseinheiten im Rahmen der Luftwaffe oder der Marine kam es nicht mehr. Im Dezember 1943 verfügte das OKW, dass zivilgerichtlich verurteilte Reservisten und Ersatzreservisten dieser beiden Waffengattungen dem Heer zuzuleiten waren.[844]

Ab Februar 1943 wurde der Personenkreis für die Bewährungstruppe erweitert: In Ausnahmefällen durften auch Homosexuelle, Entmannte und Sicherheitsverwahrte eingezogen werden.[845]

3. Bewährung im Rahmen von Todesurteilen

Ab Juni 1944 bestand eine besondere Form der Bewährung für zum Tode verurteilte Luftwaffenangehörige. Nach einer einvernehmlichen Regelung zwischen dem Oberbefehlshaber der Luftwaffe und dem Chef des Reichssicherheitshauptamtes konnten Soldaten, die zum Tode verurteilt waren und bei denen eine Frontbewährung nicht in Frage kam, dem SD übergeben werden.[846] Die Betreffenden sollten sich innerhalb eines dreimonatigen Arbeitseinsatzes in einem Konzentrationslager unter härtesten Bedingungen bewähren. Nach Ablauf der Bewährungszeit wurde über das RSHA ein Bericht an die Luftwaffen-Rechtsabteilung übermittelt, die die Angelegenheit Göring vortrug. Dieser entschied darüber, ob die Todesstrafe in eine Freiheitsstrafe umgewandelt werden sollte oder die Hinrichtung anzuordnen sei, die dann vom SD durchgeführt wurde. Zuständig für Fälle dieser Art war das KZ Mauthausen.

842 Vgl. Schreiben des Reichsministers der Justiz an den Reichsminister für die besetzten Ostgebiete betreffend Aussetzung der Strafvollstreckung zivilgerichtlich Verurteilter zum Zwecke der Bewährung vor dem Feinde hier: Walter Hartung v. 21. 1. 1944, ebenda R 6/394, Bl. 3.

843 Zum Folgenden vgl. OKW-Verordnung betr. Aufstellung der verst. Afrika Brigade 999 aus ehem. Wehrunwürdigen v. 2. 10. 1942, ebenda R 3001/25015, Bl. 64 f.

844 OKW/Wehrersatzamt Abt. E v. 15. 12. 1943 betreffend Einberufung von zivilgerichtlich verurteilten Wehrunwürdigen zum Wehrdienst, ebenda, Bl. 152 f.

845 OKW/Wehrmachtrechtsabteilung an Reichsjustizministerium betr. gnadenweise Wiederherstellung der Wehrwürdigkeit zu Zuchthaus Verurteilter v. 5. 2. 1943, ebenda, Bl. 113.

846 Zum Folgenden vgl. Runderlass des Reichsministers der Luftfahrt und Oberbefehlshabers der Luftwaffe v. 1. 6. 1944, BArch–MA RL 6/161.

Spätestens ab September 1944 konnten zum Tode Verurteilte Wehrpflichtige der Bewährungstruppe 500 überstellt werden, wo ihnen für einen Zeitraum von drei Monaten „Gelegenheit zu einem besonderen Tapferkeitsbeweis“ eingeräumt werden sollte.[847] Nach Ablauf dieser Frist wurde entweder die Todesstrafe vollstreckt oder ein Gnadenerweis erteilt.

Darüber hinaus wurde wahrscheinlich im Bereich des Heeres die Möglichkeit geschaffen, die Vollstreckung einer Todesstrafe auszusetzen und sie von einer vorübergehenden Bewährung im Strafvollzug abhängig zu machen. Anlass zu dieser Vermutung gibt der Fall des Soldaten Gerhard H., der sich als 17-Jähriger am 11. März 1945 von der Truppe entfernte und am 19. März in Zivilkleidung und im Besitz eines Koffers, der Waren enthielt, die er sich rechtswidrig angeeignet hatte, aufgegriffen wurde.[848] Das Feldkriegsgericht der 208. Infanterie-Division verurteilte ihn zum Tode wegen Fahnenflucht und Plünderung. Die Vollstreckung des Urteils wurde ausgesetzt und die Überweisung in eine Zuchthauskompanie der Feldstrafgefangenenabteilung 8 angeordnet.

Die Annahme, dass Bewährungseinsätze im Rahmen des Strafvollzuges möglich waren, wird auch durch Unterlagen über ein Gnadenverfahren gestützt. Gegen den 19-jährigen Grenadier Ferdinand B., der als Insasse des Straflagers II am 7. März 1945 durch das Gericht des Höheren Pionierführers 22 wegen Fahnenflucht zum Tode verurteilt worden war, wurde die Todesstrafe ausgesprochen.[849] Aufgrund einer Anordnung der Amtsgruppe Heeresjustizwesen wurde der Vollzug ausgesetzt und der Betreffende der Gestapo übergeben. Die Überstellung an die Polizei wurde als „Zwischenhaft I“ bezeichnet. Insoweit scheint es sich bei der Zwischenhaft I um eine besondere Bewährungsform gehandelt zu haben, die vermutlich seit September 1944 im Bereich des Heeres Anwendung fand. Dieser Zeitpunkt ist naheliegend, da im selben Monat die „Zwischenhaft II“ beim Heer eingeführt wurde.

4. Die Bewährungstruppen

a Sonderformationen

aa Sonderabteilungen und Feldsonderbataillon

Im Zuge der Mobilmachung der Wehrmacht vor Kriegsbeginn wurden die Sonderabteilungen aufgelöst. Eine größere Anzahl von Angehörigen dieser Formatio-

847 Merkblatt über Vollzugseinrichtungen und Bewährungstruppen des OKH/General z. b. V. v. 4. 9. 1944, ebenda RW 13/62, Bl. 1 ff.; Klausch geht davon aus, dass diese Möglichkeit seit Juli 1944 bestand, vgl. Hans-Peter Klausch, Die Bewährungstruppe 500, S. 261.

848 Zum Folgenden vgl. Vortragsvermerk Chef der Heeresjustiz Hauptquartier OKH v. 21. 4. 1945, BArch–MA RH 13/66, Bl. 21.

849 Zum Folgenden Chef der Heeresjustiz, Hqu. OKH v. 20. 4. 1945, ebenda, Bl. 6 ff.

nen wurde unmittelbar in das Konzentrationslager Sachsenhausen eingeliefert.[850] Verbliebene Soldaten wurden zu einem Truppenteil versetzt. Im Frühjahr 1940 wurden die Sonderabteilungen jedoch im Bereich des Ersatzheeres neu aufgestellt. Von nun an kamen nur noch Soldaten in die Sonderabteilungen, die ihre Grundausbildung zu absolvieren hatten.[851] Auch während des Krieges blieben die Sonderabteilungen eine disziplinarische Einrichtung. Sie waren nicht für von Kriegsgerichten verurteilte Soldaten vorgesehen. Soldaten, die sich während des Dienstes in den Sonderabteilungen nicht willig zeigten, wurden – ebenso wie diejenigen, die nach ihrer Rückversetzung disziplinarisch auffällig wurden – zum später aufgestellten Feldsonderbataillon versetzt. Bis Februar 1942 bestand die Möglichkeit, Soldaten der Sonderformationen in ein Konzentrationslager überweisen zu lassen, wenn sich diese dem Dienst widersetzten.[852] Ab 1942 wurden auch verurteilte Wehrunwürdige in die Sonderabteilungen versetzt, die zwar auf dem Gnadenwege die Wehrwürdigkeit wiedererlangt hatten, denen man aber während der Grundausbildung mangelnden „guten Willen" unterstellte.[853]

Die Kriegsmarine richtete während des Krieges drei Sonderabteilungen ein: die Kriegssonderabteilung Hela sowie die Schiffsstammabteilungen 30 und 31. Die Kriegssonderabteilung Hela existierte bis Juli 1942.[854] Für die Behandlung der dort zusammengefassten Soldaten galt, dass die Vorgesetzten gehalten waren, sie „härter anzufassen, als das bei einer anderen Truppe üblich und angebracht ist. Die Bestimmungen über Missbrauch der Dienstgewalt und Misshandlung Untergebener können daher im Verhältnis der Vorgesetzten zu den Mannschaften der Kriegssonderabteilung nur mit größter Zurückhaltung angewendet werden." Bei nicht unerheblichen Verstößen gegen die Militärgesetze sollte von einer Freiheitsstrafe regelmäßig Abstand genommen werden. Stattdessen sollte die Strafschärfung des § 5a KSSVO Anwendung finden und die Todesstrafe verhängt werden. Bei Soldaten, die sich weiterhin als undiszipliniert herausstellten, blieb es bei der Regelung, dass sie aus der Wehrmacht ausgeschlossen und der Polizei übergeben werden sollten, die für eine Inhaftierung in einem KZ zu sorgen hatte.

Im Juli 1942 wurde die Kriegssonderabteilung Hela aufgelöst und in eine Marinekompanie umgebildet, die dem Feldsonderbataillon des Heeres angegliedert wurde.[855] Die Angehörigen unterstanden somit dem Feldheer. Die Marinekom-

850 Hans-Peter Klausch, Die Bewährungstruppe 500, S. 33.

851 Rudolf Absolon, Sondereinheiten, S. 14.

852 Hans-Peter Klausch, Die Bewährungstruppe 500, S. 38 f.

853 Vgl. Stell.Gen.Kommando VII betr. Einberufung zur Wehrmacht nach Wiederherstellung der Wehrwürdigkeit v. 23. 12. 1942, BArch–MA RH 54/107.

854 Manfred Messerschmidt, Die Wehrmachtjustiz 1933–1945, S. 330.

855 Stammtafel des Feld-Sonderbataillons, BArch–MA RH 48/5, Bl. 16 ff.

panie schied am 26. Februar 1943 aus dem Bataillon aus und wurde als „Marine-Feldsonderkompanie" auf Hela neu aufgestellt.[856] Die Misshandlungen der in der Marine-Feldsonderkompanie dienenden Matrosen nahmen so drastische Formen an, dass das Oberkommando der Kriegsmarine im Herbst 1944 ihre Auflösung verfügte, da eine „Erziehung" unter solchen Umständen nicht mehr umzusetzen war. Man fürchtete, dass diese Behandlungen sogar zur Fahnenflucht motivierten.[857] Den letzten Anstoß für die Auflösung scheinen zwei Desertionen aus dieser Sonderheit gegeben zu haben. Das Oberkommando der Kriegsmarine nahm die ausgesprochenen Todesurteile gegen die Fahnenflüchtigen zum Anlass, Tatberichte wegen Misshandlung Untergebener gegen den Kompaniechef und mehrere Unteroffiziere zu verlangen.[858] Selbst für die oberen Kommandobehörden war der Rahmen dessen überschritten, was man noch als Erziehung gelten lassen wollte und für dessen Durchführung man den Vorgesetzten weitestgehend Straffreiheit wegen Misshandlung Untergebener gewährte, da man in den Behandlungen nur noch „körperliche und seelische Quälereien" erblickte.

Zu den in Hela herrschenden Zuständen berichtete Leonhard Schumacher, der als Maschinen-Maat eines Minensuchbootes einen im Jahr 1944 zur Mannschaft versetzten Maat kennenlernte, der Beobachtungen über die Behandlung von Angehörigen der Sonderkompanie gemacht hatte:„Als wir einmal die Halbinsel Hela passierten, erzählte mir der andere Maschinen-Maat etwas über die dortige Marine-Strafkompanie. Er war zeitweise als Wachsoldat auf einem Areal eingesetzt, das an das Gelände grenzte, wo diese Kompanie lag und konnte durch den Zaun sehen, was dort passierte. Ich hatte schon etwas von diesen Einrichtungen gehört und wusste auch, dass es auf Hela eine solche gab. Was ich allerdings nicht wusste, war, was dort eigentlich vor sich ging. Ich erfuhr, dass die Leute dort – es waren meistens Kriminelle – regelrecht schikaniert wurden. Sie mussten zum Beispiel schwere, mit Sand gefüllte Kisten aufstapeln. Wenn sie damit fertig waren, mussten sie alles wieder abbauen und dann wieder neu aufstapeln."[859]

Zumindest für die Kriegszeit geht Messerschmidt davon aus, dass der Zustand in den Sonderabteilungen aller Wehrmachtteile den Verhältnissen in Konzentrationslagern ähnelte.[860] Die Behandlung auf Hela glich jedenfalls einer Methode, mit der man in den Emslandlagern Häftlinge der dortigen Strafkompanien schikanierte. Dort musste Sand von einem Sandberg zum Lager und zurück transportiert

856 Vgl. Schreiben des Kommandeurs des Feldsonderbataillons an das Allgemeine Heeresamt v. 28. 4. 1943 zzgl. Stammtafel des Feldsonderbataillons, ebenda, Bl. 2 f.

857 Manfred Messerschmidt, Die Wehrmachtjustiz 1933–1945, S. 330.

858 Schreiben des Oberkommandos der Kriegsmarine an das Marineoberkommando Ostsee v. 3. 10. 1944, BArch-MA RM 31/3335, Bl. 117.

859 Interview Leonhard Schumacher mit dem Verfasser vom 8. 7. 2006.

860 Manfred Messerschmidt, Die Wehrmachtjustiz 1933–1945, S. 332.

werden, wobei die Delinquenten u. a. einen Schubkarren nutzen mussten, dessen Griffe besonders weit abstanden.[861]

Die Luftwaffe errichtete ab Januar 1940 zunächst ein Prüfungslager, das später durch eine sogenannte Luftwaffen-Jägerkompanie und schließlich durch mehrere Sonderkompanien ersetzt wurde.[862] Ihre Funktionen waren dieselben wie bei den ursprünglichen Sondereinheiten und sie waren ebenfalls als Erziehungseinrichtungen deklariert, in denen die Soldaten schwere und gefährliche Arbeiten zu verrichten hatten. Bei ungenügender Leistung waren die Soldaten in ein Feldstraflager oder der Polizei zu übergeben.[863]

Im Bereich des Feldheeres wurden im Februar 1940 drei Feld-Sonderabteilungen eingerichtet, denen Soldaten wegen disziplinärer Vergehen zugewiesen werden sollten.[864] Die dorthin Versetzten bezeichnete die Wehrmachtrechtsabteilung als „vorwiegend […] minderwertig, verlogen, haltlos und unsoldatische" Soldaten.[865] Ein Bericht aus dem Jahre 1940 spiegelt wider, was unter der dort zu verrichtenden „harten und gefahrvollen Arbeit" zu verstehen war: Die Feld-Sonderabteilung C hatte im Zeitraum vom 8. bis 12. Juni 1940 aus einem eroberten Panzerwerk der Maginot-Linie Leichen zu bergen, während die Befestigung noch unter dem Feuer französischer Artillerie lag.[866] Dabei mussten die Soldaten in bis zu 30 Meter tiefe Stollen vordringen und unter den Trümmern stark verweste Leichen hervorholen, die bereits seit drei Wochen in den Gängen lagen. Das Ausmaß der Zerstörungen und der Zustand der Leichname lässt sich anschaulich durch den Bericht eines Zeitzeugen vor Augen führen: Die Bunkeranlage und ihre Besatzung wurden durch deutsche Pioniertruppen unter Einsatz von geballten Sprengladungen und Flammenwerfern vernichtet.[867] Jede Einheit der Sonderabteilung wurde 29 Stunden ununterbrochen zur Räumarbeit herangezogen.[868] Als bei dem weiteren Abtransport der Leichname Granateinschläge näher kamen und sich die Soldaten zu Boden warfen, erzwangen die vorgesetzten Unteroffiziere mit gezogener Pistole das Weiterarbeiten. Nach Abschluss der Bergungen litten viele der eingesetzten

861 Interview Erwin Schulz mit dem Verfasser vom 25. 2. 2007.

862 Manfred Messerschmidt, Die Wehrmachtjustiz 1933–1945, S. 330.

863 Ebenda.

864 Vgl. Franz W. Seidler, Die Militärgerichtsbarkeit, S. 154.

865 Vermerk der Wehrmachtrechtsabteilung betr. Aussetzung der Strafvollstreckung zum Zwecke der Bewährung v. 18. 9. 1940, BArch R 3001/25015, Bl. 5 ff.

866 Zum Folgenden vgl. Bericht der Feldsonderabteilung 16. Armee v. 13. 6. 1940 über die Bergung der Toten des Panzerwerkes 505 in der Zeit vom 8.–12. 6. 1940, BArch-MA RH 53-7/314.

867 Interview G. B. mit dem Verfasser vom 25. 3. 2005.

868 Zum Folgenden vgl. Bericht der Feldsonderabteilung 16. Armee v. 13. 6. 1940 über die Bergung der Toten des Panzerwerkes 505 in der Zeit vom 8.–12. 6. 1940, BArch-MA RH 53-7/314.

Soldaten an Brechreiz und Schwindelgefühl. Durch das hervorgerufene Ekelgefühl verloren einige jeden Appetit und wurden körperlich merklich schwächer. Der Oberstkriegsgerichtsrat der 16. Armee, in deren Bereich die Sonderabteilung eingesetzt war, sandte den Bericht an die ihm unterstellten Heeresgerichte und empfahl sie als geeignetes Belehrungsmaterial für die Truppe.[869]

Die KStVO sah zunächst vor, weitere Sonderabteilungen für wehrmachtgerichtlich verurteilte Soldaten zu errichten.[870] Zu einer Aufstellung dieser neuen Sonderabteilungen kam es nicht mehr. Die 7. Durchführungsverordnung zur KStVO vom Mai 1940 strich schließlich diese Regelung.

Am 9. Juni 1941 wurden die Feldsonderabteilungen zum Feldsonderbataillon zusammengefasst, das ab Herbst 1941 an der Ostfront eingesetzt wurde.[871] Die Versetzung zum Feldsonderbataillon hatte nicht lediglich eine erzieherische Funktion im Sinne der „Manneszucht", sondern galt als schimpflich und war dementsprechend auch eine Strafeinrichtung.[872] Die hierher versetzten Soldaten durften weder Schulterklappen noch Hoheitsabzeichen tragen. Der Dienst im Feldsonderbataillon sollte wie in den Sondereinheiten im Allgemeinen drei bis vier Monate dauern, danach konnte der jeweilige Soldat zur Truppe zurückversetzt oder der Polizei übergeben werden. Wer nach Rückversetzung erneut auffällig wurde, hatte weitere sechs Monate beim Feldsonderbataillon zu dienen. Das Feldsonderbataillon war im Bereich der kämpfenden Truppe eingesetzt, wo die Soldaten unter gefahrvollen Umständen härteste Arbeiten zu verrichten hatten und infanteristisch ausgebildet werden sollten.[873] In das Feldsonderbataillon wurden auch solche Soldaten versetzt, die nach voller Verbüßung einer Freiheitsstrafe für die Truppe als nicht tragbar angesehen wurden. Derjenige Befehlshaber, dessen Division das Feldsonderbataillon unterstellt war, konnte darüber befinden, ob die strafversetzten Angehörigen des Feldsonderbataillons nach einiger Zeit entweder zurück zur Truppe versetzt wurden oder eine Entlassung aus dem Wehrdienst und Übergabe an die Polizei erfolgen sollten. Damit hatte das Feldsonderbataillon insbesondere die Funktion der Sortierung nach Soldaten, die für die Wehrmacht noch nützlich schienen, und solchen, die für ihre Zwecke unbrauchbar waren.

Die Sonderabteilungen und Feldsondereinheiten bzw. das Feldsonderbataillon waren keine direkten Bewährungsformationen und werden von der Geschichtswissenschaft auch nicht als solche bezeichnet. Sie weisen indes Ähnlichkeiten auf und waren mit dem Strafvollzug der Wehrmacht eng verknüpft. Nach Ansicht ei-

869 Schreiben des Oberstkriegsgerichtsrats der 16. Armee an die Heeresgerichte der 16. Armee v. 20. 6. 1940, ebenda.

870 RGBl. 1939 I, S. 1457.

871 Vgl. Stammtafel des Feld-Sonderbataillons, BArch-MA RH 48/5, Bl. 16 ff.

872 Zum Folgenden vgl. Rudolf Absolon, Sondereinheiten, S. 16.

873 Vgl. Merkblatt 2 OKH, General z. b. V. v. 24. 1. 1943, BArch-MA RH 13/61, Bl. 2 ff.

nes Wehrstrafrechtlers bildeten Wehrmachtstrafvollzug und Sondereinheiten eine „geschlossene Erziehungseinheit".[874] Wie bei den Bewährungseinheiten brachte lediglich die totale Unterordnung und die Erfüllung der gesetzten Anforderungen eine Möglichkeit, zur regulären Truppe zurückzugelangen. Weiter schlossen sich diese Formationen in Friedenszeiten dem Vollzug an, waren in der Vorkriegszeit demnach dem eigentlichen Wehrdienst vorgelagert und dienten der Klassifizierung der potenziellen Soldaten. Diese Funktion übten sie schließlich auch während des Krieges weiter aus und bildeten hier den direkten Übergang vom Strafvollzug zur Konzentrationslagerhaft.

Die bisher auch immer noch benutzte Umschreibung als Erziehungseinheiten ist aus heutiger Sicht problematisch, da der Begriff „Erziehung" seit 1945 einem Bedeutungswandel unterlag. In der NS-Diktatur wurden Strafvollzug und militärische Formationen als Erziehungseinrichtungen kategorisiert, während die angewandten Methoden von körperlicher Schwerstarbeit bis zu psychischer und physischer Folter reichten. In dieser Hinsicht sei auf die eingangs dargelegte Behandlung der Soldaten verwiesen, die allein aus ideologischen Gründen zu den Sonderabteilungen versetzt wurden und deren Behandlung ausschließlich strafenden Charakter hatte. Von einer Erziehung kann insofern auch nicht gesprochen werden, als die Behandlung in diesen Einheiten auf Erniedrigung und Einschüchterung beruhten. Die erwähnten sinnentleerten Tätigkeiten in der Sonderkompanie Hela wurden von dem im Emsland mit ähnlichen aufgezwungenen Arbeiten beschäftigten Erwin Schulz als „geisttötend" bezeichnet, die den Gefangenen immer wieder vor Augen führen sollten, dass sie „minderwertig" seien und „zerbrechen" sollten.[875]

ab Sonstige Bewährungs- und Sonderformationen

Ehemalige Angehörige der Fremdenlegion mit deutscher Staatsangehörigkeit waren in den Augen des OKW der „Auswurf Europas, [...] Zuchthauskandidaten" und damit „Soldaten ohne Ehre".[876] Angehörigen der französischen Fremdenlegion wurde in der Regel das deutsche Bürgerrecht aberkannt.[877] Nach Einführung der Wehrpflicht im Jahre 1936 galten sie in jedem Fall als Fahnenflüchtige oder als Hochverräter. Bereits ab Kriegsbeginn 1939 räumte ihnen die Wehrmacht jedoch die Möglichkeit ein, sich in Kampfhandlungen zu rehabilitieren. Ab dem 13. August 1941 wurden ehemalige Fremdenlegionäre zum „verstärkten Afrika-Regiment 361" eingezogen. Der Einberufung ging eine Überprüfung durch die militärische Spionageabwehr und die Gestapo voraus. Soldaten, die aus gesundheitlichen

874 Klut, Der Vollzug von Freiheitsstrafen, in: ZfW 3 (1938/39), S. 126, 130.

875 Interview Erwin Schulz mit dem Verfasser vom 25. 2. 2007.

876 Zum Folgenden „Spione, Verräter, Saboteure", Aufklärungsschrift des OKW, BArch R 3001/25001, Bl. 384, 407.

877 Zum Folgenden vgl. OKW v. 13. 8. 1941, BArch-MA RH 15/226, Bl. 28.

Gründen nicht für den Kampf in Afrika tauglich waren, sollten im Einzelfall mit Genehmigung des zuständigen Wehrkreisbefehlshabers zur Bewährung einer anderen Einheit der Wehrmacht zugeführt werden. Sie wurden nicht nur durch den Nachrichtendienst und die Sicherheitspolizei, sondern zusätzlich durch die Kreisleitung der NSDAP kontrolliert.

1940 stellte die Waffen-SS ein „Wilddieb-Kommando" auf, das später die Bezeichnung „Sturmbrigade" erhielt.[878] Im Laufe des Krieges wurden auch Zuchthaushäftlinge, Insassen der Konzentrationslager sowie bestrafte Angehörige der SS und der Wehrmacht zu dieser Truppe versetzt. Nachdem Himmler im Sommer 1944 zum Befehlshaber des Ersatzheeres ernannt worden war, wurden allein in den Monaten August und September 1944 über 2000 ehemalige Wehrmachtangehörige zur SS-Brigade versetzt.[879] Des Weiteren wurden nach Auflösung der Ersatz-Brigade 999 zahlreiche zivilgerichtlich verurteilte Wehrunwürdige überstellt. Gegen Ende des Krieges fanden im Konzentrationslager Sachsenhausen regelmäßig Musterungen für diese Einheit unter deutschen Kriminellen, politischen Häftlingen und „Zigeunern" statt.[880]

Den Wunsch, aus Verurteilten besondere Formationen aufzustellen, hatte auch der Befehlshaber der Luftwaffe Hermann Göring. Er äußerte die Absicht, Wilderer und Schmuggler bei waghalsigen Operationen an der Ostfront einzusetzen.[881] Erfolg war dem Anliegen nicht beschieden: die Wilderer wurden im umfangreichen Maße bereits dem Wilddiebkommando Dirlewanger übergeben, und eine Anfrage bei den Generalstaatsanwälten ergab, dass lediglich fünf geeignete Schmuggler für die geplante Truppe zur Verfügung stünden. Das Justizministerium erbot sich allerdings, nach geeigneten Strafgefangenen zu suchen, die andere Strafen verbüßten und nicht für den Dienst in der Bewährungstruppe 999 vorgesehen waren. Zur Aufstellung der geplanten Einheit ist es aller Wahrscheinlichkeit nach nicht gekommen.

Zivile Strafgefangene, die im Bereich der Sprengmittelbeseitigung eingesetzt worden waren, sollten nach ihrer Entlassung oder Begnadigung zur Luftwaffe eingezogen werden, um dort mit ihren angelernten Kenntnissen in Sprengkommandos eingesetzt zu werden.[882] Im Falle einer gnadenweise ausgesprochenen Straf-

878 Franz W. Seidler, Die Militärgerichtsbarkeit, S. 267 ff.

879 Vgl. Hans-Peter Klausch, Die Bewährungstruppe 500, S. 276 f.

880 Willi Perk, Befreiung, in: Damals in Sachsenhausen, S. 132.

881 Zum Folgenden vgl. Abschrift einer Besprechung v. 9. 10. 1942 von Dr. Crohne, BArch R 3001/25015, Bl. 74 ff.

882 Schreiben des Reichsministers der Luftfahrt betr. Beseitigung nicht detonierter feindlicher Abwurfmunition; hier: Gnadenerweise für eingesetzte Strafgefangene und Konzentrationslagerinsassen sowie deren Einberufung zur Luftwaffe v. 7. 8. 1944, ebenda R 3001/21227, Bl. 19.

aussetzung konnte die Einberufung auch dann vorgenommen werden, wenn es sich um einen wehrunwürdigen Zuchthausgefangenen handelte.

Befehlshaber einer Bewährungstruppe,
SS-General Oskar Dirlewanger.
Bundesarchiv Koblenz, Bild 183-S73495.

b Bewährungstruppe 500

Die Bewährungsbataillone für wehrmachtgerichtlich Verurteilte sowie für zivilgerichtlich verurteilte Wehrwürdige umfassten zunächst die Nummern 500, 540, 550, 560 und 561 und wurden im Verlauf des Krieges durch die Nummern 291, 292 und 491[883] erweitert;[884] die Bezeichnung umfasste teilweise auch den Zusatz „z. b. V." – „zur besonderen Verwendung".[885] Als Ausbildungs- und Nachschubeinheit fungierte das Ersatzbataillon 500, das in Fulda stationiert war. Die dortige Bevölkerung schätzte das Bataillon als Strafeinheit ein und verhielt sich gegenüber dessen Angehörigen ablehnend.[886] Ende 1942 wurde die Einheit nach Skierniewice in Polen verlegt.[887] Für einen Bewährungseinsatz im Rahmen der Bewährungsba-

883 Sowohl in der Terminologie der Wehrmacht als auch in der Wissenschaft ist indes die Bezeichnung „Bewährungsbataillone 500" gebräuchlich.

884 Wilhelm Wicziok schreibt in seinen Erinnerungen hingegen auch von einem Bewährungsbataillon mit der Nummer 501, vgl. Wilhelm Wicziok, Die Armee der Gerichteten, S. 26.

885 Vgl. Manfred Messerschmidt, Die Wehrmachtjustiz 1933–1945, S. 371.

886 Vgl. Wilhelm Wicziok, Die Armee der Gerichteten, S. 26.

887 Vgl. Franz W. Seidler, Die Militärgerichtsbarkeit, S. 69.

taillone kamen auch ausländische Wehrmachtangehörige in Betracht, die als Freiwillige in den deutschen Streitkräften dienten.[888] Der Einsatz in den Bewährungsbataillonen erfolgte als infanteristische Einheit unter „schwierigen Bedingungen als Kampftruppe".[889] Im Falle der Nichtbewährung sollte Rückversetzung in den Strafvollzug erfolgen.[890]

In einer vom Heer herausgegebenen Übersicht über die Vollzugs- und Bewährungseinrichtungen der Wehrmacht wurde die Zusammensetzung der Bewährungsmannschaften als vorwiegend aus ehemaligen Offizieren und Unteroffizieren bestehend erläutert.[891] Der als Unteroffizier in verschiedenen Bewährungsbataillonen eingesetzte Wilhelm Wicziok äußerte sich in seinen Erinnerungen über diese Einheit wie folgt: „Ein großer, wenn nicht sogar der überwiegende Teil, waren degradierte Offiziere und Unteroffiziere."[892] Eine Ursache könnte darin gelegen haben, dass es für verurteilte Vorgesetzte keine oder kaum eine Möglichkeit gab, innerhalb ihrer Truppe zur Bewährung eingesetzt zu werden, da ihre Untergebenen ihnen nur noch verminderten Respekt entgegengebracht hätten. Eine sonstige Bewährung kam für solche Wehrmachtangehörige mit Vorgesetztenstatus auch nur in Betracht, wenn sie zwar degradiert waren, aber nicht den untersten Rang innerhalb der Militärhierarchie einnahmen. Dass indes auch vormals hohe Offiziere bei der regulären Truppe eingesetzt wurden, gibt die Aussage des Zeitzeugen Herbert Spiekermann wieder: „Wir hatten dort [in der Einheit] einen Oberst oder Oberstleutnant, der war degradiert zum Obergefreiten. Allerdings durfte er alle seine Abzeichen tragen. Der hatte Deutsches Kreuz in Gold, Ritterkreuz, Verwundeten-Abzeichen. Dem konnten die Vorgesetzten auch nichts vormachen – bei den Auszeichnungen und dem früheren Rang."[893]

Die Bewährungsformation 500 diente ab 1943 auch der Aufnahme von Zivilisten, die von ordentlichen Gerichten zu einer Gefängnisstrafe verurteilt worden waren. Damit verlor die Truppe ihre ursprüngliche Aufgabe, nur für militärgerichtlich Verurteilte eine Bewährungsmöglichkeit zu schaffen. Ende 1942 wurde eine Anzahl von Angehörigen der Bewährungstruppe 999 zum Bewährungsbataillon 500 versetzt.[894] Es handelte sich um Verurteilte, die für den vorgesehenen

888 Vgl. Oberkommando der Kriegsmarine betr. Kriegsgerichtliche Verhandlung ausländischer Freiwilliger v. 6. 9. 1944, BArch-MA RM 31/3335, Bl. 59.

889 Merkblatt 2 des OKH, General z. b. V. beim OKH v. 24. 1. 1943, ebenda RH 13/61, Bl. 2 ff.

890 Ebenda.

891 Kurze Übersicht über Organisation und Aufgaben des Wehrmachtstrafvollzugs, der Bewährungstruppe sowie der Sondereinheiten des Heeres v. 16. 3. 1943, ebenda RH 14/33, Bl. 6 ff.

892 Wilhelm Wicziok, Die Armee der Gerichteten, S. 22.

893 Interview Herbert Spiekermann mit dem Verfasser vom 30. 10. 2002.

894 Zum Folgenden vgl. OKH/Chef Heeresrüstung und Befehlshaber des Ersatzheeres v. 27. 11. 1942, BArch R 3001/25015, Bl. 97 f.

Einsatz der Truppe in Afrika körperlich nicht tauglich waren. Für sie galten die Bestimmungen, die für die Bewährungstruppe 500 erlassen worden waren. Kam ein Einsatz nicht in Betracht, weil sich der Betreffende als wehrdienstuntauglich herausstellte, dann sollte er über das Ersatzbataillon 500 zurück in den Strafvollzug entlassen werden. Ein Teil dieser 999er-Soldaten wurde später wieder zur Bewährungstruppe 999 zurückgeschickt, die Verbliebenen zum größten Teil in einer 500er-Baueinheit organisiert.[895] Damit fand eine weitere Vermischung der ursprünglich nur für wehrmachtgerichtlich Verurteilte geplanten 500er-Formation mit zivilgerichtlich Verurteilten statt. Die Bautruppe wurde im Spätsommer 1943 der Bewährungstruppe 999 unterstellt.[896] Später wurden noch wehrmachtgerichtlich Verurteilte, die körperlich nicht für einen Fronteinsatz in Frage kamen, eingegliedert.[897] Anfang 1945 wurden einmalig einige Hundert Bewährungsschützen der 999-Formationen der Bewährungstruppe 500 überstellt.[898] Dies hatte seinen Grund in der Auflösung der Ausbildungs- und Ersatzeinheit 999 im September 1944.

In der Bewährungstruppe eingesetzte ehemalige Offiziere konnten nach frühestens vier Monaten zum Gefreiten und nach weiteren fünf Monaten zum Unteroffizier befördert werden.[899] Nach einem weiteren Jahr konnten sie den Dienstgrad eines Feldwebels erreichen. Die Erlangung eines Offiziersranges war nur möglich, wenn der Betreffende zu einer regulären Truppe versetzt wurde, wo er jedoch weiterhin unter Bewährung stand. War der Offizier auch wehrunwürdig, so musste zunächst die Wehrwürdigkeit wiederverliehen werden.

Durch den Erlass vom 26. Januar 1942 konnte sogar Tilgung im Strafregister veranlasst werden, wo auch wehrmachtgerichtliche Verurteilungen vermerkt wurden. Die Befugnis zur Tilgung war allein der Justizverwaltung übertragen.[900] Richtete sich der Antrag der Wehrmacht auf Tilgung einer Strafe aus dem Register, so wurde die endgültige Entscheidung in Zusammenarbeit von Reichsjustizministerium und OKW gefällt. Ab Sommer 1944 konnten Bewährungsschützen, die sich

895 Hans-Peter Klausch, Die Bewährungstruppe 500, S. 73 f.; auch Horst Voigt, „Strafbataillon 999“, in: Alte Kameraden (1991) 9/10, S. 7.

896 Vgl. Hans-Peter Klausch, Die Bewährungstruppe 500, S. 74.

897 Horst Voigt, „Strafbataillon 999“, in: Alte Kameraden (1991) 9/10, S. 7; Richtlinien des OKW/Wehrmachtrechtsabteilung für die Vollstreckung von Freiheitsstrafen in der Wehrmacht v. 1. 2. 1945, BArch R 3001/21262, Bl. 176 ff.; außerdem OKH/General z. b. V., Merkblatt über Vollzugseinrichtungen und Bewährungstruppen v. 4. 9. 1944, BArch–MA RH 13/62, Bl. 1 ff.

898 Vgl. Hans-Peter Klausch, Die Bewährungstruppe 500, S. 277.

899 Zum Folgenden vgl. Heeres-Mitteilungen 1942 Nr. 515 betr. Wiederbeförderung ehemaliger Offiziere, BArch–MA RH 15/186, Bl. 185 f.

900 Zum Folgenden vgl. Vermerk in den Akten des Reichsjustizministeriums, BArch R 3001/25029, Bl. 14 f.

nicht bewährt hatten und daher zurück in den Wehrmachtstrafvollzug überwiesen werden sollten, nur noch an Feld-Strafgefangenenabteilungen übergeben werden.[901] Wurde die Nichtbewährung als schweres soldatisches Versagen eingestuft, war der Betreffende einem Feldstraflager zu überstellen. Angehörige der Bewährungsbataillone, die als Wehrunwürdige zur Truppe versetzt worden waren, konnten, wenn sie als nicht „erziehbar“ eingestuft und bereits disziplinarisch bestraft worden waren, an die Polizei übergeben werden.[902]

c Bewährungstruppe 999

Die Bewährungsbataillone 999 besaßen als personellen Rahmen eine Stammtruppe, die aus Nichtbestraften bestand und Vorgesetzte und Vertrauensstellen umfasste.[903] Etwa ein Drittel der Gesamtstärke der Bewährungstruppe bestand aus dem Stammpersonal. Klausch geht davon aus, dass etwa 90 % der dort eingesetzten Offiziere überzeugte Nationalsozialisten oder zumindest loyale und begeisterte Soldaten waren.[904]

Die ersten Bewährungsschützen wurden ab dem 15. Oktober 1942 für die Bewährungstruppe 999 eingezogen.[905] Zur Überstellung von Zuchthausgefangenen, die direkt aus dem Strafvollzug in die Bewährungstruppe einrückten, äußerte sich ein Bewährungsschütze: „Ihre Ankunft [erregte] großes Aufsehen. Diese Rekruten-Anwärter wurden in ihrer schwarzen Anstaltskleidung mit den gelben Hosenbiesen und mit kahlgeschorenem Kopf auf dem Heuberg eingeliefert. Die Ärmel waren mit eingenähten gelben Armstreifen ‚verziert‘. Einige dieser Anwärter waren sogar mit Handschellen gefesselt.“[906] Zur Ausbildung der Bewährungsschützen wurden auch Teile des Stammpersonals der 500er-Bataillone abkommandiert. Über seine Erfahrungen berichtete ein ehemaliger Ausbilder: „Es waren wohl vierzehn Tage [nach der Kommandierung] vergangen, als ein

901 5. Verordnung zur Durchführung des Erlasses des Führers und Obersten Befehlshabers der Wehrmacht über die Aufstellung einer Bewährungstruppe v. 18. 7. 1944; hier zit. in: Oberkommando der Kriegsmarine betreffend Bewährungstruppe v. 9. 8. 1944, BArch-MA RM 31/3338, Bl. 22 ff.

902 Merkblatt über Vollzugseinrichtungen und Bewährungstruppen des OKH/General z. b. V. v. 4. 9. 1944, ebenda RW 13/62, Bl. 1 ff.

903 Vgl. Hans-Peter Klausch, Die Geschichte der Bewährungsbataillone 999, S. 86; Hans Burkhardt/Günter Erxleben/Kurt Nettball, Die mit dem blauen Schein, S. 20.

904 Vgl. Hans-Peter Klausch, Die Geschichte der Bewährungsbataillone 999, S. 133; vgl. dazu auch Niederschrift in amerikanischer Kriegsgefangenschaft vom Dezember 1944, BArch-MA RH 26-999/10.

905 OKW-Verordnung betr. Aufstellung der verst. Afrika Brigade 999 aus ehem. Wehrunwürdigen v. 2. 10. 1942, BArch R 3001/25015, Bl. 64 f.

906 Bericht von Hans Burkhardt, in: Hans Burkhardt/Günter Erxleben/Kurt Nettball, Die mit dem blauen Schein, S. 43.

paar nicht gut aussehende Zivilpersonen ratlos auf uns zukamen. Jeder einzelne ein Häuflein Elend. Sie gehörten zum neu aufgestellten Bewährungsbataillon 999.“[907]

Über den Charakter der Bewährungstruppe herrschte trotz etlicher Verfügungen und Runderlasse in der Justizverwaltung und den Strafvollzugseinrichtungen Unklarheit. So wandten sich verschiedene Staatsanwaltschaften an den Kriegsrichter der Afrika-Brigade 999 mit der Bitte um Übernahme des Strafvollzuges einzelner Verurteilter.[908] Der Justizminister informierte daraufhin erneut alle betreffenden Stellen, dass der Vollzug während des Dienstes in der Bewährungstruppe ausgesetzt sei und nicht fortgesetzt werde.[909] In der Praxis wurden wiederholt nicht für die Bewährungstruppe vorgesehene Verurteilte zur Ersatzdienststelle der 999er-Truppe in Marsch gesetzt. Selbst als absolut nicht geeignet Eingestufte, da wegen Landesverrat Verurteilte, waren unter den Betreffenden.[910]

Der Sinn, zivilgerichtlich verurteilte Wehrunwürdige geschlossen in der Bewährungstruppe 999 einzusetzen, lag vornehmlich in der besseren Überwachung der Soldaten.[911] Dementsprechend schliefen in den Ausbildungsstandorten Soldaten des Stammpersonals zusammen mit den Bewährungsschützen auf den Stuben.[912] Klausch geht davon aus, dass unter den kriminellen Bewährungssoldaten gezielt Spitzel angeworben wurden, um insbesondere die wegen politischer Delikte bestraften Bewährungsmänner auszuhorchen.[913]

Bei disziplinären Verstößen von Bewährungsschützen konnte der Betreffende, wenn er „unbelehrbar und unerziehbar“ war, aus dem Wehrdienst entlassen und der Polizei übergeben werden, sofern er seine Strafe bereits voll verbüßt hatte. Er konnte jedoch auch zur OT zur Heranziehung besonders schwerer Arbeiten über-

907 Wilhelm Wicziok, Die Armee der Gerichteten, S. 37.

908 OKW/Wehrmachtrechtsabteilung an das Reichsjustizministerium v. 15. 2. 1943, BArch R 3001/25015, Bl. 125.

909 Reichsjustizminister an den Oberreichsanwalt und die Generalstaatsanwälte betr. Aussetzung der Strafvollstreckung bei zivilgerichtlich Verurteilten zum Zwecke der Bewährung vor dem Feinde v. 25. 2. 1943, ebenda, Bl. 127.

910 OKW/Wehrersatzamt Abt. E. v. 15. 12. 1943 betr. Einberufung von zivilgerichtlich verurteilten Wehrunwürdigen zum Wehrdienst, ebenda, Bl. 152 f.

911 Vgl. Hans-Peter Klausch, „Wehrunwürdige“, in: Fietje Ausländer (Hrsg.), Verräter oder Vorbilder?, S. 157, 161; vgl. auch OKW/Wehrmachtrechtsabteilung betr. Behandlung der Wehrunwürdigen im Kriege. Wiederverleihung der Wehrwürdigkeit v. 14. 4. 1943, BArch R 3001/25015, Bl. 129.

912 Vgl. Hans-Peter Klausch, Die Geschichte der Bewährungsbataillone 999, S. 213.

913 Ebenda, S. 214; vgl. auch Hans Burkhardt/Günter Erxleben/Kurt Nettball, Die mit dem blauen Schein, S. 49 f.; Niederschrift in amerikanischer Kriegsgefangenschaft vom Dezember 1944, BArch–MA RH 26–999/10.

stellt werden.[914] Im Sommer 1944 wurde ein großer Teil von Bewährungsmännern ohne Strafrest, die nicht für einen OT-Einsatz verwendet werden konnten, der Staatspolizei übergeben, die sie für Zwangsarbeiten in Konzentrationslagern heranzog.[915] Für die wehrmachtgerichtliche Verurteilung von Bewährungsschützen galt, dass die Todesstrafe im Beisein von als „schwer erziehbar" geltenden Bewährungsschützen zu vollstrecken war.[916] Eine Verurteilung zu einer Zuchthausstrafe sollte grundsätzlich die Nichteinrechnung der Vollzugszeit zur Folge haben, solange der Krieg andauerte. Bei sonstigen Freiheitsstrafen, die länger als sechs Wochen und aus Gründen der „Manneszucht" sofort zu vollstrecken waren, hatte der Betreffende aus dem Wehrdienst entlassen zu werden. Er sollte zur Strafvollstreckung den Behörden des Justizministeriums übergeben werden; außerdem wurde er sofort wehrunwürdig und hatte anschließend – wenn vorhanden – seinen Strafrest ebenfalls sofort zu verbüßen.

Die Vorgesetzten hatten erstmals nach einem längeren Fronteinsatz, wobei ein zeitlicher Maßstab von sechs Monaten als normal galt, zu prüfen, ob die Voraussetzungen des „Führer-Erlasses über Gnadenmaßnahmen bei hervorragender Bewährung" gegeben waren.[917] Dabei hatte der Dienstvorgesetzte den Gerichtsoffizier des Regiments und den Kriegsrichter der Brigade einvernehmlich zu Rate zu ziehen. Kam eine dauerhafte Wiederverleihung der Wehrwürdigkeit in Betracht, so konnte der Soldat zu einem anderen – regulären –Truppenteil versetzt werden.

Möglicherweise wurden auch wehrmachtgerichtlich verurteilte Wehrunwürdige zu den 999er-Formationen eingezogen. Ein Vermerk der Ersatz-Brigade 999 vom März 1944 stellte hinsichtlich ehemaliger Wehrmachtangehöriger, die zu einer Zuchthausstrafe verurteilt worden waren, fest: „Es kommen nur solche Leute in Frage, die von den Gerichtsherrn oder den Oberkommandos der Wehrmachtteile für eine Einstellung in Wehrunwürdigeneinheiten ausgewählt sind."[918] Die militärische Verfügung geht nicht weiter auf diese Personengruppe ein. Indes weist auch der Wortlaut „Wehrunwürdigeneinheit" darauf hin, dass es sich nicht um eine Verwechslung handeln kann, denn die Bewährungstruppe 500 war keine Einheit, die nur aus Wehrunwürdigen bestand.

914 Hinweise zu den besonderen Bestimmungen über die rechtliche und dienstliche Stellung der bedingt Wehrwürdigen in den Bewährungstruppen, OKW Befehl Nr. 2005/44 v. 28. 1. 1944, BArch–MA RH 54/195.

915 Schreiben des Amtes Bau/Organisation Todt an das Arbeitsamt Jägerndorf v. 3. 10. 1944, BArch R 3001/21239, Bl. 193.

916 Zum Folgenden vgl. OKH/Chef der Heeresrüstung und Befehlshaber des Ersatzheeres betr. Besondere Bestimmungen über die rechtliche und dienstliche Stellung der zur Afrika-Brigade 999 einberufenen Wehrunwürdigen v. 30. 10. 1942, ebenda R 3001/25015, Bl. 89 ff.

917 Zum Folgenden vgl. ebenda.

918 Ersatz-Brigade 999 betr. Rechtliche und dienstliche Stellung der bedingt Wehrwürdigen in der Bewährungstruppe v. 23. 3. 1944, BArch–MA RH 54/195.

Die Wehrmacht wandte gegenüber den Bewährungssoldaten die für reguläre Soldaten geltenden Richtlinien bezüglich der körperlichen Eignung für Kampfeinsätze nur lückenhaft an. Für den geplanten Afrika-Einsatz der Truppe sollten die Vorschriften für die Tropendiensttauglichkeit nur eine sinngemäße Anwendung finden und weit ausgelegt werden.[919] Nach Angaben eines unbekannten Autors, der in amerikanischer Kriegsgefangenschaft einen Bericht für die US-Army verfasste, waren viele Bewährungsschützen in einem schlechten gesundheitlichen Zustand und wären unter normalen Umständen als untauglich aus dem Wehrdienst entlassen worden.[920]

Zivilgerichtlich verurteilte Bewährungsschützen, die sich nicht für einen Einsatz in Afrika eigneten und selbst gemäß den großzügig auszulegenden Richtlinien über die Tropenfähigkeit nicht für die Afrika-Brigade in Frage kamen, sollten, wenn sie ansonsten diensttauglich waren, zum Ersatz-Bataillon 500 kommandiert werden.[921] Fortan galten für sie die Bestimmungen der Bewährungstruppe 500. Kam eine dortige Verwendung nicht in Betracht, so bestimmte der Gerichtsherr der Bewährungstruppe über die weitere Verwendung gemäß der 2. Durchführungsverordnung vom 15. Oktober 1941 zum „Führererlass" über die Bewährungstruppe. Auch eine Dienstentlassung hatte über die Bewährungstruppe 500 zu erfolgen.

Über die Ausbildung und den Einsatz der Bewährungstruppe in Afrika berichtete der wegen Vorbereitung zum Hochverrat zu mehreren Jahren Zuchthaus verurteilte Erwin Schulz in einem Interview: „Dann, im Jahr 1942, wurde ich ein weiteres Mal gemustert. Bei dieser Musterung wurde der ‚Blaue Schein' eingezogen. Plötzlich galt ich als wehrwürdig. Im Herbst kam der [Ge-]Stellungsbefehl. Ich wurde zur Bewährungstruppe 999 geschickt. Es war eine harte Zeit. Ausgang gab es für uns nicht. Ich kam mit mehreren Leuten auf eine Stube. Natürlich musste ich auch hier aufpassen und äußerte mich stets nur in allgemeiner Hinsicht. Aber viel zum Reden kam man auch nicht, denn man war abends froh, wenn man sich ins Bett legen und die Augen zumachen konnte.

In den Augen der Vorgesetzten waren wir alle nichts weiter als ehemalige Strafgefangene. Noch in der Ausbildung zeigte ein brutales Erlebnis, wie es um uns Bewährungssoldaten stand. In meiner Stube war ein Bibelforscher, der bereits einmal den Waffendienst abgelehnt hatte. In der Kaserne verweigerte er erneut. Noch in der gleichen Nacht wurde er aus der Stube geschleppt, zum Tode verurteilt und am nächsten Tag am Marterpfahl ermordet. Wir mussten dabei zusehen. Kann

919 Richtlinien für die Untersuchung auf Tropendienstfähigkeit für die Mannschaften der verstärkten Afrika-Brigade 999, Anlage 1 v. 2. 10. 1942, BArch R 3001/25015, Bl. 66.

920 Niederschrift in amerikanischer Kriegsgefangenschaft vom Dezember 1944, BArch–MA RH 26–999/10.

921 OKH/Chef Heeresrüstung und Befehlshaber des Ersatzheeres v. 27. 11. 1942, BArch R 3001/25015, Bl. 97 f.

man sich das vorstellen? Kann man sich vorstellen, wie so etwas auf einen Menschen wirkt? Einer unserer Offiziere giftete uns später an, es würde uns genauso ergehen, wenn wir nicht parierten. Hinter der schnellen Verurteilung und Vollstreckung steckte wieder das Prinzip der Einschüchterung. Man muss dabei bedenken, dass wir schließlich auch alsbald an die Front gehen sollten, entsprechend ließ man keine Zeit verstreichen. Später musste ich zwei weiteren Hinrichtungen beiwohnen, aber diese Männer kannte ich nicht, und ich weiß nicht mehr, warum sie sterben mussten.

Während der Ausbildung wurden wir ziemlich geschliffen. Es mag sein, dass man uns als ehemalige Wehrunwürdige auch härter rannahm, als es bei anderen Einheiten der Fall gewesen wäre. Ich gehe davon aus, dass hinter der ganzen Sache sowieso der Gedanke stand, dass es völlig egal wäre, ob wir alle fallen würden. Von uns brauchte keiner zu überleben. Auch der Einsatz in Afrika passte dazu: Mit unseren Waffen konnte man uns gut vorne einsetzen, dann hatten wir vor uns den Feind und hinter uns die Rommel-Armee. [...]

Mit einer JU-52 ging es dann in geringer Flughöhe nach Tunesien. Mit viel Glück haben wir es sicher geschafft. Viele andere haben es nicht überlebt. Sie wurden von englischen Jägern abgeschossen und ertranken elendig. Als wir gelandet waren und die Maschinen verließen, sahen wir in die erstaunten Gesichter einiger Offiziere und Unteroffiziere, die in die Maschine stiegen, um zurückgebracht zu werden. Es wurden Stimmen laut wie: ‚Was wollt ihr denn noch hier?', ‚Hier ist es doch aus!' Nun, die sind schnell hinein in das Flugzeug, und dann ging es ab auf das europäische Festland. Es war Ende März/Anfang April 1943, und es zeigten sich schon deutlich die Auflösungserscheinungen der Afrika-Armee – es ging ja auch nur noch vier Wochen.

Zu der weiteren Bedienung [des Granatwerfers – an dieser Waffe wurde Erwin Schulz eingesetzt] gehörten noch vier oder fünf Mann. Es waren alles Politische. Man sprach zwar nicht offen über seine Einstellung, aber im Laufe von Wochen erfährt man Dinge, die man deuten kann. Hinzu kam auch, dass man an einer solchen Waffe auch Leute brauchte, die mitdenken konnten. Einen von den Leuten erkannte ich als SAP-Angehörigen aus Köpenick.

Unser direkter Vorgesetzter war ein Feldwebel. Er war ein eingefleischter Nazi und ehemaliger Schüler einer Ordensburg. Eines Tages erwischte er mich mit offener Pistolentasche. Sofort stellte er mich zur Rede. Bei solchen Sachen musste man schnell reagieren. Ich antwortete, wir seien schließlich in Feindesland, da müsse die Pistole griffbereit sein. Er ließ sich die Pistole zeigen und stellte fest, dass sie geladen und entsichert war. Wieder fragte er mich darüber aus, und ich antwortete ihm auf die gleiche Weise wie vorher. Er ließ mich ziehen, aber ich denke, dass er sich auch so seine Gedanken darüber machte, was passieren würde, wenn es einmal hart auf hart gehen würde. Wer weiß, wer dann schneller zur Waffe griff. Ich jedenfalls hatte nicht die Absicht, mich in Afrika über den Haufen schießen zu lassen. Ich war fest entschlossen überzulaufen. Meinen Entschluss zur Fahnenflucht fasste ich allein. Überhaupt war es eine Angelegenheit, über die man mit niemandem sprach. So etwas musste sich später in konkreten Situationen ergeben.

Schließlich kamen wir zum Fronteinsatz. Prinzipiell ist ein Granatwerfer eine Waffe, mit der man aus einer Deckung schießt, um ein bestimmtes Ziel zu zerstören. Uns aber platzierte man auf einem Plateau, das im Falle eines Kampfes von den Amerikanern eingesehen werden konnte. Vom Militärischen aus gesehen, war es Wahnsinn, passte aber zu den Zielsetzungen, die man mit dieser Einheit verband. Im Moment konnten wir aber nichts machen, denn auf eine Diskussion konnte man sich nicht einlassen. Als Richtschütze war ich allerdings für die anderen auch mitverantwortlich. Also ließ ich den Werfer in der Nähe einer natürlichen Deckung aufbauen. Auch mit den anderen Schützen wurde eine verhältnismäßig günstige Lage vereinbart. Nachdem wir eine Granate verschossen hatten, sprangen wir in Deckung. Es passierte schließlich genau das, was jeder vorhersehen konnte. Die Amerikaner nahmen uns unter Feuer. Der Granatwerfer wurde völlig zusammengeschossen. Wären wir an Ort und Stelle stehen geblieben, wir wären nicht lediglich erschossen worden, wir hätten uns in tausend Teile aufgelöst. Unser Feldwebel war übrigens auf einmal verschwunden, der wollte wohl noch weg.

Nun, wo wir unter uns waren, sprachen wir darüber, was nun geschehen sollte. Ich war dafür abzuhauen, immerhin war auch völlig klar, dass die Sache in Afrika dem Ende entgegenging. Mit dem Köpenicker, Otto Linke, war ich mir schnell einig. Die anderen hatten Bedenken. Einige brachten hervor, dass es Repressalien gegen die Angehörigen geben könnte, wenn die Fahnenflucht bekannt würde. Ich weiß noch, wie ich sagte: ‚Ist doch alles Quatsch hier. Ist doch bald zu Ende.' Die Bedenken blieben trotzdem und so gingen Otto und ich alleine in Richtung Front. Unterwegs trafen wir noch einen Offizier, der nach hinten wollte und einen Verband um den Fuß hatte. Wir sagten ihm, dass wir in Kürze nachkämen. Er entfernte sich, und wir gingen weiter nach vorne. Es war der 30. April 1943. Ich sagte zu Otto: ‚Morgen ist der 1. Mai. Da geh ich nicht in Gefangenschaft. Ick will ma am 1. Mai freihaben.' So ergaben wir uns am 2. Mai 1943 marokkanischen Soldaten der De Gaulle-Armee.“[922]

Nachdem die deutsche Wehrmacht im Mai 1943 in Afrika kapituliert hatte, wurden die verbliebenen und neu ausgehobenen Bewährungsschützen vornehmlich in Griechenland und der Sowjetunion eingesetzt. Im Laufe des Jahres 1943 wurden zu den in Griechenland stationierten 999er-Bataillonen auch ehemalige deutsche Fremdenlegionäre versetzt.[923] Aus im August 1943 von der Bewährungstruppe 500 überstellten Bausoldaten wurden zwei Stellungs-Bau-Pionier-Bataillone

922 Interview Erwin Schulz mit dem Verfasser v. 25. 2. 2007.

923 Vgl. Horst Voigt, „Strafbataillon 999“, in: Alte Kameraden (1991) 7, S. 13.

999 gebildet. Diese Einheiten dienten auch weiterhin der Aufnahme vom kampfuntauglichen verurteilten Wehrmachtangehörigen.[924] Diese Bataillone bestanden aus insgesamt acht Kompanien, von denen die 1. und 2. Kompanie für wehrwürdige Bewährungsschützen eingerichtet waren.

Im Merkblatt über die Vollzugseinrichtungen und Bewährungstruppen der Wehrmacht vom September 1944 wurden die Bewährungsbataillone 999 als Formationen aufgeführt, in denen Wehrunwürdige zusammengefasst waren, die von „zivilen Gerichten und Wehrmachtgerichten zu Zuchthaus, [...] Aberkennung der bürgerlichen Ehrenrechte oder Verlust der Wehrwürdigkeit" verurteilt worden waren.[925] „Nicht zu den Einheiten 999, sondern zur Bewährungstruppe 500 sollen alle zu Zuchthaus Verurteilten versetzt werden, bei denen die Voraussetzungen zur Einstellung bei dieser Truppe gegeben sind." Damit waren zunächst verurteilte Soldaten vom Dienst bei den 999ern ausgeschlossen. Für den Einsatz bei der Bewährungstruppe 500 kamen indes keine Bestraften in Frage, die nicht die geistigen und körperlichen Voraussetzungen für den Dienst in einem Infanterie-Bataillon erfüllten. Demnach waren der 999er-Formation diejenigen verurteilten Wehrmachtangehörigen einzugliedern, die nicht für ein Bewährungsbataillon 500 in Betracht zu ziehen waren. In dieser Hinsicht hatte die Bewährungstruppe 500 scheinbar eine höhere Geltung als die 999er-Bataillone.

Ab Mitte 1943 fand mithin eine Lockerung des ursprünglichen abgrenzenden Charakters der 999er-Truppe gegenüber den Bewährungsbataillonen 500 durch Überstellung von Bausoldaten statt. Seit September 1944 wurde die Unterscheidung weiter aufgehoben, indem auch wehrwürdige Verurteilte zum Bewährungsverband 999 stießen.

5. Gnadenrecht

a Wehrmacht

Seit Kriegsbeginn war der Wehrmachtstrafvollzug in stärker werdendem Maße darauf ausgerichtet, Strafgefangene für die Frontbewährung zur Verfügung zu stellen. Die Bewährung wiederum sollte durch die Möglichkeit von Gnadenerlassen Anreize zur Erbringung militärischer Leistungen bereiten. Gnadenangelegenheiten waren damit ein zentraler Bestandteil des gesamten Vollzugs- und Bewährungssystems. Eine Gnadensache bedeutete „Erlaß, Milderung oder Aussetzung von Strafen".[926] In der Vorkriegszeit fiel Reichspräsident von Hindenburg dabei zunächst das Gnaden-

924 Vgl. Merkblatt über Vollzugseinrichtungen und Bewährungstruppen des OKH/General z. b. V. v. 4. 9. 1944, BArch-MA RW 13/62, Bl. 1 ff.

925 Vgl. ebenda.

926 Scherer, Das Gnadenrecht der Wehrmacht, in: ZfW 3 (1938/39), S. 266, 268.

recht gegenüber Angehörigen der Reichswehr zu, Hitler übte es für den Bereich des Landes Preußen aus.[927] Ab 1935 behielt sich Hitler das Gnadenrecht bei Todesurteilen sowie bei Verurteilungen wegen Hoch- und Landesverrats vor, ebenso bei Urteilen gegen Wehrmachtangehörige wegen mehr als sechsmonatigen Freiheitsstrafen. Die weiteren Gnadenangelegenheiten lagen in erster Linie beim Reichsjustiz- und beim Reichswehrminister.[928] Gnadenentscheidungen beruhten in erster Linie auf der im Februar 1935 vom Reichsjustizminister erlassenen Gnadenordnung.[929]

1938 wurde eine Gnadenordnung für die Wehrmacht (WGnO) erlassen.[930] Sie regelte das Gnadenverfahren für alle den Wehrmachtgerichten zufallenden Strafsachen sowie diejenigen Verfahren, die an die allgemeinen Gerichte abgegeben worden waren. Demnach lag das Gnadenrecht bei Hitler in allen Fällen von Landes- und Hochverrat, wenn das Urteil auf Tod oder eine mehr als sechsmonatige Freiheitsstrafe lautete oder wenn es sich um Urteile gegen Offiziere im Generalsrang handelte. In allen anderen Fällen hatten die Oberbefehlshaber der Teilstreitkräfte das Gnadenrecht inne. Die Begnadigung konnte auch mit einer Bewährungsfrist gekoppelt werden, während der sich der Begnadigte wohl zu verhalten hatte. Erfüllte der Betreffende die Bedingungen der Wohlverhaltensperiode nicht, konnte der Gnadenentscheid widerrufen werden.

Das Gnadenrecht für Verurteilte nach dem Militärverfahren im Kriege regelte neben den Bestimmungen der WGnO auch die KStVO. Demnach konnten Haupt- und Nebenstrafen ganz oder teilweise erlassen, umgewandelt, ausgesetzt oder unterbrochen werden. Nach § 113 KStVO beseitigte der Gnadenentscheid in erster Linie zukünftige Rechtsnachteile, während die Rückgängigmachung bereits eingetretener Rechtswirkungen nur durch besonderen Einzelentscheid in Betracht kam. Durch die KStVO wurde das Gnadenrecht Hitlers bei Todesurteilen auf diejenigen Fälle reduziert, die sich gegen Offiziere richteten. Dafür behielt er sich die Gnadenkompetenz bei Entscheidungen des RKG vor. Den Befehlshabern der Teilstreitkräfte stand die Möglichkeit offen, das Gnadenrecht in solchen Fällen an ihnen unterstellte Kommandeure zu delegieren, in denen es um Freiheitsstrafen ging. Die WGnO sowie die entsprechenden Bestimmungen der KStVO wurden noch ergänzt durch die Gnadenordnung für das Heer im Krieg und bei besonderem Einsatz, die ab dem Zeitpunkt der Mobilmachung galt.[931] Sie regelte ergän-

927 Vgl. Erlass über die Ausübung des auf den Reichspräsidenten übergegangenen Begnadigungsrechts der Länder v. 3. 2. 1934, RGBl. 1934 I, S. 82.

928 Vgl. Erlass des Führers und Reichskanzlers über die Ausübung des Gnadenrechts v. 1. 2. 1935, RGBl. 1935 I, S. 74.

929 Vgl. O. von Hinüber, Strafrecht, S. 89.

930 Zum Folgenden vgl. Gnadenordnung für die Wehrmacht v. 1. 7. 1938, BArch-MA RWD 7/12.

931 Gnadenordnung für das Heer im Krieg und bei besonderem Einsatz, ebenda RH 53-6/76, Bl. 103 ff.; vgl. auch Verfügung des OKH v. 25. 8. 1939, ebenda, Bl. 102.

zend Zuständigkeiten bei Durchführung und Vorbereitung von Gnadenverfahren. War die Vollstreckung einer durch ein Wehrmachtgericht verhängten Strafe auf die Justizverwaltung übergegangen, so verblieb das Gnadenrecht bei der Wehrmacht, die Strafvollstreckungsbehörde hatte jedoch eine Stellungnahme zu einem entsprechenden Gesuch abzugeben.

Dem Gnadenverfahren musste gewöhnlich ein – formfreier – Antrag vorangehen. Bei Todesstrafen hingegen wurde das Verfahren von Amts wegen eingeleitet.[932] Zur Vorbereitung von Gnadenentscheidungen war eine Stellungnahme des Vorgesetzten oder des Anstaltsleiters vorgesehen. In den Bewährungstruppen oblag die Überprüfung einzelner Bewährungsschützen hinsichtlich der Erfüllung der Voraussetzungen für einen Gnadenerweis den Disziplinarvorgesetzten, die mit dem zuständigen Gerichtsoffizier zu einem einvernehmlichen Ergebnis kommen sollten.[933] Vor Wiederverleihung der Wehrwürdigkeit an Verurteilte, die wegen staatsfeindlicher Betätigung bestraft waren, hatte die für den Heimatort des Betreffenden zuständige Dienststelle der Sicherheitspolizei um eine Stellungnahme ersucht zu werden.[934]

Lag die Strafvollstreckung in den Händen der zivilen Justiz, dann hatte die entsprechende Vollstreckungsbehörde Stellung zu beziehen; dies sollte vornehmlich durch den Anstaltsleiter vorgenommen werden.[935] Zentral war jedoch die Stellungnahme des Gerichtsherrn. Bei Todesurteilen sollte die Vollstreckung daher so lange ausgesetzt werden, bis der Gerichtsherr entschieden hatte.[936] Weiter gab es eine bedingte Bewährung. Wurde sie ausgesprochen, hatte sich der Betreffende in der Bewährungszeit besonders wohl zu verhalten. Nach Ablauf der Bewährungszeit entschied der Gerichtsherr über den endgültigen Ausspruch der Begnadigung oder den Vollzug der Strafe.[937]

Mit Kriegsbeginn wurden durch eine umfassende Amnestie für Wehrmachtangehörige leichte Strafen, wie Arrest und Gefängnis bis zu sechs Monaten, erlassen.[938] Ausgenommen davon waren Verurteilte, die eine Strafe wegen Fahnenflucht verbüßten, und diejenigen, die eine ungenügende Haltung während der Haftzeit gezeigt hatten. Weiterhin sah der Gnadenerlass vor, dass bei Personen, denen kein

932 Scherer, Das Gnadenrecht der Wehrmacht, in: ZfW 3 (1938/39), S. 266, 269.

933 Vgl. Besondere Bestimmungen über die rechtliche und dienstliche Stellung der bedingt Wehrwürdigen in den Bewährungstruppen des OKW v. 28. 1. 1944, BArch-MA RH 54/195.

934 Übersicht OKH/Chef Heeresrüstung und Befehlshaber des Ersatzheeres v. 10. 8. 1943, ebenda RH 36/324, Bl. 100 ff.

935 Scherer, Das Gnadenrecht der Wehrmacht, in: ZfW 3 (1938/39), S. 266, 270.

936 Ebenda, S. 266, 271.

937 Ebenda, S. 266, 272.

938 Gnadenerlass des Führers und Reichskanzlers für die Wehrmacht v. 1. 9. 1939, RGBl. 1939 I, S. 1549.

Straferlass zukam, die Strafe auszusetzen sei. Der Gnadenerlass war nur auf Angehörige der Wehrmacht anwendbar, nicht auf das Wehrmachtgefolge.[939] Diese Gnadenmaßnahme war bereits ein Jahr zuvor seitens der Heeresrechtsabteilung in Aussicht gestellt und geplant worden.[940] Nach Abschluss des Feldzuges gegen Polen erging auf Weisung Hitlers ein Gnadenerlass, der sich auf durch Deutsche begangene Straftaten bezog, die zwischen dem 1. September und dem 4. Oktober 1939 auf polnischem Territorium als Reaktion auf die „von den Polen verübten Greuel" begangen worden waren.[941] Demnach sollten Straftaten nicht verfolgt, laufende Verfahren eingestellt und erkannte Strafen erlassen werden. Welche Straftaten nicht unter den Erlass fielen, bestimmte sich lediglich dadurch, ob der Täter aus Eigennutz oder Eigensucht gehandelt hatte.[942] Ausdrücklich sollten demnach Diebstähle, Plünderungen und Vergewaltigungen nicht von dem Gnadenerlass berührt sein. Dementsprechend waren in erster Linie Rohheitsdelikte gegen Leben und Gesundheit vom Gnadenerlass umfasst.

Die Gnadenzuständigkeit der Wehrmacht war auch dann gegeben, wenn der Betreffende zwar vor einem zivilen Gericht verurteilt wurde, zum Zeitpunkt der Urteilsverkündung aber der Wehrmachtgerichtsbarkeit unterstand. Daher waren Gnadengesuche auch dann Wehrmachtangelegenheit, wenn die Angeschuldigten nach §§ 2a, 3 Abs. 2, 18 KStVO an die zivilen Gerichte abgegeben worden waren.[943] Die Gesuche der Verurteilten waren über die Justizbehörden an die Wehrmacht weiterzuleiten. Die Zuständigkeiten waren für viele Dienststellen derart undurchsichtig, dass es wiederholt vorkam, dass Gnadengesuche für im zivilen Vollzug befindliche Wehrmachtangehörige an die Staatsanwaltschaft anstatt an den Gerichtsherrn gesandt wurden.[944]Ab November 1942 fiel die Gnadenzuständigkeit bei abgegebenen Verfahren nach §§ 2a, 3 Abs. 2 KStVO den Justizbehörden zu.

Mit Erlass Hitlers vom 26. Januar 1942 über Gnadenmaßnahmen bei hervorragender Bewährung während des Krieges konnte Angehörigen der Wehrmacht jegliche Strafe getilgt werden. Der jeweilige Vorgesetzte hatte festzustellen, dass der Betreffende „sich durch hervorragenden Mut und beispielhaften Einsatz vor

939 RG v. 21. 4. 1941 3 D 29/41.

940 Schreiben der Heeresrechtsabteilung an die Oberstkriegsgerichtsräte betr. Gnadenerlass aus Anlass der Mobilmachung v. 20. 9. 1938, BArch–MA RH 53-6/72, Bl. 34 f.

941 Gnadenerlass des Führers und Reichskanzler v. 4. 10. 1939, ebenda RH 53-6/76, Bl. 133.

942 Der Oberbefehlshaber des Heeres betr. Gnadenerlass des Führers und Reichskanzlers vom 4. 10. 1939 v. 7. 10. 1939, ebenda, Bl. 138.

943 Der Reichsminister der Justiz an die Generalstaatsanwälte u. a. betreffend Zuständigkeit der Wehrmacht in Gnadensachen v. 17. 9. 1942, BArch R 3001/20897, Bl. 281.

944 Schreiben des Generalstaatsanwalts beim OLG Graz an den Reichsminister der Justiz betr. Vereinfachung der Verwaltungsarbeiten v. 21. 3. 1941, ebenda R 3001/22298, Bl. 29 ff.

dem Feind ausgezeichnet" hatte.[945] Der Gnadenerweis reichte bis zur Tilgung im Strafregister, wenn der Betreffende erwarten ließ, sich auch zukünftig straffrei zu verhalten. Hatten Behörden außerhalb der Wehrmacht Bedenken gegen einen Gnadenerweis, so musste Hitlers persönliche Entscheidung eingeholt zu werden. Allein in den Jahren 1943/44 beruhten rund 90 % der Gnadengesuche auf dem Hitler-Erlass.[946]

Wurde einem wehrmachtgerichtlich Verurteilten die Wehrwürdigkeit wiederverliehen, dann war eine etwaig vorhandene Zuchthausstrafe in eine Gefängnisstrafe gleicher Dauer umzuwandeln.[947] Zwar schrieb § 16 StGB vor, dass die Höchstdauer einer Gefängnisstrafe fünf Jahre betrug, während Zuchthausstrafen auch als lebenslängliche Strafe ausgesprochen werden konnten, jedoch beschränkte diese gesetzliche Vorgabe nicht die Gnadenbehörde.[948] So war es möglich, eine Todesstrafe in jede Form von Freiheitsentzug beliebiger Dauer und eine zwingend vorgeschriebene Zuchthausstrafe in eine Gefängnisstrafe umzuwandeln, wobei jede zeitliche Begrenzung überschritten werden durfte.

Wie allerdings mit Gnadenerweisen im Strafvollzug umgegangen werden konnte, zeigt das Beispiel des Deserteurs Ludwig Baumann, der am 30. Juni 1942 in Bordeaux zum Tode verurteilt worden war: „Das Urteil wurde sieben Wochen später in 12 Jahre Zuchthaus umgewandelt, zu verbüßen nach Kriegsende. [...] Ich habe dies nicht erfahren, ich blieb 10 Monate in der Todeszelle. Tag und Nacht an Händen und Füßen gefesselt. Jeden Morgen, wenn die Wachen wechselten, dachte ich, sie holen mich raus. Wenn sie an der Zelle vorbei waren, dann war ich wieder für einen Tag gerettet. Es war so ein Grauen, so eine Ohnmacht; dieses Ausgeliefertsein ... es verfolgt mich heute noch traumatisch."[949] Dass dies kein Einzelfall war, belegen die Aussagen des in Torgau inhaftierten Werner Krause: „Eine beliebte Strafe war es, dass [...] [man] einen zum Tod verurteilten, begnadigten Soldaten mit den anderen Todeskandidaten auf den Sandhaufen führte und ihm erst, als alle anderen vor seinen Augen erschossen waren, seine Begnadigung eröffnete."[950]

945 Erlass des Führers über Gnadenmaßnahmen bei hervorragender Bewährung während des Krieges, nachrichtlich über den Reichsjustizminister an die Generalstaatsanwälte v. 16. 3. 1942, ebenda R 3001/21227, Bl. 62.

946 Szogs, Zuständigkeit in Gnadensachen, in: ZfW 8 (1943/44) 1, S. 70 f.

947 Schreiben der Wehrmachtrechtsabteilung an den Reichsminister der Justiz betr. Verfahren bei Wiederverleihung der endgültigen Wehrwürdigkeit an Angehörige der Bewährungstruppen v. 5. 4. 1944, BArch R 3001/25015, Bl. 165.

948 Schreiben des Reichsjustizministeriums an die Wehrmachtrechtsabteilung betr. Verfahren bei Wiederverleihung der endgültigen Wehrwürdigkeit an Angehörige der Bewährungstruppen v. 18. 5. 1944, ebenda, Bl. 169.

949 Interview Ludwig Baumann mit dem Verfasser vom 16. 12. 2003.

950 Eigenhändiger Bericht von Professor Werner Krause, Ermittlungsakte gegen Manfred Roeder, HStA Hannover Nds. 721 69/76 Bd. X, Bl. 158 ff.

Wehrunwürdigen, denen aufgrund militärischer Leistungen die Wehrwürdigkeit wieder zuerkannt werden sollte, mussten zur Erlangung des Gnadenerweises eine Beurteilung durch die Sicherheitspolizei erhalten, die bescheinigte, dass der Betreffende einen „nachhaltigen Wechsel der politischen Gesinnung" vorgenommen habe.[951] Bei einer Gnadenentscheidung konnte es auch auf rassische Gesichtspunkte ankommen. So fiel beispielsweise in einem Gnadenverfahren bezüglich eines zum Tode verurteilten 19-jährigen Straflagerinsassen die Stellungnahme des Lagerkommandanten trotz der Mitgliedschaft des Verurteilten in der NSDAP wie folgt aus: „Der Verurteilte sei erbbiologisch wertlos. Seine Kopfform und die Gesamterscheinung gäben rein äußerlich das Bild eines abgestumpften, gefühllosen, auch kriminell veranlagten jungen Menschen, der kein Interesse zeige, seine Pflicht auch irgendwie zu erfüllen. Er gehöre zu denen, die auch als Jugendliche schon vollkommen wertlos seien."[952]

Mit Wirkung vom 1. Januar 1943 wurden nachträglich alle wehrmachtgerichtlich oder disziplinarisch bestraften Gefallenen und Gestorbenen begnadigt, die während der Kämpfe um Stalingrad ums Leben gekommen waren.[953] Ausgenommen davon waren „schwere Verfehlungen während der Kämpfe im Raume Stalingrad".[954]

Um der seit Beginn des Russlandkrieges wachsenden Widerstandsbewegung in Westeuropa Herr zu werden, wandten sich die Militärbefehlshaber Frankreichs und Belgiens an den Präsidenten des RKG, Max Bastian, mit dem Vorschlag, für Todesurteile des höchsten Wehrmachtgerichts eine bedingte Begnadigung einzuführen.[955] Diese vorläufig Begnadigten sollten als Geiseln für Repressalien zur Verfügung stehen, die bei Bedarf exekutiert werden konnten. Bastian lehnte nach seinen Memoiren dieses Ansinnen ab. Tatsächlich wurde von einer solchen Maßnahme offiziell kein Gebrauch gemacht. Das in dieser Arbeit aufgeführte Beispiel von begnadigten Verurteilten französischer – genauer elsässischer – Herkunft, die aufgrund einer Sühnemaßnahme erschossen wurden, weist hingegen darauf hin, dass es die Rückgängigmachung von Gnadenerlassen hinsichtlich ausgesprochener Todesurteile durchaus gegeben hat.

951 OKW/Wehrmachtrechtsabteilung an Heeresrechtsabteilung u. a. betreffend Behandlung der Wehrunwürdigen im Kriege. Wiederverleihung der endgültigen Wehrwürdigkeit v. 14. 4. 1943, BArch R 3001/25015, Bl. 129.

952 Chef der Heeresjustiz v. 20. 4. 1945, BArch-MA RH 13/66, Bl. 6 ff.

953 Vgl. Rundschreiben des Reichsministers des Inneren v. 22. 9. 1943 betr. Gnadenerweis für Stalingradkämpfer, BArch R 3001/21227, Bl. 43.

954 OKW betr. Gnadenerweis für Stalingrad-Kämpfer v. 12. 3. 1943, ebenda, Bl. 45.

955 Lebenserinnerungen 1. 9. 1939–20. 10. 1939, Aufzeichnungen des Admirals a. D. Max Bastian, BArch-MA N 192/1, Bl. 169 f.

b Reichsjustizministerium

Die Justizbehörden bearbeiteten alle Gnadenangelegenheiten, in denen der Verurteilte zum Zeitpunkt der Urteilsverkündung der zivilen Gerichtsbarkeit unterstand.[956] Hinzu kamen auch solche Verfahren, die an die Wehrmachtgerichtsbarkeit gemäß dem Gesetz zur Änderung des allgemeinen und wehrmachtgerichtlichen Strafverfahrens[957] abgegeben worden waren, weil an einer Tat mehrere Personen beteiligt waren, von denen einige der Militär- und einige der Zivilgerichtsbarkeit unterworfen waren. Weiterhin gehörten zur Zuständigkeit der Ziviljustiz alle Gnadensachen, bei denen gemäß § 2 Nr. 4 e, f KStVO der Gerichtsherr von der Aburteilung durch ein Wehrmachtgericht Abstand genommen hatte, weil militärische Belange die Verurteilung durch ein Wehrmachtgericht nicht erforderten. Gleiches galt für das Gefolge nach § 3a KStVO. Gnadenbehörde war in erster Linie das Reichsjustizministerium, bei geringen Freiheitsstrafen lag die Gnadenentscheidung bei den leitenden Oberstaatsanwälten, bei Bagatelldelikten beim Amtsrichter.[958] Die Befugnis, Begnadigten die bürgerlichen Ehrenrechte wiederzuverleihen sowie ihre Wehrwürdigkeit, Amts- und Eidesfähigkeit wiederherzustellen, oblag durch eine besondere Ermächtigung des Justizministers den Oberstaatsanwälten.[959]

Am 3. September 1939 übertrug Hitler seine Gnadenbefugnisse hinsichtlich Urteilen der „allgemeinen Gerichte“ an den Reichsjustizminister.[960] Für Einzelfälle behielt er sich in seiner Funktion als Führer und Reichskanzler das Gnadenrecht auch weiterhin vor. Um die Vollstreckung von Todesurteilen „binnen kürzester Frist“ sicherzustellen, waren die Entscheidungen der Sondergerichte dem Justizminister telefonisch mitzuteilen.[961] Dieser teilte die Ablehnung von Gnadengesuchen ebenfalls fernmündlich mit.

Im Mai 1943 gab Justizminister Thierack gegenüber dem Chef OKW Generalfeldmarschall Keitel seine Zustimmung, dass in Afrika eingesetzte wehrunwürdige Bewährungssoldaten, die durch ein Zivilgericht verurteilt worden waren, durch den

956 Der Reichsminister der Justiz an die Generalstaatsanwälte u. a. betreffend Zuständigkeit der Wehrmacht in Gnadensachen v. 17. 9. 1942, BArch R 3001/20897, Bl. 281.

957 Gesetz zur Änderung des allgemeinen Strafverfahrens, des Wehrmachtstrafverfahrens und des Strafgesetzbuchs v. 16. 9. 1939, RGBl. 1939 I, S. 1841.

958 Übersicht über die Zuständigkeit zur Entscheidung in Gnadensachen innerhalb der Reichsjustizverwaltung, BArch R 3001/21230, Bl. 219 f.

959 Oberkommando der Wehrmacht betr. Wiederverleihung der Wehrwürdigkeit, Amtsfähigkeit, Eidesfähigkeit, bürgerlichen Ehrenrechten v. 28. 6. 1943, ebenda R 3001/21227, Bl. 25.

960 Erlass des Führers und Reichskanzlers über die Ausübung des Gnadenrechts v. 3. 9. 1939, ebenda R 3001/21230, Bl. 523.

961 Schreiben des Chefs der Präsidialkanzlei des Führers und Reichskanzlers an den Vorsitzenden des Ministerrats für die Reichsverteidigung vom September 1939, ebenda, Bl. 520 f.

Befehlshaber der deutschen Truppen in Afrika ihre Wehrwürdigkeit gnadenhalber zurückerlangen konnten.[962] Im Februar 1944 wandte sich die Wehrmachtrechtsabteilung an das Reichsjustizministerium mit dem Vorschlag, dass zivilgerichtlich verurteilte Wehrunwürdige, die sich als Angehörige einer Bewährungsformation an der Front bewährt hatten, zukünftig durch eine militärische Dienststelle ihre Wehrwürdigkeit wiederverliehen bekommen sollten.[963] Begründet wurde dies damit, dass die bisherige Handhabung, nämlich die gnadenweise Wiederverleihung der Wehrwürdigkeit durch die zivilen Behörden auf Vorschlag des Oberkommandos des Heeres, zu langwierig sei. Die zeitliche Verzögerung hatte nach Ansicht der Militärs ein Schwinden der Motivation zur Folge, da die Belohnung auf eine Leistung nicht sofort erfolgte. Mit dem Antrag erklärte sich der Justizminister einverstanden, die Regelung erlangte ab Juni 1944 Geltung.[964] Die Wehrwürdigkeit wurde durch den zuständigen Armeebefehlshaber ausgesprochen, dem das jeweilige Bewährungsbataillon unterstellt war.[965] Er hatte die Gnadenentscheidung mit den Worten „Im Namen des Reichsministers der Justiz" zu eröffnen. Nachdem das Justizministerium der Wehrmacht das Recht zur gnadenweisen Wiederverleihung der Wehrwürdigkeit übertragen hatte, bat die Wehrmachtrechtsabteilung darum, dass die Justizbehörden mit Ausspruch des Gnadenaktes vorhandene Zuchthausstrafen in Gefängnisstrafen gleicher Dauer umwandelten.[966] Sie verwies darauf, dass dies bei wehrmachtgerichtlich Verurteilten gängige Praxis sei und es im Hinblick auf § 13 Wehrgesetz bedenklich erscheine, wenn einem zu einer Zuchthausstrafe Verurteilten die Wehrwürdigkeit verliehen werde. Das Reichsjustizministerium lehnte den Vorschlag der Wehrmachtrechtsabteilung allerdings ab und erklärte sich lediglich in Einzelfällen bereit, die Umwandlung einer Zuchthausstrafe in eine Gefängnisstrafe zu genehmigen, die dann durch den Justizminister erfolgte. Das Reichsjustizministerium vertrat die Ansicht, dass auch bei der Ver-

962 Gemäß Abschrift einer Besprechung zwischen Angehörigen der Heeresrechtsabteilung und des Reichsjustizministeriums am 12. 5. 1943, ebenda R 3001/25015, Bl. 132.

963 Zum Folgenden vgl. OKW/Wehrmachtrechtsabteilung an den Reichsminister der Justiz v. 14. 2. 1944 betr. Verfahren bei Wiederverleihung der endgültigen Wehrwürdigkeit an Angehörige der Bewährungstruppen, ebenda, Bl. 159.

964 Vgl. dazu Aktenvermerk des Reichsjustizministeriums v. 25. 2. 1944, ebenda, Bl. 160; Schreiben an die Wehrmachtrechtsabteilung betr. Verfahren bei Wiederverleihung der endgültigen Wehrwürdigkeit auf Angehörige der Bewährungstruppe v. 25. 2. 1944, ebenda; Erlass der Wehrmachtrechtsabteilung betr. Wiederverleihung der endgültigen Wehrwürdigkeit an bedingt wehrwürdige Angehörige der Bewährungstruppen v. 4. 6. 1944, ebenda, Bl. 172.

965 Zum Folgenden Vermerk v. 30. 1. 1945, ebenda NS 7/377, Bl. 1.

966 Schreiben der Wehrmachtrechtsabteilung an den Reichsminister der Justiz betr. Verfahren bei Wiederverleihung der endgültigen Wehrwürdigkeit an Angehörige der Bewährungstruppen v. 5. 4. 1944, ebenda R 3001/25015, Bl. 165; sowie Schreiben Wehrmachtrechtabteilung an das Reichsjustizministerium v. 24. 4. 1944, ebenda, Bl. 167.

büßung einer Rest-Zuchthausstrafe die Wehrwürdigkeit im Gnadenwege wieder verliehen werden könnte.[967] Die einvernehmliche Regelung zwischen Wehrmacht und Justizverwaltung blieb auf die Bewährungstruppen beschränkt. Für Wehrunwürdige, die bei einer regulären Truppe eingesetzt waren, blieben auch weiterhin die Oberstaatsanwälte zuständig.[968]

967 Erlass der Wehrmachtrechtsabteilung betr. Wiederverleihung der endgültigen Wehrwürdigkeit an bedingt wehrwürdige Angehörige der Bewährungstruppen v. 4. 6. 1944, ebenda, Bl. 172; Schreiben des Chefs der Heeresjustizabteilung an die Heeresgruppen betr. Wiederverleihung der endgültigen Wehrwürdigkeit an bedingt wehrwürdige Angehörige der Bewährungstruppen v. 26. 6. 1944, ebenda, Bl. 170.

968 Vermerk v. 30. 1. 1945, ebenda NS 7/377, Bl. 1.

Kapitel 3: Die dritte Phase - Endstadium des Krieges und Entfesselung der Wehrmachtjustiz

I. Wehrmachtgerichte

1. Feldkriegsgerichte und Reichskriegsgericht

Die Bedeutung der regulären Kriegsgerichte bzw. Kriegsgerichtsverfahren nahm spätestens seit Beginn des Jahres 1945 bis zum Kriegsende ab. Feldgendarmen mit der Waffe in der Hand und „fliegende Standgerichte“ bestimmten verstärkt das Bild der Schlussphase des Zweiten Weltkrieges in Europa, umso mehr, als sich der Zusammenbruch der Wehrmacht und des „Dritten Reiches“ beschleunigte. Mit der Fortnahme der Verfolgungskompetenz für politische Straftaten waren den regulären militärischen Gerichten wesentliche Beschränkungen auferlegt worden. In diesen Bereichen wurden die Wehrmachtgerichte – sofern kein Standgerichtsverfahren durchgeführt wurde – zu untergeordneten Gerichten degradiert und blieben Hilfsorgane der NS-Ziviljustiz. Sogar in deutschen Ortschaften, die zu „Festungen“ erklärt worden waren und deren Kommandanten als Gerichtsherren bei Belagerung über „Leben und Tod“ entscheiden konnten, sollten die Zivilgerichte weiterhin bestehen bleiben und ihre Tätigkeiten ausüben.[1] Ab dem 18. Januar 1945 galt eine Anordnung Hitlers, wonach Vorgesetzte ohne Umschweife gegen „haltlose Elemente“ mit der Waffe vorgehen konnten. Wehrmachtgerichte brauchten nicht mehr herangezogen werden. Für die Kriegsmarine galt ab März, dass bei Straftaten gegen die „Manneszucht oder das Gebot des soldatischen Mutes“ innerhalb von 24 Stunden das gesamte Verfahren abzuschließen und ein Urteil zu fällen war.[2] Dies schloss auch die vorangehenden Ermittlungen ein. Damit war das Marine-Kriegsgerichtsverfahren praktisch identisch mit dem standgerichtlichen Schnellverfahren.

Auch das RKG schwand weiter in seiner Bedeutung. Zu Beginn des Jahres 1945 nahm seine Auslastung vermutlich stark ab. Im Februar 1945 wandte sich der Präsident des RKG an Himmler als Befehlshaber des Ersatzheeres und schlug vor, nunmehr mit der Aufnahme sämtlicher Verfahren gegen Untersuchungshäftlinge des Heeres betraut zu werden, die aufgrund des allgemeinen Rückzuges nach Torgau

1 Anlage zum Rundschreiben 88/45 v. 11. 2. 1945, ebenda NS 6/354, Bl. 75 ff.

2 Oberbefehlshaber der Marine betr. Sofortjustiz v. 13. 3. 1945 abgedruckt in: Rudolf Absolon, Wehrmachtstrafrecht, S. 222.

verlegt worden waren, wo das RKG seit August 1943 seinen Sitz hatte.[3] Himmler genehmigte das Gesuch, soweit es sich nicht um Tatvorwürfe mit politischem Hintergrund handelte.[4] Das höchste Gericht der Wehrmacht war praktisch zum einfachen Feldkriegsgericht herabgestuft worden. Seine einstmals alleinige Zuständigkeit für angeklagte Admirale und Generäle war durch eine Weisung Hitlers vom Januar 1945[5] hinfällig geworden. Nunmehr erhielten alle Divisions- und Regimentskommandeure die Befugnis, bei Fällen von Fahnenflucht und Befehlsverweigerung oder ähnlichen Verstößen gegen Offiziere jeden Dienstgrades ein Standgericht einzuberufen. Gleichzeitig suchte die Wehrmachtführung, auch die Verfahren vor dem RKG zu beschleunigen. Dazu wurde die Besetzung der RKG-Senate neu geregelt, sodass nunmehr fakultativ statt fünf auch drei Richter ausreichten, um eine Verhandlung durchzuführen.[6] Aufgrund der näher rückenden Fronten wurde im April 1945 die Verlegung des RKG aus Torgau bestimmt.[7] Zukünftiger Standort sollte das bayerische Freising werden. Dies ließ sich jedoch wegen der wirren Verhältnisse nicht mehr realisieren. Gegen Ende des Krieges vernichteten Angehörige des RKG einen wesentlichen Teil der Gerichtsakten.[8]

Das höchste Wehrmachtgericht wurde nach Kriegsende aufgrund alliierter Anordnung aufgelöst. Einfache Kriegsgerichte blieben hingegen zum Teil noch über Monate nach dem 8. Mai 1945 bestehen. Die seit Herbst 1944 von umgekehrter Über- und Unterordnung gekennzeichnete Zusammenarbeit zwischen Wehrmachtjustiz und Reichsjustizministerium endete ebenfalls nicht mit dem 8. Mai 1945. Der Schriftverkehr zwischen den Institutionen zog sich auch noch nach der Kapitulation über Tage hin. Noch mit einem Schreiben vom 17. Mai 1945 wandte sich das Reichsjustizministerium von Flensburg aus an das „Gericht des Hauptquartiers OKH“ wegen Übernahme des Strafverfahrens gegen einen Wehrmacht-Inspektor wegen Zersetzung der Wehrkraft.[9] Das Justizministerium teilte ohne

3 Fernschreiben des Richters beim Reichsführer-SS und Chef der Deutschen Polizei an Chef Heeresrechtsabteilung u. a. v. 20. 2. 1945, BArch NS 7/317, Bl. 5.

4 Ebenda.

5 Wehrmachtrechtsabteilung v. 18. 1. 1945, HStA Hannover Nds. 721 Hannover Acc. 90 Nr. 119/5.

6 Elfte Verordnung zur Durchführung und Ergänzung der Verordnung über das militärische Strafverfahren im Kriege und bei besonderem Einsatz v. 11. 1. 1945, RGBl. 1945 I, S. 13.

7 Vgl. Angaben Alexander Kraell v. 30. 7. 1946, Ermittlungsakte gegen Manfred Roeder, HStA Hannover Nds. 721 69/76 Bd. III, Bl. 364 ff.

8 Vermerk der Oberstaatsanwaltschaft Verden v. 22. 10. 1955, StA Stade Rep. 171a Verden Nr. 963 Bd. I, Bl. 5.

9 Zum Folgenden vgl. Schreiben des Reichsjustizministeriums an das Gericht Hauptquartier OKH betreffend Verfolgung politischer Straftaten v. 17. 5. 1945, BArch R 3001/25007, Bl. 192.

Angaben von Gründen mit, dass eine Übernahme des Verfahrens nicht möglich sei. Weiterhin sah sich das Justizministerium außerstande, die Wehrmachtrechtsabteilung von diesem Fall zu informieren – ihr Aufenthaltsort war in Flensburg unbekannt.

2. Standgerichte

a Militärische Standgerichtsbarkeit

Die Standgerichte, die in der Endphase des Krieges eine Blutspur durch die Mitte Europas zogen, verbreiteten während der Agonie des Hitler-Reiches einen beispiellosen Justizterror. Während die Wehrmacht ihre Rückzugsgefechte bereits auf dem Boden Deutschlands austrug, starb eine nicht zu klärende Zahl von Menschen hinter der Front durch Urteile, die nicht einmal mehr zu Papier gebracht wurden.[10] Goebbels sah im Frühjahr 1945 allein das Wirken der Standgerichte als Möglichkeit „das Reich noch [zu] retten".[11] Zum Teil gerierten sich diese Gerichte wie Mordkommandos, bestehend aus Exekutionspelotons, angeführt von Militärrichtern. Kommandeure, die für die Einrichtung der Schnellgerichte sorgten, galten dem System als „moderne Heerführer" im ideologischen Krieg.[12] Neben den bereits von der KStVO vorgesehenen Standgerichten, die Kommandeure ab der Dienststellung eines Regimentsbefehlshabers einberufen konnten, wurden nunmehr zahlreiche „Sonderstandgerichte" und „fliegende Standgerichte" aufgestellt, die in den letzten Wochen des Krieges zum Teil nur noch über Leben oder Tod des Angeklagten entschieden. Zwar tauchte der Begriff des „fliegenden Kriegsgerichts" bereits im Frühjahr 1944 in einer Anordnung des OKH im Zusammenhang mit der Errichtung von „festen Plätzen" an der Ostfront auf.[13] Eine entsprechende Einrichtung dieser Schnellkriegsgerichte ist indes erst ab Anfang 1945 nachweisbar.

Ab dem 3. Februar 1945 mittags galt etwa für den Bereich der Heeresgruppe Nord, dass „Soldaten aller Wehrmachtsteile, die abseits ihrer Einheit, auf Straßen, in Ortschaften, in Trossen oder Ziviltrupps, auf Verbandsplätzen, ohne verwundet zu sein, angetroffen werden und angeben, versprengt zu sein und ihre Einheit zu suchen, standrechtlich zu erschießen" seien.[14] Zur Durchführung dieser

10 Laut Ueberschär/Müller sollen 1945 monatlich rund 500 Todesurteile gefällt worden sein: Gerd Ueberschär/Rolf-Dieter Müller, 1945, Das Ende des Krieges, S. 51.

11 Joseph Goebbels, Tagebücher 1945. Die letzten Aufzeichnungen, Hamburg 1977, S. 247.

12 Ebenda, S. 161.

13 Anlage 1 zum Führerbefehl Nr. 11 v. 8. 3. 1944, abgedruckt bei Walther Hubatsch, Hitlers Weisungen für die Kriegführungen 1939–1945, Frankfurt a. M. 1962, S. 243 ff.

14 Rundschreiben des Leiters der Parteikanzlei v. 9. 3. 1945 betr. Maßnahmen zur Stärkung der Front durch Erfassung Versprengter, BArch–MA NS 6/354, Bl. 88.

Maßnahme richtete die Heeresgruppe fliegende Standgerichte ein. Es handelte sich dabei um Standgerichte, die nicht mehr dem Grundtypus entsprachen, wie ihn die KStVO vorsah, da offensichtlich keine Unterstellung unter einen Regimentskommandeur vorlag.[15] Das Verfahrensrecht war indes so weit ausleg- und dehnbar, dass auch Sonderformen von Standgerichten möglich waren, die ohne eine Bindung an einen Regimentskommandeur auskommen konnten. Aufgrund dieser rigiden Vorgehensweise soll die Zahl der Versprengten im Bereich der Heeresgruppe Nord bis Anfang März 1945 von 16 000 auf 400 „heruntergedrückt" worden sein.[16] Dies wurde von Propagandaminister Goebbels als Erfolg bewertet, der mit den im „totalen Krieg" geforderten „brutalen Mitteln" erreicht wurde. Auch in der Heeresgruppe Mitte, die seit Januar 1945 Generalfeldmarschall Schörner unterstand, wurden im Februar fliegende Standgerichte aufgestellt, die rigide gegen zurückweichende Soldaten vorgingen. Ein Regimentskommandeur, der Schörner zugeteilt wurde, berichtet: „Berüchtigt ist Schörner wegen des Einsatzes der sogenannten ‚fliegenden Standgerichte'. Auf Befehl Hitlers sollen alle Ansätze von Defätismus, Fahnenflucht, Nichtausführung von Befehlen und Drückebergerei im Keime erstickt werden. […] Besonders ausgesuchte Kriegsgerichtsräte, die von einem Erschießungskommando begleitet werden, können, ohne Benachrichtigung oder gar Anhörung der zuständigen Truppenführer, Todesurteile fällen und sofort vollstrecken lassen."[17]

Am 20. Februar 1945 wurden für die gesamte Wehrmacht durch den Chef OKW Sonderstandgerichte errichtet, denen die Angehörigen aller Teilstreitkräfte und der Waffen-SS unterstanden, sofern es um Straftaten im Zusammenhang mit Auflösungserscheinungen von Truppenverbänden ging.[18] Entgegen den Bestimmungen der KStVO brauchte der zweite Beisitzer nicht mehr den gleichen Dienstgrad innezuhaben wie der Angeklagte. Stattdessen konnten beide Beisitzer Offiziere sein. In einer solchen Zusammensetzung war es möglich, Todesurteile durch einstimmigen Beschluss des Gerichts für sofort vollstreckbar zu erklären.

In der Rheingegend verbreitete das „Fliegende Standgericht West" Schrecken unter Soldaten und Zivilisten. Ihm fielen mehrere Offiziere zum Opfer, die von Hitler für den Verlust einer Brücke bei Remagen verantwortlich gemacht wurden.[19] Das Standgericht tagte in diesem Fall in einem Wohnzimmer, die Richter fällten die Urteile auf einem Sofa sitzend. Die unverzüglich ausgeführten Exeku-

15 Vgl. Peter Lutz Kalmbach, Militärjustiz, S. 71.

16 Joseph Goebbels, Tagebücher 1945, S. 161.

17 Hans von Luck, Gefangener meiner Zeit. Ein Stück Weges mit Rommel, Herford 1991, S. 258.

18 Vgl. Franz W. Seidler, Die Militärgerichtsbarkeit, S. 190.

19 John Toland, Das Finale, München 1968, S. 220 ff.

tionen wurden in den Truppeneinheiten mit den Worten bekannt gemacht: „Wer den Tod in Ehren fürchtet, stirbt in Schande!!"[20]

Aufgrund einer Anweisung Hitlers wurde am 9. März 1945 ein „fliegendes Standgericht für die Wehrmacht" eingerichtet.[21] Der Gerichtsherr konnte nach seinem Ermessen den Vorsitz in der Hauptverhandlung führen. Das fliegende Standgericht war bei jeglichen Dienstgraden zuständig für die Aburteilung jeglicher Straftaten, also auch der politischen, die sich in der Wehrmacht oder in Einheiten der Waffen-SS ereigneten. Für Urteile des fliegenden Standgerichts existierte kein Gnadenrecht. Der Gerichtsherr hatte das uneingeschränkte Bestätigungsrecht. Dem fliegenden Standgericht, das aus einem General und zwei Stabsoffizieren bestand, war ein Exekutionskommando zugeordnet.[22] Nur wenige Tage vor der totalen Kapitulation ordnete der von Hitler zum Befehlshaber in Norddeutschland ernannte Großadmiral Dönitz die Errichtung eines weiteren fliegenden Standgerichts für die Wehrmacht an.[23]

Im März 1945 wurden zahlreiche Offiziere mit „regulären" standgerichtlichen Vollmachten ausgestattet, was zu einer Vervielfachung von Standgerichten geführt haben muss. Waren bislang Kommandeure von Regimentern oder vergleichbaren Einheiten zur Einberufung derartiger Standgerichte befugt, erhielten diese Rechte nunmehr auch Offiziere, die zu Kommandanten von Brücken oder gar Straßen ernannt worden waren.[24] Die Verurteilten wurden häufig an diesen strategischen Punkten gerichtet, ihre Leichname zur Abschreckung an Ort und Stelle zur Schau gestellt. Ein belgischer Kollaborateur und Wehrmachtfreiwilliger berichtet: „Die Befehle waren entsetzlich streng. Wer floh, wurde auf der Stelle erhängt. Die Feldgendarmen hängten die Männer an die Pfeiler der Brückenauffahrt von Altdamm nach Stettin. Die steifen Leichname [...] boten ein grausiges Bild. Ihre Körper schaukelten in der Luft; um den Hals trugen sie ein Schild: ‚Feigling'. Wachsbleich und mit harten blauen Zungen hingen sie an ihren Stricken. Bei jeder Explosion wurden sie geschüttelt, und die Leitungsdrähte der Straßenbahn fielen auf sie hinab."[25] Im bayerischen Schongau zog ein dreiköpfiges Standgericht mit einem Wehrmachts-PKW umher, das gleich selbst den Henkersdienst verrichtete und dafür mit Stricken ausgestattet war.[26]

20 Jörg Kammler, Ich habe die Metzelei satt, S. 159.

21 Zum Folgenden vgl. Erlass über ein Fliegendes Standgericht v. 9. 3. 1945 abgedruckt in: Rudolf Absolon, Wehrmachtstrafrecht, S. 221.

22 Vgl. ebenda.

23 Abschrift in den Akten der Adjutantur Großadmiral Dönitz über den 25. 4. 1945, BArch –MA RW 44 I/1, Bl. 3 ff.

24 Vgl. Manfred Messerschmidt, Die Wehrmachtjustiz 1933–1945, S. 413.

25 Leon Degrelle, Die verlorene Legion, Stuttgart 1952, S. 446.

26 Franz Josef Strauß, Die Erinnerungen, Berlin 1989, S. 56 f.

Die Zahl der durch Standgerichte zum Tode verurteilten und hingerichteten Personen lässt sich nicht ermitteln, geht aber möglicherweise in die Tausende. Der Zeitzeuge Joachim Scholz, der als junger Gefreiter ab Januar 1945 an der Ostfront eingesetzt war, berichtete über seine Erfahrungen zwischen der Oder und Berlin im April 1945: „Viel schlimmer [als Feldgendarme] waren die Standgerichte. Wer nicht nachweisen konnte, warum er jetzt nicht bei seiner Einheit war, sondern abseits von seiner Einheit, dem wurde unterstellt, dass er ein Deserteur sei. Auf dem Weg in Richtung Reichshauptstadt sah ich immer wieder Landser an den Bäumen baumeln. Sie trugen gewöhnlich ein Pappschild vor dem Bauch: ‚Ich wollte nicht mehr gegen die roten Bestien kämpfen!' oder ‚Ich war zu feige, deutsche Frauen und Kinder vor den Bolschewisten zu beschützen!' Mitunter baumelte eine ganze Gruppe an einem starken Ast. Manchmal lehnten sie auch erschossen an Häuserwänden, aber selbst dann legte man ihnen noch eine Pappe auf die Brust. Derartiges sah ich auf dem ganzen Rückzug und sehr oft."[27]

Eine weitere Ausweitung der Tätigkeit von Standgerichten resultierte aus der Anfang April 1945 erfolgten Aufhebung der getrennten Zuständigkeit von SS- und Wehrmachtgerichten.[28] Zahlreiche Standgerichte wurden nunmehr aus fanatisierten SS-Angehörigen gebildet. In Berlin waren es vornehmlich junge SS-Offiziere, die mit Schnellgerichten und Exekutionskommandos im April/Mai 1945 jedwede Kriegsmüdigkeit gewaltsam unterdrückten.[29]

Wie enthemmt die Mordkommandos derartiger Standgerichte agierten, geht auch aus einem anderem Bericht sehr anschaulich hervor, der zwar ob der zahlreichen wörtlichen Rede mit Nachsicht zu lesen ist, da die Niederschrift wahrscheinlich erst Jahre nach dem Krieg entstand. Indes wird sich das folgende Geschehen in den Grundzügen derart abgespielt haben. Ein Mechaniker der Wehrmacht gibt ein Erlebnis vom Februar oder März 1945 wieder: „Wir saßen am Abend, nach dem wir sichergestellt hatten, dass noch in der Nacht die letzten Fahrzeuge fertig werden würden, in einem kleinen Gasthof zusammen, aßen unsere Tagesrationen und sprachen über die Zukunft, unser Zuhause und was Soldaten sich sonst so zu erzählen haben. Plötzlich wurde die Tür aufgestoßen und ein Stabsoffizier mit einigen Feldgendarmen stürmte herein. ‚Ich bin Oberkriegsgerichtsrat und stehe unter dem direkten Befehl des Generalfeldmarschalls Schörner. Warum sitzen Sie hier herum, während vorne an der Front unsere tapferen Soldaten ihr Leben einsetzen?' Antwort meines Zugführers: ‚Ich habe den Befehl meines Regimentskommandeurs, Oberst von Luck, gepanzerte Fahrzeuge, die hier repariert werden,

27 Interview Joachim Scholz mit dem Verfasser vom 25. 8. 2005.

28 Vgl. Fernschreiben der Marinerechtsabteilung an den Marinechefrichter Ostsee betr. Gerichtsbarkeit in Krisenzeiten v. 11. 4. 1945, BArch-MA RM 31/3335, Bl. 213.

29 Joachim Schultz-Naumann, Die letzten 30 Tage, München 1980, S. 187.

schnellstens nach vorn zu bringen. Es wird die Nacht durchgearbeitet, morgen früh können wir nach vorn.' Kriegsrichter: ,Wo ist Ihr Marschbefehl?' Antwort: ,Den habe ich mündlich vom Kommandeur bekommen.' Richter: ,Das kennen wir, das sagen alle, die sich drücken wollen. Im Namen des Führers und bevollmächtigt vom Oberbefehlshaber der Heeresgruppe Mitte, Generalfeldmarschall Schörner, verurteile ich Sie zum Tode durch Erschießen wegen erwiesener Fahnenflucht.' ,Das können Sie doch nicht machen', schreit unser Zugführer, ,ich habe den ganzen Krieg an der Front mitgemacht. Hier, sehen Sie meine Auszeichnungen.' Richter: ,Aber jetzt, wo es darauf ankommt und jeder vorn gebraucht wird, möchten Sie sich noch schnell verdrücken, wie? Das Urteil ist zu vollstrecken.' Dann haben die Feldjäger unseren Zugführer mitgenommen und ihn im Garten hinter dem Gasthaus erschossen. […] Wir mussten ihn dann unter Aufsicht der Feldjäger begraben."[30]

Auch der ehemalige Wehrmachtoffizier Heinz Drossel wurde im Befehlsbereich des Befehlshabers Schörner Zeuge einer willkürlichen Tötung.[31] In den letzten Apriltagen des Jahres 1945 erhielt er den Befehl, mit einer aus Genesenden zusammengestellten Einheit im tschechoslowakischen Raum gen Osten an die Front zu marschieren. Unterwegs sollte er vorübergehend eine Einheit ablösen, die in einem Dorf in einer Schule untergebracht war. Dort hatte die eigene Einheit zu ruhen, bis sie wiederum durch eine andere Truppe ersetzt wurde. Nachdem die Unterkunft gefunden war, trat Heinz Drossel in das Gebäude, erklomm den 1. Stock und traf dort auf den befehlshabenden Offizier der abzulösenden Einheit, einen Oberleutnant, der aus dem Fenster starrte. Der Oberleutnant drehte sich um, kam Drossel mit ausgestreckten Armen entgegen und forderte ihn stammelnd auf, aus dem Fenster zu sehen. Heinz Drossel schaute auf ein Grab. Vor dem Loch, mit dem Gesicht zum Loch knieten zwei junge deutsche Soldaten. Dahinter zwei Uniformierte mit Pistolen in den Händen. Neben der Gruppe stand ein Kübelwagen mit laufendem Motor. Drossel drehte sich zu dem anderen Offizier und fragte: „Was tut sich da? Was passiert da?" Er entgegnete: „Die beiden hinten erschießen die beiden vorne. Warum, weiß ich nicht." Heinz Drossel hakte nach, ob denn etwas Schriftliches, ein Urteil oder dergleichen vorgezeigt worden sei. „Nein", lautete die Erwiderung. Drossel rannte, den Oberleutnant mitreißend, hinunter, aus dem Gebäude heraus. Zwei Schüsse fielen, die beiden Getöteten sanken vornüber in das Grab, das sie sich selbst hatten schaufeln müssen. Drossel, wie gelähmt von dem Geschehenen, sah, wie sich die Henker in den Wagen setzten und davonfuhren. Den Toten hatte man die Erkennungsmarken abgenommen. Niemand weiß, wer sie waren. Drossels Soldaten

30 Hans von Luck, Gefangener meiner Zeit, S. 259.

31 Interview Heinz Drossel mit dem Verfasser vom 2. 9. 2006.

schaufelten das Grab zu und setzten ein Birkenkreuz darauf. Auf Drossels Befehl erhielt das Kreuz die Inschrift „Hier liegen zwei deutsche Soldaten – ermordet von deutschen Soldaten".

b Zivile Standgerichtsbarkeit

Für die Aburteilung von Zivilisten wurde ab dem 15. Februar 1945 auf Befehl Hitlers eine Standgerichtsbarkeit errichtet, die der zivilen Gerichtsbarkeit zugeordnet war.[32] Sie war berufen, über alle Straftaten zu verhandeln, „durch die die deutsche Kampfkraft oder Kampfentschlossenheit gefährdet" wurde. Über die Zusammensetzung der Gerichte entschied jeweils ein Gauleiter der NSDAP, der die Position eines Reichsverteidigungskommissars innehatte. Mitglieder des Gerichts waren ein Strafrichter als Vorsitzender sowie zwei Beisitzer, von denen einer ein Funktionär der NSDAP, der andere ein Offizier der Wehrmacht, SS oder Polizei sein sollte. Für das standgerichtliche Verfahren sollte die StPO sinngemäße Anwendung finden. Die gerichtliche Entscheidung konnte nur auf Freispruch, Tod oder Überweisung an die allgemeine oder Sondergerichtsbarkeit lauten. Die Bestätigung des Urteils sowie die Bestimmung von Ort und Zeitpunkt der Vollstreckung hatte der Reichsverteidigungskommissar vorzunehmen. War dieser nicht erreichbar, so stand dem Anklagevertreter diese Kompetenz zu.

Die Stellung des Reichsverteidigungskommissars entsprach bereits dem Gerichtsherrn des militärgerichtlichen Verfahrens. Sowohl die Bestimmung über die Zusammensetzung des Gerichts als auch das Bestätigungsrecht lagen in seiner Kompetenz. Hervorzuheben ist der Umstand, dass die Verteidigungskommissare als politische Leiter auf Wehrmachtoffiziere zurückgreifen konnten, die als richterliche Beisitzer fungierten.

Diese allgemeine Standgerichtsbarkeit stellte zwar sowohl in verfahrensrechtlicher Hinsicht als auch personell eine Annäherung an die Wehrmacht und ihre Gerichtsbarkeit dar, war jedoch kein Bestandteil der Wehrmachtjustiz.

II. Zuständigkeiten der Wehrmachtgerichte

Bereits die Vielzahl von fliegenden Standgerichten, die hinter der Front gegen jeden der Flucht Verdächtigen vorgingen, ließ die Beschränkungen der kriegsgerichtlichen Zuständigkeiten außer Acht. Diesen, den einzelnen Gerichten eingeräumten, Sondervollmachten, folgte in den letzten Kriegswochen noch eine umfassende Kompetenzerweiterung: Durch einen „Führer-Erlass" vom 11. April 1945 fielen die Schranken zwischen den Zuständigkeiten von Wehrmacht- und SS-

32 Verordnung über die Errichtung von Standgerichten v. 15. 2. 1945, RGBl. 1945 I, S. 30.

Gerichtsbarkeit weg.[33] Demnach folgte die zuständige Gerichtsbarkeit allein der Befehlsgewalt, die sich bei taktischer Unterstellung einzelner Verbände ergab. Die Befugnisse der Standgerichtsbarkeit nach §§ 13, 13a KStVO erstreckten sich auf jeden Angehörigen der genannten Truppen. Das Prinzip der gerichtsherrlichen Zuständigkeit des taktisch befehlenden Kommandeurs, das bereits seit Sommer 1943 für die Teilstreitkräfte der Wehrmacht galt, umfasste damit alle bewaffneten Streitkräfte des NS-Regimes.

III. Strafvollstreckung und Strafvollzug

Die letzten Monate des Jahres 1944 und das Frühjahr 1945 waren gekennzeichnet von drastischen Maßnahmen, die den „geregelten" Vollzug nach und nach zugunsten von Fronteinsätzen und KZ-Inhaftierungen auflösten. So wurden ab September 1944 nichtdeutsche Häftlinge, die wegen Straftaten inhaftiert waren, die sich in irgendeiner Form gegen die Wehrmacht gerichtet hatten, aufgrund einer Übereinkunft von Wehrmacht, Reichsjustizministerium und SS aus dem Strafvollzug entlassen und an den SD übergeben.[34]

Ab Sommer 1944 bemühte sich die Wehrmachtrechtsabteilung um die Übernahme des gesamten Strafvollzugs an Wehrmachtangehörigen sowie ehemaligen Wehrmachtangehörigen durch die Streitkräfte.[35] Es wurden entsprechende Änderungsvorschläge bezüglich der einschlägigen Vorschriften in der KStVO vorbereitet und dem Reichsjustizministerium vorgelegt. Der Justizminister erklärte sich mit dieser Regelung nur insoweit einverstanden, als sie lediglich Urteile umfassen sollte, die nach Inkrafttreten der geänderten Vorschriften ergingen.[36] Er führte dazu aus, dass ansonsten der kriegswichtige Arbeitseinsatz der Gefangenen gefährdet sei und darüber hinaus ein großes Maß an Verwaltungsarbeit anfiele. Nur in Einzelfällen sollte die Strafvollstreckung bei bereits einsitzenden Gefangenen auf die Gerichtsherren der Wehrmacht übergehen.

Während der Disput zwischen Wehrmachtrechtsabteilung und Justizministerium noch anhielt, erließ Heinrich Himmler, seit Juli 1944 Befehlshaber des Ersatzheeres, am 5. September 1944 eine Order, nach der zu Zuchthausstrafen oder zur

33 Vgl. Fernschreiben der Marinerechtsabteilung an den Marinechefrichter Ostsee betr. Gerichtsbarkeit in Krisenzeiten v. 11. 4. 1945, BArch–MA RM 31/3335, Bl. 213.

34 OKW betr. Straftaten nichtdeutscher Zivilpersonen in den besetzten Gebieten gegen die Sicherheit oder Schlagfertigkeit der Besatzungsmacht v. 24. 9. 1944, BArch R 6/399, Bl. 3.

35 Schreiben OKW/Wehrmachtrechtsabteilung betr. Vorschlag auf Änderung des § 102 KStVO 11. Durchführungsverordnung zur KStVO v. 17. 8. 1944, ebenda R 3001/21262, Bl. 153.

36 Schreiben des Reichsministers der Justiz an OKW/Wehrmachtrechtsabteilung betr. 11. Durchführungsverordnung zur KStVO v. 12. 9. 1944, ebenda.

Wehrunwürdigkeit verurteilte Heeresangehörige nicht mehr den Justizbehörden zur Strafvollstreckung zu übergeben waren.[37] Der Vollzug sollte stattdessen fortan in Zuchthauskompanien der Feld-Strafgefangenenabteilungen durchgeführt werden. Die Gerichtsherren konnten jedoch auch bestimmen, dass Wehrunwürdige der Gestapo übergeben und in ein Konzentrationslager überführt wurden. Die Entscheidung sollte sich daran orientieren, ob der Betreffende für einen späteren Einsatz in einem Bewährungsbataillon in Betracht kam. Wenn dies bejaht wurde, war der Wehrmachtstrafvollzug einschlägig. Die Überführung von Verurteilten in ein Konzentrationslager erhielt die Wehrmachtkennzeichnung „Zwischenhaft II".[38] An die Gestapo war eine beglaubigte Abschrift des Urteils abzusenden und sodann der Dienststelle des Chefs der Heeresrüstung und Befehlshabers des Ersatzheeres Mitteilung zu machen, welcher Staatspolizei-Dienststelle der Häftling übergeben worden war.

Der Justizminister einigte sich mit der Heeresrechtsabteilung zunächst darauf, dass nur diejenigen Wehrunwürdigen aus dem zivilen Vollzug abgegeben wurden, die in eine Bewährungstruppe einrücken sollten, sowie Häftlinge, die für die Rüstungsarbeiten entbehrlich waren.[39] Diejenigen ehemaligen Heeresangehörigen, die nach der Versetzung in den Wehrmachtzuchthausvollzug oder in eine Bewährungstruppe erneut straffällig und gerichtlich bestraft oder als „unerziehbar" eingestuft wurden, sollten durch den zuständigen Gerichtsherrn an die Staatspolizei übergeben werden.[40] Die Gestapo hatte in diesen Fällen für eine Überführung in ein Konzentrationslager zu sorgen.

Gemäß der Himmler-Verordnung wurden zu einer Zuchthausstrafe verurteilte Soldaten nur noch danach eingeteilt, ob sie zukünftig für eine Bewährung in Frage kamen oder nicht, wobei Letzteres direkt ins KZ führte.[41] Häftlinge, die in KZ-Haft genommen worden waren, konnten, wenn sie sich noch oder wieder für den Wehrdienst als „brauchbar" erwiesen, über den Kommandanten des Konzentrationslagers oder das Reichssicherheitshauptamt dem OKH zwecks Frontbewährung vorgeschlagen werden. Die Entscheidung über die Frontbewährung sollte durch das OKH getroffen werden.[42]

37 Anordnung des Chefs der Heeresrüstung und Befehlshabers des Ersatzheeres an die Gerichtsherrn des Ersatzheeres betreffend Vollzug der Zuchthausstrafe v. 5. 9. 1944, BArch-MA RH 26-172/9.

38 OKH/Chef der Heeresjustiz betr. Befehl des Chefs H Rüst u BdE v. 15. 9. 1944, BArch R 3001/21262, Bl. 150 f.

39 Vermerk in den Akten des Reichsjustizministeriums v. 13. 10. 1944, ebenda, Bl. 155.

40 Der Chef der Heeresrüstung und Befehlshaber des Ersatzheeres betr. Vollzug der Zuchthausstrafen v. 5. 9. 1944, ebenda, Bl. 150.

41 Ebenda.

42 OKH/Chef der Heeresjustiz betr. Befehl des Chefs H Rüst u B. d. E. v. 15. 9. 1944, ebenda, Bl. 150 f.

Wehrunwürdige Angehörige des Feldheeres waren nunmehr nur noch in Ausnahmefällen in den Strafvollzug der Justizbehörden zu übergeben. Dies betraf „schwersterziehbare Asoziale, homosexuelle Hangtäter, gemeinschaftsfeindliche Elemente" und aus sonstigen Gründen für die Wehrmacht unbrauchbare Verurteilte.[43] In allen weiteren Fällen sollten die zu Zuchthaus Verurteilten unter bedingter Wiederverleihung der Wehrwürdigkeit in eine Feld-Strafgefangenenabteilung oder ein Feldstraflager eingewiesen werden.[44] Am 15. September 1944 verfügte der Chef der Heeresjustiz, dass bei Anordnung von Maßregeln der Sicherung und Besserung neben einer Freiheitsstrafe der Verurteilte sofort in ein Konzentrationslager überführt werden sollte.[45]

Der Himmler-Erlass bezüglich der vollständigen Übernahme des Strafvollzuges durch die Wehrmacht wurde erst im Januar 1945 offiziell in die KStVO übernommen.[46] § 102 Abs. 1 KStVO lautete nunmehr: „Der Gerichtsherr vollstreckt die Entscheidungen der Wehrmachtgerichte. Er vollstreckt auch die der allgemeinen Gerichte und Behörden, soweit diese gegen Wehrmachtangehörige, Schiffsangestellte oder Kriegsgefangene Freiheitsstrafen verhängt haben." Es stand den Gerichtsherren jedoch offen, bei Vorliegen gewichtiger Gründe weiterhin die zivilen Behörden um Übernahme des Strafvollzuges zu ersuchen. Die Regelung trat rückwirkend zum 1. Oktober 1944 in Kraft. Von ihr umfasst waren zwar nicht diejenigen Verurteilten, die vor dem Tag des Inkrafttretens bereits im zivilen Strafvollzug einsaßen, es stand jedoch im Ermessen der Oberbefehlshaber der Wehrmachtteile, einvernehmlich mit dem Justizminister von dieser Regelung abzuweichen. Wie bereits dargelegt, traf dies auf den Bereich des Heeres zu. Das Reichsjustizministerium beugte sich dem Druck Himmlers und überstellte nun sämtliche Gefangenen, die vormals dem Feld- und Ersatzheer angehört hatten, der Bewährungstruppe, den Zuchthauskompanien der Feld-Strafgefangenenabteilungen oder Konzentrationslagern.[47] Damit war der Strafvollzug an Wehrmachtangehörigen durch das Reichsjustizministerium praktisch beendet. Lediglich Angehörige der Marine und der Luftwaffe, die bereits vor dem 1. Oktober 1944 in den zivilen Vollzug übergeben worden waren, blieben in ihrer Gesamtheit noch in den Zuchthäusern und Straflagern der Justizbehörden. Die Überstel-

43 Merkblatt über Vollzugseinrichtungen und Bewährungstruppen des OKH/General z. b. V. v. 4. 9. 1944, BArch-MA RH 13/62, Bl. 1 ff.

44 Ebenda.

45 OKH/Chef der Heeresjustiz betr. Befehl des Chefs H Rüst u B. d. E. v. 15. 9. 1944, BArch R 3001/21262, Bl. 150 f.

46 Vgl. Elfte Verordnung zur Durchführung und Ergänzung der Verordnung über das militärische Strafverfahren im Kriege und bei besonderem Einsatz v. 11. 1. 1945, RGBl. 1945 I, S. 13.

47 Vermerk in den Akten des Reichsjustizministeriums v. 9. 1. 1945, BArch R 3001/21262, Bl. 174.

lung von Wehrmachtverurteilten aus dem zivilen Strafvollzug konnte indes auch bis Kriegsende nicht vollkommen abgeschlossen werden. Nachdem die Wehrmacht den Strafvollzug gegenüber allen verurteilten Wehrmachtangehörigen an sich gerissen hatte, gerieten auch die wegen homosexueller Vergehen Bestraften wieder in den Einflussbereich des militärischen Strafvollzuges. Mit Inkrafttreten der Richtlinien für die Vollstreckung von Freiheitsstrafen vom 1. Februar 1945[48] waren sogenannte homosexuelle Hangtäter aus dem Wehrmachtvollzug in Konzentrationslager zu überweisen und nicht mehr an die Justizverwaltung zu übergeben.

Auch der Festungshaftvollzug wurde weiter verschärft. Nachdem 1944 bereits dort die Arbeitspflicht eingeführt worden war,[49] dienten die Festungshaftanstalten ab Anfang 1945 offiziell auch der Unterbringung von „politisch anfällig gewordenen Offizieren", die im Benehmen zwischen den jeweils zuständigen Oberkommandos der Wehrmachtteile und dem Reichssicherheitshauptamt dort eingewiesen wurden.[50] Damit hatten sich Teile des Wehrmachtstrafvollzuges dem System der Schutzhaft angegliedert. Dem neuen Aufgabenkreis folgte kurz darauf eine Verschärfung der Haftbedingungen in den Festungen.[51] Die genannte Schutzhaft-Anordnung, datiert vom 26. Januar 1945, folgte allerdings bereits zuvor praktizierten Verfolgungsmaßnahmen des Systems, die im Zuge des Attentats vom 20. Juli 1944 gegen Verdächtige angeordnet worden waren. So berichtet der Wehrmachtsgeneral Hans Speidel in seinen Memoiren, dass ihm am 9. Januar 1945 von einem Gestapo-Offizier eröffnet wurde, er werde einer Festungshaftanstalt zugewiesen, wo er einem „Zwangsaufenthalt" unterworfen sei.[52] Der Speidel-Bericht verdeutlicht auch die fortgeschrittene Verzahnung von Wehrmachthaftorganisation und dem SS- und Polizeiapparat, denn Speidel und seine Mithaftlinge unterstanden der Weisungsbefugnis des Reichssicherheitshauptamtes der SS. Auch den eingesperrten Militärs sowie deren Familienangehörigen, die als „Sippenhäftlinge" ebenfalls dort einsaßen, waren die veränderten Machtverhältnisse offensichtlich geworden. Speidel führt dazu aus: „Es wurde uns deutlich, dass die Wehrmacht in ihrer eigenen ‚Haftanstalt' nichts mehr zu sagen hatte." Nach fundierter Aussage eines weiteren, als unzuverlässig geltenden Offiziers, der wegen seiner christlichen Einstellung bereits 1941 aus der Wehrmacht entlassen

48 OKW/Wehrmachtrechtsabteilung Richtlinien für die Vollstreckung von Freiheitsstrafen in der Wehrmacht v. 1. 2. 1945, ebenda, Bl. 176 ff.

49 Franz W. Seidler, Die Militärgerichtsbarkeit, S. 116.

50 Schreiben der Wehrmachtrechtsabteilung an den Reichsminister der Justiz betr. Vollzug der Festungshaft im Kriege v. 26. 1. 1945, BArch R 3001/22298, Bl. 75.

51 Vgl. Wehrmachtrechtsabteilung/OKW betr. Vollzug der Festungshaft im Kriege vom Februar 1945, ebenda, Bl. 76.

52 Hans Speidel, Aus unserer Zeit. Erinnerungen, München 1977, S. 219 ff.

worden war, galten die Festungshaftanstalten wohl bereits seit August 1944, also nach der Ernennung Himmlers zum Befehlshaber des Ersatzheeres, als Schutzhafteinrichtungen.[53]

Das OKW ordnete schließlich am 1. Februar 1945 an, dass der militärische Strafvollzug grundsätzlich der Frontbewährung zu weichen habe.[54] Diese komme für jeden in Betracht, der noch irgendwie „soldatisch brauchbar“ sei: „Das Gebot der Stunde erfordert den Einsatz jedes waffenfähigen Deutschen an der Front.“ Eingeschlossen waren auch verurteilte deutsche Zivilisten, insbesondere jene, die dem Wehrmachtgefolge zugerechnet wurden. Diejenigen Häftlinge, die nicht für eine Bewährung in Frage kamen, sollten ausnahmslos in eine Feld-Strafgefangenenabteilung überwiesen werden. Teilvollstreckungen hatten nur noch als maximal sechswöchiger Arrest durchgeführt zu werden. Verurteilungen, die auf einer fahrlässig begangenen Tat oder auf jugendliche Unerfahrenheit zurückzuführen waren, sollten grundsätzlich sofort zur Bewährung ausgesetzt werden. Die Bestimmungen galten auch für den Vollzug der Festungshaft. Vollzug in Wehrmachtgefängnissen kam nur noch für besonders begründete Ausnahmen, für Strafreste unter drei Monaten sowie für Offiziere, Unteroffiziere und Wehrmachtbeamte in Betracht, bei denen neben einer Freiheitsstrafe nicht auf Rangverlust erkannt worden war, außerdem für ausländische Wehrmachtfreiwillige. Wehrwürdige Gefangene, die sich als nicht mehr diensttauglich erwiesen, sowie alle Angehörigen des Wehrmachtgefolges, für die eine Frontbewährung nicht in Frage kam, hatten den allgemeinen Justizbehörden übergeben zu werden.[55] Wehrmachtgefangene, die während des Vollzugs disziplinarisch auffällig geworden waren, konnten auf Anweisung des zuständigen Gerichtsherrn der Gestapo übergeben werden.[56]

Über den Zustand der letzten, aus den Emslandlagern abgezogenen ehemaligen Wehrmachtangehörigen, die zwecks Fronteinsatz in den Bewährungsbataillonen zunächst nach Torgau-Fort Zinna gelangten, berichtete der in dem dortigen Wehrmachtgefängnis inhaftierte Werner Krause: „Im März 1945 erhielt ich statt meiner bisherigen Schreiberstelle in der Kompanie eine Beschäftigung als Arztschreiber im Revier. Der Hauptteil der Patienten waren Zuchthäusler, die im Moorlager von Lingen gearbeitet hatten und in den letzten Monaten […] in Frontbewährungseinheiten gesteckt wurden. Ein großer Teil dieser Leute erkrankte schon bei den ersten Ausmärschen. Die meisten hatten Wassersucht, dick geschwollene

53 Theodor Groppe, Ein Kampf um Recht und Sitte. Erlebnisse um Wehrmacht, Partei, Gestapo, in: Thomas Marin (Hrsg.), Theodor Groppe. Der „Schwarze General“. Ein katholischer Soldat im Kampf für Recht und Sitte, Bad Schussenried 2008, S. 9, 40 f.

54 Zum folgenden OKW/Wehrmachtrechtsabteilung Richtlinien für die Vollstreckung von Freiheitsstrafen in der Wehrmacht v. 1. 2. 1945, BArch R 3001/21262, Bl. 176 ff.

55 Ebenda.

56 Ebenda.

Beine und Bäuche, während sie im Übrigen buchstäblich nur noch mit Haut überspannte Skelette waren. Selbst die Ärzte erschauerten beim Anblick dieser ‚Moorgerippe'. In moralischer Hinsicht waren sie so stumpf und tierisch geworden, dass sie sich dauernd besudelten und stahlen, wo immer sie etwas Essbares fanden. [...] Die Vorstellung, dass Hitler mit solchen Leuten noch den Krieg gewinnen wollte, erschien uns allen grotesk und gespenstisch."[57]

Trotz der über Jahre immer wieder durchgeführten Auskämmungen der Haftanstalten und Lager sowie des körperlich desolaten Zustandes vieler Häftlinge, gab es bis zum Ende des Dritten Reiches noch Phantastereien führender Nationalsozialisten, wie Häftlinge zur Verteidigung des Reiches eingesetzt werden könnten. Propagandaminister Joseph Goebbels schlug am 1. März 1945 dem Berliner Verteidigungsrat vor, eine Division aus Insassen von Gefängnissen und Konzentrationslagern aufzustellen, von der er hoffte, sie werde sich „auf das hervorragendste" schlagen.[58]

Wie viele ehemalige Wehrmachtangehörige, die während des Jahres 1945 in den Anstalten des Reichsjustizministeriums inhaftiert waren, noch von Wachmannschaften oder Polizei-Kommandos getötet wurden, ist unbekannt. Bereits Ende 1944 hatte Justizminister Thierack festgelegt, dass Insassen von Gefängnissen, die kurz vor der Befreiung durch alliierte Truppen stünden, geräumt werden sollten. Während als besserungsfähig eingestufte Gefangene entweder freigelassen oder der Wehrmacht zwecks Fronteinsatzes übergeben werden sollten, sollten die verbliebenen Gefangenen ermordet werden.[59] Demgemäß kam es bis Mai 1945 bei der Räumung der Haftanstalten zu Massentötungen von Insassen. Auch die unter Entbehrungen durchgeführten Rückzugsmärsche von Gefangenen in das Innere des Reiches forderten zahlreiche Todesopfer.

Nach der Kapitulation Deutschlands wurden die Insassen der Wehrmachtvollzugsanstalten, die von den Westalliierten befreit wurden, überprüft und, sofern keine allgemein als kriminell angesehen Delikte vorlagen, freigelassen. Teilweise wurden auch neue Strafen ausgesprochen und die Strafen entsprechend umgewandelt.[60]

57 Eigenhändiger Bericht von Professor Werner Krause, Ermittlungsakte gegen Manfred Roeder, HStA Hannover Nds. 721 69/76 Bd. X, Bl. 158 ff.

58 Joseph Goebbels, Tagebücher 1945, S. 67.

59 Zum Folgenden vgl. Nikolaus Wachsmann, Justizterror, S. 363 ff.

60 Vgl. Bericht über die Strafvollstreckung und Aktenverwahrung bei der Marinejustiz im Kriege v. 14. 10. 1946, Deutsche Minenräumdienstleitung, BArch–MA ZA 5/5, Bl. 56 f.

März 1945, Zuchthaus Sonnenburg, vor dem Rückzug
der Wehrmacht ermordete Gefangene.
Bundesarchiv Koblenz,
Bild 183-E0406-0022-035.

März 1945, Zuchthaus Sonnenburg, überlebende Gefangene.
Bundesarchiv Koblenz, Bild 183-E0406-0022-036.

Kapitel 4: Wehrmachtjustiz nach der Kapitulation

Die Kapitulation Deutschlands am 8. Mai 1945 beendete nicht die Tätigkeit der Kriegsgerichte. Wo sich größere Armeeteile vor Truppen der Westalliierten ergaben, blieben die Verbände zum Teil auch in der Gefangenschaft intakt. In vielen Fällen arbeiteten dort die Wehrmachtgerichte über zum Teil lange Zeiträume weiter. Die norddeutschen Gebiete, in denen eine große Zahl von Wehrmachtangehörigen konzentriert war, unterstanden der Verwaltung des deutschen Heeres, während die Marine dort die befehlshabende Gewalt behielt, wo ihre Angehörigen in ihren Verbänden verblieben und gegebenenfalls weiterhin Marineaufgaben wahrnahmen, wie etwa die Beseitigung von Minen.[1] In den anderen von der Wehrmacht gehaltenen Gebieten verblieb die Gerichtsbarkeit bei den jeweiligen Teilstreitkräften.

Grundlegend für das Weiterbestehen der Wehrmachtgerichtsbarkeit war das am 4. Mai 1945 von der alliierten Militärverwaltung erlassene Gesetz Nr. 153. Demnach waren alle „Kriegsgerichte außer den Feldkriegsgerichten" abgeschafft. Das Militärstrafgesetzbuch fand ebenso weiterhin Anwendung wie die Kriegsstrafverfahrensordnung. Der Jurisdiktion der Kriegsgerichte unterstanden Soldaten der Wehrmacht sowie Angehörige der Waffen-SS, des RAD, der OT, des NS-Kraftfahrerkorps, des NS-Fliegerkorps und der Heimat-Flak, sofern diese einem Kommando der Wehrmacht unterstellt waren. Die Wehrmachtjustiz war indes nicht mehr für Zivilisten zuständig, auch wenn es sich um solche des Wehrmachtgefolges handelte. Grundsätzlich durften die Kriegsgerichte nur noch Freiheitsstrafen aussprechen, die zwei Jahre nicht überschritten. Sofern die alliierte Militärverwaltung es jedoch im Einzelfall genehmigte, konnte auch eine höhere Freiheits- oder auch jede andere Strafe in Betracht kommen. Die Festungshaft war allerdings abgeschafft, ebenso war die KSSVO außer Kraft gesetzt. Folgend sollen insbesondere diejenigen Verfahren erwähnt werden, die noch nach der endgültigen Kapitulation vom 8. Mai 1945 bzw. der Teilkapitulation vom 5. Mai 1945 zum Tode der Angeklagten führten.

Norddeutschland, Niederlande und Norwegen

In Norwegen blieb die Rechtsorganisation der Wehrmacht noch bis Februar 1946 bestehen.[2] Am 10. Mai 1945 wurden vier Angehörige einer Gebirgsdivision er-

1 Vgl. Schreiben Office of the Allied Naval Commander in Chief Expeditionary Force an Generaladmiral Warzecha betr. Pflichten des rangältesten deutschen Marineoffiziers v. 8. 6. 1945, ebenda ZA 5/1, Bl. 34.

2 Vgl. Franz W. Seidler, Fahnenflucht, S. 331; Manfred Messerschmidt, Die Wehrmachtjustiz 1933–1945, S. 433.

schossen, nachdem sie einen Tag zuvor wegen Meuterei verurteilt worden waren.[3] Ende Mai 1945 versuchten die deutschen Kommandostäbe in Norwegen, von den Alliierten in Aussicht genommene Strafverfahren gegen deutsche Kriegsverbrecher an sich zu ziehen.[4] Begründet wurde dies mit dem Hinweis, allein deutsche Wehrmachtangehörige könnten gerecht über Verstöße gegen das Kriegsrecht urteilen. Nachdem das Ansinnen abgelehnt worden war, bemühte man sich zumindest, Wehrmachtrichter an den Verfahren als Beisitzer zu beteiligen.[5] Ob die Alliierten dieses Anliegen aufgriffen, geht aus den Quellen nicht hervor.

Der kommandierende General des in den Niederlanden stehenden XXX. Armee-Korps gab in einem Aufruf, der vermutlich vom 12. Mai 1945 stammt, seinen Soldaten bekannt, dass die Kriegsgerichte des Korps weiter ihrer Arbeit nachgingen: „Wir sind durch die deutsche Kapitulation nicht zu Kriegsgefangenen, sondern zu Kapitulierten geworden. Wir bleiben Soldaten der deutschen Wehrmacht. [...] Da wir nicht kriegsgefangen sind, hat niemand das Recht, seine Truppe zu verlassen. Die Bestimmungen über Behandlung von unerlaubt Entfernten oder Fahnenflüchtigen bleiben in Kraft. Unsere Lage zwingt dazu, jede Art von Vergehen oder Verbrechen schärfer als sonst disziplinar oder gerichtlich zu ahnden. Fahnenflüchtige sind zum Tode zu verurteilen. Die holländische Widerstandsbewegung und der Feind liefert z. Zt. alle bisher untergetauchten Fahnenflüchtigen und unerlaubt Entfernten an uns aus. Die Ausgelieferten werden von uns sofort abgeurteilt.“[6]

Das XXX. Korps unterstand als Teil der 25. Armee dem Oberbefehlshaber Nordwest.[7] Damit muss die Regelung für den gesamten Bereich der Niederlande Geltung gehabt haben, da die 25. Armee die „Festung Holland“ zu verteidigen hatte.[8] Unter das Kommando des Befehlshabers Nordwest geriet gegen Ende des Krieges auch das Staatsgebiet Dänemarks.[9] Nach dem Bericht eines ehemaligen Wehrmachtpfarrers, der 1968 im „Stern“ erschien, wurden noch Stunden nach der Gesamtkapitulation vier oder fünf Wehrmachtangehörige im Wehrmachtgefängnis Den Haag erschossen und im Gefängnishof verscharrt.[10] Dies wurde durch spätere

3 „Idee vom Eckpfeiler“, in: Der Spiegel, 31. 7. 1972, S. 40 f.

4 Schreiben General Böhme an Allied Military Joint Commander v. 23. 5. 1945, BArch-MA RH 20-20/341, Bl. 85.

5 Schreiben General Böhme an Allied Military Joint Commander v. 5. 6. 1945, ebenda, Bl. 4.

6 Befehl des kommandierenden Generals des XXX. AK vom Mai 1945 (Datum unleserlich, aber aus der Anordnung in der Fundstelle kann der 12. 5. 1945 angenommen werden), HStA Hannover Acc. 90 Nr. 119/5, Bl. 9.

7 Nach Georg Tessin, Verbände und Truppen der deutschen Wehrmacht und Waffen-SS im Zweiten Weltkrieg 1939–1945. Vierter Band: Die Landstreitkräfte 15–30, Frankfurt a. M. 1976, Kap. 30.

8 Ebenda, Kap. 25.

9 Georg Tessin, Verbände und Truppen, Bd. 1, Kap. I.

10 Günter Vielen, Die Toten stehen langsam auf, in: Stern, 7. 4. 1968, S. 58 ff.

Vernehmung von beteiligten Wehrmachtangehörigen bestätigt.[11] Demnach wurde die Erlaubnis durch eine kanadische Militärbehörde erteilt. Getötet wurden die Gefangenen nicht durch ein Exekutionskommando, sondern in kniender Haltung durch Genickschüsse in ihrer Gefängniszelle. Der Befehl sei nach Bekunden eines Angehörigen des Wachpersonals aufgrund der entschiedenen Forderung des kommandierenden Generals von Blaskowitz ergangen.[12] Mindestens einer der Gefangenen hatte zunächst noch versucht, durch ein Gespräch die Hinrichtung abzuwenden. Als dies nichts geändert hatte, hatte er tätlich versucht, die Tötung zu verhindern. Nach Äußerung eines weiteren Zeugen hatten sich wesentliche Teile der Wachmannschaft geweigert, an einer Hinrichtung teilzunehmen.[13] Ein Offizier des Wachpersonals, der kurz vor der Gesamtkapitulation mit der Bildung einer aus Untersuchungsgefangenen bestehenden Einheit beauftragt worden war, die am Strand von Scheveningen Stellungen bezog, berichtete ebenfalls über diese Vorkommnisse.[14] Demnach begab er sich am 9. Mai 1945 in das Wehrmachtgefängnis, um einen Bericht einzureichen. Dabei wurde er von einem Gefangenen angstvoll angefleht, ihn in seine Einheit aufzunehmen, da er nach dem Niederschießen der Gefangenen fürchtete, ebenfalls hingerichtet zu werden.

Der Oberbefehlshaber der 25. Armee ordnete bezüglich der Wehrmachtgerichtsbarkeit am 24. Mai 1945 an, dass Standgerichte nicht mehr einzuberufen seien, die Divisionsgerichte aber weiter ihrer Tätigkeit nachgehen würden.[15] Die Gerichte sollten fortan aus einem Juristen und zwei Offizieren bestehen, Mannschaftsbeisitzer sollten nicht mehr in Frage kommen. Dieser Befehl sollte als Klarstellung zur „Behebung von Zweifeln" dienen. Sofern es sich allerdings nicht um Verstöße gegen militärisches Recht handelte, sollten sie an ein ordentliches Gericht überwiesen werden. Kriegsgerichtliche Entscheidungen sollten mit einer Stellungnahme des Gerichtsherrn der alliierten Militärverwaltung zugeleitet werden.

Nach Aussage eines Marinerichters im Stab des Marinebefehlshabers Nordsee wurden nach der Totalkapitulation mehrere deutsche Fahnenflüchtige durch britische Truppen an eine in den Niederlanden stationierte Marineeinheit übergeben.[16] Die Flüchtigen hatten sich zuvor bei der niederländischen Untergrundbewegung verborgen gehalten. Auf Anfrage des deutschen Gerichtsherrn, was mit den Solda-

11 Vernehmungsniederschrift Richard Werdin v. 14. 4. 1970 wegen rechtswidriger Exekutionen am 9. 5. 1945 durch die StA Hannover, HStA Hannover Nds. 721 Acc. 90/99 Nr. 119/6.

12 Ebenda, hier: Vorhaltungen seitens der Staatsanwaltschaft mit Aussagen anderer Zeugen.

13 Vgl. auch Vernehmung Peter Stickelbroeck durch die Polizei Kevelaer am 3. 7. 1969, ebenda.

14 Vernehmung Heinrich Hansen durch die Polizei Rodenkirchen am 2. 7. 1969, ebenda.

15 Ebenda Acc. 90 Nr. 119/5.

16 Zum Folgenden vgl. Schreiben Otto Kranzbühlers an den Untersuchungsrichter beim LG Hamburg v. 28. 3. 1947, ebenda, Bl. 3 ff.; es handelt sich vermutlich um zwei Matrosen, deren Fall auch bei Günther Fahle, Verweigern–Weglaufen–Zersetzen, S. 216, dokumentiert ist.

ten geschehen solle, wurde seitens des britischen Befehlshabers übermittelt, dass sie nach Kriegsrecht abzuurteilen seien. In Gegenwart eines kanadischen Majors sollen daraufhin Todesurteile durch ein Wehrmachtgericht ergangen sein. Auf weitere Anfrage des Gerichtsherrn, ob die Urteile unter den herrschenden Verhältnissen auch vollstreckt werden sollten, wurde auf Weisung eines britischen Corps die Erlaubnis zur Vollstreckung erteilt. Der deutschen Truppe wurde eine für die Exekution erforderliche Anzahl von Gewehren ausgehändigt und die Strafe am 12. oder 13. Mai 1945 vollstreckt.

Am 9. Mai 1945 soll es in der Wilhelmshavener Flak-Batterie 212 zu einer Gehorsamsverweigerung eines Oberfeldwebels gekommen sein.[17] Der deshalb verfügten Festnahme widersetzte er sich gewaltsam. Der festnehmende Offizier zog daraufhin seine Waffe und erschoss den Soldaten. Eine kriegsgerichtliche Untersuchung wurde zunächst aufgenommen, dann aber eingestellt. Daraufhin nahmen britische Dienststellen eine Untersuchung des Vorfalls vor. Gegen den deutschen Untersuchungsführer und die an dem Geschehen beteiligten deutschen Offiziere wurde Anklage vor einem britischen Militärgericht erhoben. Das Urteil lautete in allen Fällen auf Freispruch. Nach einem Bericht in der Wilhelmshavener Zeitung wies das Gericht in der Urteilsbegründung darauf hin, dass es gerade in den Tagen nach der Kapitulation darauf angekommen sei, Ordnung und Disziplin unter den deutschen Truppen aufrechtzuerhalten.

Am 10. Mai 1945 wurden in Dänemark drei Matrosen wegen Fahnenflucht hingerichtet.[18] Die Verurteilten waren am 6. Mai zusammen mit einem weiteren Wehrmachtangehörigen desertiert, um in ihre Heimat zu gelangen. Am selben Tag wurden sie von dänischen Widerstandskämpfern verhaftet und an die Wehrmacht ausgeliefert. Am 9. Mai verurteilte sie ein Kriegsgericht zum Tode. Das Urteil wurde auf einem Schnellboot ohne Genehmigung alliierter Kommandoeinrichtungen vollstreckt.

Das Oberkommando der Marine teilte am 10. Mai 1945 allen untergeordneten Dienststellen mit, dass die Kriegsgerichtsbarkeit auch weiterhin als Teil der Befehlsgewalt ausgeübt werden würde. Über Fahnenflucht hieß es explizit: „Todeswürdig bleibt die Fahnenflucht jedoch nur als typische Auflösungserscheinung. Die jetzige Notlage verlangt scharfes Durchgreifen, um ein Abgleiten ins Chaos zu vermeiden."[19] Da die Fahnenflucht ausdrücklich nur in „typischen" Fällen mit

17 Zum Folgenden vgl. Schreiben Otto Kranzbühlers an den Untersuchungsrichter beim LG Hamburg v. 28. 3. 1947, HStA Hannover Nds. 721 Hannover Acc. 90 Nr. 119/5, Bl. 3 ff.

18 Zum Folgenden vgl. Urteil gegen den früheren Kapitän zur See Rudolf Petersen, den früheren Stabsrichter Adolf Holzweig, den früheren Oberstabsarzt Hans Busch, den früheren Marine-Hauptgefreiten Heinz Faustmann und den früheren Kapitänleutnant-Ingenieuer Otto Sander, BGH v. 29. 5. 1952 2 StR 45/50.

19 Schreiben Otto Kranzbühlers an den Untersuchungsrichter am LG Hamburg v. 28. 3. 1947, HStA Hannover Nds. 721 Hannover Acc. 90 Nr. 1189/5, Bl. 3 ff.

dem Tode bedroht blieb, stellt sich die Frage, welche Fälle als minder schwer betrachtet wurden. Als nichttypische Auflösungserscheinung würde nach dem Wortlaut eine „berechtigte" Flucht zu vermuten sein, die beispielsweise aufgrund eines drohenden Strafverfahrens vor alliierten Gerichten begangen wurde, wie sie etwa von GFP-Angehörigen in Norwegen unternommen wurde.

Am 14. Mai meldete der Admiral „Deutsche Bucht" an das Oberkommando der Marine, dass die britische Besatzungsmacht von den deutschen Stäben verlange, die Disziplin in vollem Umfang aufrechtzuerhalten und Desertionen unter allen Umständen zu verhindern.[20]

Den im norddeutschen Raum versammelten deutschen Heereseinheiten wurde am 15. Mai 1945 mitgeteilt, dass Todesurteile nicht mehr verhängt werden durften.[21] Bereits ausgesprochene Todesurteile konnten jedoch vollstreckt werden, wenn sie von Seiten der britischen Armee bestätigt wurden.

Am 17. Mai 1945 gab die 2. Britische Panzerarmee dem Oberkommando der Marine sowie der deutschen Armeegruppe Blumentritt bekannt, dass keine Todesurteile mehr seitens der Wehrmacht vollstreckt werden dürften.[22] Gleichzeitig wurde das deutsche Wachpersonal der Standortarrestanstalt Kiel aufgrund einer Anweisung der britischen Marine wieder bewaffnet.[23]

Otto Kranzbühler, zunächst in der Marinerechtsabteilung und als Oberstkriegsgerichtsrat tätig,[24] später als Flotten- und Chefrichter beim Marineoberkommando Nordsee, berichtete im Zuge eines Verfahrens gegen Mitglieder eines Marinekriegsgerichts vor einem Untersuchungsrichter des LG Hamburg über die Entwicklung der Marinegerichtsbarkeit ab Ende Mai 1945.[25] Demnach wurde dem Stab des Marinekommandos Nordsee durch die britische Besatzungsmacht der Be-

20 Ebenda.

21 Zum Folgenden vgl. Anlage 2 zu Schreiben Armeegruppe Müller v. 15. 5. 1945, Befehle der engl. Besatzungstruppe an Armeegruppe Müller, BArch-MA RW 44 I/46.

22 Beglaubigte Abschrift OKM-Fernschreiben v. 17. 5. 1945 an Marinedienststellen Admiral Niederlande, Admiral Deutsche Bucht, Seekommandant Nordfriesland, Festungskommandant Sylt, Brunsbüttel, Cuxhaven, Wesermünde, Wilhelmshaven, Emden, Chef 1. Sicherungsdivision, Chef 5. Sicherungsdivision, HStA Hannover Nds. 721 Hannover Acc. 90 Nr. 119/5, Bl. 11; vgl. auch Schreiben Otto Kranzbühlers an den Untersuchungsrichter am LG Hamburg v. 28. 3. 1947, ebenda Nds. 721 Hannover Acc. 90 Nr. 1189/5, Bl. 3 ff.

23 Beglaubigte Abschrift OKM-Fernschreiben v. 17. 5. 1945 an Marinedienststellen Admiral Niederlande, Admiral Deutsche Bucht, Seekommandant Nordfriesland, Festungskommandant Sylt, Brunsbüttel, Cuxhaven, Wesermünde, Wilhelmshaven, Emden, Chef 1. Sicherungsdivision, Chef 5. Sicherungsdivision, ebenda Nds. 721 Hannover Acc. 90 Nr. 119/5, Bl. 11.

24 Vgl. Geschäftsverteilungsplan der Marinerechtsabteilung v. 1. 2. 1940, BArch-MA RM 31/3360, Bl. 120 ff.; Mitteilungen zur Kriegsmarine in der ZfW 8 (1943/44) 1, S. 148.

25 Zum Folgenden vgl. Bericht Otto Kranzbühler v. 21. 5. 1948, HStA Hannover Nds. 721 Hannover Acc. 90 Nr. 119/5, Bl. 1 f.

fehl erteilt, seine Tätigkeit aufrechtzuerhalten und Weisungen der alliierten Streitkräfte entgegenzunehmen. Der Marinestab wurde unter seinem Befehlshaber, Admiral Foerste, von Sylt nach Wilhelmshaven verbracht, um dort in der bisherigen Dienststelle militärische Aufgaben wahrzunehmen. Nach einigen Wochen wurde Foerste vom britischen Flagg-Offizier für Westdeutschland die Verantwortung für die Aufrechterhaltung der Disziplin in den deutschen Marineeinheiten bestätigt und ihm befohlen, geeignete Maßnahmen zu treffen, um diese zu gewährleisten. Dabei wurden ihm auch kriegsgerichtliche Tätigkeiten erlaubt. Auf Ersuchen Foerstes wurde Chefrichter Kranzbühler an den Marinestab Nordsee überwiesen und damit beauftragt, die Arbeit der Marinegerichte zu reorganisieren. Kranzbühler nahm diese Tätigkeit nach eigenem Bekunden Ende Juni 1945 auf. Ausgesprochene Strafen durften nur mit Genehmigung des zuständigen britischen Marine-Befehlshabers vollstreckt werden.

Als zusätzliche Strafbestimmung verfügte das britische Oberkommando die Zurückstellung der Entlassung aus der Kriegsgefangenschaft bei straffälligem Verhalten.[26] Die Zurückstellung konnte einen Zeitraum von zwei bis sechs Monaten umfassen und durfte von jedem Gerichtsherrn, den Feldkriegsgerichten und höheren Disziplinarvorgesetzten ausgesprochen werden. Soldaten, die sich unerlaubt von ihrer Truppe entfernt hatten und bereits aus der Kriegsgefangenschaft entlassen worden waren, ohne dies den britischen Streitkräften mitgeteilt zu haben, konnten nachträglich die Entlassungspapiere wieder abgenommen und der Vorgang rückgängig gemacht werden.[27]

Für in Niedersachsen und Schleswig-Holstein zusammengefasste und demobilisierte deutsche Truppenkontingente blieben bis zum Herbst 1945 Kriegsgerichte bestehen.[28] Während die wesentlichen Teile der Wehrmacht aufgelöst wurden, kam es im Laufe des Sommers 1945 zur Reorganisierung von Teilen der Kriegsmarine für Aufgaben der Minenbeseitigung. Zum Entschärfen der Seeminen wurden Flottillen aus Sperrbrechern, Minensuch- und Räumbooten zusammengestellt, die in der Nordsee und an der Küste Norwegens eingesetzt wurden.[29] Zu diesem Zweck sollten deutsche Marine-Verbände sowie ein Oberkommando

26 Vgl. Tagesbefehl des Deutschen Minenräumkommandos Nr. 1 v. 21. 8. 1945, BArch-MA ZA 5/1, Bl. 117 ff.

27 Tagesbefehl des Deutschen Minenräumkommandos Schleswig-Holstein Nr. 4 v. 20. 2. 1946, ebenda, Bl. 129 f.

28 Erich Schwinge, Die deutsche Militärgerichtsbarkeit im zweiten Weltkrieg, in: DRiZ (1959), S. 350 f.

29 Vgl. Aktenvermerk über Besprechung betr. Minensuchen am 8. 6. 1945 abends auf der „Patria", BArch-MA ZA 5/1, Bl. 28 ff.; Generaladmiral Warzecha an Flaggoffizier Kiel u. a. betreffend Erklärung an den rangältesten deutschen Marineoffizier im Oberkommando der Kriegsmarine v. 7. 6. 1945, ebenda ZA 1/5, Bl. 32 f.; sowie Bericht Otto Kranzbühler v. 21. 5. 1948, HStA Hannover Nds. 721 Hannover Acc. 90 Nr. 119/5, Bl. 1 f.

bestehen bleiben und eine einheitliche Steuerung der Disziplin gewährleistet sein. Generaladmiral Warzecha wurde am 8. Juni 1945 zum Verantwortlichen für den Mineneinsatz bestimmt.[30] In dieser Funktion hatte er ausdrücklich die Disziplin des deutschen Marinepersonals zu gewährleisten, sofern sie sich nicht in Gefangenenlagern befanden, die einer Heeresverwaltung unterstellt worden waren. Die Organisation nahm am 21. Juli 1945 offiziell ihre Tätigkeit unter dem Namen „Deutscher Minenräumdienst" auf.[31] Der Räumdienst galt als nicht-militärische Organisation.[32] Der Chef der Räumdienste unterstand dem Befehlshaber der britischen Marine in Deutschland.[33] Im Sommer 1945 gehörten dem Räumdienst etwa 27 000 Marinesoldaten an, im Frühjahr 1946 sank die Zahl auf 16 000.[34] Der Räumdienst wurde mit Ende des Jahres 1947 aufgelöst.[35] Kranzbühler war bis September 1945 Leiter der Rechtsabteilung des Räumdienstes. Nach Beendigung dieser Tätigkeit fungierte er als Verteidiger des vor dem Kriegsverbrechertribunal in Nürnberg angeklagten Marineoberbefehlshabers Großadmiral Karl Dönitz.[36]

Die für die verbliebenen Marine-Truppen bestehenden Kriegsgerichte sollten ihre Tätigkeit mit Anordnung vom 21. Mai 1946 zum 31. Mai 1946 beenden.[37] Ausnahmen durften indes angeordnet werden. Allerdings wurden die deutschen Offiziere ermächtigt, in einem gewissen Rahmen selbständig Strafen auszusprechen.[38] Neben verschiedenen Arreststrafen waren dies insbesondere gegenüber Mannschaften und Unteroffizieren Rangverlust und Gefängnis bis zu einem Jahr. Die Strafvorschrift bezog sich auf die Wehrmachtdisziplinarstrafordnung vom 6. Juni 1942. Alle Urteile unterlagen einer Nachprüfung durch einen britischen

30 Office of the Allied Naval Commander in Chief Expeditionary Force an Generaladmiral Warzecha, Oberbefehlshaber der deutschen Kriegsmarine betreffend Pflichten des rangältesten deutschen Marineoffiziers v. 8. 6. 1945, BArch–MA ZA 1/5, Bl. 34.

31 Vgl. Admiral Burrough v. 21. 7. 1945, ebenda, Bl. 38 ff.

32 Schreiben an das Arbeitsgericht Hamburg-Altona betr. Rechtsstand der ehemaligen Deutschen Minenräumdienstleitung v. 24. 1. 1952, ebenda ZA 5/5, Bl. 130 ff.

33 Vgl. Admiral Burrough v. 21. 7. 1945, ebenda ZA 1/5, Bl. 38 ff.

34 Deutsche Minenräumdienstleitung betr. Geschichte des Deutschen Minenräumdienstes v. 29. 10. 1947, ebenda ZA 5/5, Bl. 88 ff.

35 Divisionsbefehl 6. Deutsche Minenräum-Division v. 20. 9. 1947, ebenda, Bl. 104.

36 Bericht Otto Kranzbühler v. 21. 5. 1948, HStA Hannover Nds. 721 Hannover Acc. 90/99 Nr. 119/5, Bl. 1 f.

37 Anlage zu GER.NO. D/7421 v. 21. 5. 1946, Vorschriften für die Wahrung der Disziplin bei deutschen Marinedienstgruppen, BArch–MA ZA 5/1, Bl. 57 ff.; Ausübung der Disziplinarstrafgewalt nach dem 1. Juni 1946, ebenda ZA 5/5, Bl. 36 ff.

38 Vgl. Anhang zu den Vorschriften der Mil. Reg. betr. die Wahrung der Disziplin bei deutschen Marinedienstgruppen. Liste der Höchststrafen, die von deutschen Offizieren je nach ihrem Rang bzw. Dienststellung verhängt werden können, ebenda ZA 5/1, Bl. 68.

Befehlshaber.[39] Bei schwerwiegenden Straftaten waren amerikanische oder britische Militärgerichte für die Verhandlung zuständig.

Mit Übergang der Zuständigkeit der Kriegsgerichte auf die zivile Justiz wurde eine Übernahme des wehrmachtgerichtlichen Personals seitens der neu entstehenden deutschen Justizeinrichtungen angestrebt.[40]

Süddeutschland, Italien und Griechenland

Der deutsche Oberbefehlshaber „Südwest", Generalfeldmarschall Albert Kesselring, dem sämtliche deutschen Truppen in Süddeutschland und Italien unterstanden, ordnete für seinen Befehlsbereich am 11. Mai 1945 an, dass kein Soldat seine Uniform, die Hoheitsabzeichen oder auch nur die Rangabzeichen ablegen dürfe. Jedes Zuwiderhandeln sollte als Fahnenflucht geahndet werden.[41] Nach einverständlicher Regelung mit dem Befehlshaber der in Süddeutschland operierenden 7. U.S.-Armee konnten durch Militärgerichte verhängte Freiheitsstrafen weiterhin vollzogen werden, solange es sich nicht um politische Delikte handelte.[42]

Zahlreiche Einheiten – insbesondere der Luftwaffe – blieben im süddeutschen und österreichischen Raum nach dem 8. Mai 1945 intakt.[43] Die in Süddeutschland stationierte Luftflotte 6 wurde nach der Kapitulation in „Kommando der Deutschen Luftwaffe in der U.S.-Zone" umbenannt und wickelte in diesem Rahmen die Demobilisierung sämtlicher Luftwaffen-Einheiten in der Region ab.[44] Für den 28. Mai 1945 wurde in der Handakte des Generalstabes der 6. Luftflotte festgehalten: „Aufrechterhaltung straffer Disziplin und Manneszucht mit rücksichtslosem Durchgreifen jedes Offiziers. Kriegsgerichtsbarkeit bleibt im vollen Umfange bestehen." In einer Besprechung der höheren Offiziere mit dem Chef des Generalstabes am 4. Juni 1945 wurden Straflager-Einrichtungen zur Strafvollstreckung gefordert.

Mit Befehl des Kommandos der Deutschen Luftwaffe vom 13. Juni 1945 wurde für Süddeutschland ein Sonderlager eingerichtet, in dem Soldaten inhaftiert werden sollten, die „sich in ihrem Lager als Störer der Ordnung und Disziplin, als

39 Anlage zu GER.NO. D/7421 v. 21. 5. 1946, Vorschriften für die Wahrung der Disziplin bei deutschen Marinedienstgruppen, ebenda, Bl. 57 ff.

40 Vgl. Protokoll der in Bad Pyrmont am 16. und 17. 1. 1946 abgehaltenen Zweiten Sitzung der Generalstaatsanwälte in der Britischen Zone, HStA Hannover Nds. 711 Acc. 112/79 Nr. 5, Bl. 89 ff.

41 Vgl. Aufzeichnungen in der Handakte des Generalstabs der Luftflotte 6, Fernmündliche Durchgabe von O. B. West 11. 5. 1945, BArch–MA RL 7/558.

42 Vgl. Aufzeichnungen in der Handakte des Generalstabs der Luftflotte 6, Einzelanordnung Nr. 3 des Kommandos der Deutschen Luftwaffe in der US Zone v. 12. 6. 1945, ebenda.

43 Vgl. Karl Koller, Der letzte Monat. Tagebuchaufzeichnungen des ehemaligen Chefs des Generalstabs der deutschen Luftwaffe, München 1985, S. 194.

44 Zum Folgenden vgl. Aufzeichnungen in der Handakte des Generalstabs der Luftflotte 6 mit Befehlen u. a. v. 28. 6. 1945, BArch–MA RL 7/558.

Miesmacher und Hetzer erwiesen" hatten.[45] Das Lager sollte hingegen nicht zur Verbüßung von Disziplinarstrafen genutzt werden. Dort einsitzende Wehrmachtangehörige sollten als letzte zur Entlassung aus der Kriegsgefangenschaft vorgeschlagen werden. Anfang Juni 1945 war es unter den Mannschaften und Unteroffizieren zu Unruhen gekommen. Anlass war insbesondere Unverständnis über die weitere Aufrechterhaltung der Wehrmachthierarchie und die damit beibehaltene Vorgesetzteneigenschaft der Offiziere.[46]

Der britische Feldmarschall Alexander richtete am 19. Mai 1945 eine Order an den ehemaligen deutschen Befehlshaber „Südwest", dass die Aufrechterhaltung der Disziplin unter den deutschen Kriegsgefangenen in Italien unter allen Umständen aufrechterhalten werden sollte. Dabei sollten sowohl die materiellen wie auch die formellen Militärstrafgesetze Anwendung finden.[47] Die Urteile unterlagen einer Nachprüfung durch alliierte Kommandostäbe. Alle Urteile von Militärgerichten, die vor oder nach der Kapitulation der deutschen Streitkräfte in Italien ausgesprochen worden waren, galten, vorbehaltlich einer Überprüfung durch die Alliierten, als rechtsgültig.

Diese Regelung setzte sich nicht sofort in allen deutschen Kommandostellen durch. Im Bereich des LXXVI. Armee-Korps, dem rund 150 000 deutsche Soldaten als Kriegsgefangene verwaltungsmäßig unterstanden und das unter der Bezeichnung „Deutsches Armee-Hauptquartier in Bellaria" fungierte, wurde die Disziplinarstrafgewalt erst am 2. Juni 1945 wieder eingeführt.[48] Da jedoch ein Teil der Strafen, wie etwa Stubenarrest, nicht durchführbar war, wurden durch die Rechtsabteilung des Armee-Korps Alternativstrafen eingeführt, wie etwa Entzug von Vergünstigungen, Heranziehung zu Arbeitsdiensten u. a. Für die Durchführung des strengen Arrests wurde ein Straflager errichtet, das dem britischen Oberkommando unterstand. Über die Einweisung in das Lager entschied das Gericht des Hauptquartiers. Errichtet wurde es jedoch erst Anfang August 1945.[49] Außerdem wurde ein Sonder Gefangenenlager eingerichtet, das der Verwahrung von deutschen Deserteuren und Kommunisten diente.[50]

45 Vgl. Aufzeichnungen in der Handakte des Generalstabs der Luftflotte 6, Einzelanordnung Nr. 4 des Kommandos der Deutschen Luftwaffe in der US Zone v. 13. 6. 1945, ebenda.

46 Zum Folgenden vgl. Aufzeichnungen in der Handakte des Generalstabs der Luftflotte 6 mit Befehlen u. a. v. 28. 6. 1945, ebenda.

47 Vgl. Deutsches Hauptquartier/Rechtsabteilung betr. Deutsche Strafgerichtsbarkeit v. 6. 7. 1945, ebenda ZA 7/7, Bl. 99.

48 Zum Folgenden vgl. Richtlinien für die Ausübung der deutschen Disziplinargewalt und den Vollzug von Disziplinararreststrafen in den dem Deutschen Hauptquartier unterstellten Lagern und sonstigen Dienststellen v. 2. 7. 1947, ebenda, Bl. 95 ff.

49 Besprechung im Deutschen Hauptquartier Bellaria am 7. 8. 1945 mit einem britischen Offizier der 21. Panzer-Brigade, ebenda, Bl. 102.

50 Vgl. ebenda.

Kriminelle Verstöße sollten im Bereich des LXXVI-Korps weitestgehend disziplinarisch gesühnt werden.[51] Bei schwereren Delikten sollte der Verdächtige vorläufig festgenommen und ein Tatbericht an das Gericht des Hauptquartiers eingereicht werden. Gleichzeitig richtete die Rechtsabteilung des deutschen Hauptquartiers einen Antrag an das alliierte Oberkommando bezüglich einer Wiedereinrichtung der deutschen Militärgerichtsbarkeit.[52] Weiterhin bat man um Anweisung, ob Urteile von Wehrmachtgerichten, die nach der Kapitulation der deutschen Streitkräfte in Italien am 2. Mai 1945 bestätigt wurden, rechtsgültig würden. Als seitens der britischen Dienststellen der Alexander-Erlass vom 19. Mai bekannt gegeben wurde, nahm ab dem 6. Juli 1945 unverzüglich ein Wehrmachtgericht mit der Bezeichnung „Gericht beim Deutschen Hauptquartier Bellaria" seine Tätigkeit auf. In einer, vermutlich im Juni 1945 im Bereich des LXXVI. Korps angefertigten, Aufzeichnung wurde die Aufgabe des Offizierskorps für die Zeit der Gefangenschaft wie folgt festgelegt: „Nach der bedingungslosen Kapitulation […] muss die Führung der den Offizieren auch weiterhin anvertrauten Soldaten klar auf das Ziel ausgerichtet sein, unserem Vaterland charakterfeste, mit ganzem Herzen aufbauwillige, deutschbewusste und unbeugsame Männer zu erhalten. Die […] Frontsoldaten müssen, wenn sie in die Heimat entlassen werden, den Kern für den Wiederaufbau Deutschlands bilden, sowohl in sachlicher wie in politischer Hinsicht. Dieses Ziel muss erreicht werden durch […] Erhaltung der Manneszucht."[53]

In einer Besprechung mit den führenden Kommandeuren des Armee-Korps wurde festgelegt, dass Verstöße in erster Linie weiterhin in einem großzügigen Rahmen mit Disziplinarstrafen geahndet werden sollten. Als besonders abschreckende und strenge Strafe wurde das Einsperren in einen Käfig angeführt, der auf einem öffentlichen Platz stand.[54] Auch Diebstähle sollten auf diese Weise gesühnt werden. Als Beispiel für ausnahmslos gerichtlich zu bestrafende Vergehen sah man homosexuelle Betätigungen oder Gehorsamsverweigerungen an. Das im Bereich des Armee-Korps errichtete Straflager sollte über die Aufnahme von disziplinarisch Bestraften hinaus auch für zu Freiheitsstrafen Verurteilte zur Verfügung ste-

51 Richtlinien für die Ausübung der deutschen Disziplinargewalt und den Vollzug von Disziplinararreststrafen in den dem Deutschen Hauptquartier unterstellten Lagern und sonstigen Dienststellen v. 2. 7. 1947, ebenda, Bl. 95 ff.

52 Vgl. Deutsches Hauptquartier/Rechtsabteilung betr. Deutsche Strafgerichtsbarkeit v. 6. 7. 1945, ebenda, Bl. 99.

53 Gedanken über die Führung von Soldaten in der Internierung ohne Nennung des Verfassers, ebenda, Bl. 105.

54 Zum Folgenden vgl. Kommandanten-Besprechung am Sonnabend, den 28. 7. 1945 betr. Handhabung der Disziplinarstrafgewalt und Abgrenzung der Strafgerichtsbarkeit, ebenda, Bl. 100.

hen.[55] Außerdem diente es der Inhaftierung von „Ausländern", die von britischen Militärgerichten verurteilt worden waren. Das Lager unterstand zwar einem britischen Kommando, wurde aber von einer Gruppe ehemaliger Wehrmachtangehöriger verwaltet. Zum deutschen Personal gehörten drei „Strafvollstreckungsspezialisten". Sollte innerhalb des Vollzuges gegen deutsche Soldaten als Lagerstrafe eine Reduzierung der Verpflegung ausgesprochen werden, so durfte die eingesparte Lebensmittelration vom deutschen Lagerpersonal verbraucht werden.

Auch in Südosteuropa arbeitete die deutsche Militärgerichtsbarkeit nach Kriegsende weiter: Auf Rhodos wurden nach dem 8. Mai 1945 noch drei Wehrmachtangehörige erschossen, die vor der Kapitulation zum Tode verurteilt worden waren.[56]

55 Zum Folgenden vgl. Besprechung im Deutschen Hauptquartier Bellaria am 7. 8. 1945 mit einem britischen Offizier der 21. Panzer-Brigade, ebenda, Bl. 102.

56 Franz W. Seidler, Fahnenflucht, S. 332.

Epilog: Die militärgerichtlichen Organe und der Ablauf des kriegsgerichtlichen Verfahrens

I. Allgemeines

Für das militärgerichtliche Verfahren blieb bis Kriegsbeginn die MStGO maßgeblich. Mit der Mobilmachung wurde sie durch die KStVO abgelöst, die „zur Sicherung der Wehrmacht und des Kriegszwecks"[1] vereinfachte Verfahrensabläufe vorsah. Das Ersetzen der MStGO wurde seitens der Militärrechtswissenschaft als erforderlich angesehen, da sie „im wesentlichen auf Friedensverhältnisse zugeschnitten" war.[2] Die für den Kriegszustand bestehenden Normierungen der MStGO boten demnach keine Gewähr für die Anforderungen eines modernen Krieges, der insbesondere ein schnelles und kurzes Verfahren für die Wehrmacht verlangte. Das gesamte Verfahrensrecht der Wehrmacht sowie die Ausstattung und Arbeitsweise der Gerichte und ihrer Ermittlungsorgane umfassten im erheblichen Maße die Planungen und Forderungen, die Militärjuristen zwischen 1933 und 1939 entworfen und erhoben hatte, um die Militärgerichte auf den „totalen Krieg" auszurichten.

Die KStVO erwies sich als derart zweckmäßig für die Belange des Regimes, dass in der Literatur Teile des militärischen Strafverfahrens als Vorbild für eine reformierte Zivilstrafprozessordnung herausgestellt wurden.[3] Eberhard Schmidt, Dozent für Strafrecht und Oberkriegsgerichtsrat, votierte für die Übernahme des in der KStVO vorgesehenen Untersuchungsführers mit seinen weitreichenden Vollmachten in das allgemeine Strafverfahren. Den Typus des militärischen Untersuchungsführers sah er als „Staatsanwalt der Zukunft".[4] Roland Freisler, Staatssekretär im Justizministerium und späterer Präsident des Volksgerichtshofes, vertrat die Ansicht, dass sich die künftige Zusammensetzung der bürgerlichen Gerichte am Vorbild der Kriegsgerichte orientieren könne. Dementsprechend stellte er in Aussicht, nach der Rechtsreform stets Laienrichter in den Spruchkörper zu berufen. Diese waren allerdings zuvor einem gründlichen Auswahlverfahren durch Staatsorgane zu unterziehen.[5]

1 Vgl. § 1 der KStVO.

2 Erich Schwinge, Die Militärgerichtsbarkeit im Kriege, in: ZfW 2 (1937/38), S. 247; vgl. auch Joachim Schölz, Das militärische Strafverfahren im Kriege, in: ZStW 60 (1941), S. 115.

3 Vgl. Eberhardt Schmidt, Die Kriegsstrafverfahrensordnung, in: ZStW 61 (1942), S. 429 ff.; ebenso Wolfgang Seltmann, Wehrmachtgerichtsbarkeit, in: ZfW 8 (1943/44) 2, S. 1, 5.

4 Eberhardt Schmidt, Die Kriegsstrafverfahrensordnung, in: ZStW 61 (1942), S. 429, 441.

5 Roland Freisler, Grundzüge des kommenden Strafrechts, in: Zur Neugestaltung des Strafverfahrens und Strafvollzugs, S. 4, 14 f.

II. Gerichtsherr

Der Befehlshaber einer militärischen Einheit, der ein Gericht zugeordnet war, führte in Bezug auf wehrmachtgerichtliche Angelegenheiten die Bezeichnung „Gerichtsherr". In seinen Händen lag die Befugnis, ein Ermittlungsverfahren einzuleiten, Anklage zu erheben und eine Gerichtsverhandlung in Gang zu bringen. Er bestimmte die Mitglieder des Gerichts, den Termin für die Hauptverhandlung und befand darüber – zumindest während der Kriegszeit –, ob sich der Angeklagte eines Verteidigers bedienen durfte. Dem Gerichtsherrn oblag es schließlich, das gefällte Urteil zu bestätigen oder, wenn er sich mit dem Urteilsspruch nicht zufrieden zeigte, einen übergeordneten Befehlshaber um Aufhebung des Urteils zu ersuchen.

Nach § 19 KStVO konnte der Gerichtsherr Beschuldigte zu einem Gericht des rückwärtigen Armeegebiets oder des Ersatzheers versetzen, wenn sich die Truppe des Beschuldigten an der Front befand. Von dieser Ausnahmevorschrift sollte insbesondere dann Gebrauch gemacht werden, wenn es sich bei den Beschuldigten um Angehörige des Wehrmachtgefolges oder um Kriegsgefangene handelte. Außerdem konnte in Fällen umfangreicher Ermittlungen von dieser Vorschrift Gebrauch gemacht werden.[6] Der Grund für diese Eingrenzung lag vermutlich in dem Bestreben, den an der Front stehenden Einheiten keine Kombattanten zu entziehen. Diese Sicht lässt sich auch durch die während des Krieges immer weiter gezogene Eingrenzung des RKG zugunsten der Frontgerichte stützen.

Nach § 48 Abs. 5 KStVO durfte jeder Gerichtsherr einen anderen Kommandeur mit eigener Gerichtsbarkeit darum ersuchen, ein Strafverfahren zu übernehmen. In diesem Falle gingen die gerichtsherrlichen Befugnisse auf den neuen Gerichtsherrn über. Üblicherweise wurde in diesen Fällen die Beibehaltung des Bestätigungsrechts des gefällten Urteils beim originär zuständigen Gerichtsherrn verabredet.[7] Da § 19 KStVO die Übergabe von Verfahren an rückwärtige Gerichte regelte, kann die Regelung des § 48 Abs. 5 KStVO nur eine Übertragung an Gerichtsherren erlaubt haben, die sich im Frontbereich aufhielten bzw. eine Fronteinheit befehligten. Diese Erwägung lässt sich mit den obigen Überlegungen in Einklang bringen, dass möglichst wenige Wehrmachtangehörige in rückwärtige Gebiete versetzt werden sollten. § 48 Abs. 5 KStVO ließ den Gerichtsherren indes die Möglichkeit, ihr eigenes Gerichtspersonal zu entlasten oder ihre Stäbe in militärischen Zwangslagen nicht mit zusätzlicher Arbeit zu blockieren, die durch Ermittlungs- und Gerichtsverfahren hervorgerufen wurde.

6 Werner Hülle, Grundzüge des Kriegsstrafverfahrens, in: ZfW 4 (1939/40), S. 230, 235.

7 OKH/Chef Heeresrüstung und Befehlshaber des Ersatzheeres betr. 5. Mob.-Sammelerlass v. 22. 7. 1940, BArch–MA RH 36/324, Bl. 74 ff.

Wurden einzelne Truppenteile dem Befehl eines Kommandeurs untergeordnet, der einer anderen Teilstreitkraft angehörte, dann konnte damit ab August 1943 auch eine Unterstellung unter die Gerichtsbarkeit dieses Wehrmachtteils verbunden sein.[8] Der Gerichtsherr hatte in diesen Fällen gerichtliche Kompetenz über Soldaten, die nicht zu seiner Waffengattung bzw. seinem Wehrmachtteil gehörten. Damit wurde der grundsätzliche Gedanke, dass jeder Wehrmachtteil einer auf seine spezifischen Erfordernisse zugeschnittenen Gerichtsbarkeit bedürfe, aufgeweicht.

Den Gerichtsherren war eine Teilnahme an der Hauptverhandlung verwehrt. Die letzte Änderung des Verfahrensrechts vom Januar 1945[9] übertrug die den Gerichtsherrn zustehenden Entscheidungsbefugnisse – Bestellung eines Verteidigers, Zusammensetzung des Gerichts etc. – auf die Wehrmachtrichter, sofern die Kriegslage dies erforderte. Ausgenommen davon war das Nachprüfungsverfahren. Damit standen den Militärjuristen in der letzten Phase des Krieges die weitestgehenden Befugnisse zu, die die KStVO ihnen zubilligte, inklusive die Bestimmung der Anklage und eines Anklagevertreters. Dadurch, dass den Wehrmachtrichtern die Kompetenzen der Gerichtsherren zukamen, verlor das Verbot für Gerichtsherren, selbst an einer Hauptverhandlung teilzunehmen, an Relevanz. Durch Errichtung der fliegenden Standgerichte für die Wehrmacht im März und April 1945 wurde dieser Grundsatz endgültig beseitigt, da die zuständigen Gerichtsherren derartige Verfahren persönlich leiten durften.

III. Ermittlungsverfahren, Ermittlungs- und Anklageorgane

1. Ermittlungsverfahren und -organe

a Untersuchungsführer und Gerichtsoffiziere

Bei der Kenntnisnahme von strafbaren Handlungen waren zunächst die Disziplinarvorgesetzten eines Verdächtigen gehalten, den Sachverhalt festzustellen und alle dazu erforderlichen Maßnahmen zu ergreifen.[10] Sodann wurde dem Gerichtsherrn mittels eines Tatberichts oder einer Strafanzeige der Vorfall zur

8 OKH/Chef Heeresrüstung und Befehlshaber des Ersatzheeres v. 10. 8. 1943 bezüglich 11. Mob.-Sammelerlass, ebenda, Bl. 100 ff.

9 Elfte Verordnung zur Durchführung und Ergänzung der Verordnung über das militärische Strafverfahren im Kriege und bei besonderem Einsatz v. 11. 1. 1945, RGBl. 1945 I, S. 13.

10 Vgl. Joachim Schölz, Das militärische Strafverfahren im Kriege, in: ZStW 60 (1941), S. 115 f.

Kenntnis gebracht.[11] Gleiches konnte durch die Feldpolizei geschehen. Die Verfolgung von Straftaten nach dem MStGB war unabhängig von dem Antrag des Verletzten. Handelte es sich hingegen um Delikte nach dem StGB, war die Ahndung davon abhängig, ob es sich jeweils um ein Antragsdelikt handelte oder nicht.[12]

Nachdem der Gerichtsherr vom Verdacht einer strafbaren Tat Kenntnis erhalten hatte, beauftragte er einen Untersuchungsführer, der vornehmlich ein Militärjustizbeamter sein sollte, mit der Erforschung des Sachverhalts. Bei Strafsachen, die in die Zuständigkeit des RKG fielen, war der Oberreichskriegsanwalt beim RKG Untersuchungsführer.[13] Es war dem Gerichtsherrn freigestellt, für generell alle zu untersuchenden Sachverhalte einen Untersuchungsführer im Voraus zu bestimmen. Im Bereich des Ersatzheeres legte das Oberkommando den Gerichtsherren nahe, die Wehrmachtrichter grundsätzlich zur Durchführung aller notwendigen Ermittlungen zu ermächtigen, um das Gesamtverfahren zu beschleunigen.[14] Die Marine-Kriegsrichter wurden durch den Chef des Allgemeinen Marineamtes, Admiral Warzecha, angewiesen, den Gerichtsherrn, dem sie unterstellt waren, um möglichst weitgehende Handlungsfreiheit zu ersuchen, wenn dieser nicht von sich aus eine entsprechende Ermächtigung erteilte: „Die Kriegsstrafverfahrensordnung lässt eine weitgehende Ermächtigung der Untersuchungsführer zu selbständigen Entscheidungen zu. Scheuen Sie sich nicht, Ihrem Gerichtsherrn vorzuschlagen, von diesen Vollmachten großzügig Gebrauch zu machen. Was der Gerichtsherr in der Hand behalten muß, ist die abschließende Entscheidung."[15]

Die Untersuchungsführer waren gehalten, zügig zu agieren. Sie durften Zeugen vernehmen, Gegenstände beschlagnahmen, Durchsuchungen vornehmen, sonstige Recherchen an Ort und Stelle durchführen und Beschuldigte vorläufig festnehmen. Nach der KStVO waren alle öffentlichen Behörden verpflichtet, Ersuchen des Untersuchungsrichters um Auskünfte, Ermittlungen oder Ausführung einzelner Maßnahmen nachzukommen. Die vorläufige Festnahme durch einen Untersuchungsführer unterlag weder einer richterlichen Kontrolle noch einer gesetzlichen Frist.[16] Im Bereich der Kriegsmarine existierte eine besondere Anord-

11 Aufgaben des Gerichtsoffiziers, BArch-MA RH 53-6/72, Bl. 49.

12 Vgl. Erich Schwinge, Militärstrafgesetzbuch 1944, § 51, S. 132.

13 Vgl. Heinrich Dietz/Werner Hülle, Die Militärstrafgerichtsordnung, § 53, S. 94.

14 Der Chef der Heeresrüstung und Befehlshaber des Ersatzheeres betr. Schnelle Durchführung der Strafverfahren v. 16. 12. 1939, BArch-MA RH 22/14, Bl. 130 ff.

15 Rede des Chefs des Allgemeinen Marinehauptamtes im OKM, Vizeadmiral Warzecha vom Februar 1942 abgedruckt bei Lothar Gruchmann, Ausgewählte Dokumente zur deutschen Marinejustiz im Zweiten Weltkrieg, in: VfZ 26 (1978), S. 433, 448 ff.

16 Vgl. Eberhardt Schmidt, Die Kriegsstrafverfahrensordnung, in: ZStW 61 (1942), S. 429, 443.

nung für auf deutschen Schiffen untergebrachte Untersuchungshäftlinge, die von Japan aus nach Deutschland verbracht werden sollten, um dort vor Gericht gestellt zu werden. Demnach waren die Kapitäne gehalten, die Gefangenen mit den Schiffen untergehen zu lassen, falls ein Durchkommen nach Deutschland aufgrund feindlicher Angriffe nicht möglich war.[17] Als Grund wurde die Verhinderung landesverräterischer Betätigung angegeben, die zu befürchten sei, wenn die Untersuchungsgefangenen in alliierte Kriegsgefangenschaft geraten sollten. Im Januar 1944 kamen zwei Personen aufgrund dieses Befehls ums Leben.

Nach § 22 Abs. 1 S. 4 KStVO waren die durch einen Untersuchungsführer schriftlich fixierten oder sonst durch seine Unterschrift bestätigten Beweise in einer Hauptverhandlung uneingeschränkt verwertbar. In diesem Sinne führte er eine „antizipierte Beweisaufnahme" durch.[18] Den Umfang einer solchen Beweissicherung konnte er nach eigenem Ermessen bestimmen.[19] War absehbar, dass ein vernommener Zeuge nicht in der Hauptverhandlung zur Verfügung stünde, hatte im Zuge der vorweggenommenen Beweissicherung eine Mitschrift angefertigt zu werden. Diese weitreichenden Befugnisse dienten dazu, der Front keine Soldaten zu entziehen.[20]

Die Ermittlungsverfahren sollten allgemein kurz gehalten werden und in erster Linie auf die Klärung der Schuldfrage abzielen.[21] Bei mehreren Straftaten sollte es ausreichen, sich auf das schwerste Delikt zu konzentrieren, wenn zwischen den jeweiligen Strafen ein großer Unterschied hinsichtlich der Rechtsfolge bestand. Zweimalige Vernehmungen hatten die Untersuchungsführer grundsätzlich zu vermeiden, stattdessen sollte die weitere Klärung in der Hauptverhandlung erfolgen. Das OKH machte in einer Verfügung vom November 1940 klar, dass Ermittlungsverfahren im Rahmen der KStVO eine untergeordnete Rolle spielten und das Schwergewicht des militärischen Strafverfahrens auf der Hauptverhandlung liege.[22] Um die gebotene Kürze der Ermittlungsverfahren stets einzuhalten, waren die Gerichtsherren gehalten, im Zweifel gänzlich auf eine vorgerichtliche Klärung zu verzichten. Wiederholt wurde seitens übergeordneter Dienststellen auf beschleunigte Durchführung der

17 Die Welt, 26. 2. 1966, abgedruckt bei: Jochen Brennecke, Schwarze Schiffe weite See. Das Schicksal der deutschen Blockadebrecher, 8. Aufl., Oldenburg 1981, S. 265 f.

18 Eberhardt Schmidt, Die Kriegsstrafverfahrensordnung, in: ZStW 61 (1942), S. 429, 444.

19 Vgl. ebenda, S. 429, 444, 451.

20 Vgl. ebenda, S. 429, 451.

21 Zum Folgenden vgl. Anordnung des Chefs der Heeresrüstung und Befehlshabers des Ersatzheeres betr. Schnelle Durchführung der Strafverfahren v. 16. 12. 1939, BArch–MA RH 22/14, Bl. 130 ff.

22 OKH/Chef der Heeresrüstung und Befehlshaber des Ersatzheeres betr. Prüfung der Heeresgerichte und Beschleunigung der Verfahren v. 4. 11. 1940, ebenda RH 53-6/76, Bl. 252.

Verfahren gedrängt.[23] Um die Ermittlungen rasch durchzuführen, sollten grundsätzlich Fernschreiber und Kuriere genutzt werden, anstatt die Nachrichten postalisch zu übersenden, wenn für die Erhebung von Beweisen andere Truppengerichte oder Dienststellen der Wehrmacht um Amtshilfe ersucht werden sollten. Bei der Kontaktierung derartiger Einrichtungen sollten die Gerichte, wenn nötig, auf die Oberstkriegsgerichtsräte oder die Rechtsabteilungen zurückgreifen, um mit Nachdruck vorgehen zu können.[24] Im Rahmen der Untersuchung einer Straftat sah eine Verordnung des OKH vor, Wehrmachtgeistliche in schwierigen Fällen heranzuziehen, um Beschuldigte „durch ein seelsorgerisches Gespräch [...] zu ermahnen, streng bei der Wahrheit zu bleiben, männlich [...] [die] Tat zu bekennen, standhaft die Strafe auf sich zu nehmen".[25] Bei Verfahren wegen „widernatürlicher Unzucht" – also wegen Homosexualität – waren die militärischen Ermittlungsorgane gehalten, umfangreichste Nachforschungen zu betreiben. Nicht nur Kameraden des Beschuldigten aus dem Truppenteil waren zu befragen, entsprechende Erkundigungen sollten auch auf die Ersatzeinheit des Verdächtigen sowie auf sein Privatleben ausgedehnt werden. Bestanden bei den Ermittlungen Schwierigkeiten, konnte er zum Ersatzbataillon versetzt werden, da den Gerichten des Ersatzheeres und des Heimatgebietes umfangreichere Recherchen möglich waren.[26] Bei Untersuchungen gegen der Homosexualität verdächtige Soldaten arbeiteten die Kriegsgerichte – zumindest im Reichsgebiet – mit dem Reichskriminalpolizeiamt zusammen.[27]

Hielt der Untersuchungsführer den Sachverhalt für hinreichend aufgeklärt, erstattete er dem Gerichtsherrn Bericht. Dieser entschied, ob das Ermittlungsverfahren fortgesetzt, eingestellt oder Anklage erhoben werden sollte.

Für den Befehlsbereich von Regimentern sah die KStVO die Ernennung von Gerichtsoffizieren vor. Nach Möglichkeit sollte es sich bei ihnen um Soldaten handeln, die eine juristische Vorbildung hatten.[28] Aufgabe der Gerichtsoffiziere war die Untersuchungstätigkeit im Namen des Gerichtsherrn oder des Untersuchungsführers, wobei der Gerichtsoffizier stets die gleiche Kompetenz hatte wie ein Untersuchungsführer. Der Einsatz von Gerichtsoffizieren diente vor allem der

23 OKH/Chef Heeresrüstung und Befehlshaber des Ersatzheeres betr. 5. Mob.-Sammelerlass v. 22. 7. 1940, ebenda RH 36/324, Bl. 74 ff.; Übersicht OKH/Chef Heeresrüstung und Befehlshaber des Ersatzheeres betr. 9. Mob.-Sammelerlass v. 5. 5. 1942, ebenda, Bl. 91 ff.

24 Übersicht OKH/Chef Heeresrüstung und Befehlshaber des Ersatzheeres betr. 9. Mob.-Sammelerlass v. 5. 5. 1942, ebenda, Bl. 91 ff.

25 Verfügungen des Oberkommandos des Heeres/Chefs der Heeresrüstung und Befehlshabers des Ersatzheeres betr. 5. Mob.-Sammelerlass v. 22. 7. 1940, ebenda RH 53-6/76, Bl. 234 ff.

26 Richtlinien für die Behandlung von Strafsachen wegen widernatürlicher Unzucht v. 19. 5. 1943 vom Chef OKW/Wehrmachtrechtsabteilung, ebenda RW 2/6, Bl. 203.

27 Vgl. ebenda.

28 Werner Hülle, Grundzüge des Kriegsstrafverfahrens, in: ZfW 4 (1939/40), S. 230, 234.

Entlastung der Wehrmachtrichter, die vornehmlich für die Leitung der Hauptverhandlungen vorgesehen waren.[29] In dringenden Fällen waren Gerichtsoffiziere befugt, selbständige Ermittlungen durchzuführen. Sie konnten vom Gerichtsherrn auch mit der Anklagevertretung betraut werden. Im standgerichtlichen Verfahren sollte dies regelmäßig der Fall sein.[30]

Gerichtsoffiziere waren nur für Verfahren während des Krieges vorgesehen. Der rasante Aufbau der Wehrmacht gestattete es nicht, für diese Tätigkeit vorgesehene Offiziere während der Friedenszeit in ausreichender Zahl auszubilden.[31] Die Kriegsrichter wurden daher angewiesen, im Kriegsfall schnellstmöglich die notwendige Unterweisung vorzunehmen. Um ihren Aufgabenkreis erschöpfend wahrnehmen zu können, hatten Gerichtsoffiziere stets für die Gerichte erreichbar zu sein.

b Feldgendarmerie

Feldgendarmen, wegen ihres eisernen Ringkragens im Jargon der Soldaten als „Kettenhunde" bezeichnet, waren Angehörige der Wehrmacht und mit entsprechenden Dienstgraden, wie sie im Heer üblich waren, versehen.[32] Die Feldgendarmerie war in erster Linie zuständig für die Aufrechterhaltung der Disziplin und der Ordnung innerhalb der Wehrmacht, mithin zur Erfüllung ordnungspolizeilicher Aufgaben verpflichtet.[33] Ihr oblag die selbständige Bearbeitung kleinerer Verstöße gegen Strafgesetze, wie etwa Diebstähle.[34] Dabei ermittelten sie im Operationsgebiet grundsätzlich nicht nur innerhalb der Truppe, sondern auch, wenn sich der Verdacht gegen Zivilisten richtete.[35] Während des Krieges waren viele Feldgendarmen zur Wehrmacht eingezogene Angehörige der Sicherheitspolizei.[36] Innerhalb ihres Arbeitsauftrages hatten sie Vollmachten gegenüber jedermann im Operationsgebiet. Sie konnten bei der Aufklärung von Straftaten auch als direktes Ermittlungsorgan der Kriegsgerichte herangezogen werden. Die Kriegsrichter wurden

29 Ebenda, S. 230, 234 f.

30 Verfügung der Heeresrechtsabteilung betr. Voraussetzungen, Anwendungsgebiet und Bedeutung des standgerichtlichen Verfahrens, vermutlich vom November 1939, BArch-MA RH 36/324, Bl. 62 f.; darauf Bezug nehmend Erlass OKH v. 16. 11. 1939 betr. Wahrung der Mannszucht, ebenda, Bl. 61 f.

31 Zum Folgenden vgl. Aufgaben des Gerichtsoffiziers, ebenda RH 53-6/76, Bl. 49.

32 Erlass OKH v. 17. 11. 1939 sowie Ergänzungserlass OKH/Chef Heeresrüstung und Befehlshaber des Ersatzheeres v. 15. 1. 1940, ebenda RH 36/324, Bl. 69 ff.

33 Die Geheime Feldpolizei (GFP) – Organisation, Aufgaben, Zuständigkeit (Gemeinsame Ausarbeitung im amerikanischen Kriegsgefangenenlager), ebenda RW 5/283, Bl. 4.

34 Ebenda.

35 Merkblatt über die Aufgaben der GFP, Feldgendarmerie und des SD im Heeresgebiet B, BArch R 70/SU/18, Bl. 110 f.

36 Wolfgang Benz/Hermann Graml/Hermann Weiß (Hrsg.), Enzyklopädie des Nationalsozialismus, Stuttgart 1997, S. 479 f.

angehalten, mit den Einheiten der Feldgendarmerie stets Fühlung zu halten, um eine enge Zusammenarbeit zu ermöglichen.[37]

Um die grundsätzliche Verbindung zwischen ziviler Schutzpolizei und Feldgendarmerie zu verdeutlichen, war am linken Ärmel der Uniformjacke das Hoheitsabzeichen der deutschen Polizei angebracht.[38] Die Beförderung von Offizieren der Feldgendarmerie, die im Zivilberuf der Polizei angehörten, oblag Heinrich Himmler als Reichsführer-SS und Chef der Polizei. Die Rangerhöhung hatte in diesen Fällen einvernehmlich mit dem Heer zu erfolgen. Versetzungen von Offizieren, die die Dienststellung eines Kommandeurs innehatten, bedurften der Genehmigung Himmlers. Alle Beförderungen von Unteroffizieren der Feldgendarmerie erfolgten nach den Maßstäben, die für die Polizei ausschlaggebend waren.

Da während des Kriegsverlaufes andere militärische oder zivile Polizeiorgane personell nicht ausreichend ausgestattet waren, um die von der Wehrmacht gewünschten sicherheitspolizeilichen Zielsetzungen zu erfüllen, wurden die Kompetenzen der Feldgendarmerie in einigen Armeekorps-Bereichen zum Teil ausgedehnt. Sie nahmen dann auch sicherheitspolizeiliche Aufgaben wahr, ermittelten also auch bei schweren Straftaten.[39] In den besetzten Gebieten bediente sich die Feldgendarmerie zur Erfüllung ihrer Aufgaben auch Kollaborateuren, die als Hilfsgendarmen eingesetzt wurden. So wurden der Feldgendarmerie in Teilen der Sowjetunion Personen aus bewaffneten Hilfstruppen der Wehrmacht unterstellt, die sich aus Angehörigen der Völkerschaften der UdSSR zusammensetzten.[40] In Belgien griff die Feldgendarmerie zu diesem Zweck auf Angehörige profaschistischer oder paramilitärischer Organisationen zurück wie Rex, Flämische SS, Schwarze Brigade u. a.[41]

In den rückwärtigen und besetzten Gebieten waren die Zuständigkeiten der Feldgendarmerie unterschiedlich geregelt: In den besetzten Niederlanden war die Feldgendarmerie nur für Ermittlungen gegen Angehörige der Wehrmacht oder ihres Gefolges zuständig.[42] In diesem Zusammenhang konnte sie Landeseinwohner als Zeugen vernehmen oder gegen diese als Mitbeteiligte ermitteln. Es stand der Feldgendarmerie dabei offen, die deutsche Sicherheitspolizei um Amtshilfe zu bitten.

37 OKH/Heeresrechtsabteilung betr. Arbeitsplan für die Gerichte des Feldheeres v. 21. 8. 1939, BArch–MA RH 53-6/76, Bl. 97.

38 Zum Folgenden vgl. OKH an die Heeresgruppen betr. Feldgendarmerie v. 17. 11. 1939, ebenda RH 53-7/314.

39 Vgl. etwa Abgrenzung der Aufgabenbereiche der Dienststellen der Wehrmacht und der Dienststellen des Höh. SS u Pol. Fhr. Russland-Süd im Heeresgebiet B. v. 31. 10. 1942, BArch R 70/SU/18, Bl. 106 ff.

40 Merkblatt über die Aufgaben der GFP, Feldgendarmerie und des SD im Heeresgebiet B, ebenda, Bl. 110 f.

41 Wolfram Weber, Die innere Sicherheit, S. 110 f.

42 Zum Folgenden vgl. Der Befehlshaber der Sicherheitspolizei und des SD für die besetzten niederländischen Gebiete betr. Zuständigkeit der Feldgendarmerie v. 18. 3. 1941, BArch R

Insbesondere in der Schlussphase des Krieges ging die Feldgendarmerie rücksichtslos gegen der Fahnenflucht Verdächtige vor. Jeder auch nur annähernd der Flucht verdächtige Soldat wurde, wenn ihn Angehörige der Feldgendarmerie aufgriffen, sofort verhaftet, vermutlich zum Teil auch ohne Gerichtsverfahren exekutiert. Ob sich diese Kompetenzen allein auf den OKW-Erlass vom 18. Januar 1945 stützten, der den Einsatz von Waffengewalt bei Auflösungserscheinungen vorsah, oder weitere – evtl. auch frühere – Ermächtigungen existierten, ließ sich nicht klären. Der ehemalige Angehörige einer Infanterie-Geschütz-Kompanie Joachim Scholz berichtet über seine Erlebnisse vom April 1945 westlich der Oder:

„Sie [die Feldgendarmen] spürten sorgfältig versprengte Soldaten auf. Wehe, wenn die nicht eine plausible Erklärung für die Abwesenheit von ihrer Truppeneinheit vorbringen konnten! Die Begründung musste auch noch dem Feldjäger[43] einleuchten. Er hatte standgerichtliche Vollmachten. Die Pistole saß locker in der Tasche. […] Standgerichte und Feldjäger fackelten nicht lange. Fast wäre ich selbst Opfer eines tollwütigen Kettenhundes geworden. Wir hatten den Befehl erhalten, nicht nach Westen zu marschieren, sondern auf dem kürzesten Weg in Richtung Berlin. Das war aber nicht so einfach, wie es sich Hitler vorgestellt hatte. Als nördlichste Verbände unter dem Oberbefehl von Generalfeldmarschall Schörner waren wir durch den russischen Großangriff von unserem Oberchef abgeschnitten worden. Jetzt wurden wir dem Befehlshaber der 9. Armee, General Busse, zugeteilt, dessen Verbände gerade die Seelower Höhe räumen mussten. Peitz und Lieberose brannten lichterloh. Ehe wir uns durch die Enge zwischen Schwieloch- und Großem Mochowsee zwängten, entschied Leutnant Kaireit [der Einheitsführer], die angreifenden Russen in direktem Beschuss unter Feuer zu nehmen. Der Zugtrupp mit dem Scherenfernrohr war nun überflüssig. Jede Geschützbedienung konnte selbst den Gegner sehen und mit der Zieloptik der eigenen Kanone anvisieren. Dieser Vorgang war äußerst gefährlich. Wer klar den Gegner sehen kann, wird natürlich selbst auch sofort erkannt, spätestens beim Mündungsfeuer des ersten Schusses. Deshalb gab Kaireit den Männern des Zugtrupps den Befehl, sich ein wenig abzusetzen und in die Büsche zu schlagen. Wir drei hatten uns noch keine 100 Meter entfernt, da raste ein Motorrad auf uns zu. Wie ein Cowboy sprang der Beifahrer vom Sitz, zog seinen ‚Colt' aus der offenen Pistolentasche, raste auf mich zu und hielt mir sein Schießeisen vor die Brust. ‚Wo wollen Sie hin?' brüllte er mich an. Er war derartig in Rage, dass ich dachte, er würde im nächsten Augenblick abdrücken. Nun war ich gefordert, diesem Verrückten in Sekundenschnelle den Un-

70/Niederlande/43, Bl. 116; Oberstkriegsgerichtsrat beim Wehrmachtbefehlshaber in den Niederlanden betr. Zuständigkeit der Feldgendarmerie und der deutschen allgemeinen Polizei in den Niederlanden vom 26. 3. 1942, BArch R 70/Niederlande/43, Bl. 126 ff.

43 Gemeint sind hier Feldgendarmen. Die Bezeichnung Feldjäger ist vermutlich aufgrund ihrer jetzigen Verwendung bei der Bundeswehr geläufiger.

terschied zwischen direktem und indirektem Beschuss zu erklären und die Nutzlosigkeit des Zugtrupps in diesem Falle. Mir hatte es den Atem verschlagen. Leutnant Kaireit hatte den wütenden Kettenhund auch gesehen. Obwohl er in diesem Augenblick gar keine Zeit hatte, kam er mit schussbereitem Sturmgewehr angerannt, brachte die Waffe in Anschlag und schrie dem aggressiven Feldjäger-Leutnant zu: ‚Wenn Sie nicht sofort verschwinden, säge ich Sie in der Mitte durch!' Das war eindeutig. Der tollwütige Kerl sprang auf den Rücksitz, das Motorrad raste davon."[44]

Sommer 1944, Frankreich, Feldgendarmen kontrollieren Passanten.
Bundesarchiv Koblenz, Bild 101I-495-3438-16A.

Joachim Scholz dokumentiert auch, welchen stabilisierenden Faktor die Feldgendarmen in der Wehrmacht darstellten: „Am 21. April 1945 war der Kessel im Großraum Märkisch-Buchholz und Halbe – 30 km südöstlich von Berlin – geschlossen. Da verkündete ein hoher Offizier an uns Soldaten: ‚Kameraden, General Busse hat die Arbeit der Militärpolizei einstellen lassen. Jeder von euch hat die Möglichkeit, auf eigene Faust aus dem geschlossenen Ring der Roten Armee auszubrechen.' Als Infanteristen war uns längst klar, dass wir eingeschlossen waren, denn es knallte von allen Seiten. Aber die Nachricht, dass die Kettenhunde nicht mehr exekutieren durften – eigentlich eine gute Nachricht – wirkte auf alle Soldaten wie ein Schock: Wenn die Kettenhunde ‚einen Maulkorb bekommen' haben, dann musste unsere Situation im Kessel total hoffnungslos geworden sein. Darin waren wir uns alle einig."[45]

44 Interview Joachim Scholz mit dem Verfasser vom 25. 8. 2005.
45 Ebenda.

c Geheime Feldpolizei

Die GFP war die abwehr- und sicherheitspolizeiliche Exekutive der Wehrmacht.[46] Schwerpunktmäßig lag ihre Tätigkeit bei der Bekämpfung von Spionage und Sabotage innerhalb der Truppe, aber auch bei der Aufklärung von Verstößen gegen das MStGB. Darüber hinaus war sie zu Ermittlungen bei schweren Verbrechen wie Mord, Totschlag, Betrug usw. berufen, wenn es sich bei den Verdächtigen um Wehrmachtangehörige handelte.[47] Zu den Aufgaben der GFP gehörte auch der Schutz hochrangiger Funktionäre und Offiziere. In Norwegen wurde beispielsweise dem deutschen Reichskommissar ein GFP-Kommando zugeteilt.[48] Diese Einheit war 1942 vom Reichssicherheitsdienst der SS gebildet und der Wehrmacht unterstellt worden.

Die GFP war offizielles Hilfsorgan der Wehrmachtgerichte und auf Ersuchen der Gerichtsherren oder Untersuchungsführer hin zur Aufklärung strafbarer Handlungen sowie zur Erteilung von Auskünften verpflichtet.[49] Dabei hatten die Angehörigen der GFP den Ersuchenden unmittelbar Bericht zu erstatten. Im Einsatz wurden sie vom Offizier für Spionageabwehr – dem sogenannten I c-Offizier – geleitet. Sämtliche Dienststellen und Stäbe waren verpflichtet, die GFP bei ihrer Arbeit zu unterstützen. Erhielt die GFP selbständig Kenntnis über Straftaten, so hatte sie dies dem I c-Offizier zu berichten, der wiederum den Gerichtsherrn informierte.[50] Bis zu dessen Einschreiten war sie ermächtigt, selbständig Maßnahmen zu ergreifen, die der Beweissicherung oder der Verhinderung der Verdunklung dienten. In dringenden Fällen waren die Beamten der GFP befugt, Soldaten und Feldgendarmen zur unmittelbaren Unterstützung zu verpflichten. Im Reichsgebiet arbeitete die GFP mit den Dienststellen der Gestapo zusammen.

Die Angehörigen der GFP waren Beamte der Wehrmacht, keine Soldaten.[51] Ihr Personal rekrutierte sich zum großen Teil aus Angehörigen der Kriminalpolizei

46 Wolfram Weber, Die innere Sicherheit, S. 30; vgl. auch Klaus Gessner, Geheime Feldpolizei, S. 14.

47 Die Geheime Feldpolizei (GFP) – Organisation, Aufgaben, Zuständigkeit (Gemeinsame Ausarbeitung im amerikanischen Kriegsgefangenenlager), BArch–MA RW 5/283, Bl. 2.

48 Zum Folgenden vgl. Schreiben Geheime Feldpolizei, Gruppe GFP-Reichssicherheitsdienst Dienststelle 11 an das 20. AOK betr. Personalverhältnisse v. 26. 5. 1945, ebenda RH 20-20/341, Bl. 207.

49 Zum Folgenden vgl. Die Geheime Feldpolizei (GFP) – Organisation, Aufgaben, Zuständigkeit (Gemeinsame Ausarbeitung im amerikanischen Kriegsgefangenenlager), ebenda RW 5/283, Bl. 2; nach der Dienstvorschrift der Geheimen Feldpolizei v. 24. 7. 1939, abgedruckt bei Klaus Gessner, Geheime Feldpolizei, S. 108 ff.

50 Zum Folgenden Dienstvorschrift der Geheimen Feldpolizei v. 24. 7. 1939, abgedruckt bei Klaus Gessner, Geheime Feldpolizei, S. 108 ff.

51 Vgl. Klaus Gessner, Geheime Feldpolizei – die Gestapo der Wehrmacht, in: Gerhard Paul/ Klaus-Michael Mallmann (Hrsg.), Die Gestapo. Mythos und Realität, Darmstadt 2003, S. 492, 496 f.

sowie aus Beamten der Gestapo.[52] Bis 1944 unterstanden sie der Spionageabwehr – Amt Ausland/Abwehr – im OKW, danach der Abteilung Truppenabwehr des Wehrmachtführungsstabes. Direkter Leiter war der Heeresfeldpolizeichef der militärischen Abwehr, der gleichzeitig der Heerwesen-Abteilung unterstand bzw. dem übergeordneten Feldpolizeichef der Wehrmacht, dem alle personellen Angelegenheiten oblagen. Die Gruppen der GFP unterstanden im Feld dem Befehlshaber, für dessen Bereich sie eingesetzt waren bzw. dessen I c-Offizier. Der Feldpolizeichef übte nur noch fachliche Aufsicht aus. Neben dem Heer verfügte auch die Luftwaffe über eine GFP, während die Marine keine derartige Truppe besaß. Bei ihren Einsätzen durften die GFP-Beamten jede Wehrmachtuniform oder auch Zivilkleidung tragen.[53] Sie wurden gezielt in Einheiten geschleust sowie zur Überwachung von Soldatenheimen, Bahnhöfen und sonstigen Orten eingesetzt, um Soldaten zu bespitzeln, auszufragen und zu belauschen.[54]

Die Gruppen der GFP hatten dem I c-Offizier der Armee-Korps sowie dem Leitenden Feldpolizeidirektor regelmäßig Tätigkeitsberichte vorzulegen. Dabei waren Ereignisse zu vermerken, bei denen Fehltritte von Wehrmachtangehörigen größeres Aufsehen erregt hatten sowie besondere abwehrpolizeiliche Vorkommnisse wie etwa Spionagefälle und wichtige sicherheitspolizeiliche Ereignisse wie Kapitalverbrechen.[55] Ebenso gehörten in den Bericht die örtliche politische Lage und Stimmung der einheimischen Bevölkerung.

Die Einrichtung einer Geheimen Feldpolizei im Falle eines Krieges wurde bereits 1933 festgelegt.[56] Während des Spanischen Bürgerkriegs kam es zu einem ersten Einsatz von GFP-Kräften, die dort unter der Regie der militärischen Spionageabwehr im Rahmen der sogenannten Legion Condor geführt wurden. Ein Teil der dort eingesetzten Geheimpolizisten wurde von der Gestapo geschult, einige Beamte der Staatspolizei zur GFP versetzt. Eine der Tätigkeiten der GFP lag in der namentlichen Erfassung deutscher Antifaschisten, die in den Reihen der Internationalen Brigaden gegen die Franco-Truppen kämpften. Die registrierten Personen

52 Zum Folgenden vgl. Die Geheime Feldpolizei (GFP) – Organisation, Aufgaben, Zuständigkeit (Gemeinsame Ausarbeitung im amerikanischen Kriegsgefangenenlager), BArch –MA RW 5/283, Bl. 1 ff.; vgl. Klaus Gessner, Geheime Feldpolizei – die Gestapo der Wehrmacht, in: Gerhard Paul/Klaus-Michael Mallmann (Hrsg.), Die Gestapo, S. 492, 497.

53 Nach der Dienstvorschrift der Geheimen Feldpolizei v. 24. 7. 1939, abgedruckt bei Klaus Gessner, Geheime Feldpolizei, S. 108 ff.

54 Klaus Gessner, Geheime Feldpolizei – die Gestapo der Wehrmacht, in: Gerhard Paul/Klaus-Michael Mallmann (Hrsg.), Die Gestapo S. 492, 506.

55 Zum Folgenden vgl. Die Geheime Feldpolizei (GFP) – Organisation, Aufgaben, Zuständigkeit (Gemeinsame Ausarbeitung im amerikanischen Kriegsgefangenenlager), BArch–MA RW 5/283, Bl. 3.

56 Zum Folgenden vgl. Klaus Gessner, Geheime Feldpolizei, S. 18 ff.

wurden der Gestapo namhaft gemacht. Während der Besetzung und Annektierung des tschechischen Sudetenlandes arbeiteten GFP und Gestapo gemeinsam für die vorübergehend errichtete Militärverwaltung. Es oblag ihnen, als unzuverlässig geltende Personen in Schutzhaft zu nehmen. Im Zuge der Mobilmachung 1939 wurde die GFP schließlich endgültig aufgestellt. Ihre höchste Personalstärke betrug während des Krieges zwischen 5000 und 6000 Personen.[57]

In den Gebieten der Militärverwaltung Frankreich und Nordfrankreich-Belgien übte die GFP eine Doppelfunktion aus: Sie stand im Rahmen der Militärverwaltung den militärischen Verwaltungschefs als Sicherheitspolizei und den militärischen Befehlshabern der Kampftruppen als Abwehrpolizei zur Verfügung.[58] Damit wirkte sie in diesen Gebieten als Kriminalpolizei der Militärverwaltung. GFP und Feldgendarmerie waren kräftemäßig im Bereich des Militärbefehlshabers Frankreich indes so schwach, dass sie mit der französischen Polizei zusammenarbeiten mussten.[59] Die deutschen Kräfte hatten dabei die landeseigene Polizei zu überwachen. Der Leitende Feldpolizeidirektor hatte bei Fahndungen ein Anweisungsrecht gegenüber der landeseigenen Polizei in Belgien und Nordfrankreich. In den Bereichen der Militärverwaltungen konnte die GFP Verdächtige bis zu sieben Tage in Haft nehmen. Diese waren sodann freizulassen oder einem Feldgericht mit Antrag auf Erlass eines Haftbefehls zu übergeben.[60] Später konnten die Verdächtigen auch an die Sicherheitspolizei übergeben werden.

Ab 1940/41 nahm allerdings auch das Reichssicherheitshauptamt vermehrt sicherheitspolizeiliche Aufgaben in den westlichen Militärverwaltungsgebieten wahr.[61] Dabei arbeiteten die RSHA-Bevollmächtigten eng mit der GFP zusammen. Die Aktivitäten des RSHA nahmen zu, je mehr die GFP-Kräfte durch den Kriegsverlauf ausgezehrt wurden. Nachdem am 9. März 1942 ein Höherer SS- und Polizeiführer für Frankreich eingesetzt worden war, wurden Teile der GFP geschlossen in den SD- und Gestapo-Apparat überführt.[62] Die verbliebenen Teile der GFP beschränkten fortan ihre Tätigkeit auf die Wehrmacht, während SD und Gestapo die sicherheitspolizeilichen Aufgaben im Rahmen der Militärverwaltung wahrnahmen, sofern es sich bei den Verdächtigen um Zivilis-

57 Heinz Höhne, Canaris. Patriot im Zwielicht, München 1976, S. 358.

58 Merkblatt über die Aufgaben und Befugnisse der Geheimen Feldpolizei bei den Militärbefehlshabern in Belgien und Frankreich v. 10. 6. 1940 abgedruckt bei: Klaus Gessner, Geheime Feldpolizei, S. 127 f.

59 Zum Folgenden vgl. Die Aufgaben der Verwaltungsaufsicht über die französische Polizei, BArch R 70/Frkr./13, Bl. 103 ff.

60 Wolfram Weber, Die innere Sicherheit, S. 30.

61 Zum Folgenden vgl. Klaus Gessner, Geheime Feldpolizei, S. 67 f.

62 Ebenda, S. 68; Die Geheime Feldpolizei (GFP) – Organisation, Aufgaben, Zuständigkeit (Gemeinsame Ausarbeitung im amerikanischen Kriegsgefangenenlager), BArch–MA RW 5/283, Bl. 4.

ten handelte.[63] Nach Angaben des OKW gegenüber der Sicherheitspolizei sollten die verbliebenen GFP-Kräfte schließlich Frankreich verlassen und in die Sowjetunion verlegt werden.[64]

In den Niederlanden nutzte der Wehrmachtbefehlshaber wie in den Militärverwaltungen Belgiens und Frankreichs zum Teil GFP-Kräfte als sicherheitspolizeiliche Exekutive, was zu Schwierigkeiten mit der Sicherheitspolizei führte, die sich in kriminal- und sicherheitspolizeilichen Angelegenheiten für allein zuständig hielt.[65] Bei den Bestrebungen des SD-Kommandeurs in den Niederlanden, die GFP auszuschalten, fand er Unterstützung in dem Heeresfeldpolizeichef Oberst Krichbaum, der sich jedoch nicht gegenüber der militärischen Abwehr durchsetzen konnte.[66] Im März 1942 schließlich legte die Rechtsabteilung des Wehrmachtbefehlshabers in den Niederlanden die Aufgabenverteilung zwischen Feldgendarmerie und GFP sowie der Sicherheitspolizei zugunsten der von der SS vorgebrachten Argumente fest.[67] Die GFP wurde nicht nur auf die abwehrpolizeilichen Aufgaben zurückgedrängt, sondern nach einiger Zeit aus den Niederlanden abgezogen. Ihre Aufgaben – auch in abwehrmäßiger Hinsicht – übernahmen Polizei und SD.[68]

Vor Beginn des Krieges gegen die Sowjetunion vereinbarten der Ob. d. H. von Brauchitsch und SS-Chef Himmler eine Zusammenarbeit für das besetzte Gebiet der UdSSR zwischen Kommandos der Sicherheitspolizei und des SD einerseits und den Abwehroffizieren der Armeen und Gruppen der GFP andererseits, die

63 Vortragsvermerk des 2. GenSt.Off. über Besprechung betr. Militärverwaltung Frankreich/Belgien u. a. mit Angehörigen der Abwehr und der Wehrmachtrechtsabteilung v. 4. 2. 1942, ebenda RW 5/690, Bl. 58 ff.

64 Vgl. Telegramm des Befehlshabers der Sicherheitspolizei Paris an den Befehlshaber der Sicherheitspolizei und des SD für die besetzten niederländischen Gebiete v. 11. 7. 1942, BArch R 70/Niederlande/43, Bl. 133.

65 Vgl. Der Befehlshaber der Sicherheitspolizei und des SD in den besetzten niederländischen Gebieten betr. Zuständigkeit der Feldgendarmerie v. 18. 3. 1942, ebenda, Bl. 116; Schreiben des Befehlshabers der Sicherheitspolizei und des SD für die besetzten niederländischen Gebiete an den Heeresfeldpolizeichef v. 27. 9. 1941, ebenda, Bl. 120 ff.; Schreiben des Befehlshabers der Sicherheitspolizei und des SD für die besetzten niederländischen Gebiete an die Außenstelle Den Haag betr. Aufgabengebiet der Geheimen Feldgendarmerie v. 23. 4. 1942, ebenda, Bl. 123 f.

66 Schreiben des Befehlshabers der Sicherheitspolizei und des SD für die besetzten niederländischen Gebiete an den Heeresfeldpolizeichef v. 27. 9. 1941, ebenda, Bl. 120 ff.

67 Oberstkriegsgerichtsrat beim Wehrmachtbefehlshaber in den Niederlanden betr. Zuständigkeit der Feldgendarmerie und der deutschen allgemeinen Polizei in den Niederlanden v. 26. 3. 1942, ebenda, Bl. 126 ff.

68 Ebenda; insbesondere: Schreiben des Befehlshabers der Sicherheitspolizei und des SD in den besetzten niederländischen Gebieten an den Wehrmachtbefehlshaber in den Niederlanden v. 3. 7. 1943, ebenda, Bl. 137; Schreiben des Wehrmachtbefehlshabers in den Niederlanden an den Befehlshaber der Sicherheitspolizei und des SD in den besetzten niederländischen Gebieten v. 9. 7. 1943, ebenda, Bl. 138 f.

ihre Tätigkeiten aufeinander abstimmen sollten.[69] 1942 verlagerten sich ihre Tätigkeiten zumindest in den osteuropäischen Gebieten verstärkt von den sicherheits- und abwehrpolizeilichen Aufgaben fort. Der Heeresfeldpolizeichef beim OKH äußerte sich entsprechend, dass der „Generalauftrag der GFP" überwiegend die „Sicherung der Armee- und Heeresgebiete durch Aufspürung und Vernichtung der Partisanenbanden" sei.[70] Sie nahm verstärkt an Einsätzen gegen Partisanen und Funktionäre der kommunistischen Partei teil und kooperierte dabei mit Einheiten von SS und SD.[71] Innerhalb des Einflussbereiches der in der Sowjetunion eingesetzten Heeresgruppe Nord wurde die Arbeit zwischen GFP einerseits und Gestapo bzw. Sicherheitspolizei andererseits wie folgt aufgeteilt: Die GFP bearbeitete alle Fälle von nachrichtendienstlicher Tätigkeit und Spionage, wobei die Polizeiorgane die strafrechtlichen Ermittlungen sowie Verhaftungen vorzunehmen hatten.[72] Im Zweifel sollte die Auswertungstätigkeit der GFP sowie die der militärischen Spionageabwehr vorgehen. Um eine reibungslose Bearbeitung der Tätigkeitsfelder zu gewährleisten, wurde eine enge Zusammenarbeit angeordnet und der GFP gegebenenfalls ein Vetorecht bei Verhaftungen von Spionageverdächtigen zugebilligt.

Ein Schritt zur Auflösung der GFP und Übernahme ihrer Tätigkeitsfelder durch das RSHA, das sich bereits nach dem Attentat vom 20. Juli 1944 die Dienststellen der militärischen Abwehr einverleibt hatte, war die Überführung von 23 ihrer Gruppen in den SD im Laufe des Jahres 1944.[73] Zur völligen Abschaffung der GFP kam es jedoch nicht mehr.[74]

69 OKH/Generalquartiermeister betr. Regelung des Einsatzes der Sicherheitspolizei und des SD im Verbande des Heeres v. 28. 4. 1941, BArch-MA RH 20-16/1012, Bl. 45 ff.

70 Der Heeresfeldpolizeichef im Oberkommando des Heeres betr. Entwicklung der Partisanenbewegung in der Zeit vom 1. 1.–30. 6. 1942 v. 31. 7. 1942, ebenda RH 19 III/458, Bl. 179 ff.

71 Vgl. etwa Bericht des SD-Kommandos des Beauftragten des Chefs der SiPo und des SD beim General der Sicherungstruppen an den Befehlshaber des Heeresgebietes B v. 15. 8. 1942, BArch R 70/SU/18, Bl. 104 f.; Abgrenzung der Aufgabenbereiche der Dienststellen der Wehrmacht und der Dienststellen des Höh. SS u Pol. Fhr. Russland-Süd im Heeresgebiet B. v. 31. 10. 1942, ebenda, Bl. 106 ff.; Kurze Arbeitsübersicht der GFP im Monat Dezember 1941 v. 15. 1. 1942, BArch-MA RH 22-19, Bl. 83; Bericht des leitenden Feldpolizeidirektors beim Befehlshaber des rückwärtigen Heeresgebiets Süd, Ergebnis der Partisanenbekämpfung v. 9. 1. 1942, ebenda, Bl. 202.

72 Zum Folgenden Aktennotiz über Besprechung der Ic/AO und GFP-Direktor des R.H.G. 101 und der Sicherungs-Divisionen am 16. 6. 1941, BArch-MA RH 19 III/722, Bl. 95 f.

73 Die Geheime Feldpolizei (GFP) – Organisation, Aufgaben, Zuständigkeit (Gemeinsame Ausarbeitung im amerikanischen Kriegsgefangenenlager), ebenda RW 5/283, Bl. 5; vgl. dazu etwa für Dänemark Gruppenbefehl Nr. 84 der GFP-Gruppe 737 v. 25. 3. 1944, ebenda RH 48/59, Bl. 198, 237.

74 Klaus Gessner, Geheime Feldpolizei – die Gestapo der Wehrmacht, in: Gerhard Paul/Klaus-Michael Mallmann (Hrsg.), Die Gestapo, S. 492, 507.

d Sonstige Polizeiorgane

Die Zuständigkeit von Polizeiorganen im wehrmachtgerichtlichen Ermittlungsverfahren erstreckte sich hauptsächlich auf vorläufige Festnahmen bzw. die erste Zuständigkeit bei Straftaten, weniger hingegen auf Ermittlungen auf Ersuchen eines Gerichtsherrn oder eines Untersuchungsführers. Gemäß der MStGO stand allen Polizei- und Sicherheitsbehörden das Recht zu, einen Soldaten vorläufig festzunehmen, wenn der Verdacht eines Verbrechens vorlag oder eine Fluchtgefahr anzunehmen war und weder ein Offizier noch eine militärische Wache erreichbar waren. Anfang 1935 kam es zwischen den Reichsministern des Inneren und der Justiz sowie dem Reichswehrminister zu Verhandlungen, die in gemeinsam erarbeiteten Richtlinien bezüglich der Kompetenzen von Polizeiorganen gegenüber Wehrmachtangehörigen mündeten.[75] Demnach wurden die Bestimmungen der MStGO in erster Linie bestätigt und detailliert erläutert. Im Kern blieb es bei einem eingeschränkten Festnahmerecht seitens der Polizei, wenn entweder ein Verbrechen zu vermuten war oder Verdunklungsgefahr bestand. Jede Festnahme musste sofort einer militärischen Dienststelle mitgeteilt werden. Durchsuchungen oder Beschlagnahmungen durften durch die Polizei nur dann vorgenommen werden, wenn der Gerichtsherr darum ersuchte. Den Polizeiorganen stand hingegen ein Durchsuchungs- und Beschlagnahmerecht gegenüber Wehrmachtangehörigen zu, wenn sich ihre Ermittlungen nicht gegen einen Soldaten, sondern eine andere Zivilperson richteten und sich die Person oder deren Räume nicht in einem militärischen Dienstgebäude befanden.

Da man davon ausging, dass Polizeiorgane bei Ermittlungen oder bei einem Vorgehen gegen Wehrmachtangehörige auf Widerstand stoßen könnten, sollten die Wehrmachtgerichte selbständig darauf achten, dass Widerstand gegen die Staatsgewalt oder Bedrohungen von Polizeibeamten durch Soldaten geahndet würden.[76] Die zuständigen militärischen Dienststellen hatten den Polizeibehörden über Gerichtsverfahren zu berichten, wenn diese um Mitteilung ersuchten.

Im Bereich des besetzten Teils der Tschechoslowakei war die Zusammenarbeit zwischen der Geheimen Staatspolizei und den Dienststellen der Wehrmachtgerichte und nachrichtendienstlichen Abwehrstellen unmittelbar. So teilte das OKW/Amt Abwehr in einem Schreiben an das Reichsjustizministerium mit, dass sämtliche Ermittlungen gegen Tschechen wegen des Verdachts der landesverräterischen Begünstigung von der Gestapo geführt wurden, die sodann die Ergebnisse und die Verdächtigen direkt an die Wehrmacht auslieferte.[77]

75 Vgl. Erlass des Reichswehrministers bezüglich Bestimmungen über Polizei und Wehrmacht v. 15. 2. 1935, BArch–MA RH 14/54, S. 27.

76 Übersicht OKH/Chef Heeresrüstung und Befehlshaber des Ersatzheeres betr. 10. Mob.-Sammelerlass v. 7. 9. 1942, ebenda RH 36/324, Bl. 94 ff.

77 Schreiben OKW/Amt Ausland/Abwehr an das Reichsjustizministerium betr. illegale Grenzübertritte; tschechische Legion in Frankreich v. 31. 5. 1940, BArch R 3001/5011, Bl. 105 ff.

Während der einige Wochen dauernden Militärverwaltung im besetzten Polen waren dem Chef der Wehrmachtverwaltung über einen SS-Führer deutsche Ordnungs- und Sicherheitspolizeiorgane als Exekutive unterstellt.[78]

Bei Fällen von Fahnenflucht machte die Truppe, der der Flüchtige angehörte, neben der Meldung an das zuständige Wehrmachtgericht und den Stab des übergeordneten Befehlshabers auch Mitteilung an die Kriminalpolizei.[79] Diese hatte sofort Fahndungsmaßnahmen einzuleiten und alle Orte zu überprüfen, an denen sich der Flüchtige aufhalten konnte, wie etwa bei Eltern, der Ehefrau, Geschwistern etc. Führte dies nicht zum Erfolg, wurde der Betreffende im Fahndungsbuch des Reichskriminalpolizeiamts registriert. Bei Ergreifung des Verdächtigen war die Truppe verpflichtet, alle Dienststellen, die mit der Fahndung betraut worden waren, zu informieren. Das Gericht der Wehrmachtkommandantur Berlin, das ab 1942 über eine besondere Fahndungsstelle für Fahnenflüchtige des Feld- und Ersatzheeres verfügte, arbeitete auf Betreiben des OKH eng mit der Kriminalpolizei zusammen.[80] Auch die Gestapo unterhielt in einigen Städten des Reiches Ermittlungsabteilungen zur Fahndung nach Deserteuren.[81]

In einigen Bereichen der besetzten Sowjetunion wurden in rückwärtigen Armeegebieten Gendarmerie-Posten errichtet, die einem Höheren SS- und Polizei-Führer und nicht der Wehrmacht unterstanden.[82] Sie hatten dort, wo sie eingesetzt waren, die gleichen Befugnisse wie die Feldgendarmerie und konnten somit gegen Wehrmachtangehörige vorgehen sowie Ermittlungen für die Wehrmachtgerichte durchführen.

Gemäß § 82 MStGO waren Angehörige und Dienststellen der Polizei und des Sicherheitsdienstes verpflichtet, dem Ersuchen eines militärischen Untersuchungsrichters um die Ausführung von Ermittlungen nachzukommen. Eine ähnliche Ermächtigung enthielt § 22 KStVO für das Kriegsverfahren, der alle öffentlichen Behörden verpflichtete, Ersuchen des Ermittlungsführers nachzukommen. Demnach lag es in der Hand der Gerichtsherren und der Untersuchungsführer, Ermittlungen teilweise oder auch vollumfänglich in die Hände von Polizeibehörden zu legen. In welcher Größenordnung sich die Wehrmachtgerichte dieser Möglichkeit bedienten, lässt sich nicht mehr nachvollziehen. Zumindest in Einzelfällen

78 Anordnung für die Verwaltung v. 3. 10. 1939, BArch–MA RH 53-23/14a, Bl. 15 ff.

79 Zum Folgenden vgl. Fahndung bei unerlaubter Entfernung und Fahnenflucht, ebenda RH 26-172/9.

80 Schreiben des Oberstkriegsgerichtsrats des Dienstaufsichtsbezirks 2 an alle unterstellten Gerichte betreffend Abgabe der Ermittlungsakten gegen Fahnenflüchtige an das Gericht der Kommandantur Berlin v. 24. 3. 1942, ebenda.

81 Vgl. Herbert Schwarzwälder, Geschichte der Freien Hansestadt Bremen, Bd. 4. Bremen in der NS-Zeit (1933–1945), Hamburg 1985, S. 407.

82 Merkblatt über die Aufgaben der GFP, Feldgendarmerie und des SD, BArch R 70/ Sowjetunion/18, Bl. 110 f.

arbeiteten jedoch Wehrmachtjuristen direkt mit der Gestapo zusammen und erteilten Weisungen. So wurde etwa im Zuge von Ermittlungen gegen Angehörige der militärischen Abwehr, die unter dem Verdacht des Landesverrats standen, der Untersuchungsführer Manfred Roeder ermächtigt, bei den Ermittlungen über Beamte der Gestapo zu verfügen.[83]

In Fällen von Verdacht auf Korruptionshandlungen hatten die mit der Aufklärung derartiger Delikte betrauten Militärstellen stets gemeinsam mit der Kriminalpolizei zu arbeiten.[84] Auf direkte Anweisung des OKW oder des Reichsluftfahrtministeriums konnte sich der zuständige Ermittlungsführer auch an das entsprechende Fachdezernat des Reichskriminalpolizeiamtes in Berlin mit der Bitte um Amtshilfe wenden.

Zwischen dem Ob. d. H. Walther von Brauchitsch und Himmler wurde vor Beginn des Krieges gegen die Sowjetunion vereinbart, dass Angehörige der Ordnungspolizei dem jeweiligen militärischen Befehlshaber des rückwärtigen Heeresgebietes unterstellt werden konnten, wenn der vorgesetzte SS- und Polizeiführer dies genehmigte.[85] Die Ordnungspolizei durfte dann für jeden militärischen Zweck eingesetzt werden. Damit konnte sie in Einzelfällen auch direktes Ermittlungsorgan der Kriegsgerichte werden.

Indes kam es etwa in den Niederlanden zu Differenzen, als sich Kriegsgerichte an die Sicherheitsorgane wandten. Während des Frühjahrs 1941 hatten Angehörige der Luftwaffengerichtsbarkeit wiederholt Dienststellen der Sicherheitspolizei und des SD um Ermittlungen gegen Wehrmachtangehörige ersucht.[86] In den Fällen ging es um verhältnismäßig geringfügige Delikte wie Hausfriedensbruch, fahrlässige Körperverletzung u. a. Der Befehlshaber der Sicherheitspolizei lehnte jedoch die Ersuchen ab und verwies darauf, dass den Wehrmachtgerichten eine eigene Exekutive zur Verfügung stehe.[87] Vermutlich lag die Weigerung in dem Um-

83 Vgl. Aussagen Huppenkothen zum Verhältnis Wehrmacht – Sicherheitspolizei T. II Fall Depositenkasse und Schwarze Kapelle, Ermittlungsakte gegen Manfred Roeder, HStA Hannover Nds. 721 Lüneburg Acc. 69/76, Bd. I, Bl. 117 ff.; Aussage Frau von Dohnanyi, ebenda, Bl. 125 ff.; Vernehmung Manfred Roeder am 9. 12. 1947, ebenda, Bd. II, Bl. 324 ff.; Vernehmung des Kriminalkommissars Franz Sonderegger am 9. 9. 1948, ebenda, Bd. III, Bl. 435 ff.

84 Zum Folgenden vgl. Schreiben des Allgemeinen Heeresamtes v. 10. 6. 1939 betr. Korruptionsfälle in der Wehrmacht, BArch–MA RH 15/427, Bl. 52 ff.

85 Der Reichsführer-SS Tgb.Nr. 114/41 betr. Sonderauftrag des Führers v. 21. 5. 1941, ebenda RW 20-16/1012, Bl. 48 f.

86 Schreiben der Sicherheitspolizei und SD-Außenstelle Rotterdam an den Befehlshaber der Sicherheitspolizei und des SD für die besetzten niederländischen Gebiete betreffend Bearbeitung von Strafsachen gegen Wehrmachtsangehörige und Ermittlungen und Vernehmungen von Zeugen v. 19. 3. 1941, BArch R 70/Niederlande/43, Bl. 50.

87 Schreiben des Befehlshabers der Sicherheitspolizei und des SD für die besetzten niederländischen Gebiete an den Wehrmachtbefehlshaber in den Niederlanden/Rechtsabteilung betr. Zuständigkeit der Wehrmachtexekutive v. 28. 3. 1941, ebenda, Bl. 51.

stand, dass die Sicherheitsorgane nicht lediglich Ausführungshandlungen vornehmen wollten. Stattdessen wurde von ihrer Seite aus versucht, grundsätzlich ihre Kompetenzen auszuweiten.

Während des Jahres 1941 kam es in dieser Hinsicht wiederholt zu Kompetenzgerangel zwischen der Dienststelle des Chefs der Sicherheitspolizei, der Wehrmacht und der militärischen Abwehr und deren Exekutivorganen.[88] Man einigte sich schließlich einvernehmlich auf folgende Linie: In den besetzten Niederlanden waren bei Straftaten von Landeseinwohnern – auch wenn sie gegen die Wehrmacht gerichtet waren – grundsätzlich die Organe der deutschen Polizei, also in erster Linie die Sicherheitspolizei und der SD, für die Ermittlungen zuständig. In dieser Funktion war sie auch Exekutive der Rechtsabteilung des Wehrmachtbefehlshabers und der Wehrmachtgerichte, sofern es sich um Straftaten gegen die Wehrmacht handelte. In diesen Fällen waren nicht die Truppengerichte zuständig, sondern – je nach dem betroffenen Wehrmachtteil – das Heeresgericht Utrecht, das Marinegericht Scheveningen oder das Luftwaffengericht Amsterdam.[89]

Der Wehrmachtbefehlshaber in den Niederlanden ordnete darüber hinaus an, dass eigenständige Ermittlungen der Sicherheitspolizei innerhalb der Wehrmacht grundsätzlich von den Kommandeuren zu gestatten seien.[90] Dies bedeutete schließlich ein übergeordnetes Recht der Polizeiorgane gegenüber der Wehrmacht.

In der Spätphase des Krieges verwischten die Abgrenzungen zwischen der Wehrmacht und den Polizeiorganen des RSHA zunehmend, was neben den schrittweisen Kompetenzverlusten der Wehrmachtjustiz auch darin begründet lag, dass Heinrich Himmler ab dem 21. Juli 1944 als Befehlshaber des Ersatzheeres innerhalb der Wehrmacht Einfluss ausübte. Der Journalist und Publizist Peter Scholl-Latour, der Ende 1944 als Angehöriger der europäischen Widerstandsbewegung

88 Zum Folgenden vgl. Schreiben des Befehlshabers der Sicherheitspolizei und des SD für die besetzten niederländischen Gebiete an den Wehrmachtbefehlshaber in den Niederlanden betr. Zuständigkeit der Feldgendarmerie v. 9. 9. 1941, ebenda, Bl. 117; Ortskommandantur Rotterdam, Standortbefehl 64 betreffend u. a. Zuständigkeit der Feldgendarmerie v. 21. 8. 1941, ebenda, Bl. 118; Schreiben des Befehlshabers der Sicherheitspolizei und des SD für die besetzten niederländischen Gebiete an den Heeresfeldpolizeichef v. 27. 9. 1941, ebenda, Bl. 120 ff.; Schreiben des Befehlshabers der Sicherheitspolizei und des SD für die besetzten niederländischen Gebiete an die Außenstelle Den Haag betr. Aufgabengebiet der Geheimen Feldgendarmerie v. 23. 4. 1942, ebenda, Bl. 123 f.

89 Oberstkriegsgerichtsrat beim Wehrmachtbefehlshaber in den Niederlanden betr. Zuständigkeit der Feldgendarmerie und der deutschen allgemeinen Polizei in den Niederlanden v. 26. 3. 1942, ebenda, Bl. 126 ff.; Anordnung des Wehrmachtbefehlshabers in den Niederlanden Nr. 27 v. 12. 6. 1943, ebenda, Bl. 135.

90 Oberstkriegsgerichtsrat beim Wehrmachtbefehlshaber in den Niederlanden betr. Zuständigkeit der Feldgendarmerie und der deutschen allgemeinen Polizei in den Niederlanden v. 26. 3. 1942, ebenda, Bl. 126 ff.

verhaftet wurde, berichtet anschaulich über die nunmehr schon verworrenen Verhältnisse. In verschiedenen Haftanstalten der Gestapo begegnete er wiederholt Wehrmachtangehörigen, die als Untersuchungshäftlinge zusammen mit jüdischen Inhaftierten, Partisanen und sonstigen Verhafteten aus verschiedenen europäischen Ländern arretiert waren.[91]

e Feldjäger

Neben den Streifendiensten und den militärpolizeilichen Einheiten existierten ab Ende 1943 drei sogenannte Feldjägerkommandos. Sie unterstanden dem Chef OKW und wurden in verschiedenen Regionen je nach Bedarf eingesetzt.[92] Ihnen oblag die Aufsicht über Disziplin und Moral der Truppe, wobei sie Missstände sofort abzustellen hatten. Sie waren in dieser Hinsicht befugt, gegenüber jedermann Maßnahmen zu ergreifen. Dies schloss selbst hochrangige Kommandeure sowie Angehörige der Feldgendarmerie und der Streifendienste ein. Die Befugnisse dieser Sonderpolizei bezogen sich dabei nicht nur auf Soldaten der Wehrmacht, sondern auch auf Angehörige der SS und der Polizei.[93] Feldjäger durften Befehle erteilen, Soldaten ihres Postens entheben und Verhaftungen vornehmen; die kommandierenden Feldjäger-Offiziere konnten Gerichtsverfahren anordnen und Urteile vollstrecken lassen. Gemäß einer Weisung vom 18. Januar 1945 hatte jeder Feldjäger das Recht, bei schweren militärischen Delikten sofort von der Waffe Gebrauch zu machen.[94] Der Kommandeur eines Feldjägerkommandos hatte die Dienststellung und Befugnisse eines Armeebefehlshabers.[95] Ihm waren als Stabspersonal 25 bis 30 Offiziere und Beamte zugeordnet sowie ein Militärrichter höheren Ranges. Das Kommando gliederte sich in drei Abteilungen von jeweils ca. 50 Soldaten und einem Wehrmachtrichter. Der befehlende Offizier hatte die Befugnisse eines Regimentskommandeurs und war somit ermächtigt, ein Standgericht einzuberufen. Vornehmlich sollten der Fahnenflucht Verdächtige festgenommen und gegebenenfalls durch die den Abteilungen angehörenden Richter sofort abgeurteilt werden. Nach einer Weisung der Wehrmachtrechtsabteilung hatte ab Januar 1945 jeder Unteroffizier und Offizier die Pflicht, einer

91 Peter Scholl-Latour, Leben mit Frankreich. Stationen eines halben Jahrhunderts, Stuttgart 1988, S. 26 ff.

92 Zum Folgenden vgl. Kurze Denkschrift als Befehlshaber Feldjägerkommando von Mitte März 1945 bis Ende Juni 1945 des Generals Wilhelm Speidel v. 15. 10. 1948, BArch-MA RH 48/52, Bl. 1 ff.

93 Vgl. Manfred Messerschmidt, Die Wehrmachtjustiz 1933–1945, S. 412.

94 Wehrmachtrechtsabteilung v. 18. 1. 1945, HStA Hannover Nds. 721 Hannover Acc. 90 Nr. 119/5.

95 Zum Folgenden vgl. Kurze Denkschrift als Befehlshaber Feldjägerkommando von Mitte März 1945 bis Ende Juni 1945 des Generals Wilhelm Speidel v. 15. 10. 1948, BArch-MA RH 48/52, Bl. 1 ff.

Straftat verdächtige Wehrmachtangehörige, wenn möglich, sofort einem Feldjägerkommando zu übergeben, sofern der unmittelbare Vorgesetzte des Betreffenden nicht erreichbar war.[96]

Der Kommandeur des Feldjägerkommandos III wurde nach der Gesamtkapitulation am 8. Mai 1945 Chef der gesamten militärischen Ordnungsdienste innerhalb der verbliebenen Wehrmachtteile im Raum Süddeutschland und Österreich.[97] Die Ernennung erfolgte mit Erlaubnis der amerikanischen Streitkräfte. Die dort eingesetzten Feldjäger durften weiterhin ihre Waffen behalten. Am 23. Juni 1945 wurde das Kommando entwaffnet und aufgelöst.

Im Unterschied zu den sonstigen ordnungs- und sicherheitspolizeilichen Truppen der Wehrmacht waren die Feldjägerkommandos nicht nur eingerichtet worden, um Ermittlungen durchzuführen oder Disziplinarstrafen zu verhängen. Ob einer Straftat verdächtige Soldaten auch an andere Gerichte abgegeben wurden, war den entsprechenden Unterlagen nicht zu entnehmen, ist jedoch als wahrscheinlich anzunehmen, da die Kommandos angesichts ihrer geringen personellen Stärke und den häufig wechselnden Einsatzorten nicht zu langwierigen Ermittlungen in der Lage waren. Indes waren sie zumindest für die ihnen zugeteilten Gerichte direktes Ermittlungsorgan. Die ihnen eingeräumte Kompetenz, auch über andere militärpolizeiliche Einheiten oder Ordnungstruppen zu verfügen, machte sie zu einer besonders einflussreichen Organisation. Der Umstand, dass sie dem OKW unterstellt waren und nicht einem Wehrmachtteil, stellt die Feldjäger-Abteilungen als äußerst ungewöhnliche Institution dar, da der Führungsstab des OKW keine Befehlsgewalt über die Teilstreitkräfte hatte.

f Streifendienste der Wehrmacht

Zur verstärkten Überwachung der Disziplin in der Wehrmacht wurden ab November 1939 Streifendienste eingerichtet.[98] Sie bestanden aus Wehrmachtangehörigen mit Vorgesetzteneigenschaften und wurden stets von Offizieren oder Feldwebeln geführt. Sie galten nicht als Ordnungsdienst und waren den Armeeoberkommandos unterstellt. Ihre Aufgabe war schärfste Überwachung der „Manneszucht“ gegenüber dem Wehrmachtgefolge und denjenigen Soldaten, die sich nicht bei ihrer Truppe befanden, sowie sofortiges Einschreiten gegen jeden Disziplinverstoß. Den Anführern der einzelnen Streifen standen die Disziplinarbefugnisse von hochran-

96 Wehrmachtrechtsabteilung v. 18. 1. 1945, HStA Hannover Nds. 721 Hannover Acc. 90 Nr. 119/5.

97 Zum Folgenden vgl. Kurze Denkschrift als Befehlshaber Feldjägerkommando von Mitte März 1945 bis Ende Juni 1945 des Generals Wilhelm Speidel v. 15. 10. 1948, BArch-MA RH 48/52, Bl. 17 f.; vgl. dazu auch Joachim Schultz-Naumann, Die letzten 30 Tage, S. 101.

98 Zum Folgenden vgl. Oberbefehlshaber des Heeres betr. Manneszucht im Heere v. 18. 11. 1939, BArch-MA RH 53-23/14b, Bl. 194 ff.

gigen Offizieren zu. War ein Verstoß festgestellt und ein direkter Vorgesetzter des Betreffenden nicht zu erreichen, dann konnten sofort Strafen ausgesprochen und vollstreckt werden. Handelte es sich um eine Straftat und nicht lediglich um eine disziplinarische Übertretung, dann sollte Festnahme erfolgen und der Verdächtige seiner Truppe oder dem nächsten Gerichtsherrn zugeführt werden. War kein Gerichtsherr erreichbar, dann konnte ein Regimentskommandeur oder der Kommandeur der Streifendienste um Aburteilung im standgerichtlichen Verfahren ersucht werden. Die Angehörigen des Streifendienstes sollten für einen Zeitraum von zwei bis drei Monaten zu dieser Formation kommandiert werden und danach wieder zu ihrer Einheit gelangen.

Die Heeresstreifendienste waren außerdem für die Überwachung des Reiseverkehrs zuständig und kontrollierten den Straßen- und Schienenverkehr. Ihnen oblag auch die Fahndung nach Fahnenflüchtigen.[99] Streifendienste wurden je nach Bedarf in verschiedenen Stärken und Einsatzräumen eingerichtet.[100] Die Führung der Streifendienste sollte die Koordination mit anderen Überwachungseinrichtungen wie der Feldgendarmerie sicherstellen.

Durch Befehl vom 20. Januar 1944 wurde die Dienststelle „Chef des Wehrmachtstreifendienstes" eingerichtet.[101] Darin wurde der Streifendienst unter Beteiligung der Wehrmachtteile und der Waffen-SS innerhalb der Wehrmacht zusammengefasst. Der Dienststelle oblag es, alle Umstände, die in irgendeinem Zusammenhang zu Vorfällen standen, die die „Manneszucht" untergruben, zu untersuchen und abzustellen. In Zusammenarbeit mit den Polizeidienststellen halfen sie bei Fahndungen. Die Einheiten des Streifendienstes waren dem jeweiligen militärischen Befehlshaber unterstellt, in dessen Gebiet sie sich aufhielten.

Die Streifendienste der Wehrmacht hatten keine generell ordnungspolizeilichen Aufgaben. Sie führten zwar Fahndungen durch und überstellten Personen, die sich einer Disziplinwidrigkeit oder eines Delikts verdächtig gemacht hatten, den Gerichtsherren oder Kriegsgerichten. Trotzdem können sie nicht als Ermittlungsorgan der Kriegsgerichte gelten, da sie aufgrund der nur vorübergehenden Zugehörigkeit ihrer Angehörigen zum Streifendienst und der nur fakultativen Aufstellung der einzelnen Streifen keine dauerhafte Einrichtung waren. Sie bildeten keine Organisation im engeren Sinne wie die GFP oder Feldgendarmerie und konnten daher nur Hilfsdienste für die Wehrmachtgerichtsbarkeit ausführen.

99 Die Geheime Feldpolizei (GFP) – Organisation, Aufgaben, Zuständigkeit (Gemeinsame Ausarbeitung im amerikanischen Kriegsgefangenenlager), ebenda RW 5/283, Bl. 4.

100 Vgl. Heerwesen-Abteilung beim General z. b. V. bzgl. Vortrag beim Chef OKW am 22. 4. 1942, ebenda RH 13/1, Bl. 92.

101 Zum Folgenden vgl. Führer-Erlass v. 20. 1. 1944 betr. Wehrmachtstreifendienst, ebenda RL 7/197.

2. Anklage

Die Anklage vertrat eine Person, die durch den Gerichtsherrn damit betraut wurde. Über eine dauerhafte Anklagebehörde wie die Staatsanwaltschaft verfügten die Gerichtsherren nicht – eine Ausnahme bestand nur für das RKG. Mit der Anklage konnten Militärrichter, Gerichtsoffiziere oder ein Offizier oder Beamter mit Befähigung zum Richteramt beauftragt werden. In der kriegsgerichtlichen Praxis wurden diese Vorschriften jedoch nicht in jedem Fall angewandt. Auch jede andere Person – bis hin zu Soldaten der Mannschaftsdienstgrade – konnten eingesetzt werden.[102] Nach Schweling wurden die Untersuchungsführer in der Regel auch als Anklagevertreter eingesetzt.[103] Im Bereich des Ersatzheeres wurde die Anklage überwiegend von Wehrmachtrichtern vertreten. Dies ergaben Nachforschungen im Bereich der Division Nr. 177.[104] Man folgte dabei offensichtlich einem Rotationsprinzip. Im Gegensatz zu den Frontgerichten verfügten die Kriegsgerichte des Ersatzheeres allerdings über eine wesentlich höhere Anzahl von Richtern.

Stellte sich während einer Kriegsgerichtsverhandlung heraus, dass die Schuld des Täters gering und die Folgen der Tat unbedeutend waren, dann konnte das Gericht das Verfahren einstellen, wenn der Anklagevertreter sein Einverständnis erklärte.

Für das RKG sah die KStVO in § 70 eine eigene Anklagebehörde vor, die Oberreichskriegsanwaltschaft. Diese bestand aus einem Oberreichskriegsanwalt und zwei bis drei Reichskriegsanwälten.[105] Jeder Oberreichskriegsanwalt hatte die Befugnisse eines Untersuchungsführers und war direkt dem Präsidenten des RKG unterstellt. Bestanden zwischen dem Präsidenten des RKG und dem Oberreichsanwalt Meinungsschwierigkeiten, sollten diese durch einen Großen Senat des RKG gutachterlich entschieden werden.

IV. Das Hauptverfahren

1. Zusammensetzung des Gerichts

Die Verhandlung vor einem Kriegsgericht fand vor drei Richtern statt, wobei ein Militärjurist als Vorsitzender bzw. Verhandlungsleiter fungierte und die anderen

102 Vgl. Peter Lutz Kalmbach, Militärjustiz, S. 136.

103 Otto Peter Schweling, Die deutsche Militärjustiz, S. 26.

104 Vgl. Thomas Walter, „Schnelle Justiz – gute Justiz", S. 27, 43 f.

105 Schreiben der Wehrmachtrechtsabteilung an die Rechtsabteilungen von Heer, Marine und Luftwaffe betr. Wiedererrichtung eines obersten Gerichtshofes der Wehrmacht v. 17. 3. 1936, BArch R 3001/22301, Bl. 89 ff.

beiden Richter Soldaten waren. Einer der beisitzenden Richter war ein Offizier, der andere Beisitzer sollte den gleichen Rang bekleiden wie der Angeklagte. Nach Maßgabe der MStGO musste der beisitzende Offizier ein Stabsoffizier sein. Die KStVO verlangte dies nicht mehr zwingend. Wenn ein Straftatbestand Verhandlungsgegenstand war, der mit Zuchthaus oder dem Tode bedroht war, bestand das Gericht im Friedensverfahren aus fünf Richtern, von denen zwei Juristen waren.

Jeder Gerichtsherr war befugt, bei Mangel an Militärrichtern Offiziere mit der Wahrnehmung der Verhandlungsleitung zu betrauen, sofern sie die Befähigung zum Richteramt hatten. Verfügte er auch über keine juristisch gebildeten Offiziere, konnte auch jeder andere Offizier zum Verhandlungsleiter bestimmt werden, wenn er mindestens den Rang eines Hauptmanns innehatte. Selbst bei den personell besser ausgestatteten rückwärtigen Militärgerichten musste indes mangels ausreichender Zahl von Militärrichtern auf sonstiges juristisch geschultes Personal zurückgegriffen werden, wie den Memoiren des ehemaligen Militärrichters Erich Roskothen zu entnehmen ist, der den Zivilberuf eines Richters ausgeübt hatte und 1940 als Offizier zum Gericht der Militärverwaltung Paris berufen wurde. Über Monate hinweg war er dort als Hilfsrichter tätig.[106] Auch Filbinger war 1943 zunächst als Hilfsrichter in Cuxhaven eingesetzt.[107] Es sind indes auch Fälle belegt, in denen ein Gerichtsoffizier die Verhandlungsleitung übernahm.[108]

Das Friedensverfahren sah für Beisitzer vor, dass diese einer dem Gericht vorliegenden Liste, der Reihenfolge nach, zu entnehmen waren. Bei den Oberkriegsgerichten war jeder beisitzende Richter für ein Jahr ständiges Mitglied des Gerichts. Die Beisitzer wurden getrennt nach militärischen Rangklassen ausgelost.[109] Während des Krieges wurden die Beisitzer nach Bedarf von den Gerichtsherren eingesetzt, ohne dass diese an ein Register gebunden waren.[110]

Voraussetzung für die Berufung als Beisitzer eines Kriegsgerichtes war zunächst eine mindestens dreijährige Zugehörigkeit zur Wehrmacht.[111] Mit Wiedereinführung der Wehrpflicht im Jahre 1935 wurde diese Bestimmung auf ein Jahr herabgesetzt, aber ein Mindestalter von 21 Jahren verlangt.[112] Diese Änderung hing mit der Vergrößerung des militärischen Justizapparates und dem vermehr-

106 Ernst Roskothen, Groß-Paris 1940–44, S. 15.

107 Hans Filbinger, Die geschmähte Generation, S. 57.

108 Vgl. Christop Rass/René Rohrkamp, Dramatis Personae, in: Ulrich Baumann/Magnus Koch (Hrsg.), „Was damals Recht war…", S. 95, 97.

109 Vgl. Heinrich Dietz, Zur Wiedereinführung der Militärgerichtsbarkeit, in: ZStW 53 (1934), S. 271, 291.

110 Vgl. Werner Hülle, Grundzüge des Kriegsstrafverfahrens, in: ZfW 4 (1939/40), S. 230, 236.

111 Vgl. Dörken, Gesetz zur Änderung der Militärstrafgerichtsordnung, in: DJZ (1935), S. 1286; Gustav Rotermund, Die neue Militärstrafgerichtsordnung, in: ZStW 53 (1934), S. 748, 750.

112 Vgl. Dörken, Gesetz zur Änderung der Militärstrafgerichtsordnung, in: DJZ (1935), S. 1286.

ten Bedarf an Beisitzern zusammen, die – wenn sie aus dem Mannschaftsstande kamen – jedoch als Wehrpflichtige für einen kürzeren Zeitraum den Streitkräften angehörten, als dies bei der vorigen reinen Berufsarmee der Fall gewesen war. Die Zusammensetzung des Gerichts aus Juristen und Soldaten wurde als Überlieferung germanischer Rechtstraditionen in Form eines „Volksrichtertums" und einer „Kameradengerichtsbarkeit" angegeben, die der nationalsozialistischen Vorstellung von Recht und Rechtsprechung entsprach.[113] Diese Besetzung des Kriegsgerichts wurde darüber hinaus als vertrauenserweckend für den jeweiligen Angeklagten angesehen, da dieser in den Beisitzern nicht so sehr Richter denn „Kameraden" sehe.[114] Der Kriegsrichter wiederum würde sich als Vorsitzender als Verkörperung der „strafenden Gewalt des Staates" darstellen, der die Strafgesetze in einem „Reinigungsverfahren" anwende.[115]

Durch die Beteiligung eines im Rang des Angeklagten stehenden Beisitzers sollte das militärische „Führerprinzip" in der militärgerichtlichen Hauptverhandlung durch ein „natürliches" Richterkollegium ergänzt werden, in dem „Kameraden über Kameraden" urteilen.[116] Diese Regelung erwies sich allerdings für den Angeklagten nicht unbedingt als vorteilhaft, da die Urteilsfindung durch Stimmenmehrheit zustande kam und an ihr stets eine Mehrheit von Personen mit Vorgesetzteneigenschaft beteiligt war. Das angeblich ausgeklammerte „Führerprinzip" war somit faktisch dominierend. In diesem Zusammenhang spielt eine entscheidende Rolle, dass Offiziere innerhalb der Wehrmacht de facto einen eigenen Stand bildeten, der sich von der subalternen Masse der einfachen Soldaten abhob. Daraus folgt, dass es zunächst nahe lag, dass sowohl der Militärjurist als auch der beisitzende (Stabs-)Offizier eine wirkliche Einbeziehung des untergebenen Soldaten im Mannschafts- oder Unteroffiziersrang gar nicht erst erwogen. Auch von Seiten des beisitzenden Soldaten im Mannschaftsrang kann angenommen werden, dass dieser Hemmungen hatte, sich gegenüber den im Offiziersrang stehenden Vorgesetzten eindringlich für einen Angeklagten einzusetzen.

Der Zeitzeuge H. P., der im Rang eines Gefreiten wiederholt als Beisitzer an das Luftwaffengericht Paris befohlen wurde, äußerte sich in einem Interview mit dem Verfasser dahingehend, dass man ihn bei der Besprechung oder Abstimmung nie mit einbezog, sondern das Urteil einvernehmlich zwischen dem Kriegsgerichtsrat und dem beisitzenden Stabsoffizier gefällt wurde: „Da wurden wir, wenn wir frei hatten, dann rauf befohlen als Beisitzer. Aber ohne Stimmrecht. […] Der

113 Rosenberger, Zur Neugestaltung des Strafverfahrens der Wehrmacht, in: ZfW 3 (1938/39), S. 166, 169; vgl. auch Werner Hülle, Die Stellung des Militärrichters, in: ZfW 2 (1937/38), S. 3, 13.

114 Werner Hülle, Die Stellung des Militärrichters, in: ZfW 2 (1937/38), S. 3, 6 f.

115 Ebenda.

116 Vgl. Werner Hülle, Die Kriegsgerichtsordnung, in: ZfW 2 (1937/38), S. 97, 100.

Kriegsrichter hat selbst entschieden. Der hat nur mit dem Major [gemeint ist der beisitzende Offizier] kurz gesprochen [...] und hat dann das Urteil gefällt."[117]

Der Marinechefrichter in Norwegen bestimmte, dass in Strafverfahren mit politischem Hintergrund stets die nationalsozialistischen Führungsoffiziere als richterliche Beisitzer zu berufen seien.[118] Das Oberkommando der Marine lehnte dies jedoch mit dem Hinweis ab, die Aufgaben der NS-Offiziere ließen sich nicht mit den Aufgaben eines Richters im wehrmachtgerichtlichen Verfahren vereinbaren, da diese als „politische Erzieher der Truppe" das Vertrauen der Soldaten genießen sollten. Lediglich in begründeten Ausnahmefällen durften sie als Beisitzer agieren. Anders verhielt es sich – zumindest in der Endphase des Krieges – bei der Luftwaffe. Gemäß einer Verfügung vom Februar 1945 konnten NSFO als beisitzende Richter eingesetzt werden.[119]

Waren Zivilisten angeklagt, wurden die Beisitzer trotzdem von Wehrmachtangehörigen gestellt. Einer der beiden sollte dabei möglichst aus einer ähnlichen sozialen Schicht stammen oder mit entsprechendem Bildungshintergrund ausgestattet sein.[120] 1941 wurde durch das OKW festgelegt, dass die Beisitzer nicht in jedem Fall Soldaten sein mussten. In Verfahren gegen Angehörige der Organisation Todt oder des Reichsarbeitsdienstes stand es dem Gerichtsherrn frei, einen Beisitzer aus diesen Formationen zu bestimmen. War der Angeklagte RAD-Angehöriger, war darüber hinaus festgelegt, dass der Offiziersbeisitzer Arbeitsdienstvorgesetzter sein musste.[121] Bei OT-Arbeitern konnten ebenfalls beide Beisitzer dieser Organisation entnommen werden, wenn die besonderen Verhältnisse der OT für die Straftat möglicherweise von Bedeutung waren.[122] Damit waren ab 1941 auch Zivilisten als Beisitzer an den Kriegsgerichten zugelassen.

Handelte es sich bei dem Angeklagten um einen Angehörigen eines Kampfverbandes, dann sollte der beisitzende Offizier ebenfalls bereits an der Front gekämpft haben. Da dieser Grundsatz offensichtlich wiederholt nicht eingehalten wurde, wies der Chef OKW darauf hin, dass diese Vorgabe als Muss-Vorschrift unbedingt einzuhalten war.[123]

117 Interview H. P. mit dem Verfasser vom 20. 1. 2006.

118 Zum Folgenden vgl. Schreiben des Oberkommandos der Kriegsmarine an den Marinechefrichter Ostsee betr. Nationalsozialistische Führungsoffiziere als Beisitzer v. 27. 1. 1945, BArch–MA RM 31/3335, Bl. 162.

119 Thomas Huber, Die Rechtsprechung der deutschen Feldkriegsgerichte, S. 44.

120 Vgl. zum Folgenden Kisser, Die Besetzung des Feldkriegsgerichtes, in: ZfW 8 (1943/44) 1, S. 20.

121 Verordnung zur Durchführung der Verordnung über die Fortführung des Reichsarbeitsdienstes für die männliche Jugend während des Krieges v. 10. 4. 1940, RGBl. 1940 I, S. 626.

122 Übersicht OKH/Chef Heeresrüstung und Befehlshaber des Ersatzheeres v. 10. 8. 1943 bezüglich Strafverfahren gegen Angehörige der OT, BArch–MA RH 36/324, Bl. 100 ff.

123 OKH/Chef OKW betr. Auswahl von Beisitzern für Verhandlungen der Kriegsgerichte v. 25. 7. 1944, ebenda RH 15/186, Bl. 180.

2. Der Angeklagte und die Verteidigung

Gegen einen Abwesenden war nach Maßgabe der MStGO eine Hauptverhandlung ausgeschlossen. Es sollte lediglich eine Beweissicherung stattfinden. Das Kriegsverfahren der KStVO eröffnete hingegen die Option einer Verhandlung bei Abwesenheit des Angeklagten. So war dies möglich, wenn eine Vorführung des Angeklagten nicht durchführbar war und das Gericht davon ausgehen konnte, dass sich der Beschuldigte einer Verhandlung entziehen wolle.

Nach der MStGO durfte sich ein Beschuldigter jederzeit eines Verteidigers bedienen. Als Verteidiger kamen Offiziere, Wehrmachtjuristen, sonstige Wehrmachtbeamte im Offiziersrang und Rechtsanwälte in Betracht. Den unmittelbaren Vorgesetzten eines Angeklagten hingegen war es verwehrt, deren Verteidigung zu übernehmen.[124] Die Zulassung eines Rechtsanwaltes als Verteidiger vor einem Kriegsgericht war an eine Genehmigung desjenigen Wehrmachtteils gebunden, dem das Gericht zugeordnet war. Voraussetzung für eine Verteidigertätigkeit im Wehrmachtstrafverfahren waren Kenntnisse über militärische Verhältnisse und eine charakterliche Eignung, die die Gewähr für eine sachliche Verteidigung bieten sollte, „ohne das Ansehen der Vorgesetzten und die Mannszucht zu gefährden".[125] Damit hatte sich die Verteidigung jeglicher Kritik zu enthalten, die Vorgänge zum Gegenstand hatte, die ihren Grund im System von militärischer Über- und Unterordnung hatte. Befehle eines Vorgesetzten entzogen sich so jeglichem Angriff seitens der Verteidigung. Dem Angeklagten sollte dies nach Bekunden der Wehrmachtrechtsabteilung hilfreich sein, denn es würde ihm die Gewissheit geben, „in einer dem soldatischen Empfinden entsprechenden Weise verteidigt zu werden". Dementsprechend sollte es der Verteidigung versagt sein, Beurteilungen eines Vorgesetzten in irgendeiner Art zu beanstanden, etwa durch Hinterfragungen.[126] Ebenso hatte bei der Befragung von Soldaten im Vorgesetztenverhältnis, die als Zeugen vernommen wurden, Zurückhaltung geübt zu werden. Der Verteidiger hatte sich in seinen Ausführungen einer militärischen Kürze zu bedienen.

Die KStVO brachte für den Angeklagten und seine Verteidigung Verschlechterungen. Ein Angeklagter durfte sich noch zur Anklage äußern und sich gegen die Vorwürfe verteidigen. Auch stand ihm das „letzte Wort" im Anschluss an die Beweisaufnahme zu. Für die Verteidigung galt indes ein Entscheidungs- und Prüfungsrecht des Gerichtsherrn über die Zulassung eines Verteidigers. Ausgeschlossen war die Bestellung eines Verteidigers, wenn dieser nicht sofort zur Stelle sein

124 Übersicht Abgrenzung der Militärgerichtsgerichtsbarkeit gegenüber der Zivilgerichtsbarkeit, ebenda RL 17/52.

125 Zum Folgenden Werner Hülle, Die Kriegsgerichtsordnung, in: ZfW 2 (1937/38), S. 97, 110.

126 Gonell, Die Aufgabe des Verteidigers, in: Deutsches Recht (1939), S. 226.

oder dadurch eine Gefahr für die „Sicherheit des Reiches" entstehen konnte. Welche Voraussetzungen sich indes hinter der letztgenannten Floskel verbargen, lassen die Quellen offen. Da die zeitliche Komponente, die für das wehrmachtgerichtliche Verfahren bezeichnend ist, bereits durch die erste Alternative – die unverzügliche Verfügbarkeit eines Verteidigers – gesichert war, kann über die zweite Einschränkung nur spekuliert werden.

Der Gerichtsherr brauchte hinsichtlich seiner Ermessensausübung nur berücksichtigen, ob die Heranziehung eines Verteidigers sachdienlich war. Lediglich wenn ein Delikt Gegenstand des Verfahrens bildete, das mit dem Tode bedroht war, sollte ausnahmslos eine Verteidigung erfolgen. Stellte sich erst in der Hauptverhandlung heraus, dass ein mit dem Tode zu ahndender Tatbestand in Betracht zu ziehen war, musste dem Angeklagten ebenfalls ein Verteidiger gestattet werden. Allerdings sollte die Verhandlung nur in Ausnahmefällen unterbrochen werden. An der Qualität der Verteidigung in derartigen Fällen darf angesichts dieses Grundsatzes gezweifelt werden, denn war während der Verhandlung ad hoc ein Verteidiger zu bestellen, bestand für diesen keine Möglichkeit der Einarbeitung in den Fall. Frauen waren von der Möglichkeit, die Verteidigung von Soldaten oder Wehrmachtbeamten zu übernehmen, ausgeschlossen.[127] Ob darüber hinaus auch, wie in der Friedenszeit vorgesehen, Vorgesetzte von Angeklagten von dieser Funktion ausgeschlossen waren, ließ sich nicht generell feststellen. Für den Bereich des Ersatzheeres wurde dies jedoch explizit verboten.[128]

Der Befehlshaber des Ersatzheeres wies mit Verordnung vom 22. Juli 1940 für seinen Befehlsbereich an, dass der Möglichkeit der Verteidigung mehr Aufmerksamkeit geschenkt werden müsse. Begründet wurde dies jedoch nicht mit einer weiterreichenden Rechtssicherheit für die Angeklagten, sondern um eingetretene Ungleichheiten zuungunsten der Beschuldigten annähernd wieder auszugleichen. Hintergrund war die Verkürzung der Ermittlungsverfahren zugunsten zügiger Verfahren. Das dadurch eingetretene Ungleichgewicht zu Lasten des Angeklagten sollte durch die Bestellung eines Verteidigers wettgemacht werden.[129]

Den Gerichtsherren des Feld- und Ersatzheeres wurde im Sommer 1940 durch das OKH mitgeteilt, dass sie die Bestellung eines Verteidigers in Betracht ziehen sollten, wenn der Angeklagte minderjährig war, er durch die Verurteilung seinen bürgerlichen Beruf verlieren konnte oder wenn der Ankläger eine Strafdrohung gemäß § 5a KSSVO beantragt hatte.[130]

127 Übersicht OKH/Chef Heeresrüstung und Befehlshaber des Ersatzheeres v. 10. 8. 1943 bezüglich Frauen als Verteidiger vor den Feldgerichten, BArch–MA RH 36/324, Bl. 100 ff.

128 Oberbefehlshaber des Heeres/Chef Heeresrüstung und Befehlshaber des Ersatzheeres betr. 5. Mob.-Sammelerlass v. 22. 7. 1940, ebenda, Bl. 74 ff.

129 Ebenda.

130 Ebenda.

Dass es seitens der Gerichtsherren mit der zwingenden Bestellung eines Verteidigers bei drohender Todesstrafe nicht stets besonders genau genommen wurde, belegt das Beispiel des damaligen Luftwaffen-Obergefreiten K. W., dem im ersten russischen Kriegswinter 1941 versuchte Fahnenflucht zusammen mit einem Kameraden vorgeworfen wurde. Dieses Delikt sah als Regelstrafe den Tod oder Zuchthaus vor. Der Angeklagte Wiechmann durfte sich indes nicht einmal selbst verteidigen. Das Gerichtsverfahren stellte sich in diesem Fall als reine Farce dar:

„14 Tage hielt man uns fest. Dann brachte man uns zur Einheit zurück. In einer Baracke wartete bereits das Kriegsgericht. Ein paar Angehörige der Einheit waren als Zuhörer anwesend. Man befahl mir, mich auf einen Stuhl zu setzen und nichts zu sagen. Ich war allein, einen Beistand hatte ich nicht und vor mir saß der Richter. Er klappte ein Buch oder eine Akte auf und begann zu sprechen. Er rasselte den Sachverhalt herunter. Ich erinnere mich noch daran, wie er sagte: ‚Sie bekamen von ihrem Einheitsführer drei Stunden Freizeit, um die Verpflegung aufzubessern. Sie haben sich in dieser Zeit nicht zurückgemeldet. Nach sieben Stunden wurden Sie aufgegriffen. Damit ist anzunehmen, dass Sie gar nicht zu Ihrer Einheit zurückwollten.‘ Ohne dass man mir die Möglichkeit gab, mich zu verteidigen oder überhaupt zu äußern, wurde ich nach dem Vortrag des Feldkriegsrichters wegen Fahnenflucht zu 5 Jahren Zuchthaus und anschließend 5 Jahren Ehrverlust verurteilt. Schließlich hieß es: ‚Der Gefangene ist abzuführen!‘“[131]

Generell war die Heranziehung von Verteidigern in Teilen der Wehrmacht scheinbar eine Ausnahme. So führte ein Kriegsrichter in einem 1944 erschienenen Aufsatz in der Zeitschrift für Wehrrecht aus, dass die „Praxis der Kriegsgerichte nicht verteidigerfreundlich“ sei und nur in äußerst wenigen Fällen ein Verteidiger beigeordnet werde.[132] Auf einer Tagung der Oberstkriegsgerichtsräte der Marine am 1./2. Dezember 1942 wurde festgestellt, dass die Beiordnung eines Verteidigers in den vorgeschriebenen Fällen „oft übersehen“ wurde.[133] Dies wurde auch durch H.P. bestätigt, der wiederholt als Mannschaftsbeisitzer beim Pariser Luftwaffengericht tätig war. Er gab an, dass er nicht in einem einzigen Fall während einer Hauptverhandlung einen Verteidiger erlebt oder gesehen habe.[134] Nach einer Erhebung von Brümmer-Pauly wurden in Verfahren wegen Fahnenflucht in 74 % der Fälle Verteidiger bestellt, was immerhin bedeutet, dass

131 Interview K. W. mit dem Verfasser vom 20. 4. 2007.

132 Waldemar Spatz, Die Verteidigung vor dem Kriegsgericht, in: ZfW 8 (1943/44) 2, S. 122.

133 Vgl. Besprechung von Fragen aus dem Bestätigungs- und Gnadenreferat auf der Tagung der Marineoberstkriegsgerichtsräte im Dezember 1942, BArch–MA RM 31/3303, Bl. 166 ff. sowie darauf bezogen Schreiben des Marineoberstkriegsgerichtsrats für den Ostseebereich an die Marinegerichte v. 8. 12. 1942, ebenda, Bl. 165.

134 Interview H. P. mit dem Verfasser vom 20. 1. 2006.

ein Viertel der Angeklagten bei einem derart schweren Delikt vor Gericht auf sich alleine gestellt war.[135]

Wie sich die Verteidigung vor einem Kriegsgericht gestaltete, berichtete der Zeitzeuge Ludwig Baumann.[136] Baumann, der als Matrosen-Gefreiter am 30. Juni 1942 in einer rund 40-minütigen Verhandlung zusammen mit einem Kameraden zum Tode verurteilt worden war, erinnerte sich, dass sich sein Verteidiger weder vor der Hauptverhandlung vorgestellt, noch während der Verhandlung erwähnenswert hervorgetan habe. Lediglich das Gnadengesuch sei nach dem Todesausspruch vom Verteidiger an den Gerichtsherrn geschickt worden. Allerdings setzte sich der Verteidiger in diesem Schreiben nicht für alle Verurteilten gleichermaßen ein.

Ähnliche Erfahrungen machte der Niederländer Floris Bakels, der wegen Widerstandsaktivitäten vor einem Feldkriegsgericht angeklagt wurde und einen deutschen Verteidiger erhielt: „Uns waren deutsche Rechtsanwälte zugeteilt worden. Meiner hieß Albrecht, er kam aus Hannover. Seine Abscheu vor mir konnte er anfangs nur mühsam verbergen: Widerstand gegen die deutsche Besatzungsmacht, unglaublich! In der Hoffnung, er werde sich für mich etwas mehr einsetzen, teilte ich ihm mit, dass wir Kollegen seien. [...] Es war der Tag der Urteilsverkündung. Das Auftreten der Richter, der Staatsanwaltschaft und der Verteidiger war so sinnlos, dass wir uns [...] fragten, ob sie sich selbst wirklich ernst nehmen konnten. [...] Eine große Farce, sonst nichts."[137]

Auch Schenk kommt in seinem Buch über den Prozess gegen die Verteidiger der polnischen Post in Danzig zu dem Schluss, dass ein als Verteidiger abgestellter Wehrmachtoffizier lediglich eine Alibirolle übernahm.[138]

Dabei konnte ein Verteidiger durchaus viel für einen Angeklagten erreichen. Heinz Drossel, der sich stets nach Kräften für Freisprüche und milde Strafen einsetzte, sagte rückblickend: „Ich habe sie [...] fast alle freigekriegt."[139] Drossel stellte dabei insgesamt ein verständnisvolles Entgegenkommen seitens der Richter fest, wenn es sich bei ihnen um Frontsoldaten handelte.

Verfahren vor dem RKG hatten stets unter Zuziehung eines Verteidigers stattzufinden. Die dort zugelassenen Anwälte brauchten eine Genehmigung des Präsidenten des RKG.[140] Es kamen nur Personen in Betracht, die eine einwandfreie

135 Kristina Brümmer-Pauly, Desertion, S. 116. Der Auswertung lagen 374 Verfahren zugrunde, in denen Angehörige aller drei Teilstreitkräfte angeklagt waren.

136 Gespräch Ludwig Baumann mit dem Verfasser vom 17. 4. 2007.

137 Floris Bakels, Nacht und Nebel, S. 125 f.

138 Dieter Schenk, Die Post von Danzig. Geschichte eines deutschen Justizmordes, Hamburg 1995, S. 96.

139 Interview Heinz Drossel mit dem Verfasser vom 2. 9. 2006; dazu auch Heinz Drossel, Die Zeit der Füchse, S. 192.

140 Vgl. Vernehmung Kurt Valentin am 17. 8. 1949, Ermittlungsakte gegen Manfred Roeder, HStA Hannover Nds. 721 69/76 Bd. VIII, Bl. 141 ff.

Führung und eine loyale Haltung gegenüber dem NS-Regime vorweisen konnten. Ende 1942 waren es vermutlich nur vier Rechtsanwälte, die für Verhandlungen vor dem RKG als Verteidiger zugelassen waren.[141] Heinrich Scheel, Mitglied der als „Rote Kapelle“ bezeichneten Widerstandsgruppe um den Luftwaffen-Offizier Schulze-Boysen, berichtet, dass die Erfahrungen anderer Verurteilter mit diesen Verteidigern durchweg negativ ausfielen. In den Wertungen dieser ehemaligen Angeklagten wurden sie gar als „Erfüllungsgehilfen des Gerichts“ eingestuft.

Im Januar 1945 änderte die 11. Durchführungsverordnung zur KStVO[142] einige Verfahrensvorschriften bezüglich der Verteidigung vor Wehrmachtgerichten. So erhielten die Verhandlungsleiter nunmehr die Möglichkeit, die Beiordnung von Verteidigern anzuordnen oder zu genehmigen. Außerdem wurde § 72 KStVO, der die Verteidigung vor dem RKG festlegte, ersatzlos gestrichen. Damit wurden die Verteidigungsmöglichkeiten vor dem RKG denen der Feldkriegsgerichte komplett angeglichen.

3. Gang der Verhandlung

Die Hauptverhandlung sollte unverzüglich nach Erhebung der Anklage stattfinden und war generell öffentlich. Für das Verfahren galt der Grundsatz der Mündlichkeit. Soldaten und Wehrmachtbeamte durften jedoch nicht an Hauptverhandlungen teilnehmen, wenn der Angeklagte im Rang über ihnen stand. Es lag im Ermessen des Gerichts, die Öffentlichkeit auszuschließen, wenn ihm dies aus Gründen der Staatssicherheit geboten schien. Der Verhandlungsleiter war darüber hinaus berechtigt, Frauen jederzeit von der Verhandlung auszuschließen. Da man sich von abschreckenden Urteilen eine disziplinierende Wirkung versprach, schickten Truppenkommandeure ausgewählte Soldaten zu geeignet erscheinenden Kriegsgerichtsverhandlungen.[143] Insbesondere junge Wehrmachtangehörige sollten zu derartigen Prozessen kommandiert werden.[144] Berichterstattungen in der Presse über wehrmachtgerichtliche Verhandlungen waren hingegen grundsätzlich ausgeschlossen und nur in Ausnahmefällen zugelassen.[145] Ob ein kriegsgerichtliches

141 Zum Folgenden vgl. Heinrich Scheel, Vor den Schranken, S. 333.

142 Vgl. Elfte Verordnung zur Durchführung und Ergänzung der Verordnung über das militärische Strafverfahren im Kriege und bei besonderem Einsatz v. 11. 1. 1945, RGBl. 1945 I, S. 13.

143 Werner Hülle, Die Stellung des Militärrichters, in: ZfW 2 (1937/38), S. 3, 7.

144 Vgl. Besprechung von Fragen aus dem Bestätigungs- und Gnadenreferat auf der Tagung der Marineoberstkriegsgerichtsräte im Dezember 1942, BArch–MA RM 31/3303, Bl. 166 ff.

145 Schreiben des Pressereferenten des Reichsjustizministeriums an die Leiter der Justizpressestellen betreffend Berichterstattung über Militärgerichtsverhandlungen v. 25. 5. 1937, BArch R 3001/22301, Bl. 142.

Verfahren bzw. ein ergangenes Urteil veröffentlicht wurde, oblag der Entscheidung der Wehrmachtpresseabteilung im OKW.[146] Insbesondere bei Straftaten, die in der Öffentlichkeit bereits für Aufsehen gesorgt hatten, sollten die Kriegsgerichte eine entsprechende Mitteilung an die zuständige Rechtsabteilung machen, die das Urteil mit dem Hinweis auf den Bekanntheitsgrad der Straftat an die Pressestelle versandte.

Nach Aufruf zur Sache begann die Hauptverhandlung, die der Vorsitzende mit zum Deutschen Gruß ausgestrecktem Arm eröffnete.[147] Diese Grußform war innerhalb der Wehrmacht bis Mitte 1944 unüblich, da man dort traditionell mit an den Kopf gebeugtem Arm grüßte. Anschließend erfolgte die namentliche Verlesung der Richter. Sodann vereidigten sich der Vorsitzende selbst und danach die beisitzenden Richter. Nachdem der Vorsitzende den Angeklagten zur Person vernommen hatte, wurde die Anklage verlesen oder mündlich vorgetragen.[148] Anschließend hatte der Angeklagte vernommen zu werden. Danach schloss sich die Beweisaufnahme an.[149] Das Gericht war an Beweisanträge nicht gebunden und konnte diese ignorieren.[150]

Stellte sich während der Verhandlung heraus, dass sich die vorgeworfene Tat unter einem anderen als in der Anklage genannten Tatbestand subsumieren ließ, dann wurde die Verhandlung unter der neuen Anklage fortgesetzt. Dem Angeklagten war dies durch den Verhandlungsleiter bekannt zu geben.[151]

Nach der Beweisaufnahme hatte der Anklagevertreter einen Schlussvortrag zu halten, in dem er das Ergebnis der Verhandlung zusammenfasste und einen Antrag stellte.[152] Die Hauptverhandlung endete mit zum Hitler-Gruß ausgestrecktem Arm.[153]

146 Der Reichsminister der Luftfahrt und Oberbefehlshaber der Luftwaffe betr. Veröffentlichung in wehrmachtgerichtlichen Verfahren v. 13. 1. 1941, BArch-MA RL 5/127.

147 Vgl. nicht datierte Beschreibung Gang einer Hauptverhandlung, ebenda RH 14/54, Bl. 2 f.; Aufgaben des Verhandlungsleiters, ebenda RH 53-6/76, Bl. 49; vgl. auch Gustav Rotermund, Die neue Militärstrafgerichtsordnung, in: ZStW 53 (1934), S. 748, 755.

148 Übersicht Abgrenzung der Militärgerichtsgerichtsbarkeit gegenüber der Zivilgerichtsbarkeit, BArch-MA RL 17/52.

149 Aufgaben des Verhandlungsleiters, ebenda RH 53-6/76, Bl. 49.

150 Vgl. Eberhardt Schmidt, Die Kriegsstrafverfahrensordnung, in: ZStW 61 (1942), S. 429, 453.

151 OKH/Chef Heeresrüstung und Befehlshaber des Ersatzheeres betr. 5. Mob.-Sammelerlass v. 22. 7. 1940, BArch-MA RH 36/324, Bl. 74 ff.

152 Aufgaben des Gerichtsoffiziers, ebenda RH 53-6/76, Bl. 49.

153 Vgl. undatierte Beschreibung Gang einer Hauptverhandlung, ebenda RH 14/54, Bl. 2 f.; vgl. auch Gustav Rotermund, Die neue Militärstrafgerichtsordnung, in: ZStW 53 (1934), S. 748, 755.

Verhandlung vor dem Kriegsgericht.
Privatbesitz.

4. Urteilsfindung und Strafbemessung

Mit welcher Rasanz viele – reguläre – Verfahren durchgeführt wurden, die teils im Ausspruch von schwersten Strafen mündeten, geben verschiedene Zeugenaussagen wieder. Der damalige Angehörige einer Hafen-Kompanie, Ludwig Baumann, der im Sommer 1942 von der Truppe desertiert war, wurde nach nur 40 Minuten zum Tode verurteilt.[154] Der ehemalige Verwaltungs-Unteroffizier Friedrich Backenköhler berichtete von einer Strafverhandlung gegen einen Sonderführer der Wehrmacht, der militärische Geheimnisse an die französische Résistance verraten hatte: „Aus Paris kam ein Kommando; es gab ein Schnellkriegsgerichtsverfahren – ich habe es selbst erlebt – und innerhalb einer halben Stunde wurde alles abgehandelt: Es wurde alles verlesen, und er wurde zum Tode verurteilt."[155]

Bereits vor Beginn der Hauptverhandlung sollte sich der Vorsitzende des Militärgerichts mit dem Vertreter der Anklage über ein mögliches Strafmaß verständi-

154 Interview Ludwig Baumann mit dem Verfasser vom 16. 12. 2003.
155 Interview Friedrich Backenköhler mit dem Verfasser vom 3. 7. 2004.

gen.[156] Darüber hinaus waren sowohl der Anklagevertreter als auch der Vorsitzende gehalten, sich nach Möglichkeit mit dem Truppenvorgesetzten des Verurteilten darüber zu verständigen, ob der Betreffende alsbald an der Front Verwendung fände, da dies bei der Länge des Strafmaßes berücksichtigt werden konnte.[157] Dies entsprach einer Anweisung an die Wehrmachtgerichte, bei der Verhängung von Freiheitsstrafen stets zu berücksichtigen, dass der Verurteilte möglichst bald wieder der Truppe zugeführt werden sollte.[158]

Im Anschluss an die Schlussvorträge waren die Richter gehalten, sich zu einer geheimen Beratung zurückzuziehen und über die Schuld des Angeklagten abzustimmen.[159] Diese Besprechung hatte mit einer mündlichen Zusammenfassung des Verhandlungsergebnisses durch den Vorsitzenden eingeleitet zu werden.

Bei der Bewertung von Zeugenaussagen von Juden sollte „größte Vorsicht" walten. Dies galt insbesondere für Fälle, in denen neben diesen Angaben keine weiteren Beweismittel vorhanden waren.[160] Wehrmachtgerichte durften deutsche Angeklagte nicht ausschließlich aufgrund von Aussagen von Kriegsgefangenen und allgemein von Staatsangehörigen der Feindstaaten verurteilen.[161]

Die Urteilsfindung hatte neben der Beurteilung der Persönlichkeit des Täters stets die Wirkung der Tat auf die Truppe zu berücksichtigen.[162] Insbesondere während des Krieges hatten die Gerichte dem zweiten Aspekt hinreichend Rechnung zu tragen. Der Zeitzeuge H. P. machte am Pariser Luftwaffen-Gericht die Erfahrung, dass sich insbesondere das äußere Erscheinungsbild eines Angeklagten auf eine spätere Strafe auswirkte – dies entgegen der Bestimmung der KStVO, die festlegte, dass das Gericht nach Recht und Gesetz ohne Ansehen der Person zu entscheiden hatte.

„Außerdem tagte bei uns das Kriegsgericht. Es war in der dritten oder vierten Etage. Wenn wir Soldaten frei hatten, wurden wir manchmal als Beisitzer hinaufbefohlen. Stimmrecht bei der Urteilsfindung hatten wir keines, wir konnten uns also nicht melden und etwas sagen. Wir konnten bloß den Angeklagten mal sagen – es waren Mannschaften so wie wir –, dass sie einen ordentlichen Eindruck machen sollten, wenn sie in die Verhandlung kamen. Das hieß, sie sollten stramm reinmarschieren und Haltung bewahren. Forsches und militärisches Auftreten konnte sich

156 Alwin Kunze, Zur Strafbemessung, in: ZfW 2 (1937/38), S. 116, 135.

157 Vgl. Hodes, Die Strafvollstreckung im Kriege, in: ZfW 4 (1939/40), S. 402, 408.

158 Alwin Kunze, Zur Strafbemessung, in: ZfW 2 (1937/38), S. 116, 134.

159 Aufgaben des Verhandlungsleiters, BArch–MA RH 53-6/76, Bl. 49.

160 OKW/Wehrmachtrechtsabteilung betr. Bewertung der Aussagen jüdischer Zeugen v. 3. 2. 1940, ebenda RM 31/3351.

161 Vgl. Niederschrift in den Akten des Reichsjustizministeriums über Aussage seitens der Wehrmachtrechtsabteilung, BArch R 3001/21144, Bl. 377 f.

162 Vgl. Burkhardt, Wandlungen der Wehrmacht-Strafvollstreckung, in: ZfW 8 (1943/44) 2, S. 108.

erheblich auf die Urteilsfindung auswirken. Wenn sie erschienen, dann war immer ein Einheitsführer mit dabei, entweder ihr Zug- oder Kompanieführer. Zu Beginn wurde die Anklage verlesen. Den Vorsitz führte ein Kriegsgerichtsrat, der für den ganzen Pariser Raum zuständig war. Außerdem war da noch ein Major. Dieser Major tat nichts weiter, als die Haltung der Leute zu beurteilen. Der passte auf, wie sich der Soldat gab, ob er etwa doof guckte, keine gerade Haltung hatte oder sich weinerlich gab. Das waren alles Minuspunkte. Dann bekam der Soldat auch sofort eins vorn Kopp [gemeint ist eine Verwarnung/Zurechtweisung]. Einen Verteidiger hatten die Angeklagten nicht. Nach der Verhandlung besprach sich der Richter mit dem Major – während der Angeklagte dabei war – und dann wurde das Urteil gefällt. Es wurden Leute für ein und dasselbe Delikt unterschiedlich bestraft, nur weil sie sich anders gegeben haben. Der eine bekam zum Beispiel zwei Monate Strafbataillon und der andere vier Wochen Karzer. Das war ein Riesenunterschied, denn Strafbataillon in Russland, das war praktisch tot. Das war vorne die letzte Einheit. Dort mussten die Soldaten Gräben ausheben und gefährliche Arbeiten verrichten – aber ohne Waffen! Die konnten sich nicht mal wehren. Und der andere, der saß seine vier Wochen im Karzer ab. Das alles nur wegen der Haltung. Todesurteile wurden allerdings nie gefällt."[163]

Aus den Aussagen ist darüber hinaus zu entnehmen, dass es offenbar an diesem Luftwaffen-Gericht keine geheime Beratung über den Schuldspruch gab. Der Vorsitzende und der beisitzende Offizier verhandelten in aller Offenheit darüber.

Der frühere Wehrmachtrichter Roskothen gibt in seinen Memoiren an, dass die Verhängung von strengen Strafen zum Teil allein deshalb von den Richtern als notwendig angesehen wurde, um das Urteil durch den Gerichtsherrn bestätigt zu bekommen.[164] Unter diesem Gesichtspunkt wird nicht nur der überragende Einfluss des Gerichtsherrn deutlich, sondern auch der Umstand, dass in der Wehrmachtjustiz den vorgesetzten Stellen genehme Urteile gefällt wurden.

Entschuldigungsgründe waren im Bereich des Wehrmachtstrafrechts nahezu ausgeschlossen. Insbesondere konnte sich ein Angeklagter nicht auf Angstzustände oder reduziert gesteuertes Verhalten berufen, das lediglich auf dem Selbsterhaltungstrieb basierte. Selbst wenn ein Befehl den wahrscheinlichen Tod eines Soldaten zur Folge hatte, war dieser bis zur Selbstaufopferung zu erfüllen.[165] Ein Militärjurist setzte diesbezüglich den Grundsatz „Wo die Gemeinschaftsforderung und die Einzelforderung des Totaleinsatzes [...] besteht, spielt die Zumutbarkeit überhaupt keine Rolle mehr".[166] Das MStGB legte noch einen strengeren Maßstab an und setzte Angst mit Vorsatz gleich. Schwinge erläuterte, dass eine übermächtige nerv-

163 Interview H. P. mit dem Verfasser vom 20. 1. 2006.

164 Ernst Roskothen, Groß-Paris 1940–44, S. 79.

165 Erich Schwinge, Militärstrafgesetzbuch 1944, § 49, S. 123.

166 Wenz, Feigheit, in: ZfW 5 (1940/41), S. 325, 331.

liche Belastung, selbst im Angesicht eines sicheren Todes, niemals ein Entschuldigungsgrund im Sinne des Militärstrafrechts sein könne.[167] Er führte insoweit aus: „Unser Recht verlangt vom Soldaten Treue bis zur Selbstaufopferung." Wem infolge von Angst die Nerven zu versagen drohten, dem könne abverlangt werden, „das Gefühl der Schwäche oder Furcht durch Einsatz aller Willenskräfte niederzukämpfen und zu überwinden"[168] und mit „höchster Willensanpeitschung"[169] weiterzukämpfen. Lediglich ein Vertreter der Militärjustiz äußerte sich in einem Aufsatz kritisch über die bestehende Rechtslage.[170] Er vertrat die Ansicht, dass es nicht möglich sei, einen Maßstab für die nervliche Belastungsfähigkeit eines Soldaten zu bestimmen und plädierte dafür, den Schuldvorwurf entfallen zu lassen, wenn die Eindrücke durch das Kriegsgeschehen derart stark seien, dass die seelische Belastungsgrenze schlichtweg überschritten werde.

Strafmilderungen nach § 51 StGB wegen Bewusstseinsstörung oder Beeinträchtigung der Geistesklarheit kamen als Strafausschließungs- oder -milderungsgründe ebenfalls nicht in Betracht. Die Wehrmachtstrafrechtspflege klassifizierte Personen mit derartigen Ausfallerscheinungen durchweg als „Psychopathen".[171] Schwinge empfahl, Angeklagte, bei denen § 51 StGB prinzipiell in Betracht zu ziehen wäre, strenger zu belangen als gesunde Personen: „Der geistig minderwertige Mensch muß sich bemühen, seine gemeinschaftsgefährlichen Anlagen durch besondere Anstrengungen auszugleichen; eine strenge Strafe kann geeignet sein, ihn auf diese Notwendigkeit besonders eindringlich hinzuweisen."[172]

Für Urteile im Bereich des Heeres galt, dass Strafen, die gegen Offiziere ausgesprochen wurden, grundsätzlich härter sein sollten als gegen subalterne Wehrmachtangehörige. Begründet wurde dies damit, dass ein Offizier „höhere Pflichten" und daher auch mit einem strengeren Maßstab zu rechnen habe.[173] Im Übrigen sollte bei allen Soldaten das Dienstzeitalter im Strafmaß Berücksichtigung finden. Ein bereits längere Zeit dienender Soldat hatte demnach eine höhere Strafe zu fürchten. Einen weiteren Unterschied hatte man bei vereidigten und noch nicht vereidigten Soldaten zu machen.[174]

Bei der Verhängung einer Todesstrafe hatte der Militärrichter eine Stellungnahme dahingehend abzugeben, ob eine Begnadigung in Betracht zu ziehen oder

167 Vgl. Erich Schwinge, Der Schuldbegriff des Militärstrafrechts, in: ZfW 2 (1937/38), S. 443 ff.

168 Ebenda, S. 443, 448.

169 Wenz, Feigheit, in: ZfW 5 (1940/41), S. 325, 331.

170 Helmuth Mayer, Militärjustiz im neuzeitlichen Krieg, in: ZfW 2 (1937/38), S. 329, 349 f.

171 Erich Schwinge, Militärstrafgesetzbuch 1944, vor § 48, S. 120 f.

172 Ebenda, vor § 48, S. 121.

173 OKH/Chef Heeresrüstung und Befehlshaber des Ersatzheeres betr. 7. Mob.-Sammelerlass v. 22. 9. 1941, BArch-MA RH 36/324, Bl. 82 ff.

174 Vgl. Alwin Kunze, Zur Strafbemessung, in: ZfW 2 (1937/38), S. 116, 132 f.

auszuschließen sei.[175] Dabei hatte er auch darauf zu achten, dass die beisitzenden Richter ebenfalls eine Stellungnahme abgaben.

Wurde von den Kriegsgerichten eine Festungshaftstrafe erwogen, so waren hier Richtlinien Hitlers zu beachten, die dieser im April 1940 erlassen hatte.[176] Sie betonten, dass sich die der Verurteilung zugrunde liegende Straftat insbesondere nicht gegen die Grundsätze des NS-Staates richten und keine negativen Auswirkungen auf die „Manneszucht" und das Ansehen der Wehrmacht haben durfte. Während die Richtlinien dazu aufforderten, bei der Verhängung von Festungshaft keinen Unterschied zwischen Offizieren und Mannschaften zu machen, setzte sich dies in der Urteilspraxis nicht durch. Im Juli 1941 wandte sich der Chef OKW an die Rechtsabteilungen und monierte, dass Offiziere in weitaus höherem Maße Festungshaftstrafen erhielten als untergeordnete Wehrmachtangehörige.[177] Eine Änderung der Verhältnisse bewirkte die Ermahnung nicht. In den Jahren 1942 und 1944 wiederholte die Wehrmachtführung die Kritik bezüglich der ungleichen Behandlung.[178] Während des Jahres 1943 erhielten 7 % der verurteilten Offiziere eine Festungshaftstrafe, während der Anteil bei Unteroffizieren lediglich 3 % und bei Mannschaften nur 0,5 % betrug.[179]

V. Rechtsmittel und Nachprüfungsverfahren

Die MStGO sah für die Friedenszeit die Inanspruchnahme von Rechtsmitteln vor, die Berufung, Revision und Beschwerde umfassten. Für das mobile Verfahren – d. h. das Verfahren im Kriegszustand – fiel der Instanzenzug für die Fronttruppen weg und wurde durch ein Nachprüfverfahren ersetzt, das sich in einer Bestätigung oder einer Aufhebung des Urteils durch den Gerichtsherrn erschöpfte. Die Möglichkeit, Rechtsmittel einlegen zu können, war jedoch bereits in der Vorkriegszeit heftig umstritten. Einige Militärjuristen drängten darauf, die Instanzen auch in Friedenszeiten zu beseitigen und dem Bestätigungsrecht den Vorzug zu geben.[180]

175 Übersicht OKH/Chef Heeresrüstung und Befehlshaber des Ersatzheeres betr. 10. Mob.-Sammelerlass v. 7. 9. 1942 bezüglich Strafvollzug in den Feldstrafgefangenenabteilungen und Verwahrung in den Feldstraflagern, BArch–MA RH 36/324, Bl. 94 ff.

176 Richtlinien für die Verhängung von Festungshaft, Erlass des Führers und Obersten Befehlshabers der Wehrmacht v. 14. 4. 1940, ebenda RW 2/18.

177 Vgl. Übersicht des OKH/Chef Heeresrüstung und Befehlshaber des Ersatzheeres betr. 7. Mob.-Sammelerlass v. 22. 9. 1941, ebenda RH 36/324, Bl. 82 ff.

178 Übersicht OKH/Chef Heeresrüstung und Befehlshaber des Ersatzheeres betr. 9. Mob.-Sammelerlass v. 5. 5. 1942, ebenda, Bl. 91 ff.; Franz W. Seidler, Die Militärgerichtsbarkeit, S. 117.

179 Vgl. Franz W. Seidler, Die Militärgerichtsbarkeit, S. 117.

180 Vgl. Vogel, Um das Bestätigungsrecht, in: ZfW 3 (1938/39), S. 357, 364 ff.; Scherer, Zur Frage des Bestätigungsrechts, in: ebenda, S. 475 ff.

Als Grund wurde unter anderem angeführt, dass auf diese Weise die Stellung des Gerichtsherrn als „Führer" gestärkt werde und zwar in seiner Funktion als Kommandeur wie auch als „Vertreter des Rechts im Führerstaat".[181] Der Befehlshaber als Verantwortlicher für die Schlagkraft der Truppe sollte auch vollumfänglich verantwortlich sein für die Rechtspflege innerhalb seiner Einheit[182] – ganz im Sinne der Gerichtsbarkeit als „Ausfluss der Kommandogewalt".[183] Diese Sicht wurde nicht einmal vom Wehrausschuss der Akademie für Deutsches Recht geteilt, der auf Arbeitsteilung verwies und davon ausging, dass „niemand Richter in eigener Sache" sein dürfe.[184] Schwinge plädierte gar dafür, das Bestätigungsrecht im mobilen Kriegsgerichtsverfahren zu beseitigen und es nur noch bei Todesurteilen zu gestatten.[185] Dies sollte die abschreckende Wirkung der Urteile verstärken, da die Vollstreckung sofort nach Verkündung des Urteils erfolgen könne.

Die KStVO sah für das Verfahren während des Krieges – wie bereits die MStGO – keine Rechtsmittel vor, sondern allein ein Nachprüfungsverfahren. Die Oberkriegsgerichte wurden in einfache Kriegsgerichte umfunktioniert, die allerdings organisatorisch bei ihrem Großverband verblieben und dort für die Wehrmachtangehörigen zuständig waren, die direkt dem Korps- oder Armeeverband angehörten und nicht einer untergeordneten Division.[186] Im Zeitpunkt des Kriegszustandes galten alle eingelegten Rechtsmittel als zurückgenommen. Sie wurden stattdessen in das Nachprüfungsverfahren einbezogen und waren dem zuständigen Gerichtsherrn bzw. Befehlshaber zur Bestätigung oder Aufhebung vorzulegen.

Die Nachprüfung führte entweder zur Bestätigung oder zur Aufhebung des Urteils. Der Verurteilte sollte vor der Bestätigung durch einen Militärjuristen oder einen Offizier darüber vernommen werden, ob er Einwände gegen das Urteil vorzubringen habe. Grundsätzlich stand das Bestätigungs- und Aufhebungsrecht den Oberbefehlshabern der Wehrmachtteile und in einigen Sonderfällen Hitler als Oberstem Befehlshaber der Wehrmacht selbst zu. Letzteres galt vor allem bei Todesurteilen gegen Offiziere und bei allen Urteilen gegen Generäle und Admirale. Urteile gegen Frontsoldaten, die Hitler vorgelegt wurden, überprüfte vorab sein Marineadjutant von Puttkammer.[187] Durch die Oberbefehlshaber konnte das Recht zur Bestätigung eines Urteils die Hierarchie hinab bis zum Gerichtsherrn übertragen werden. Das Aufhebungsrecht konnte hingegen

181 So Vogel, Um das Bestätigungsrecht, in: ebenda, S. 357, 364 ff.

182 Ebenda, S. 357, 364.

183 Vgl. Glahn, Der Kampf um die Militärgerichtsbarkeit, in: ZfW 1 (1936/37), S. 441, 445.

184 Die Stellungnahme des Ausschusses für Wehrstrafrecht der Akademie für Deutsches Recht ist abgedruckt bei: Vogel, Um das Bestätigungsrecht des Gerichtsherrn, in: ZfW 3 (1938/39), S. 357, 366.

185 Erich Schwinge, Die Militärgerichtsbarkeit im Kriege, in: ZfW 2 (1937/38), S. 247, 257.

186 Vgl. Otto Peter Schweling, Die deutsche Militärjustiz, S. 20.

187 Vgl. Henry Picker, Tischgespräche, Aufzeichnung über den 22. 5. 1942, S. 332.

nur an Befehlshaber delegiert werden, die dem jeweiligen Gerichtsherrn direkt übergeordnet waren.

Wurde ein Urteil aufgehoben, so hatte der Gerichtsherr ein neues Kriegsgericht zu berufen. Bei einer neuen Verhandlung durfte keine dem früheren Gericht angehörige Person mitwirken. Der Befehlshaber, der die Aufhebung verfügte, konnte auch einen anderen Gerichtsherrn mit der Verhandlung beauftragen. Es stand ihm frei, die Verhandlung durch ein rückwärtiges Gericht oder eines des Ersatzheeres durchführen zu lassen.

Gemäß dem Gesetz zur Änderung von Vorschriften des allgemeinen Strafverfahrens, des Wehrmachtstrafverfahrens und des Strafgesetzbuches vom 16. September 1939[188] stand Hitler als Führer und Oberstem Befehlshaber der Wehrmacht ein Einspruchsrecht bei rechtskräftigen wehrmachtgerichtlichen Urteilen zu. Die Kodifizierung dieser Vorschrift erfolgte erst im September 1939 nach einer Entwurfsphase, die sich vom Januar 1939 bis zum Sommer desselben Jahres hinzog. Sie verortete das Einspruchsrecht in einem neu in die MStGO einzufügenden § 410a MStGO. Zu diesem Zeitpunkt war die MStGO jedoch bereits durch die KStVO abgelöst worden. Die Wehrmachtrechtsabteilung versäumte scheinbar den Nachtrag dieser Normierung, da sie auch später nicht Eingang in die KStVO fand. Indes dürfte dies keine praktischen Folgen nach sich gezogen haben, da Hitler aus seiner uneingeschränkten Machtposition folgenlos derartige Aufhebungsverfügungen hätte erlassen können. Faktisch ist man vermutlich von einer Weitergeltung der Norm ausgegangen, da Anfang 1942 per „Führer-Erlass" das Einspruchsrecht bei Bedenken gegen die Richtigkeit eines rechtskräftigen Urteils auf die Oberbefehlshaber der Wehrmachtteile und den Chef OKW delegiert wurde. Die neuen Hauptverhandlungen hatten auch weiterhin vor dem RKG stattzufinden.[189]

Für die Verurteilten bedeutete die Aufhebung des Instanzenzuges durch Geltung der KStVO einen Rechts- und Sicherheitsverlust. Ihnen blieb bei einer Verurteilung lediglich die Möglichkeit, ein Gnadengesuch einzureichen. Stellte sich bei der Nachprüfung eines Urteils heraus, dass Recht falsch angewendet worden war, die Strafe aber trotzdem als angemessen erachtet wurde, dann war das Urteil nicht aufzuheben, sondern zu bestätigen.[190] Selbst der langjährige Präsident des RKG, Admiral Bastian, blickte recht skeptisch auf das Nachprüfungsverfahren zurück, das er praktisch auf die Kontrolle von Verfahrensfehlern beschränkt sah.[191] Weiterhin kann man davon ausgehen, dass es darüber hinaus nur noch um die

188 RGBl. 1939 I, S. 1841.

189 Führer-Erlass über die Aufhebung rechtskräftiger Urteile von Wehrmachtgerichten v. 6. 1. 1942, BArch–MA RW 2/19.

190 OKH-Anordnung v. 28. 10. 1039 betr. 3. Mob.-Sammelerlass, ebenda RH 36/324, Bl. 56 ff.

191 Lebenserinnerungen 1. 9. 1939–20. 10. 1939, Aufzeichnungen des Admirals a. D. Max Bastian, ebenda N 192/1, Bl. 12.

Überprüfung des jeweiligen Strafmaßes ging, wenn dieses von vorgesetzten Stellen als zu milde empfunden wurde. Im Übrigen belegt das Beispiel von K. W., der sich nicht einmal verteidigen durfte, dass formale Fehler bei der Überprüfung keine entscheidende Rolle gespielt haben dürften.

Fazit

Die Kriegsgerichtsbarkeit überlebte den Untergang des NS-Regimes um mehr als ein Jahr. Zum Ende des Krieges hin hatte sie sich zu einem geradezu entfesselten Instrument des Terrors entwickelt. Die Zahl der Opfer der NS-Militärjustiz lässt sich nur schätzen, neben dem Verlust von Unterlagen durch Kriegseinwirkungen und Vernichtung wurden insbesondere in der Endphase des Krieges keine Unterlagen angefertigt, Urteile nicht mehr schriftlich festgehalten. Die neuere Forschung geht von einer Zahl von bis zu 30 000[1] oder auch annähernd 40 000[2] bis hin zu 50 000[3] gefällten Todesurteilen aus. Bei der letztgenannten Zahl sollen bis zu 30 000 auf Wehrmachtangehörige entfallen und zwischen 7000 bis 10 000 auf ausländische Zivilisten und Kriegsgefangene. Hier wären noch Verfahren gegen deutsche Zivilisten hinzuzurechnen. Unter den hingerichteten Wehrmachtangehörigen waren 15 000 Deserteure.[4] Die Kriegsgerichte sollen rund drei Millionen Verfahren durchgeführt[5] und 500 000 Soldaten verurteilt haben.[6] Allein in Torgau, dem größten Militärgefängnis, waren 60 000 bis 70 000 Gefangene inhaftiert.[7] Wie viele Menschen in Straflagern und Bewährungseinheiten den Tod fanden, ist bislang unerforscht. Indes wird es darüber auch keine genauen Zahlen geben. Einige Militärjuristen waren im Widerstand gegen die Herrschaft Hitlers und der NSDAP. In der Masse und als organisatorische Gesamtheit gingen sie jedoch mit dem Regime konform und waren in ihren Bemühungen, den Krieg mit scharfen Gesetzen zu begleiten, den Aufrüstungsbestrebungen der Wehrmacht um Jahre voraus.

1 Michael Bryant/Albrecht Kirschner, Politik und Militärjustiz, in: Ulrich Baumann/Magnus Koch (Hrsg.), „Was damals Recht war …", S. 65.

2 Hans-Peter Klausch, Erschießen – Enthaupten – Erhängen, in: ebenda, S. 79.

3 Vgl. Michael Eberlein/Roland Müller/Michael Schöngarth/Thomas Werther, Militärjustiz im Nationalsozialismus, Das Marburger Militärgericht, S. 9; Otto Gritschneder, Furchtbare Richter. Verbrecherische Todesurteile deutscher Kriegsgerichte, München 1998, S. 7; Fritz Wüllner, NS-Militärjustiz, S. 297; Michael Eberlein/Norbert Haase, Luxemburger Zwangsrekrutierte, S. 16.

4 Norbert Haase, Justizterror in der Wehrmacht, S. 80, 85.

5 Ebenda, S. 80, 84.

6 Ebenda.

7 Birgit Beck, Wehrmacht und sexuelle Gewalt, S. 145.

Dank

Dieses Buch ist das Resultat eines langen Weges. Einen ersten, zufälligen Bericht über Bewährungssoldaten, die in Verbänden der Wehrmacht eingesetzt wurden, erhielt der Verfasser im Jahr 2002 im Rahmen eines Interviewprojekts mit Zeitzeugen. Herbert Spiekermann, ehemaliger Marine-Artillerist, berichtete in diesem Zusammenhang von dem Einsatz verurteilter Wehrmachtangehöriger an der Front. Nach einem Gespräch mit dem Wehrmachts-Deserteur Ludwig Baumann im Jahr 2003 war das Interesse für die deutsche Militärjustiz des Zweiten Weltkrieges und den Einsatz von Bewährungsschützen endgültig geweckt. Es folgten weitere Aufzeichnungen, die genauere Einblicke in den Themenbereich ermöglichten, aber auch verdeutlichten, wie vielschichtig Wesen und Wirken der Wehrmachtjustiz waren. Offensichtlich wurde zudem, dass eine Reihe von Fragen von der Forschung bis zu jenem Zeitpunkt noch nicht gestellt oder zumindest noch nicht beantwortet worden war.

Ich möchte mich bei den vielen Menschen bedanken, ohne die diese Arbeit niemals geschrieben worden wäre. Allen voran danke ich meiner Familie, die mit viel Geduld die Arbeiten an dem Manuskript begleitet hat. Dank gilt auch Herrn Studienrat Martin Bensen, Herrn Hans Rohde sowie Herrn Pastor Joachim Scholz. Schließlich möchte ich noch meinem verehrten Doktorvater Herrn Prof. Dr. Christoph U. Schminck-Gustavus danken, der mich seit vielen Jahren hilfreich unterstützt und zu kritischer Arbeit anregt. Nicht zuletzt gilt mein Dank den vielen Zeitzeugen, die mir bereitwillig Auskunft über ihr Erleben gaben. Einigen Interviewpartnern fiel es zunächst sehr schwer, über die teils schrecklichen Geschehnisse zu sprechen. Manch einem war es nicht mehr vergönnt, die Veröffentlichung dieses Buches zu erleben.

Bremen, Oktober 2011
Peter Kalmbach

Abkürzungsverzeichnis

BArch	Bundesarchiv
BArch-MA	Bundesarchiv-Militärarchiv (Freiburg)
BDO	Bund Deutscher Offiziere
BEG	Bundesentschädigungsgesetz
BfGK	Blätter für Gefängniskunde
Chef OKW	Chef des Oberkommandos der Wehrmacht
FDP	Freie Demokratische Partei
FGA	Feld-Strafgefangenenabteilung
DJZ	Deutsche Juristen-Zeitung
DRiZ	Deutsche Richter-Zeitung
Gestapo	Geheime Staatspolizei
GFP	Geheime Feldpolizei
HMStV	Strafvollstreckungsvorschrift für Reichsheer und Reichsmarine
HStA	Hauptstaatsarchiv
i. d. F.	in der Fassung
i. S. d.	im Sinne des
i. V. m.	in Verbindung mit
JGG	Jugendgerichtsgesetz
JuS	Juristische Schulung
JW	Juristische Wochenschrift
KSSVO	Kriegssonderstrafrechtsverordnung
KStVO	Kriegsstrafverfahrensordnung
LG	Landgericht
MStGO	Militärstrafgerichtsordnung
MStGB	Militärstrafgesetzbuch
n. F.	neue Fassung
NKFD	Nationalkomitee Freies Deutschland
N. N.	Nacht- und Nebel(-Erlass)
NSDAP	Nationalsozialistische Deutsche Arbeiterpartei
NSFO	Nationalsozialistischer Führungsoffizier
NZWehrR	Neue Zeitschrift für Wehrrecht
Ob. d. H.	Oberbefehlshaber des Heeres
OKH	Oberkommando des Heeres
OKW	Oberkommando der Wehrmacht
OLG	Oberlandesgericht

OT	Organisation Todt
RAD	Reichsarbeitsdienst
RGBl.	Reichsgesetzblatt
RKG	Reichskriegsgericht
RSHA	Reichssicherheitshauptamt
SA	Sturmabteilung
SAP	Sozialistische Arbeiterpartei
SD	Sicherheitsdienst
SS	Schutzstaffel
StA	Staatsarchiv
StGB	Strafgesetzbuch
UdSSR	Union der Sozialistischen Sowjetrepubliken
VfZ	Vierteljahrshefte für Zeitgeschichte
VNV	Vlaamsch Nationaal Verbond
VOBl.	Verordnungsblatt
WGnO	Wehrmachtgnadenordnung
z. b. V.	zur besonderen Verwendung
ZADR	Zeitschrift der Akademie für Deutsches Recht
ZfW	Zeitschrift für Wehrrecht
ZStW	Zeitschrift für die gesamte Strafrechtswissenschaft

Quellen- und Literaturverzeichnis

Quellen

Staatsarchiv Bremen

4,80 – III.80	4,80 – III.139	4,80 – III.240
4,80 – III.124	4,80 – III.142	3 M 2 h 3 Nr. 198
4,80 – III.138	4,80 – III.237	3 M 2 h 3 Nr. 470

Bundesarchiv-Militärarchiv Freiburg (BArch-MA)

RW 2 Findbuch   RH 13 Findbuch

Wilhelm Keitel

N 54/29	N 54/58	N 54/59

Max Bastia

N 192/1

Befehlshaber des Ersatzheeres

RH 13/1	RH 13/60	RH 13/62
RH 13/58	RH 13/61	RH 13/66

Chef Heeresrüstung

RH 14/12	RH 14/22	RH 14/33	RH 14/54

Allgemeines Heeresamt

RH 15/186	RH 15/226	RH 15/427	RH 15/229

Heeresgruppen

RH 19 III/458	RH 19 III/722

Armeegruppen

RH 20-16/1012	RH 20-20/341

Befehlshaber rückw. Gebiete

RH 22/14	RH 22/27	RH 22/157
RH 22/19	RH 22/28	RH 22/265

Divisionen

RH 26-12/587	RH 26-172/9	RH 26-999/10
RH 26-62/42	RH 26-201/10	

Kommandanturen

RH 36/324	RH 36/590

Dienststellen d. Ordnungstruppen

RH 48/4	RH 48/7	RH 48/59
RH 48/5	RH 48/52	

Wehrkreiskommandos

RH 53-6/72 RH 53-7/314 RH 53-21/22 RH 53-23/14b
RH 53-6/76 RH 53-7/738 RH 53-23/14a RH 53-23/52

Verbände des Ersatzheeres

RH 54/107 RH 54/171 RH 54/195

Oberkommando des Heeres

RHD 18/35

Chef d. Personellen Rüstung

RL 5/127 RL 5/161

Chef d. Luftabwehr

RL 6/127 RL 6/161 RL 6/197

Truppenführungsstäbe

RL 7/40b RL 7/197 RL 7/558

Ersatzorganisation

RL 17/52

Marinestation Ostsee

RM 31/3303 RM 31/3338 RM 31/3360
RM 31/3335 RM 31/3351

Chef OKW

RW 2/6 RW 2/17 RW 2/19
RW 2/14 RW 2/18

OKW/Wehrmachtführungsstab

RW 4/721

Amt Ausland/Abwehr

RW 5/10 RW 5/283 RW 5/242 RW 5/690

Wehrmachtsakademie

RW 13/62

Wehrwirtschafts- u. Rüstungsamt

RW 19/2127 RW 19/2130

Rüstungsdienststellen

RW 20-16/1012

Rüstungskommandos

RW 21–12/16

Militärbefehlshaber Frankreich

RW 35/286

Militärbefehlshaber Belgien

RW 36/9

Wehrm.-Befehlshaber Dänemark

RW 38/26

Wehrm.-Befehlshaber Norwegen

RW 39/137

Führungsstab

RW 44 I/1 RW 44 I/46

Chef OKW

RWD 7/12

Militärbefehlshaber Frankreich

RWD 19/1

Territoriale Befehlshaber Südost

RWD 23/1 RWD 23/3

Territoriale Befehlshaber SU

RWD 24/1

US-Historical Division

ZA 1/5 ZA 1/1559 ZA 1/1932

ZA 1/749 ZA 1/1783

Deutscher Minenräumdienst

ZA 5/1 ZA 5/5

Dt. Hpt. Quartier Bellaria

ZA 7/7

Bundesarchiv Berlin

Parteikanzlei

NS 6/354

SS- und Polizeigerichtsbarkeit

NS 7/317 NS 7/346 NS 7/371

NS 7/343 NS 7/353 NS 7/377

Reichmin. f. Ostgebiete

R 6/394 R 6/399

Beauftr. f. d. Vierjahresplan

R 26 I/1

Reichskanzlei

R 43-II/1513

Transporteinh. Speer/Todt

R 50-II/80090 R 50-II/80091

Akademie f. Dt. Recht

R 61/414 R 61/415

Reichsjustizministerium

R 3001/5011 R 3001/20302 R 3001/20845 R 3001/20897

R 3001/21030 R 3001/21033 R 3001/21144 R 3001/21227

R 3001/21232	R 3001/21238	R 3001/21239	R 3001/21261
R 3001/21262	R 3001/22722	R 3001/21278	R 3001/21418
R 3001/21429	R 3001/22279	R 3001/22282	R 3001/22290
R 3001/22291	R 3001/22296	R 3001/22298	R 3001/22301
R 3001/22302	R 3001/23092	R 3001/24372	R 3001/24440
R 3001/25001	R 3001/25007	R 3001/25015	R 3001/25016
R 3001/25029			

Polizeidienststellen

R 70/Frankreich/13
R 70/Niederlande/43
R 70/Sowjetunion/18

Hauptstaatsarchiv Hannover

Nds. 711 Acc. 6/95 Nr. 129
Nds. 711 Acc. 112/79 Nr. 5
Nds. 721 Acc. 90/99 Nr. 119/6
Nds. 721 Hannover Acc. 90 Nr. 119/5
Nds. 721 Hannover Acc. 90 Nr. 1189/5
Nds. 721 Lüneburg Acc. 69/76, Bd. I
Nds. 721 69/76, Bd. II
Nds. 721 69/76, Bd. III
Nds. 721 69/76, Bd.VIII
Nds. 721 69/76, Bd. IX
Nds. 721 69/76, Bd. X

Niedersächsisches Staatsarchiv Osnabrück

StA Osn. Rep. 947 Lingen I

Staatsarchiv Stade

Rep. 171a Verden Nr. 963 Bd. I

Interviews

G. B., Interview vom 25. März 2005.
Friedrich Backenköhler, Interview vom 3. Juli 2004.
Ludwig Baumann, Interview vom 16. Dezember 2003, Gespräch vom 17. April 2007.
Johann Bock, Interview vom 18. Dezember 2004.
R. D., Interview vom 6. Juni 2004.
Heinz Drossel, Interview vom 2. September 2006.
H. P. , Interview vom 20. Januar 2006.
Joachim Scholz, Interview vom 25. August 2005.
Erwin Schulz, Interview vom 25. Februar 2007.
Leonhard Schumacher, Interview vom 8. Juli 2006.
Herbert Spiekermann, Interview vom 30. Oktober 2002.
U. G., Interviews vom 4. Dezember 2008 und 13. Juni 2009.
K. W., Interview vom 20. April 2007.

Literaturverzeichnis

Literatur bis 1945

Friedrich Altrichter, Der Reserveoffizier. Ein Handbuch für den Offizier und Offiziersanwärter des Beurlaubtenstandes aller Waffen, 5. Aufl., Berlin 1937.

Blumenhagen, Anwendung der Volksschädlingsverordnung auf Auslandstaten von Ausländern, in: ZfW 8 (1943/44) 1, S. 397 f.

Hermann Böhme, Die Notwendigkeit einer Neugestaltung des Wehrmachtstrafverfahrens, in: Zur Neugestaltung des Strafverfahrens der Wehrmacht. Bericht des Arbeitsausschusses für Wehrstrafrecht der Akademie für Deutsches Recht, Berlin 1938, S. 1–11.

Burkhard von Bonin, Grundzüge der Rechtsverfassung in den deutschen Heeren zu Beginn der Neuzeit, Weimar 1904.

Hans Bernhard Brauße, Führer und Richter in soldatischen Verbänden, in: ZfW 3 (1938/39), S. 81–96.

– Wehrrecht und Arbeitsdienstrecht, in: ZfW 2 (1937/38), S. 426–443.

Amtliche Bekanntmachung zum Volkssturm, in: Bremer Zeitung vom 21. 11. 1944.

Buchheim, Psychologie und Technik der Vernehmung bei der Selbstverstümmelung, in: ZfW 8 (1943/44) 1, S. 59–70.

Burkhardt, Wandlungen der Wehrmacht-Strafvollstreckung im Kriege, in: ZfW 8 (1943/44) 2, S. 108–115.

Der Rechtswahrer, 1. Teil, 54. Sammelband der Schriftenreihe „Soldatenbriefe zur Berufsförderung", Berlin 1942.

Aufnahme der Arbeit der Akademie für Deutsches Recht, in: Deutsche Justiz (1933), S. 583.

Buchbericht über die Arbeitsgebiete der Akademie für Deutsches Recht 1936, in: Deutsche Justiz (1937), S. 85 f.

Heinrich Dietz, Das Wehrgesetz, 2. Aufl., Leipzig 1943.

– Auf dem Weg zum Wehrmachtstrafgesetzbuch. Streiflichter anlässlich der Neufassung des MStGB, in: ZfW 5 (1940/41), S. 401–427.

– Dem RKG zum 1. Oktober 1936, in: ZfW 1 (1936/37), S. 257 f.

– Zur Wiedereinführung der Militärgerichtsbarkeit im Neuen Reich, in: ZStW (1934), Bd. 53, S. 271–297.

– /Werner Hülle, Die Militärstrafgerichtsordnung, Kommentar, 2. Aufl., Berlin 1937.

– /Meier-Branecke (Hrsg.), Das Wehrgesetz vom 21. Mai 1935 und seine Ausführungen in Frieden und Krieg, 2. Aufl., Leipzig 1943.

Dörken, Zu § 50 MStGB, Jugendliche, in: ZfW 8 (1943/44) 1, S. 341–344.

– Zum Gesetz zur Änderung der Militärstrafgerichtsordnung (MStGO) und des Einführungsgesetzes dazu vom 9. Okt. 1935 (RGBl. I, 1223), in: DJZ (1935), S. 1286 ff.

Eden, Strafjustiz und Gefängniswesen im Generalgouvernement, in: BfGK (1940), Bd. 71, S. 217–223.

Hans Frank, Der Sinn der Strafe, in: BfKG (1935), Bd. 66, S. 191 f.

– Strafrechts- und Strafvollzugsprobleme, in: BfGK (1937/38), Bd. 68, S. 259–268.

W. Franz, Zum Aufbau eines neuen Militärstrafgesetzbuches, in: DJZ (1936), S. 550–554.

– Zum allgemeinen Teil eines neuen Militärstrafgesetzbuches, in: Deutsche Justiz (1936), S. 757 ff.

Roland Freisler, Blitzartig muß die Strafe den Verbrecher treffen! Ein Wort zur Verordnung über die Erweiterung der Zuständigkeit der Sondergerichte vom 20. 11. 38, in: Deutsche Justiz (1938), S. 1859 f.

– Grundzüge des kommenden Strafrechts, in: Zur Neugestaltung des Strafverfahrens und Strafvollzugs 1935, S. 4–23.

Heinrich Gerland, Das RKG und die deutsche Rechtseinheit, in: ZfW 1 (1936/37), S. 264–272.

Glahn, Das Wehrrecht, in: ZfW 2 (1937/38), S. 185–207.

– Das Wehrrecht als Gemeinschaftsrecht, Über die Rechtsnatur des innerstaatlichen Wehrrechts, in: ZfW 3 (1938/39), S. 22–40.

– Der Kampf um die Militärgerichtsbarkeit in den Jahren 1919/20, in: ZfW 1 (1936/37), S. 441–468.

– Über das Wehrrecht, Entstehung, Begriff, Wesenszüge und Bedeutung, in: ZfW 1 (1936/37), S. 161–167.

Joseph Goebbels, Tagebücher 1945. Die letzten Aufzeichnungen, Hamburg 1977.

Gonell, Die Aufgabe des Verteidigers vor den Kriegsgerichten, in: Deutsches Recht (1939), S. 226 f.

Grau, Der strafrechtliche Wehrschutz, in: Deutsche Justiz (1933), S. 709 ff.

– Das kommende Strafgesetzbuch der Wehrmacht, in: ZfW 1 (1936/37), S. 24–34.

– Das Militärstrafgesetzbuch in neuer Fassung, in: Deutsche Justiz (1940), S. 1209–1213.

– „Gangster“-Verordnung nun auch in der militärischen Strafrechtspflege, in: Deutsche Justiz (1939), S. 460 f.

Albert Hellwig, Militärstrafgesetzbuch, München 1922.

O. von Hinüber, Strafrecht unter Berücksichtigung des kommenden Rechts, Allgemeiner Teil, 7. Aufl., Leipzig 1940.

Fritz Hodes, Die Strafvollstreckung im Kriege, in: ZfW 4 (1939/40), S. 402–409.

– Freischärler, in: ZfW 5 (1940/41), S. 491–495.

– Kommentar zur Disziplinarstrafordnung für das Heer, Berlin 1941.

Curt Holstein, Überblick über die Sonderabteilungen der Wehrmacht, in: ZfW 8 (1943/44) 1, S. 124 ff.

Werner Hülle, Das neue Jugendstrafrecht in der Wehrmachtgerichtsbarkeit, in: ZfW 8 (1943/44) 1, S. 437–446.

– Aus der Geschichte des obersten Gerichtshofes der Wehrmacht, in: ZfW 1 (1936/37), S. 272–277.
– Zur Verordnung über die Erweiterung der Zuständigkeit des Reichskriegsgerichts vom 16. Februar 1939, in: ZfW 3 (1938/39), S. 472–475.
– Die Achte Durchführungsverordnung zur Kriegsstrafverfahrensordnung, in: ZfW 7 (1942/43), S. 193–202.
– Die Änderung der Kriegsstrafverfahrensordnung durch die 7. Durchf.VO vom 18. Mai 1940, in: ZfW 5 (1940/41), S. 153–161.
– Die Kriegsgerichtsordnung und ihr Verhältnis zum allgemeinen Strafverfahren, in: ZfW 2 (1937/38), S. 97–111.
– Die Stellung des Militärrichters und seine Aufgaben im künftigen Verfahrensrecht, in: ZfW 2 (1937/38), S. 3–17.
– Die Stellung des Wehrmachtrichters im Truppensonderdienst, in: ZfW 8 (1943/44) 2, S. 145–152.
– Die Unterstellung des RAD unter das Wehrstrafrecht, in: ZfW 5 (1940/41), S. 21–24.
– Einführung in die Grundzüge des Kriegsstrafverfahrens, in: ZfW 4 (1939/40), S. 230–240.
– Wehrrechtsausschuß der Akademie für Deutsches Recht, in: ZfW 2 (1937/38), S. 162.
– Die Verfassung der Wehrmachtgerichte, in: Zur Neugestaltung des Strafverfahrens der Wehrmacht. Bericht des Arbeitsausschusses für Wehrstrafrecht der Akademie für Deutsches Recht, Berlin 1938, S. 27–54.

Kurt Kalberlah, Behandlung der von Kriegsgefangenen vor ihrer Gefangennahme begangenen Straftaten, in: ZfW 6 (1941/42), S. 212–218.
– Die Ehrenstrafen des Militärstrafgesetzbuches, in: ZfW 5 (1940/41), S. 517–537.

Kisch, Die Aufgaben der Akademie für Deutsches Recht, in: Deutsche Justiz (1933), S. 476 ff.

Kisser, Fragen der Strafvollstreckung im Kriege, in: ZfW 6 (1941/42), S. 337–348.

Klut, Der Vollzug von Freiheitsstrafen und anderer Freiheitsentziehung in der Wehrmacht, in: ZfW 3 (1938/39), S. 126–134.

Oluf Krabbe, Dänemark 1940–41, in: ZStW 62 (1942), S. 148 f.

Alwin Kunze, Zur Strafbemessung bei den Wehrmachtgerichten, in: ZfW 2 (1937/38), S. 116–135.

Langenhagen, Der Vierjahresplan und die Gefangenenarbeit, in: BfGK (1937/38), Bd. 68, S. 294 ff.

Otto Lohner, Wehrwürdigkeit und Wehrpflicht. Zur Auslegung des § 13 WG, in: ZfW 3 (1938/39), S. 117–123.

Erich Ludendorff, Der totale Krieg, München 1935.
– Meine Kriegserinnerungen 1914–1918, Berlin 1919.

Marx, Der Strafvollzug, in: Deutsche Justiz (1943), S. 80 ff.

Helmuth Mayer, Militärjustiz im neuzeitlichen Krieg, in: ZfW 2 (1937/38), S. 329–356.

Meier-Branecke, Zum Begriff der Disziplinarübertretung, in: ZfW 3 (1938/39), S. 272–277.

Theo München, Die wehrpolitische Bedeutung der Hitler-Jugend, in: ZfW 8 (1943/44) 1, S. 97–105.

Herbert Noetzold, Das Generalgouvernement, in: BfKG (1940), Bd. 71, S. 214–217.

von Raab-Straube, Justizoffiziere, in: ZfW 3 (1938/39), S. 78–81.

Rehdans, Grundzüge des neuen Wehrrechts, in: Deutsche Justiz (1937), S. 713 f.

Ernst Reinecke, Erfahrungen und Gedanken über das Feldkriegsgericht, in: ZfW 2 (1937/38), S. 368–371.

Irene Resch, Die Stellung der Frau im neuen deutschen Wehrrecht, Diss., Berlin 1940.

Carl Rissom, Das in sich geschlossene Strafgesetzbuch der Wehrmacht, in: ZfW 3 (1938/39), S. 257 f.

Rittau, Wehrmachtgerichtsbarkeit und Disziplinargewalt, in: Zur Neugestaltung des Strafverfahrens der Wehrmacht. Bericht des Arbeitsausschusses für Wehrstrafrecht der Akademie für deutsches Recht, Stuttgart 1938, S. 12–26.

Römer, Die Unterstellung des Gefolges unter die Militärgesetze, in: ZfW 5 (1940/41), S. 427–437.

Heinrich Rosenberger, Gerichtsherr und Spruchgericht, in: ZfW 2 (1937/38), S. 208–212.

– Zur Neugestaltung des Strafverfahrens der Wehrmacht, in: ZfW 3 (1938/39), S. 166–171.

Gustav Rotermund, Die neue Militärstrafgerichtsordnung, in: ZStW (1934), Bd. 53, S. 748–756.

Walter Schätzel, Freischärler, in: ZfW 5 (1940/41), S. 209–240.

– Gerichtsbarkeit über Kriegsgefangene, in: ZfW 5 (1940/41), S. 162–167.

Scherer, Das Gnadenrecht der Wehrmacht. Zugleich eine Erläuterung der Wehrmachtgnadenordnung, in: ZfW 3 (1938/39), S. 266–272.

– Zur Frage des Bestätigungsrechts des Gerichtsherrn, in: ZfW 3 (1938/39), S. 475–478.

Eberhardt Schmidt, Sinn und Zweck des Strafvollzugs, in: BfGK (1937/38), Bd. 68, S. 42–52.

– Die Kriegsstrafverfahrensordnung im Ganzen der deutschen Strafprozessentwicklung, in: ZStW (1942), Bd. 61, S. 429–464.

– Wehrstrafrecht und allgemeines Strafrecht. Eine Betrachtung de lege ferenda, in: ZfW 1 (1936/37), S. 340–352.

Schneider, Zur Unterstellung des Gefolges unter das Kriegsverfahren, in: ZfW 6 (1941/42), S. 545 ff.

Schober, Strafgewalt über Ausländer im besetzten Gebiet, in: ZfW 7 (1942/43), S. 504–512.

Joachim Schölz, Das militärische Strafverfahren im Kriege, in: ZStW 60 (1941), S. 115–136.

Schomerus, Gedanken zum Wehrstrafrecht, in: Deutsches Strafrecht (1936), S. 270–276.

Erich Schwinge, Das in sich geschlossene Strafgesetzbuch der Wehrmacht, in: ZfW 3 (1938/39), S. 258 ff.
- Der Schuldbegriff des Militärstrafrechts, in: ZfW 2 (1937/38), S. 443–448.
- Die Entwicklung der Mannszucht in der deutschen, britischen und französischen Wehrmacht seit 1914, 2. Aufl., Berlin 1941.
- Die Militärgerichtsbarkeit im Kriege, in: ZfW 2 (1937/38), S. 247–258.
- Militärstrafgesetzbuch, Kommentar, 2. Aufl., Berlin 1939.
- Militärstrafgesetzbuch nebst Kriegssonderstrafrechtsverordnung, Kommentar, 6. Aufl., Berlin 1944.
- Über das in sich geschlossene Strafgesetzbuch der Wehrmacht (Fortsetzung), in: ZfW 3 (1938/39), S. 397 ff.

Wolfgang Seltmann, Wehrmachtgerichtsbarkeit und Allgemeine Strafrechtspflege, in: ZfW 8 (1943/44) 2, S. 1–6.

Otto Senftleben, Deutsches Wehrrecht. Ein Grundriß, Berlin 1935.

K. Siegert, Das RKG als Hüter der Rechtseinheit und Gerechtigkeit im Wehrrecht, in: ZfW 1 (1936/37), S. 258–264.

Karl Sommer, Das neue Reichsjugendgerichtsgesetz. Strafrechtliche Behandlung Jugendlicher, die der Wehrmacht- oder SS- und Polizeigerichtsbarkeit oder der Dienststrafgerichtsbarkeit des Reichsarbeitsdienstes unterstehen, in: Deutsche Justiz (1944), S. 51–58.

Waldemar Spatz, Die Verteidigung vor dem Kriegsgericht, in: ZfW 8 (1943/44) 2, S. 122 f.

Stock, Über Militärstrafrechtspflege im Kriege, in: ZfW 2 (1937/38), S. 356–368.

Szogs, Zuständigkeit in Gnadensachen bei Versetzung des Verurteilten, in: ZfW 8 (1943/44) 1, S. 70 f.

W. Totzek, Quartiervergütungen. Grundsätzliches zum Recht besetzter Gebiete, in: ZfW 8 (1943/44) 1, S. 105–110.

Vogel, Um das Bestätigungsrecht des Gerichtsherrn im Friedensverfahren, in: ZfW 3 (1938/39), S. 357–368.

M. Wagner, Oberster Gerichtshof der Wehrmacht, in: JW (1936), S. 1880.

Waltzog, Kriegsgefangenenrecht unter besonderer Berücksichtigung der Rechtsprechung des Reichsmilitärgerichts, in: ZfW 4 (1939/40), S. 10–23.
- Wehrmachtbeamte als Kombattanten, in: ZfW 5 (1940/41), S. 338–342.

Weber, Der Geltungsbereich des deutschen Strafrechts im Kriege, in: ZfW 5 (1940/41), S. 315–325.

Albert Weh, Das Recht des Generalgouvernements, in: Deutsches Recht (1940), S. 1393–1400.

Wenz, Feigheit, in: ZfW 5 (1940/41), S. 325 ff.

Wulle, Zweifelsfragen des Kriegsverfahrens (KStVO), in: ZfW 6 (1941/42), S. 461 ff.

Otto Zschnucke, Das Wehrrecht, sein Wesen, sein Inhalt und seine Gliederung, in: ZADR (1944), S. 170 ff.

Sekundärliteratur

Rudolf Absolon, Die Sondereinheiten in der früheren deutschen Wehrmacht (Straf-, Bewährungs- und Erziehungseinrichtungen), Kornelimünster 1952.

– Das Wehrmachtstrafrecht im 2. Weltkrieg. Sammlung der grundlegenden Gesetze, Verordnungen und Erlasse, Kornelimünster 1958.

Wilhelm Adam, Der schwere Entschluß, Berlin (Ost) 1965.

Wolfgang Altendorf, Der Transport, Braunschweig 1959.

Alfred Andersch, Die Kirschen der Freiheit, Zürich 1952.

Klaus Jochen Arnold, Die Wehrmacht und die Besatzungspolitik in den besetzten Gebieten der Sowjetunion. Kriegsführung und Radikalisierung im „Unternehmen Barbarossa", Berlin 2005.

Stephan Baier, Das Todesurteil des Kriegsgerichtsrats Dr. Schwinge, in: Kritische Justiz 21 (1988) 3, S. 340–346.

Floris Bakels, Nacht und Nebel. Der Bericht eines holländischen Christen aus deutschen Gefängnissen und Konzentrationslagern, Frankfurt a. M. 1979.

Erwin Bartz, Soldat auf Bewährung, Berlin (Ost) 1956.

Birgit Beck, Wehrmacht und sexuelle Gewalt. Sexualverbrechen vor deutschen Militärgerichten 1939–1945, Paderborn 2004.

Wolfgang Benz/Hermann Graml/Hermann Weiß (Hrsg.), Enzyklopädie des Nationalsozialismus, Stuttgart 1997.

Hiska Bergander, Die Ermittlungen gegen Dr. jur. et rer. pol. Manfred Roeder, einen „Generalrichter" Hitlers – Eine Untersuchung zur unbewältigten Rechtsgeschichte der NS-Justiz, Diss., Bremen 2006.

Will Berthold, Kriegsgericht, München 1959.

– Brigade Dirlewanger, Bad Wörishofen 1961.

Herward Beschorner, Centralino – 3x klingeln. Ein Deserteur erzählt, Köln 1989.

Just Block, Die Ausschaltung und Beschränkung der deutschen ordentlichen Militärgerichtsbarkeit während des Zweiten Weltkrieges, Diss., Würzburg 1967.

Hermann Bösch, Dr. Karl Sack. Wehrmachtrichter in der Zeit des Nationalsozialismus, Scheinfeld 1993.

Braunbuch, Kriegs- und Naziverbrecher in der Bundesrepublik, hrsg. vom Nationalrat der Nationalen Front des demokratischen Deutschland, Berlin (Ost) 1965.

Jochen Brennecke, Schwarze Schiffe weite See. Das Schicksal der deutschen Blockadebrecher, 8. Aufl., Oldenburg 1981.

Martin Broszat, Der Staat Hitlers, München 1969.

Kristina Brümmer-Pauly, Desertion im Recht des Nationalsozialismus, Berlin 2006.

Michael Bryant/Albrecht Kirschner, Politik und Militärjustiz. Die Rolle der Kriegsgerichtsbarkeit in den USA und Deutschland im Vergleich, in: Ulrich Baumann/Magnus Koch (Hrsg.), „Was damals Recht war …" Soldaten und Zivilisten vor Gerichten der Wehrmacht, Berlin 2008, S. 65–78.

Hans Burkhardt/Günter Erxleben/Kurt Nettball, Die mit dem blauen Schein. Über den antifaschistischen Widerstand in den 999er Formationen der faschistischen deutschen Wehrmacht (1942 bis 1945), Berlin (Ost) 1982.

Jean-Pierre Cartier, Der Erste Weltkrieg, München 1984.

René Closset, Er ging durch die Hölle. Franz Stock, Paderborn 1979.

Hans Constabel, Hol nieder Flagge. Ereignisse um ein Standgericht, Bremerhaven 1989.

Martin van Creveld, Fighting Power. German and U. S.-Army Performance, 1939–1945, Connecticut, USA 1982.

Leon Degrelle, Die verlorene Legion, Stuttgart 1952.

Friedrich Deich, Orangen, Seelen, Kriegsgericht. Lebensbeichte eines Psychiaters, Düsseldorf 1959.

Der Spiegel vom 31. Juli 1972, Nr. 32, S. 40 f.: „Idee vom Eckpfeiler".

Antje Dertinger, Der treue Partisan. Ein deutscher Lebenslauf: Ludwig Gehm, Bonn 1989.

Stephan Dignath (Hrsg.), Dr. Karl Sack. Ein Widerstandskämpfer aus Bosenheim. Bekenntnis und Widerstand, Bad Kreuznach 1985.

Stefan Doernberg (Hrsg.), Im Bunde mit dem Feind. Deutsche auf alliierter Seite, Berlin 1995.

Heinz Drossel, Die Zeit der Füchse. Lebenserinnerungen aus dunkler Zeit, 2. Aufl., Waldkirch 2001.

Michael Eberlein, Das Marburger Militärgericht im Dienste des Nationalsozialismus, in: Militärjustiz im Nationalsozialismus. Das Marburger Militärgericht, hrsg. v. Geschichtswerkstatt Marburg e. V., Marburg 1994.

Michael Eberlein/Norbert Haase, Luxemburger Zwangsrekrutierte im Wehrmachtgefängnis Torgau-Fort Zinna 1943–1945. Lebenszeugnisse – Leidenswege, Dresden 1996.

Michael Eberlein/Norbert Haase/Wolfgang Oleschinski, Torgau im Hinterland des Zweiten Weltkriegs. Militärjustiz, Wehrmachtgefängnisse, Reichskriegsgericht, Leipzig 1999.

Karl Dietrich Erdmann, Zeitgeschichte, Militärjustiz und Völkerrecht. Zu einer aktuellen Kontroverse, in: Geschichte in Wissenschaft und Unterricht 30 (1979) 3, S. 129–139.

Günther Fahle, Verweigern – Weglaufen – Zersetzen. Deutsche Militärjustiz und ungehorsame Soldaten 1939–1945. Das Beispiel Ems-Jade, Bremen 1990.

Marianne Feuersenger, Im Vorzimmer der Macht. Aufzeichnungen aus dem Wehrmachtführungsstab und Führerhauptquartier 1940–1945, 4. Aufl., München 2001.

Hans Filbinger, Die geschmähte Generation, München 1987.

Egon Franke, Als „999er" in der Bewährungseinheit, in: Reinhard Appel (Hrsg.), Es wird nicht mehr zurückgeschossen … Erinnerungen an das Kriegsende 1945, Bergisch Gladbach 1995, S. 105–110.

Hans Freese, Bremsklötze am Siegeswagen der Nation. Erinnerungen eines Deserteurs an Militärgefängnisse, Zuchthäuser und Moorlager in den Jahren 1941–1945, Bremen 1989.

Max Frenzel/Wilhelm Thiele/Artur Mannbar, Gesprengte Fesseln. Ein Bericht über den antifaschistischen Widerstand und die Geschichte der illegalen Parteiorganisation der KPD im Zuchthaus Brandenburg-Görden von 1933 bis 1945, 2. Aufl., Berlin (Ost) 1976.

Karl Wilhelm Fricke, Politik und Justiz in der DDR. Zur Geschichte der politischen Verfolgung 1945–1968, 2. Aufl., Köln 1990.

Karl-Heinz Frieser, Krieg hinter Stacheldraht. Die deutschen Kriegsgefangenen in der Sowjetunion und das Nationalkomitee Freies Deutschland, Mainz 1981.

Detlef Garbe, „In jedem Einzelfall … bis zur Todesstrafe". Der Militärstrafrechtler Erich Schwinge, Hamburg 1989.

Klaus Gessner, Geheime Feldpolizei. Zur Funktion und Organisation des geheimpolizeilichen Exekutivorgans der faschistischen Wehrmacht, Berlin (Ost) 1986.

– Geheime Feldpolizei – die Gestapo der Wehrmacht, in: Gerhard Paul/Klaus-Michael Mallmann (Hrsg.), Die Gestapo. Mythos und Realität, Darmstadt 2003, S. 492–507.

Albrecht Goes, Unruhige Nacht, Hamburg 1950.

Emil Rudolf Greulich, Zum Heldentod begnadigt, Berlin (Ost) 1949 f.

– Amerikanische Odyssee, Berlin (Ost) 1965.

Otto Gritschneder, Furchtbare Richter. Verbrecherische Todesurteile deutscher Kriegsgerichte, München 1998.

Theodor Groppe, Ein Kampf um Recht und Sitte. Erlebnisse um Wehrmacht, Partei, Gestapo, in: Thomas Marin (Hrsg.), Theodor Groppe. Der „Schwarze General". Ein katholischer Soldat im Kampf für Recht und Sitte, Bad Schussenried 2008, S. 9–49.

Heinrich Grosse, Ankläger von Widerstandskämpfern und Apologet des NS-Regimes nach 1945 – Kriegsgerichtsrat Manfred Roeder, in: Kritische Justiz 38 (2005) 1, S. 36–55.

Lothar Gruchmann, Ausgewählte Dokumente zur deutschen Marinejustiz im Zweiten Weltkrieg, in: VfZ 26 (1978), S. 433–498.

– Hitler über die Justiz. Das Tischgespräch vom 20. August 1942, in: VfZ 12 (1964), S. 86–101.

Dietrich Güstrow, Tödlicher Alltag. Strafverteidiger im Dritten Reich, Berlin 1981.

Norbert Haase, Deutsche Deserteure, Berlin 1987.

– „Gefahr für die Manneszucht". Verweigerung und Widerstand im Spiegel der Spruchtätigkeit von Marinegerichten in Wilhelmshaven 1939–1945, Diss., Hannover 1996.

– Das Reichskriegsgericht und der Widerstand gegen die nationalsozialistische Herrschaft, Berlin 1993.

– Justizterror in der Wehrmacht am Ende des Zweiten Weltkrieges, in: Cord Arendes/Edgar Wolfrum/Jörg Zedler (Hrsg.), Terror nach Innen. Verbrechen am Ende des Zweiten Weltkrieges, Göttingen 2006, S. 80–102.
– Generaloberstabsrichter Dr. Rudolf Lehmann, in: Gerd Ueberschär (Hrsg.), Hitlers militärische Elite, Bd. 1. Von den Anfängen des Regimes bis Kriegsbeginn, Darmstadt 1998, S. 154–161.
Albrecht Hartmann/Heidi Hartmann, Kriegsdienstverweigerung im Dritten Reich, Frankfurt a. M. 1986.
Heinrich Heims, Adolf Hitler. Monologe im Führerhauptquartier 1941–1944, Hamburg 1980.
Jens Hoffmann, Die Ostlegionen 1941–1943. Turkotartaren, Kaukasier und Wolgafinnen im deutschen Heer, 3. Aufl., Freiburg 1986.
Heinz Höhne, Canaris. Patriot im Zwielicht, München 1976.
Walther Hubatsch, Hitlers Weisungen für die Kriegführungen 1939–1945, Frankfurt a. M. 1962.
Thomas Huber, Die Rechtsprechung der deutschen Feldkriegsgerichte bei Straftaten von Wehrmachtsoldaten gegen Angehörige der Zivilbevölkerung in den besetzten Gebieten, Marburg 2007.
Heinz Hürten/Wolfgang Jäger/Hugo Ott, Hans Filbinger. Der „Fall“ und die Fakten, Mainz 1980.
Axel Janda, Die Entwicklung von Militärstrafrecht und Militärstrafgerichtsbarkeit unter besonderer Berücksichtigung der Misshandlung Untergebener in der kaiserlichen Deutschen Marine, Diss., Köln 1981.
F. John-Ferrer, Wenn alles in Scherben fällt. Der Weg des Strafbataillons 999, Rosenheim 1961.
Ernst Jünger, Tagebücher III. Strahlungen, 2. Aufl., Stuttgart 1998.
Dieter Jung/Arno Abendroth/Norbert Kelling, Anstriche und Tarnanstriche der Kriegsmarine, München 1977.
Hans-Jürgen Kahle, „… dessen Konservierung im Zuchthaus sinnlos wäre!“, Cuxhaven 1991.
Peter Lutz Kalmbach, Militärjustiz und Bewährungseinheiten im Strafrecht und Strafvollzug des NS-Staates, Diss., Bremen 2009.
Jörg Kammler, Ich habe die Metzelei satt und laufe über … Kasseler Soldaten zwischen Verweigerung und Widerstand (1939–1945), 2. Aufl., Fuldabrück 1985.
Wanda Kiedrzynska, Krystyna Wituska. Zeit, die mir noch bleibt, Berlin (Ost) 1982.
Hans-Peter Klausch, Die Geschichte der Bewährungsbataillone 999 unter besonderer Berücksichtigung des antifaschistischen Widerstandes, Köln 1987.
– Die Bewährungstruppe 500. Stellung und Funktion der Bewährungstruppe 500 im System von NS-Wehrrecht, NS-Militärjustiz und Wehrmacht-Strafvollzug, Bremen 1995.

– Antifaschisten in SS-Uniform. Schicksal und Widerstand der deutschen politischen KZ-Häftlinge, Zuchthaus- und Wehrmachtstrafgefangenen in der SS-Sonderformation Dirlewanger, Bremen 1993.
– „Wehrunwürdige". Die Bewährungsbataillone 999 und das Problem der Desertion als eine Form des antifaschistischen Widerstandes, in: Fietje Ausländer (Hrsg.), Verräter oder Vorbilder?, Bremen 1990, S. 157–179.
– Erschießen – Enthaupten – Erhängen. Hinrichtungsarten und Hinrichtungsorte der NS-Militärjustiz, in: Ulrich Baumann/Magnus Koch (Hrsg.), „Was damals Recht war …" Soldaten und Zivilisten vor Gerichten der Wehrmacht, Berlin 2008, S. 79–94.
Habbo Knoch, Die Emslandlager 1933–1945, in: Wolfgang Benz/Barbara Distel (Hrsg.), Der Ort des Terrors. Geschichte der nationalsozialistischen Konzentrationslager, Bd. II: Frühe Lager, Dachau, Emslandlager, München 2005, S. 533–570.
Magnus Koch, Fahnenfluchten, Paderborn 2008.
Willi R. Koch, Erinnerungen an den Vorgesetzten, in: Stephan Dignath (Hrsg.), Dr. Karl Sack, Ein Widerstandskämpfer aus Bosenheim. Bekenntnis und Widerstand, Bad Kreuznach 1985, S. 38–42.
Karl Koller, Der letzte Monat. Tagebuchaufzeichnungen des ehemaligen Chefs des Generalstabs der deutschen Luftwaffe, München 1985.
Heinz Konsalik, Strafbataillon 999, München 1959.
Erich Kosthorst/Bernd Walter, Konzentrations- und Strafgefangenenlager im Dritten Reich. Beispiel Emsland, Bd. 1, Düsseldorf 1983.
Edmund von Krieste, Das Jahr 1945. Zwölf Monate – zwölf deutsche Geschichten, München 1979.
Johann Graf Schwerin von Krosigk, Die großen Schauprozesse. Politische Justiz, München 1981.
Harald Kruse, Unschuldig schuldig. Ein KZ-Überlebender zwischen Haß und Hoffnung, 2. Aufl., Bielefeld 1995.
Maria Langner, Die letzte Bastion, Berlin 1949.
Siegfried Lenz, Ein Kriegsende, München 1984.
Hans von Luck, Gefangener meiner Zeit. Ein Stück Weges mit Rommel, Herford 1991.
Gustav Meissner, Dänemark unterm Hakenkreuz. Die Nord-Invasion und die Besetzung Dänemarks, Berlin 1990.
Manfred Messerschmidt, Die Wehrmachtjustiz 1933–1945, Paderborn 2005.
– „Was damals Recht war …" NS-Militär- und Strafjustiz im Vernichtungskrieg, Essen 1996.
– Wehrmacht und Nationalsozialismus, in: „Ich muß selber etwas tun". Deserteure – Täter und Verfolgte im Zweiten Weltkrieg, hrsg. v. Geschichtswerkstatt Marburg e. V., Marburg 2000, S. 11–33.
– Das System Wehrmachtjustiz. Aufgabe und Wirken der deutschen Kriegsgerichte, in: Ulrich Baumann/Magnus Koch (Hrsg.), „Was damals Recht war …" Soldaten und Zivilisten vor Gerichten der Wehrmacht, Berlin 2008, S. 27–42.

– /Fritz Wüllner, Die Wehrmachtjustiz im Dienste des Nationalsozialismus. Zerstörung einer Legende, Baden-Baden 1987.

Rainer Möhler, Strafvollzug im „Dritten Reich". Nationale Politik und regionale Ausprägung am Beispiel des Saarlandes, in: Heike Jung/Heinz Müller-Dietz (Hrsg.), Strafvollzug im „Dritten Reich". Am Beispiel des Saarlandes, Baden-Baden 1996, S. 9–301.

Martin Moll, „Führer-Erlasse" 1939–1945. Edition sämtlicher überlieferter nicht im Reichsgesetzblatt abgedruckter, von Hitler während des Zweiten Weltkrieges schriftlich erteilter Direktiven aus den Bereichen Staat, Partei, Wirtschaft, Besatzungspolitik und Militärverwaltung, Stuttgart 1997.

Heinrich Mörbitz, Zwischen Front und Galgen. Soldaten vor dem Kriegsgericht, Rastatt 1971.

Günther Moritz, Die Gerichtsbarkeit in besetzten Gebieten. Historische Entwicklung und völkerrechtliche Würdigung, Tübingen 1959.

Ingo Müller, Furchtbare Juristen. Die unbewältigte Vergangenheit unserer Justiz, München 1987.

Klaus-Jürgen Müller, Armee und Drittes Reich 1933–1939, Paderborn 1987.

Rudolf Müller, Der deutsche Militärrichter. Ein Rückblick mit Rechtsvergleichung, in: NZWehrR (1966), S. 97–111.

Thomas Nipperdey, Deutsche Geschichte 1866–1918, 2. Bd: Machtstaat vor der Demokratie, München 1992.

Karl August Ott, Der Mensch vor dem Standgericht. Erlebnis und Reflexion, Hamburg 1949.

Willy Perk, Hölle im Moor. Zur Geschichte der Emslandlager 1933–1945, 2. Aufl., Frankfurt a. M. 1979.

– Befreiung, in: Damals in Sachsenhausen, hrsg. v. Komitee der antifaschistischen Widerstandskämpfer in der Deutschen Demokratischen Republik, Berlin (Ost), S. 132–148.

Lars Petterson, Broken Oath. Victims of Hitler's bloodjudges, London, Great Britain 1993.

Henry Picker, Hitlers Tischgespräche im Führerhauptquartier, 4. Aufl., Wiesbaden 1983.

Christoph Rass, „Menschenmaterial": Deutsche Soldaten an der Ostfront, Innenansicht einer Infanterie-Division 1939–1945, Paderborn 2003.

– /René Rohrkamp, Dramatis Personae. Die Akteure der Wehrmachtjustiz, in: Ulrich Baumann/Magnus Koch (Hrsg.), „Was damals Recht war …" Soldaten und Zivilisten vor Gerichten der Wehrmacht, Berlin 2008, S. 95–112.

Stefanie Reichelt, „Für mich ist der Krieg aus!" Deserteure und Kriegsdienstverweigerer des Zweiten Weltkriegs in München, München 1995.

Ernst Roskothen, Groß-Paris 1941–44. Ein Wehrmachtrichter erinnert sich, Tübingen 1989.

Hubert Rottleuthner, Wer war Dietrich Güstrow?, in: Kritische Justiz 21 (1988) 1, S. 81–91.
– /Johannes Tuchel, Wer war Dietrich Wilde alias Güstrow? Ein Nachtrag, in: Kritische Justiz 24 (1991) 1, S. 76–83.
Günter Saathoff/Michael Eberlein/Roland Müller, Dem Tode entronnen. Zeitzeugeninterviews mit Überlebenden der NS-Militärjustiz, Köln 1993.
Karl Salm, Fahnenflucht als politische Weltanschauung? Zum Fall Richard Freiherr von Weizsäcker, Tübingen 1989.
Julius Schätzle, Stationen zur Hölle. Konzentrationslager in Baden und Württemberg 1933–1945, 2. Aufl., Frankfurt a. M. 1980.
Heinrich Scheel, Vor den Schranken des Reichskriegsgerichts. Mein Weg in den Widerstand, Berlin 1993.
Dieter Schenk, Die Post von Danzig. Geschichte eines deutschen Justizmordes, Hamburg 1995.
Bodo Scheurig, Freies Deutschland. Das Nationalkomitee und der Bund Deutscher Offiziere in der Sowjetunion 1943–1945, München 1960.
Horst Schluckner/Hans-Joachim Else/Siegfried Marohn, Überlebende, Berlin (Ost) 1956.
Holger Schlüter, „... für die Menschlichkeit im Strafmaß bekannt ...“ Das Sondergericht Litzmannstadt und sein Vorsitzender Richter, Recklinghausen 2005.
Carlo Schmid, Erinnerungen, München 1979.
Martin Schnackenberg, „Ich wollte keine Heldentaten mehr vollbringen“, Oldenburg 1997.
Peter Scholl-Latour, Leben mit Frankreich. Stationen eines halben Jahrhunderts, Stuttgart 1988.
Joachim Schölz, Wehrstrafgesetz, 4. Aufl., München 2000.
Heinz Schröder, „Olle Icke“ erzählt. Über Widerstand, Strafdivision und Wiederaufbau, Berlin 1986.
Werner Schubert, Akademie für Deutsches Recht 1933–1945. Protokolle der Ausschüsse, Bd. VII: Ausschüsse für Strafprozeßrecht und Strafrechtsangleichung (1934–1941), Frankfurt a. M. 1998.
– Akademie für Deutsches Recht 1933–1945. Protokolle der Ausschüsse, Bd. VIII: Ausschüsse für Strafrecht, Strafvollstreckungsrecht, Wehrstrafrecht, Strafgerichtsbarkeit der SS und des Reichsarbeitsdienstes, Polizeirecht sowie für Wohlfahrts- und Fürsorgerecht (Bewährungsrecht), Frankfurt a. M. 1999.
Joachim Schultz-Naumann, Die letzten 30 Tage, München 1980.
Herbert Schwarzwälder, Geschichte der Freien Hansestadt Bremen, Bd. 4. Bremen in der NS-Zeit (1933–1945), Hamburg 1985.
Otto Peter Schweling, Die deutsche Militärjustiz in der Zeit des Nationalsozialismus, 2. Aufl., Marburg 1978.
Erich Schwinge, Wehrmachtgerichtsbarkeit eine Terrorjustiz? Gedanken zu einem Urteil des Bundessozialgerichts, Bonn 1993.

– Die deutsche Militärgerichtsbarkeit im zweiten Weltkrieg, in: DRiZ (1959), S. 350 ff.
Ursula Schwinge-Stumpf (Hrsg.), Erich Schwinge. Ein Juristenleben im 20. Jahrhundert, Frankfurt a. M. 1997.
Franz W. Seidler, Fahnenflucht. Der Soldat zwischen Eid und Gewissen, München 1993.
– Die Militärgerichtsbarkeit der deutschen Wehrmacht 1939–1945, Schnellbach 1999.
Walther von Seydlitz, Stalingrad. Konflikt und Konsequenz. Erinnerungen, Oldenburg 1977.
Hans Speidel, Aus unserer Zeit. Erinnerungen, München 1977.
Luitpold Steidle, Entscheidung an der Wolga, Berlin (Ost) 1969.
Franz Josef Strauß, Die Erinnerungen, Berlin 1989.
Georg Tessin, Verbände und Truppen der deutschen Wehrmacht und Waffen-SS im Zweiten Weltkrieg 1939–1945. Erster Band: Die Waffengattungen, Gesamtübersicht, Osnabrück 1977.
– Verbände und Truppen der deutschen Wehrmacht und Waffen-SS im Zweiten Weltkrieg 1939–1945. Vierter Band: Die Landstreitkräfte 15–30, Frankfurt a. M. 1976.
Jürgen Thomas, Wehrmachtjustiz und Widerstandsbekämpfung. Wirken der deutschen Militärjustiz in den besetzten Westgebieten, Diss., Baden-Baden 1990.
– „Nur das ist für die Truppe Recht, was ihr nützt …" Die Wehrmachtjustiz im Zweiten Weltkrieg, in: Norbert Haase/Gerhard Paul (Hrsg.), Die anderen Soldaten. Wehrkraftzersetzung, Gehorsamsverweigerung und Fahnenflucht im Zweiten Weltkrieg, Frankfurt a. M. 1995, S. 37–49.
Erich Thomsen, Deutsche Besatzungspolitik in Dänemark 1940–1945, Düsseldorf 1971.
John Toland, Das Finale, München 1968.
Gerd Ueberschär/Rolf-Dieter Müller, 1945. Das Ende des Krieges, Darmstadt 2005.
Hans Umbreit, Der Militärbefehlshaber in Frankreich 1940–1944, Boppard 1968.
Günter Vielen, Die Toten stehen langsam auf, in: Stern, 7. 4. 1968, S. 58 ff.
Bianca Vieregge, Die Gerichtsbarkeit einer Elite, Baden-Baden 2002.
Horst Voigt, „Strafbataillon 999" gab es nicht, in: Alte Kameraden (1991) 6–10.
Ulrich Vultejus, Kampfanzug unter der Robe. Kriegsgerichtsbarkeit des Dritten Weltkriegs, Hamburg 1984.
Nikolaus Wachsmann, Justizterror und Strafvollzug im NS-Staat, München 2006.
Andreas Wagner, „In Anklam aber empfängt mich die Hölle …" Dokumentation zur Geschichte des Wehrmachtgefängnisses Anklam 1940–1945, Schwerin 2000.
Heinrich Walle, Ein deutsches Schicksal. Zweimal zum Tode verurteilt. Die Tragödie des Oberleutnant zur See Oskar Kusch, in: Heribert Ostendorf/Uwe Danker (Hrsg.), Die NS-Strafjustiz und ihre Nachwirkungen, Baden-Baden 2003, S. 57–64.
Lothar Walmrath, „Iustitia et disciplina". Strafgerichtsbarkeit in der deutschen Kriegsmarine 1939–1945, Frankfurt a. M. 1998.

Thomas Walter, „Schnelle Justiz - gute Justiz". Die NS-Militärjustiz als Instrument des Terrors, in: Walter Manoschek (Hrsg.), Opfer der NS-Militärjustiz. Urteilspraxis - Strafvollzug - Entschädigungspolitik in Österreich, Wien 2003, S. 27–52.

Wolfram Weber, Die innere Sicherheit im besetzten Belgien und Nordfrankreich 1940–44, Düsseldorf 1978.

Thomas Werther, Kriegsgefangene vor dem Marburger Militärgericht, in: Militärjustiz im Nationalsozialismus. Das Marburger Militärgericht, hrsg. Marburger Geschichtswerkstatt, Marburg 1994, S. 244–292.

Erich Weinert, Das Nationalkomitee „Freies Deutschland", Berlin 1957.

Helmut Welz, In letzter Stunde. Die Entscheidung des Generals Arno von Lenski, 3. Aufl., Berlin (Ost) 1980.

Wolfram Wette, Die Drückeberger. Nachwort zu einem kritisierten Verhalten, in: Die Zeit, 31. 5. 1991.

Wilhelm Wicziok, Die Armee der Gerichteten. Zur besonderen Verwendung - Bewährungsbataillon 500, Essen 1992.

Günther Wieland, Das war der Volksgerichtshof. Ermittlungen, Fakten, Dokumente, Berlin (Ost) 1989.

Wir klagen an, 800 Nazi-Blutrichter - Stützen des Adenauer-Regimes, hrsg. v. Ausschuß für Deutsche Einheit, Berlin (Ost) 1959.

Justus Franz Wittkop, Pariser Tagebuch, München 1985.

Willy Wolff, Auf der richtigen Seite. Zum Wirken der Frontorganisation des Nationalkomitees „Freies Deutschland", Berlin (Ost) 1985.

Fritz Wüllner/Fietje Ausländer, Aussonderung und Ausmerzung im Dienste der „Manneszucht". Militärjustiz unterm Hakenkreuz, in: Fietje Ausländer (Hrsg.), Verräter oder Vorbilder?, Bremen 1990, S. 65–89.

Alfred M. de Zayas, Die Wehrmachtuntersuchungsstelle. Deutsche Ermittlungen über alliierte Völkerrechtsverletzungen im Zweiten Weltkrieg, 3. Aufl., München 1980.

Eberhard Zeller, Geist der Freiheit. Der 20. Juli, 5. Aufl., München 1965.

Christian Zentner, Der Zweite Weltkrieg. Ein Lexikon, Wien 1998.

Edith Zorn/Ernst Melis, Nationalkomitee „Freies Deutschland" in Frankreich, in: Else von Kügelgen/Bernt von Kügelgen (Hrsg.), Die Front war überall. Erlebnisse und Berichte vom Kampf des Nationalkomitees „Freies Deutschland", Berlin (Ost) 1968, S. 351–368.